KIRMIZIKEDİ

Kırmızı Kedi Yayınevi: 1179
İnceleme: 99

Kara Kutu: Yüzleşme Vakti
Soner Yalçın

Yayın Yönetmeni: Enis Batur

Editör: Mehmet Ali Güller
Son okuma: Ayten Koçal
Kapak Tasarımı: Cüneyt Çomoğlu
Sayfa Tasarımı: Eylem Sezer

Birinci Basım: Kasım 2019, İstanbul
ISBN: 978-605-298-568-7
Kırmızı Kedi Sertifika No: 40620

Baskı: Pasifik Ofset
Cihangir Mah. Güvercin Cad. No: 3/1 Baha İş Merkezi A Blok Kat: 2
34310 Haramidere/İSTANBUL
Tel: 0212 412 17 77 Sertifika No: 44451

Kırmızı Kedi Yayınevi
kirmizikedi@kirmizikedi.com / www.kirmizikedi.com
facebook.com: kirmizikediyayinevi / twitter.com: krmzkedikitap
instagram: kirmizikediyayinevi
Ömer Avni Mah. Emektar Sok. No: 18 Gümüşsuyu 34427 İSTANBUL
T: 0212 244 89 82 F: 0212 244 09 48

Soner Yalçın

Kara Kutu

Yüzleşme Vakti

KIRMIZIKEDİ

"Benim bir kolaylığım var;
genel kabulleri hep kuşku ile karşılıyorum
ve
doğruyu tersinde arıyorum."

Yalçın Küçük'e…

İçindekiler

GİRİŞ

Tarih: 25 Haziran 1979.

Yer: Manisa…

Cemil Çöllü 35 yaşında. İki çocuk babası.

MHP İl Başkanı.

Eczacı. Sahibi olduğu Huzur Eczanesi, kentin merkezindeki Park Caddesi üzerindeki SSK Blokları (Beyaz Fil Binası) karşısında.

O gün…

Öğleden sonra Huzur Eczanesi'ne giren orta boylu ve kasketi sebebiyle yüzü pek seçilemeyen bir kişi aspirin istedi. Eczacı Cemil Çöllü aspirini vermek için tezgâha eğildiğinde üç kurşuna hedef oldu. Kurşunlardan ikisi başına, üçüncüsü karnına saplandı.

Suikasttan sonra olay yerinden kaçan kişinin peşine takılan halk, katilin arkadaşı olduğu sanılan ikinci şahsın yaylım ateşi açması nedeniyle dağıldı.

Katil kayıplara karışırken, koma halinde hastaneye kaldırılan Eczacı Cemil Çöllü yolda can verdi.

Ertesi gün…

Tarih: 26 Haziran 1979.

Yer: Manisa.

Neşe Gülersoy 29 yaşında. Bekâr.

CHP Kadın Kolları Üyesi.

Demokrat İzmir gazetesi yazarı.

Eczacı. Meslektaşı babasından yadigâr Yeni Afiyet Eczanesi sahibi.

3. Bölge Eczacılar İzmir Odası Genel Sekreteri.

Aynı zamanda…

Türkiye'nin ilk ecza kooperatifi Manisa Eczacılar Üretim ve Tüketim Kooperatifi kurucularından.

Neşe Gülersoy gibi bir avuç idealist eczacı, mesleki birlikteliği, paylaşımcılığı sağlayıp ilaç sektörünü yabancı hegemonyadan kurtarmak için örgütlenme arayışı içine girdi. Ve eczacıların sermayesiyle, eczacıların kendi ürettiği projeleri hayata geçirmek, hızlı tedarik, hızlı dağıtım, farklı ve kaliteli üretim hizmetleri sunmak amacıyla kooperatifler kurmaya başladılar.

Daha genel anlamda ise talepleri sağlık sektöründeki yanlış bilinçlendirmenin önüne geçmekti. Toplumun dikkatini sağlığın ve hastalıkların önleyici hizmetlerine çekmekti. Sağlığı, hastalığı sosyal ve ekonomik koşulların doğurduğunu halka anlatmak istiyorlardı.

Hastalık; salt kişinin fiziki durumunun/biyolojik halinin değil, yaşadığı toplumsal koşulların da ürünüydü. Önleyici-koruyucu tıbbın göz ardı edilmesine karşıydılar; halk sağlığı savunucusuydu hepsi…[1]

Özetle, serbest pazara endeksli değil, ihtiyaca endeksli üretim ve akılcı ilaç tüketimini savunuyorlardı.

İlk kooperatifi Manisa'da kurdular. Arkasından İzmir ve Bursa kooperatifleri geldi. Türkiye'nin dört bir yanında hızlı bir örgütlenmeye başladılar...

Manisa'ya dönersek…

Neşe Gülersoy'un Yeni Afiyet Eczanesi kent merkezindeydi ve Cemil Çöllü'nün Huzur Eczanesi'ne sadece 200 metre uzaktaydı. MEDAK kuruluşu günlerinde komşusu

1 Neyi savunduklarını somut örnek vererek anlatayım: Her yıl ülkemizde yaklaşık 100 bin bebek, birinci yılını doldurmadan ölüyordu. Kimin bebekleri ölüyordu? Doğum öncesi hiçbir bakım alamayan, doğumda hiçbir sağlık personeli desteği bulunmayan annelerin bebekleri, doğum öncesi en az bir bakım alan ve doğumlarını sağlık personelinin yardımıyla yapan annelerin bebeklerine kıyasla beş misli daha fazla ölüyordu! Kamucu halk sağlığının amacı bu uçurumu ortadan kaldırmaktı.

Cemil Çöllü ile de sohbet etmişlerdi. O dönem Manisa'da eczacı odası yoktu...

Bir CHP'li ile bir MHP'linin görüşmesi, meslekleri üzerine sohbet etmesi ve MEDAK kuruluşu için çalışması "birilerini" rahatsız ediyordu. Hatta…

Cemil Çöllü'nün 3 Şubat 1979 akşamı evine giderken bacaklarından vurulması, MEDAK'a destek verdiği için vurulduğu söylentilerine yol açmıştı…

Cemil Çöllü'nün öldürüldüğü gün Neşe Gülersoy, Hatay'da meslektaşlarıyla ecza kooperatifi kurma çalışması yapıyordu. Bölgede ilk eczacı kooperatifini Şubat 1979'da Silifke'de kurmuşlardı: "Tüm Silifke Eczacıları Temin ve Tevzi Kooperatifi." Sırada Hatay vardı…

Neşe Gülersoy, Cemil Çöllü'nün öldürüldüğünü duyar duymaz Manisa'ya döndü. Kısa süre önce İzmir ecza kooperatifi EDAK'ı birlikte kurduğu Üçüncü Bölge Eczacı Odası Başkanı Nur Işık Boyacıgiller ile telefonda konuştu. Neşe Gülersoy'un bildiri yazmasına karar verdiler.

O gün…

Neşe Gülersoy sabah eczanesini açar açmaz bildiri yazmaya başladı.

Manisa hareketliydi. Gergindi. Çevre illerden de gelen MHP'liler öldürülen il başkanı Cemil Çöllü'ye son görevlerini yapmak için cenazenin bulunduğu Manisa Ruh ve Sinir Hastanesi önünde toplandı. Cenaze alınıp Dilşeker Mahallesi'ndeki Cemil Çöllü'nün evine getirildi. Buradaki törenden sonra Hatuniye Camii'nde kılınan cenaze namazının ardından Cemil Çöllü, Kırtık Mezarlığı'nda toprağa verildi…

Aynı gün. Saat 16.00 suları…

Eczacı Neşe Gülersoy bildiriyi yazmayı bitirdi.

Müşterisi tekstil işçisi Şahin Güler'in istediği ilaçları veriyordu ki, eczaneye iki kişi girdi. Tabancalarını direkt Neşe Gülersoy'a doğrultup ateş etmeye başladılar.

Neşe Gülersoy eczanesinde can verdi. İki saldırganı durdurmaya çalışan işçi Şahin Güler yaralandı.

Katiller olay yerinden kaçarken tezgâhın üzerinde, Neşe Gülersoy'un meslektaşı Cemil Çöllü'nün ardından yazdığı bildiri vardı. Şunu yazmıştı:

-"Biz Üçüncü Bölge Eczacıları olarak emperyalizme-kapitalizme karşı olan kamuoyuna şunu açık seçik açıklamak istiyoruz:

Yıllardır dışa bağımlı çarpık kapitalizmin ağababaları ve onların kokuşmuş politikacıları insanları öldürmekte, işkence etmekte, aydınları zindanlarda çürütmektedir. Kimileri açık seçik 'Davadan döneni vurun' diye aldatılmış yoksul insanlara emir vermekte, kimileri 'Faşizmin odaklarına yürüyoruz' diye vakit geçirmektedir.

İşte bu ikilem kumpanyasına alınan kesinlikle büyük çoğunluğu kandırılmış çocuklar seri ve sürekli cinayetler işlemektedir.

Bu cinayetlerin birine kurban olarak meslektaşımız Cemil Çöllü de seçildi. Cemil Çöllü 'Bana aspirin verebilir misin' diyen, eli bilmem kaçıncı kez kana bulanan katil tarafından şehit edilmiştir.

Dünyanın her yerinde eczacılık mesleğinin insanları devlet tarafından özel olarak korunmaktadır. Ne yazık ki Manisa Valiliğine 17 Mayıs 1979 günü yaptığımız 'Eczacıların can güvenliği sağlanmalıdır' başlıklı başvurumuza yanıt alınamamıştır. Ve katil elini kolunu sallaya sallaya yeni cinayetler için aramıza karışmıştır.

Manisalı eczacıların dişinden tırnağından artırarak kurduğu Üretim ve Tüketim Kooperatifi üçüncü kez saldırıya uğramış, bu konudaki başvuru da yanıtsız kalmıştır.

Biz Üçüncü Bölge Eczacı Odası olarak cinayeti lanetliyoruz. İnsanı, tüm doğayı seven kamuoyuna sesleniyoruz, katillerin-terörist cinayet şebekelerinin üzerine hep birlikte yürüyelim.

İnanıyoruz ki emekçi halkımız canilerden, sağır yöneticilerden, terörizmin ağababalarından hesap soracaktır. Terörü, yarattığı kan denizinde mutlaka boğacaktır.

Emekçi mücadelesinde şehit olanlara rahmet, ailelerine ve halkımıza başsağlığı dileriz.

Eczacı Neşe Gülersoy

Üçüncü Bölge Eczacı Odası Genel Sekreteri."

Beş ay sonra:

Yine Manisa…

Yine kent merkezi.

Yine bir eczane…

Tarih: 19 Aralık 1979.

Mete Erdem 43 yaşında.

CHP İl Başkanı.

Eczacı.

MEDAK kuruluşunun öncülerinden.

Eczanede *Cumhuriyet* gazetesini okurken içeri giren saldırgan tarafından kurşunlanarak öldürüldü.

Altı ay içinde Manisa'da üç eczacı öldürüldü.

Manisa Üretim ve Tüketim Kooperatifi üç kez neden saldırıya uğradı? Bu konudaki başvurular niçin yanıtsız bırakıldı?

Ölüm geliyordu... Göz yumdular…

Niye?

Neşe Gülersoy binlerce Manisalının katıldığı törenle toprağa verildiğinde, eczacılar kooperatifi kurmak için birlikte çalıştığı ülkenin dört bir yanındaki meslektaşları son yolculuğunda yanındaydı…

Manisa Çatal Mezarlığı'ndaki Neşe Gülersoy'un mezarı başında konuşmayı Bursa Eczacı Odası Başkanı Naci Doğan yaptı. Ecza kooperatiflerini tüm ülkeye yaymak için söz verdi.[2]

2 Bursa'da eczacılık kooperatifini kuran Naci Doğan 33 yaşındaydı... Kara Harp Okulu'ndan 1966'da mezun olmuş, geçirdiği trafik kazası sonucu malulen emekliye ayrılmıştı. 1973'te Ankara Üniversitesi Eczacılık Fakültesi'ni bitirdi. Aynı yıl Bursa'da Doğan Eczanesi'ni açtı. 1977'de Bursa Eczacı Odası Başkanlığı'na seçildi. Mesleki dayanışmanın en değerli örneklerinden olan Bursa Eczacılar Kooperatifi'nin (BEK) kuruluşu için büyük çaba sarf etti. Tarih: 29 Ağustos 1980. Naci Doğan, Bursa'daki sahibi olduğu Doğan Eczanesi'nde öldürüldü! Üç ay önce… MHP İzmir İl Sekreteri Turan İbrim, 29 Nisan 1980'de Gürçeşme'deki eczanesinde katledildi.

Tüm bu eczacı cinayetleri tesadüf mü?

Tüm bu cinayetlerin ecza kooperatifinin ilk kurulduğu Manisa'da olması tesadüf mü?

Tüm bu cinayetlerin ecza kooperatiflerinin ilk geliştiği İzmir'de, Bursa'da olması tesadüf mü? Bu kitap bunlara yanıt vermek amacıyla yazıldı...

Bitmedi...

1978 yılında başka gelişmeler de yaşandı. Örneğin...

Türkiye, ilaç ihracatına 1978 yılında başladı. Türk ilaç sanayii teknolojik altyapı, hammadde üretimi, dünya standartlarında üretim ve canlı iç ve dış pazara sahipti. Devlete göre, ilaç endüstrisi stratejik sektörler arasında olmalıydı ve öyle yapıldı...

Keza: 1978 yılında CHP hükümeti sağlık konusunda "devrim" yaptı:

Bakanlıkta gizli toplantı

Tarih: 5 Ocak 1978.

Başbakan Bülent Ecevit başkanlığında 42. Türkiye Cumhuriyeti Hükümeti kuruldu. Sağlık ve Sosyal Yardım Bakanı Doktor Mete Tan (1929-2016) oldu.[3]

1978 ilkbaharı... Dr. Mete Tan başkanlığında bir ekip bakanlıkta gizli bir çalışma yürütüyordu. Ekipte... Türk Tabipler Birliği (TTB) Başkanı Dr. Erdal Atabek, TTB Merkez Konseyi Genel Sekreteri Dr. Şükrü Güner ve TTB Merkez Konseyi'nde 2. başkan olarak görev yaparken bakanlık müsteşarı yapılan Doç. Dr. Tonguç Görker vardı. Türk tıp dünyasının duayen

3 Doktor Mete Tan, 1953 yılında Ankara Üniversitesi Tıp Fakültesi'nden mezun oldu. Kulak-Burun-Boğaz Hastalıkları uzmanı oldu. Mesleki görgü ve bilgisini artırmak üzere Almanya'ya gitti. Dönüşünde TCDD Eskişehir Hastanesi KBB Kliniği'ne şef olarak atandı. Uzun süre Eskişehir - Kütahya Tabip Odası Başkanlığı yaptı. TCDD Hastanesi Başhekimi iken 1973 yılında yapılan seçimlerde Adalet Partisi'nden milletvekili seçildi. Bütün hayali tıp mesleği ile ilgili yanlışları düzeltip, daha iyi sağlık politikaları oluşturabilmekti. 1977 seçimlerinde yine Adalet Partisi'nden milletvekili oldu. Kurulan II. Milliyetçi Cephe Hükümeti'nde hem kendisi hem de temsil ettiği Afyonkarahisar adına bakanlık beklerken, Süleyman Demirel, Dr. Mete Tan'a bakanlık vermedi. Mesleği avukatlık olan Cengiz Gökçek'i Sağlık ve Sosyal Yardım Bakanı yapması üzerine Mete Tan partisinden istifa etti. Bülent Ecevit başkanlığında kurulan 42. Hükümet'te Sağlık ve Sosyal Yardım Bakanı oldu.

ismi Prof. Nusret Fişek de zaman zaman toplantılara katılıyor, tavsiyelerde bulunuyordu.

Toplantıların amacı, milli sağlık politikası oluşturmaktı.

İlk adım atıldı: Kamucu sağlık projesinin ilk adımı "tam gün" yasası oldu. "Tam süre" çalışma, hekimlerin muayenehane açmadan, ek görev almadan, yeterli ücretlerini kamu kuruluşundan alarak, belirlenen çalışma saatleri içinde tüm emeklerini kamusal hizmete vermeleriydi. Temel amaç, halka tam gün sağlık hizmeti sağlamaktı.

Tam Gün Yasası, 29 Haziran1978 günü, 2162 Sayılı Sağlık Personelinin Tam Süre Çalışma Esaslarına Dair Kanun adı altında yayımlanarak yürürlüğe girdi.

Cumhuriyet tarihinin -27 Mayıs askeri harekâtından sonra- 12 Ocak 1961 tarihinde yürürlüğe giren 224 Sayılı Sağlık Hizmetlerinin Sosyalleştirilmesi Hakkında Kanun ile birlikte sağlık alanında ikinci "büyük kilometre taşı" idi.

"Sosyalleştirme Yasası" tam bir sosyal devlet anlayışıydı. Halkçılık idi... Sağlık ocakları açılmaya başlandı.[4]

Şunu ekleyeyim: Türkiye'de 1961 yılında çıkan 224 Sayılı Kanun, aslında zorunluluktan doğdu. Yıl, 1958. Cumhuriyet tarihinde ilk defa Türkiye, DP hükümeti "savrukluğu" nedeniyle borçlarını ödeyemez; en basit ilaç ve hammadde gereksinimlerini karşılayacak dövizi veya dış krediyi karşılayamaz hale geldi! İlaçta dışa bağımlılık sorunu ilk kez ortaya çıktı. Bu nedenle 27 Mayıs 1960 askeri müdahalesi sağlık-ilaç konusuna çok eğildi...

Peki... CHP hükümeti sağlıkta yapacağı güçlü reformu hayata geçirebilecek miydi?

---

4 224 Sayılı Sağlık Hizmetlerinin Sosyalleştirilmesi Hakkındaki Kanun'dan bazı maddeler sıralayayım: Sağlık hizmetleri ücretsizdir (Madde 1 ve 14). Kamuda çalışan hekimler özel hasta bakamazlar (Madde 3 ve 4). Sağlık örgütü il içinde genel yönetimden bağımsız olacaktır (Madde 2). Sağlık hizmetleri (Kamu) Milli Savunma Bakanlığı'na bağlı olanlar dışında tek elde toplanacaktır (Madde 8 ve 30). Yansız ve adil bir atama, yer değiştirme ve yükselme yöntemi uygulanacaktır (Madde 24). Bir bölgede gerekli altyapı, malzeme, personel vb. sağlanmadan, o bölgede yasa uygulamasına başlanmayacaktır (Madde 17).

MİT bilgi vermiyor

Yıllar sonra… O dönem 1978'de kapalı kapılar ardında yaşananlar yıllar sonra gündeme geldi.

Tarih: 6 Aralık 2012.

Yer: Türkiye Büyük Millet Meclisi.

Meclis Darbe ve Muhtıraları Araştırma Komisyonu'na, dönemin İçişleri Bakanlığı görevini yürüten Hasan Fehmi Güneş şu bilgileri verdi:

-"Manisa MHP İl Başkanı'nın öldürülmesiyle ilgili bilgi almak için MİT'e gittim. Manisa'dan dönüşte gittim MİT başkanına, 'İstihbarat gelmiyor, bana istihbarat vermiyorsunuz' dedim. MİT'ten istihbarat alamıyorduk. İncelerseniz göreceksiniz; Ankara Keçiören'de bir emniyetin kademesi vardır, araçların tamir edildiği bir yer gibi, ben orayı istihbarat okulu yaptım. İstihbaratçı yetişti, iç istihbaratı, polis istihbaratı kurduk. Yoktu o güne kadar, MİT'ten de bilgi gelmiyordu…"

Hasan Fehmi Güneş'in MİT ile ilgili anlatımları üzerine oturuma başkanlık eden AKP Manisa Milletvekili Selçuk Özdağ, "Sayın Güneş, çok özür dilerim. Hiç değiştirmeyi düşündünüz mü? Bir kanun düzenlemesiyle düşündünüz mü?" diye sordu.

"Evet, düşündüm" cevabı veren Güneş'e bu kez AKP Milletvekili Özdağ yeniden, "Yapabildiniz mi? Yapabildiniz mi, yapamadıysanız, niçin yapamadınız?" sorusunu yöneltti. Güneş bu soruya, "Yapamadım, başbakan da yapamadı çünkü. Onu (Başbakan Bülent Ecevit) ikna ettim, korktuk karşımızdaki güçten" şeklinde yanıt vererek sözlerini sürdürdü:

"Karşımızdaki güçten korktuk… Eğer gerçekten kökenine ineceksek, bu yapının oluştuğu döneme gelmek lazım. Yani MİT'le CIA arasında o dönemde işbirliği anlaşması var, o işbirliğinin anlamı şu: İstihbaratı paylaşacağız; ama gerçek anlamı şu: Türkiye'deki her şeyi ben bileceğim, ama size bir şey vermeyeceğim! Bize bir şey vermişler. Ne vermişler? O zamanlar bu hepimizin şimdi önünde olan bilgisayarlar, laptoplar falan yok o zaman, orada vardı. Ben oraya gittim, istihbarat alacağım diye Yenimahalle'deki MİT Başkanlığı'na gittim. Orada gördüm; yani o güç, onların eline verilmişti; yanlış olan buydu..."

Başbakan Bülent Ecevit ile Atatürk Orman Çiftliği'nde bulunan Atatürk Evi'nde gerçekleştirdikleri görüşmeyi komisyon üyelerine anlatan Hasan Fehmi Güneş, "'Mümkün değil, bu MİT bize istihbarat vermiyor, alamayacağız' dedim. 'Ne yapalım?' dedi başbakan. Bir kişi getirmişti, Batı'da istihbarat eğitimi görmüş, sanıyorum ismi Mehmet'ti, onu MİT'te görevlendirmek istiyordu başbakan. MİT'in amiri sayılan yer, o Mehmet'i MİT'te görevlendiremedi. Dedim ki: 'Böyle yürümemiz mümkün değil, yani devletin ne kadarını biz yönetiyoruz, egemenliğin ne kadarını ben kullanıyorum? Bunu bilmemiz lazım efendim!' Bana, 'Ne yapalım?' diye sordu. 'Değiştirelim' dedim. MİT'i feshedelim, aynı kararnameyle yeni bir haber alma örgütü kuralım, 'Bunu hiç konuşmamış olalım' dedi. Olay budur…"

Neler oluyordu?

Rockefeller öfkesi

Tarih: 12 Eylül 1978.

Kuruluşunun otuzuncu yılında Dünya Sağlık Örgütü (DSÖ), Kazakistan'ın başkenti Alma Ata[5] kentinde 134 ülkenin katılımıyla, "Birinci Sağlık Elden Geçirme Konferansı" adıyla temel sağlık hizmetleri konusunu ele alan bir toplantı düzenledi.

Sovyetler Birliği topraklarında toplantı yapmak hiç kolay olmadı. Çünkü:

Soğuk Savaş yılları… Sovyetler Birliği, 1946 yılında daha kuruluş döneminde Dünya Sağlık Örgütü'nün ABD himayesindeki tutumundan hiç memnun olmadı. Üyelikten çekilmek istedi. Bir yıl sonra Bulgaristan, Romanya, Arnavutluk, Çekoslovakya, Macaristan ve Polonya da üyelikten çekildiklerini duyurdu. Sovyetler Birliği ve diğer sosyalist ülkeler 1955 yılına kadar DSÖ toplantılarına hiç katılmadı.

5 Kentin ismi 1997'de kazakça "başkent" anlamına gelen Astana, 2019'da da Cumhurbaşkanı Nursultan Nazarbayev'in adından hareketle Nur Sultan oldu.

ABD'nin karşı koyması nedeniyle Çin Halk Cumhuriyeti de 1960'ların sonuna kadar Dünya Sağlık Örgütü'ne kabul edilmedi! Tabii ki Güney Afrika Cumhuriyeti gibi ırkçı ülkeler üyeydi!

Zamanla sosyalist ülkeler ile DSÖ arasında buzlar eridi. Çünkü Dünya Sağlık Örgütü ABD gölgesinden çıkmaya başladı. 1970'lerde dünyadaki toplumsal ve siyasal gelişime koşut farklılaşmalar oluşmaya başladı. Dünya Sağlık Örgütü'nün bileşimi değişti; yeni bağımsızlığa kavuşan ülkeler sayesinde üye sayısı hızla arttı; devrimci-ilerici çok sayıda ülke çoğunluğu oluşturdu. Bu durum beklentilerin değişmesine sebep oldu:

Sağlık sorunlarının temelinde, iktisadi eşitsizlikler / sosyoekonomik nedenler görülmeye başlandı. Sağlıkta toplumsal amaçlar ve toplumcu nitelik öne çıktı...

Rusya'daki 1917 Bolşevik Devrimi sağlık hizmetlerinde büyük dönüşüm yarattı. Örneğin, sağlığı tarihte "ayrı" bakanlık olarak örgütleyen ilk ülke Sovyetler Birliği oldu. Ulusal Kurtuluş Savaşı sürecinde (3 Mayıs 1920'de) Türkiye de ayrı bir sağlık bakanlığı örgütleyerek Sovyetler Birliği'ni izledi...

Mesele sadece "ayrı bir bakanlık" teşkilatı kurmak değildi. Sovyet Birliği, sağlık hizmetlerinin devlet tarafından finanse edildiği, devlet tarafından herkese eşit ve ücretsiz olarak sunulduğu, hak temelli, eşitlikçi sağlık sistemi inşa etti.

Sovyetler Birliği'nin ilk Sağlık Bakanı Nikolay Semaşko tarafından geliştirilen bu sağlık sistemi, "Semaşko Modeli" olarak adlandırıldı. (Günümüzde bu sağlık hizmet modeli Küba'da başarıyla sürdürülüyor.)

Modelin sadece sosyalist ülkelerde değil, kapitalist ülkeler üzerinde de büyük etkisi oldu; İkinci Dünya Savaşı sonrasında Sovyetler Birliği rüzgârından ve bağımsızlıkçı hareketlerden çekinip, "sosyal devlet" açılımı yapmak zorunda kaldılar.

Sağlık hizmetleri başta İngiltere olmak üzere kamu tarafından verilmeye başlandı. Muhafazakâr Parti ve İşçi Partisi uzlaşmayla, devlet tarafından işletilecek Avrupa'nın en büyük Ulusal Sağlık Sistemi'ni (National Health Services-NHS) kurdu. Sağlık hizmetlerinin bedava olduğu NHS 1946'da yasallaştı; 1948'de çalışmaya başladı.

O dönem sağlıkta özel sektörün hareket alanı oldukça sınırlıydı.

Evet… İkinci Dünya Savaşı sonrasında Batı Avrupa ülkelerinde ortaya çıkan kapitalist devletler toplumsal baskı sebebiyle "sosyal devlet" reformu yapmak zorunda kaldılar.

Savaş koşullarında giderek artan muhalif beklentilere yanıt vermek için emekçi halkın siyasal taleplerini kapitalist sistemin sınırları içinde tutarak eğitim, sağlık ve sosyal güvenlik hizmetlerini sosyalleştirdiler. 1948 yılında İnsan Hakları Evrensel Bildirgesi'nin 25. maddesi, "Sağlık hizmeti almak bir insan hakkıdır" şeklinde tanımlandı. Bu toplumcu sağlık anlayışına göre, halkın sağlığının güvencesi devlet olmalıydı.

Diğer yanda… ABD'de başka hava esiyordu. Vietnam Savaşı yıkımı, 1973 ve 1978 petrol krizi ABD ekonomisini sarstı. Piyasası durgundu ve bu "stagflasyon"a tepki olarak ABD başta sağlık harcamaları olmak üzere makro düzey harcamaları azaltma peşindeydi. İleri sayfalarda okuyacağınız "Powell Muhtırası" bunun işaret fişeğiydi!

1978'de Alma Ata'daki Dünya Sağlık Örgütü toplantısına bu politik atmosferle gidildi. Kararlar da bu havada alındı: Amaç, herkese sağlık idi. Hedef, 2000 yılıydı...

-Ülkeler ve toplumsal sınıflar arasındaki sağlık eşitsizliklerine-dengesizliklerine son verilmelidir.

-Tüm ülkeler, temel sağlık hizmetlerini başlatmak ve yürütmek için gerekli ulusal politika, strateji ve çalışma planları yapmalıdır. Örneğin, "sağlık ocakları" açılması tavsiye edildi...

ABD ile Dünya Sağlık Örgütü arasındaki bir diğer çatışma konusu, örgütün uygulamaya koyduğu "Temel İlaç Listesi" idi. DSÖ'nün tüm ülkelere yeterli olduğunu düşünerek önerdiği listede bulunan ilaçlar, temel gereksinmeleri karşılamaya yönelikti ve markası olmayan ilaçlardı.

Böylece ilaç savurganlığının önüne geçilecekti…

Böylece gereksiz ilaç tüketimi sona erdirilecekti…

Böylece ulusal ilaç üretimi desteklenmiş olacaktı...

Tüm bunlar Manisa'da hayata geçirilen MEDAK ilkeleriydi!

O dönem dünyadaki en büyük 20 ilaç devinin 11'ini barındıran ABD listeye itiraz etti! Rockefeller devreye girdi.

Tarih: 26 Mart 1979.

Yer: İtalya Como Gölü sayfiyesi.

Rockefeller sahibi olduğu Bellagio Evi'nde yaptığı NATO güvenlik toplantısında, yüz yıldır kontrolünde olduğu "endüstriyel tıp" ile ilgili bir dizi kararlar aldı.[6]

DSÖ'nün benimsediği…

-Sağlık ocaklarının kurulması,

-Su ve insan sağlığının iyileştirilmesiyle ilgilenilmesi,

-Ulusal ilaç ile malzeme üretimi,

-Hastane ve benzeri kurumların işbirliği içinde çalışması düşsel-romantik bir beklentiydi!

Rockefeller'ın NATO'cu ekibine göre…

-Azgelişmiş ülkelerin öncelikleri belirlenerek -örneğin-çocuklar hedef alınmalı, kampanyalarla bağışıklama / aşı ve ishal / oral rehidratasyon (ORT) gibi etkinliği kanıtlanmış girişimler-uygulamalar yapılmalıydı. Suyun geliştirilmesi ve su kaynaklı *şistozoma mansoni* paraziti ya da sıtma gibi pahalı ve sonucu belirsiz programlar ertelenmeliydi.

Oysa Dünya Sağlık Örgütü Alma Ata konferansı sonuç bildirgesinde, Rockefeller'ın yüzyıl başında belirlediği "uluslararası ticari korumanın bir yolu olarak bulaşıcı hastalıkları kontrol etmeyi", "tek amaç" olarak belirlemedi. Öncelik sağlık hizmetlerinin dağılımını iyileştirilmek olacaktı; mevzubahis olan halktı, kapitalizmin ticari kârı değil… Sağlığa bakış farklıydı.

---

6 Rockefeller, İtalya Como Gölü'ndeki Villa Serbelloni'yi 20 Haziran 1959'da satın alarak "Bellagio Merkezi" olarak bilinen vakfın konferans merkezi yaptı.

K…

mes…

“yö…

mi…

sü…

za…

b…

mediğinden salgın has…

dayatıldı! ABD'nin süttozu tuzağı çok ülke tarafın… to edildi, etkin kampanyalar düzenlendi. Dünya Sağlık Örgütü açıklama yapmak zorunda bırakıldı: “Bebeklerin ilk altı ay sadece anne sütüyle beslenmesi şarttır!”

ABD, Alma Ata bildirgesine sert tepki gösterdi; Dünya Sağlık Örgütü'nü uluslararası ticareti baltalamakla itham etti. 1978'de büyük kapışma yaşandı.

Dünyada hava dönmüştü; sosyalist ve bağımsız ülkelerin ağırlığı artıyordu. Dünya Sağlık Örgütü Genel Kurulu, ABD'nin itirazını 181'e karşı 1 oyla reddetti.

Mesele sadece süttozuyla sınırlı değildi. Aslında bu, sağlığı iyileştirmek isteyen ülkelerle, sağlığı bozup ilaç satmak isteyen ülkeler arasındaki kıyasıya mücadeleydi.[7]

7 Sovyetler Birliği (SB) liderliğindeki Doğu Bloku ile ABD arasında sağlık politikaları konusunda keskin ayrım vardı. Dünya ülkeleri tartışıyordu: ABD'nin “dikey” yönelimi mi, SB'nin “yatay” halk sağlığı politikası mı? Sağlık hizmetlerinde yatay ve dikey yönelim tartışması halk sağlığı kavramı-

karşı, emeğin tıbbını
D'nin hoşuna gitmedi.
Portekiz de ulusal sağlık
79 yılında kurmaya başladı.
asayı hazırlıyordu. Dünya sağ-
en çıkmak üzereydi. Buna tepkisi

neden sağlığın-tıbbın merkezindeydi?
e tıp tartışmaların sebebinin Rockefeller olduğu-
diğinizde çok şaşıracaksınız! Bu kitabın yazılması-
epleri arasında bunlar da var.
u kitapta size "Şu ilacı kullanın" ya da "Şu ilacı alın" di-
ecek değilim. Bunlar benim haddim değil. Ben size tıbbın-sağlığın ekonomi-politiğini yazacağım...

Tıp tarihine bambaşka açıdan bakacağım…

Hemen her gün yutturulan kolesterol, şeker, tansiyon ya da antibiyotik gibi ilaçların bambaşka yüzünü anlatmaya çalışacağım…

Tıp-tedavi-ilaç tartışmalarında (ki tartıştırmıyorlar bile) "çok emin olma" halinin nasıl doğduğunu anlatacağım… Ne zaman biri-birileri çıkıp ezberletilmiş kalıplar dışında sözler etse büyük ağır saldırılara maruz kalıyor. Saldırganların özellikle "tıp kimliklerini" açıklaması hep ilgimi çekiyor:

-"Ben doktorum…"

---

nın gelişmesiyle paralel oldu:

Dikey yaklaşım; belirli bir sağlık sorununu çözmek için, özel bir yöntemin ve örgütün kullanılmasını esas alan yönelim. Kalıcı olmayan kampanyalarla enfeksiyon hastalıkları gibi kontrol olanaklı bir veya birkaç hastalığın üzerine yoğunlaşarak, tüm uygulamaları bu konuya odaklamak. Aşı kampanyaları gibi… Bu yönelim; küresel güçlere büyük ölçüde bağımlı olmayı gerektiriyor. Sınırlı sayıda sağlık sorunları üzerine konsantre olduğu için kapsamlı sağlık hizmetlerinin gelişmesini önlüyor. Sağlığa "mikro" bakış bu.

Yatay sağlık hizmetleri ise bütün sağlık sorunlarını halk sağlığı hizmetleri diye bilinen bütüncül sistem içinde çözmeyi amaçlar. Bu sistemde; kalıcı kurumlar yaratmak yoluyla, uzun vadeli ve geniş bir açıdan bakarak sorunların ele alınması söz konusudur. Sağlığa "makro" bakıştır.

-"Ben profesörüm…"

-"Ben sağlık kurulu başkanıyım…"

-"Ben şu kadar bilimsel makale yayımladım…"

Kuşkusuz hepsi saygın. Ama…

Bir gün aklıma şu soru geldi:

-"Ben doktorum, ben profesörüm diyenler nerden biliyor?"

Bu da soru mu demeyiniz.

-"Tıp fakültelerinden, bilimsel yayınlardan, konferanslardan" diyeceksiniz!

Peki, bu tıp müfredatını kimler hazırladı?

Peki, bu tıp eğitimini dünyaya kim dayattı?

"Endüstriyel tıp" denen kavram, kimler tarafından nasıl oluşturuldu?

"Modern tıp" denilince neden sadece "bilimsel tıp" anlaşılmaya başlandı?

"Tamamlayıcı-alternatif tıbbın", "şarlatanlık" olarak algılanmasını kimler nasıl sağladı? Amaçları neydi?

Oysa gerçekte tıpta iki farklı yaklaşım var:

-"Önleyici-koruyucu" tıp…

-"İyileştirici-tedavi edici" tıp…

Önleyici-koruyucu tıp "toplumsal sağlık" peşinde koşarken…

"Endüstriyel tıbbın" salt "beden" peşinde koşmasının sebebi neydi?

Yüz yıldır dayatılan tedavi anlayışına "başka pencereden" bakma zamanı gelmedi mi?

Hastalığı salt mikrop-virüs-bakteriler dışında arayan hekimlerin başına neler geldi?

Bu sorular çok kişi için "saçma" gelecektir; yıllarca bana da "anlamsız" gelirdi. Araştırdıkça karşıma "Rockefeller tıbbı" çıktı. Neler yaptıklarını şaşkınlıkla okudum.

Umarım elinizdeki kitap bir "farkındalık" yaratır.

Bu kitabın sağlayacağı en büyük yarar yalnızca gerçekler değil; farklı görmeyi sağlamaktır…

Düşmanı yenmek istiyorsanız onu iyi tanımak zorundasınız.

Tüm bunlar:

Ölüm İmparatoru Rockefeller bilinmeden, 1978 yılındaki Manisa cinayetlerinin derin sebebi öğrenilemez…

Dünyanın patronu Rockefeller bilinmeden, 1978 yılında başlayan "toplumcu sağlık" anlayışının, Türkiye'de kimler tarafından nasıl yok edildiği anlaşılamaz…

Karanlık yüzlü Rockefeller bilinmeden, 1978 yılındaki Alma Ata toplantısından sonra olanlar kavranamaz.

12 Eylül 1980 askeri darbesiyle ilişkileri öğrenilemez.

Tabuları yıkma zamanı geldi…

Yüzleşme zamanı geldi…

Endüstriyel gıdalarla zehirleyip/hastalandırıp, modern tıpla öldüren küresel "baronların" Türkiye'de ve dünyada neler yaptığını gösterme zamanı geldi...

Mevzubahis olan ölüme hızla sürüklenen sizlersiniz çünkü…

Birinci Bölüm

ROCKEFELLER'IN KOZMİK ODASINDAKİ TÜRKLER

Rockefeller ailesinin 1857 yılına kadar uzanan belgeleri New York Rockefeller Arşiv Merkezi'nde (The Rockefeller Archive Center) saklanıyor...

2018 yılında, dijital deposunda 117 milyon sayfadan fazla belge, 900 binden fazla fotoğraf, 18 bin makara mikrofilm, 6 bin film ve 45 terabayt veri vardı.

Arşiv araştırmacılara açık. Fakat bazı "kutular" kapalı; okunması yasak. Bunlar arasında Türkiye'ye ait bazı bilgiler de var. Erişim niye yasak? Neyi saklıyorlar?

Rockefeller Kozmik Odası'nda Türkiye, "Kod 805" diye kayıtlı.

805A Tıp... (Tıp fakültelerinde veya tıbbi araştırma enstitülerinde yürütülen araştırmalara verilen burslar-yardımlar kayıt edilmişti.)

805C Hemşirelik...

805D Fizik-Kimya Doğa Bilimleri...

805E Fellowships/Burslar (Bu belgelere ulaşım yasak.)

805I Sıtma... (Aşı için verilen paralar)

805J Halk Sağlığı Gösterileri...

805L Halk Sağlığı Eğitimi...

805R Beşeri Bilimler ve Sanat yardımları...

805S Sosyal Bilimler bursları...

Açık "kutulara" bakıldığında Rockefeller, Türkiye'de genellikle tıp-sağlık sektörüyle yakından ilgiliydi. Belgeler Türkiye'de "Amerikan modeli endüstriyel tıbbi eğitim ve araştırma" anlayışının yerleşmesine nasıl etki ettiğini gösteriyor.

- Örneğin Rockefeller... 1956 yılında Prof. Dr. İhsan Doğramacı önderliğinde Ankara Üniversitesi Tıp Fakültesi bünyesinde yeni çocuk kliniği inşa edilmesi için 100 bin dolar (günümüz parasıyla 4,2 milyon dolar) bağışta bulundu... Keza: 1955-1962 yılları arasında Rockefeller Vakfı'ndan sağlanan burslarla 17 asistan ve uzman hekim, eğitim için Amerika Birleşik Devletleri'ne gitti. Bu hekimler Çocuk Sağlığı Merkezi'nin eğitici kadrosunu oluşturdu.[8]

- Örneğin... 1956 yılında üniversite kurması için Robert Kolej'e 350 bin dolar (günümüz parasıyla 14,7 milyon dolar) yardımda bulundu...

- Örneğin... 1957 yılında İstanbul Üniversitesi Cerrahpaşa Tıp Fakültesi'ne eğitim ve araştırma çalışmaları için 20 bin dolar (günümüz parasıyla 840 bin dolar) bağışta bulundu...

- Örneğin... 1958 yılında Ankara Üniversitesi Tıp Fakültesi'ne cihaz ve donanım için 170 bin dolar (günümüz parasıyla 7,1 milyon dolar) bağışta bulundu...

- Örneğin... 1964'te İhsan Doğramacı yönetimindeki Hacettepe Tıp Fakültesi'nin gelişimi için 225 bin dolar (günümüz parasıyla 9,5 milyon dolar) yardımda bulundu.

Rockefeller, 1952-1971 yılları arasında 16 milyon 57 bin 373 dolar (günümüz parasıyla 674 milyon dolar) hibe etti. O dönemde en büyük payı 6 milyon 310 bin 124 dolar (günümüz

---

8 İleri sayfalarda daha ayrıntılı yazacağım. Sadece şu bilgiyi vereyim: 1915 yılında Kuzey Irak Erbil'de doğan İhsan Doğramacı, Beyrut Amerikan Koleji'ni ve ardından İstanbul Üniversitesi Tıp Fakültesi'ni bitirdi. Ankara'da, Profesör Albert Eckstein'in yanında çocuk hastalıkları uzmanı olduktan sonra, 1944-1947 yılları arasında ABD'de Harvard Üniversitesi'nde ve St. Louis'deki Washington Üniversitesi'nde araştırma görevlisi olarak çalıştı. 1947 yılında Türkiye'ye döndü ve Ankara Üniversitesi bünyesinde çalışmaya başladı. 1955 yılında pediatri profesörü oldu. Aynı yıl Ankara Üniversitesi Tıp Fakültesi'ne bağlı Çocuk Sağlığı Anabilim Dalı'nı kurdu. 1958'de Çocuk Sağlığı Enstitüsü ve Hastanesi, topluma olduğu kadar araştırma ve eğitime de hizmet etmeye başladı. 1961 yılında Sağlık Bilimleri Yüksekokulu, Türkiye'de okul sağlık biliminin ilk örneği olarak kuruldu. Diş hekimliği, ev ekonomisi gibi diğer bazı bölümlerin kurulmasından sonra enstitü, Ankara Üniversitesi Tıp Fakültesi'ne bağlı bir başka yükseköğretim merkezi haline geldi ve 1967'de Hacettepe Üniversitesi resmi olarak kuruldu.

parasıyla 265,1 milyon dolar) ile "bilim geliştirme" aldı! Bu paralar o dönem için hayli yüksekti.

Bitmedi:

-Rockefeller Vakfı 1925-1984 yılları arasında 162 kişiye burs verdi... Dünya çapında ödedikleri para 1,8 milyar dolar idi. (Günümüzün parasıyla 75,6 milyar dolar.) Dudak uçuklatıcı rakamlar bunlar... Ki aslında 20. yüzyılın başında Rockefeller'ın servetinin 300 milyar dolar ve 21. yüzyılın başında 2 trilyon dolar olduğunu düşünürseniz, paralar "devede kulaktır!"

Vakıf, eğitim bursu verdiği yaklaşık 13 bin kişiyi "Rockefeller üyesi" saydı.

-Rockefeller Vakfı, 1929-1967 yılları arasında Türkiye'de 119 kuruma çeşitli amaçlarla finansal destek sağladı.[9]

Kimdi bu isimler, yayınlar ve kurumlar?

Hiç yorum yapmadan listeyi aktarmak istiyorum...

Kimi belgeler karşısında verilen para yok. Özellikle ilk yıllar para miktarı yazılmadı mı acaba?

İşte o liste:

Kod 805 (Türkiye), 1915-1950 Kutu Klasörü Serisi Açıklama:

(1 ve 2. Kutu) 805A Collins, Ralph K, Türkiye'de Halk Sağlığı 1926

(3. kutu) 805A Tıp Eğitimi, 1915, 1917, 1921, 1923-1925

Belgeler böyle arşivlenmişti. Daha sade yazacağım sonraki kutuları:

805A Türkiye'de Tıp Eğitimi... 1923-1927

805C Hemşirelik Çalışma Koşulları... 1923, 1926-1928, 1940, 1948-1949

805C Varley, Margaret Livingston, Türkiye'de Hemşirelik: Ön Hazırlık Önerilerle İlgili Rapor, 1948

805I Halk Sağlığı, 1927-1929

9 Sadece Rockefeller Vakfı değil... Belgeleri The Rockefeller Archive Center binasında saklanan Ford Vakfı, 1952 yılında Türkiye'de sağlık, eğitim, tarım, bilim, sosyal bilim alanına 16 milyon dolarlık hibeyle destek verdi.

805L Ankara Sağlık Merkezi, 1936-1941

805L İstanbul (Önerilen Sağlık Merkezi), 1931-1938

805L Ziyaretleri (Refik Bey, Assim Bey), 1929[10]

805S İstanbul Üniversitesi Rustow, Alexander (seyahat hibesi, ekonomi bilimi), 1946-1948, 1950[11]

805 İstanbul Amerikan Hastanesi - Ekipman, 1951-1953

805 Eğitim Ziyaretleri, 1952-1955

805 Hijyen Enstitüsü, 1927-1941, 1945, 1950, 1958-1963, 1966, 1968

805 Hijyen Ek Malzemesi Enstitüsü, 1961, 1966

805 Robert Kolej-Türkçe Fakülte Eğitimi, 1956-1959, 1967

Bundan sonraki kayıtlarda verilen paralar da var:

805 Ankara Üniversitesi Hijyen ve Koruyucu Hekimlik Ural, Dr. Zeki Faik,[12] 1952-1953, 1956-1958 (ABD ve Kanada'da eğitim kurumlarındaki halk sağlığı ve koruyucu tıp departmanlarıyla işbirliği çalışmaları için 1952 yılında 2.350 dolar [günümüz parasıyla 98,7 bin dolar] ödenmiş ve 1957 yılında koruyucu hekimlik ile ilgili ABD, Porto Riko ve Kolombiya ziyaretleri için 3.600 dolar [günümüzün parasıyla 151,2 bin dolar] gider yazıldığı bilgisi var. Diğer yıllar ödeme konusu yazılmıyordu.)

805A Hacettepe Bilim Merkezi-Aile Planlaması, 1966-1971

805A Hacettepe Bilim Merkezi-Beslenme, 1965-1968

805A İstanbul Üniversitesi-Farmakoloji, (1960 yılında Farmakoloji Enstitüsü'ne araştırma ekipmanı için ödenen para 7.500 dolar [günümüzün parasıyla 315 bin dolar] idi.)

---

10 Dönemin Sağlık Bakanı Dr. Refik Saydam ve Sağlık İşleri Müdürü Asım Arar'ın üç ay süren ABD gezilerinin davet edeni Rockefeller Vakfı idi.

11 Türkiye'de çalışan ve Sosyal Piyasa Ekonomisi yanlısı olan Alman iktisatçı Alexander Rüstow ve Walter Eucken, Franz Böhm, F. Meyer, Wilhelm Röpke, Leonard Milksch gibi iktisatçılar, görüşlerini uzun yıllar *ORDO* adını taşıyan bir dergi vasıtasıyla yayımladı. "Ordoliberalizm" adı verilen iktisadi akım ortaya çıktı. Bunlar hem merkezi planlamayı hem de serbest piyasa ilkesini reddettiler. Piyasa ekonomisine fonksiyonel işlerlik kazandırmak için devletin düzenleyici kararlar almasını ve uygulamasını gerekli gördüler. "Serbest piyasa ekonomisi" kavramı yerine, sosyal demokratların çok sevdiği "sosyal piyasa ekonomisi" kavramını kullandılar.

12 Prof. Zeki Faik Ural, Ankara Üniversitesi Tıp Fakültesi Halk Sağlığı Anabilim Hijyen ve Koruyucu Hekimlik Kürsüsü başkanlığını 1948 yılında kurdu. Tıp Fakültesi dekanlığını da yaptı. Çok sayıda kitap yazdı.

805A İstanbul Üniversitesi-Fizyoloji, 1956-1960 (1957 yılındaki ödemenin belgesi vardı: Fizyoloji Enstitüsü cihaz ve donanım alımı için 20 bin dolar [günümüzün parasıyla 840 bin dolar].

805A İstanbul Üniversitesi - Terzioğlu, Meliha, 1956-1959[13]

805A Ankara-Üniversitesi Doğramacı, Prof. İhsan, 1955, 1958-1959 (ABD ve Meksika'da anne ve çocuk sağlığı enstitülerini ve pediatri kliniklerini ziyareti için 1955 yılında 2.750 dolar [günümüzün parasıyla 115 bin dolar] ödendi. 1959 yılında ABD, Kanada ve Meksika'daki pediyatri servislerini ziyaret için 5.400 dolar [günümüzün parasıyla 225 bin dolar] verildi.)

805A Ankara Üniversitesi-Ertuğrul, Ali, 1962 (Tıp Fakültesi Hacettepe Çocuk Hastanesi'nden Dr. Ali Ertuğrul'a pediyatride özellikle pediyatrik kardiyolojide eğitim ve öğretimi gözlemlemek üzere Avrupa, ABD ve Meksika ziyareti için 2.745 dolar [günümüz parasıyla 115 bin dolar] verildi.)[14]

805A Ankara Üniversitesi-Kantemir, İzzet, 1954-1955 (1955 yılında tıbbi eğitimde yeni gelişmeler ve farmakolojideki yeni teknikleri gözlemlemek üzere ABD'ye ziyareti için 3.250 dolar [günümüz parasıyla 136 bin dolar] ödendi.)[15]

---

13 Prof. Meliha Terzioğlu, İstanbul Amerikan Kız Koleji'nde orta öğrenimini tamamladıktan sonra yükseköğrenimini ABD'de Wellesley College'da ve doktorasını Yale University Medical School'da burslu olarak gerçekleştirdi. 1938 yılında İstanbul Üniversitesi Tıp Fakültesi Fizyoloji Kürsüsü'nde göreve başladı. Cerrahpaşa Tıp Fakültesi'nin kuruluşunda aktif görev üstlendi. Biyofizik ayrı bir anabilim dalı olarak ayrılıncaya kadar Fizyoloji ve Biyofizik Kürsüsü başkanlığını yürüttü ve 1984 yılında emekli oldu.

14 Prof. Ali Ertuğrul, 1948 yılında Tıp Fakültesi'nden mezun oldu. 1953-1958 yılları arasında ABD'ye giderek Çocuk Hastalıkları ve Kalp Hastalıkları ihtisası yaptı. 1959'da Ankara Üniversitesi Hacettepe Çocuk Hastanesi'nde öğretim görevlisi oldu. 1958-65 yılları arasında Hacettepe Hastanesi'nin kardiyoloji bölümünün kurulması ve geliştirilmesinde önemli katkılarda bulundu. 1962 yılında yine Rockefeller bursunu kazanarak ABD'ye gitti. 1969-1970 yıllarında Pennsylvania Üniversitesi'nde çalıştı. İhsan Doğramacı ile birlikte 1966 yılında tıp fakültesini kurmak üzere Erzurum'a gitti. Atatürk Üniversitesi Tıp Fakültesi Dekanlığı, sonra da Atatürk Üniversitesi Rektörlüğü yaptı. Eskişehir Üniversitesi Tıp Fakültesi Kurucu Dekanlığı, 1970-1975 yılları arasında Hacettepe Üniversitesi Tıp Fakültesi Dekanlığı, 1982'de Marmara Üniversitesi Tıp Fakültesi Kurucu Dekanlığı görevlerinde bulundu. İstanbul Üniversitesi Kardiyoloji Enstitüsü'nde 1983 yılında Çocuk Kardiyolojisi'ni kurdu. 1990 yılında emekli oldu. Türk Kardiyoloji Vakfı, Marmara Üniversitesi Tıp Fakültesi Vakfı ve Marmara Üniversitesi Alerji-Onkoloji vakıflarının kuruluşlarında aktif görev aldı.

15 Türkiye'de tıp alanının sayılı isimlerinden olan Prof. Dr. İzzet Kantemir, An-

805A Ankara Üniversitesi Tıp Fakültesi - 1956-1960 (Ankara Üniversitesi Çocuk Sağlığı Kliniği'ne cihaz ve donanım satın alımı ve ziyaretçi Amerikan profesörlerin görevlerinin devamı için 1956 yılında 100 bin dolar [günümüz parasıyla 4 milyon dolar] ödendi.)

805A Ankara Üniversitesi Nute, William L., 1960-1961[16]

805A Ankara Üniversitesi-Yumuturuğ, Sevim Bike, 1955-1957[17]

805A Ankara Üniversitesi-Paykoç, Zafer, 1959-1960[18]

---

kara Üniversitesi Tıp Fakültesi Farmakoloji Kürsüsü Başkanlığı, Türk Kanser Araştırma ve Savaş Kurumu Kurucu Başkanlığı yaptı. Ankara'daki A. Andiçen Kanser Hastanesi'nin kuruluşunu gerçekleştirdi.

Dipnota dipnot: ABD'deki ilk kanser burs eğitimi programı, 1927'de Rockefeller tarafından finanse edilen New York Kanser Hastanesi'nde başlatıldı. John D. Rockefeller'ın torunu, John D. Rockefeller'ın oğlu Laurance S. Rockefeller, 1947 yılında kanser araştırmaları yapan Sloan-Kettering Cancer Center" enstitüsü kurulmasını sağladı. 1950'lerin ortasından 1960'ların ortasına kadar bu merkezde "viroterapi" ve "kanser immünoterapisi" konusunda klinik araştırmalar yapıldı; onay alınmadan hastalar, bakıma muhtaçlar ve mahkûmlara yapılan testler ölümle sonuçlandı. 1980'de New York Kanser Hastanesi ve Sloan-Kettering Enstitüsü, Memorial Sloan Kettering Kanser Merkezi adı altında birleşti. Halen dünyadaki kanser araştırmalarının merkezi yerlerinden biridir.

16 Türkiye'de görev yapan "modern misyonerlerden" biri de ABD'li William Laubach Nute (1890-1979) idi. İlk Amerikan Hıristiyan misyonerlik örgütü olan Amerikan Dış Misyonlar Komiserleri Kurulu (American Board of Commissioners for Foreign Mission-ABCFM) üyesi tıp doktoru ve eğitimciydi. 1914-17 arasında Tarsus Amerikan Lisesi'nde eğitimci olarak, 1924-26 arasında Adana Misyoner Hastanesi'nde doktor olarak ve 1926-28 tarihleri arasında yine Tarsus Amerikan Lisesi'nde yönetici olarak görev yaptı. Ardından 1928-32 arasında Adana'da yeniden doktorluk yaptı. 1933-55 yılları arasında eşi Maraş doğumlu Mary Christie Nute (1881-1975) ile birlikte Kayseri Talas Amerikan Hastanesi'nde kırsal alana yönelik sağlık hizmeti verdi. 1956'da Hacettepe Çocuk Hastanesi yönetiminde bulundu.

17 Prof. Sevim Bike Yumuturuğ, Ankara Üniversitesi Tıp Fakültesi'nin Hijyen ve Koruyucu Hekimlik Kürsüsü'ndeydi. 1973 yılında Prof. Dr. Zeki Faik Ural'ın emekliliğinden sonra Hijyen Kürsüsü başkanı oldu. Uzun yıllar Sosyal Sigortalar Kurumu'nda fakülte temsilciliği, TÜBİTAK Çevre Araştırma Grubu üyeliği, UNESCO Halk Sağlığı Eğitimi Komitesi'nde üyelik gibi görevlerde bulundu. 1982 yılında Hijyen ve Koruyucu Hekimlik Kürsüsü ile Toplum Hekimliği Kürsüsü'nü birleştirerek Halk Sağlığı Anabilim Dalı'nı oluşturdu. *Toplum Hastalıklarında Epidemiyolojik Genel Prensipler*, *Hijyen ve Koruyucu Hekimlik* ve *Halk Sağlığı* ders kitaplarını yazdı.

18 İsmet İnönü'nün özel doktoru olan Prof. Zafer Paykoç, 1939 yılında İstanbul Tıp Fakültesi'nden mezun oldu. 1943 yılında Sağlık Bakanlığı tarafından İngiltere'ye gönderildi; Oxford ve Londra'da ihtisas gördü. Yurda 1946 yılında döndü ve Numune Hastanesi'nde dahiliye mütehassısı olarak göreve başladı. 1958 yılında Ankara Tıp Fakültesi dekanı oldu. 1959 yılında Gastroenteroloji Kürsüsü başkanlığına getirildi. Türk Gastroenteroloji Derneği kurucu üyesi olup, yıllarca başkanlık görevini üstlendi. Asya-Pasifik Gastroenteroloji

805A Ankara Üniversitesi-Pediatri, 1953, 1955-1963 (1958 yılında Tıp Fakültesi cihaz ve ekipmanı için 170 bin dolar [günümüzün parasıyla 7,2 milyon dolar] ve 1960 yılında Çocuk Sağlığı Araştırma Enstitüsü'nün kurulması için 145 bin dolar [günümüzün parasıyla 6,1 milyon dolar] verildi.)

805A Ankara Üniversitesi-Pediatri, 1964-1968 (Prof. İhsan Doğramacı başkanlığında Çocuk Sağlığı Araştırma Enstitüsü'nde düzenlenecek çocuk sağlığı eğitimi ile ilgili bölgesel bir sempozyum için 4 bin dolar [günümüz parasıyla 168 bin dolar] ödendi.)

805A Ankara Üniversitesi Çocuk Doktorları Sempozyumu. 1961, 1963 (Tıp Fakültesi öğrencilerinin uluslararası kongrelere katılmaları ve diğer ülkelerdeki laboratuvarları ve meslektaşları ziyareti için 5 bin dolar [günümüz parasıyla 210 bin dolar] ödendi.)

805A Ankara Üniversitesi, Say, Mehmet Burhanettin, 1962 (Ankara Tıp Fakültesi Çocuk Sağlığı Araştırma Enstitüsü'nden Dr. Say'ın pediyatrik hematolojide eğitim ve öğretimi gözlemlemek üzere ABD ve Avrupa ziyareti için 3.080 dolar [günümüz parasıyla 129 bin dolar] ödendi.)

805A Ankara Üniversitesi-Sökmen, Cavit, 1958-1959

805A Ankara Üniversitesi-Ziyaret, 1958-1959

805C İstanbul Amerikan Hastanesi, Deniz, Esma, 1953-1954

805C Ankara Üniversitesi, 1961-1963 (1962 yılında Ankara Üniversitesi Hemşirelik ve Sağlık Bilimleri Yüksekokulu'nun eğitim programının geliştirilmesi için 110 bin dolar [günümüz parasıyla 4 milyon 600 bin dolar] ödendi.)

805C Ankara Üniversitesi, 1963-1964, 1966

805A Hacettepe Üniversitesi, 1964 (Tıp Fakültesi'nin kurulması için 225 bin dolar [günümüz parasıyla 9,4 milyon dolar) ödendi.]

805D Hacettepe Bilim Merkezi, 1967 (Eğitim, araştırma ve uygulama amaçlı aile planlanması kliniklerinin geliştirilmesi

---

Derneği'nin de kurucu üyesiydi. Prof. Paykoç'a Türkiye'de gastroenteroloji bilim dalının gelişmesindeki gayretleri ve bu alanda birçok uzmanın yetişmesindeki hizmetleri nedeniyle TÜBİTAK Hizmet Ödülü verildi.

için 66 bin 500 dolar [günümüz parasıyla 2,8 milyon dolar] ödendi.)

805D Nebraska Üniversitesi'nden bir beslenme uzmanının Hacettepe Bilim Merkezi'ni ziyareti, 1967 (12 bin dolar [günümüz parasıyla 510 bin dolar] verildi.)

805A Hacettepe Bilim Merkezi Aile Planlaması Kliniği'nin Gelişimi, 1968-1969 (84 bin 500 dolar ve 99 bin dolar [günümüz parasıyla toplam 7,7 milyon dolar] ödendi.)

805D İstanbul Üniversitesi, Zoolog Öztan, Prof. Nezihe, 1959

805D Robert Kolej-Fen Bilgisi Öğretmenliği, 1956-1959

805E Atkus, Erol Yaşar, 1969-1972 KAPALI

805E Bayraktar, Ali, 1969-1972 KAPALI

805E Dutiu, Cevdet, 1970-1973 KAPALI

805E İzgin, Cemal Nadir, 1971-1974 KAPALI

805E Solen, Polet, 1968-1973 KAPALI

805E Ünver, Ergin 1968-1972 KAPALI

805R Ressam Dereli, Hamit, 1955

805R Ressam Eyüboğlu, Bedri Rahmi, 1952-1953, 1958-1963

805R Ressam Füreya, H. (Koral), 1956-1957

805R Türk Devrimi Araştırma Enstitüsü, 1952-1955

805R 1951-1953 Education Books/Eğitim Kitapları

805R İstanbul Belediye Konservatuvarı, 1956-1960

805R İstanbul Belediye Tiyatrosu, Devrim, Şirin, 1961, 1963-1964

805R İstanbul Belediye Tiyatrosu, Sağıroğlu, Duygu, 1962-1964

805R İstanbul Üniversitesi-Amerikan Çalışmaları, 1954-1956

805R İstanbul Üniversitesi-Amerikan Çalışmaları, Turhan, Vahit, 1953 -1955, 1958-1961

805R İstanbul Üniversitesi-Yazar İz, Fahir, 1956

805Rİstanbul Üniversitesi-Yazar Moran, Berna, 1956, 1961

805R İstanbul Üniversitesi-Yakın Doğu Çalışmaları-Ziyaretler, 1955-1956

805R İstanbul Üniversitesi-Yazar Tanpınar, Ahmed Hamdi, 1958-1960

805R İstanbul Üniversitesi-Gazeteci Timur, Hıfzı, 1952-1953

805E İstanbul Üniversitesi-Tunaya, Prof. Tarık, 1954-1957 (KAPALI)

805R Kent Oyuncu Tiyatrosu, 1962-1964

805R Cumhurbaşkanlığı Senfoni Orkestrası, Ankara, 1962, 1965

805R Robert Kolej-Garwood, David, 1958-1959, 1961

805R Robert Kolej-Tarih, 1954-1958

805R Beşeri Bilimler, 1956-1965

805R Besteci Saygun, A. Adnan, 1952-1959

805R Türk-Amerikan Üniversitesi Derneği - Amerikan Haberler Merkezi'nde Gazeteci Katipoğlu, Sadun, 1958-1960

805R Türk-Amerikan Üniversitesi Derneği-Modern Türk Tarihi, 1955-1960

805R Türk-Amerikan Üniversitesi Derneği-Türk Araştırması, 1953

805R Türk-Amerikan Üniversitesi Derneği-Türk Araştırması, 1954-1955

805R Türk-Amerikan Üniversitesi Derneği-Türk Araştırmaları-Raporları, 1953

805R Türk Devlet Konservatuvarı, Ankara-Drama, 1957-1959

805R Türk Devlet Konservatuvarı, Ankara-Yazar Sevin, Nureddin, 1956-1957

805R Türk Devlet Konservatuvarı, Ankara-Türkay, Fuad, 1957-1960 (İstanbul Devlet Tiyatrosu kurucusu)

805R Ankara Üniversitesi-Amerikan Çalışmaları, 1949-1956

805R Ankara Üniversitesi-Amerikan Çalışmaları, 1957-1960

805R Ankara Üniversitesi-Kurat, Akdes Nimet, 1949-1954, 1961-1963[19]

19 1902 Kazan doğumlu. İstanbul Dârülfünunu Edebiyat Fakültesi'nde felsefe ve tarih eğitimine başladı. 1929'da Almanya'ya gönderildi. Ardından Uppsala Üniversitesi'nde ders vermek ve Stockholm Devlet Arşivi'nde araştırmalarda bulunmak üzere İsveç'e gitti. 1941 Eylül'ünde Dil ve Tarih-Coğrafya Fakültesi'nde yeni açılan Rus Dili ve Edebiyatı Bölümü'ne doçent olarak tayin edildi. 1944'te profesörlüğe yükseltildi. 1954'te ortaçağlar tarihi profesörlüğüne getirildi. 1946-1947'de İngiltere'de ve 1961-1962'de Amerika Birleşik Devletleri'nde bulunarak araştırmalarını sürdürdü. 1954-1955'te Dil ve Tarih-Coğrafya Fakültesi'nde dekanlık yaptı. ABD'den burs alıp araştırmalar yaptı. Kitaplar yazdı.

805R Ankara Üniversitesi-Edebiyat Eleştirisi, 1951-1954

805R Ankara Üniversitesi-Tiyatrocu Şahinhaş, İrfan, 1952-1954

805R Ankara Üniversitesi-Saydı, Ayden, 1952-1953

805R Ankara Üniversitesi-Tiyatro Enstitüsü, 1958-1960

805R Ankara Üniversitesi-Türk ve İslam Sanatı, 1959-1964 (KAPALI)

805R Yalman, Tunç, 1962[20]

805R Yörükoğlu, Kadri, 1951-1953[21]

805S İstanbul Üniversitesi-Ekonomik Kalkınma, 1955-1959

805S İstanbul Üniversitesi-Ekonomik Kalkınma-Tamamlayıcı Malzeme, 1953, 1955-1957

805S İstanbul Üniversitesi-Ekonomik Tarih, 1956-1964

805S İstanbul Üniversitesi-Ekonomik Tarih - İlave Malzeme, 1949, 1952, 1954, 1957, 1960

805S İstanbul Üniversitesi-Kur'an Okumaları, 1956-1960, 1964-1967

805S İstanbul Üniversitesi-Ekonomist Sayın, Dr. Afife, 1958-1962

805S Robert Kolej-Türkiye Ekonomik Gelişimi, 1957-1962, 1967

805S Ankara Üniversitesi-Ekonomik Kalkınma, 1956-1959, 1961-1964, 1966, 1969

805S Ankara Üniversitesi-Ekonomik Kalkınma Ek Materyali, 1954-1958, 1960-1961

805S Ankara Üniversitesi-Mardin, Şerif Arif, 1961-1963[22]

---

20 Tiyatro oyuncusu, yönetmen, anı yazarı, çevirmen Tunç Yalman 1925 yılında İstanbul'da doğdu, 4 Mart 2006 tarihinde İzmir'de öldü. Robert Koleji'nden mezun olduktan sonra, babası Ahmet Emin Yalman'ın çıkardığı *Vatan* gazetesinde çalıştı. Daha sonra Amerika'ya giden Tunç Yalman, Yale Üniversitesi'nde tiyatro yüksek lisansı yaptı.

21 1939 yılından itibaren kesintisiz 22 yıl MEB Talim ve Terbiye Kurulu başkanlığını yaptı.

22 Sosyal bilimci-tarihçi Prof. Şerif Arif Mardin 1927 yılında İstanbul'da doğdu. Galatasaray Lisesi'nde başladığı ortaöğrenimini ABD'de tamamladı. Stanford Üniversitesi Siyasal Bilimler Bölümü mezuniyetinin ardından lisansüstü eğitimini Johns Hopkins Üniversitesi ve doktorasını Stanford Üniversitesi'nde yaptı. 1954-1966 yılları arasında Prof. Aydın Yalçın'ın sahibi olduğu *Forum* dergisinde yazarlık yaptı. Ankara Üniversitesi'nde 13 yıl hocalık yaptıktan sonra Boğaziçi Üniversitesi'nde İktisadi İdari Bilimler Fakültesi'nin kurucu

805S Ankara Üniversitesi-Mardin, Şerif Arif- Rapor, 1961

805S Ankara Üniversitesi-Mardin, Şerif Arif-Yayınlar, 1960-1961

805S Ankara Üniversitesi-Ökçün, Gündüz, 1961-1964[23]

805S Ankara Üniversitesi-Ökçün, Gündüz-İlave Malzeme, 1964

805S Ankara Üniversitesi-Smith, Prof. Edward C., 1956-1958

805S Ankara Üniversitesi-Sovyet Araştırmaları, 1959-1965

805S Yalçın, Prof. Aydın, 1956-1957, 1959-1961[24]

Rockefeller Vakfı'nın "Türkiye-805" kodlu listesine ara vermek istiyorum. İsim okumaktan yorulmuş olabilirsiniz ama tekrar döneceğim. Çünkü daha bitmedi yazacağım bilgiler...

Listede okudunuz; konumuz tıp-ilaç-sağlık olduğu için diğer (ressam-yazar vs. gibi) alanlarda verilen paralar-hibeler konusuna değinmeyeceğim. Evet, esas gayemiz tıp-ilaç-sağlık sektörünü ele almak... Şunu ekleyeyim: İleri sayfalarda okuyacaksınız; Şili, Arjantin gibi askeri darbe yönetimlerinde görev alan ekonomist isimlerin hemen hepsi Rockefeller bursuyla Şikago Üniversitesi'nde okudu.

---

dekanlığını ve sosyoloji bölüm başkanlığını yaptı. Daha sonra yaklaşık 13 sene Washington'daki American University'de İslam Araştırmaları Merkezi Başkanlığı'nı yürüttü. Sonra Türkiye'ye Sabancı Üniversitesi'nde Tanzimat Dönemi Türk Düşüncesi hakkındaki çalışmalarını geliştirecek bir programın başına döndü. İstanbul Şehir Üniversitesi Sosyoloji Bölümü'nde görev yaparken 2017'de öldü.

23 Gündüz Ökçün Siyasal Bilgiler Fakültesi mezunuydu. Devletler Özel Hukuku, İktisat Tarihi profesörü idi. Siyasal Bilgiler Fakültesi dekanlığı yaptı. CHP Eskişehir Milletvekili idi. Bülent Ecevit tarafından iki kez, (21.06.1977-21.07.1977 ve 05.01.1978-12.11.1979 tarihleri arasında) dışişleri bakanı yapıldı. 1986'da vefat etti.

24 Aydın Yalçın, 1954 yılında *Forum* dergisini kurdu. 1958-1960 yılları arasında, ziyaretçi profesör olarak ABD Columbia Üniversitesi'nde ders verdi. Türk siyasi hayatında da bazı aktif görevler aldı. Hürriyet Partisi ve Yeni Türkiye Partisi kurucusu olarak siyasi hayata katıldı. 1965-1973 yılları arasında Adalet Partisi milletvekili olarak parlamentoda bulundu. Uzun yıllar bu partinin genel idare kurulu üyeliğini ve grup başkan vekilliğini yaptı. 1973 yılından sonra tekrar üniversiteye döndü ve önceden arkadaşlarıyla beraber çıkardığı *Forum* dergisini 15 Eylül 1979 tarihinden itibaren *Yeni Forum* adı altında yeniden çıkardı. 1994 tarihinde vefat edene kadar bu derginin yönetim kurulu başkanlığını ve başyazarlığını yürüttü.

Peki... Petrol zengini Rockefeller insan sağlığıyla neden bu derece yakından ilgili?

Rockefeller, Türk tıp insanlarına neden paralar dağıttı?

Rockefeller, tıp fakültelerinin, hastanelerin kurulmasına neden destek verdi? Ki bu sadece Türkiye ile sınırlı değildi...

Amacı neydi? Bu kitapta bunun yanıtını bulmaya çalışacağız. Ama bu aşamada ilk şunu yazabilirim:

Rockefeller zamanla sadece "iyiliksever" olup köşesine çekilmedi. Örneğin "tıp öğrenimini" kökten değiştirdi. Sağlığa - hastalığa bakışı değiştirdi, "biyopolitik" kavramına sebep oldu... Nasıl mı yaptı bunları? Yavaş yavaş asıl konunun içine girmeye başlıyoruz...

Şu sözü çok duyuyoruz çünkü:

-"Ben doktorum, bunun okulunda okudum..."

-"Ben bilim adamıyım, literatüre dayalı olarak konuşuyorum..."

Güzel. Doğru. Peki, bu "okulun müfredatını", "tıp literatürünü", "kılavuz kitapları" kimler, nasıl hazırladı?

Bu sorunun yanıtını vermek için yazıldı bu kitap...

Doktorun insan sağlığı konusundaki sorumluluğunu, yalnızca teşhis-tedavi çerçevesinde sınırlayacak tıp eğitimi kimler tarafından dünyaya dayatıldı?

Beden "baş suçlu" nasıl yapıldı? Soru çok...

Bölüme başlayabilirim.

Önce size birini tanıtacağım:

Abraham Flexner

Tespit:

Önceleri işlevi hastalıkları tedavi etmek olan tıp, kapitalizmin doğuşuyla iki yeni fonksiyon daha kazandı: Sağlığı korumak ve yaşamı uzatmak.

Böylece sağlığın korunması pazarlama aracı oldu. Sağlık, talebin sınırsız olduğu yere yani ölüme karşı dirence yöneldi! Burjuvazinin tarih sahnesine çıkmasıyla, ölümü kendinden uzak tutmak için her türlü bedelin ödeneceği yeni bir çağ başladı.

Modern kapitalizmin doğuşuyla birlikte, sömürülen emek gücü de değerli kaynak haline geldi. Ama "kontrol" edilmesi şarttı. Bedenlerin "denetimli bir biçimde" üretim aygıtına sokulması ve "nüfusun" ekonomik süreçlere göre ayarlanması bu amaçla önemsendi.[25]

Batı aydınlanmasına göre bedeni din değil, katı pozitivizmden doğan "endüstriyel tıp" terbiye edecekti...

"Biyoiktidar" yönetimi böyle doğdu...

Bunun merkezi ABD oldu. Bu bilgiler ışığında "misafirimizi" tanıtabilirim:

Abraham Flexner (1866-1959)...

Alman Yahudi göçmen Ester-Moritz Flexner çiftinin oğluydu...

Okullarını filan geçelim...

Kuruluş yılı olan 1901'den 1935'e kadar 34 yıl Rockefeller Tıbbi Araştırma Enstitüsü'nde patolog, bakteriyolog ve tıbbi araştırmacı olarak çalıştı. Enstitünün başında ağabeyi Dr. Simon Flexner vardı...

Aslında... Abraham Flexner, doktor ya da tıp eğitimcisi değildi; sanat dalında lisans derecesi vardı. Ama... Harvard Üniversitesi ve Berlin Üniversitesi'nde psikoloji üzerine yüksek lisans çalışmaları yapmıştı. Kentucky Louisville'de bir okul işletiyordu...

1908 yılında ABD'deki üniversitelerin öğrenimini eleştiren bir kitap yazdı: *The American College: A Criticism*. Bunun üzerine dünyanın iki zengini Rockefeller ve Carnegie dedi ki: "Biz sana sponsor olalım; sen ülkeyi dolaş, bize bir rapor yaz."

Abraham Flexner, ABD'de bulunan 155 tıp fakültesini ziyaret edip rapor yazdı. (Kimine göre ziyaret edilen okul sayısı

---

25 *Saklı Seçilmişler* kitabımda ayrıntılı yazdım; Rockefeller'ın dünya nüfusunu kontrol altına almak için neler yaptığını... Nüfus artışına son vermek istiyorlardı. Öyle ya, dünya nüfusu 1-1804 yılları arasında 200 milyondan 1 milyara çıktı. 1804-günümüz yılları arasında 1 milyardan 7,2 milyara çıktı. İlkinde 1803 yıllık artış 800 milyon iken, ikincisinde 213 yılda artış 6,2 milyar oldu! Onlara göre "kontrol" şarttı... Bu nasıl olacaktı? Kitapta bunu okuyacaksınız!

hayli abartılıydı.) Hazırladığı rapor tıp eğitimi konusunda "devrim" yaptı.

Düşmanlar belliydi: İnsan bedenine bir bütün olarak bakan "tamamlayıcı-alternatif tıp çevreleri"...

Bu da ne demeyiniz; hiç kafanızı karıştırmadan olanca basitliğiyle özetleyeceğim. Önemli, çünkü "tıp anlayışını" temelden değiştirilecek "adımlar" atıldı:

"Tamamlayıcı tıp"...

Hastalıkları yavaşlatmak, tedavi etmek ve aynı zamanda kişinin hastalanmasını önlemek. Vücutta hastalanan bir hücre dahi tüm bedeni etkileyebiliyordu; sistemin herhangi bir aşamasında aksamalar olursa, bu tüm vücudu etkileyecek ve farklı bir bölgede dengeyi bozacaktı. Örneğin, tiroit bozukluğunun veya bademciklerin boyun fıtığını veya omuz ağrısını başlatabilmesi gibi...

"Tamamlayıcı tıp", hastalıkları tedavi etmek amacıyla verilen ilaçların -yan etkileri nedeniyle- vücut sistemini daha da kötü hale getirdiğini savunuyordu. Bu ilaçların vücuttan atılması ise başlı başına sorundu! Bu sebeple "endüstriyel tıbba" ciddi eleştiriler getirdi:

Mesela... "Endüstriyel tıbbın" yaklaşımı, vücudun neresi ağrıyorsa orasının ilaçla tedavi edilmesi üzerineydi; bu, bedenin sahip olduğu normal denge durumunu bozuyordu!

Mesela... "Endüstriyel tıbbın" (allopatik) bakış açısına göre, salt bedensel olayları anlamak ve kontrol etmek temel öncelikti. Hastalıkların hep dış kaynaklı olduğu ve dıştan çözümlenebileceği fikrini saplantı haline getirmişti! "Bütünleyici" değil, salt "organ merkezli" görmeye başladı sorunu/hastalığı...

Bunun sonucunda da ne yazık ki...

Bazı hastalıklarda sadece şikâyetler baskılanıyordu ve böylece tam şifa/iyileşme sağlanamadığı için bedende yan etkiler ve daha ağır hastalıklar ortaya çıkıyordu.

Özü şuydu:

-"Hasta yoktur, hastalık vardır" diyen "endüstriyel tıp"...

-"Hastalık yoktur, hasta vardır" diyen "tamamlayıcı tıp"...

Yani... Önceden hasta, hastalığın bir öznesi olarak görülürken, "endüstriyel tıp" ile artık hastalık özne durumuna geçirildi!

Niye?

Bu sadece tıbba ve sağlığa farklı bakış tartışması mıydı? Tabii ki değil; meselenin ekonomik-politik yönü vardı... Çünkü zamanla beden üzerinde insan yeniden "icat" edildi; beden üzerinden iktidar yeniden inşa edildi. Geleceğiz bunlara ama önce bazı mini bilgiler vermeliyim:

Tarih kitapları yazar; "endüstriyel tıp" 18. yüzyıl sonunda doğdu. Peki... Bu "yolu" kimler, neden, nasıl açtı? Kimse bu soru üzerinde durmuyor; tartışmıyor. Biz bu kitapta bunun yanıtını arayacağız...

Evet... Güçsüz olmasına rağmen insanoğlunun yok olmamasını sağlayan binlerce yıllık kadim bilgiler neden bir anda "şarlatanlık" diye görülüp küçümsendi?

Tıp algısı nasıl değiştirildi?

"Endüstriyel tıp" kimsenin itiraz edemeyeceği bir otoriteye nasıl sahip oldu?

Yanıtları Abraham Flexner verebilir! "Kadim sağlık" anlayışını yıkan kişi Rockefeller Enstitüsü'nden Flexner idi çünkü...

Yıl 1910. Amerikan tıp öğrenim durumunu inceleyen ve doktorların eğitiminde geniş kapsamlı reformlara yol açan "Flexner Raporu" (The Flexner Report on Medical Education) yayımlandı... Rapor tıp eğitim-öğreniminin temelden değişmesinin manifestosuydu![26]

---

26 Flexner Tıp Eğitimi Raporu, Carnegie Eğitimin Gelişimi Vakfı (The Carnegie Foundation for the Advancement of Teaching CFAT) tarafından açıklandı. Vakfı, 1905 yılında Andrew Carnegie kurdu. Rockefeller gibi Carnegie de "eğitim-öğretime" çok önem verdi. Eğer müfredatla ilgili bir çalışma yapacaksanız Rockefeller ve Carnegie vakıflarının çalışmalarını mutlaka bilmelisiniz. Carnegie, test sistemi, sınav, yükseköğretim kurumlarının sınıflandırılması gibi konuların hayata geçirilesinde etkin rol üstlendi. Carnegie, Rockefeller, John P. Morgan, Rothschild, Cecil Rhodes hepsi aynıydı: "Yuvarlak Masa" (Round Table) cemiyeti kurucu üyeleriydi.

Rapora göre, doktorların ve bilim adamlarının düşünceleri kökten değişmeliydi. "Eskimiş" geleneksel "tedavi yöntemleri" yerini "bilime" bırakmalıydı. Uygulama alanı olan tıp birden "bilim" oluverdi.

Ve bu "kutsal rapordan" sonra ABD'deki "alternatif tıp"-"tamamlayıcı tıp" denen "homeopati", "osteopati", "naturopati"[27] gibi tıbbi uygulamalardan vazgeçmeyen hekimlere ağır saldırılar başladı. Bu disiplinlerde eğitim sunan tıp fakültelerinin müfredatından bu dersler çıkarıldı. Hekimler hapse atıldı; okulları kapatıldı...

Bu yeni bir "cadı avı" idi. Şifa vericiler tarihin bu döneminde yine ağır saldırılara-tecavüzlere maruz kaldı...

Amerikan Osteopatik Birliği (AOA) bile, tıp okullarını Flexner'ın tavsiyelerine uygun hale getirdi![28]

Aslında... Neler olduğunu konunun daha iyi anlaşılması için "homeopati" üzerinden anlatmalıyım...

Farklı bakış

C. F. Samuel Hahnemann (1755-1843)...

Deneysel farmakolojinin babası olarak adlandırılan bu Alman tıp adamı homeopatinin kurucusuydu. 1796'da bir Alman tıp dergisinde homeopatik yaklaşım hakkında makale yayımladı. Bir dizi makalenin ardından, 1810'da *Akılcı Şifa*

27 Naturopati, bedenin kendini iyileştirme yeteneği olduğunu ileri sürer; hastalık belirtilerinin bedenin kendini düzeltme girişimi olduğunu ve baskılanmaması gerektiğini söyler. Tedavi daha kötü bir zarar vermemelidir ve hastalığa göre değil de kişiye göre düzenlenmelidir. Alman rahip Sebastian Kneipp (1821-1897) "modern naturopati"nin temel kuramlarını ortaya koydu. "Hidroterapi" (kaplıcalar gibi su), "fitoterapi" (botanik ilaçlar), "egzersiz" ve tam tahıllar ve sebzelerle "beslenme" şifa kaynağıydı. Kneipp'ın "müşterileri" arasında Avusturya Arşidükü Franz Ferdinand, babası Arşidük Karl Ludwig, Papa XIII. Leo vardı. Bu görüş 1890'larda Amerika kıtasına geldi. İlk naturopatik okul burada kuruldu.

28 Osteopati, sadece ellerle uygulanan bütüncül bir tedavi yöntemidir. Vücuttaki problemi sadece ağrı olan bölgede aramaz. Vücuttaki hareket, dolaşım, sinir sistemi ve organların doğru çalışmasını uyararak vücudun kendini iyileştirme potansiyelini harekete geçirmeye çalışır. Anatomi ve fizyoloji esasına dayanır. Andrew Taylor, (1828 -1917) bu tıbbın kurucusuydu. Aynı zamanda bir hekim ve cerrahtı. Kansas'taki Baker Üniversitesi'nin ve şu anda dünyanın ilk osteopatik tıp okulu olan Amerikan Osteopati Okulu'nun kurucusuydu. Dr. Taylor makinelere çok meraklıydı; buluşları oldu: Buğday ve samanı toplamak için tasarladığı biçme makinesi gibi...

Veren Sanat Örgütü adlı kitabı yazdı. İngilizce, Fransızca, İtalyanca, Yunanca, Latince, Arapça, Süryanice ve İbraniceden çeviriler yaparak tıp bilgisini artırdı. Doktorluk yapması da tıp pratiği konusunda kafasının açılmasına sebep oldu. Zamanındaki tıbbın durumundan memnun değildi ve özellikle kan alma,[29] bağırsak temizleme, sülük, toksik ilaçlar gibi uygulamalara itiraz etti. Hekimlik yaparken ilaçların daha çok zarar verdiğini gözlemledi.

Ve "alternatif tıp" ekolü yarattı: Bu, "benzer benzeri tedavi eder" anlayışıydı: "Bir insanı hasta eden onu iyileştirir de!" Yani, aşıda uygulanan sistemdi![30] Aslında, "benzerlerin yasası" daha önce Hipokrat ve Paracelsus tarafından tanımlandı. Mayalılar, Çinliler, Yunanlılar ve Amerikan Yerlileri de dahil olmak üzere birçok kültür tarafından uygulandı…

Dendi ki: "Uygarlıktan" önce insanların hastalıkları daha basitti; "endüstriyel tıp" kendi karmaşasını hastalık üzerinde uygulamaya başladı ve hastalık asıl seyrinden uzaklaştı...

Homeopatinin kurucusu Alman hekim Hahnemann şu tezleri ileri sürdü:

-Bütünü dikkate almadan bölgesel semptomlara bakarak toksik ilaç kullanılması, vücuda baskılama yaparak hastalığı aslında iyileştirmiyor; aksine sorunu daha derine itekleyerek ileri süreçte daha ciddi rahatsızlıklara neden oluyor…

---

29 O dönem... Kan alma ve sülüklerin uygulanması, 1800'lerin ortalarına kadar yaygın bir pratikti. Bir Fransız doktorun tüm Napolyon Savaşları boyunca döküldüğünden daha fazla kan döktüğü şakası yapılıyordu! Sadece 1833 yılında Fransa'ya 41 milyon sülük ithal edildi. ABD'de bir firma 1856'da 500 bin sülük ithal etti; rakip şirket ise 300 bin sülük ithalatı yaptı. Amerikan tıbbının babası sayılan Benjamin Rush (1776-1813), kan dökmenin tüm genel ve kronik hastalıklarda faydalı olduğunu söylüyordu.

30 Aşı konusuna ileri sayfalarda değineceğim ama yeri gelmişken şu notu düşmeliyim: Homeopatik hekimlere göre, aşıların bireysellik gözetilmeden bütün bir nüfusa uygulanması son derece tehlikeliydi. Her bireyin aşıya farklı düzeylerde duyarlılığı varken, aşı herkese yapılıyordu. Evet, her beden farklıydı oysa. Aşı vücutta bambaşka hastalıkların ortaya çıkmasını tetikliyordu. Maalesef… Ülkemizde ABD'den birebir kopya edilmekte olan yüklü aşı programının, bugün küçük çocuklarda epidemik/salgın boyuta ulaşan alerji, gıda intoleransları, astım, diyabet ve diğer otoimmün hastalıkları karşımıza çıkardığını hiç tartışamıyoruz. "Ama aşılar" diyenin kafasına çullanılıyor! Neyse, geleceğim bu konuya…

Mesela:

-Frengi kapmış ve penisi üzerinde şankr çıbanı çıkan hastaya yüksek dozda iki hafta penisilin verirseniz çıban yok olur. Böyle bir hastada şankr çıbanı çıkma ihtimali bir daha olmaz. Bu, iyileşme ve sağlık belirtisi midir? Hayır. Vücut "baskılama" yapmıştır. Üç ya da altı ay sonra frenginin ikinci devresi başlar; vücudun başka yerlerinde deri döküntüleri/isilik ortaya çıkar! Yine toksik ilaçla tedavi başlar ama hastalık sona ermez; yıllar sonra bu kez sinir sistemi iflas eder, insanite/delilik meydana gelir...

Ressamlar Van Gogh'dan Goya'ya kimi hayatlarda bunun izleri yok mudur?

Bugün bu nedenle homeopati destekçileri şunu iddia ediyor:

-"Bu yüzyılda hızla başlayan kısa süreli akut hastalıkların azalması, tedavilerin etkili olması şeklinde yorumlanmamalıdır. Tam tersine, hasar veren kanser, kalp hastalıkları, kalp krizi, nörolojik bozukluklar, sara vb. vakalarda ve kronik hastalıklarda artış görülmesinin sebeplerinden biri de toksik ilaçların yan etkileridir..."

Hekim Hahnemann'ın öğrencileri dünyanın dört bir yanına yayıldı. Bunlardan biri de Hollandalı bir homeopat olan Hans B. Gram idi. 1825'te ABD'ye göç etmesinden kısa bir süre sonra homeopati bu ülkede gelişmeye başladı.[31] ABD'nin ilk ulusal tıp topluluğu olan Amerikan Homeopati Enstitüsü 1844'te kuruldu.

Homeopati ABD'de hızla gelişip halktan ilgi görmeye başlayınca, 1847'de homeopati gelişimini yavaşlatmaya yeminli rakip bir "modern doktor" grubu oluştu. Bu organizasyon kendisine Amerikan Tabipler Birliği (The American Medical Association-AMA) adını verdi.

31 Meraklılar, Alternatif tıp tarihçisi olan John Haller'ın *The History of American Homeopathy: The Academic Years, 1820-1935* (Amerikan Homeopati Tarihi: Akademik Yıllar, 1820-1935", adlı kitabını okuyabilir...

AMA üyesi doktorların homeopati ve homeopatlara karşı düşmanlığı o kadar güçlüydü ki, homeopatiyi benimseyen hekimlerin tüm yerel tıbbi topluluklardan temizlenmesine karar verdiler…

Yalnız değillerdi. Mesela eczacılar… Bir seferde yalnızca tek ilacın kullanılması ve sadece sınırlı dozlarda reçete edilmesi taraftarı homeopatiye tepkiliydiler. Para kazanamıyorlardı çünkü…

Doktorlar da aynı durumdaydı. Homeopati uygulayan hekimler her hastayı "bireyleştiriyor" ve ona özgü tedavi uyguluyordu. Bu hal kuşkusuz çok zaman alıyordu. AMA mensubu doktorlar "toptancı" anlayışla, kısa zamanda çok hastaya bakıp, çok ilaç yazıp, daha çok para kazanmak istiyordu...

İlaç şirketlerinin durumu da farklı değildi. Homeopati yaklaşımının "endüstriyel ilaç" kullanımına keskin eleştiriler getirmesinden hiç memnun değillerdi…

Geçen yıl *Homeopati Bilimi* kitabını yazan Prof. George Vithoulkas, "endüstriyel tıp" ile temel ayrılığı şöyle belirtti:

-"Dr. Hahnemann'ın yenilikçi fikirleri yerine tıp dünyasında Louis Pasteur tarafından ortaya atılan maddeci kavramlar geniş kabul görüyordu. Pasteur'ün kavramları Newton'un somut kavram dünyasına daha iyi uyuyordu. Pasteur'ün mikropların doğası üzerine yaptığı araştırmalar ve ortaya attığı teoriler herkesin hastalığının nedenlerinin bulunduğuna inanmasını sağladı; mikroplar![32]

-"Modern bakteriyoloji bilimi ilerledikçe hastalık sürecini başlatmaya sebep olarak hem mikrop hem de bünyenin hassasiyetinin gerekli olduğu sonucuna varıldı. Endüstriyel tıp bu gerçeğe gözlerini kapatarak yeni mikropların, bakterilerin, virüslerin vs. peşine düşmeye devam etti ve onları öldürecek kuvvetli ilaçlar geliştirdi sürekli. (…)

-"Tıbbi araştırmacıların saplantı şeklinde mikroplara ve hastalıklara yol açan somut sebepleri araştırmadaki ısrarcı

32 Şunu da eklemek lazım: Kimi benzer görüşte olanlara göre, Batı felsefesinin temelini atan Rene Descartes'ın zihin ve beden arasında yaptığı sert ayrım, doktorları beden üzerinde yoğunlaşmaya ve hastalığın psikolojik, toplumsal ve çevresel boyutlarını ihmal etmeye yöneltti.

tutumları, belirgin şekilde halk sağlığını tehdit eden daha toksik / zehirli ilaçların gelişmesine öncülük etti.

-"Bütün bilinçli hastalar için açık olan şudur; hastalıkların somut sebepleri için yapılan saplantılı araştırmalar, endüstriyel tedavi, bilimin temeli değildir. Eklemlerin iltihaplanması olan artrit, astım, kolit, ülser, kalp krizi, epilepsi-sara, anksiyete, depresyon hastalıkları için verilen ilaçların çoğu genel anlayışa göre tedavi edici değildir. Yan etkileri göz ardı edilerek verilen bu ilaçlar hastalığın sebebine tam olarak vurucu etki yapmayıp rahatsızlıkları geçici olarak hafifletmektedir. Bu da endüstriyel tıbbın kendi başına hastalıklarla etkin olarak mücadele etmedeki çaresizliğinin göstergesidir. Tıpta zannedildiği gibi aşama kaydedilmemiştir.[33]

-"Endüstriyel bilim Hahnemann'ın dönemine göre potansiyeli daha yüksek kimyasallar oluşturdu. İlaçların her türü tahribat yapar, fakat benim deneyimlerime göre antibiyotikler, trankilizanlar / depresyonlar, doğum kontrol hapları, kortizon ve diğer hormonlar tahribatı en yüksek olanlardır.[34]

-"İdeal tedavi sistemi hasta için minimum ya da sıfır risk taşımalıdır. Etkisi sadece semptomları hafifletmeyi değil, bireyin vücudunu güçlendirip onun kendisini iyi hissetmesine, bireyin kaliteli yaşam sürmesine yardımcı olmayı esas almalıdır..."

Bu sözler dün olduğu gibi bugün de büyük tepki alıyor. Kimse "Acaba?" sorusunu sormuyor; ısrarla "endüstriyel tıbbın tabularıyla" hareket ediyor; "bilim" yaptığını düşünüyor... Hipokrat bile ne dedi: "Ana hedef vücudumuza, kendi kendine tedavi edebilme yeteneğini tekrar kazandırmaktır." Konumuza dönersek...

---

33 Paul A. Janssens *Paleopathology* kitabında pek çok kronik hastalığın binlerce yıldır olduğunu ispatladı. Folke Henschen ise hastalıkların tarihini yazdığı *The History of Diseases* kitabında MÖ 5 bin yılından itibaren kemik veremi, binlerce yıl öncesinde görülen bel soğukluğu, sıtma ve cüzam hastalıkları vardı. Frengi MÖ 13 bin yılında vardı; Avrupa'ya Kolomb ile yayılmıştı. Kanser dünyanın her yerinde çok eski zamanlardan beri görülüyordu.

34 Türkiye ilaç pazarında ilaç yapımında kullanılan iki bin dolayında sentetik kimyasal molekülü var. Bunların yan etkilerini insan düşünmek bile istemiyor. Ya her gün ilaç almak zorunda bırakılanlar? Hapı, "kutsal kurtarıcı" seviyesine kimler neden getirdi?

"Endüstriyel tıp" mesleğinden gelen ciddi baskılara rağmen homeopati, 1800'lerde ve 1900'lerin başında hayatta kaldı ve hatta gelişti, büyüdü. ABD'de 1900'ler başında Boston Üniversitesi, Michigan Üniversitesi, Minnesota Üniversitesi, Hahnemann Tıp Fakültesi ve Iowa Üniversitesi gibi homeopati dersi veren yirmi iki homeopatik tıp okulu, yüzden fazla homeopatik hastane, altmışın üzerinde yetimhane ve yaşlılarevi vardı. ABD'de binden fazla homeopatik eczane bulunuyordu. ABD'nin en büyük kütüphaneye sahip dört tıp fakültesinden üçü homeopati okuluydu. Yüzyılın başında yirmi dokuz homeopati dergisi yayındaydı...

Sadece ABD değil... Homeopati, 1800'lerde Avrupa'da da popüler hale geldi. En güçlü savunucuları arasında kraliyet aileleri, işadamları, edebiyat yazarları ve dini liderler vardı. Örneğin... Mark Twain 1890 yılında *Harpers Magazine*'e homeopatiyi öven makale yazmıştı.[35]

Uygulayıcıları arasında; şair W. Butler Yeats, yazar William M. Thackeray, İngiliz Başbakan Benjamin Disraeli,[36] herkesin bildiği Johann Wolfgang von Goethe, Papa X. Pius, William James, şair Henry Wadsworth Longfellow, yazar Nathaniel Hawthorne, *Tom Amca'nın Kulübesi*'nin yazarı Harriet Beecher Stowe, ABD Dışişleri Bakanı Daniel Webster, ABD Dışişleri Bakanı William Seward, *New York Daily Tribune* Genel Yayın Yönetmeni Horace Greeley, *Küçük Kadınlar* romanıyla bilinen Louisa May Alcott bulunuyordu...

Ünlü gazeteci William Cullen Bryant, New York Homeopatik Derneği'nin başkanıydı. William Lloyd Garrison gibi,

---

35 Günümüzde... "Homeopati, sadece yarar sağlayan birkaç tıbbi uzmanlık alanından biri" diyen büyük keman virtüözü Yehudi Menuhin, İngiltere'nin ana homeopatik organizasyonlarından biri olan Hahnemann Derneği'nin başkanlığını yapıyor.

36 Guido Ceronetti bedenle ilgili aforizmaları bir araya getirdiği *Bedenin Sessizliği* eserinde 19. yüzyılın sonunda İngiltere'deki kapışmayı yazdı: "(1881'de) Disraeli ölmek üzereyken, Kraliçe'nin hekimleri, homeopat bir hekimin gözetiminde olduğu için onu muayene etmeyi reddetmişlerdi; meslek odaları, homeopatlarla irtibat kurmalarını dahi yasaklamaktaydı. En sonunda Kraliçe'nin ısrarları sonucunda hastayı görmeye razı olmuşlardı. Bu iki hekimlik türü arasında hâlâ kesin bir ayrım vardır."

köleliğin kaldırılması hareketinin öncüsü devrimciler, homeopati savunucusuydu.

İlgi büyüktü:

New York Times, İngiltere'de homeopatik hekimlere yapılan ziyaretlerin yılda yüzde 39 oranında arttığını yazdı. *The Times of London*'da yayımlanan çalışmada, hekimlerin yüzde 48'inin hastaları homeopatik hekimlere yönlendirdiği ortaya çıktı. *British Medical Journal*, yeni mezun yüz hekimle yapılan bir araştırmada genç doktorların yüzde 80'inin homeopati, akupunktur, hipnoz konusuyla ilgilendiğini belirtti.

Bulaşıcı hastalıklara etkili yöntem sunmanın yanı sıra, homeopatik bakım altındaki hastaların daha uzun yaşadığını gözlemleyen bazı hayat sigortası şirketleri, homeopatik hastalara yüzde 10 indirim verdi. Bu desteğin ikinci sebebi, birçok şehirde ücretsiz homeopatik dispanserlerinin olmasıydı.

Homeopati aslında bir "toplumcu tıp" anlayışı mıydı? Toplumcu tıbbın en büyük özelliği şu şekilde formüle edilebilir:

Kapitalist tıbbın başlıca uğraşı, hastayı tedavi etmektir. Parası olana harika hizmet sunulur. Toplumcu tıbbın başlıca uğraşısı ise hastalığı önlemeye çalışmak olup, yaşadığı bölge neresi olursa olsun, gelirleri ne olursa olsun, bütün vatandaşlara ucuz koruyucu sağlık hizmeti götürmektir...

Yoksul yığınlar homeopatiye ilgi gösterdikçe AMA mensubu doktorlar hop oturup hop kalktı. Sağlık bu kadar "ucuzlatılmamalı" idi!

Homeopati, kadınlar arasında yaygındı.

Homeopati, kadınların ve siyahların özgürleşmesiyle özdeşleştirildi.

Bunun bir sebebi, ABD'de çeşitli bulaşıcı salgın hastalıkların tedavisindeki homeopatinin başarısıydı. İstatistiklere göre, homeopatik hastanelerde ölüm oranı "modern hastanelerdeki" oranın sekizde biri kadar azdı!

Dünyadaki ilk kadın tıp fakültesi, 1848 yılında açılan homeopatik Boston Kadın Tıp Fakültesi oldu. Dört yıl sonra New England Kadın Tıp Fakültesi bunu takip etti. Şaşırtıcı değildi; binlerce yıldır kadim bilgiler kadınların elindeydi, belleğindeydi.

Homeopatlar, kadın hekimleri 1871'de Amerikan Homeopati Enstitüsü'ne kabul ederken, AMA hâlâ kadın hekimlere soğuk bakıyordu! Tıp, tekrar erkek egemenliğindeki meslek haline getirildi.

Sonuçta homeopati ve "endüstriyel tıp" arasındaki çatışma, (Rockefeller-Carnegie destekli) Flexner Raporu ile daha acımasız hale geldi. Zaten Abraham Flexner, Amerikan "endüstriyel tıp" okullarının ve "endüstriyel tıp" savunucusu doktorlar örgütü AMA'nın önde gelen üyeleriyle işbirliği içinde "raporunu" yazmıştı.[37]

Hakkaniyetli, gerçeği arayan araştırma değildi yaptıkları; "düşmanlarını" işbirliği yaptıkları Rockefeller, Carnegie, Russell Sage gibi zenginlerin desteğiyle yok etmekti. Ardından her türlü yalanı barındıran "karalama kampanyası" başlatıldı. Oysa...

"Şarlatanlık" denen homeopatik okul müfredatında birçok temel fen dersi okutuluyordu. Flexner Raporu'nun değersiz bulduğu -ilaçların etkisini ve kullanışlarını konu alan bilim dalı- farmakoloji dersleri bile vardı bu okullarda...

Kibirli "inanç" sahibi AMA, ilişki içinde olduğu ilaç şirketleriyle birlikte yayımladığı "bilimsel tıbbi" dergilerde, homeopatiyi "akıldışılık" olarak niteledi. Ki bu tavır hâlâ sürüyor...

İşin absürt yanı:

Dönemin "endüstriyel tıp" uygulayıcıları hastalıklara neden olan etmenin vücudu terk etmesi için cıva, kurşun, arsenik gibi kimyasalların bolca bulunduğu ilaçları reçete etti.

---

37 1876 yılında kurulan Amerikan Tıp Üniversiteleri Birliği (Association of American Medical Colleges -AAMC), 1958 yılından beri her yıl "Abraham Flexner Tıp Eğitimine Seçkin Hizmet Ödülü" veriyor!

Bugün tarihçiler ve bilim adamları, bu tıp anlayışını "bilim dışı" ve hatta barbarca kabul etmelerine rağmen, diğer yanda inatla homeopatiyi karalamayı sürdürüyor! Halen ABD tıp tarihi kitaplarının çoğunda homeopati yok; referansları ise genellikle aşağılayıcı!

Yaptıkları şu oldu sonunda; tıbbın binlerce yıllık "kütüphanesi" yakıldı!

Romalı filozof Çiçero ne dedi:

"Eski zamanlarda ne yapıldığını bilmemek, her zaman çocuk kalmaktır."

Rockefeller'ın iki yüzü

Bu süreçte...

Rockefeller'ın ikiyüzlülüğü ortaya çıktı:

John D. Rockefeller, homeopatiyi "tıpta ilerici bir adım" olarak nitelendirip 1903'te Amerikan Homeopati Enstitüsü'nün Başkan Yardımcısı olan Mary Belle Brown'la tanıştı.

Brown, New York'ta kırk yıllık kariyere sahipti. Hastaları arasında ABD'nin en zengin işadamlarından Andrew Carnegie, sosyalist işadamı Cornelius Vanderbilt II, ABD'nin en zengin kadını Arabella "Belle" Huntington ve oğul John D. Rockefeller Jr. vardı. İddiaya göre...

Homeopatik bakım altında olmasından dolayı gerek babası William Avery Rockefeller (1810-1906) ve gerek John D. Rockefeller (1839-1937) uzun yaşadı!

Kişisel doktoru Hamilton Fisk Biggar, homeopatik tıp uygulayıcısı idi. Dr. Biggar sentetik-kimyasal ilaçlara karşıydı ve Rockefeller'ın yakınlarıyla "ateşli tartışmalar" yapıyordu...[38]

Akla şu soru geliyor:

---

38 Recep Tayyip Erdoğan'ın da benzer tedaviden yararlandığı iddia edildi. Dr. Aidin Salih, Ukrayna Brusovka'da 1943 yılında dünyaya geldi. Lugansk şehrindeki tıp fakültesinden mezun oldu. Hastanelerde görev yaparken "endüstriyel tıbba" ait kuşkularını ortadan kaldırmak için Taşkent Üniversitesi Biyoloji bölümünü okudu. Sovyetler Birliği'nde 1970'lerde az ilaç kullanma gibi tedavi metotlarını anlatan akım başlattı. Müslüman oldu. Özbek lider Muhammed Salih ile evlendi. 1993'te Türkiye'ye geldi. İddiaya göre Erdoğan'ın hekimleri arasındaydı ve Erdoğan "endüstriyel tıp" yerine "tamamlayıcı tıbba" inanıyordu. Aidin Salih'in *Gerçek Tıp: Yitik Şifanın İzinde* ve iki ciltlik *Son Söz: Gerçek Tıp Dersleri* kitapları var...

Rockefeller, kendisinin benimsediği tıp anlayışının halka ulaşmasını neden istemedi? Ayrıca sadece o değil; homeopati anlayışını yok eden bir diğer isim olan Flexner Raporu destekçisi Andrew Carnegie de homeopatiyi kendine uyguladı ama topluma ulaşmasını engelledi. Bilime inandıkları için değil herhalde!

ABD'nin iki büyük zengininin neydi istekleri? Her ikisi de Malthusçu, "aşırı nüfus ve yeryüzü kaynaklarının sınırlı niteliği" gibi görüşlerden çıkan ırkçı "öjeni" yanlısıydı.[39]

Öjeni taraftarları "Hekimler ve yargıçlar, bedenleri bozuk olanların icabına bakmalıdır" diyen Eflatun'un çizgisindeydi. 1930 yılı itibariyle ABD eyaletlerinin yaklaşık üçte ikisinde öjeni yasaları kabul edildi. 67 bin insanı kısırlaştıranların topluma nasıl bir tıp anlayışı dayattığını tahmin edersiniz artık... O halde... Önleyici- tamamlayıcı tıp anlayışını savunan homeopatiyi "düşman" belleyenlerin ilk adımı neden "halk sağlığı" oldu? İhtiyaçları olan emekçilerin değil, girecekleri piyasanın sağlığı mıydı söz konusu olan?

Kavram olarak "halk sağlığı"nı kullansalar da istekleri ve gerçekleştirdikleri sağlık anlayışı devlet kontrolünde değil, özel sektör himayesinde olmasıydı!

Sağlığı, fiyat merkezli "doktor-müşteri" arasına sıkıştırılan "kapitalist tıp anlayışı" nasıl toplumcu-halkçı olabilir?

Öyle ya... Amerikan çokuluslu şirketlerinin sayısı 1901 yılında 47 iken, 1951'de bin 891 ve 1967 yılında üç bin 646'ya

---

39 Sağlıksız ceninleri ayırıp, sağlıklı ceninler yetiştirmenin yollarını arayan, bilimselliği tartışmalı akım "Ojeni" konusunu *Saklı Seçilmişler* kitabımda ayrıntılı yazdığım için bu konuyu -tekrara düşmemek için- geçiyorum... Gerek Rockefeller ve gerekse Carnegie (diğer Amerikalı zenginler; Vanderbilt, Osborn, Harriman, Whitney, Dodge, Pyne, Baker, Mills, Schiff vs.) sıkı bir öjeni destekçisi olup Nazilere bile destek verdiler! Onlara göre, anormal insan hastaydı, sakattı ve sistem için gereksizdi! Kapitalizmin yararına hizmet edecek şartlara sahip değildi. Bu nedenle de ya hastane odalarına kapatılmalı ya da denetim altında tutulmalıydı. Flexner şöyle diyordu: "Mecburen bir arada yaşamak zorunda kaldığımız 'zencileri' iyileştirmezsek, hastalığı bize bulaştırırlar!" Onlara göre, yoksullar, deliler, suçlular yararsız hastalardır; bir yere "kapatılmaları" -ki aslında söyleyemedikleri "yok edilmeleri"- gerekir! "İnsan ırkının ıslahı" Rockefeller ve arkadaşlarına Yunan-Roma'dan "miras" idi... 20. yüzyılda Almanya'dan önce İngiltere ve ABD'de hortladı bu anlayış! Batı medeniyetinin bu tür içyüzleri pek anlatılmaz.

yükseldi. Bu şirketlerin yüzde 60'ının bir şekilde Rockefeller ile ilgisi vardı...

Upton Sinclair (1878-1968)...

Amerikalı sosyalist yazar.

1923 yılında yazdığı *Kaz Adımı* (*The Goose-Step*) adlı kitabında Amerikan eğitim-öğrenim sistemine "mercek" tuttu:

-"Eğitim sistemimiz kamu hizmeti değil, özel ayrıcalık aracıdır; amacı insanlığın refahını artırmak değil, yalnızca Amerika'nın kapitalistini korumaktır..."

Bunu sağlayan ise "Andrew Carnegie'nin Carnegie Eğitim Geliştirme Vakfı ve John D. Rockefeller'ın Genel Eğitim Kurulu" idi.[40]

Sonuçta ABD'de "endüstriyel tıp" kazandı...

Karl Marks'ın dediği gibi, en sonunda insanın ayrılmaz parçası olan her şeyin alışveriş ve pazarlık konusu olduğu kokuşmuş zaman gelip çatmıştı...

Rockefeller tıp müfredatına uyum göstermeyen okulların yarısından çoğu kapandı. 1904'te 160 olan tıp okulu sayısı, 1920 yılına gelindiğinde 85'e ve 1935'te yalnızca 66 tıp fakültesine düşürüldü. Siyahların gittiği yedi tıp okulundan beşi kapatıldı. Bunlar homeopati anlayışını savunan okullardı...

1900'de 22 homeopatik üniversite vardı; 1923 yılında sadece ikisi kaldı. Tıp fakültelerinden mezun olan kadın hekim sayısı yüzde 33 oranında azaldı.

1950'lerde ABD'deki tüm homeopati okulları kapatıldı; artık homeopati öğretilmeyecekti! O dönem Beyaz Saray'da sağlık ve eğitimden kim sorumluydu: Nelson Rockefeller...

Nihayetinde ABD'de...

40 Dünyayı "sağlıklı" yapmaya çalışan Rockefeller diğer yanda işçilerini sömürmeye devam etti. Gazeteci Sinclair, Colorado'nun kömür alanlarına üç gezi yaptı; kömür grevlerini ve ardından gelen Ludlow katliamını yazdı: *King Coal*. Katliamı Rockefeller şirketi Colorado Fuel & Iron'ın tuttuğu silahlı kişiler yaptı. On biri çocuk, dördü kadın 25 kişiyi öldürdüler. Sinclair 1914 yılında New York'taki Standard Oil ofisi önünde Rockefeller'a karşı yapılan gösterileri organize etti.

- Sağlığa odaklı homeopati yenildi…

- Hastalığa odaklı "endüstriyel tıp" yani "kapitalist tıp" anlayışı kazandı...

Kâmil olan hekim yenildi, akademik unvanlı "doktor" (MD) galip geldi…

Artık… İlacı, kişinin semptomlarına / bulgularına göre "bireyselleştirmek" yerine, ilaçları hastalık kategorilerine göre reçete eden "toptancı" anlayışı dayattılar.

"Endüstriyel tıp" insanların bedenini "tek vücut" haline getirdi.

İnsanı nesneleştirip benzer yaptı! "Robot" yapıp çoğalttılar insanı; tüm bedenler aynıydı bu anlayışa göre. "Endüstriyel tıp" artık bir tür "tamirci" idi; insan bedeni ise mekanik bir alet!

Sağlık-beden kliniğe hapsedildi. İktisadi-sosyal-kültürel etmenler göz ardı edildi. Hastalığın / sorunun "sosyal bağlamı" ihmal edilip, "ilaç" ve "hastane merkezli" çözüm dayatıldı. İyileşmenin tek çaresi olarak "kimyasal ilaç" gösterildi…

Modern toplumda belki de sömürünün en net, en açık şekilde yapıldığı ve ancak insanların da en az şikâyet ettiği "sağlık sektörü"nün doğumu böyle gerçekleştirildi.

Keza.

Her ne kadar "Rönesans'ın devamıyız" deseler de "aşırı uzmanlar" bu dönemin de sonunu getirdi. Sözü bilim tarihçisi Fransız Pierre Jean-Baptiste Rousseau'ya bırakayım:

-"Rönesans hekimi mesleki zorunluluk gereği zooloji ve anatomi eğitimi alarak, ayrıca matematiği ve göksel etkileri çıkarsayabilmek için astronomiyi, Aristoteles'i, Hipokrat'ı ve Galen'i okuyabilmek için eski dilleri, hastalıkların nedenini öğrenmek için fizik ve metafiziği, ilaç yapabilmek için botanik ve simyayı bilmek zorundadır."

Bu dönem kapandı…

Tıp, "yeni dinin" temel parçası oldu; bu uygulama alanının adına "bilim" dediler. Buna uygun tıp okulları açtılar. Tıp eğitimi özellikle "insan fizyolojisi" ve "biyokimyasına" sıkıştırıldı.

Tıp fakülteleri ve eğitim hastanelerinin ruhsatlandırılmasını ve akreditasyonunu tamamen ele geçirdiler. ABD'deki günümüz üniversite sisteminin yapısal organizasyonu 20. yüzyıl başında ortaya çıktı. Sisteme uymayana yaşam hakkı tanımadılar.[41]

Tıp öğrenimi yoksul halka kapatıldı.

Tıp eğitimi çok pahalı hale getirildi.

Tıp, profesyonelleştirildi.

Doktorluk; ayrıcalıklı, iyi para kazanan mesleğe dönüştürülerek kapitalizme eklemlendi!

"Sağlık" tanımı kökten değiştirildi; "Sağlık, hastalığın veya sakatlığın yokluğudur" dediler. Oysa sağlık, yaşamın ta kendisi...

Bitkisel-doğal tedavi yöntemleri "şeytani" görülmeye başlandı. (Aslında asıl kendileri bedeni "günahkâr" gören Hıristiyan kültürünün temsilcisiydiler. Bedeni ilaçla "günahlarından" arındıracaklardı. Neyse, işin dini yönü ayrı bir konu...)

"Endüstriyel tıp" çalışmaları sadece ABD'de gerçekleşmeyecekti.

ABD emperyalizmi artık dünyaya açılıyordu; eski sömürgeciler gittikleri yere "medeniyeti" götürmüşlerdi; ABD "endüstriyel tıbbı" götürecekti...

Kapitalizm egemenliği altındaki "biyomedikal yaklaşım", sağlığı ve hastalıkları sadece "biyolojiyle" açıklamayı dünyaya dayatacaktı...

Artık... "Siyah doktor çantası" içinde kutu kutu ilaçlar vardı; bağımlılık yapan, hastalıkları kronikleştiren ilaçlar... Oysa insan, ilaçların zehirlerini sindirecek şekilde donanımlı değildi. Kimyasal bileşikler savunma mekanizmalarını yıllar içinde çökertiyordu...

41 Sadece homeopati yok edildi sanmayınız. 1820'lerde Isaac Jennings ile ortaya çıkan "Ortopedi Hareketi" ("Doğal Hijyen") ekolü vardı. İlaca karşıydılar: "No Medicine Plan" genellikle vejetaryenlikle ilişkilendirildi ama bu tam gerçek değildi. Uyumsuz yiyeceklerin hastalığa yol açtığını iddia ediyorlardı. "Acıkmadıkça yememek", "bol su içmek", "temiz havada spor", "dinlenmek", "uyumak" gibi temel istekleri vardı sağlıklı olmanın. Sonuçta "Hijyenik Tıp" ekolü de yok edildi. Okullarından mezun olanlar "doktor" sayılmadı.

Kimse ilacın yararını toptan reddetmez ama bu gerçeği de bilmek şart... Hastalık değil, ilacın da insanı öldürdüğünü kavramak gerekiyor…

1848 Avrupa Devrimi

Mesele salt Rockefeller ve diğerlerinin "homeopati karşıtlığı" ile açıklanamaz. Derinde olan bir başka gerçek, 1848 Avrupa Devrimi ile ortaya çıkan "sosyal tıp" kavramıydı…

Bu özünde "toplumcu tıp" ile "piyasacı tıbbın" da kıyasıya mücadelesiydi… Şöyle:

Batı'daki Aydınlanma çağı, hastalığı ortaçağın "Tanrısal ceza" anlayışından kurtardı. 1789 Fransız Devrimi de sağlığı "imtiyazlı" olmaktan çıkararak, yurttaşlar için "hak" ve devlet için "yükümlülük" haline getirdi. Bütün şehirlerde sağlık komisyonları kuruldu. Paris Avrupa'nın tıp merkezi oldu. Paris hastanelerinde İngiltere'nin tüm hastanelerinden fazla yatak vardı.

Ancak… Kısa sürede gericilerle ittifak kuran burjuvazi verdiği sözleri unutarak, sağlığı kendi gereksinimleri doğrultusunda örgütlemeye başladı. Halkın buna tepkisi, Avrupa'nın büyük bölümünü etkileyen 1848 Ayaklanması ile oldu. Ayaklanmacıların talepleri arasında "sağlık hakkı" vardı; "herkese eşit, ücretsiz sağlık hizmeti" vardı.

Hastalıklarla insanların çalışma ve yaşam koşulları arasındaki ilişkiler 19. yüzyılın başlarından itibaren kimi hekimlerin ve aydınların dikkatini çekmeye başladı. Bu ilişkiler ilk kez Louis René Villerme (1792-1863) tarafından bu yüzyılın ilk çeyreğinde "bilimsel" olarak ortaya kondu. (Ki, tarihte ölümün zenginleri kayırdığını bilimsel olarak ortaya koyan ilk araştırmacı Villerme oldu.)

Ayrıca:

Yıl, 1848. Yoksul emekçilerin sesi olan Karl Marks ve Friedrich Engels *Komünist Manifesto*'yu yayımladı:

-"Burjuvazi o zamana kadar sayılan ve saygıyla karışık bir korkuyla bakılan bütün meslekleri kutsal giyimlerinden soydu. Doktoru, avukatı, şairi, bilim adamını ücretli işçisi yaptı..."

Oysa başka bir dünya mümkündü...

Avrupa'da işçi öncülüğündeki muhalif hareketler ülkeleri sağlık yatırımına zorladı. İlk olarak İngiltere, 1848 yılında "Halk Sağlığı Yasası"nı çıkardı. Korucuyu sağlık hizmetleri alanında sorumluluk-yükümlülük aldı.

Sağlık hizmetlerinin bir kamu hizmeti olarak örgütlenmesi bu devrim süreciyle hızlandı.

Ardından... Hızla gelişen muhalif işçi hareketlerinin etkisini azaltmayı benimseyen Bismarck, Almanya'da sosyal devlet fikrini ilk önce uygulayan ülkelerden biri oldu. Hastalık ya da kaza sebebiyle çalışma vasfını yitirmiş kişilere hayat güvencesi sağlayan sigorta sistemiydi bu. Bunu Avrupa'da Fransa, İngiltere, Belçika, Macaristan, Norveç, Lüksemburg gibi ülkeler takip etti.

Mücadele sadece "sosyal sigorta desteği" değildi. O dönemde hastalık oluşumu ve tıbbi tedavi konusunda hekimler arasında bakış farklılıkları vardı:

Almanya'da Rudolf Virchow, Salomon Neumann, Rudolf Leubuscher, Eduard Reich ve Fransa'da Louis René Villerme, Jules Guerin gibi Avrupalı bazı hekimler, hastalıkların kaynağında ekonomik-toplumsal yapı gibi etmenlerin olduğunu ileri sürdüler.

- Onlara göre, hastalık biyolojik etmenlerden çok, ortaya çıktığı tarihsel ve maddi koşulların ürünüydü...

- Onlara göre, hastalık yabancı bir organizmanın istilasından değil, hücrelerin içindeki düzenin bozulmasından kaynaklanıyordu...

- Onlara göre, hastalık üreten koşullarla mücadele etmek için hastaları bedenleri, ruhları, toplumsal ve fiziksel çevreleriyle bir bütün olarak değerlendirmek gerekirdi...

- Onlara göre, mesele sadece beden değildi...

Virchow "Yukarı Silezya Tifüs Salgını Raporu" çalışmasında, salgında hastalananlar ile hastalık etkeni dışında başka birçok toplumsal ve ekonomik etkenin de rolü olduğunu bilimsel olarak ortaya koydu. Aynı etkene maruz kalan herkes hastalanmıyor; başka koşullar mikroorganizmanın kişiye bulaşıp bulaşmamasında rol oynuyordu.

İtibariyle...

Hastalıkların nedenlerini toplumsal ve ekonomik koşullar dışında sadece mikroskobik organizmalarda arayan Louis Pasteur, Joseph Lister ve German Robert Koch gibi meslektaşlarıyla ayrı düştüler.

Bireye ve biyolojik etkenlere odaklanan meslektaşlarının görüşlerine / "mikrop teorisine" karşı çıktılar.

Örneğin Almanya'da Rudolf Virchow, yeni hücresel patoloji bilimini geliştirirken, Fransa'da Louis Pasteur yeni bakteriyoloji bilimini geliştiriyordu.

Yani... Tıp-sağlık bakışında bir de böyle "sınıfsal" ayrım vardı. İki tıp anlayışı arasındaki fark "emeğin ideolojisi" ile "sermayenin ideolojisi" arasındaki mücadelenin sağlık alanına yansımasıydı...

Rockefeller'ın tavrı-safı bu konuda netti!

-"İnsanları hastalıklar değil, eşitsizlikler öldürüyor" diyenlere karşıydı...

-"Cinayetin nedenlerini ve katilin kim olduğunu" söyleyenlere karşı "bayrak" açtı. Ve kuşkusuz hastalık oluş sebebini salt "mikrop-virüs-bakteri" olarak gösterenlere bonkör oldu.[42] Böylece...

Hastalıkların toplumsal koşullardan tamamen bağımsız olduğunu savunup, lösemi, kordoma, okronozis, emboli, trombus gibi hastalıkları tanımlayıp adlandıran Rudolf Virchow'u, bilimin ortaya koyduğu "gerçekleri" yadsımakla suçlayan Emil Adolf Behring gibi hekimler Nobel Ödülü ile onurlandırıldı.

"Soylu sayılsın" diye "Behring" soyadı verilen Emil Adolf'un Almanya Marburg'da 1904'te antitoksinler ve aşılar

42 ABD'de ilk patoloji laboratuvarı 1895 yılında Pensilvanya Üniversitesi'nde kuruldu. Bu, ABD'de ve Avrupa'da ayrı binası olan ve günlük işlerin yanı sıra araştırma yapan ilk tıp laboratuvarı idi.

üreten "Behringwerke" ilaç şirketi kurması gibi ayrıntılara girmeyeyim! Sermayenin tıbbını savunanlara "soyluluk" da, "ödül" de verildi hep. Almanya'daki en yüksek ilaç ödülü bugün onun adına takdim ediliyor: Marburg Üniversitesi Behring Ödülü...

Bu "mekanik-bedensel yaklaşımı" öne çıkaranlar, tezlerini bilimsel çevrelerde kabul ettirebildiklerinden değil, çalışmalarını sürdürebilmeleri için Rockefeller gibi zenginlerden para-ödül desteği sağladıklarından, lobi desteği bulduklarından "başarıya" ulaştılar! Bugün bunlar "çığır açan bilim insanları" diye tarih kitaplarında okutuluyor...

Rockefeller'ın kadife eldiveni: Misyoner doktorlar

Rockefeller için sağlık, "verimlilik" demekti.

Sadece kendi ülke gücü için değil... Emperyalist kuvvet haline gelen ve sınır ötesine gözünü diken ABD/Rockefeller, bir önceki sömürgeciler gibi "medeniyeti" sağlık üzerinden götürecekti.

Bu sebeple Rockefeller 1900'lerin başlarında 300-400 milyon dolar (günümüz parasıyla 1,5 triyon dolar) harcadı ve bunların çoğu "endüstriyel tıp" fikrinin inşasına gitti. (Dünyanın en zenginiydi; dönemin parasıyla 300 milyar dolarlık serveti vardı. Şöyle karşılaştırma yapın: "Hasta Adam" denen Osmanlı'nın 19. yüzyıl sonunda dış borcu 220 milyon sterlin idi...)

-1901 yılında, Rockefeller Tıbbi Araştırma Enstitüsü'nü (Rockefeller Institute for Medical Research) kurdu... (1965'ten sonra adı Rockefeller Üniversitesi oldu.)

-Rockefeller "projesine" ABD hükümetini de kattı.[43] 1902 yılında Washington'da Uluslararası Sağlık Bürosu'nu (International Sanitary Bureau) kurdurdu.

Amacı, ticaretin ve yatırımların hastalık yükünden korunmasına yönelikti; salgın hastalıkların önlenmesiyle piyasanın

43 Dönemin ABD Başkanı Theodore Roosevelt (1901-1909) idi. İlişkileri şöyleydi: Oğlu Kermit Roosevelt'in 11.397 hayvanı katlettiği Afrika safarisinin parasını Andrew Carnegie vermişti! Başkan Roosevelt, Rockefeller gibi Germen kökenlileri "Medeniyet Cephesi" içinde sayıyordu. "Vahşet Cephesi"nde ise Kızılderililer vardı.

güvenilirliği sağlanacaktı. Evet, "sağlık" demek "sağlıklı işgücü" demekti.

Ve...

- Rockefeller, 1903 yılında tıp eğitimiyle ilgili çalışmalarhibeler yapacak Genel Eğitim Kurulu'nu (The General Education Board- GEB) kurdu...

- Rockefeller, 1909 yılında Rockefeller Sağlık Komisyonu'nu (Rockefeller Sanitary Commission) kurdu...

- Rockefeller, 1913 yılında Uluslararası Sağlık Komisyonu'nu (The International Health Commission) kurdu...

- Rockefeller, 1913 yılında "Tüm dünyada insanlığın refahını artırmak için" adını taşıyan vakfı kurdu.

- Rockefeller, 1916 yılında Uluslararası Sağlık Kurulu'nu (The International Health Board) kurdu. Kurul 1927'de Uluslararası Sağlık Bölümü (The International Health Division-IHD) şeklinde değişime uğradı...

Bu IHD çok önemli...

Uluslararası düzeyde daimi halk sağlığı kurumları ağı oluşturmak için katalizör olarak çalıştı. IHD direktörü Wickliffe Rose'un Nisan 1919'da öngördüğü gibi Rockefeller Vakfı, "Dünyanın stratejik bölgelerinde halk sağlığı enstitüleri ve okullar açarak, belirli hastalıkların kontrolünde laboratuvar hizmetlerini, personel değişim ilişkilerini ve istatistik çalışmalarını ön plana çıkararak" uluslararası ölçekte etkinliğini artıracaktı.

Emperyalizmin en temel ayırt edici özelliği sömüreceği ülkenin "sağlıklı" olmasıydı! Yaptığı aslında "misyonerlik" idi ama bunu "bilimsel tıp" (seküler misyonerlik) diye yutturdu! İlk hedefleri arasında İtalya, Fransa, Venezuela, Meksika, Porto Riko dahil olmak üzere Avrupa, Latin Amerika ve Karayipler ile Osmanlı da vardı!

Yoksa "meslekleri" insanoğlunun sağlığı gibi ulvi bir amaç değildi. O dönemler Batı sömürgeciliği aşağılık yöntemleri hayata geçiriyordu; ne sağlığı! Para için yapmadıkları sömürü, soykırım, kıyım kalmadı.

Evet…

Rockefeller kapitalizminin, tıbbı kontrolü altına alabilmesi için tıbbi bilgi üretim süreçlerini denetimi altına alması şarttı. Böylece… Rockefeller "tıp anlayışı-müfredatı" ABD ile sınırlı kalmadı.[44] Abraham Flexner, Rockefeller'dan fon sağlayarak Avrupa tıp okullarına da aynı sistemi dayattı. "Bu işler kocakarı ilaçlarıyla olmaz" deyip müfredatı tamamen "modernleştirdi". Avrupalılar! Doğal olarak "homeopati" düşmanlığı Avrupa'da da yaygınlaştı…

Bize gelince...

19. yüzyılda Osmanlı'ya geldi "endüstriyel tıp" ve ardından kuşkusuz "tamamlayıcı tıp" karşıtlığı:

-"Dini batıl itikat" dendi. Sofuluk, falcılık, büyücülüktü yapılan… Konu, böylece sadece din-mistisizm çerçevesinde ele alınır oldu! Binlerce yıllık "ata kültü" iyileştirici "kamlar"- "otacılar" aslında nedir diye merak bile edilmedi. Hepsi "üfürükçü"- "muskacı" sayıldı. "Nefs" ve "çile" gibi veli kültlerinin sağlıkla ilişkisi unutuldu. "Bir şeyde bulunup başkasında bulunmayan bir hal, hareket, kuvvet, tesir, özellik" olan "havass"; tılsıma, gizli anlamlar içeren sembollere, muskaya indirgendi.

Diğer yanda... Osmanlı'nın gericiliğe saplanıp kaldığı köksüz-yavan dönemi başladı; geleneksel olan akıldışılığa evrildi. Bunda inancın hurafeye dönüşmesinin de katkısı oldu ve din, büyüyle tedavi edip menfaat kazanma gibi her türlü çıkar için "araçsallaştırıldı." Böylece cinleriyle dolaşan garip giysili "hüddamlı hocalar" Osmanlı topraklarını sardı. Tamam, bu yobazlık sorundu! Peki, 1839 Tanzimat ve 1856 Islahat Fermanı ile Osmanlı topraklarındaki eğitim kurumlarının Batı medeniyetinin en gerici, en bağnaz Hıristiyan

44 "Yeni müfredat"ın ayrıntısına girersem kitabın hacmi çok artar! "Hekim" John Locke (1632-1704) ile başlamam gerekiyor; onun kimyanın tıbba uygulaması olan "iyokimya" (iaochemistry) kavramını yazmak şart. "Deneyden başka bilgi edinilecek başka hiçbir yol yoktur" anlayışıdır bu. "Modernizm" dedikleri buydu. Tüm kadim bilgileri, irfanı kaldırıp attılar. Kutsal kitapların yerini, sorgusuz sualsiz kabul edilen "modernizmin ayetleri" aldı! Oysa ne dedi Nesimi: "Bedenimde değil, ruhumda sızı..."

misyonerlere bırakılması "ilericilik" miydi? Bu "modern okullar" en köhne bilgileri doldurdular genç bilinçlere... 1876 yılında Osmanlı'da Amerikan Komiserler Heyeti'nin 450 okulu ve 19 hastanesi vardı. Biz bunları, bu müfredatları, bu kültür emperyalizmini hiç konuşmayız/konuşturmazlar! Sadece bize özgü değil bu "zihinsel esaret"...

Şimdi bir başka ülkeden örnek vermek istiyorum: Çin!

Rockefeller...

"Endüstriyel tıbbın" muhteşem zorbalığını Çin'e de dayattı...

Her Çinlinin bedenini de "iktidarlarının asli konağı" yapmak için kolları sıvadı.

Bu projenin başındaki ismi *Saklı Seçilmişler* kitabımda ayrıntılı yazdım: Frederick Taylor Gates (1853-1929)...

Rockefeller'ın 1888 yılından beri sağ kolu olarak çalıştı. Onun en önemli danışmanıydı. Gates, ABD'de "bilimsel tıp" çalışmalarının başlamasına katkı sağlayıp, "medikal araştırma, medikal eğitim ve halk sağlığı alanında hayırseverlik çalışmalarının stratejilerini oluşturarak sağlık yatırımlarını organize eden" kişiydi.

Sadece ABD değil...

Sadece Avrupa değil...

Rockefeller'ın hedefinde -Gates'in büyük arzusu- Çin de vardı... Çin büyük pazarını "sağlıkla" düzenleyecekti. İngiltere gibi afyon değil, ilaç satacaktı!

Hızla büyüyen cumhuriyetçi ve komünist hareketleri "beden" üzerinden kontrol edecekti.

Hükümranlığını biyoloji üzerinden inşa edecekti.

Bunu kurduğu Uluslararası Sağlık Bürosu faaliyetleriyle yapacaktı; bu örgüt Rockefeller'ın ticari çıkarları önündeki -bulaşıcı hastalıklar gibi- her engeli aşacaktı. Bu amaçla... Çin'de "endüstriyel tıp" eğitim sistemini geliştirmek için Çin Sağlık Kurulu'nu (SPK) oluşturdu. Keza.

Pekin Birliği Tıp Fakültesi (PUMC), 1917 yılında SPK'nın bir parçası olarak kuruldu. 1919'da ABD dışında bir tıp eğitimi programı yürütmek üzere resmi bir Tıbbi Eğitim Bölümü meydana getirildi. Bu programda, hemşirelik, hastane ve dispanser gelişimi gibi ilgili alanlara bağışlar yaptı.

Ulusal Araştırma Konseyi aracılığıyla fizik ve kimya alanında laboratuvarlar kuruldu. Rockefeller Türkiye gibi ülkelere yapacaklarını ilk kez Çin'de gerçekleştirdi. Ama...

İstediğini elde edemedi. Mao Zedung kazandı, ülke sosyalist oldu ve Rockefeller Çin'den kovuldu...[45]

İngiliz ve devamında gelen ABD'nin arkasında ne bıraktığını, Marc Duke, *Acupuncture* adlı 1972 tarihli kitabında yazdı:

-"Geleneksel Çin tıbbı olan akupunktur bugün çok yaygın olsa da bunlar sadece eski metotların yüzeysel yansımasıdır. Özellikle Çan Kay Şek hükümeti tarafından muayene süreçlerine engelleme yapıldığından eski gelenekler sulandırıldı. Klasik öğrenme yöntemleri ve muayeneler tahrip edildi..."

Bizi ilgilendiren bölüme dönelim yine; Rockefeller'ın "doktor misyonerleri" Osmanlı'da neler yaptı?

James L. Barton...

Amerikan Misyoner Heyeti Sekreteri idi. II. Abdülhamit dönemindeki misyonerlik faaliyetlerini yazdığı *Türkiye'de Gündoğumu* adlı kitabında, "endüstriyel zamanın şövalyeleri" veya "bütün hamuru mayalayacak maya" olarak ifade ettiği misyoner doktorları, sundukları hizmetlerle, Osmanlı topraklarında "kaderci" anlayışın sorgulanmasına zemin hazırlayarak "endüstriyel tıbbın" yerleşmesinde önemli unsur olarak gördüğünü yazdı...

New York Rockefeller Arşivi'ndeki 1915 yılı belgelerine göre, IHD (Rockefeller Sanitary Commission) genel direktörü

45 Mao, 1966'da "Büyük Proleter Kültür Devrimi"nin ilk hareketi olarak Sağlık Bakanlığı'nı lağvetti. Kuramsal eğitimin gereksiz yere uzun olduğu, koruyucu hekimlik ve sık görülen hastalıklar üzerinde araştırmalara önem verilmediği, kırsal bölgede hizmet yapılmadığı ileri sürülerek tıp fakülteleri kapatıldı ve öğretim üyeleri kırsal bölgelere yollandı. Amaç, halkın gereksinimlerinden çok meslek sorunlarına yönelik olan öğretim üyelerinin, Çin'in gerçeklerini görmelerini sağlamak ve öğrencilerini ülkenin sağlık sorunlarını çözecek şekilde yetiştirebilmelerini gerçekleştirmekti. 1971 yılında tıp fakülteleri pratik eğitime ağırlık veren ve 3-4 yılda hekim yetiştirecek bir programla yeniden eğitime başladı. Buna hekimliği meslekten kurtarma (*deprofessionalization*) hareketi dendi.

Wickliffe Rose, James L. Barton ve İzmir'de Amerikan misyonerliği çalışmalarını yürüten John. P. McNaughton ile "Türkiye'deki genel sağlık koşullarına ilişkin" görüşme yapmıştı. Merkeze gönderdiği rapora göre…

-Türkiye'de başta sıtma ve çiçek olmak üzere tüberküloz, frengi, tifo ve tifüs vakalarının yaygın olduğu,

-Ve buna rağmen hijyen ve drenaj sisteminin olmadığı,

-Mekke'nin dünyanın kolera merkezi olarak bilindiği, hastalığın buradan Türkiye'ye yayıldığı bildirildi.

Görüşüne göre Müslümanlar sağlığın korunması ve geliştirilmesine önem vermiyor ve hükümet ise "endüstriyel tıbbın" yayılması için hiç çaba göstermiyordu. Sıklıkla vurguladığı şuydu:

-"İçinde bulunduğumuz [Birinci] Dünya Savaşı, Yakındoğu'nun toplumsal dokusunu temelinden sarsmıştır. Savaşta bütün büyük Avrupa güçlerinin kaynakları tükendiğinden, Amerika Yakındoğu'da (Ortadoğu'da) daha iyi bir uygarlık inşa etmek için çok özel bir fırsat yakalayacaktır. Bu uygarlığın gelişmesine, İsa'nın ruhunu taşıyan tıp profesyonellerinin liderlik edebilmesi için, tıp alanındaki misyonerlik faaliyetlerini güçlendirmek üzere çabalarımızı birleştirmeliyiz…"

İstediği, İstanbul'un stratejik öneminden dolayı büyük bir tıp okulu ve hastane inşa edilmesiydi. Ve…

Rockefeller Vakfı'ndan Mart 1915'te iki-üç yıllık dönem içinde Türkiye'deki faaliyetlerin desteklenmesi için 1 milyon 385 bin dolar yardım aldı.

Nitekim Wickliffe Rose, 1917 yılında Rockefeller Vakfı'ndan yine maddi destek alabilmek için, "Türkiye'de Tıp Eğitimi ve Tıp Uygulamaları" adlı raporu kaleme aldı. İstediği yine aynıydı: "Modern tıp eğitim hizmetlerini acilen hayata geçirmeliyiz."

Hayata geçirdi de. 20 Ağustos 1920 tarihinde İstanbul'da yaşayan azınlıklara, göçmenlere ve Amerikalılara hizmet etmek ve nitelikli hemşireler yetiştirmek üzere Amiral Bristol Hastanesi ve Amerikan Kız Koleji'ne bağlı Türkiye'nin ilk hemşirelik okulu açıldı.

Bunu İzmir, Beyrut, Atina, Sofya gibi hastaneler-okullar takip etti...

Rockefeller Arşivi kayıtlarındaki şu bilgiyi yazmalıyım:

-Vakıf, 1920'lerin başında dünya genelinde 74 ülkede 450 tıp okulundan elde edilen bilgilerle dünyada tıbbi eğitimin durumunu resmetmeye çaba gösterdi.

-Vakıf yaptığı analizlerde tıp okullarının tarihsel nedenlerden kaynaklı olarak İngiliz, Fransız ve Alman etkisinde olduğunu ve okulların çok farklı şekillerde örgütlendiklerini tespit etti.

-Vakıf, eski Avrupa tipi sağlık hizmetlerini dönüştürerek bir "Amerikan modeli" oluşturmayı, "uzman kişilerin uluslararası değişimi, yenilikçi adaptasyon programları ve farklı tıp okullarındaki tanınmış profesörlerin hazırladığı haber bültenleri yoluyla haberleşme ve iletişimi kolaylaştırma" yoluyla gerçekleştirdi...

Buraya ekleme yapmalıyım: Rockefeller "hayırseverliğini" genellikle Protestan Baptists Kilisesi kasasına yapıyordu. Bu "yardımseverlik" zamanla ABD sınırları dışındaki "misyonerlere" yöneldi. Ki misyonerlerin ABD'de yetiştiği okulların parasını Rockefeller veriyordu.[46] Zaten Rockefeller, Genel Eğitim Kurulu (General Education Board) örgütünü bu amaçla kurdu. "Hayırseverlik" artık "bilim maskesi" altında yapılacaktı! "Bilim maskesi", Protestan reformunun kurumsallaştırılmasından ibaretti! "Moderniteye" bu açıdan da bakınız. Özünde ticaretin küreselleşmesinin ilk adımıdır. Bu misyonerlerin Rockefeller'ın petrol bölgelerinde görevlendirilmeleri tesadüf değildi... Osmanlı topraklarındaki misyonerler özellikle Ermeniler ve çok az Rumları etkileyebildi;

46 Rockefeller sadece kurduğu ve kendi adını taşıyan Chicago Üniversitesi'ne değil, birçok üniversiteye büyük paralar verdi: Harvard, Dartmouth, Princeton, California, Berkeley, Stanford, Yale, Massachusetts Institute of Technology, Brown, Tufts, Columbia, Cornell, Pennsylvania, Case Western Reserve... Keza İngiltere'de London School of Economics ve University College London gibi... Dünyayı hiç yazmayayım; Asya'daki ilk Baptist üniversitesi Filipinler'deki Merkez Filipin Üniversitesi oldu...

Müslümanlar inançlarına sıkı sıkıya bağlıydı. Müslümanları etkilemenin tek yolu "misyoner doktorlar" faaliyetteydi.

Misyonerler sağlık alanında hastaneler, doktor-hemşire okulları açtı. Bu okullarda okutulan "modern müfredat" Osmanlı sağlık hizmetlerinin mantalitesini/anlayışını oluşturdu. Bu nasıl gerçekleştirildi? Tarihe geçmişini özetleyeyim.

Osmanlı'da Amerikan misyoner çalışmaları, ABD'den Pliny Fisk ve Levi Parsons adlı iki Hristiyan misyonerin 15 Ocak 1820'de İzmir Limanı'na varmasıyla başladı... ABD misyonerlik çalışmaları kısa zamanda, İzmir (1820), İstanbul (1831), Erzurum (1839), Antep (1847), Adana (1852), Maraş (1854), Merzifon, Kayseri, Van, Mardin gibi 17 büyük misyonerlik merkezi, 9 hastane ve 25 bin öğrencinin eğitim aldığı 426 okulun dahil olduğu bir ağ halini aldı.

Modern tıbbi uygulamalardan yoksun bir ülkede yaşamanın ve çalışmanın imkânsız olduğunu düşünen Rockefeller, misyonerlerin tıp eğitimi almalarını destekledi ve onları kısa süreli tıbbi eğitime tabi tuttu. Nitekim 1910'lu yıllarda Osmanlı'daki her dört misyonerden üçü, tıbbi çalışmalar yapıyordu...

Bunlar arasında Rockefeller'ın desteklediği, Protestan Baptist misyonerler de vardı. Sağlıkla ilgili hayırseverlik faaliyetlerinin başlamasıyla Rockefeller'a ait Standard Oil Company of New York (Socony) şirketinin Osmanlı petrol bölgelerine yatırım yapmaya başlamasının aynı döneme denk gelmesi tesadüf değildi. "Hayırsever tıp hizmeti" kandırmacaydı; para kazanmak şahaneydi!

Rockefeller şirketinin İstanbul ofisinin başına atanan Oscar Gunkel, hem şirketin ürünleri için pazarlama ağı geliştirmeye başladı, hem de ülkenin petrol üretim potansiyelini araştırma ve ayrıcalık elde etme arayışına girdi.

Standard Oil Şirketi, Türkiye'de ABD'nin demiryolları üzerindeki imtiyazını kullanarak Musul petrollerine ulaşmak istiyordu. O dönem... *New York Times* gazetesi 29 Temmuz

1915'te, Sultan Mehmet Reşat'ın Standard Oil Şirketi Başkanı W. E. Bemis'i ikinci sınıf Osmaniye nişanı; Standard Oil Şirketi'nin İstanbul ofisi yöneticisi Oscar Gunkel ve yönetici asistanı L. I. Thomas'ı üçüncü sınıf Osmaniye nişanı ile ödüllendirdiğini yazdı.

Niye idi bu nişanlar?

Birinci Dünya Savaşı, Osmanlı'daki bankaların derhal moratoryum ilan etmelerine ve itibariyle misyonerlere para akışının kesilmesine sebep oldu. Tüm ABD'li misyonerlere para yardımı yapan Rockefeller Standard Oil Şirketi İstanbul Ofisi oldu. Bunu yapabilmek için Hilal-i Ahmer / Kızılay'a, 1916 yılında 25 bin dolar, 1917 yılında ise 30 bin 504 dolar olmak üzere toplamda 55 bin 504 dolar (günümüz parasıyla 2,3 milyon dolar) tahsis etti.

Rockefeller Nisan 1916'da, misyonerlerin etkinliğine dair bilgi edinme ve hastalık ile yoksulluk koşullarından haberdar olmak amacıyla mühendis Edward R. Stoever'ı Türkiye'de görevlendirdi. Alman istihbaratının uyarısı ile Anadolu seyahatleri, savaş süresince çeşitli gerekçelerle ertelenip "iş yapamaz" hale getirildi.[47]

Savaş bitti... Rockefeller'ın misyonerlik çalışması bitmedi.

IHD direktörü Wickliffe Rose, Nisan 1919 tarihli raporunda önerilerini sunmaya devam etti: "Dünyanın stratejik bölgelerinde halk sağlığı enstitüleri ve okulları oluşturarak, belirli hastalıkların kontrolünde laboratuvar hizmetlerini, personel değişim ilişkilerini ve istatistik çalışmalarını ön plana çıkararak uluslararası ölçekte etkinliğimizi artırabiliriz."

Bu doğrultuda Rockefeller…

47 Arşiv klasör belgelerine göre Birinci Dünya Savaşı sırasında Rockefeller, Ermenilere toplam 610 bin dolar verdi. Ayrıca 1918 yılında da 22 bin 500 dolar daha gönderdi. Bu verdiği para son oldu. Rockefeller -tahminlere göre- yeni kurulan Türkiye'nin tepkisini hesap ettiğinden bir daha Ermenilere para yardımı yapmadı.

Çekoslovakya, Tayland, Hindistan, Avustralya, Hong Kong, Güney Afrika, Kanada ve Türkiye'de halk sağlığı ve tıp alanında olduğu kadar eğitim, tarım ve endüstriyel kalkınma gibi alanlarda da çalışmalarına hız verdi.

Ankara'yı Halide Edip yumuşattı

Birinci Dünya Savaşı'ndan sonra kurulan Türkiye Cumhuriyeti ile Rockefeller ilişkisi, ayrıntılarını *Saklı Seçilmişler* kitabımda yazdığım gibi önceleri soğuktu. Ankara, Amerikan hayırseverlik faaliyetlerinin Ermenilere yardım ve misyonerlik çalışmaları ile iç içe geçmesinden dolayı Rockefeller'dan şüphe duydu. Ayrıca ABD'de hayli etkin bir Ermeni lobisi vardı ve Türkiye aleyhine sert propaganda yürütüyorlardı.

Ankara hükümeti, Rockefeller'ın kendileriyle ilişki kurma talebine yanıtı 3 Ocak 1922 tarihinde Dahiliye Vekâleti kanalıyla verdi:

-Şimdiye kadar Amerikan faaliyetleri kâr güdüsü, ekonomik imtiyazları suiistimal etme, gayrimüslim ahaliyi kışkırtmak ve "hayırseverlik" adı altında Hıristiyanları Müslüman düşmanı olarak eğitme gayesi peşindeydi. Buna izin verilmezdi.

Rockefeller Ankara'yı "yumuşatmak" için Ağustos 1922'de vakıf temsilcisi Dr. Victor G. Heiser'ı İstanbul'a gönderdi. Bulaşıcı hastalıklar konusunda uzman olan Dr. Heiser, ABD ordusu Filipinler'i işgal ettiğinde, 27 Ekim 1902'de, Filipinler Sağlık Başkanı oldu. 1903-1915 yılları arasında Filipinler'deki Amerikan sömürge hükümeti için halk sağlığı sistemini kurdu!

On günlük bir ziyaret gerçekleştiren Dr. Heiser İstanbul'da, ABD Yüksek Komiseri Amiral Mark Bristol'ün de aralarında bulunduğu birçok kişiyle toplantılar yaptı ve "hayırsever kurumlara" ziyaretler gerçekleştirdi. Tek söylediği vardı:

-Rockefeller Türkiye'deki hastanelere yardım etmek için oldukça hevesli...

Dr. Heiser'ın isteği Ankara hükümeti ile görüşebilmekti. Devreye ABD'li Yüksek Komiser girdi; Ankara'ya

Rockefeller'ın tıp, hıfzıssıhha ve tarım alanında destek vermek için temsilcisini gönderdiği belirtildi ve İktisat Vekili Mahmut Esat Bey ile görüşmesinin sağlanması istendi. Buna yanıt 24 Nisan 1923'te verildi:

-"Rockefeller Vakfı'nın memleketimize daveti uygun görülmemiştir, izin ancak kendileri müracaat ettikleri takdirde verilebilir."

Ankara Rockefeller'la mesafesini korudu. Rockefeller pes etmedi...

Bu kez Nisan 1924'te Türkiye'yi ziyaret eden bir başka temsilcisi vardı: Dr. Richard M. Pearce. Uzmanlık alanı psikiyatri idi...

Türkiye'ye gelmeden önce 1920-22 yılları arasında Belçika, Polonya, Almanya ve Avusturya'ya gidip "tıp eğitimi" konusunda raporlar hazırlamıştı. 1923 yılında ise Hollanda, İngiltere, Bulgaristan, İsviçre ve Türkiye'de "Medikal eğitim nasıl olmalıdır" konulu raporu kaleme aldı. Dr. Pearce 1924 yılında da Danimarka, İskoçya ve Fransa tıp fakültelerini ele alan rapor yazdı. Tıp müfredatı konusunda tek rapor yazan o değildi; Rockefeller Vakfı Tıp Eğitimi Müdür Yardımcısı Dr. Alan Gregg[48], Dr. Henry O. Eversole, Dr. Eduard Uhlenhuth gibi Rockefeller doktorları 1931 yılına kadar tüm ülkeleri dolaşıp rapor hazırlayarak, hükümetlere teklif götürdüler. Tabii bağışlarıyla birlikte... Dünya "tıp anlayışını" böyle değiştirdiler...

Dr. Pearce, Haydarpaşa Tıp Fakültesi, Amerikan Hastanesi ve Hemşirelik Okulu gibi kurumları ziyaret etti. Tıp ve uzmanlık eğitimiyle ilgili program geliştirilmesi gerektiğini ileri sürdü. Ancak Ankara hükümeti ile o da ilişki kuramadı...

48 Dr. Gregg (1890-1957) Aralık 1927'de Sovyetler Birliği'ne gidip tıp eğitimini inceledi. Yazdığı raporda Moskova Tıp Fakültesi öğrencilerinin sınıfsal konumlarına dair ayrıntılı veriler yazdı. Rockefeller hekim adaylarının sınıfsal kökenini neden merak ediyordu acaba? Sonraki yıllarda Rockefeller Vakfı'nın Tıp Bilimleri Anabilim Dalı Başkanı oldu; 1956 yılına kadar 20 yıl başkanlık yaptı. İlaçlara katkılarından dolayı Lasker Ödülü aldı.

Sonunda…

Ankara'nın Rockfeller "boykotunun" kırılmasını Amerikalı Prof. John Dewey (1859-1952) sağladı.

Psikolog, eğitimci, sosyal reformcu idi. Okul müfredatlarıyla ilgiliydi. Özellikle ilkokul çocuklarına sadece "bilgi" değil, "beceri" kazandırmayı amaçlayan "alet kullanarak öğrenme" konusundaki görüşleri popülerdi. Politikti. Kendini "demokratik sosyalist" olarak tanımlıyordu.

Dewey ve eşi Alice, 19 Temmuz 1924'te başlayıp, 10 Eylül'de biten iki aylık Türkiye gezisi yaptı. Cumhurbaşkanı Mustafa Kemal ve Maarif Bakanı Vasıf (Çınar)'la görüştü. Ankara, İstanbul, Bursa okul izlenimlerini rapor etti; tavsiyelerde bulundu.

Peki… Ankara, özellikle misyoner faaliyetlerine desteklerinden dolayı Rockefeller gibi Amerikalılara hayli soğukken Dewey nasıl davet edildi?

Bunu sağlayan kişi, "Arap uzmanı" diye bilinen; Suudi Arabistan ve Yemen'de ABD'nin petrol çıkarılma imtiyazını almasında öncülük eden ABD'li işadamı Charles Richard Crane (1858-1939) idi…

Rockefeller kadar zengin değildi ama hayli parası vardı ve kuşkusuz "hayırsever" idi. Bağışlarından birini 1910 yılında Robert Koleji ve Arnavutköy Amerikan Kız Koleji'ne yaptı. 1911'de İstanbul'a gelip bu okulların mütevelli heyetinde yer aldı; 1915'te başkan oldu.

Okulun 1901 yılındaki ilk mezunlarından Halide Edip (Adıvar) ile tanıştı.

Kurtuluş Savaşı döneminde Halide Edip ile C. R. Crane sürekli mektuplaştı; Halide Hanım'ın "Amerikan mandası" taraftarı olmasının sebebi Crane idi!

Crane, Himaye-i Etfal /Kızılay'a 1923 yılında ABD'de bağış kampanyası açan Dr. Fuat Umay'ın gezisinin de sponsoru oldu. Türk öğrencilere ABD'de okumaları için burs verdi; bunlardan biri de Zekeriya (Sertel) idi.

Dr. Fuat Umay'ın kampanyası için yapılan yemeklerden biri Prof. John Dewey'in evinde yapıldı. Türkiye'ye gidip okullar hakkında rapor yazması kararlaştırıldı. İyi de…

Ankara, Amerikalı işadamı Crane'a neden güvendi? Üstelik 1911'de Arnavutluk ayaklanmasına yardım etmişti. Güvenin sebebi Halide Edip miydi?

Sonuçta gerek Crane ve gerekse John Dewey, Ankara hükümetinin "Amerika şüphesini" giderdi.[49]

Şu minik eklemeyi yapayım: İlk Sağlık Bakanı Adnan (Adıvar) ile eşi Halide Edip'in yolları Mustafa Kemal ile 1924 yılı sonunda ayrıldı. Adıvarlar yurtdışına gitti. Halide Edip ABD'de, denizaşırı ülkelere misyonerler gönderen ilk Amerikan kuruluşu olan Amerikan Yabancı Misyonlar Komitesi'ni (American Board of Commissioners for Foreign Missions) kuran Williams Üniversitesi bursuyla yaşadı…

Halide Edip, Atatürk'ün ölümünün ardından ülkeye döndü. ABD ile ilişkisini kesmedi. Örneğin, İstanbul Üniversitesi Tıp Fakültesi'nde asistan olan Dr. Kenan Binak'ı Rockefeller bursuyla 1956'da ABD'ye gönderdi. Prof. Binak, uzun yıllar İÜ Cerrahpaşa Tıp Fakültesi Kardiyoloji Anabilim Dalı Başkanı olarak çalıştı. 1963'te kurulan Türk Kardiyoloji Derneği'nde kurucu üyelik yaptı. 40 yıl boyunca binlerce doktor yetiştirdi. 37 kitap yazdı.

Konumuza dönersek, John Dewey'in ardından…

Rockefeller adına boykotu ilk kıran 1883 Londra doğumlu Dr. Selskar Gunn oldu. Okumak için gittiği ABD Massachusetts Teknoloji Enstitüsü'nden (MIT) mezun olmuş, ABD vatandaşlığına geçmiş ve Rockefeller Vakfı'nda çalışmaya başlamıştı.

1917'de Fransa'da Rockefeller Vakfı'nın Uluslararası Sağlık Kurulu (IHD) himayesinde kurulan Tüberküloz Önleme Komisyonu'nun müdürü olarak görev yaptı. Programın halk eğitimi bölümünde Fransız sağlık personelinin eğitiminde başrolü üstlendi.[50] Ardından… 1920 yılında, Halk Sağlığı

49 John D. Rockefeller Jr.'ın torunu, Nelson Rockefeller'ın oğlu Steven Clark Rockefeller, Prof. John Dewey'in hayatını yazdı: *John Dewey: Religious Faith and Democratic Humanism,* (Dini İnanç ve Demokratik Hümanizm), Columbia Üniversitesi Yayını, 1991. Türkiye ziyareti sırasında Alice Dewey sıtmaya yakalandı; üç yıl sonra öldü.

50 Bir dönem Osmanlı'nın tıp eğitimi için öğrencilerini gönderdiği Fransa tıp eğitimi, Amerika'nın himayesine girmeye başladı. Amerikan "endüstriyel tıb-

İdaresi danışmanı olarak Çekoslovakya'ya gitti. Rockefeller, 1922'de Uluslararası Sağlık Bölümü'nün (IHD) tüm Avrupa operasyonların başkanlığına onu atadı. Gunn, 1927 yılına kadar bu görevin başında kalırken, Türkiye ile yakın ilişki kurdu.

Gunn Türkiye'ye ilk ziyaretini 5-13 Mayıs 1925 tarihleri arasında yaptı. Günlüğüne temaslarını ve izlenimlerini detaylı yazdı. Türkiye'deki sağlık planlamasının ilk aşaması; halk sağlığı araştırması yapmak, eğitim ve araştırma bursları vermek ve üst düzey temsilcilerin belli Avrupa ülkelerine ziyaretler gerçekleştirmelerini sağlamaktı.

Bunun ilk adımı 1927 yılında Rockefeller Vakfı'nın davetiyle Sağlık Bakanı (Sıhhat ve İçtimai Muavenet Vekâleti) Refik Saydam'ın iki ay süreyle Avrupa'da incelemelerde bulunmasıyla atıldı.[51]

Yine de Gunn, Başbakan İsmet İnönü'den davet almasına oldukça şaşırdı. Biliyordu ki gerek Osmanlı dönemindeki gerek kapitülasyonlar gerekse savaşlardaki Batı'nın ikiyüzlülüğü Ankara'da şüphe ve güvenilmezliğe yol açmıştı. Bunu bilerek, Başbakan İsmet İnönü ile görüşmede Rockefeller temsilcisi Gunn sözlerini dikkatlice seçti; Ankara'yı nasıl etkileyeceğini biliyordu. Rockefeller Vakfı'nın, özellikle 1920 yılı itibarıyla Hıristiyanlığa hizmet amacı güden "dinsel misyonerlik" yerine, eğitim ve sağlık alanında Batı bilimi ve

---

bın" merkezi Paris yapıldı. Rockefeller tıp eğitimi, tıp bilimleri, doğa bilimleri, sosyal bilimler konusunda yapılan çalışmalara para yağdırdı. Ancak ABD kuruluşlarında görev yapanların "mali ajan" olarak hareket ettikleri iddiasıyla ofis 1959'da kapatıldı.

51 Dr. Refik Saydam sağlık hizmetlerini bilmeyen biri değildi. 1905'te Askeri Tıbbiye'yi doktor yüzbaşı olarak bitirdi. Gülhane Askeri Tıp Akademisi'nde üç yıl Embriyoloji ve Histoloji üzerine uzmanlık eğitimi aldı. Daha sonra Almanya'da da eğitim gördü. Berlin Askeri Tıp Akademisi'nde Brandenburg, Danzig ve Spandau'daki tıp merkezlerinde ihtisas yaptı. Balkan Savaşı'nın çıkması üzerine Almanya'daki eğitimini yarıda bıraktı ve Çatalca cephesine gönderildi. Burada hizmet verirken kolera salgınını önleyici çalışmalar yaptı. 1914 yılında atandığı Sahra Genel Sağlık Müfettişliği sırasında, tifüs salgınına karşı geliştirdiği aşı ile tıp tarihine geçti. Bu aşı Birinci Dünya Savaşı'nda (Osmanlı ve Alman ordularında) ve Kurtuluş Savaşı'nda Türk ordusunda kullanıldı. Görevi sırasında tifo, dizanteri, veba, kolera aşılarıyla, tetanos ve dizanteri serumları üretti...

uygarlığını yaygınlaştırarak modern değerlerin hâkim kılınması için "seküler misyonerlik" çizgisini benimsediğini söyledi.

Gunn'ın konuşmasında, aydınlanma, ulus devlet, Batılılaşma, insan severlik, akılcılık gibi kavramları kullanması Cumhuriyet yönetimi tarafından kabul görmesini kolaylaştırdı.

Gunn görüşmede bir de istekte bulundu: Tek muhatap olarak Sağlık Bakanı Refik Saydam'ı almak istediklerini söyledi...

Bu gerçekleştiği takdirde özellikle o yıllarda Rockefeller Vakfı'nın dünyada kurduğu hıfzıssıhha/halk sağlığı okulunun açılmasına yardım edeceklerini belirtti. Katkılarıyla açılan Londra ve Zagrep'teki Hijyen Okulu'nu örnek gösterdi...

Anlaşma sağlandı: Hıfzıssıhha Okulu'nun ilk müdürü olacak Rockefeller Vakfı'ndan Dr. Ralp K. Collins 1926 yılının Şubat ayında Ankara'ya geldi...

Dr. Collins Türkiye'de birkaç ayını seyahat ederek ve bilgi toplayarak geçirip, "Türkiye'de Halk Sağlığı" adında kapsamlı bir rapor hazırladı. Türkiye'de 1940 yılına kadar çalışan Dr. Collins, Türkiye'de halk sağlığı anlayışının yerleşmesinde kilit isim oldu...

Rockefeller, sağlık bakanını ABD'ye(?) götürdü

Bakan Dr. Refik Saydam, gerekli aşı, serum ve hatta bazı ilaçları üretmek, laboratuvar tetkikleri yapmak ve sağlık personeline eğitim çalışması yaptırmak için Hıfzıssıhha Enstitüsü ve Hıfzıssıhha Okulu için Rockefeller'dan bağış aldı. Toplam alınan para miktarı 280 bin dolar idi... Bu bağışlar hep sürdü: 1930 yılında 100 bin dolar, 1933 yılında 100 bin dolar, 1958 yılında 10 bin dolar, 1960 yılında 10 bin dolar, 1966 yılında 6 bin 500 dolar (günümüz parasıyla toplamda 9,5 milyon dolar) gibi...

Merkez Hıfzıssıhha Enstitüsü, 17 Mayıs 1928 tarihinde 1267 sayılı Türkiye Cumhuriyeti Merkez Hıfzıssıhha Müessesesi Hakkında Kanunla, İstanbul ve Sivas'taki bakteriyolojihaneler ile Ankara'daki Kimyahane'nin birleşmesiyle Sıhhat ve İçtimai Muavenet Vekâleti'ne/Sağlık Bakanlığı'na bağlı olarak kuruldu. bilimsel inceleme ve araştırma yanında ülkede görülen bulaşıcı hastalıklar ile sağlık istatistiklerine ilişkin araştırmalar yapacaktı...[52]

Rockefeller Arşiv Merkezi Araştırma Yayını'ndan sorumlu Kenneth W. Rose, Türkiye'deki faaliyetleriyle ilgili şu notu düşecekti:

- "CIH (Türkiye ve Merkez Hijyen Enstitüsü) bu dönemde Türkiye'deki en önemli Rockefeller Vakfı projesi idi. Her yıl, birçok erkek ve kız öğrenci Rockefeller Vakfı'ndan burs almış ve staj için Amerika Birleşik Devletleri'ne gönderilmiştir. Türk öğrencilere ve doktorlara verilen burslar, çeşitli uzmanlıklarla ilgiliydi, fakat çoğunlukla halk sağlığı konusundaydı..."

Merkez Hıfzıssıhha Müessesesi içinde enstitüden ayrı Hıfzıssıhha Okulu açıldı. Rockefeller hibeleriyle öğrenime 2 Kasım 1936 tarihinde başlandı. Okul müdürlüğüne Dr. Ralp K. Collins getirildi. Maaşını Rockefeller Vakfı ödedi. Yine vakfın önerdiği Amerikalı mühendis Daniel E. Wright, ücreti Rockefeller tarafından verilmek koşuluyla Hıfzıssıhha Müessesesi'nde çalıştırılmak üzere gönderildi.

Eczacı, dişçi, ebe ve sağlık memurları için Hıfzıssıhha Okulu içinde 2-4 aylık kurslar açıldı... Balıkesir ve Konya'da ilk Köy Ebesi Okulları faaliyete geçirildi. Bir yıllık okulu bitiren ve çevre köylerden gelmiş olan kızların, kendi köylerinde veya çevre köylerde dört yıl hizmet vermeleri zorunlu oldu.

Rockefeller Vakfı kayıtlarına göre, Sağlık Bakanı Dr. Refik Saydam, Bakanlık Sağlık İşleri Genel Müdürü Dr. Asım Arar ile birlikte Mayıs 1929'da vakfın misafiri olarak sağlık hizmetleri alanında incelemelerde bulunmak üzere üç aylığına ABD'ye gitti.

52 Ankara Sıhhıye'deki Sağlık Bakanlığı-Hıfzıssıhha merkez binası Avusturyalı mimar Theodor Jost tarafından tasarlandı. Theodor Jost'un ikinci binası 1927-32 yıllarında inşa edilen Bakteriloji Enstitüsü oldu. Gerek burası ve gerekse Avusturyalı mimar Robert Oerley'in tasarladığı Hıfzıssıhha Okulu ile merkez binası Rockefeller Vakfı'nın da yardımıyla inşa edildi.

Bakan Dr. Saydam, edindiği izlenimler doğrultusunda Etimesgut'ta örnek bir sağlık merkezini hayata geçirdi: Etimesgut İçtimai Hıfzıssıhha Numune Dispanseri.

1930 yılında hizmete giren bu örnek kuruluş diğer muayene ve tedavi evlerinden farklı olarak Etimesgut bucak merkezi ve köylerine koruyucu ve tedavi edici sağlık hizmetlerini bir arada verdi.

Etimesgut Dispanseri başhekimliğine atanan Mehmet Cemaleddin Or, 1935 yılında vakfın desteğiyle ABD'ye gitti. Johns Hopkins Üniversitesi'nde bir yıl süreyle köy sağlığı hijyeni öğrenimi görüp, hijyen uzmanı olarak Türkiye'ye döndü. 1937 yılında Etimesgut'taki dispanser köy tipi "sıhhat merkezi" haline dönüştürüldü. Rockefeller Vakfı tarafından bu sıhhat merkezine 56 bin 700 dolar (günümüz parasıyla 2,3 milyon dolar) tahsis edildi. Bu köy tipi örgütlenme, daha sonraki yıllarda hayata geçen sağlık ocağı biçimindeki örgütlenmenin öncülü niteliğindeydi.

Sağlık ocağı sayısı 20 yılda 280 sayısına ulaştı...

Sadece tek merkez değil... Vakfın desteğiyle İstanbul Belediyesi Sıhhat İşleri Müdür Yardımcısı Dr. Kutsi Esencan'ı Londra'ya ve İstanbul Kızılay Okulu başhemşiresi ve öğretmeni Fatma Abdurrahman Acar'ı ABD'ye gönderdi. Bunların 1934'te yurda dönüşlerinde "koruyucu hekimliğin" çok önemli tatbik alanı olan Edirnekapı Sıhhat Merkezi açıldı.

Rockefeller tarafından kurulan IHD'nin temsilcisi George K. Strode'un teklifi ve yardımlarıyla "verem dispanserleri" açıldı. 1924 yılından itibaren, hastanesi olmayan 150 ilçe merkezine, yataklı "muayene ve tedavi evleri (dispanserler)" kuruldu.

Görüldüğü üzere Rockefeller Türkiye'de klinik öncelikli tedaviye/ sağlığa çok önem verdi. Öyle ki, Türkiye'den klinik ve araştırma eğitimi almak üzere burs alan 44 kişiden 33'ü halk sağlığı alanından seçildi... Burs kazananlar genellikle ABD'ye gönderildi. Yolu ABD'den geçen doktorlar kilit görevlere getirildi. Örneğin Zeki Nassır Barker, Sıhhat ve İçtimai

Muavenet Vekâleti'nde genel müdürlük ve müsteşar yardımcılığı görevlerinde bulundu. Tahsin Şevket Berkin, Hıfzıssıhha Enstitüsü'nde 1961-1965 yıllarında müdürlük yaptı. Kadri Olcar, Sağlık Propagandası ve Tıbbi İstatistik Genel Müdürlüğü yaptıktan sonra 1953-1957 senelerinde Hıfzıssıhha Okul Müdürlüğü'ne tayin edildi.

Yabancılar da vardı kilit görevlerde... Merkez Hıfzıssıhha Enstitüsü, kuruluş yıllarında kimya, bakteriyoloji, immünobiyoloji ve farmakodinami şubeleri olmak üzere dört şube ile bunlara bağlı olarak çalışan 14 uzman ve 40 yardımcı personelden oluşmaktaydı. Özellikle dört şubenin başına Emil Goldsmith (enstitü yöneticisi ve bakteriyoloji şubesi sorumlusu), Stefan Baecher (immünoloji şubesi sorumlusu), Paul Pulewka (farmakodinami şubesi sorumlusu) ve Eduard Scheller (kimya şubesi sorumlusu) gibi yurtdışından hekimler getirildi.

Rockefeller Vakfı temsilcilerinin Türkiye ziyareti sonraki yıllarda sıklaştı: Afrika-Anadolu yöneticisi Dr. D. Bruce Wilson, yine aynı kuruluştan Mary Elizabeth Tenant, Hastabakıcılık Teşkilatı temsilcisi Dr. Wilson ve Miss Varley, Vakfın Ortadoğu temsilcisi Dr. Fred L. Soper vs.

Atatürk, Rockefeller'ın adamlarının hiçbiriyle görüşmedi. İlişkileri çok güvendiği için "Saydam" soyadını verdiği Dr. Refik Saydam üzerinden yürüttü.

Atatürk öldükten sonra da temaslar sürdü... Dr. Refik Saydam artık başbakan idi. Birinci On Yıllık Milli Sağlık Planı'nın 1946'da hazırlanmasında da Rockefeller memurlarından yardım alındı.

Rockefeller bir konunun daha üzerinde çok durdu: Sağlık personelinin maaşı! Devletin memurlara verdiği maaştan çok yüksek bir ücret sistemini kabul ettirdi. Bir sıtma savaş hekiminin maaşı validen fazla, trahom savaş teşkilatı başkanının maaşı ise milletvekili maaşının üç katıydı...

Şu eklemeyi yapmazsam hatalı değerlendirmelere sebep olabilirim: Cumhuriyet sağlık hizmetleri ve eğitim-öğretiminde Rockefeller Vakfı'na neden muhtaçtı?

Mecbur mu kaldılar?

Kurtuluş Savaşı hastalıklara karşı da yapıldı.

Sıtma ile savaşıldı...

Tifüs ile savaşıldı...

Dizanteri ile savaşıldı...

Kolera ile savaşıldı...

İskorbüt ile savaşıldı...

Lekeli karahumma ile savaşıldı...

Veba ile savaşıldı...

Çiçek, kızamık, kızıl, kabakulak, tetanos vs. ile savaşıldı.[53]

Savaş yıllarında sıhhiye raporlarında; hastalığa yakalananlar ve bu hastalıktan vefat edenlere dair veriler tutanaklara kaydedildi.

1920 yılında toplam hastalığa yakalanan 1.235 askerimizden 287'si,

1921 yılında 17.166 askerimizden 1.409'u,

1922 yılında 28.480 askerimizden 1.708'i,

1923 yılında da 7.404 askerimizden 3.122'si hayatını kaybetti.

Sıtma hastalığına yakalanan askerlerin oranı yüzde 40 idi. Bu hastalık halk arasında da yaygındı; bu hastalığa yakalananlar yaklaşık yüzde 50 oranındaydı. Bu oran bazı bölgelerde daha yüksekti; Samsun'da yüzde 70 idi. İstanbul'da üretilen 1.250 kilogram kinin halka bedava dağıtıldı.

Sakarya Harbi'nden önce 660 tabip, 146 eczacı, 14 diş doktoru olmak üzere 820 sağlık personeli görev yaparken, bu sayı Sakarya Harbi'nden sonra 297 tabip, 78 eczacı, 12 diş doktoru olmak üzere 387 sağlık personeline düştü. Bu kadar az sağlık personeliyle büyük sağlık mücadelesi verildi.

53 Belki ayrıntı gibi gözükecek ama şu gerçek de var: "Mikroplarla savaş" kavramında olduğu gibi, "savaş" gibi askeri terminolojiye ait kavramlar tıp diline nasıl, ne zaman, niçin sokuldu?

Bu azimli mücadeleyi verenlerin başında bir kurum geliyordu: 23 Nisan 1920'de Ankara'da Büyük Millet Meclisi'nin açılmasından dokuz gün sonra 2 Mayıs'ta kurulan Sıhhat ve İçtimai Muavenet Vekâleti (Sağlık Bakanlığı)...

Meclis'te Sağlık Bakanlığı kurulması görüşmesi 1 Mayıs 1920 tarihinde başladı. Görüşmeler sırasında önemli tartışmalar yaşandı ve bazı milletvekilleri ayrı bir bakanlığa ihtiyaç olmadığını, İçişleri Bakanlığı bünyesinde devam etmesi gerektiğini savunurken; bazı milletvekilleri de "sosyal yardımın" bu bakanlık ile ilişkilendirilmemesi gerektiğini belirtiyordu. Atatürk'ün ısrarıyla bakanlık kuruldu ve sağlık hizmetleri devletin asli görevi olarak kabul edilerek, bakanlık ve yerel yönetimler (il özel idareleri ve belediyeler) arasında paylaştırıldı.

Anadolu hastalıktan kırılıyordu...

Trahom nedeniyle Adıyaman'ın adı "körler memleketi" olmuştu! Trabzon, Adana, Gaziantep, Malatya, Urfa, Maraş, Besni, Kilis ve Siverek'in durumu farklı değildi...

1921 yılında hastaneye yatanların sayısı 13 bin 486 idi; 1923 yılında 1 milyon 170 bin 94 kişi oldu...

Sağlığın önemini bizzat kendinden bilen Mustafa Kemal'in açılışını yaptığı I. Milli Tıp Kongresi 1-3 Eylül 1925 tarihleri arasında Ankara'da gerçekleştirildi. Kongrede, sıtmanın en çok görüldüğü il ve bölgeler belirlendi, hastalığın önlenmesinde tedavinin yanı sıra bu bölgelerde hastalığa yol açan sivrisineklerin yok edilmesi, bu amaçla da bataklık ve durgun suların kurutulması gerektiği vurgulandı.

Dert aynıydı; personel yoktu, teçhizat yoktu, para yoktu...

Denize düşenler yılana sarıldı...

Rockefeller dünyadaki antikomünist hareketleri destekleyen en büyük "kasa" idi... Genç Türkiye Cumhuriyeti'nin Rockefeller için anlamı, Sovyetler Birliği güdümüne girmesinin önlemini almaktı! Öyle ki:

William Andrew Horsley Gantt (1892 - 1980)...

Amerikalı fizyolog ve psikologdu.

Sağlık araştırması yapmak gayesiyle Amerikan Yardım İdaresi (American Relief Administration-ARA) heyetiyle 1922 yılında Sovyetler'in Petrograd kentinde çalışmaya başladı. Rus meslektaşlarından Nicholai Zelheim tarafından "deneysel psikoloji" mucidi (köpeğiyle meşhur) Ivan Pavlov ile tanıştırıldı. Deneysel Tıp Enstitüsü'ndeki laboratuvarında çalıştı.

Gantt, Sovyetler Birliği'nde sağlık alanında yaşanan gelişmeleri 1924 yılından itibaren düzenli olarak *British Medical Journal*'da yayımlamaya başladı.

-Sovyetler Birliği tıbbının amacı tek başına hasta bireyleri iyileştirmekten çok, sağlıklı bir toplum yaratmaktır. Örneğin… Hava kirliliğine karşı dünyada önlem alan ilk ülke olmuştur.

Bu makaleler özellikle Amerikalı ve İngiliz hekimler arasında büyük ilgi uyandırdı. Amerika Birleşik Devletleri ve İngiltere gibi dünyanın en zengin ve gelişmiş ülkelerinde dahi başa çıkılamayan verem gibi sağlık sorunlarında elde edilen başarılar inanılmazdı.

Rockefeller, Sovyetler Birliği sağlık çalışmalarından çok etkilenen Amerikan Yardım İdaresi'ni 1923 yılında kapattırdı! Sağlığın toplumsal belirleyicilerini göz ardı ederek hastalıkları yalnızca biyolojiyle açıklayan ve bireylerin kişisel sorunu olarak kabul eden Rockeffeller tıp anlayışı, gözlemcilerin Sovyetler Birliği'ni (Amerikalı hemşire Anna Jones Haines gibi) "sağlık cenneti" gibi göstermesini komünist zırvası olarak yaftaladı!

Ama Gantt'ı "transfer" etti. Ona, John Hopkins psikiyatri kliniğinde 1929 yılında Pavlovian Laboratuvarı'nı kurdurdu. Gantt, 1964'e kadar buranın başkanlığını yaptı. 1970'te Nobel Tıp Ödülü'nü aldı…

Şunu demek istiyorum:

Rockefeller, Sovyetler Birliği'ndeki tıbbı kendi ülkesine getirirken, Türkiye'nin bu ülkeyle sağlık üzerinden ilişki kurmasını engelledi…

Rockefeller'ın Türkiye'deki sağlık çalışmalarını organize etmesinin birden çok amacı vardı...

Türkiye Valisi: Hocabey Doğramacı

Peki... Çok partili hayatta ilişkiler nasıl gelişti?

Rockefeller Arşivi'nin 1950'lerden sonraki yıllarında Türkiye'den en çok bir kişinin adı geçiyor: İhsan Doğramacı!

Doğramacı, Rockefeller için o kadar önemli olmalı ki, vakfın 50. kuruluş yıldönümünde dünyadan davet edilen sayılı isimlerden biri oldu. Ortadoğu'dan tek kişi oydu mesela...[54]

"Karizmatik liderliği, enerjisi, coşkusu ve mesleki yetkinliği" ile Rockefeller'ın övgüsünü kazanan Doğramacı'ya sadece Rockefeller Vakfı 1956-1967 yıllarında 1 milyon dolar (ki bugünün parasıyla 40 milyon dolara yakın) para verdi.

Rockefeller'ın, Doğramacı'yı çok güçlü hale nasıl getirdiğini somut bir olay üzerinden yazmalıyım:

Rockefeller'ın yardımıyla Doğramacı Hacettepe Tıp Fakültesi'ni kurmak için kolları sıvadı. Devlet Planlama Teşkilatı, 1963 yılı başında Ankara Üniversitesi Rektörlüğü'ne yazı yazarak 1963 Uygulama Planı'nda yer alan, Ankara Üniversitesi bünyesinde kurulacak Hacettepe Tıp Fakültesi'nin hazırlık çalışmaları hakkında bilgi istedi. A.Ü Tıp Fakültesi bu durumdan haberdar olunca kıyamet koptu. Başbakan İsmet İnönü'nün özel doktoru olan Prof. Zafer Paykoç aracılığıyla başbakandan randevu istediler.

İnönü toplantıya Maliye Bakanı Ferit Melen ve Milli Eğitim Bakanı Şevket Raşit Hatipoğlu'nu da çağırdı. İnönü, 1963 bütçesinde böyle bir destek hükmü olup olmadığını sorunca, bakanlar kesinlikle olmadığını söyledi. Ama yine de Hacettepe Tıp Fakültesi kuruldu. Milli Eğitim Bakanı Şevket Raşit Hatipoğlu kararı onaylamadı, istifa etti. 12 Haziran 1963'te Bursa Milletvekili Dr. İbrahim Öktem Milli Eğitim Bakanı oldu. Ve Öktem ilk imzasını da Ankara Üniversitesi'ne bağlı Hacettepe Tıp ve Sağlık Bilimleri Fakültesi kuruluşuna attı.

54 O yıllar... Ortadoğu ülkelerinin tıp eğitim merkezi Türkiye yapıldı. Örneğin Ankara Üniversitesi Tıp Fakültesi öğrencilerinin yaklaşık yüzde 10'u Irak, Lübnan, Suriye, İran ve Afganistan'dan geliyordu. "Endüstriyel tıp" Ortadoğu'ya Türkiye üzerinden girdi.

Doğramacı budur.

Vatan gazetesi röportajını aktarmalıyım. Şöyle dedi namıdiğer "Hocabey":

-"Bakın 1954'te Demokrat Parti'den bana milletvekilliği teklifi geldi. Özür diledim ve 'Yapacağım başka işler var' dedim. Çeşitli vesilelerle bu tekrarlandı, hepsinde aynı şeyi söyledim. 1965'te ise bütçe onaylanmayıp, İsmet İnönü hükümeti istifa edince Sadettin Bilgiç bizzat gelip 'Sizin isminiz üzerine anlaştık' dedi, başbakanlık önerdi. Ona da yanıtım 'hayır' oldu. Yine dönemin Başbakanı Turgut Özal ilk kabinesini oluştururken bana dışişleri bakanlığı teklif etti. Onu da 'Başladığım işi bitirmek istiyorum' diye nazikçe reddettim. Döndüğümde kendimi listede görünce Kenan Evren'e 'Bunu yaptığınız gün istifa ederim' dedim. (Ya cumhurbaşkanlığı teklifi?) Artık onu şimdi söylemem..." (16.4.2006)

Buraya *Odatv* haberini eklemeliyim:

-"Eski Başbakanlık yetkilisinin verdiği bilgiye göre Abdullah Gül başkanlığındaki ilk AKP hükümeti Doğramacı'nın Ankara Bilkent'teki evinde kuruluyor. Masanın bir ucuna Abdullah Gül oturuyor, diğer ucuna Tayyip Erdoğan. Bakanlar Kurulu listesini hazırlıyorlar. Doğramacı müzakere odasına giriyor mu bilmiyoruz. Ama kesin olarak bildiğimiz, Bakanlar Kurulu'na kimlerin gireceği hesaplanırken, Doğramacı'nın da evde olduğudur." (16.7.2009)

Hocabey "Türkiye Valisi" idi...

Genelde Prof. Doğramacı, Ankara Üniversitesi fakülteleri, Hacettepe, Trabzon, Sivas, Kayseri, Samsun, Eskişehir (Kuzey Irak'ta Amerikan Üniversitesi) gibi birçok tıp fakültelerinin kuruluşuna yaptığı destekle tanınıyor...

12 Eylül 1980 darbecilerine "özel vakıf üniversiteleri kurulması" yasası çıkarttırarak Bilkent vd. kurmasıyla biliniyor. Oysa... Türkiye'de tıp eğitimi müfredatına ne derecede katkı sunduğuyla ilgili tek çalışma yok! Rockefeller kayıtlarında şu cümleler var:

-"Ankara ve Erzurum tıp merkezlerinde ve Ankara'nın Gülveren bölgesinde bir klinikte aile planlaması projelerinde görev alan doktor ve hemşirelerin maaşları için Rockefeller Vakfı'na başvurdu. Vakıf memurları kendileri için Doğramacı'ya böyle bir talepte bulunmalarını sağlama konusunda gizlilik gösteriyorlar..."

Kapalı kapılar ardında neler olduğunu daha yeni öğreniyoruz...

Rahmetli Uğur Mumcu'yu anımsatmalıyım:

Prof. Doğramacı'nın 1952 yılında yazdığı *Annenin Kitabı* adlı kitabının intihal olduğunu 1981 yılında *Cumhuriyet* gazetesindeki köşesinde satır satır ortaya çıkardı. Kitap, ABD'li Dr. Benjamin Spock'ın 1946 yılında çıkan *Bebek ve Çocuk Bakımı* (Baby and Child Care) eserinden kaynak gösterilmeden çalınmıştı!

Konu yıllarca tartışıldı; mahkemelere intikal etti...

Gerçekten kitap çalıntı mıydı? Dr. Spock, John D. Rockefeller'ın tıp-sağlık hizmetleri konusunda "akıl hocası" olan William Thomas Grant adına kurulan vakfın önemli çocuk psikologlarından biriydi.

Ve aslında meselenin özü şu muydu: ABD'de "tek kitap" yazılıp dünyaya bunu değişik isimlerle mi yayımladılar? İşin özü "endüstriyel tıp" bakış açısını dünyaya öğretmek miydi? Dr. Spock'ın kitabı, dünyada 42 dile çevrildi ve 51 milyon adetle tarihin en çok satan kitaplarından biri oldu. Kitap, dünyada çocuk eğitiminde köklü değişimlere yol açtı. Rockefeller "tıp anlayışının" bir yansımasıydı bu kitap. Kaç ülkede kaç "saygın bilim insanının" imzasıyla yayınlandı acaba?

Türkiye'de yıllardır Doğramacı'ya şu eleştiri yapılıyor:

12 Eylül 1980 darbecilerine Yüksek Öğretim Kurulu (YÖK) yasasını çıkartarak üniversiteleri "bilim yuvası" olmaktan çıkardı! Kimse Rockefeller eliyle bunun yapıldığı ve başta tıp olmak üzere üniversite eğitimini nereye sürüklediği konusundan hiç söz etmedi...[55]

55 Dünya Sağlık Örgütü kurulurken Türkiye'den tek imza vardı: Doğramacı! Keza: Ankara Üniversitesi Rektörü (1963-1965), ODTÜ Mütevelli Heyeti Baş-

Bizim ülkemizde "endüstriyel tıp" tartışması yasak; "tıp fakülteleri" dokunulmaz! Ve bir "ezber" sürekli tekrar ediliyor: "Bu bilimdir!"

Hangi bilim? Sermayeye dönüşen bilim mi?

Eğitimli uzmanların isteneni ürettiği teknolojik ilerleme "bilim" sayılır mı?

Fedakârca, insanlığa hizmet etmek için tüm zamanını bilimsel araştırmaya ayıran, hakikate aşkla bağlı bilim insanı, her biri devasa bütçeli araştırma geliştirme kurumlarında maaşını-primini ödeyen sermayenin menfaatine çalışan ücretli emekçiye nasıl dönüştürüldü?

Hedef fen liseleri

Rockefeller Vakfı Türkiye'deki en büyük bağışlardan birini fen liselerine yaptı! Sadece Rockefeller değil; belgeleri Rockefeller Arşivi'nde bulunan Ford Vakfı'nın Türkiye hibeleri arasında en büyük rakamları yine 1962 yılında hayata geçirilen fen liseleri aldı! Ford Vakfı'nın o dönemde Türkiye temsilcisi olan -dünyada matematiği popülerleştiren- Eugene Northrop'un çabasıyla bu okullara paralar verdi:

- Ortaokul Fen Bilimleri Ulusal Lisesi Projesi-2 milyon 32 bin 324 dolar (günümüzün parasıyla 85,3 milyon dolar) (Milli Eğitim Bakanlığı, 1963, 1965, 1966)

- Ulusal Fen Lisesi Projesi'nin Genişletilmesi-275 bin dolar (günümüzün parasıyla 11,3 milyon dolar) (Türkiye Bilimsel ve Teknik Araştırma Kurumu/TÜBİTAK ve Bilimsel Eğitim Geliştirme Komisyonu ile birlikte 1967- 1968)[56]

---

kanı (1965-1967), Hacettepe Üniversitesi Rektörü (1967-1975), Tıp ve Sağlık Bilimleri Milli Konseyi Başkanı (1974-1981), YÖK Başkanı (1981-1992), Uluslararası Pediatri Kurumu Başkanı, UNICEF Yürütme Kurulu Başkanı (2 dönem), Dünya Sağlık Örgütü'nde çok sayıda görev, Uluslararası Çocuk Merkezi Yönetim Kurulu Üyesi, Uluslararası Çocuk Konuları Araştırma Merkezi Onursal Bilim Danışmanı, Uluslararası Tıbbi Araştırma Merkezi Onur Kurulu Üyesi, Uluslararası Yükseköğretim Konferansı Onursal Başkanı... Prof. Doğramacı başta tıp olmak üzere Türk eğitimini Amerikan sistemine dönüşürdü.

56 Bu anlayış halen devam etmektedir. Örneğin... Pfizer, GlaxoSmithKline ve İngiliz İlaç Endüstrisi Birliği, İngiltere'deki liselere fen eğitimi materyali bağışlayarak ilaç endüstrisinin nasıl yardımsever olduğunu müfredata koydurdu:

- Matematik çalışmaları-401 bin dolar (günümüzün parasıyla 16,8 milyon dolar) (Türkiye Saf ve Uygulamalı Matematik Derneği, 1962- 1966)[57]

Evet...

Türkiye'de sağlık ve eğitim politikalarının "mimarı" sadece Rockefeller değildi. Ford Vakfı'nın para yardımlarıyla konuyu toparlayayım artık, çok uzadı:

- Matematik ve fiziksel bilimlerde yüksek lisans programları-2 milyon 413 bin 800 dolar (günümüzün parasıyla 101,3 milyon dolar) (Orta Doğu Teknik Üniversitesi, 1961, 1963, 1965, 1968, 1971)

- Biyoloji Programı-301 bin dolar (günümüzün parasıyla 12,6 milyon dolar) (Orta Doğu Teknik Üniversitesi, 1967)

- Temel bilimler lisans programları-223 bin dolar (günümüzün parasıyla 9,3 milyon dolar) (Hacettepe Bilim Merkezi Vakfı, 1967, Hacettepe Fen Fakültesi)

-Temel bilimler, yurtdışında yüksek lisans eğitimi-250 bin dolar (günümüzün parasıyla 10,5 milyon dolar) (TÜBİTAK 1964)

-Ankara Üniversitesi yeni lisans fizik dersi programı-48 bin dolar (günümüzün parasıyla 2 milyon dolar) (TÜBİTAK, 1969, 1971)

- Teknoloji Bilgi İşlem Merkezi ve Bölümü Bilgisayar Bilimleri Fakültesi-37 bin dolar (günümüzün parasıyla 1,5 milyon dolar) (Ortadoğu Teknik Üniversitesi, 1964, 1967)

-Restorasyon ve Koruma Bölümü-357 bin dolar (günümüzün parasıyla 14,9 milyon dolar) (Orta Doğu Teknik Üniversitesi, 1965, 1969)

Ford Vakfı, Türkiye'deki bilimsel gelişim için 1952-1971 yılları arasında toplam 6 milyon 310 bin 112 dolar (günümüzün parasıyla 265 milyon dolar) harcadı.

Eğitim-öğretim, sosyal bilimler çalışması, hastaneler, iktisadi danışmanlık, İngilizce dil öğretilmesi gibi toplamda

"İlaçsız sağlık mümkün değildir!"

57 Rockefeller matematik fonları Türkiye ile sınırlı olmadığını tahmin edersiniz. Örneğin Almanya Göttingen Üniversitesi'nde 1926-1929 yılları arasında Matematik Enstitüsü kurulmasını da destekledi.

16 milyon 57 bin 373 dolar (günümüzün parasıyla 680 milyon dolar) verdi Ford Vakfı...[58]

Artık "derine" kazmak gerekmiyor mu?

Sorgulamak şart değil mi?

Konuşturmuyorlar bile... "Sülükle tedavi" diyene hemen "gerici" damgası vuruluyor! Hep altını çiziyorum; "Sülük iyidir, kötüdür" konusu bu kitabın konusu değildir. Ama ben şunu biliyorum:

Prof. Ronald A. Sherman...

Entomoloji / böcek bilimi uzmanı...

İrin oluşturan deri enfeksiyonlarının *Lucilia sericata* sineğinin larvalarıyla tedavi edilmesi olan "maggot terapisi" ile uğraştı. 1983'te konuyla ilgili ilk makalesini yayımladı. Tıbbi kurtçuklarını tıbbi cihaz olarak düzenlemesi talebiyle 2003 yılında FDA'ya başvurdu.[59]

Prof. Sherman tıbbi kurtçuklarına pazarlama izni aldı! İlaç devleri Sherman'ın kapısını çaldı. "Hirudo Medicinalis" (tıbbi sülükler) patentini almak istedi. Ama Sherman, maggot terapisi, sülük terapisi ve diğer biyoterapötik yöntemler-ilaçlar konusunda çalışma yapmayı sürdürme kararı aldı. Sherman laboratuvar çalışmalarında ve yaptığı sülük-kurtçuk tedavisi için para kabul etmiyor. Ailesinin geçimini yarı zamanlı olarak Orange County Sağlık Ajansı için HIV / AIDS hastalarına bakarak sağlıyor. Sülüğe burun kıvırırsanız asıl siz gerici olursunuz.

Hep tartışalım. Tek doğru yok.

---

58 Mesela, İÜ İşletme Fakültesi'ne 1 milyon 55 bin dolar (günümüzün parasıyla 44,3 milyon dolar), Türkiye Yönetim Derneği'ne (Türk Sevk ve İdare Derneği –TSİD) 1 milyon 303 bin dolar (günümüzün parasıyla 54,7 milyon dolar), Türk Sosyal Bilimler Derneği'ne 166 bin dolar (günümüzün parasıyla 6,7 milyon dolar), Hacettepe Bilim Merkezi Vakfı Nüfus Etütleri Enstitüsü'ne 682 bin dolar (günümüzün parasıyla 28,6 milyon dolar), danışmanlık ve idari harcamalara 1 milyon 658 bin 255 dolar (günümüzün parasıyla 69,6 milyon dolar) verdi.

59 Gıda ve İlaç Dairesi-FDA (Food and Drug Administration), ABD Sağlık Bakanlığı'na bağlı; gıda, diyet eklentileri, ilaç, biyolojik medikal ürünler, kan ürünleri, medikal araçlar ve kozmetiklerden sorumlu bürosu. 1909 yılında ABD'deki çoğunluğu bozulmuş et ve konservelerin yol açtığı zehirlenmelere karşı hijyen kurallarını belirlemek için -yazar Upton Sinclair gibi Amerikan komünistlerinin çalışmaları sonucu- kuruldu.

Ezberle hareket etmemek şart.

Rockefeller Vakfı'ndaki şu cümleyi aktarmam lazım: "Türkiye'nin vakıf çalışmalarında açık bir konu olarak din konusu ortaya çıkmadı; Rockefeller Vakfı memurları, İslam'la savaşmak yerine, Fransızların ve Almanların Türk eğitim ve sağlık sistemlerinde etkisinin nasıl ortadan kaldırılacağına odaklandı…"

Neydi bu etki ve nasıl ortadan kaldırıldı?

Üniversite tasfiyesi

1933 yılında yapılan (ve o dönem Türkiye'nin tek üniversitesi olan) Darülfünun'un tasfiyesi "dosyasını" yeniden açmak gerekmiyor mu? Kapı önüne konan 92 öğretim üyesi neden birden "istenmeyen akademisyenler" oldu?

Gerekçe için benzer kalıplaşmış cümleler yıllardır kullanılıyor: Gerici!

Özellikle dönemin Türk basını bu gerekçeye çok yer verdi; bu kurumun devrimlerin gerisinde kaldığını işledi:

-"Darülfünun hocaları kadrosu inkılâp edebiyatı sahasında sağır ve kısırdır."

-"Darülfünun hocaları Ankara'nın yarattığı hareketlerin peşi sıra gitmekte hususi bir hareketsizlik göstermişlerdir."

Sahiden öyle miydi?

Oysa o yıla kadar okula yönelik olumsuz tavırlar başkaydı. Örneğin misafir Macar öğrencilerin Darülmuallimat'ı (Kız Öğretmen Okulu) ziyaretleri sırasında Darülmuallimat öğrencileri ile dans ettikleri söylentilerinin basında yer alması, Millet Meclisi gündemine geldi. Trabzon Mebusu Ahmet Muhtar 3 Şubat 1925 tarihinde sert bir konuşma yaptı. "Darülfünun'u idare edenlerin son zamanlardaki hareketi endişeyi mucip olmuştur. (…) Efendim bizim talebeler Avrupa'ya seyahat edecekler, dünyanın neresinde görülmüştür ki gençler birbirleriyle erkek ve kadın karışık olarak Avrupa'ya gönderilsin ve yanında kimse bulunmasın..."

Aksaray Mebusu Vehbi Bey ve Eskişehir Mebusu Emin Bey Darülfünun'un yönetimini "ahlaksızla" itham etti.

Hedeflerindeki isim, okulun başında bulunan (rektör) İsmayıl Hakkı Baltacıoğlu idi. II. Meşrutiyet sonrası İttihatçı yönetim tarafından pedagoji konularında incelemelerde bulunmak üzere Avrupa'ya gönderilen; Fransa, İngiltere, Belçika, İsviçre ve Almanya'daki öğretim kurumlarında araştırmalar yapan; bu kurumların özel ve genel öğretim metotlarını inceleyen ve bu yenilikleri Darülfünun'a uygulayan Baltacıoğlu mu gerici idi?

Daha bir yıl önce Mustafa Kemal'ın eğitimin "milli mi yoksa dini mi olması" sorusuna; "dinin bir sosyal kurum olduğu, devletin okullarda dini öğretmeye zorunlu olmadığı, devlet eğitiminin karakterinin ancak millî olabileceği, devrimin eğitim kurumlarını laikleştirmesi gerektiği" yanıtını veren Baltacıoğlu nasıl birden "gerici" oluverdi?

Darülfünun'da İlahiyat Fakültesi açılmasına muhalif Baltacıoğlu neden "gerici" sayıldı?

Başka görüşler de vardı. Solcu *Kadro* dergisi yazarları Şevket Süreyya, Vedat Nedim, Burhan Asaf'a göre, "Darülfünun anlayışı, dünyada hezimete uğramış liberal zihniyet ürünü" idi.

Aslında... Darülfünun'a yönelik eleştirilerde ortak bir payda bulmak zor... Gerek İstiklal Mahkemeleri'nde yargılanarak çeşitli cezalara çarptırılanlar arasında; gerek hain "150'lik"ler listesine alınıp yurtdışına sürülenler arasında ve gerekse Takrir-i Sükûn Kanunu çerçevesinde tasfiye edilenler arasında ne kurum olarak Darülfünun, ne de kişisel olarak bu kurumun öğretim elemanları vardı.

Darülfünun'u kim hedef yaptı? Asıl olumsuzluk neydi? Ekol farklılığı mıydı?

Cenevre Üniversitesi'nden çağrılan Prof. Albert Malche'ın 29 Mayıs 1932'de verdiği Darülfün'un hakkındaki rapora bakıldığında, Darülfünunun kapatılma nedeni, üniversitenin "modern okulların" gerisinde kalması ve Batılı üniversite standartlarını yakalayamamasıydı! Hangi Batı? ABD mi?

İddiasını güçlendiren kanıtları Malche şöyle sıraladı:

-Akademik yayının azlığı[60] öğretim elemanlarının Darülfünun dışı işlerde çalışarak asıl işlerini savsaklamaları; aynı fakülte içindeki öğretim elemanları arasında bile yararlı bir düşünce ve ideal birliği olmaması ve bilimsel işbirliği yerine zıtlık ile nefretin egemen olması; rektörlük, dekanlık ve divan üyelikleri gibi görevlerin yalnızca bazı hocalar arasında hesaba dayalı birer makam halini alması...

Sahiden asıl sebep bu muydu?

Sonuçta:

Darülfünun'un 240 öğretim elemanı kadrosundan 157'si (71 müderris ve muallim, 13 müderris muavini ve 72 asistan) tasfiye edildi...

Artık ABD, Avrupa gibi Türkiye'nin de tıp müfredatını değiştiriyordu. "Eski kafalı hocalar" dönemi kapanıyordu...

Yerlerine Hitler'in zulmünden kaçanlar, Avusturyalı ve Macar akademisyenler getirildi. Darülfünun İstanbul Üniversitesi Tıp Fakültesi, mülteci bilim insanlarının en önemli çalışma alanı oldu.

Bazı sorular soracağım, ancak şu bilgiyi vermeliyim:

-Avrupa'dan çağrılan profesör, doçent ve asistanların sayısı 144 olup, İstanbul Üniversitesi'nde 27 Türk profesöre karşın 38 yabancı profesör vardı.

-İstanbul Tıp Fakültesi'nde 12 enstitüden sekizinin başında yabancı profesör vardı. Ayrıca 325 üniversite öğretim elemanından 85'i Avrupalı idi.[61]

60 Oysa tasfiye edilen; Darülfünun rektörlüğü yapan İsmayıl Hakkı Baltacıoğlu öğreniminin bir bölümünü Avrupa'da yapmış ve 24 yayımlanmış bilimsel kitap sahibiydi. Aynı şekilde Ahmet Ağaoğlu, Hasan Tahsin Aynizade, Ahmet Refik (Altınay), Namık Kemal'in oğlu Ali Ekrem (Bolayır) yayımlanmış kitaplara sahipti. Hele tıp fakültesinden Besim Ömer (Akalın), Prof. Kadri Raşit (Anday), Prof. Hamdi Suat (Aknar), Prof. Orhan Abdi (Kurtaran), Prof. Ziya (Gün), Prof. Ziya Nuri (Birgi) yurtdışında ihtisas yapmış ve önemli eserlere imza atmışlardı.

61 Tıp Fakültesi'nde görev alan yabancı bilim adamları şunlardır: Philipp Schwartz (1933-1952), Siegfried Oberndorfer (1933-1944), Hans Winterstein (1933-1956), Julius Hirsch (1933-1948), Hugo Braun (1933-1950), Werner Lipschitz (1933-1939), Friedrich Dessauer (1934-1937), Erich Frank (1933-1957), Rudolf Nissen (1933-1959), Wilhelm Liepmann (1933-1939), Joseph Igershei-

İlk sorum şu: Almanya'dan gelen hocalar hangi "tıp müfredatı"nı okuttu?

İşin özünde…

"Endüstriyel tıbbın" hâkimiyetini sağlayan raporu hazırlayan Abraham Flexner, "endüstriyel tıp manifestosu"nu yüksek lisans yaptığı Almanya'dan esinlendi! Flexner eliyle Rockefeller'ın Amerikan üniversitelerinde "reform" yapıp üniversite rektörlüklerine Alman kökenli profesörleri getirmesi, ABD'de eleştiri konusu oldu! Ne de olsa Rockefeller gibi Alman kökenliler/Germenler ABD'de "Medeniyet Cephesi"ni temsil ediyorlardı! Diğerleri "Vahşet Cephesi"...

Rockefeller Vakfı şu tespitle konuya açıklık getirdi:

-"On dokuzuncu yüzyılda Almanya, bilimsel ve tıp eğitiminde dünya lideri olarak kabul edilirken, bu rol Amerika Birleşik Devletleri tarafından giderek daha fazla üstlenildi. Rockefeller'ın Almanya ile ilişkilerinin seyri, sadece uluslararası bir kuruluşun ulusal bağlamdaki rolünün bir örnek çalışması olarak değil, aynı zamanda genel politikaların ortaya çıkması ve vakfın tıp örgütlenmesi hakkında bir fikir vermek için öğreticidir."

Yani… Almanya'dan ülkemize gelenlerin "bilime" bakışı, Rockefeller ekibiyle benzer miydi? Alman Virhow mu yoksa Alman Koch ekolü öğrencileri miydi gelenler? Konuya hiç bu perspektiften bakılmadı! Ama... Türkiye'de "endüstriyel tıp" anlayışı böyle böyle mi inşa edildi?

Şu parantezi açayım:

Flexner'in (Wilhelm von Humboldt'un girişimiyle 1809'da kurulan) Berlin Üniversitesi'nden etkilendiği doğruydu. Flexner, 1924 yılında Türkiye'yi ziyarete gelen psikolog-eğitimci John Dewey'den daha çok etkilendi. Çünkü Prof. Dewey, 19. yüzyıl sonunda ABD'de ortaya çıkan yararcılık-faydacılık anlamına gelen "pragmatizm" felsefi ekolüne bağlıydı. Doğruluğu ve gerçekliği tek yanlı olarak, yalnızca eylemlerin sonuçları ile değerlendiren ve onlara yalnızca sağladığı "fayda" açısından bakan düşünce akımıydı! Eğer pragmatik bir bakış

mer (1933-1939), Rutin (1934-1936), Karl Hellmann (1936-1943), Max Sgalitzer (1938-1943), Alfred Kantorowicz (1933-1950).

açısına sahip olunursa "Bu işler böyle mi yürüyor?" diye sorulmamalı; "Bu bakış açısını benimsemenin bana pratik kazanımları nelerdir?" diye bakılmalıydı.

Yani...

Dewey, Flexner ya da Rockefeller'ın aradığı "daha iyi eğitim", "daha iyi tıp" değildi; kendilerine "en faydalı" sistemi inşa etmekti. Biyoiktidarın sadece aracıydı; eğitim, tıp...

İkinci sorum şu:

Alman akademisyenler Türkiye'yi neden tercih etti? Niye ABD değil, Türkiye? Antikomünist Rockefeller, Carnegie ve Ford gibi Nazilere "sıcak bakan" işadamları nedeniyle olabilir mi?

Bu sebeple mi, Türkiye ile kıyasladığında ABD'ye çok az akademisyen gidebildi! Rockefeller Vakfı, kayıtlarında yedisi (atom bombası çalışmalarına katılan) Nobel ödülü alacak 303 kişiyi kurtardıklarını yazdı. Oysa sadece Nazilerin 1933 yılının Nisan ayının başında geçirdikleri Profesyonel Kamu Hizmeti Restorasyonu Yasası (Gesetz zur Wiederherstellung des Berufsbeamtentums) ile Alman okulları akademisyenlerinin dörtte birini kaybetti; üç bin kişiydi.

"ABD'ye yol uzaktı" demeyin; o dönem Arjantin'e yaklaşık 35 bin, Brezilya'ya 16 bin Alman sığınmacı gitti.

Üçüncü sorum: Almanya'dan dünyaya dağıtılan akademisyen göçünün mimarları kimdi?

Bu isimlerden biri Abraham Flexner idi... Zaten Almanya/Bohemya göçmeniydi.

Flexner, -Türkiye'nin çok istemesine rağmen- Albert Einstein'ı kendi kurduğu Princeton Üniversitesi İleri Çalışma Enstitüsü (Institute for Advanced Study) birimine aldı.

Keza:

New York'ta 1933'te kurulan Yerinden Edilmiş Yabancı Akademisyenlere Acil Yardım Komitesini (The Emergency Committee in Aid of Displaced Foreign Scholars) kuran dört kişiden biri olan Bernard Flexner, Abraham'ın bir yaş büyük ağabeyi idi.

New York'un tanınmış avukatlarından Bernard Flexner (1865-1945) aynı zamanda Siyonist Amerika Örgütü'nün (Zionist Organization of America) önde gelen üyesiydi. 1919 Paris Barış Konferansı'na katılan Siyonist delegasyonun içindeydi. Ve Rockefeller'ın kurduğu Dış İlişkiler Konseyi'nin kurucularındandı. Ne sürprizler çıkıyor değil mi?

"1933 Üniversite Reformu" sonrası İstanbul Tıp Fakültesi'nin ilk kuşak mezunları arasında kim vardı: İhsan Doğramacı...

Hiç şaşırtıcı değil...

12 Eylül 1980 darbecilerini yanına alıp 1981 yılında solcu öğretim üyelerini üniversiteden kovan da bu Doğramacı idi!

Evet, hiç şaşırtıcı değil.

Prof. Doğramacı 1992'de YÖK'ten istifa etti. Sebebi şuydu: Erdal İnönü ve Prof. Türkan Akyol'un isteğiyle çıkarılan yeni yasayla, üniversite yöneticilerinin tüm öğretim üyelerince aday gösterilmesi kural oldu. Doğramacı ateş püskürdü. "Başta İngiltere ve ABD olmak üzere gelişmiş Batı ülkelerinde adaylar öğretim üyeleri tarafından seçilmezler" dedi. Yasadan önce rektörler, YÖK (yani Doğramacı) isteği ve Cumhurbaşkanı onayıyla seçiliyordu![62]

Rockefeller hocaları "Amerikan üniversite sistemi" (eğitimi-müfredatı) konusunda tek taviz vermek istemedi!

Manisa'dan yola çıkıp, Ankara'dan ve Alma Ata'dan nerelere geldik...

Bakalım karşımıza daha ne sürprizler çıkacak?

Devam edelim...

---

62 Prof. Türkan Akyol ile Prof. Doğramacı'nın ilk karşı karşıya gelişi değildi bu. Türkan Akyol 1972 yılında sağlık bakanı idi. Çıkarmak istediği Fiyat Kararnamesi ile ilaç üzerindeki kontrolü belli esaslara bağlamak istiyordu. Özellikle maliyet artışının yüzde 20'yi geçmemesi durumunda zam yapılamaması, aynı etken maddeye sahip ilaçlar içinde ucuz olanın tercih edilmesi, çok tüketilen ilaçlardaki kâr oranlarının devlet kontrolüne alınması gibi ana maddeler içeren teklif, ilaç şirketlerinin büyük muhalefetiyle karşılandı. Lobinin başını Prof. Doğramacı çekiyordu. Sonunda bu ilaç fiyatı krizi Prof. Akyol ile dokuz bakanın istifasına yol açtı.

İkinci Bölüm

POWELL MUHTIRASI

Martin Luther King dedi ki:

"Tüm eşitsizlik biçimleri içinde, sağlıkta adaletsizlik en şoke edici ve insanlık dışıdır."

Bunu şöyle başardılar:

Dünya Bankası'nın Washington DC 19. Cadde'de dev modern ışıltılı merkez binası var. Binaya girdiğinizde sizi koskoca harflerle yazılmış şu cümle karşılıyor:

-"Hayalimiz yoksulluğun olmadığı bir dünyadır."

On üç katlı avlunun ortasında, yaşlı ve kör bir adama kılavuzluk eden bir çocuk heykeli var. Bu heykel, yaygın olarak "nehir körlüğü" (*Onchocerciasis*) olarak bilinen parazit solucanla mücadelenin anısına dikilmişti...

Dünya Bankası; 1974-2002 yılları arasında Rockefeller'ın kurdurduğu Pan American Health Organization (PAHO), Dünya Sağlık Örgütü, BM ve küresel ilaç şirketi Merck ile milyonlarca çocuğun hayatını kurtardıklarının mesajını veriyordu.[63]

Gerçi, Merck'in gönderdiği ilaçlarla yapılan tedaviye rağmen 2000 ve 2005 yılları arasında hastalığın yaygınlık oranı ikiye katlandı; parazitlerin ilaca direnç gösterdiği ortaya çıksa da, Dünya Bankası büyük yazı ve heykelle propagandaya devam etti...[64]

Heykeli Dünya Bankası girişine kim koydurdu:

63 Bu büyük kampanya, büyük bir ödülle nasıl taçlanmaz? William C. Campbell aşıyı keşfederek Nobel Ödülü kazandı!

64 Charles Bukowski şöyle yazdı: "Afrika'ya ilaç göndermeye karar vermiştik; fakat hepsinin üzerinde 'tok karnına' yazıyordu!"

1968-1981 yılları arasında Dünya Bankası başkanlığını yürüten Robert McNamara! Zaten hastalıkla ilgili mücadeleyi başlatan da bu "idealist" başkandı.

Kim bu McNamara?

1961-1968 yılları arasında ABD savunma Bakanı olarak görev yaptığında binlerce Vietnamlı çocuğun ölümüne neden olan katil!

3 milyon insanın ölümüne sebep olan…

7 milyon 78 bin 32 ton bomba kullanan…

18 milyon 2 bin varil "Agent Orange"/ portakal gazıyla 400 bin kişiyi öldürüp, 4 milyondan fazla insanın kalıcı hasar görmesine ve 500 bin çocuğun dünyaya engelli gelmesine sebep olan McNamara, ABD ikiyüzlülüğünün somut gerçeği…

Hiç değişmez bu: 2003 Irak Savaşı'nın sorumlusu Savunma Bakan Yardımcısı Paul Wolfowitz de binlerce insanın ölümünden sonra 2005 yılında Dünya Bankası başkanı yapıldı.

Dünya Bankası binasının karşı caddesinde görkemli bir yapı var: Uluslararası Para Fonu-IMF…

1944 yılı Bretton Woods Konferansı'ndan beri 75 yıldır Dünya Bankası ve IMF "Gold Room" (Altın Oda) toplantısı yapıp birlikte karar alıyor. Düşük ve orta gelirli ülkelerde politika şekillendirmede IMF "kötü polis" ve Dünya Bankası "iyi polis" rolünü oynuyor hep…

Ve bu arada Washington DC, uluslararası kurumlarıyla dünyayı sömürürken "insancıl kampanyalar" ile göz boyamayı sürdürüyor. Sıtma gibi bulaşıcı hastalıkları kontrol altına almak için dünyanın çeşitli bölgelerine aşılar vermeyi sürdürüyor.

Her yıl bir kampanya düzenliyor: 2000 yılını "AIDS Savaşı" ilan etti.[65]

2011'de tüberkülozu durdurma kampanyası başlattı…

65 Batı'nın 41 ilaç şirketi, HIV/AIDS ilaçlarını 2001 yılında izinsiz üretip halka verdiği için Güney Afrika'yı dava etti. "Savaş" dedikleri ilaçlarının satın alınmasıydı! Hz. Ali ne dedi: "Her derde deva bulunur, lakin ahlaksızlık illetini iyi edecek ilaç yoktur!"

Dünya Bankası'nın her yıl yayımladığı "Kalkınma Raporu" başlıkları, temel konuları da değişti. Bakış açısı, iyi ya da kötü koşullardaki "sağlık" değil, "hastalık" idi!

Sağlığı, hastalığın üretimi ne denli düşürdüğü hesaplaması temeline oturtmuştu. Önemli olan insanların sağlık hizmetine ne denli gerek duydukları ya da ne denli sağlıklı oldukları değildi; hangi üretimi gerçekleştirebildikleri ve bu üretimden kaç para kazandıklarıydı! Sağlık hizmeti sadece üretime katkı yaptığı ölçüde önem ve değer kazanmalıydı! Sağlığa hak değil, üretim artışının aracı olarak bakıyordu.

Sağlık sorununu şöyle ele alıyordu:

-"Sıtma yılda üç milyon kişinin canını alıyor" diye değil…

-"Sıtma 30 yılda Afrika üretiminde 100 milyar dolar zarara yol açacak" yaklaşımıyla değerlendiriyordu!

Acımasız kavram dillerdeydi; "sağlık ekonomisi!"

Tek ölçü Amerikan Doları

Buraya nasıl gelindiğini yazmayı sürdüreyim.

Bu "hikâye" Rockefeller olmadan devam etmez!

Alma Ata 1978 toplantısı öncesi Sovyetler Birliği ve ABD arasında yumuşama vardı aslında… 1972 yılında ABD ile Sovyetler Birliği arasında Stratejik Silahları Sınırlandırma Antlaşması (SALT 1) imzalanmıştı; 1975 yılında ise Helsinki Nihai Senedi. Bu iki belge, Soğuk Savaş'ta bir yumuşama (Detante) anlamına geliyordu. Lakin… Bu yumuşamayı istemeyenler vardı.

Rockefeller "ipi" elinden bırakmaya hiç niyetli değildi… Sağlığı ve tarımı kullanarak dünyayı "bedenler" üzerinden ele geçirme stratejisinden vazgeçmeyecekti.

Gıda ile bozup ilaçla öldürmeye devam edeceklerdi: "Nüfus planlaması!" Yani, ırkları ıslah projesi...

Şunu bilmeniz lazım:

Dünya Sağlık Örgütü Rockefeller'ın elinde kurulmuştu. Şöyle: Rockefeller 1916 yılında kurduğu Uluslararası Sağlık

Kurulu'nun (The International Health Board) 1927 yılında adını değiştirdi:

-Uluslararası Sağlık Bölümü (The International Health Division-IHD)

Rockefeller kurumu IHD, -1948 yılında Dünya Sağlık Örgütü kurulana kadar- küresel ölçekte dünyanın sağlık alanındaki en etkili örgütüydü! Cenevre'de 1921 yılında kurulan Milletler Cemiyeti Sağlık Örgütü (League of Nations Health Organization), Kızıl Haç ve diğer sağlık örgütleriyle yakın işbirliği geliştirerek, uluslararası düzeyde etkinliğini pekiştirdi. 80 ülkede uzmanları aracılığıyla hedeflenen belirli hastalıklarla ilgili çalışmalar-kampanyalar yanında halk sağlığı kurumları oluşturdu.

Dünya Sağlık Örgütü'nün kuruluşunda Amerika bölge ofisi oldu. "Nasıl olsa DSÖ bizim" diyen Rockefeller, 1951'de IHD'nin denizaşırı çalışmalarına son verdi. Bu görevi artık, 1958'de kurulan Pan American Health Organization (PAHO) yapacaktı. Ama hedefi değişmedi; PAHO'nun görev alanı genişledi; ticaretin korunmasına odaklandı ve genel olarak uluslararası ticaret anlaşmalarının hükümlerini destekledi!

Yani...

Sovyetler Birliği gibi ülkelerin kuruluş döneminde Dünya Sağlık Örgütü'nden rahatsız olmasının sebebi Rockefeller idi! Fakat... Artık dünyada politik rüzgârlar "soldan" esiyordu. Dünya Sağlık Örgütü Rockefeller'ın avucundan çıkmak üzereydi...

Rockefeller'ın elinde tek kozu vardı: Para!

Alma Ata'nın karşısına parayla çıktı. ABD-Rockefeller, işte 1970'lerin sonunda Dünya Sağlık Örgütü'nü parayla "yola" getirdi! ABD (itibarıyla Rockefeller, Carnegie, Ford vd.) BM'ye yıllık aidatlarını vermedi. Kızgındılar. Şaşkındılar. Öyle ki, BM Çocuk Fonu-UNICEF bile, Dünya Bankası'nın "Asya, Latin Amerika ve Afrika'daki on milyonlarca çocuğun sağlık, beslenme ve eğitim seviyelerinin düşürülmesinden" sorumlu olduğunu söylüyordu...

Mesele sadece Dünya Sağlık Örgütü değildi…

Mesele sadece UNICEF değildi…

Asıl mesele Amerikan kamuoyu idi. Amerikalılar, ülkeyi Beyaz Saray'ın değil Rockefeller ve diğer işadamlarının yönettiğini düşünüyordu…

Ayrıca... Daha kötüsü yaşanıyordu...

ABD'de 1970'lerde işler iyi gitmiyordu. Vietnam Savaşı yenilgisi, Nikaragua, İran, Zimbabve gibi jeopolitik değişimler, Amerikan kamuoyunun denizaşırı müdahalelere isteksizliği ve karşı çıkışı ile petrol krizi, Amerikan ekonomisini kötü vurmuştu; piyasada durgunluk vardı. Enflasyon artıyordu; yüzde 13,5. İşsizlik artıyordu; yüzde 21,5.

Örneğin… Bu durumu yakından yaşayanlardan biri 1976'da Batı Virginia valisi seçilen (üçüncü kuşaktan John D. Rockefeller Jr.'ın torunu) John Davison "Jay" Rockefeller IV idi; Batı Virginia'da işsizlik oranı yüzde 15 ila 20 arasında değişiyordu.[66] Şirketlerin kâr oranları hayli daralmıştı. Doları altına endekslemekten vazgeçmek bile "can simidi" olmamıştı. Kimilerine göre ABD-Batı kapitalizmi çöküyordu.

Halk ise tüm bunların sorumlusu olarak "doymak bilmez" küresel şirketleri görüyordu.

Muhtıra hazırlanıyor

ABD'nin tanınmış avukatlarından Lewis Franklin Powell'ın 23 Ağustos 1971 tarihinde hazırladığı metin, Amerikan zenginlerinin hayatını değiştirdi! (Ki aslında Powell yakın arkadaşı, ABD Ticaret Odası eğitim direktörü Eugene B. Sydnor Jr. tarafından bildiri yazmak üzere görevlendirildi: "Amerikan Serbest Girişim Sistemi'ne Saldırmak")

66 Jay Rockefeller daha sonra uzun dönem Amerikan Senatosu'nda görev yaptı. Şu komitelerde başkanlık yaptı: Sağlık Alt Komitesi, Uluslararası Ticaret, Gümrük ve Küresel Rekabet Edebilirlik Alt Komitesi, Sosyal Güvenlik, Emeklilik ve Aile Politikası Alt Komitesi… Batı Virginia Üniversitesi'nde beyin cerrahisi, nöroloji, davranışsal tıp, psikiyatri ve diğer sinirbilim konularının klinik, araştırma ve akademik misyonlarını genişletmeye odaklanan Rockefeller, Neuroscience Institute'nün kurulmasını sağladı. Diğer yandan… Irak'ta nükleer silahlar olduğunu ve hemen askeri müdahale yapılması gerektiğini savunan en ateşli senatörlerden biriydi.

Powell bildiride dedi ki:

-"Şirketler uzun yıllardır siyasilerin pataklamayı sevdiği bir şamar oğlanı haline gelmiştir. Sıklıkla dünya genelindeki sol propagandaya alet olan bu doktrini, ABD halkının büyük bir kısmı da takip etmektedir."

Powell şirketlere akıl verdi: "Siyasi güç ve medya olmadan güçlü olamazsınız!" Mücadeleden kaçınan şirketlerin artık saldırıya geçmesinin zorunlu olduğunu ifade etti.

Sakın! "Bir avukat bir gece oturup eline kalem alıp metin yazmış" diye düşünmeyiniz. Powell aynı zamanda 160 ülkede faaliyet gösteren uluslararası tütün şirketi Philip Morris'in yönetim kurulu üyesiydi. Tütün karşıtlarına karşı açtığı davalarla tanınıyordu! "Sigara kanser yapmaz" diyordu.

Sadece bu değil... Turpun büyüğü heybedeydi. Powell'a göre, sıkıntıların sorumlusu Sovyetler Birliği idi! Amerika'yı devirmek için muhafazakârların ticari çıkarlarını hedef haline getirmişti!

Bu iddiayı somutlaştırmak için ABD içinde bir "düşman" bulmak gerekiyordu. Powell, General Motors'un başını çektiği otomobil endüstrisinin insanları kandırdığını ileri süren tüketici hakları savunucu Ralph Nader'ı Amerika'nın en belalı "komünist" eylemcisi saydı.

Anımsar mısınız, Tansu Çiller 1990'larda Türkiye'yi "son sosyalist ülke" diye nitelendirir ve yıkacağını söylerdi. Bunu ilk dile getiren Powell oldu: "ABD'deki sosyalist/komünist devleti yıkacağız!"

"Powell Muhtırası"nın ilk destekçisi, Vicks Chemical Company adlı kişisel bakım ve ilaç şirketinin kurduğu Smith Richardson Foundation oldu. Bu şirket daha sonra 1985 yılında Procter&Gamble ilaç firmasına satıldı...

The Business of America is Lobbying (Amerika'nın Lobicilik İşleri) adlı kitabın yazarı Lee Drutman, "Powell Muhtırası"nı neoliberalizmin oluşmasının ilk belgesi saydı.[67]

67 Bir dönem istihbarat görevlisi olarak çalışan "muhtıracı avukat" Lewis Franklin Powell "ödülünü" Başkan Richard Nixon'dan aldı: ABD Yüksek Mahkemesi'ne aday gösterildi. 15 yıl görev yaptı. Bu göreve gelen ilk siyahtı...

Aslında... İlk adım yıllar önce atılmıştı: İlaç sektörünün neoliberalizmle insanı nasıl yok ettiğini bilmeniz için şu gelişmeyi öğrenmelisiniz.

Mont Pelerin Cemiyeti

Tarih: 10 Nisan 1947.

Aralarında Friedrich Hayek, Frank Knight, Karl Popper, Ludwig von Mises, George Stigler ve Milton Friedman gibi iktisatçıların-siyaset bilimcilerin olduğu Mont Pelerin Cemiyeti (MPS)[68] üyesi 39 kişi İsviçre'de toplandı.

Baş finans destekçisi Rockefeller Vakfı idi...

Aralarında... Lewis Lehrman, Richard D. Wood, Robert Dee ve William Simon gibi ilaç şirketlerinin üst düzey temsilcileri de vardı.

Amerikan Barış Derneği başkanlığını yapan Prof. Jeane Kirkpatrick ve Amerikan istihbarat teşkilatı - OSS (CIA) başkanlığını yapan eşi Evron Kirkpatrick de toplantıdaydı. CIA için çok sayıda propaganda çalışması yayımlayan N.Y. yayıncısı Frederick A. Praeger de oradaydı.

Üyelerden Alan Greenspan, Macar Yahudisi Amerikalı ekonomistti. ABD Merkez Bankası başkanıydı ve daha sonra İngiltere Merkez Bankası'nın yönetimine getirildi. Şaşıracak durum yok; paranın vatanı yok!

- Bugün ABD'li işadamı George Soros kimse, dün de ABD'li işadamı Harold W. Luhnow öyleydi; "özgürlükçü muhafazakârlara" para yağdırırdı! İtibarıyla solcu devletçi ekonomistlere karşı çıkmak için toplanan Mont Pelerin'in baş destekçisiydi. İngiltere Merkez Bankası gibi kuruluşlar da bu toplantının finansörleri arasındaydı.

Ekonomik özgürlüğün siyasi özgürlüğü getirerek demokrasiyi geliştireceğini ileri süren ekip içindeydi hepsi.

"Derin ekonomik operasyonun" politik ayağı da olmalıydı. Bu sebeple... Mont Pelerin üyeleri arasında politikacılar

68 Toplantı, İsviçre'nin Mont Pèlerin köyündeki Hotel du Parc'ta gerçekleştiği için bu isimle anıldı. Avusturya ekolü olarak bilinen Hayek'ten Friedman'a tüm bu iktisatçılar Viyana ekonomisini avucunda tutan dünyanın para baronu- Rothschild ailesiyle yakındılar.

da yer aldı. Kimi isimler vermeliyim: Batı Almanya Başbakanı Ludwig Erhard, İtalya Cumhurbaşkanı Luigi Einaudi, ABD Dışişleri Bakanı George Shultz, İngiltere Dışişleri Bakanı Geoffrey Howe, Şili Maliye Bakanı Carlos Cáceres…

Günümüzde Soros Açık Toplum Enstitüsü ile dünyaya nasıl yayıldı ise Mont Pelerin de bu amaçla;

-1955'te Londra'da Ekonomik İlişkiler Enstitüsü'nü (IEA),

-1977'de New York'taki Manhattan Politika Araştırmaları Enstitüsü'nü,

-1981'de Atlas Ekonomik Araştırmalar Vakfı'nı kurdu.

Felaketin kapısını açacak "parasalcı sistem", sınırsız-müdahalesiz piyasa istiyordu. Sağlık sektörü buna dahildi...

Sözde...

Mont Pelerin üyeleri özgürlükçü liberaldi.

Mont Pelerin üyeleri çok partili hayata inanmış demokrattı.

Ne vaatleri yoktu ki:

Özelleştirmeyle kamu üzerindeki yükler kaldırılarak toplumsal zenginleşme sağlanacaktı! Bir ekonomik "mucize" idi bu sistem! Bu serbest pazar ekonomisi neredeyse "din" haline getirildi; "Hz. Piyasa" her sorunu çözecekti!

Yüzünde bolca gülücük, bilgi çağı, istikrar, modernizm gibi "makyaj" vardı. Zaten, -Turgut Özal'ın dilinden düşürmediği- Milton Friedman'ın yazdığı "rehber" kitabın adı *Kapitalizm ve Özgürlük* idi! Özgürlükten kastettiği, sermayenin özürlüğü idi kuşkusuz ama bunun ortaya çıkmasına daha yıllar vardı…

Mont Pelerin üyeleri kendilerine güveniyordu. Ancak "kumarhane ekonomisi" diye bilinen neoliberalizm, 1929 dünya ekonomik krizinde hiç iyi sınav vermemiş, çok şirketin batmasına sebep olmuştu. Finansa dayalı bu küresel ekonomik sistem güvenilir görülmüyordu. Öte yandan ABD (ve İngiltere) gibi ülkelerdeki ekonomik durgunluk yeni pazar alanları bulunmadan nasıl çözüme kavuşturulacaktı?

Powell muhtırası bunun ilk adımı oldu. 1970'lere kadar pek yüzlerine bakılmayan Mont Pelerin Cemiyeti "imalatı" neoliberalizm "sahneye" kondu.

İlk aşamada bu vahşi ekonomik sistemi bir ülkede denemek istediler: Şili…

"Makyajlı" neoliberalizm ilk yüzünü Şili'de gösterdi:

CIA destekli General Augusto Pinochet liderliğinde faşistler, iktidardaki Sosyalist Salvador Allende'yi öldürüp 11 Eylül 1973'te darbe yaptı. Ve…

Rockefeller parasıyla kurulan Şikago Üniversitesi'nde 1955 yılından itibaren Milton Friedman gibi Mont Pelerin üyelerinin "tedrisatından" geçen Şilili seçkin ailelerin "Şikago Oğlanları" Pinochet'nin ekonomi kurmayı oldu.[69] (Benzerlerine Türkiye'de "Özal'ın Prensleri" adı verildiğini anımsatırım.) "Şikago Oğlanları"nın Rockefeller ya da Ford bursuyla okuduğunu da anımsatmak isterim! Kimse kimseye bedavadan burs vermiyor...

Peki, neden Şili? Sorunun çok yanıtı var.

Kitabın konusu üzerinden birini açıklayayım:

Aslında ne oldu?

Rudolf Virchow (1821-1902)…

"Patolojinin babası" Alman doktor.

Bir önceki bölümde değindim. Tarihte sağlığın ve hastalıkların belirleyicileri içinde toplumun "üretim tarzına" özel bir yer veren ilk hekimdi.

- "Tıp bir sosyal bilimdir, politika büyük ölçekte tıptan başka bir şey değildir… Hekimler fakirlerin doğal savunucularıdır" diyen bir bilim insanıydı.

---

69 Faşist Pinochet askeri darbesinde görev alan "Chicago Boys" isimleri şunlardı: Maliye Bakanı Jorge Cavas, Maliye Bakanı Sergio de Castro, Ekonomi Bakanı Pablo Bardona, Ekonomi ve Maliye Bakanı Rolf Luders, Ekonomi Bakanı Juan A. Fontaine, Merkez Bankası Başkanı Alvaro Bardon, ekonomi danışmanı Emilio Sanfuentes, Çalışma-Planlama Bakanı Miguel Kost, Cumhurbaşkanı Genel Sekreteri Cristian C. Vignau... Ki son isim aynı zamanda Mont Pelerin Cemiyeti üyesiydi. Tek "şapkası" yoktu; kamu kuruluşları yönetiminde, üniversite akademi dünyasında, liberal düşünce kulüplerinde hep o vardı!

Tıpta diyalektik maddeci yaklaşım oluşturma çabalarında Frederick Engels'in *İngiltere'de Emekçi Sınıfların Durumu* isimli çalışmasından geniş ölçüde yararlandı ve yoksulluk ile hastalık arasındaki ilişkileri göstermek için Engels'in verilerini kullandı.

Dünyada toplumsal sağlığın fikir babası olarak bilindi...

Politikti.[70]

Rudolf Virchow çok öğrenci yetiştirdi; Dr. Max Westenhoffer bunlardan biriydi.

"Sermayenin tıbbı" ile "emeğin tıbbı" arasındaki mücadele Şili'de bir askeri darbeye sebep oldu…

Dr. Max Westenhoffer (1871-1957)…

1908-1911 yılları arasında Şili'de görev yaptı. Görevi tıp eğitiminde reform yapmaktı. Ayrıcalıklı sınıf haline gelen hekimlerden, yoksulların kötü koşullarına kadar bir dizi rapor yazdı. Şilili zengin muhafazakârların tepkisini çekti. Sınır dışı edildi...[71]

Dr. Westenhoffer, 1929-1932 yıllarında arasında yine Şili'de görev yaptı. Tıp fakültesindeki öğrencilerinden biri (tıp fakültesinden 1933 yılında mezun olan) Salvador Allende idi…

Dr. Westenhoffer, 1948-1957 yılları arasında üçüncü kez Şili'de görev yaptı. Ektiği tohumlar meyve vermeye başlamıştı; *Şili'nin Sosyal Tıbbi Gerçekliği* (La Realidad Medico-

70 Otto von Bismarck'ın silahlanmaya aşırı bütçe ayırmasını sertçe eleştirdi. Bismarck, Virchow'u düelloya davet etti. Silahları seçme hakkına sahip olan Virchow, iki domuz sosisi seçti: Kendisi için pişmiş bir sosis ve Bismarck için domuzdaki Tisminella larvasıyla yüklü pişmemiş bir sosis! Demir Şansölyesi Bismarck, teklifi riskli bulup reddetti.

71 Her öğrenci bir olmuyor; Rudolf Virchow'ın iki öğrencisi Prof. William Henry Welch (1850-1934) ve Prof. William Osler de ABD'ye gitti. Rockefeller ile birlikte Johns Hopkins Hastanesi'ni kuran dört ünlü doktordan ikisiydi. Prof. William Osler Johns Hopkins Hastanesi'nin ilk başhekimi oldu. Bugün uzman doktorların, öğrenciler ve asistanlar ile hasta odalarında ders pratiği yapmanın mucidiydi Prof. Olser! *Tıp İlkeleri ve Uygulaması* kitabı tıp öğrencileri ve klinisyenler için hâlâ başvuru kaynağı.
Prof. Welch ise Johns Hopkins Tıp Fakültesi'nin ilk dekanıydı; birçok Türk burslunun gittiği (ABD'deki ilk açılan) Johns Hopkins Hijyen ve Halk Sağlığı Okulu'nun kurucusuydu. Welch, yaşamı boyunca, "Amerikan Tıbbının Dekanı" olarak anıldı. Çünkü: 1901'den 1933'e kadar Rockefeller Tıbbi Araştırma Enstitüsü'nde Bilimsel Yönetim Kurulu başkanı olarak bulundu!

Social Chilena) eserini yazan öğrencisi Dr. Salvador Allende sağlık bakanı idi artık. Sağlık sorunlarının salt ileri sağlık bakımına değil, ancak daha ileri sağlık örgütlenmesine, barınmaya, beslenmeye ve çalışma koşullarına dayandığını savunuyordu: "Kötü beslenen, paçavralar içinde ve acımasız sömürü altında bulunan insanlara sağlık ve bilgi sağlamak imkânsızdır..."

Che Guevara'dan Michael De Witte'ye uzanan devrimci hekimler aynı amaçla mücadele etmedi mi?

Dr. Westenhoffer, öğrencisi Dr. Allende'nin Şili başkanı olmasını göremedi. Öğrencisi, toplumsal sağlık hizmetlerini tek tek hayata geçirmeye başladı. Ama... CIA'nın desteklediği Şili'deki dört kişilik faşist askeri cunta, Başkan Dr. Allende'yi katletti. Katliamın sebeplerinden biri Dr. Allende'nin sağlık alanında yaptıklarıydı:

- Şili'de kişi başı sağlık harcaması 1968 yılında 26 dolar iken, Allende döneminde 43 dolar oldu. Faşist askeri darbeden sonra 23 dolara indi...

-Kamu sağlık harcamaları faşist darbeden sonra yüzde 65 azaltıldı...

-Ulusal sağlık sisteminin toplam harcamalardaki payı 1973'ten 1983 yılına kadarki on yıllık süreçte üçte bir oranında indirildi...

-Yatırım harcamalarının toplam sağlık harcamaları içindeki oranı yüzde 12'den, on yıl sonra yüzde 1'e düşürüldü...

- Şili'de darbe döneminde doktorların tabip odalarına üyelik mecburiyeti kaldırılarak sağlık sistemi üzerindeki etkinlikleri azaltıldı...

Yani... Türkiye'de 12 Eylül'ün beş kişilik faşist cuntası onu yaptı ise, bunun ilk adımı Şili'de atıldı! Daha Türkiye'ye 1980 yılına vakit vardı...

Mont Pelerin Şili'den sonra 1976 yılında yine askeri darbeyle iktidara getirdiği General Jorge Rafael Videla liderliğinde Arjantin'de "ikinci neoliberal laboratuvarı" kurdu...

General Kenan Evren'e, 1980'de "Özal"ın adını verenler, General Videla'ya 1976'da "Martinez de Hoz"un adını verdi;[72] ekonomiden sorumlu bakan! (Hoz, David Rockefeller'ın yakın dostuydu; Rockefeller'ın bankası Chase Manhattan ve IMF'den para sağlayıverdi! Daha önce neden kredi açmadılar diye sormayınız!)

Şili'de sadece toplumcu sağlık anlayışı yüzünden darbe olmadı kuşkusuz. Emek maliyetini en aşağıya çekmeyi hesap eden neoliberalizm, yapısal-köklü iktisadi dönüşümüne karşı çıkacak sendikalar, dernekler, kooperatifler gibi kitlesel örgütlenmeleri dağıtıp yasakladı. Genel ücretleri dondurdu.

Keza: Neoliberalizm, ideolojinin-siyasetin dönüştürücü gücüne gereksinim duymayan bir ideale işaret ediyordu. Siyasetin dönüştürücü gücünün olmadığı yerde, siyasetin temel aktörlerinden siyasal partilere ihtiyaç da olmazdı! (12 Eylül 1980 cuntasının neoliberal "yapısal reform" oturana kadar partileri kapatıp, politikacılara yasak getirmesi gibi! 12 Eylül askeri darbesi bunların hepsini -kimilerinin "devrimci" dediği- Turgut Özal'la birlikte adım adım gerçekleştirdi.)

Endonezya, Filipinler, Güney Kore'de yaşananlar farklı değildi; diktatörler neoliberalizmi halka dayattı...[73]

Mont Pelerin üyesi iktisatçı Prof. Milton Friedman 1982'de Şili'yi "ekonomik mucize" olarak selamladı. Kendilerince "ilk deneyim" başarılı oldu ve böylece neoliberalizm, 1970'lerin sonunda İngiltere ile ABD üzerinden dünyaya dayatıldı!

O dönem, sekiz Mont Pelerin üyesi (Friedrich Hayek, Milton Friedman, George Stigler, Maurice Allais, James M.

72 Arjantin'deki askeri darbede görev alan "Chicago Boys"un isimleri şunlardı: Domingo Cavallo, Adolfo Diz, Roque Fernândez, Carlos A. Rodriguez, Fernando D. Santibanes, Recardo Lopez... Keza: Brezilya'da Paulo Guedes, Meksika'da Socrates Rizzo, Francisco Gil Diaz, Fernando Sanchez Ugarte, Carlos Isoard... Peru, Kolombiya, Uruguay, Kosta Rika, Panama'da da "Şikago Oğlanları" görev yaptı.

73 Direnenler yok değildi. Yıl: 2002. Neoliberal küreselleşmeye karşı Meksika'da toplanan konferansta Güney Kore İlerici Köylüler Federasyonu Başkanı Lee Kyung-hae, Dünya Ticaret Örgütü'nü protesto etmek için kendisini kalbinden bıçaklayarak intihar etti.

Buchanan, Ronald Coase, Gary Becker, Vernon Smith) Nobel Ekonomi Ödülü aldı!

Pulitzer ödüllü gazeteciler Walter Lippmann ve Felix Morley gibi onlarca gazeteci ile Max Eastman gibi solcu dönek liboşlar bu cemiyetin üyesiydi... ABD Başkanı Ronald Reagan'ın 22 danışmanı Mont Pelerin üyesiydi!

Lobicilik ABD'de 1970'lerde büyük endüstri haline geldi. Hedefi neoliberalizmi inşa etmekti. En büyük silahı medya oldu... Öyle maskeleme yaptılar ki kim sağcı, kim solcu kafalar karıştı. Örneğin... Neoliberalizm sadece muhafazakâr iktidarların değil, Bill Clinton'dan Tony Blair'e, Felipe González'den Gerhard Schröder'e uzanan sosyal demokratların da ekonomi yolu oldu. Amerikalı solcu neoliberal akademisyenler *Yeni Cumhuriyet* adlı dergi çıkardı! Bu "yeni" kavramı Türkiye'ye buralardan ithal edildi![74]

Tekrar Şili'ye, 1970'lere dönersek, ki dönelim, Şili'de olanları bilmezsek bugünü kavrayamayız:

Şili'den dünyaya "sosyal devlet" yerine güvencesiz, dayanışmasız, özelleştirilmeci rekabetçi-yarışmacı neoliberal sağlık hizmeti dayatıldı... Örneğin: Türkiye'de "fırtınalar koparan" emekliliğin özelleştirilmesi ilk Şili'de hayata geçirildi.

Böylece ilaç ve ilaç sektörü yalnızca serbest piyasa ekonomisi dinamiklerine bırakıldı. Vazgeçilemez ürün niteliğindeki ilacın geliştirilmesinden üretilmesine ve tüketicilere sunulmasına kadar tüm aşamalarında kamu otoritesinin mutlak denetimi ve müdahalesi yok edildi. Denetim yapacak olan kurumlar ilaç şirketlerinin "emrine" sokuldu...

12 Eylül'ün tıbba darbesi

Benzerleri yine bir askeri darbeyle Türkiye'de gerçekleştirildi: Darbeyi meşru kılmak için sadece Manisa'da toplumcu-

74 Mont Pelerin Cemiyeti / MPS İstanbul Özel Toplantısı 30 Eylül–3 Ekim 2011'de The Marmara Oteli'nde 49 ülkeden 265 kişinin katılımıyla yapıldı. Konusu "Ulus, Devlet ve Özgürlük" idi! Ev sahipliğini Liberal Düşünce Topluluğu yaptı. Finansör FETÖ idi. Hiçbiri rastlantı değil bunların...

halkçı sağlık hizmeti mücadelesi veren bir avuç eczacı öldürülmedi; 1978'den sonra oluk oluk kan akıtıldı. Maraş, Çorum gibi kitlesel kıyımlar yaptırıldı. Askeri darbeye kamuoyu desteği bulunduğunda düğmeye basıldı. Ve...

CHP hükümetinin hayata geçirdiği "sosyal devlet" ürünü "Tam Gün Yasası" uygulaması, 12 Eylül 1980 askeri darbesinin ilk yok ettiği sağlık sistemi oldu. Türk basınının büyük desteğiyle 30 Aralık 1980 tarihinde yürürlükten kaldırıldı!

Darbecilerin çıkardığı, Sağlık Personelinin Tazminat ve Çalışma Esaslarına Dair Kanun hekimlerin ve diğer sağlık personelinin özel sektörde çalışmasına izin verdi. Tıp değerleri yozlaştırıldı; sağlık ticarileştirildi ve meslek salt paraya-maaşa indirgendi.

Bitmedi: Darbecilerin sağlık hizmetlerine bakış açısını "isim" değişikliği ortaya koydu: Sağlık ve Sosyal Yardım Bakanlığı'nın adı değiştirildi; bakanlıktan "sosyal yardım" adı silindi!

"Sosyal/sosyalizasyon/toplumsallaşma" adına düşmandı darbeciler. "Sosyal devlet" komünist projesiydi! "Halkçılık" ilkeleri unutulup, "gardırop Atatürkçülüğünün" başladığı yıllardı 1980'ler...

Kuşkusuz darbeciler, eczacı kooperatiflerini de kapattı. Artık tek tek öldürmüyor, toptan yok ediyorlardı!

Bitmedi: Demokrat Parti iktidarı, hekimlik faaliyetini düzenlemek ve denetlemek amacıyla 1953 yılında "Türk Tabipler Birliği" (TTB) kurulmasını sağladı. Ancak 1960'lardaki "sol politik dalga" TTB'yi de etkiledi. Solcu hekimler TTB'yi önemli mevzi görüp birliğin yönetimine geldi. Hedef "toplumcu-halkçı sağlık" idi...

Yıl, 1978. TTB Ulusal İşçi Sağlığı Kongresi düzenleyerek toplumcu-halkçı sağlıktan yana tavır aldığını gösterdi. Bu Manisa'da başlayan eczacı kooperatiflerinin kurulmasıyla aynı dönemdi. Toplumcu sağlık hizmetleri güçlü bir alternatif olmaya adaydı. Bu sebeple 12 Eylül 1980 askeri darbe yönetiminin TTB'yi kapatıp yöneticilerini hapse atması hiç sürpriz olmadı!

Bitmedi. Gelelim en önemli konuya:

Darbeciler tıp fakültesi müfredatını bile değiştirdi.

Şöyle:

Türkiye tıp fakültelerinde ilacın temel taşı "Farmasötik Toksikoloji" adında kürsüler ilk kez 12 Mayıs 1965 tarihinden itibaren kurulmaya başlandı.

Darbeciler, ilacın canlılar üzerindeki etkisini konu alan bu dersi ortadan kaldırıp farmakoloji içine hapsetti! Ne diyorlardı: "12 Eylül kardeş kavgasına son vermek için yapıldı!" Şimdi, kurşunla-bombayla değil; gıdayla-ilaçla "toplu kıyım" dönemi başlıyordu...

Ankara Üniversitesi Eczacılık Fakültesi Farmasötik Toksikoloji Anabilim Dalı Başkanı Prof. Nevin Vural'ın 1984'te yazdığı kitap ancak 2005'te öğrencilerinin çabalarıyla yeniden basılabildi! Arnold Lehman'ın sözü meşhurdur: "Siz de iki kolay dersle toksikolog olabilirsiniz; ancak bu derslerin her biri 10 yıldır..."

Keza:

Bir hastalık ya da hastalık olarak adlandırılamayacak anormal sendromlar ya da durumlar nedeniyle normal mekanik, fiziksel ve biyokimyasal işlevlerde ortaya çıkan bozuklukları "patofizyoloji" inceler.

Birbiriyle ilgili daha eski iki disiplinin, sağlıklı vücut işlevlerini inceleyen "fizyoloji" ve hastalığın nedeni ve doğasını inceleyen "patoloji"nin kesişimidir. Bu yaklaşımda dikkat edilmesi gereken nokta, sağlıklı bir yapı ve işleyişin herhangi iki kişi için tam olarak aynı olmadığıdır.

12 Eylül darbecileri -tıpkı Şili darbesinde olduğu gibi- patofizyoloji kürsülerini kapattı. Her tıp öğrencisinin olmazsa olmaz edinmesi gereken bilgilerden biri olmasına rağmen, yıllardır dersi bile verilmiyor. Niye?

Bu sorunun yanıtı, aslında bu kitabın yazılış amaçlarından biri... Rockefeller'ın oluşturduğu "tıp müfredatıyla" yetişen kimi "doktor ergenler" indirgemeci laflardan bir türlü vazgeçmiyor!

"İnsancıl" savaş bakanı

Konumuza dönersek:

ABD/Rockefeller'ın Dünya Sağlık Örgütü'ne para vermeyi kesmesiyle BM ve DSÖ'de bütçe açığı yaşanmaya başlandı. Hele... DSÖ, -ana örgütü BM tarafından sağlanan- kırılgan finansman nedeniyle para krizine girdi. Ve krizi aşmak için Dünya Bankası'nın kapısını çaldı! (Bütçesini kamuya açıklamadığı için DSÖ'nün Dünya Bankası'na olan bağımlılığının kesin derecesinin belirlenmesi zor olmaya devam ediyor!)

Para her kapıyı açtı! DSÖ içinde Rockefeller örgütü PAHO'nun daha önceki yönlendirmesine benzer şekilde, uluslararası ticaretle ilgili politikaları benimseyenlerin sesi çok çıkmaya başladı. Bu politikayı yürütenlerin başında Dünya Bankası Başkanı Robert McNamara geliyordu.

McNamara'nın başını çektiği grup, Alma Ata'da yaşama geçirilen Birincil Sağlık Hizmeti (BSH) çalışmalarının durdurulup, yerine "dikey örgütlenmeye" dayalı, tek amaçlı küçük sağlık etkinliklerine geçilmesini şart koştu. Yöneliş büyük ölçüde Dünya Bankası'nın, uluslararası finans kuruluşlarının, küresel ilaç şirketlerin çabalarıyla gerçekleşti.

Dünyanın yoksul Güney ülkelerinin sağlık sorunları aşılar ve ilaçlarla yok edilecekti. Örneğin... Süttozu tekrar "iktidarına" kavuştu. Çocuk sağlığıyla yakından ilgili UNICEF artık Dünya Bankası'nı "sebep" olmaktan çıkardı.

Çünkü UNICEF'i bile bakın kimler yönetmeye başladı:

ABD'nin ilk kadın Tarım Bakanı Ann M. Veneman, "kuş gribi", "deli dana hastalığı" gibi "salgınlar" döneminde (2001-2005) görev yaptı! "Yeni Diyet Rehberi" hazırlatıp süttozunu savundu. Savaş kabinesinde görev yapan Veneman UNICEF örgütünde beş yıl (2005-2010) görev yaptıktan sonra dünyaya süttozu satan Nestle şirketinin yönetim kurulunda görev aldı!

Şaşırtıcı değildi; Ann M. Veneman, Dünya Ticaret Örgütü (WTO) kuruluşunu gerçekleştirerek küreselleşmenin önünü açan Uruguay'daki GATT toplantılarının en önemli isimlerinden biriydi. Mesleği avukatlıktı ama anne-bebek sağlığı konusunda almadığı ödül kalmadı! *Forbes* dergisinin 100 En

Güçlü Kadın listesine seçildi. (Neoliberalizmin sinemadaki temsilcisi Star Wars'un yaratıcısı George Lucas'ın kuzeniydi!) Beyaz Saray'ın öncülük ettiği "dünyada sıtma mücadelesi" için kurulan Malaria No More'un yönetim kurulu üyesiydi ve elbette Rockefeller'ın kurduğu "dünyayı yöneten" Dış İlişkiler Konseyi üyesiydi!

Bizim Prof. İhsan Doğramacı'yı atlamayayım:

DSÖ sözleşmesini Temmuz 1946'da New York'ta imzalayan tek Türk idi. 1976'da başkan yardımcılığı ve 1976 ile 1982 arasında İcra Kurulu üyeliği yaptı. DSÖ'yü "yola getiren" ekip içindeydi! DSÖ tarafından Kamerun-Yaounde, Nijerya-İfe, Brezilya-Brasilia ve Kanada-Sherbrooke'ta tıp fakültelerinin kurulması ve eğitim programlarının düzenlenmesinde danışmanlık görevi yaptı.

UNICEF Yürütme Kurulu (1959-1985) üyesiydi ve iki dönem yönetim kurulu başkanı seçildi. UNICEF Türkiye Milli Komitesi başkanlığını (1958–2003) uzun yıllar yürüttü.

Askeri darbeyle 10 Aralık 1981'de YÖK Başkanlığı'na gelir gelmez; üniversitede okumak için harç uygulamasını dayatması neoliberalist dönemine uygundu...

Nihayetinde... Rockefeller kazandı. Tek örnek yeterli olacaktır:

Yıl, 1998...

Dünya Sağlık Örgütü'nün başına Norveç'in ilk kadın başbakanı olup, Margaret Thatcher gibi neoliberalizm yolundan yürüyerek, ülkeyi on yıl yöneten Gro Harlem Brundtland getirildi; ABD ile DSÖ kavgası tamamen son buldu! Brundtland o dönemde uluslararası sermayeye açıkça yakınlık gösterdi. 2000 yılında Amsterdam'da işadamları, bankerler ve devlet başkanlarının bulunduğu toplantıda bunu deklare etti. 2001 yılındaki Davos zirvesinde küresel ilaç firmalarına patent haklarını koruyacağına söz verdi.

Dünya Sağlık Örgütü, küresel sermayeden yana tavrını netleştirdi. IMF, Dünya Ticaret Örgütü ve Dünya Bankası'nın "patronluğunu" kabul etti. Sağlığın eski tanımını "ideal" ve "ulaşılmaz" görüyordu artık...

Dünyada üç milyar insanın günde 1 doların altında gelirle beslenmeye çalıştığı; bir milyar insanın sağlıklı sudan yoksun olduğu; milyonlarca insanın kolayca önlenebilir hastalıklardan öldüğü acı gerçeğine sırtını döndü Dünya Sağlık Örgütü... Yüzünü döndüğü küresel şirketlerin kârı idi sadece…

Öyle ki... ABD tarafından dünyanın dört bir yanında uranyum içeren, kanser yapıcı mermi ve bombalar atılmasını bile seyretti; sesini çıkarmadı... Sovyetler Birliği'nin yıkılmasıyla "neokonservatizm" denen tek yanlı, dinci, ırkçı, popülist, aşırı sağcı, petro-askeri emperyalizm dönemi başladı.

Evet…

Dünya Sağlık Örgütü'nde de köklü değişim oldu.

Tıp-sağlık sadece para ile başlayıp para ile biten mesleğe dönüştürüldü.

Dünya Sağlık Örgütü'nün "yerini" Dünya Bankası, IMF ve Dünya Ticaret Örgütü aldı. Bu "üçlü para çetesi" ülkelerin ekonomilerini (ve sağlık sistemlerini) "yapısal uyum" adı altında neoliberalizme uygun hale getirdi.[75]

ABD, sadece "üçlü para çetesi"ni değil, sağlık ticaretinin merkez örgütü FDA gibi kurumlar eliyle bu "alışverişi" dilediği gibi yönlendirdi. Bu kurumların dayatmasıyla Türkiye gibi ulusal ülkelerin gümrük duvarları yıkılarak, küreselleşme pazarına dahil edildi.

Tıp-sağlık, toplumsal hedefinden çıkarılıp sadece "muayene etmeye" indirgendi.

75 Piyasacı sağlık sisteminin günümüzdeki en uç örneği Hindistan. Dünya Bankası eliyle 1990'lı yıllarda yürütülen sağlıkta özelleştirme ve piyasalaştırma politikaları sonucu Hindistan'da kamu sağlık sektörü neredeyse çöktü. Yüz milyonlarca insan kaderlerine terk edildi. Dünyada en fazla sayıda tıp fakültesi ve hekime sahip Hindistan'daki sağlık adaletsizliği, neoliberalizmin gerçek yüzüydü! Küresel şirketlerin ilaç ürettirdiği Hindistan'da, nüfusun üçte ikisi ilaca erişememektedir.1950'lerden beri komünistlerin yönetimde olduğu Kerala eyaletinde kamucu sağlık politikları sonucu durum oldukça farklı. Örneğin, Hindistan genelinde bebek ölüm hızı binde 40 iken, Kerala eyaletinde binde 12'ye kadar indirildi. Ortalama yaş Hindistan'da 63,5 iken, Kerala eyaletinde 75,2 oldu.

Bu aşamaya nasıl gelindi?

Evet, Rockefeller 1970'lerde ne çok zorlandı... Mesele sadece Dünya Sağlık Örgütü değildi. Kapitalizmin kaleleri düşmek üzereydi. Örneğin İngiltere…

Alma Ata etkisiyle İngiltere 1970'lerin sonunda, sağlık sektöründeki krizi aşmak için "Kara Rapor" (Black Report) açıkladı. Rapora göre, ekonomik eşitsizlik, sağlıktaki eşitsizliğin ana sebebiydi ve önüne geçilmez ise vahim sonuçlar ortaya çıkabilirdi.

İngiltere devletinin sosyal güvenlik gelirlerine katkısı yüzde 43,4 idi ve rapor bunun artırılmasını talep ediyordu. Aksi takdirde rejim-sistem yıkılabilirdi…

Rapor adını, Prof. Douglas A. Black'ten aldı; onun başkanlığındaki Sağlık ve Sosyal Güvenlik Dairesi tarafından hazırlandı. Zaten Prof. Black İngiltere'de ulusal sağlık hizmetinin geliştirilmesinde kilit rol oynayan tıp insanıydı. Halk sağlığı alanında araştırmalar yapmıştı. 1974'te İngiltere hükümetinin Sağlık ve Sosyal Güvenlik Bölümü'ndeki ilk bilim insanıydı. 1977-1983 arasında Kraliyet Hekimler Koleji'nin başkanıydı. Ayrıca İngiliz Tabipler Birliği başkanı olarak görev yapmıştı.

Fakat "Black Report" hayata geçirilemedi. 3 Mayıs 1979 tarihli genel seçimde İşçi Partisi kaybetti; Margaret Thatcher liderliğindeki Muhafazakâr Parti kazandı. "İngiltere'de ilk kez bir kadın başbakan oldu" diye çok kişi sevindi. Ama Thatcher'ın başka "kimlikleri" de vardı:

Başbakan Thatcher, Mont Pelerin ve Powell Muhtırası destekçisi yeni sağ düşünce kuruluşu Centre for Policy Studies'in (CPS) başkanlığını yapıyordu. Çizgisi belliydi. Neoliberalizm destekçisiydi. İtibarıyla…

Yeni Sağlık Bakanı Patrick F. Jenkin, "Kara Rapor"a karşı çıktı; sağlık eşitsizliklerinin-sebeplerinin sosyal problemlere dayandığı görüşünü reddetti! Aksine, geniş kapsamlı kamucu programlara son verilmeliydi. Ancak bunu hemen hayata geçiremedi; diğer sektörlerde yapılan özelleştirmeler büyük emekçi direnişiyle karşılanıyordu. Sağlıkta neoliberal "yapısal dönüşüm" projesine daha zaman vardı... (Ki bunun bir bölümünü "solcu" Tony Blair kabinesine yaptıracaklardı!)

Thatcher döneminde sağlıkta adımlar şöyle atıldı: Sahneye önce Sir Ernest Roy Griffiths çıktı. Dünyayı zehirleyen ABD'li iken Alman Bayer'in satın aldığı dünyanın en kirli küresel şirketi Monsanto'nun Avrupa direktörüydü ve İngiliz süpermarket zinciri Sainsbury's başkan yardımcısıydı...

Griffiths, devletin ücretsiz hizmet verdiği Ulusal Sağlık Hizmeti (National Health Service - NHS) hakkında rapor hazırlamak üzere 1983 yılında Başbakan Thatcher tarafından görevlendirildi. Griffiths kafasındaki ezberini hemen kâğıda geçirdi; ülkedeki kamucu NHS sistemini "kurumsal durgunluk" olarak niteledi. "Oysa sağlık sektörü, sağlık süpermarketine ve hizmet kullananlar da tüketiciye dönüştürülmesi" hedeflenmeliydi! Piyasa durgunluğu böyle açılabilirdi; pazara finans lazımdı!

Hemen ardından Griffiths 1986'da hükümete danışman oldu. Sonra NHS yönetiminde başkan yardımcısı olarak görev yaptı! Bu kamu kurumunun zamanla neye dönüştüğünü tahmin etmek zor değil...

Sıkılmayın, ayrıntılı yazıyorum ki, "kimler kimlerle görün!"

Sağlıkta "yapısal dönüşümü" gerçekleştiren tek Griffiths değildi...

Muhafazakâr Parti içindeki Thatcher ekibi neoliberalizmi savunmak için "No Turning Back" (Geri Dönmek Yok) grubu kurdu. Başında Ralph Harris vardı... Neoliberal düşüncenin kalesi Mont Pelerin'in 1967'de genel sekreterliğini (ve 1982'de başkanlığını) yapan Ralph Harris, Başbakan Thatcher'ın ekonomi direktörüydü. (Medyasız olmazdı; Harris, Rupert Murdoch'un direktörlüğünü yaptı.)

Thatcher ekibini tanıtmak lazım; işbirliğini göstermek keza...

Thatcher hükümeti bir kişiyi daha görevlendirdi: ABD'li ekonomist Alain C. Enthoven... Soğuk Savaş döneminin önemli isimlerinden biriydi. ABD Savunma bakan yardımcılığı ve CIA gölge araştırma şirketi Rand Corporation gibi kilit yerlerde görev yaptı.

Davet üzerine 1984'te İngiltere'ye geldi. NHS konusunda çalışmalar yapıp rapor hazırladı. "Özelleştirme mecburidir" dedi.[76]

Amerikalı ekonomist Enthoven, daha sonra benzer çalışmayı Hollanda ve İsveç sağlık sistemleri için de yaptı...

Sonuçta... Monsanto ya da CIA'cı Rand Corporation eliyle sağlıkta "dönüşüm" yapıldı.

İngiltere'de sağlık hizmetlerinde "kamucu anlayış", yerini "piyasacı ekonomik modele" bıraktı. Sosyal devlet/ sosyal haklar kaldırıldı; sağlık hizmetleri özelleştirildi. Kamu hizmeti veren NHS/devlet hastaneleri, işletme haline getirildi.

Pazarın "canlılığı" için -ilaç dahil- her türlü tüketim özendirildi. Herkes, kendi sağlığından kendisi sorumlu olacaktı! "Paran kadar sağlık" dönemi başladı... Böylece... Tıp, herhangi bir ürün gibi alınıp satılan meta haline getirildi; sağlık hizmetleri "ticari çerçeve" alanına hapsedildi!

Hiç şaşırtıcı değil:

Dünya Bankası, "kamu hizmeti kaldırılmalı, sağlıkta rekabet olmalı" anlayışıyla İngiltere'ye ilk krediyi verdi. Dünya Bankası "sağlık direktörü" İngiliz Prof. Richard Feachem,[77] *Hekimler Birliği* (BMJ) dergisine, "Küreselleşme genellikle sağlığınız için iyidir" diye yazınca bazı İngiliz doktorlar, "Böyle

76 Hep bir aldatmaca yaptılar. İngiliz NHS harcamalarının toplam hükümet harcamaları içindeki oranı 1981'de yüzde 11,4 iken, 1992 yılında yüzde 13,8'e ve 2005'te yüzde 16,2'ye yükseldi. Kişi başı sağlık harcaması 1975'te 444 dolar iken otuz yıl sonra 2 bin 597 dolar oldu. Para başta küresel ilaç şirketleri olmak üzere özel sektöre gidiyordu. Küresel şirketlerin en büyük alıcısı hep devletler oldu. Şirketlerin kasası için/ daha çok para gideri için herkes "zorunlu sağlık sigortası" kapsamına sokuldu vs.

77 Sonraki yıllarda "Sir" yapılan Richard Feachem, California Üniversitesi'ndeki Küresel Sağlık Bilimleri bünyesinde, 2007 yılında sağlıklı beslenmeye odaklı The Global Health Group'u (Küresel Sağlık Grubu'nu) kurdu. Bill & Melinda Gates Vakfı, ExxonMobil ve diğer pek çok kaynaktan alınan bağışlarla destekleniyor.

birine nasıl makale yazdırıyorsunuz?" diyerek BMJ'ye tepki gösterdi. Dünya Bankası yetkilisi Feachem dergiye bir makale daha yazdı. Hedefinde "çağın gerisinde kaldığını" söylediği hekimler ve Dünya Sağlık Örgütü vardı:

-"DSÖ kamucu anlayışla devleti iyi, kazancı şeytan, düşünsel mülkiyeti hırsızlık olarak görüyor…

-"DSÖ'nün özel sektörle, özellikle ilaç firmalarıyla ilişkileri ürkütücü…

-"Tıbbın kamu sektörü olma devri geçti…"

Kazanan neoliberalizm oldu.

İngiltere'de "Black Report" rafa kaldırıldı.

Peki ya ABD'de neler oldu?

Reagan'ın arkadaşı

ABD tarihsel olarak sağlıkta "piyasacı" modeli benimsedi; devlet, koruyucu hizmetler dışında sağlık alanında çok az sorumluluk üstlendi. Devlet sadece askerlere yönelik tedavi hizmetleri veriyordu. Ancak…

ABD de, dünyayı saran sağlık hizmetlerinin "sosyalleştirilmesi-toplumlaştırılması-halkçılaştırılması" dalgasından uzak kalamadı; 1960'lı yıllarda kamucu "Medicare" ve "Medicaid" programlarını benimseyerek, piyasacı sistemden tavizler verdi.[78] Ama... Sağlık harcamalarının kamuya yükü zamanla patronları rahatsız etmeye başladı.

"Power Muhtırası" sağlık sektöründe "Bayh Dole Yasası" ile uygulanmaya başlandı. Bu projeyi Başkan Ronald Reagan'ın yakın arkadaşı Senatör Robert Dole hazırladı. Yollar hep kesişiyor: Senatör aynı zamanda Pfizer'ın avukatlık

78 Medicare: 65 yaş ve üzerindekiler, 65 yaş altında fakat kalıcı özürleri olanlar, böbrek hastalığı gibi çok özel tıbbi durumları olan herkes için, giderin yüzde 80'ni federal hükümet tarafından finanse edilen kamusal sigorta programı.
Medicaid: Sınırlı geliri ve kaynakları olan bazı insanlar için tıbbi maliyetlere yardımcı olan bir federal ve eyalet programı. Medicaid ayrıca, normalde Medicare tarafından kapsanmayan, evde bakım ve kişisel bakım hizmetleri de dahil olmak üzere, faydalar sunar. ABD'de toplam olarak Medicare ve Medicaid güvencesi olanların sayısı 46 milyon 500 bin. Kamusal sigortacılığı serbest pazara bir müdahale olarak gören Başkan Donald Trump, Medicare ve Medicaid programından yararlananların sayısını azaltmayı hedefliyor!

bürosu Verner Lipvert Bernhard adlı hukuk bürosunun yönetim kadrosundaydı!

Bu yasayla neler yapmadılar ki... Üniversitelerin tarihlerinde ilk kez ilaç şirketlerinden para almalarının önü açıldı. Böylece Amerikan FDA sağlık bürokratlarının, denenmemiş ilaçlara karşı koyduğu engelleyici tavır yıkıldı.

"Piyasanın canlılığı için" dikkat eksikliği bozukluğu, bipolar, obsesif bozukluk, stres bozukluğu, bağırsak sendromu, mevsimsel depresyon gibi yığınla "hastalık" icat edildi!

Hap yutmak en kolay "spor" oldu...

Evet, "sermaye birikimi" için tıp hızla ticarileştirildi.[79] Örneğin...

"Bayh Dole Yasası" ile üniversitelere de, kamu bütçesiyle yapılan araştırma sonuçlarından çıkan buluşlara patent alma yolu açıldı. Bu yasa, üniversite-özel sektör işbirliğine yeni açılım sağladı. Üniversitelerde çalışan bilim adamları ise yeni ürün ve aletleri test etmek üzere kendi şirketlerini kurmaya başladı.

Ne var bunda demeyiniz. Burası önemli:

Klinik çalışmaların, endüstri sponsorluğunda yapılması aslında yeni bir durum değildi. 1980'lerden önce de endüstri, akademik kurumlara finansal destek vererek araştırmalara sponsor oluyordu. Ancak o dönemdeki akademisyen-endüstri ilişki biçimi incelendiğinde tüm sorumluluk araştırmacılara aitti. Araştırmacılar çalışmaları tasarlar, verileri analiz eder, makaleleri yazar, sonuçların nerede ve nasıl bildirileceğine karar verirdi. Genel olarak ne araştırmacıların ne de akademik kurumların sponsor şirketlerle başka finansal ilişkileri olmazdı. İlaç şirketleri- sponsor firmalar 1980'lerde, ürünlerle ilgili çalışmaların her aşamasına dahil olmaya başladı.

Gelinen yer bugün burası oldu: Günümüzde klinik çalışmalar, genellikle endüstri tarafından tasarlanıyor, analizleri

79 Şunu belirtmeliyim; dünya üzerinde tüm sağlık hizmetlerinin tamamen özel sektör tarafından üstlenildiği hiçbir ülke yoktur. Bunun nedeni özel sektörün sağlıkta "kâr" görmediği alanlara girmemesidir...

gerçekleştiriliyor, makaleleri yazılıyor ve sonuçların nerede, nasıl ve ne şekilde yayımlanacağına şirketler karar veriyor…

Ana amacı hissedarlarına kâr dağıtmak olan ilaç şirketleri, çok karmaşık ilişki ağlarıyla etik olmayan sağlık endüstrisi yarattı.

Ne kadar korku, o kadar para

Bir parantez açayım:

Yıl: 1995. ABD'nin Ticaretle Bağlantılı Fikri Mülkiyet Hakları (TRIPS) anlaşması gereğince ilaç sektöründe bambaşka dönem başlatıldı. Dediler ki: "Orijinal bir ilacın keşfi, uzun ve büyük maliyetli araştırma-geliştirme süreci gerektirmektedir.[80] Bir ilacı belli süre sadece patente sahip firma üretebilir! Ki kuşkusuz bunun fiyatı yüksek olmak zorundadır."[81]

Patent yasasıyla ilaç artık pahalı bir ürün oldu. Patent, bir tekel hakkı doğruyor çünkü![82] Özellikle patent ilaçlara sahip küresel ilaç şirketleri, yıllar içinde dünyanın en büyük para kazanan firmaları haline geldi. Ki şunu yazayım: Yeni geliştirilen etkin maddelerin birçoğunun hakiki birer buluşun ürünü olmadığı da göz önünde bulundurulmalıdır. Yani... Her yıl ruhsat alan yeni ilaçların büyük bir kısmının tedavi edici özellikleri zaten piyasada pazarlanan ilaçlarda bulunmaktadır... Buna rağmen TRIPS anlaşmasıyla Türkiye gibi ülkeler

80 İlaç çalışmalarının çok maliyetli olduğu son yıllarda sürekli haber yapılıyor. Öyle rakamlar veriliyor ki, "Küresel şirketler dışında bu çalışmaları kimse yapamaz" anlayışına sebep oluyorlar. Bu da koca bir yalan ve bu algıyı küresel şirketlerin desteklediği kurumlar-kişiler ve medya yapıyor!

81 Orijinal ilacın patent süresi ve veri koruma süresi bittikten sonra şirketler, aynı etken maddeye sahip benzeri ilacı üretebilir. Buna "jenerik ürün" deniliyor. Patent sahibi şirketler söz konusu ilacın farklı bir hastalığa daha iyi geldiği iddiasıyla ikincil patent hakkı alabiliyor! Böylece patent süresini uzatıyor! Örneğin… "Zidovudine", 1964 yılında aslında kanser karşıtı ilaç olarak keşfedildi. İngiliz merkezli GSK ilaç şirketi 1987'de, ilacı HIV-AIDS tedavisi için onaylattı! Aradan yıllar geçti; ilaç 2013 itibariyle kanser karşıtı jenerik ilaç diye satıldı. Fiyatı 7 bin dolardan 70 dolara düştü! Şirketler için patent ilaçları satmak çok kârlı. Bu nedenle hâlâ, patent süresini 20 yıldan, 50 ile 70 yıl arasına çıkarmaya çalışıyorlar! Ayrıca patent sürelerini artırmak için küresel şirketler lobi faaliyetlerine çok para harcıyor. Buna "yeşillendirmek" deniliyor…

82 Batı Almanya 1967, İskandinav ülkeleri 1968, Japonya 1976, İsviçre 1978, İtalya 1979, İspanya 1992 yılına kadar ilaçlar dahil kimsayal maddelere patent vermedi.

patent yasasına zorlandılar... Bunun sonucu şu oldu: Tek örnek vereyim:

Bristol-Myers Squibb şirketi tarafından üretilen FDA onaylı cilt kanseri tedavisinde kullanılan ilacın -ki tümörü sadece yaklaşık yüzde 60 oranında geriletiyor- ABD'de yıllık kişiye maliyeti ortalama 256 bin dolar. Bir kanser hastasının 1995 yılında senede ödediği tüm kanser tedavisi gideri ortalama 54 bin dolar idi! Ne kadar çok korkutuyorlarsa ilaçlarını o kadar pahalı satıyorlar!

Siyaset ve ahlak felsefesi Profesörü Thomas Pogge TED Canberra toplantısında geçen yıl dedi ki:

-"İnsanların büyük çoğunluğunun ilaçlara erişimi yok. En azından ilaçlar patent altındayken. Aşırı yüksek kâr oranları söz konusu ve sorun tam da burada. Bu ilaçlar çok ucuza üretilse de patent altında oldukları süre zarfında büyük paralara mal oluyorlar. Bunun da nedeni şu: Zengin insanlar çok para ödeyebiliyor. İlaç şirketleri geçici bir tekele sahip. İlacı zenginler için fiyatlandırıyor, fakirleri unutuyorlar..."[83]

Bu durumun Türkiye gibi ülkelerde şöyle bir sıkıntısı oluyor: Kalitesiz ilaç yutuyorsunuz. Prof. Pogge bunu şöyle açıkladı:

-"Ayrıca gelişmekte olan ülkelerde sahteciliğe rastlanıyor. Oralarda satılan ilaçların yarıdan fazlası sahte. İnsanlara şöyle diyorlar: 'İlaçlar çok pahalı, biz size muadilini daha ucuza verelim.' Ama elbette bu doğru değil. Verdikleri ilaç ya seyreltilmiş ya da etkisiz..."

İnsanlar patente karşı böyle çözüm bulmaya zorlanıyor...

Klasik sözdür: "Sen de pazarın şartlarına uyum göster!"

Bu pek doğru değil...

Kuşkusuz patent pek çok ülkeden alınıyor ve fakat şirketler, patent konusunda en sert önlemleri alan hangi ülke ise

83 İşin özü kapitalizm patent yasasıyla fikri denetimi altına alıyor. Şirketin elindeki "fikri" yeni fikirler geliştirmek için kullanamıyorsunuz, ödeme yapmak zorundasınız. Yoksa "hırsız" deniyor, dava açılıyor!

onun kurumlarından almayı tercih ediyor. Bu sebeple küresel dev şirketler patentlerinin yüzde 70'ini ABD'den alıyor. Aksi durumda ABD, bunların ilacını pazarına kolay sokmuyor; çeşitli engellemeler yapıyor. Böylece...

FDA sadece ABD'de değil, dünya genelinde ilaç-tıp cihazları "kalite standardını" belirleyen enstitü muamelesi görüyor! FDA patent vermiyor ama "patenti kendi ülkesinde olmayanın" ilacını-cihazını sıkı denetliyordu! Bize ne oluyorsa Türkiye gibi pek çok ülke, FDA onayı olmayan ilaçları "güvenilir" bulmuyor! Bu sayede ilaç sektöründe en çok ABD'nin sözü geçiyor ve piyasayı kontrol etmesi kolay hale geliyor.

1990'ların başında dünyada en çok satan ilk 10 ilacın altısı Avrupa'dan, dördü ABD'dendi. 10 yıl sonra bu oran; sekizi ABD üretimi, ikisi AB üretimi ilaç olarak değişti...

Keza:

GMP (Good Manufacturing Practices)...

İlaç ruhsatlandırılmasında "İyi Üretim Uygulamaları" demek. Bu sertifikayı alamayan şirket ilaç üretimi yapamıyor.

ABD'nin FDA ve AB'nin EMA adlı iki kuruluşu ve bizde TC Sağlık Bakanlığı tarafından verilen GMP sertifikalarını tanımadılar! Sebebi belli değil mi?

Düşünün ki, bugün kullandığımız ilaçların yüzde 90'ı son 50 yılda "keşfedilip" patentlenip piyasaya sürüldü... Türkiye gibi ülkeler (Zimbabve 2002'de, Malezya 2003'te, Mozambik 2004'te, Endonezya 2004'te, Gana 2005'te, Brezilya 2009'da vd.) buna mecbur edildi.

Sonuçta...

Bu ekonomi-politik sistem 1980'lerde doğdu.

1990'larda ergenlik sürecini yaşadı.

2000'ler yetişkinlik dönemi oldu.

Bugün... Dünyanın dört bir yanı özel hastane zincirleri, özel laboratuvar zincirleri, sigorta şirketleri ve küresel ilaç firmaları zincirleriyle dolu...[84]

---

84 Öte yandan "kapitalizmin Kâbe'si" ABD'de 36 milyon Amerikalı parasızlıktan sokaklarda yatıyor. Ama mortgage krizi nedeniyle de 36 milyon ev boş duruyor!

Sağlık gelirleri petrol-silah gelirlerini aştı...

Neoliberalizm öncülüğünde ABD, 20. yüzyılın ilk yarısında yitirdiği pazarlara yeniden kavuşarak, halka vermek zorunda kaldığı tavizleri hızla geri almaya başladı...

Böylece koruyucu sağlık hizmetlerini önemseyen, hastalıkların esas nedeninin kapitalist sömürü ve kötü çalışma koşulları olduğunu vurgulayan Alma Ata 1978 bildirgesi unutturuldu! Neoliberalizmin dayattığı "sağlık piyasası" eleştiri bile kabul etmez oldu; dokunulmazlık statüsüne kavuşturuldu!

Sovyetler Birliği'nin dağılması ve Soğuk Savaş'ın bitmesiyle ABD sınırsız güce kavuştu. İşgücü sağlığı halk hijyeni tarihe karıştı.

Tıp para kazanma aracı oldu.

Tıp büyük ölçüde küresel şirketlerin ve onların hamisi devlet kurumlarının hizmetine sokuldu.

Hastalar "müşteri" oldu, zamanla Erdoğan'ın dilinden düşürmeyeceği gibi...

Hastaneler "işletme" oldu, zamanla Erdoğan'ın dilinden düşürmeyeceği gibi…

Kamu sağlık hizmeti ise "piyasa" olacaktı!

Bu, salt klinik tedavisine dayalı "endüstriyel tıbbın" zaferiydi. İngiltere ve ABD'den Türkiye'ye gelmesine az süre kalmıştı...

İlaç fiyatlarında inanılmaz artış

Rockefeller Vakfı…

İtalya Bellagio'da Mart 1999'da toplanan konferansta ülkelerin gelişmişliğine göre fiyat artışı öngören "katlanan fiyat kavramı" ve "düşünsel mülkiyet hakkına saygı" gibi kavramları dünyaya dayattı…

Bu, ilaç özel sanayiinin "pasif ortaklıktan aktif ortaklığa geçişinin" kodlarıydı. Böylece pazarın hâkimi tamamen özel sektör oldu. Ardından küresel pazarda ilaç satışları inanılmaz arttı. Son altı yılda ilaç tüketim giderinin ne olduğunu ve kısa bir zaman sonra ne olacağını yazayım:

-2016 yılında 93,7 milyar dolar olan kanser ilaçları satışının 2022 yılında 192,2 milyar dolar olacağı öngörülüyor!

-2016 yılında 43,6 milyar dolar olan şeker hastalıkları ilaçları satışının 2022 yılında 57,9 milyar dolar olması bekleniyor!

-2016 yılında 53,3 milyar dolar olan romatizma ilaçları satışı 2022 yılında 55,4 milyar dolar olacak!

-Büyük propaganda sayesinde aşı satışındaki artış normaldi(!); 2016 yılında 27,5 milyar dolar iken 2022 yılında 35,3 milyar dolara yükselecekti!

-Astım gibi bronkodilatör ilaçların satışı 2016 yılında 28,3 milyar dolar iken, 2022 yılında 30,1 milyar dolar olacaktı.

-Bakteri ve virüslerin yol açtığı duyu organları tedavisi 2016 yılında 20,2 milyar dolar iken, 2022 yılında 28,3 milyar dolar olacaktı.

-Organ nakli gibi immünosüpresanlar 2016 yılında 11,6 milyar dolar iken, 2022 yılında 26,3 milyar dolara çıkacaktı.

-Tansiyon ilaçları satışı 2016 yılında 24,8 milyar dolar iken 2022 yılında 25,4 milyar dolar olacaktı.

-Kan pıhtılaşmasını önleyen antikoagülanlar 2016 yılında 14,1 milyar dolar iken 2022 yılında 23,2 milyar dolara ulaşacaktı.

-MS terapileri 2016 yılında 21,6 milyar dolar iken 2022 yılında 21,7 milyar dolar olacaktı.

-Dermatoloji 2016 yılında 10,5 milyar dolar iken 2022 yılında 19,9 milyar dolar olacaktı.

-Kanamalarda kullanılan antifibrinolitikler-antihiperlipidemikler 2016 yılında 25,4 milyar dolar iken, 2022 yılında 30,5 milyar dolara çıkacaktı.

-Antibakteriyeller 2016 yılında 10,5 milyar dolar iken, 2022 yılında 12,8 milyar dolar olacak…

Dünyada sadece reçeteli ilaç satışlarının 2022 yılında 1,43 trilyon dolar seviyesine ulaşacağı öngörülüyor! On yıl önce 700 milyon dolardı; iki katından fazla artış gerçekleşecek görünüyor…[85]

85 İlaç pazarını büyütmek için küresel şirketler her yönteme başvuruyor. Katar'da yaşayan Mısırlı Dr. Abdulbisit Muhammet, katarakt için Yusuf Suresi'nden ilham alarak insan terinden elde ettiği ilacı İsviçre'de "Kuran ilacı" olarak üretmeye başladı; ABD ilaca onay verdi!

Ya Türkiye?

Türkiye 7 milyar dolar ile dünyada en büyük 16'ncı pazar. 2023 yılında dünyanın en büyük 10'uncu pazarı olması bekleniyor…

1980'lerde ilaç ihtiyacının yüzde 80'ini yerli üretim ile karşılayan Türkiye vardı! 2018'de Türkiye'de en çok ciro yapan ilk 100 ilacın 95'i ithal...

1980'lerde kişi başına düşen ilaç tüketimimiz 35 dolar idi.

2000'ler başında 45 dolara yükseldi. Ve 2023 yılında en iyimser tahminle 250 dolar olacak!

Bunun sebepleri arasında tabii ki çok etken var ama en başında "endüstriyel tıp" anlayışı yok mu? Salt klinik tedavisini önceleyen "endüstriyel tıp" insanları ilaçlara bağımlı yaptı. İlaç bağımlısı olduk! Bakın çevrenize, herkes ilaç kullanıyor. En ufak sıkıntısında ilaç almazsa öleceğini düşünen insanlar var hayatımızda. Ve biz bu sürece nasıl geldiğimizi hiç konuşmuyoruz.

İşte bu sebeple şunu sormalıyız:

12 Eylül darbesi "kardeş kanı dökülmesin" diye mi yapıldı; yoksa 12 Eylül darbesini getirmek için mi "kardeş kanı" döküldü; tıpkı Manisa'da olduğu gibi…[86]

Eczacı Neşe Gülersoy'un yazdığı bildiriyi bir daha okuyunuz…

Manisa'da eczacılar öldürülünce kimler kazandı?

Ecevit hükümeti düşürülünce kimler kazandı?

Alma Ata etkisiz bırakılınca kimler kazandı?

Dünya Sağlık Örgütü yenilince kimler kazandı?

Bu süreçten küresel ilaç şirketleri kazançlı çıktı. 2017 yılı satış rakamları büyümenin boyutunu gösteriyor:

1) Amerikan Pfizer'ın cirosu 52,54 milyar dolar.[87]

---

86 Tek örnek vereyim: Arjantin'de 1976'da askeri darbe oldu. Bundan önce 1970 yılında 4, 1971'de 5, 1972'de 5, 1973'te 15, 1974'te 21, 1975'te 123 ve 1976'da 162 kişi terör yüzünden yaşamını kaybetti. Arjantin'de darbeye iki yıl önce karar vermişlerdi!

87 Paranın büyüklüğü konusunda değerlendirme yapmanız için şunu yazayım:

2) İsviçreli Roche'un cirosu 44,36 milyar dolar.

3) Fransız Sanofi'nin cirosu 36,66 milyar dolar.

4) Amerikan Johnson & Johnson'ın cirosu 36,30 milyar dolar.

5) Amerikan Merck & Co'nun cirosu 35,4 milyar dolar.

6) İsviçreli Novartis'in cirosu 33 milyar dolar.

7) Amerikalı Abbvie'nin cirosu 28,22 milyar dolar.

8) Amerikalı Gilead'ın cirosu 25,65 milyar dolar.

9) İngiliz Glaxo Smithkline'ın cirosu 24 milyar dolar.

10) Amerikalı Amgen'in cirosu 22,85 milyar dolar.[88]

Bu on küresel şirket, dünya ilaç üretiminin yaklaşık yarısını gerçekleştiriyor...

Bu 1,1 trilyon dolar bize ne anlatıyor?

Bu, insanların ilaca nasıl bağımlı yapıldığının ispatı değil mi?

"Doğal afetler" yaşamadığımıza göre, bu derece ilaç tüketiminin sebebi olmalı... İlaç pazarı dünya zenginlerinin iştahını açıyor. En son bu yıl PillPack ilaç şirketini 753 milyon dolara satın alan Amazon da ilaç sektörüne adım atmış oldu!

Bu bölümü çarpıcı bir bilgiyle toparlayayım; bu işin en tepesinde durum nedir?

Balık baştan kokmuş

Bu "gıda-ilaç düzenin" başında Amerika Gıda ve İlaç Dairesi-FDA var. Bu "örgütün" onaylamadığı ilacın dünyada yaşam hakkı yok.

Yaşamsal önemdeki ilaç (ve kuşkusuz gıda) meselesinin "gizli patronu" olan, Türkiye gibi ülkeleri de "denetimi" altına almış FDA neyin nesi? Ki kimileri FDA'nın "bilim" adına çalışma yaptığını sanıyor...

İlaç-sağlık (ve hatta gıda) konusunda konuşan-yazan çok "uzmanın" referans kaynağı bu Amerikan kurumu... O derece

---

Uluslararası marka değerlendirme kuruluşu Brand Finance araştırmasına göre, 2 milyar 42 milyon dolarlık değeriyle Türkiye'nin en değerli markası Türk Hava Yolları idi. Türkiye'nin en büyük iktisadi sorunu olan bütçe açığı 62 milyar dolar; neredeyse Pfizer'ın yıllık satışına yakın!

88 Türkiye'nin en büyük ilaç firması Abdi İbrahim'in 2017 yılı cirosu 263,7 milyon dolar.

güvenli buluyorlar yani. Onlara göre "FDA'nın onay verdiği ilaç-ürün hakkında şüphe bilime ihanettir!" Sahi öyle mi?

FDA başkanını, ABD başkanı aday gösteriyor; Amerikan Senatosu çoğunluk oyuyla seçiyor. Koltuğu bu kadar "değerli" anlayacağınız! Bu nedenle seçim pek kolay olmuyor, küresel ilaç şirketleriyle çalışan politikacılar-büyük lobiler filan devreye giriyor.

Çünkü: FDA, ABD'deki tüketici harcamalarının yaklaşık yüzde 25'ini oluşturan 2,4 trilyon dolardan fazlasını düzenliyor!

Bunun 466 milyar doları gıda satışı, 275 milyar doları ilaç, 60 milyar doları kozmetik ve 18 milyar doları vitamin takviyesi...

FDA'nın bütçesi 4,7 milyar dolar... (On yıl önce bunun yarısıydı; 2008 yılı bütçesi 2,1 milyar dolar idi!)

4.7 milyar dolarlık bu bütçenin yaklaşık 2 milyar dolarını küresel şirketler veriyor! Parayı veren düdüğü çalmaz mı?

Konu sadece ABD ile sınırlı değil; dünya ilaç pazarının tam merkezinde FDA var!

Bu sebeple… Tek tek FDA başkanlarının biyografisini araştırdım. Kuruluşundan itibaren hepsini yazmaya kalksam kitap sayfası yetmez. Neoliberalizmin "doğuş dönemi" 1980'lerden bugüne FDA başkanları hakkında kısa özet sunayım. Keza bu süreçte ilaç şirketleri gibi FDA da çok büyüdü:

Nelson Rockefeller desteğiyle büyük atılım yaptığı 1954 yılındaki 5 milyon dolarlık bütçesi, 1980'de 320 milyon dolara, personeli 800'den 7 binin üzerine çıktı! FDA dünyada ilaç (ve gıda) sektörünün en belirleyici gücüne dönüştürüldü…

Evet, kimmiş "dünya ilaç pazarının gizli patronu" FDA başkanları…

Kapitalizmin yükselişiyle kurulan…

Kapitalizmin duraklamasıyla etkisizleşen…

Kapitalizmin azgınlaşmasıyla ne hale getirildiğini ilaç sektörünün "ağababaları" üzerinden örneklendireyim:

ABD'ye neoliberalizmi sokan Başkan Ronald Reagan, FDA başkanlığına 1981'de Prof. Arthur H. Hayes'i atadı…

Hayes FDA'yı dönemin "piyasa azgınlığına" uygun yönetti:

- Kuru gıdalarda aspartam kullanımını onayladı.

- Kansere neden olan et-nitrat ilişkisini rafa kaldırdı. Neler neler… Fakat bunlar bizim bu kitapta ana konumuz değil; konumuz ilaç!

Hayes, piyasaya o kadar kalitesiz ilacın girmesine izin verdi ki, en sonunda Amerikan ilaç devi Eli Lilly Company, "Oraflex" (Benoxaphen) gibi çok tartışmalı bir ilaca da onay verdirince, 1983'te istifa etti/ettirildi. İlaç daha sonra toplatıldı; ölümlere sebep oldu…

FDA Başkanı Prof. Hayes, "istifasının" hemen ardından ilaç firması Amerikan küresel ilaç şirketi Merck'in bir bölümü olan E.M. Pharmaceuticals INC'te işe başladı! Beş yıl sonra danışmanlık firması olan (ki ilaç lobi şirketi diyelim) Medi Science Associates'i kurdu...

- Frank Edward Young, Prof. Hayes'den sonra göreve getirildi. 1984-1989 yılları arasında FDA başkanlığı yaptı. Görevi bitince tartışmalı (ki kitabın ilerleyen sayfalarında ayrıntılı yazacağım) "Opioid" adlı ilacın pazarlama şirketi Braeburn Pharmaceuticals'ta işe başladı. Ardından 2018 yılında ABD'nin en hızlı büyüyen tıp teknolojisi şirketi TissueTech Inc'te çalışmaya başladı…

- Prof. Jane E. Henney, 1999'dan 2001'e kadar FDA başkanlığını yürüttü. FDA tarihinin ilk kadın başkanıydı. FDA'dan ayrıldıktan sonra, ilaç şirketi AstraZeneca'nın yönetim kuruluna katıldı…

-Lester Mills Crawford, FDA başkanlığını iki ay yapabildi. Sorumlu olduğu tıbbi cihaz şirketlerine ait hisse senetleri düzenbazlığı sonucu üç yıl denetimli serbestlik cezası ve 90 bin dolar para cezası aldı. Sonra da hiçbir şey olmamış gibi ilaç lobi şirketi Policy Directions Inc.'e katıldı...

-Andrew C. von Eschenbach, 2006-2009 yılları arasında FDA başkanlığını yürüttü. Bu göreve biyoteknoloji şirketi olan BioTime'ın yönetim kurulundan geldi! Aynı ilaç üreticisi Viamet Pharmaceuticals'ın direktörlüğünü yapıyordu! 2006 yılında *Time* dergisi onu, "Dünyayı Şekillendiren 100 İnsan"dan biri seçti. FDA'dan ayrıldıktan sonra kendi danışmanlık şirketi olan Samaritan Health Initiatives'i kurdu. Aynı zamanda eczacılık müşterilerine danışmanlık yapan Greenleaf Health'e katıldı...

-Margaret A. Hamburg, 2009-2015 yılları arasında FDA başkanlığı yaptı. Biyolojik tehditleri önleme, tespit etme ve müdahale etme çabalarına öncülük etti. *Forbes*, onu 2014 yılında "Dünyanın En Güçlü 100 Kadını" arasında gösterdi. Görevinden ayrıldıktan sonra –ileride ayrıntılı yazacağım- Bill ve Melinda Gates Vakfı'nın "aşılama kurumu" GAVI İttifakı'na katıldı. Dünyayı yöneten Rockefeller "ürünü" Dış İlişkiler Konseyi sekreterliğini yaptı...

-Robert Califf, Amerikalı kardiyoloji uzmanı; 2015-2017 yıllarında FDA başkanlığı yaptı. Kolesterol düşürücü ilaçlar konusunda dünyada en çok atıf yapılan akademisyenlerden biri oldu. (Kolesterol konusunda 1.200 hakemli yayınla en çok alıntı yapılan 10 yazardan biriydi! Ki "hakemli yayınları" ileri sayfalarda yazacağım.) Califf, yüzde 60'ını ilaç firmalarının finanse ettiği yıllık 320 milyon dolar bütçeli, dünyanın en büyük akademik araştırma kuruluşu olarak kabul edilen Duke Clinical Research Institute'nün kurucu direktörüydü. Merck Sharp & Dohme, Johnson & Johnson ilaç şirketlerinin ücretli danışmanıydı. 2009'dan 2013'e kadar GlaxoSmithKline, AstraZeneca ve Eli Lilly; 2012'de Johnson & Johnson tarafından en yüksek danışmanlık ödemesi yapılan akademisyendi! Örneğin... 2012'de Johnson & Johnson tarafından yıllık 87 bin 500 dolar; "her seyahat için 5.000 dolar" aldı. 2013-2014 yılları arasında Merck Sharp & Dohme, Amgen, F. Hoffmann-La Roche AG, Janssen Pharmaceuticalica, Daiichi Sankyo, Sanofi-Aventis, Bristol-Myers

Squibb ve AstraZeneca şirketlerinden danışmanlık parası aldı. 2012 - 2015 arasında Portola Pharmaceuticals, Inc.'in direktörlüğünü yaptı. Proventys Inc. danışmanı, Regado Biosciences Inc. tıbbi danışma kurulu başkanı idi. 2 Haziran 2009'dan bu yana Corgentech Inc.'in klinik danışma kurulu üyesiydi.

Ve "çok demokrat" Başkan Barack Obama FDA başkanlığına böyle birini aday gösterdi…

Lakin Obama'yı aratmayan var: Donald Trump!

-Dünyanın en büyük ilaç şirketi Pfizer'ın yönetim kurulu üyesi Scott Gottlieb'i 2017'de FDA başkanlığına getirtti! Sadece bu değil; Gottlieb, 20 milyar dolarlık ABD yatırım şirketi New Enterprise Associates'ın (NEA) ortağıydı! (Ki şirket 2007'de dünyanın en büyüğüydü.)

İleride bir bölüm ayırdığım "bilimsel tıp yayınları" konusuna, yeri geldi, tek cümleyle değineyim:

Gottlieb, *İngiliz Tıp Dergisi*'nin (BMJ) editör kadrosunda bulundu; 1996'dan 2001'e kadar *Amerikan Tıp Derneği Dergisi*'nin (JAMA) editör kurulu üyeliğini yaptı; *The Wall Street Journal* ve *Forbes* gibi yayınlarda makaleler yazdı. Maddi ortağı olduğu CNBC programlarına katkı sundu! *Fortune* dergisi Gottlieb'i 2018 ve 2019 yılında "Dünyanın En Büyük 50 Liderinden Biri" olarak belirledi. *Time* dergisi 2018'de Gottlieb'i "Sağlık Alanını Dönüştüren 50 Kişiden Biri" olarak seçti. Amerikan Tabipler Birliği 2019'da Gottlieb'e üstün devlet hizmeti olan Nathan Davis Ödülü'nü verdi. Bu adam aynı zamanda Pfizer ilaç şirketi yönetim kurulu üyesiydi! Başka söze sahiden ihtiyaç yok…

-Şu anki FDA başkanı Norman "Ned" Sharpless…

Genetik profesörü. Biyofarmasötik G1 Therapeutics şirketi kurucusu. Biyoteknoloji şirketi olan Sapere Bio'nun (eski adı HealthSpan Diagnostics) da kurucu ortağı…

Dünya gıda ve ilaç sektörünü yöneten Amerikan FDA'nın durumu budur.

Maalesef bu kadar da değil... Bu kitabın sayfalarını her çevirdiğinizde FDA'nın özellikle 1980'den sonra Amerikan küresel ilaç şirketleriyle ilişkisini şaşırarak okuyacaksınız; "Bu kadar olmaz!" diyeceksiniz. Başkanların "marifetlerine" şaşıracaksınız.

Nüfusu ilaçla denetim altına alma, "itaatkâr beden" yaratma temeli Rockefeller öncülüğünde ABD'de atıldı; adına "modern tıp" dediler! Dünyaya yayıldı...[89]

Fakat bu dönem de geride kaldı.

"Modern" geçen yüzyılın kavramıydı.

Bu yüzyılda "postmodern" inşa ediliyor.

Sizi iyileştirmek değil, sizin sürekli sağlık sistemlerine bağımlı olmanızı istiyorlar. "Tedavi ettik" dedikleri çoğunlukla hastalık olmayıp sistem tarafından sizlere vahim-ölümcül olarak anlatılan yapay durumlar.

Bunlar öylesine yazılmış cümleler değil. Bu kitapta...

"Postmodern tıp" anlayışının neoliberalizmle insanı nasıl yıkıma götürdüğünü / öldürdüğünü -elinizden hiç düşürmediğiniz- ilaçlar üzerinden ispatlamaya gayret edeceğim...

Çağımızın vebası "modern tıbbın" karanlık yönünü gözler önüne sermeye çalışacağım.

Buraya kadar dünyada ve Türkiye'de "endüstriyel tıbbın" Rockefeller eliyle nasıl doğduğunu okudunuz. Şimdi bu "doğumun" nelere yol açtığını ilaç sektörü üzerinden yazmaya çalışacağım...

Doktor Victor Frankenstein'ın "yarattığı ucubenin" bugün insanoğluna neler yaptığını yazacağım...

Frankenstein, Rockefeller'dır.

---

89 Kadının çarşafa sokulmasını "itaatkâr beden" yaratma diye açıklayanlar "modern tıbbın" amacını görmezden geliyor. Çünkü adında "modern" vardı! "Gardırop kavramcılığı" mı demeliyiz! Ya da "at gözlüğü" mü?

Üçüncü Bölüm

PAZARLAMA HARİKASI

Eski bir sözdür:

"Tanrı yiyecekleri, şeytan ise aşçıyı yarattı!"

Konumuz bu…

Bit pazarına nur yağdırdılar:

1980'lerde bir adam tekrar hatırlandı: Amerikalı Ancel Keys. Fizyoloji doktoruydu.

Yıllar önce… 1953.

Dr. Keys'in ABD, Japonya, Yunanistan, Hollanda, Yugoslavya, Finlandiya ve İtalya'da yaptığı saha çalışması; beslenme ile koroner kalp hastalığı-inme arasındaki ilişkiyi gösterdi. İddiasına göre, hayvanlarda bulunan doymuş yağlı besin tüketimi kalp krizine sebep oluyordu!

O dönem bu söze kimse itibar etmedi. Çünkü ABD'de tarım-hayvancılık sektörü çok güçlüydü; Dr. Keys'i bir kaşık suda boğabilirlerdi. Zaten… ABD'li iki hekim Jacob Yerushalmy ve Herman E. Hilleboe 1957 yılında şu gerçeği ortaya çıkardı:

-"Keys'in elinde altı değil, tam yirmi iki ülkeye ait veriler vardı. Ama yağlı besinleri büyük suçlu ilan eden Keys sadece altı ülkenin verilerini açıkladı!"

Keys'in neden böyle yaptığını da açıkladı iki bilim insanı:

-"Altı ülkedeki veriler yerine yirmi iki ülke verileri değerlendirilseydi, büyük oranda yapılan çalışmanın anlamlılığı azalacaktı!"

Örneğin... Dr. Keys, Meksika verilerini çöpe atmış, Finlandiya verilerini dikkate almıştı; çünkü bu ülkedeki kalp hastası Meksika'nın yedi katıydı!

Dr. Keys'in kullandığı verilerin gerçeği yansıtmadığı -George D. Lundberg, Gerhard Voigt, Raymond Reiser gibi hekimler tarafından da- açıklandı.

Mesele bu değil... Verileri çarpıtan Dr. Keys'in yıldızı otuz yıl sonra 1980'lerde neden parlatıldı? Hiçbir klinik-laboratuvar çalışması olmayan Dr. Keys'in belgelerinin saçmalığı da hiç önemsenmedi. Çünkü: Önemli olan hayvansal doymuş yağın kolesterolü yükselterek kalp krizine yol açtığı iddiasıydı!

1980'lerde yeni siyasi-ekonomik dönem başlatılmıştı. Pazarı hareketlendirecek, piyasaya sürülecek yeni "ürünler" lazımdı. İlaç bunlardan biriydi...

İlaç şirketleri Dr. Keys'in saçma sapan araştırmasına dört elle sarıldı.[90]

O dönem doymuş yağ-kolesterol ilişkisi dünyaya gündem yapıldı. Buna karşı çıkanlar büyük saldırıya uğradı. Örneğin...

Londra UCL'den Prof. John Yudkin, kalp krizi sebebi olarak şekeri suçladı. Ve... Suçu yağın üzerine atan Amerikan medyası ve şeker endüstrisi Prof. Yudkin'i "günah keçisi" yaptı. Prof. Yudkin'in yazdığı *Pure, White and Deadly* (Saf, Beyaz ve Ölümcül) adlı kitap karalandı. Yudkin sonunda bir başına bırakılıp dışlandı ve unutulup gitti. Bu acımasız kampanyanın başını çeken Dr. Keys idi!

Öte yandan 1980'lerde Keys'in kitabı "bestseller" yapıldı; *Seven Countries: A Multivariate Analysis of Death and Coronary*

90 Tabii ki Ancel Keys'in savaşa katılmayı reddettiği için açlık grevi yapan 36 vicdani retçinin bedeni üzerinde Minnesota Golden Gophers Futbol Stadı'nın iki metre altındaki hücrelerde yaptığı çalışmaları kimse hatırlamak istemedi. Deney yapılan retçiler delirmişti çünkü! Dr. Keys araştırmayı yaptıkları arkadaşlarıyla 1950'de iki ciltlik *İnsanın Açlık Biyolojisi* kitabını çıkardı. Bu tür "tıbbi" araştırmalar konu olduğunda sadece faşist Naziler akla getiriliyor! Oysa *Dünyayı Değiştiren Gizli Anlaşmalar* kitabına göre Keys, 1941 yılından itibaren savaş yıllarında gizlice Pentagon'a çalışıyordu...

Heart Disease (Yedi Ülke: Çok Değişkenli Ölüm Analizi ve Koroner Kalp Hastalığı) adlı kitabı yayımlayan kimdi dersiniz; dünyanın en değerli okulu gösterilen Harvard Üniversitesi! Aylarca çok satanlar listesinde kalan kitap, Dr. Keys'e İtalya'dan büyük bir ev aldırdı![91]

Amerikan Kalp Derneği (American Heart Association -AHA) ilk "Diyet Kılavuzu"nu 1961 yılında çıkardı: "Kötü" doymuş yağların, mısırözü yağı, ayçiçek yağı, soya yağı gibi "iyi" çoklu doymamış yağlarla değiştirilmesini tavsiye etti. Bu kılavuz da 1960'larda pek etkili olmadı. Görmezlikten gelindi. Ancak...

Yirmi yıl sonra Amerikan Gıda Bakanlığı 1980 yılında hiçbir bilimsel dayanağı olmayan bu kılavuzu aynen yayımladı! AHA'nın yıldızı parladı; kolesterolden tansiyona "ölçüm sınırını" belirleyen ABD kurumu AHA oldu...

Gerçek şuydu:

New York'ta 1924'te kurulan Amerikan Kalp Derneği'nin arkasında küresel kimya-ilaç devi Procter & Gamble vardı. Mesela... Derneğin radyo programı "Truth or Consequences"a 1,5 milyon dolar verdi.

Bu şirket tereyağına alternatif olarak çıkarılan trans yağ margarin "Crisco" (Crystallized Cottonseed Oil) üreticisiydi! Procter & Gamble, düşük kolesterol alternatifi olarak pazarlanan "Puritan Yağ" adı altında ayçiçek yağını da piyasaya sürdü. 1988'de "Puritan Yağ" yüzde 100 "Kanola Yağı" oldu...

Devamı da geldi... Bu yağların kötü kolesterol LDC'yi düşürdüğü iddia edildi.

İlaç endüstrisi yayını *Philanthropy Chronicle* 1994 yılında, "12 yaşındaki çocuklar kolesterol ilacı alabilir" diyen bu derneği "Amerika'daki en iyi beşinci hayır kurumu" seçti.

91 Bizdeki adıyla "Akdeniz Diyeti", İngiltere'de -Ancel Keys'in İtalya'da kaldığı köyün ismi olan- "Pioppi Diyeti" diye bilinir. İngiliz Diyetisyenler Birliği, "Pioppi Diyeti"ni, 2018'de kaçınılması gereken beş ünlü diyetten biri seçti! Devir değişmişti çünkü...

Forbes'in 2018 yardımsever kuruluşları sıralamasında 22. gösterildi!

Şaşırmayınız; Türk Kardiyoloji Derneği yıllar boyunca Unilever şirketine ait "Becel" adlı margarinin reklamını yaptı![92]

İşte bugün... Beslenme-kolesterol-kalp krizi arasındaki ilişkinin kaynağı kim derseniz; ilk akla gelen isim hiçbir deneysel çalışma yapmayan Dr. Ancel Keys olur...

Referans ise Amerikan Kalp Derneği ve yayına hazırlayıp Türkiye gibi ülkelere gönderdiği gıda (ve arkasından gelecek kolesterol ve tansiyon gibi) kılavuz kitaplardır!

O dönem bu dernek kalp hastalığında stres, hareketsizlik gibi sosyal faktörlerin etkisinden bahsedilmesini gereksiz çaba olarak gösterdi. Tek suçlu, geleneksel besinlerdi! Tabii ki endüstriyel olarak işlenip mutfaklara sokulan trans yağlar değil...

Evet, Dr. Keys'in "değeri" yıllar sonra anlaşıldı; Amerikan Ulusal Sağlık Enstitüsü "Beslenme ve Sağlık" başlıklı çalışma yaptı. Döneme uygun raporunu açıkladı: "Hayvansal yağlar kolesterolü yükselterek kalp krizine neden oluyor!"

Dört yayını kaynak göstermişlerdi:

-İlk ikisinde, tezlerini destekleyen hiçbir veri yoktu!

-Üçüncü kaynak, yüksek kolesterolden hiç bahsetmiyordu!

-Dördüncü kaynağın kaynakları başka kaynaklardı!

Enstitü yıllarca insanları şuna inandırdı:

-"Çok sayıda epidemiyolojik kanıt; yüksel kolesterol ile koroner kalp hastalığı görülme sıklığı arasındaki ilişkiyi destekliyor!" Yalandı.

---

92 Unilever gibi şirketler Türk halkını tereyağı düşman etti. Trabzon ve Urfa yağlarını örnek alıp, karoten, butirik asit ve etil butirat gibi katkı maddeleriyle yapılan endüstriyel "tereyağı" Türk ağzına uygun hale getirdi. Latince "sağlık" anlamına gelen "Sana" ve Latince "yaşam" anlamına gelen "Vita" yağlarını ihraç etti! ABD'den getirilen pamuk ve soya yağları yardımıyla fiyatları bayağı aşağıya çekildi. İlk yıllar durgunluğu Türk ordusunun verdiği 300 tonluk Vita ve 20 tonluk Sana yağı talebiyle aştılar! Keza... Eğer zeytinyağı ihracatımız ABD'nin izin verdiği miktarı aşarsa, ABD'den aynı miktarda nebati yağ satın almak zorunda olduğumuz anlaşmalara imza koydurdular...

Tıp olur da, "İsveç bilim insanları" olmaz mı?

İsveç Gıda Dairesi, -dünyada hâlâ en çok atıf yapılan- doymuş yağın kolesterole yol açtığı konusunda yaptıkları 72 çalışmayı duyurdu. Oysa görüldü ki:

-11 çalışmanın doymuş yağlarla ilgisi yoktu!

-16 çalışma doymuş yağlarla ilgiliydi; ama hiçbiri kolesterolü yükselttiği iddiasını açıklamıyordu!

-11 çalışma bu iddiaya kuşkulu destek veriyordu!

-8 çalışma tedavinin sadece beslenmeyle ilgili olmadığını belirtiyor; spor yapmayı ve sigarayı bırakmayı öneriyordu!

-3 çalışma karşıt görüşe yer vermeyi gereksiz bulmuştu!

-21 çalışmanın sonucu zorlamaydı!

Bu detayları medya önemsemedi bile! Rüzgâr, ilaç satışlarından yana esiyordu...

Ve kuşkusuz:

İnsanları inandırmak için kolesterol konusuna Nobel ödülü eklenmeliydi: Prof. Michael S. Brown ile Prof. Joseph L. Goldstein'e 1985 yılında Nobel ödülü verildi. Hastalık sonucu ölenlerin damarlarındaki bozuklukları inceleyip, bozulan dokularda çok miktarda kolesterol bulmuşlardı! "Alın size Nobel" dediler.[93] Nobel ödülü almış bilim adamlarından kim kuşku duyabilir ki?

1980'lerde halk, kolesterolün ne olduğunu öğrenmeye başladı...

Tüm hücre ve vücut yapısının elzem öğelerinden, hayati değere sahip kolesterol birden sağlığın "düşmanı" ilan edildi.

Birden... Dünyanın dört yanında, kalp krizi ve inmeye/felce neden olan kolesterolü ilaçla kontrol etmenin çok önemli

93 ABD'de 2007'de kurulan ve "En İyi İlaç Maddesi", "En İyi Biyoteknoloji Ürünü", "En İyi Tıbbi Teknoloji" ödülleri veren "Prix Galien" komitesinde Nobel Ödülü kazanmış yedi bilim insanı var. İkisi M.S. Brown ve J.L. Goldstein. Her yıl New York Doğal Tarih Müzesi'nde düzenlen gecenin sponsorları kim, ilaç şirketleri! Geçen yıl ödülü Pfizer'ın menenjit aşısı "Trumenba" aldı. Hiç şaşmamak lazım. Pfizer 2004 yılından beri İnsan Hakları Kampanyası Vakfı tarafından yayınlanan Kurumsal Eşitlik Endeksi'nde her yıl yüzde 100 puan almaktadır!

buluş olduğuna dair haberler çıkmaya başladı. Tüm bunlar tesadüf değildi. İnsanları kolesterol haplarıyla tanıştırma süreci böyle başladı…

Önce toplam kolesterolün yüzde 20'si besinlerden alınmasına rağmen geleneksel yiyecekler düşman hale getirildi!

Hemen ardından… Endüstriyel gıdalar bolca evlere sokuldu. Ve insanlar hastalandırılıp "müşteriye" dönüştürüldü. Kolesterol ilaçları hazır bir büyük pazar buldu!

Kimse sormadı ki; tereyağı gibi kolesterol zengini gıdalar damarları tıkıyorsa, kalp hastalıkları neden 1980'lerden sonra inanılmaz yükselişe geçti?[94] Küresel şirketlerin kolesterol ilacı satışları hızlı artmasına rağmen "kalp hastası sayısının" daha da artmasının sebebi olmalı değil mi? Sağlıklı insanların "hasta" görüldüğü dönem böyle başladı. Amaç, herkese "hapı" yutturmaktı. Oysa kolesterol hastalık değildi... Hele kadınlarda östrojen, erkeklerde testesteron için kolesterol gerekliydi. Bugün biliniyor ki: Orta yaş grubunda kolesterol yükselmesinin sebebi, karaciğerin hormon yapımını artırma çabasıydı. Kolesterol eksikliğinde, depresyondan kansere kadar pek çok hastalığın riski artıyor.

Kolesterolün atası

Alexander Fleming (1881-1955)…

İskoç bakteriyolog. Londra'da Azize Mary'nin Hastanesi'nde görev yaparken laboratuvarda yiyeceklerin küflenmesini inceleyerek 1928 yılında antibiyotik penisilini buldu...

Prof. Dr. Akira Endo (d. 1933)…

Biyokimyacı.

Kuzey Japonya'da bir çiftlikte doğdu. Alexander Fleming hayranıydı; hep mantarla ilgilendi. 1957'de Sendai'de

---

94 Prof. Jared Diamond'ın ülkemizde bilinen ismiyle *Tüfek, Mikrop ve Çelik* adlı araştırma kitabı çok okundu. Daha önce *Düne Kadar Dünya/ Eski Toplumlardan Ne Öğrenebiliriz* eseri dilimize çevrilmişti. Prof. Diamond, uzun yıllar bulunduğu Yeni Gine halkının 1980'lerde geleneksel gıdalarını bırakıp endüstriyel yiyecekler ile tanıştıktan sonra nasıl hastalıklara maruz kaldıklarını anlatıyor… Geleneksel peynirlerini tatmak için gittiğimiz Kars'ın bir köyünde kahvaltı yaptığımız ev sahibinin sözünü hiç unutmam: "Çocuklar bizim peynirleri yemiyor, Şok Market'ten alınanları seviyor!"

Tohoku Üniversitesi Ziraat Fakültesi'nden lisans derecesi aldı ve 1966'da aynı üniversitede biyokimya doktorası yaptı. Yaptığı başarılı keşifler sonucu, 1966'da Albert Einstein Tıp Üniversitesi'nde araştırma görevlisi olarak çalışmaya başladı.

1957'den 1978'e kadar kimya firması Sankyo Co.'da araştırma görevlisi olarak görev yaptı. Başlangıçta meyve suyu işlemek için mantar enzimleri üzerinde çalıştı. 1970'ler başında *penicillium citrinum* adlı bir mantar üzerinde çalışırken "CS-514" olarak bilinen "pravastatin" etkin maddeli "kolesterol ilacı"nı buldu. Buna "Mevastatin" adını verdiler. Ancak satışa sunulmadı. Çünkü... Bu ilacın hücre öldürmeden, özellikle karaciğer hücrelerine zarar vermeden, kandaki kolesterol düzeyini düşürmesinin mümkün olmadığını gördüler. "Yan etkileri yararından çok"dediler...

Akira Endo'nun "buluşu" ABD'de duyuldu.[95]

Amerikalılar buluşun yan etkisi olduğunu, tümörlere, kas bozulmalarına ve bazen laboratuvar köpeklerinde ölüme yol açtığını biliyordu. Bu yan etkiler bazı Amerikan ilaç şirketlerini maliyet-kâr sebebiyle, yani "ilacı satamayız" diye korkuttu...

Biri hariç...

Merck...

ABD'nin en büyük küresel ilaç şirketlerinden biri...

Alman Merck ailesi tarafından 1668'de "eczane" olarak kuruldu. Aile üyesi Georg Merck 1891'de ABD'ye göç etti. New York'ta 1902'de Merck & Co.'yu kurdu. ABD vatandaşlığına geçti; "George" adını aldı. Merck, 1917'de ABD tarafından

95 Aslında "buluşu" ilk yapan 20. yüzyıl başında, 1913'te Rus araştırmacı Doktor Nicolay N. Anichkov idi. Yanlış beslenmenin kandaki kolesterolü yükselteceği ve damar tıkanıklığı diye bilinen "ateroskleroza" neden olacağı düşüncesinden hareketle, tavşanları katı yağlarla besleyerek "buluşu" gerçekleştirdi! Otçul hayvanlara bunları nasıl yedirdiği ayrı bir konu. Keza tavşanlarda kolesterol reseptörü-sinyali de yok. Otçul hayvanların beslenme biçimiyle oynayıp damar değişikliğine yol açarak bunun insanla da aynı olup "ateroskleroza" sebep olacağını iddia edip "İşte bunun ilacı şudur" demedi; çalışmalarına devam etti...

-Birinci Dünya Savaşı tazminatı sayılarak- kamulaştırıldı! İki yıl sonra George Merck şirketinin hisselerini tekrar satın aldı. Şirket, İkinci Dünya Savaşı'nda ABD biyolojik silah araştırmalarına yardım etti. 1953 yılında Merck & Co., (Alpheus Phineas Sharp ve Carl Friedrich Louis Dohme tarafından 1845'te kurulan) Sharp & Dohme Inc. ile birleşerek ABD'nin en büyük ilaç firması haline geldi. Bu birleşme Merck & Co.'nun bilimsel araştırma ve kimyasal üretimdeki gücü ile Sharp & Dohme'nin satış-dağıtım-pazarlama uzmanlığının bir araya gelmesiydi.

Önceki bölümde yazdım; 1970'ler ABD'de olduğu gibi ilaç şirketleri için de durgunluk/resesyon dönemiydi. Merck'in genel müdürü Henry Gadsden, *Fortune* dergisine yakındı:

-"İlaç pazarının hasta insanlarla sınırlı olması sıkıntı yaratıyor!" (Mart 1976)

Gadsden, Merck'in, bir çiklet üreticisi olan Wrigley şirketi gibi olmasını istiyordu! Hayali büyüktü: "Sağlıklı insanlara yönelik ilaç üretmek!"

Merck, herkese satmaya muktedir olacağı ilaç peşindeydi... Bu kimyasal ilaçlardan biri –tüm dünyaya kolesterol düşürücü olarak tanıtılan- "statinler" ismiyle bilinecek Atorvastatin (Lipitor), Fluvastatin (Lescol), Lovastatin (Mevacor), Pravastatin (Pravachol), Simvastatin (Zocor) Rosuvastatin (Crestor) kolesterol hapları idi...[96]

Merck'in baş araştırmacısı P. Roy Vagelos, Japon Dr. Akira Endo'nun çalışmalarıyla yakından ilgilendi. Japonya'ya 1975'ten itibaren birkaç gezi yaptı. Çok geçmeden Merck şirketi, Dr. Endo'nun deneylerini kopyaladı ya da "çaldı" mı demeliyim...

96 İlaçların iki adı var: Bir söz konusu molekül için "bilimsel" isim, bir de üretici şirketlerin kullandığı biraz daha akılda kalıcı müstahzar isim. Kitapta genellikle halkın da bildiği ilaç isimlerini kullanacağım. Örneğin, "Lipitor" (Atorvastatin) gibi...

İlaç 1987'de "Lovastatin" (Mevacor) markası altında piyasaya sokulan, sınıfındaki ilk kolesterol (statin) ilaç oldu.[97] Çok rağbet gördü.

Bu başarısının ardından Merck'in baş araştırmacısı P. Roy Vagelos şirketin CEO'su oldu.

Merck, dünyanın en büyük ve en kârlı ilaç şirketlerinden biri haline geldi. Kolay olmadı ama...

Ne dedik: Dr. Endo ilacın yan etkisinin faydasından çok olduğunu rapor etmişti. Amerikalı doktorlar hastalarına "Mevacor" ilacı reçete etmeye bu sebeple çekiniyordu...

Merck şunu yaptı...

Yıl. 1994...

-Merck şirketi destekli...

-Yürütme-denetleme kadrosunda Merck şirketi çalışanlarının olduğu...

-"İskandinav Simvastatin Hayatta Kalma Çalışması" (Scandinavian Simvastatin Survival Study /4S) bulguları açıklandı. Sonuçlar herhangi dış denetimden geçirilmeden Merck'in ABD'deki laboratuvarında işlendi; rapor haline getirildi. Buna göre...

-Kalp krizi geçirmiş kolesterolü yüksek 4 bin 444 hastada Merck statin/kolesterol ilacı test edilmişti.

-Beş yıllık "Simvastatin" kullanımından sonra hastaların kolesterollerinde yüzde 35 azalma görülmüştü.

-İlaç hastanın kalp krizinden ölme ihtimalini yüzde 42 azaltmıştı.

İlginç olan... Bir süre sonra yapılan daha kapsamlı çalışmada, aynı tip katılımcılara aynı ilaçlar aynı dozda verilmesine ve kolesterolün aynı oranda düşürülmesine karşı,

97 Aslında ilk kolesterol ilacı "Pravastatin" 1980 yılında Japonya'da patent aldı. 1988 yılında tıbbi kullanım için onaylandı. Dr. Akira Endo'nun şirketi küresel dev ilaç firmasıyla birleşip "Bristol-Myers Squibb" olunca bu ilaç Japonya dışında pazarlanmaya başlandı. FDA, 24 Nisan 2006 tarihinde ABD'de "jenerik ilaç" olarak satılmasını onayladı! Çünkü 2002 yılında 55 yaş üstü 10 binden fazla hasta üzerinde yapılan ALLHAT çalışmasında, günde 40 mg "Pravastatin" verilen kişilerin ölüm oranlarında veya ölümcül kalp hastalığı oranında bir değişiklik yapmadığı gösterildi! ABD pazarına girmek öyle kolay değildi! 5 yıl sonra izin çıktı. 2016 yılında ABD'de en çok reçete yazılan ilaç sıralamasında 27. oldu: 24 milyon kutu sattı.

sonuçların 4S çalışmasının ancak yarısı kadar başarılı olmasıydı! Fakat pazarlama amacıyla daha olumlu olan 4S çalışmasının verileri kullanıldı.

Daha sonra yapılan çalışmalarda istedikleri sonuç elde edilemediği için kolesterol tedavisi savunucuları hep bu 4S çalışmasını referans gösterdi! Örneğin…

-Merck çok sayıda Amerikan kliniği ve araştırma enstitüsü ile ortak "Excel" çalışması yaptı. 8 binden fazla "hastaya" dört farklı dozda "Mevacor" ile yalancı-etkisiz/ plasebo ilaç verildi. Araştırma bir yıl sonra sonlandırıldı; sonuçlar istenildiği gibi çıkmamıştı! (Bu arada araştırmalarda "plasebo" uygulamasının etik olup olmadığı ayrı bir konudur. Geçelim…)

Sonuçta; 4S çalışması dünyaya yutturuldu. İlaç talep patlaması yaşadı… Merck'in ikinci kolesterol silahı "Zocor" ilacının çıkarılmasına da sebep oldu! Hızlı bir şekilde 1994 yılında FDA onayı aldılar. Aceleleri vardı, çünkü şirketin on yıllık "Mevacor" patenti yakında bitecekti.

Merck şirketi 1994 yılında, "kalp hastası insanları rahatlatacak kolesterolü düşürücü" yeni ilacını tıp dergisi *Lancet*'te yayımlatmayı başardı.

Merck şirketi kısa sürede adını kolesterol kontrolüyle eşanlamlı hale getirdi...

"Zocor" hızlıca bir numaraya yükseldi. Sadece 1995 yılında hem "Zocor" hem de "Mevacor" bir milyar dolarlık gelir rekoru kırdı. Bu satış diğer ilaç şirketlerinin iştahını artırdı. ABD şirketi Bristol-Myers Squibb, "Pravachol" ve İsviçre şirketi Novartis ise "Lescol" ile piyasaya girdi…

Kolesterol ilacında dünya satış rekoru kıracak şirket henüz sessizdi: Amerikan ilaç devi Pfizer!

Pfizer şirketi pazara giriyor

Pfizer şirketinin kökü de Almanya'ya dayanıyor.

Charles Pfizer ve kuzeni Charles F. Erhart, şirketi Almanya'nın Ludwigsburg kentinde 1849'da kurdu. Sonra şirketi ABD'ye taşıdılar…

Pfizer şirketinin tarihine baktığınızda sürekli kâr potansiyeli olan yeni ilaç peşinde olduklarını görürsünüz! 1950'de antibiyotik merhemi "Oksitetrasiklin"i (Terramycin) keşfetmesi bunun örneği. 1980 yılında iltihap-ağrı kesici "Piroxicam" (Feldene) adlı ilacı piyasaya sokarak ilk kez bir milyar dolar barajını aştılar!

Fakat 1990'larda satacakları ilaçla yılda yaklaşık 13 milyar dolar kazanacaklarını henüz hayal bile edemiyorlardı. O ilaç, kolesterol ilacı "Atorvastatin" (Lipitor) idi...

Bu nasıl gerçekleşti?

Warner-Lambert, Amerikan ilaç firması...

Daha önce iki ayrı işletmeydi:

-İlk şirket 1856'da William R. Warner'ın Philadelphia'da eczane açmasıyla başladı. Daha sonra tablet kaplama işi yapmaya başladı. Smithsonian Enstitüsü'nde bir yer edinerek ilaç araştırmalarına başladı…

-İkinci şirket Jordan Wheat Lambert'ten geldi; Lambert Pharmacal Şirketi adıyla St. Louis'de kurdu…

İki şirket 1955 yılında "Warner-Lambert" adıyla birleşti.

Yıl 1982. Warner-Lambert'in kapısını Rochester Üniversitesi'nde doktora yapmış 28 yaşındaki kimyacı Bruce D. Roth çaldı... Şirketin Parke Davis araştırma laboratuvarında tıbbi kimyager olarak çalışmaya başladı. İki yılda hızla yükseldi ve 1984 yılında kolesterol/statin araştırmaları yapan kimya bölümünün eşbaşkanı oldu.

Tüm ilaç şirketleri gibi onlar da "peynir ekmek gibi satılan" kolesterol ilacı peşindeydi. Üstelik rakipleri gelir konusunda epey yol almıştı. Warner-Lambert ise sıralamada ABD'nin dördüncü en büyük ilaç şirketinden, dokuzunculuğa gerilemişti.

Araştırmaları sürüyordu ama sektörde herkes "çok geç kaldıklarını" söylüyordu. Şirket patronları Roger Newton ve Ronald Cresswell burnundan soluyordu! Şirket "resmi tarihine" göre Bruce D. Roth, patron Cresswell'den son bir fırsat istedi. Ve –ne tesadüf- kolesterol ilacını buluverdi: "Atorvastatin" (Lipitor).

Bruce D. Roth'un iddiasına göre, buluşları rakip Merck'in "Zocor" adlı ilacından daha güçlüydü ve daha az yan etkisi vardı. Ama... "Bulmak" yetmiyordu; patent almak ve piyasaya kuvvetli girmek için güçlü politik-medya bağlantılarınızın olması gerekiyordu...

Warner-Lambert 1996 yılında küresel ilaç devi Pfizer'dan yardım istedi. Çünkü, "Benadryl" alerji hapları ve "Halls" öksürük damlaları dahil olmak üzere tüketici sağlığı ürünleriyle tanınan Amerika ölçeğinde orta büyüklükte ilaç üreticisiydi. Bulduğu kolesterol ilacını piyasaya sokup küresel ilaç devleriyle rekabet etmesi zordu. Warner-Lambert ile Pfizer ile el sıkıştı...

Pfizer, FDA'ya gidip, insan denekler için en düşük doz olan 10 miligram kullandıklarını ve kötü kolesterolü yüzde 38 oranında azalttıklarını belirtti! Hemen 1997 başında onay aldı.

Vay canına! Sadece "Lipitor" tek başına birden Pfizer'ın yıllık gelirinin dörtte biri kadar kazanç sağladı! 2003 yılında ABD'de en çok satan ilaç haline geldi![98]

Sıkı durun:

"Lipitor", onaylandığı Ocak 1997 ile patentin bittiği Kasım 2011 arasında 125 milyar doların üzerinde satışla, dünyanın en çok satan ilacı oldu!

Peki... Böylesine büyük para kazanmak için neler yaptılar; kolesterol pazarına nasıl hâkim oldular? Rakiplerini nasıl geçtiler?

Aslında ilk başta hayli zorlandılar. Evet, herkese hızla kolesterol hapı yutturuluyordu; ama "Lipitor" pek

98 Pfizer, 2000 yılında Warner-Lambert'i 111,8 milyar dolara satın alarak dünyanın en büyük ilaç şirketi oldu. Daha sonra; Pharmacia (2002), Esperion Therapeutics (2003), Meridica (2004), Idun (2005), Vicuron (2005), Angiosyn (2005), Rinat (2006), Powermend (2006), Coley Pharmaceutical (2007), CovX (2007), Encysive Pharmaceuticals Inc (2008), Wyeth (2009), King (2010), Ferrosan (2011), Excaliard (2011), Synbiotics (2011), Icagen (2011), Alacer (2012), NextWave (2012), Zoetis (2013), Innopharma (2014), Hospira (2015), Medivation (2016), Bamboo (2016), Anocor (2016), AstraZenecas (2016) gibi şirketleri bünyesine kattı/ ya da "tekel" olmak için "yuttu" demeliyim.

satmıyordu. Çünkü doktorlar 10 mg "Lipidor" ilacı yazmaya çekiniyordu.

Oysa Pfizer sadece ABD'de 13 bin satış temsilcisine eğitim vermişti. Kursiyerler, Pfizer'ın New York'un kampüslerinden birinde film seti gibi yapılmış bir doktor ofisi dekorunda haftalarca süren satış görüşmelerinden geçirilmişti… Beş hafta sonra gerçek doktor odalarına gönderildiler; çantalarındaki hediyelerle birlikte[99] ama doktorlar "Lipitor" yazmaya hâlâ çekiniyordu...

Pfizer, tekrar FDA'ya gitti. Kapalı kapılar ardında ne olduysa FDA, "günde 10 ila 80 miligram aralığında kullanım olabileceği" açıklamasını yaptı:

-"Her gün alınan 5 mg Atorvastatin, 10 mg Sinvastatin, 20 mg Pravastatin, 40 mg Fluvastatin LDL kolesterolü yüzde 30, total kolesterolü yüzde 20 civarında azaltır!"

Hayda! "İç iç, daha fazla iç… Yut yut, daha fazla yut" stratejisiydi bu… "Endüstriyel tıbbın" içyüzünde daha neler var, sabır gösteriniz, yazacağım...

Korku kampanyası

Pfizer ve diğer Amerikan ilaç şirketleri için salt ABD pazarı yeterli olmazdı; dünyaya kolesterol hapı nasıl "yutturulacaktı?"

Tanınmış sporcuları reklam yıldızı yaptılar. Dediler ki: "Dünya-olimpiyat rekoru kıranların bile kolesterolü yüksek olup, kalp krizi geçirebilir!" Örneğin… Sporla ilgilenip Mark Spitz adını duymayan pek az kişi vardır. 22 yaşındaki Amerikalı yüzücü 1972 Münih Olimpiyatları'nda -dünya ve olimpiyat rekorları kırarak- yedi altın madalya kazandı. Spitz yüzme yaşamı süresince otuz iki dünya rekoru kırdı...

Keza.

1984'te dünya ve olimpiyat şampiyonu -buz pateni dalında o güne kadar kazanılmamış tam puanla altın madalyayı elde eden- İngiliz sporcu Christopher Dean…

---

99 İddiaya göre, haplardan ücretsiz örnekler vermek ve hekimlere öğle yemeği ikram etmek Pfizer kampanyasıyla ortaya çıktı!

Bu iki isim 1990'larda ilaç endüstrisinin "reklam yüzü" oldu.

Her ikisinin de kolesterolü çok yüksekti! Hele yapılan tetkikler ve araştırmalarda Mark Spitz'de yüksek kolesterol sorununun aileden kalıtımla geldiği belirlendi. Yetmedi. İki küçük çocuğundan birinin de kolesterole yatkın olduğu reklam edildi...

Uluslararası Olimpiyat Komitesi "bu salgın hastalığı" önlemek amacıyla Pfizer şirketini yardıma çağırdı! Pfizer bu büyük "sosyal sorumluluk" projesinden kaçamadı; kalp-damar hastalıklarının "en önemli riski"ni oluşturan kolesterol yüksekliğine karşı toplumsal bilinci geliştirmek amacıyla kampanyalar düzenledi. Breh... Breh...

Mark Spitz ve Christopher Dean, bu kampanyaların vitrini olarak görev yaptı. Her ikisi de sürekli, "Biz kontrol yaptırıncaya kadar kendimizi çok sağlıklı sanıyorduk, hastalık hiçbir belirti vermiyordu. Demek ki kendini çok sağlıklı sananlar bile zaman zaman kan tahlili yaptırarak gerçek durumlarını öğrenmelidir" diye konuşmalar yaptı.

Tek reklam kampanyasıyla olmazdı: "Tıbbi destek" şarttı.

Düşünün ki... Amerikan Pediyatri Akademisi (The American Academy of Pediatrics- AAP) yayımladığı rehberinde kolesterol düşürücü ilaçların sekiz yaşından itibaren kullanılmasını tavsiye etti! Güya bu yaşta kullanım ilerideki kalp problemlerini önleyecekti! Kimi doktorlar ilaca başlama yaşını ikiye düşürdü!

Bu konularda çalışma ve kanıt var mıydı; yoktu!

Tersi vardı:

Avusturalya'daki bağımsız araştırmanın sonucu: Kolesterol ilacı verilen yirmi iki profesyonel atletten on yedisi hapın kas zayıflığı yaptığı gerekçesiyle ilacı bıraktı. Kalbin de kas olduğunu hatırlatmama gerek var mı? Medya bu haberle ilgilenmedi. Sadece araştırmayı yapan H. Sinzinger ve J. O'Grady, 2004 yılında *Pharmocol* kitabında yazdı. Dinleyen olmadı.

Herkese söylenen ve herkesin inandığı; "mucize ilaç"tı bu kolesterol hapları; sadece kalp hastalığı değil, kanser ve akciğer hastalığı değil, Alzheimer'dan kalça kırıklarına kadar bile faydalıydı…

Diğer yandan neler demediler ki "zavallı kolesterol" için; kokain bağımlılığından kurtulamamanın sebebi de kolesterol idi! Dikkat eksikliğinin, konsantrasyon bozukluğunun sebebi de oydu!

İş sonunda, kolesterol ilaçlarının, şehir içme sularına karıştırılarak "halk sağlığı" yapılmasına kadar vardırıldı! Türkiye'de kimi doktorlar (ki bunlar hep tercüme doktorudur) kolesterol ilaçları için "geleceğin aspirini" yorumunda bulundu. Türkiye'de de diş ağrısına bile bu "mucize ilacın" iyi geldiği yazıldı…

O yıllar…

1980'ler-90'lar… Çevremizde bu renkli hapı hemen her gün alan insanlar olmaya başladı. Reçetelerin "onur konuğu" kolesterol ilaçlarıydı; hayatı uzatıyordu, daha ne olsun!

Kimse sorgulamadı; ABD'den iyi mi bilinecekti? Kimse demedi ki: Beslenmene dikkat et, endüstriyel ürünlerden uzak dur! Bağırsak floranı düzenle! Kaliteli uyu! Ağır metalleri vücudundan at! Stresle mücadele et! Sporu, egzersizi ihmal etme! Neyse, "Allostaz" filan da yazmayayım...

Elinizdeki kitapta ilaç şirketleri- doktor ilişkisine pek girmek istemiyorum. Hekimliğin saygınlığını korumakta titiz olmak gerektiğini düşünüyorum. Dünyanın dört bir yanında mesleğinin onurunu korumak isteyen hekimler de yok değil çünkü: New York merkezli sürekli eylem düzenleyen hekim örgütünün ismi enteresan:

"Bedava Yemeklere Son!"

Doktorların ilaç temsilcileriyle görüşmesine, hediye almasına, yemek yemesine karşılar! Çeşitli kampanyalar yapıyorlar. "Kalem Affı" kampanyasıyla doktorların ilaç şirketlerinin gönderdiği kalemleri ve eşyaları iade etmesini istediler…

Bu eylemler Amerikalı Tıp Öğrenciler Birliği'ni de etkiledi birlik, "İlaçSız" kampanyasıyla her türlü bedava yemeğe son verilmesi çağrısında bulundu.

Bu etik anlayış yayılıyor. Almanya'da "Öğle yemeğimi kendim öderim" (Mein Essen zahl ich selbst) örgütü var!

Amerikalıların "There ain't no such thing as a free lunch" (Beleş öğle yemeği diye bir şey yok) sözü-deyişini hatırlamak lazım: 19. yüzyılda Amerika'da barların bedava öğle yemeği kampanyasıyla müşteri çekip, sattıkları içkiden para kazanmasından türetildi bu laf! Anlamı şuydu: "Biri sana karşılıksız bir şey verirse, bunu senden mutlaka bir şekilde çıkartır!"

Kolesterol ilaçları/hapları ilaç şirketleri-doktor çıkar ilişkisi araştırmalarına da konu oldu. California Üniversitesi'nde "İlaç Endüstrisi Destekli Yemekler" başlıklı 279 bin 669 hekimle yapılan araştırma, tahmin edilen gerçeği ortaya çıkardı:

Yemekli görüşmelere "yalnızca bir kez" katılan hekimlerin reçeteleri incelendiğinde hekimler; promosyonu yapılan "Rosuvastatin"i diğer statinlere, "Nebivolol"ü diğer kalp ilacı beta-blokerlere, tansiyon ilacı "Olmesartan"ı diğer tansiyon ilacı ACE inhibitörleri ile ARB'lere ve depresif ilacı "Desvenlafaxin"i diğer antidepresan SSRI ile SNRI'lere göre daha fazla reçete ediyordu...

Birden fazla yemekli görüşmeye katılan hekimlerin reçeteleri incelendiğinde ise promosyonu yapılan ilaçların daha fazla bulunduğu ortaya çıktı! (JAMA, 1.8.2016)

İlaç şirketlerinin "promosyon" adı altında hekimlere verdiği çeşitli hediyeler mutlaka reçete yazımını etkiliyordu! Sağlık Bakanlığı Türkiye İlaç ve Tıbbi Cihaz Kurumu, 17 Ocak 2015'ten 3 Temmuz 2015'e kadar "Beşeri Tıbbi Ürünlerin Tanıtım Faaliyetleri" hakkında ardı ardına yönetmelik çıkardı. Sonuç pek değişmedi maalesef...[100]

100 Meselenin bir de ilaç-şirketi-eczacı ilişkisi var. Mesela... Bir ilaç firması mümessili eczaneye gidip "100 kutu Crestor ilacını hemen alırsan 200 kutu da mal fazlası hediye edilen/mf verebilirim" teklifinde bulunur. Eczacı kabur eder, toplamda 300 kutu Crestor alır. Müşteri eczaneye gelir doktorun yazdığı Lipidor'u ister. Eczacı Crestor verir. İtiraz eden olursa "aynı ilaç" der! Anlatmak istediğim; konu sadece ilaç şirketleri ve doktor ilişkisiyle sınırlı değil, ilaç şirketleri-eczacı bağlantısı da önemli etken...

Türkiye'de ilaç firmalarının hekimlere "Benim ilacımı yaz" ve eczacılara "Benim ilacımı sat" demesi için yılda 300 milyon dolarlık promosyon dağıttığı iddia ediliyor!

Sadece biz değil kuşkusuz…

ABD'de soruşturmalarda ilaç şirketlerinin "doktor giderlerinin" yüklü miktarda olduğu ortaya çıktı: 2010-2012 yılları arasında Pfizer doktorlara 538,2 milyon dolar vermişti! Eli Lilly ilaç şirketi 490,6 milyon dolar, GlaxoSmithKline şirketi 238,6 milyon dolar, AstraZeneca 236,1 milyon dolar, Merck şirketi 224,3 milyon dolar olmak üzere yıllık doktorlara verilen para 2 milyar dolar idi…

Bunların bir bölümü "tıp eğitimi" adı altında yapılıyordu! İlaç şirketi, hekim eğitimi yapar hale geldi…

Bazı ülkeler işi sıkı tutuyor:

-İsveç doktorlarını geziye götüren Danimarkalı ilaç şirketi Novo Nordisk hakkında soruşturma açtı; 80 bin kron ceza kesti…

-"Iressa" (Gefitinib) adlı akciğer kanseri ilacını ilk ithal eden ülke Japonya, AstraZeneca ilaç şirketine Akciğer Kanseri Derneği'nin tedavi rehberine sokması için komisyon başkanı profesöre 17,6 milyon yen ve diğer üyelere de 800 bin ile 20 milyon yen verdiğinin ortaya çıkmasıyla konuyu yargıya taşıdı![101]

-Türkiye'de Roche gibi ilaç şirketleri hakkında "doktorlara hediye" verdiği iddiasıyla davalar açıldı. Bu konuya geleceğiz… Yani şunu diyorum; insanlar ne yapsın; kime güvensin?

Devletlerin serbest piyasaya müdahalesi yasak hale getirildi!

Böylece…

"Lipitor" yaratıcısı Bruce D. Roth, medyanın gözdesi oldu. Sık sık röportaj verdi:

101 İlacın Japonya'da ruhsat aldığı 2002 yılında 120 kişi ölmüş ve ilaç kullandırılmaya devam ettiğinde ölü sayısı 734'e çıkmıştı! Protestolara rağmen Amerikan FDA Mayıs 2003'te "Iressa" ilacına onay verdi. Ama Haziran 2005'te onayı geri çekti. Temmuz 2015'te yeniden onay verdi! İlaç Türkiye'de satılıyor…

-"Kilisede bana yaklaşan komşularım var, hayatlarını kurtardığım için teşekkür ediyorlar!" (Ki aslında kendisi Yahudi idi!)

Amerika Kimya Derneği tarafından Roth "Kimya Kahramanı" seçildi. ABD'de kimya endüstrisi tarafından verilen en yüksek onur ödülü "Perkin Madalyası"nı aldı. Toplamda yedi ödül sahibi oldu. Michigan Üniversitesi Tıbbi Kimya Bölümü'nde 1996'dan 2007 yılına kadar yardımcı profesör olarak görev yaptı. Ne de olsa o bir "kâşif" idi!

Bruce D. Roth, Pfizer'ın yıllık 5,2 milyar dolarlık Ar-Ge bütçesinin büyük bir bölümünden sorumlu oldu. Sormadan edemiyorsunuz; yahu bu adam ne yaptı? Neyi buldu? Bir "film" vizyonda oynuyor sürekli...

Pfizer o süreçte ne yaptı?

"Lipitor" 1997'nin başında satışa girdiğinde pazarda benzer dört ilaç daha olduğunu belirttim.

Hatırlatayım:

-Merck'in 1987 yılında piyasaya sürdüğü "Mevacor" ile 1994'te çıkardığı "Zocor",

-Bristol-Myers Squibb'nun çıkardığı "Pravachol",

-Novartis'in çıkardığı "Lescol"... Pazar kalabalıktı. Pfizer ilacı "Lipitor"un diğer ilaçlardan farkını koymak için takma isim koydu. Kolesterolü -rakip ilaçlara göre- daha çok düşürdüğü iddiasıyla ilacına "turbo-statin" ismini verdi! Tabii ki sadece bu "yaratıcı" isimle Pfizer rakiplerini arkada bırakmadı...

FDA nedense ilacın çıktığı yıl, 1997'de birden ilaç reklamlarına ilk izni verdi. Böylece artık her yerde "Lipitor" reklamı vardı...[102] Dünyanın dört tarafında şu iki mesaj verildi:

-Tehlikeli derecede yüksek kolesterol seviyesine sahip olmak için görünürde sağlıksız olmanız gerekmiyor!

-"Numaranızı bilin!" Yani, kanınızdaki kötü kolesterol seviyesi 160 miligramın üzerindeyse tehlikedesiniz!

---

102 FDA, 1990'larda yeni bir sistemi daha devreye soktu: İlaç inceleme işinin masraflarının yarısından fazlasını ilaç sanayii karşılayacaktı! Parası az olan şirketlerin yaşam hakkı yoktu!

Reklamı gören-duyan insanlar panikle hastanelere koştu... Türkiye dahil dünyanın dört bir yanındaki insanlar, yüksek kolesterol ile kalp krizi arasındaki bağlantıyı ve kolesterol sayısını öğrendi:

-Yüksek yoğunluklu lipo-protein (HDL) "iyi" kolesterol ile,

-Düşük yoğunluklu lipo-protein (LDL) "kötü" kolesterol arasındaki farkı bilmeyen kalmadı!

İnsanlar LDL'ye düşman oldu; HDL'yi sevdi...

Türkiye'de öğrencilere; HDL "hayırlı" ve LDL "lanetli" diye öğretildi!

Aldatıcı istatistiklerin şifresini çözmeye hiç niyeti olmayan medya, halkla ilişkiler şirketleri tarafından sürekli kandırıldı; dünyaya LDL-kolesterol kastedilerek "düşük seviye daha iyidir" çığırtkanlığı yaptı.

Bu arada...

"Yüksek kolesterol" ölçüsü ABD kurumları tarafından düzenli olarak yenilendi durdu! Özellikle kalp hastanesiyle meşhur "modern tıp merkezi" Ohio'daki Cleveland Clinic,[103] ABD'de 90 milyon Amerikalının "arzu edilenden yüksek" kolesterol düzeyinde olduğunu iddia etti. Cleveland'a göre hedef değerler 21 yaş altındakiler için 75-169 mg/dL; 21 yaş üstü olanlar için 100-199 mg/dL olmalıydı! Bu rakam 15-65 yaş arası Amerikan nüfusunun neredeyse yarısıydı...

Ve: Her seferinde daha çok insan "hasta" sınıfına sokuldu. Kimse sorgulamadı. Oysa...

ABD için –ve bizde de Türkçeye çevrilen- "kolesterol rehber" kitapları yazan "National Cholesterol Education Program/ UKEP" (Ulusal Kolesterol Eğitim Programı) üyesi dokuz kişiden sadece birinin ilaç şirketleriyle ilişkisi

103 John D. Rockefeller, 14 yaşında ailesiyle birlikte Cleveland şehrine geldi. Şirketi Standard Oil Company'nin doğum yeri bu şehir oldu. John D. Rockefeller ve karısı Laura şehirdeki Lake View Cemetery mezarlığında yatıyor. Şehirde neredeyse her yerin sahibi bu aile. Ceveland Clinic'in 2017'deki faaliyet geliri 8,4 milyar dolar oldu. 2014 yılında Amerikalı Medicare/Medicaid kapsamındaki yoksul hastalara bakmadığı için soruşturma geçirdi. Hakemli dergi olan *Cleveland Clinic Journal of Medicine*'i yayımlıyor...

yoktu! Diğer üyelerinin tümü Pfizer, Merck, Bristol-Myers Squibb ve AstraZeneca gibi ilaç şirketleriyle mali bağlantı içindeydi…

Buna "bilim" diyorlar…

Size hap yutturuyorlar...

"Sol" görünümlü destekçiler

Washington DC merkezli Kamu Yararına Bilim Merkezi (Center for Science in the Public Interest- CSPI) kamuoyundaki endişelerin çok artması üzerine, resmi kolesterol kılavuzunun bağımsız sağlık araştırmacıları tarafından yapılmasını önerdi; kampanya başlattı. Sonra ne oldu dersiniz? Konu, Oscar ödülüne taşındı…

Tarih: 1 Mart 2004.

Yüzüklerin Efendisi: Kral'ın Dönüşü en iyi film ödülü aldığı Oscar töreninin canlı televizyon yayını sırasında 30 saniyelik reklam yayınlandı. Kalp hastalığının neredeyse salgın hale geldiği ve insanların doktora başvurup kolesterol seviyelerini ölçtürmeleri istendi. Reklamda James Coburn, Errol Flyn, Henry Winkler, Lynda Carter gibi yıldızlar rol aldı.

Bu reklamı yapan "Boomer Koalisyonu" adlı "hasta hakları" kuruluşuydu!

Boomer, İkinci Dünya Savaşı'ndan sonra ABD'nin azalan nüfusunu artırmaya yönelik politikanın adıydı. Henry Winkler o dönemin kampanya yüzüydü. Şimdi aynı Winkler sırtında deri ceketle şınav çekip, kırk yaş üstü herkesin kolesterol hapı almasını istiyordu!

Talepleri de vardı: Herkes kolesterol ölçüsünü, sürücü ehliyeti gibi yanında taşısın!

İnsanları ölümle korkuttular…

Korkuyla-riskle başa çıkmanın yolu ilaç almaktı…

"Boomer Koalisyonu" kampanyasının arkasında Pfizer olduğunu yazmama gerek var mı?

"Boomer Koalisyonu"nun arkasında neler olduğunu gazeteci Erin White araştırdı: Boomer'in perde gerisinde Hollandalı halkla ilişkiler firması vardı. İlk adımda 10 milyon dolar harcamışlardı. Para kimden çıkmıştı: "Lipitor" üreticisi Pfizer! (*Wall Street Journal*, 10.3.2004)[104]

Pfizer şu reklamı bile yaptı: Morgda yatan ceset üzerine, "düşük kolesterol bunu önleyebilirdi."

"Bilim" mi dediniz...

"Endüstriyel tıp" mı dediniz...

Geldikleri yer burası; insanlığı öldürdüler!

İtibarıyla...

Bağımsız araştırmacıların gerçek kolesterol kılavuzu hazırlama talebi-kampanyası daha doğmadan bastırıldı.

Kolesterol ilacıyla "tedavi edilecek hasta" sayısı ABD'de 1990'larda 13 milyon olarak açıklandı. 2000'ler başında sayı 36 milyon Amerikalıya çıktı! Bugün sayının 80 milyona ulaştığı tahmin ediliyor. 2001 yılında "kolesterol resmi kılavuzu" işi, dört yetişkinden birine kolesterol ilaç verilmesine kadar vardırdı. Yirmi yaş üzeri tüm nüfusun -yaklaşık 200 milyon kişi- kan kolesterol seviyesini düzenli olarak ölçtürmesi gerektiğini yazdı. Kalp hastalığından korunma fikri sadece kolesterol ilaç almaya indirgendi...

Merck ilaç şirketi yöneticisi Henry Gadsden'in 1970'lerde söylediği "herkese ilaç satma" arzusu yerine gelmişti! Çiklet gibi kolesterol ilacı satıyorlardı...

Bunlar "bilim insanı"

Sözde bilim insanları, kolesterol ilaçları kampanyalarının en önündeydi:

İşte biri...

Dünyanın en iyi tıp fakültelerinden biri olarak gösterilen Cornell Tıp Üniversitesi Dekanı Prof. Antonio Gotto,[105] "FDA,

---

104 Kendilerini "solcu" vs gösteren kimi sivil toplum örgütlerinin, küresel ilaç şirketlerinin örtülü reklamlarını yapması, aklıma resmi web sitelerinde kendilerini "insan hakları savunucusu"-"özgürlükçü" gösteren Boomer Koalisyonu'nu getiriyor!

105 Prof. Antonio Gotto'nun, Henry Pownall ile birlikte yazdığı, kalp hastalıkları doktorlarının başucu kitabı *Lipid Bozuklukları El Kitabı: Koroner Kalp Hastalığında Risk Azaltımı* 2011 yılında Türkçeye de çevrildi. Neyi savunduğunu yazmaya gerek var mı?

ilaçları 80 miligrama kadar onayladıysa, Pfizer'ın 10 miligramlık Lipidor ilacı gerçekten güvenli olmalı," diye açıklama yaptı. Bunu söylediğinde Amerikan Kalp Derneği (American Heart Association) başkanı idi…

Bir başka "bilim insanı" Prof. Scott M. Grundy de Amerikan Kalp Derneği başkanlığında bulundu. Amerikan Kardioloji Üniversitesi (American College of Cardiology) ve devlet kurumu Ulusal Sağlık Enstitüsü (National Institutes of Health - NIH) ile birlikte "ulusal kolesterol eğitim programı" çalışması yaptı… Kolesterol ilaçlarının acilen daha çok kullanılması çağrısında bulundular. Çünkü sonuç "mükemmel" idi! Bu programın dokuz katılımcı "bilim insanının" sekizinin, önerdikleri kolesterol ilaçlarını üreten ilaç şirketleriyle para ilişkisi içinde olduğu o dönem tabii ki bilinmiyordu!

Yazmakla bitmez:

ABD'de "Teksas Koroner Ateroskleroz Önleme Çalışması" diye bilinen araştırmanın sonuçları, istatistik numaralarıyla "Mevacor ilacı kolesterol önleyici" diye duyuruldu. Oysa bu araştırmacıların üçü Merck şirketi çalışanıydı! Bu çalışmanın başında ise Cornell Tıp Üniversitesi Dekanı Prof. Antonio Gotto vardı. Kim parayı veriyorsa onun düdüğü çalınıyordu!

Prof. Gotto tek değil ki…

California Üniversitesi'nden Prof. A. Sachdeva ve arkadaşları, 541 hastanede kalp krizi geçiren 137 bin hasta üzerinde 2009 yılında araştırma yaptı. Kalp krizi geçiren hastaların kolesterolleri yüksek değildi! Total kolesterol ortalamaları 174 mg/dl; "lanetli" denilen LDL kolesterol seviyesi normalin altındaydı. Sonuç, çalışmayı yapan bilim adamları gibi araştırmaya sponsor olan sekiz ilaç şirketini de şaşırttı. Kelime oyunlarıyla rapor tersyüz edildi...

Benzer çalışmayı Detroit Henry Ford Kalp Damar Enstitüsü 2009 yılında tespit etti. Bulgular ilaç şirketlerinin "hoşuna" gidecek şekilde yazıldı...

Yine ABD'den "matematik katakullisiyle", altı bin kişiyle yapılan WOSCOPS kolesterol çalışmasını örnek vermeliyim: Beş yıl sonra kolesterol hapı verilmeyen gruptan 1,6 ve ilaç verilen gruptan 1,2'si kalp krizinden öldü. Arada 0,4 fark vardı. Araştırma sonucunda dediler ki:

-"Statin / kolesterol ilacı ölüm oranını yüzde 25 azaltıyor!"

Bunu şöyle hesaplamışlardı; yüzde 0,4 fark, yüzde 1,6'nın yüzde 25'idir! Geldikleri yer burası. Pes!

ABD'deki bu tür çalışma-araştırma raporlarını inceleyen Parmakoloji Profesörü Joel M. Kaufman'a göre, ilaç şirketleri ciddi yan etkiyi az göstermek amacıyla, çalışmaları çok sayıda küçük alt gruplara bölerek, ruhsat verilmeme riskini önlüyordu... İlaç firmaları istenmeyen yan etkileri yüzde 1'den az göstermeye çalışıyordu!

Moral bozmayalım: İnsan sağlığını kimyasal haplarla darmadağın ederek tehlikeye sokan bu oyunu bozmaya çalışanlar da yok değildi...

Yıl 2001. Tıp üzerine haberler yapan gazeteci Gary Taubes, *Science* adlı bilim dergisine, "Besinsel Yağın Sosyal Bilimi" diye makale yazdı; "Doymuş yağın kötülenmesinin hiçbir bilimsel temele dayanmadığını; bu konuda onlarca-yüzlerce araştırma yapıldığını ama tüm kampanyaların-reklamların politik yalan olduğunu" belirtti.

Vay sen misin bunu diyen! O sözde "bilim insanı" Amerikan Kalp Derneği Başkanı Prof. Scott M. Grundy, aynı dergiye protesto yazısı gönderdi. Yazdığı Türkiye'de sıklıkla görülen "doktor" tepkilerinden farksızdı:

-"Uzmanlık gerektiren bir konuda yetkisiz ve bilgisiz yazı yazdırarak kamuoyunu yanıltıyorsunuz! Bulgular çok önemli bilimsel araştırmalara dayanırken, siz bir gazeteciye nasıl makale yazdırırsınız?"

Gazeteci Taubes, "Açıkla bu bilimsel araştırmaları" diye yanıt verdi.

Büyük unvanları olan Prof. Grundy, "bir gazeteciyle muhatap olmayacağını" söyledi!

Bu kişi yani Prof. Grundy aynı zamanda Uluslararası Ateroskleroz[106] Derneği başkanıydı. İnsan bu tür dernek-birlik-vakıflara inancını kaybediyor…

Sadece gazeteci Gary Taubes değil…

Melchior Meijer…

Tıp haberleri yapan Hollandalı gazeteci.

2004 yılında kolesterol ilaçlarının yan etkilerini *Algemeen Dagblad* adlı günlük gazetede yazdı: "Kolesterol İlaçları Mucize İlaç mı, Trajedi mi?"

O da saldırılara maruz kaldı. Kimi doktorlar ve meslektaşları tarafından kasıtlı ve ölümcül bilgiler yaymakla suçlandı. İlaç şirketleri, hasta örgütleri tarafından Hollanda Basın Konseyi'ne şikâyet edildi. Konsey haberde yeteri kadar gazetecilik kanıtı olduğuna karar verdi...

Merck ya da Pfizer şirketleri değil mesele sadece…

Bu tür kolesterol ilacı araştırmalarına sponsor olan İngiliz ilaç şirketi AstraZeneca, "Jupiter" adlı çalışmaya sponsor oldu: 17 bin 802 sağlıklı insandan bir gruba "Rosuvastatin" (Crestor), diğerine yalancı ilaç/plasebo verildi. Fakat iki yıl sonra çalışma birden durduruldu. Sebebi, "tedavi edilmeyen grupta (247 kişi), ilaç verilen gruba (198 kişi) oranla anlamlı sayıda, daha çok insan öldüğü" şeklinde açıklandı.

Kolesterol ilacının "fikir babalarından" Ulusal Sağlık Enstitüsü üst düzey uzmanlarından Dr. Bryan Brewer, "Crestor" adlı ilaç piyasaya sürülürken Amerikan Kalp Vakfı'nda

106 Ateroskleroz, atardamarları (arterleri) etkileyen hastalıktır. Yaygın olarak "damar sertleşmesi" olarak adlandırılan arteriosklerozun bir türüdür. Orta boy ve büyük arterlerde görülen "aterom" veya "plak" olarak adlandırılan yapısal bozukluklardan oluşur.

düzenlenen seminerde ilacın çok güvenilir olduğunu ve önemli yan etkisi olmadığını söyledi. Konuşması o kadar etkili bulundu ki, *Amerikan Kardiyoloji Dergisi*'nin özel ekinde yayımlandı. Çarpıcı olan şuydu:

Hem semineri hem de dergisinin özel ekini, ilaç şirketi AstraZeneca finanse etmişti! Zaten Dr. Brewer de ilaç şirketinin kadrolu çalışanıydı! Hatta… Ulusal Sağlık Enstitüsü'nde bölüm başkanı olarak çalışırken bu İngiliz ilaç şirketinden 200 bin dolar almıştı.[107]

Konunun Türk hekimlerini ilgilendiren yönü şu oldu:

"Jupiter" çalışmasının orijinaliyle, Türkiye'deki doktorlara sunulan rapor arasında yorumlar farklıydı! Tercümeyi ilaç firması yaptığı için, işlerine gelmeyen sonuçlardan bahsetmemişlerdi!

Ah bu kılavuz kitaplar…

Tarih: 13 Kasım 2013.

John D. Abramson[108] ve Rita F. Redberg[109]...

New York Times gazetesine "yeni kolesterol kılavuzu" hakkında, "Don't Give More Patients Statins" (Daha Fazla Hastaya Statin Verme" başlıklı makale yazdı:

-"Amerikan Kalp Derneği (AHA) ve Amerikan Kardiyoloji Koleji (ACC) tarafından salı günü yayımlanan yeni kolesterol kılavuzu, bir hamlede milyonlarca sağlıklı Amerikalının acilen -sağlığa faydaları belirsiz olan- statin denen haplardan mutlaka alması gerektiğini bildirdi. Bu duyuru ne ani bir kalp hastalığı salgınının sonucu, ne de düşük kolesterolün yararlarını gösteren yeni verilere dayanmaktadır. İlaç almanın

107 ABD'de1971 yılında kurulan Public Citizen adlı düşünce kuruluşunun yan örgütü Sağlık Araştırma Grubu yaptığı bu soruşturmada, enstitüde çalışan araştırmacılardan birinin 450 bin dolar, bir diğerinin ise 2 milyon değerinde hisse senedini AstraZeneca'dan "aldığını" ortaya çıkardı.

108 John D. Abramson Harvard Tıp Fakültesi öğretim görevlisi. 2004 yılında Amerikan tıbbının mevcut krizinin merkezinde tıbbi bilginin ticarileşmesinin yattığını gösteren kitap yazdı: *Overdosed America: The Broken Promise of American Medicine* (Aşır Doz Amerika: Amerikan Tıbbının Çökmüş Vaadi). İlaç endüstrisiyle ilgili davalarda uzman olarak görev yapıyor.

109 Rita F. Redberg, California Üniversitesi, San Francisco Tıp Merkezi'nde ve *JAMA* adlı bilimsel tıp dergisinde editörlük yapan kardiyoloji uzmanı.

tanımını genişletmek sadece ilaç endüstrisinin yararınadır. (...) Bu en son kılavuzların geliştirilme süreci daha fazla şüpheciliğe yol açmaktadır. Önerileri yazan grup, çıkar çatışmalarından bağımsız değildir; uzmanların birçoğunun ilaç üreticileriyle mali bağları vardır.(...) Milyonlarca insanı statin müşterisine dönüştürmek yerine, kalp hastalığı riskini inkâr edilemez bir şekilde azaltan gerçek faktörlere odaklanmalıyız: Sağlıklı diyetler, egzersiz ve sigaradan kaçınma! Hastalar, ilaç rehberleri konusunda şüpheci olmalı ve kendileri için neyin iyi olduğuna karar vermeden önce, -kanıtları gösteren ve göstermeyenler de dahil olmak üzere- doktorlarıyla statinler hakkında anlamlı bir diyalog içinde olmalıdır..."

Yıllar geçiyor, rüzgâr dönüyordu...

AHA ve ACC'nin birlikte açıkladığı kolesterol kılavuzuna/hesap cetveline bazı medya organlarında -ABD Başkanı Richard Nixon'ı koltuğundan eden Watergate skandalına gönderme yapılarak- "calculator-gate" adı verildi! Mesele sağlık değil, ilaçtan gelecek paraların sayıldığı "hesap makinesi" idi.

İlaç şirketi ve ilişki içinde oldukları görüntülerinin "cilaları" geç de olsa dökülüyordu.

Harvard Tıp Fakültesi'nden Prof. Paul Ridker ve Prof. Nancy Cook'un bu yeni kılavuzu bir yıl inceleyip, test ettikleri gruplarda işe yaramadığını rapor edip, uyarıda bulunduğu ortaya çıktı. Yani...

"Kalp sektörünün" iki sivil kurumu AHA ve ACC iki doktorun bu uyarısını dinlemeyip kılavuzu yayımlamıştı! ACC'nin eski başkanı Prof. Steven Nissen, yeni kılavuz uygulamasının durdurulmasını istemek zorunda kaldı! Ama eski çalışma arkadaşları geri adım atmadı. Kararı kim veriyordu? Kılavuzu hazırlayan 15 kişiden 7'sinin kolesterol ilaç üreten şirketlerle ilişkisi olduğu saplandı. Kılavuzu inceleyen 10 uzman hakemin de yarısı ilaç şirketlerine danışmanlık yapıyordu!

Kurul başkanı Northwestern Üniversitesi'nden Prof. Neil J. Stone; Pfizer, Abbott, AstraZeneca, Merck ve Schering-

Plough dahil birçok ilaç şirketinden finansman ve danışmanlık ücreti aldığını kabul etti; "Ama bunlar geçtiğimiz yıllardı," diye mazeret öne sürdü!

Bitmedi.

"Kalp Derneği ruhunu sattı"

Barbara H. Roberts...

Brown Üniversitesi'nde klinik tıp profesörü...

Ulusal Sağlık Enstitüleri Ulusal Kalp, Akciğer ve Kan Enstitüsü (NIH) kurumunda iki yıl çalıştı. Burada kolesterolün düşürülmesinin kalp hastalığına etkisi üzerine yapılan araştırmalara katıldı.

Kadınlar üzerindeki klinik araştırmasından yola çıkarak *The Truth About Statins* (Kolesterol İlaçları Hakkında Gerçek) adlı, kolesterol düşürücü ilaçların risklerini ele aldığı kitabını yazdı. ABD'nin önemli haber sitelerinden *Huffington Post* sağlık muhabiri Martha Rosenberg ile röportaj yaptı.

Prof. Roberts uzun uzun kolesterol ilaçlarının yan etkisinden bahsedip, konuyu, gerçeklere gözünü yuman meslektaşlarına getirdi:

-"Amerikan Kalp Derneği (AHA) halkı değil, ilaç endüstrisini koruyor!"

Başında geçenleri anlattı:

-"2004'te Pfizer benden özellikle Lipitor ilacı hakkında konuşmacı olmamı istedi. Beni konuşmacı olmaya davet eden şirket temsilcisine, kalp hastalığının cinsiyetine özgü yönleri hakkında konuşmak istediğimi belirttim. Öyle de yaptım. Ancak Pfizer sponsor olmasına rağmen kalp hastalığı bulunmayan kadınlarda Lipitor -ya da herhangi bir statin- ilacının krizleri önlediğine dair hiçbir kanıt bulunmadığını belirttim."

Bundan sonra sıkıntı yaşanıyor; kendi slaytlarının kullanılmasını vs. istiyorlar! Prof. Robert yaşadıklarını kitabında yazıyor... Röportajdan tek soru vereyim:

- Martha Rosenberg: Sert görüşlerinizi ifade etmekten korkmuyorsunuz. AHA'nın "ruhunu sattığını" söylüyorsunuz. Büyük ilaç şirketleri için ilaç denemeleri yapan tıp merkezlerinin "işe alınmış eller" ve bir üniversite tıp merkezinin, ilaç şirketlerinin "lap-dog'u" olduğunu söylüyorsunuz. Korkmuyor musunuz?

-Barbara Roberts: Birkaç meslektaşım dehşete düştüğünü ifade etti: Ancak ben sert başlıyım ve ne dediklerini umursamıyorum. Asıl endişem, hastalarımın sağlığı ve güvenliğidir…(16.12.2013)

Prof. Roberts bildiklerini hep söyledi, hep yazdı. Gerçekler onun söylediklerini zamanla doğruladı:

Türkiye'deki doktorların da "kılavuzu" olan Amerikan Kalp Derneği (AHA), sadece 2011-2012 mali dönemde 521 milyon dolar bağış almıştı.[110] Ayrıca Merck ve Pfizer gibi ilaç şirketleri AHA'nın faaliyetlerine sponsor oldu. Örneğin, "Go Red For Women" kampanyasında kadınlara şu mesajı verdiler: "Doktorunuz kolesterolünüzü düşürmek için sizi statin tedavisine soktuysa, kolayca dinleyebilirsiniz; faydaları ağır basmaktadır."

Sadece ABD değil...

İngiltere'de kılavuz hazırlayan NICE (National Institute for Health and Care Excellence) adlı enstitünün 12 kurul üyesinden sekizinin ilaç şirketleriyle çıkar ilişkisi olduğunu *Sunday Express* ortaya çıkardı. Yeni kolesterol ilaçları için yapılan çalışmalarda danışmanlık yapıp binlerce sterlin kazanıyorlardı! Öyle ki… Enstitünün kolesterol ilaçları kurulunun başkanı Dr. Anthony Wierzbicki, başta Pfizer olmak üzere 6 şirketten para alıyordu!

Royal College of Physicians eski Başkanı Sir Richard Thompson gibi isimler sorumluluklarını yeni hatırlayıp, "Bu ilaçların özellikle yan etkilerinin gizlenmiş olmasından endişe duyuyoruz" demeye başladı…

---

110 Dünyanın en büyük sandviç zincirlerinden Subway ile Amerikan Kalp Derneği "ticari ortak" idi! 50 bine aşkın şubesi olan Subway'ın sandviçi içinden –hamuru beyazlatmak ve çabuk pişmesini sağlayan- kanserojen "azo dikarbon amidi" çıkarması için kampanyalar düzenlenmişti.

Ne diyeceksiniz, tuz kokmuş!

Ne yazık ki dünyanın dört bir yanındaki çoğu doktor bu kılavuzlara bakarak reçete yazmayı sürdürüyor. AHA ve ACC beş yıl sonra 2018'de yeni kolesterol kılavuzu çıkardı! Nancy Brown on yıldır icra kurulu başkanlığı koltuğunda oturuyor...

Ama mücadele de bitmiyor…

Bitmeyecek…

İlaç güvenliği konusunda çalışmalar yapan İngiliz kardiyolog Aseem Malhotra, *British Medical Journal*'da 2013'te yayımlanan çalışmasında; doymuş yağlarla kalp krizi arasında bir ilişki olduğunu kanıtlayan herhangi bir araştırma olmadığını ortaya çıkardı! Dr. Malhotra'nın görüşleri, İngiliz Kalp Vakfı tarafından "yanıltıcı ve yanlış" bulundu; insanların kolesterol ilacı kullanma ihtiyacını sorgulamasını halk sağlığı için tehlikeli görüp kınadı! Dr. Malhotra geri adım atmadı; ısrarla doymuş yağın sağlıklı beslenmenin bir parçası olduğunu belirtip, "Kahveye bile tereyağı koyun," dedi.

Tartışmanın bilim insanları ile küresel ilaç şirketleri "uzmanları" arasında olduğunu bilmeniz gerekiyor!

Yıllar önce…

Bir avuç bilim insanı kolesterol ilaçlarının uzun vadede insanlara nasıl yan etkiler yaptığının bilinmediğini belirtip "Aman dikkat" dedi.[111] Seslerini duyuramadılar.

Küresel ilaç şirketleri kolesterol sayesinde milyar dolarlar kazanıyordu. Öyle ki kolesterolün iyi bir kazanç kapısı olduğunu gören şirket, gözünü bu piyasaya dikti. Pazara bir de Alman şirket girdi:

---

111 Aylık tıp dergisi *Drugs and Aging* Mart 2017 sayısında yapılan bir araştırmaya yer verdi. 8 bin 372 kadın 1 Temmuz 2002- 31 Ağustos 2013 yılları arasında takibe alındı. Kolesterol ilacı kadınların şeker hastalığı riskini yüzde 33 artırıyordu. Yaş arttıkça ve doz artırıldığında diyabet riski yüzde 50'lere ulaşıyordu. Benzer çalışmalar benzer sonuçları buldu. Bilim dergisi *Lancette*'de 2010'da yayımlanan araştırmaya göre, menopoz sonrası statin kullanan kadınlarda diyabet riski yüzde 48 artıyordu. Uzun süreçli araştırmalar yapılmadan kolesterol ilaçları milyonlarca insana yutturuldu.

Amerika'nın iki yüzü

Bayer AG...

Almanya'nın Wuppertal şehrinin Barmen semtinde 1863 yılında bir boya fabrikası olarak kurulan Bayer'in ilk ve en iyi bilinen ürünü "Aspirin" idi. Zamanla çok ilaç çıkardı.

Bayer, 1925 yılında dünyanın en büyük kimya ve ilaç şirketi olan IG Farben'i oluşturmak üzere birleştirilen altı kimyasal şirketten biriydi. İkinci Dünya Savaşı'nda Naziler ile işbirliği yapıp soykırıma dahil olması ve şirket kurucularının yargılanmalarını ayrıntılı olarak *Saklı Seçilmişler* kitabımda yazdığım için tekrarlamayacağım.

Konumuz kolesterolü düşürüp, kalp krizlerini önlediği iddia edilen ilaçlar…

Bayer'in "Baycol" (Cerivastatin) kolesterol ilacı 1998'de pazara verildi. Kısa sürede şikâyetler almaya başladı. Böbrek yetmezliğinden ölümlere sebep oluyordu. İlaç, 32'si ABD'de olmak üzere dünyada 52 ölüme yol açtı. ABD'de 700 bin kullanıcının şikâyeti vardı...

Bayer ilacı 2001'de piyasadan çekti. Daha önce ilaç alanların ölüm sayısı iki katına çıktı.

Bayer, bir daha da kolesterol ilacı arayışına girmedi.

"Baycol" ilacı nedeniyle 11 bin kişi Bayer'e dava açtı. Çoğuyla uzlaşmak zorunda kalan Bayer, 2 milyar dolar tazminat ödedi. Fakat kanunun bir de şöyle bir ayağı vardı:

Ölümlerin çoğu ABD'de oldu…

Davaların çoğu ABD'de açıldı…

Bunun sebebi Bayer'in kolesterol ilacının Pfizer'ın ilacıyla rekabet etmesinin önüne geçilmesi miydi?

Minik bir not ekleyeyim: Merkezi San Francisco olan kansızlıkla ilgili eğitim araştırma vakfı Ischemia Research and Education Foundation (IREF), açık kalp ameliyatlarında kan kaybını önlemek için Bayer'in çıkardığı "Trasylol" adlı ilacın piyasadan toplatılmasını sağladı. Çünkü böbrek yetmezliği ve felç riskini artırıyordu. Sonra… California Eyalet Mahkemesi'nde bir dava açıldı. Sanıklar, ilaç firması Pfizer ile IREF vakfının bir çalışanıydı. Altı hafta süren mahkemede, Pfizer ve vakfın çalışanı suçlu bulundu. Pfizer'ı 38 milyon dolar ödemeye mâhkum etti. Diyeceksiniz ki, Bayer'in ilacı piyasadan toplatılıyor, ceza neden Pfizer şirketine kesiliyor? Çünkü Pfizer, vakıf çalışanı aracılığıyla Bayer'in ilacı "Trasylol" formülünü / ticari sırlarını çalmıştı! Konuya dönersek...

Bayer şirketinin kolesterol ilacı "Baycol" konusunda bu kadar titiz olan ABD, kendi şirketlerine de aynı özeni gösterdi mi? Bakalım:

Amerikan Merck ilaç şirketi kolesterol düşürücü bir başka ilacı daha 2002 yılında pazara verdi: "Zetia" (Ezetimibe)...

Dört yıl sonra 2006'da "kalite artırma" çalışmalarında, şirketin, ilacın başta karaciğer olmak üzere yan etkisini gösteren birçok araştırmayı sakladığı ve yayınlamadığı ortaya çıktı!

Şirket sözcüsü, araştırmalar sırasında bazı hastaların karaciğer zehirlenmesi sebebiyle çalışmadan çıkarıldıklarını itiraf etti; ancak kaç hastanın çıkarıldığını söylemedi!

Aslında... "Zetia" ruhsat alım aşamasında şirket hayvan ve insanlarda karaciğer toksitesini artırdığını bildiği ve hatta bazı FDA yetkililerin ilaca ruhsat verilmemesi gerektiğini bildirdikleri halde ilaç piyasaya sürülmüştü!

Evet, görüldüğü gibi ABD, ilaç şirketlerini hep koruyacaktı...

Oysa eklem ağrısı, ishal, bulantı, kas ağrısı gibi sık görülen yan etkileri ve hamilelik sırasında kullanımın bebeğe zarar verebileceği biliniyordu. Ne zaman ki Avustralya ve Kanada'da "Zetia" ilacına bağlı hepatit, pankreas iltihabı ve depresyonla ilgili çok ciddi etkiler ortaya çıktı, FDA Merck'i uyarmak zorunda kaldı...

Acı gerçek şuydu:

Merck ilaç şirketinin yaptığı klinik araştırmalarının çoğu 12 haftalık idi ve ilacın uzun süreli yan etkileri bilinmiyordu! "Zetia" kolesterol ilacı başka ilaçlarla beraber kullanıldığında yan etkileri 11 misli artırıyordu. İddiaya göre bu gerçek bilinmesine rağmen FDA, daha kapsamlı çalışma istemeden ruhsat vermişti.

İlaç halen dünyada satılıyor ve 2016 yılında sadece ABD'de dört milyon reçeteye yazıldı... İnsan sağlığının koruyucusu yok. Tek yol, para!

Bitmedi:

Şu ismi ileride yine okuyacaksınız:

Prof. Eric Jeffrey Topol...

Kalp krizine sebep olan ağrı kesici "Vioxx" ilacının piyasadan çekilmesine sebep olan kardiyolog.

Merck şirketi yetkililerine "Zetia" kolesterol ilacının kalp krizini önleyici etkisini göstermek için ciddi çalışmaya ihtiyaç olduğunu söylediğini, ancak firma yetkililerinin kendisine uzaydan gelmiş gibi baktıklarını açıkladı!

Merck şirketi yöneticilerinden Dr. Robert Spiegel, çalışmanın varlığını kabul ederken, sonuçları anlamsız olduğu için yayımlamaya değer bulmadıklarını belirtti! Baskılar üzerine yüzeysel bir raporu 30 Mart 2008'de sundu. Dosya kapatıldı...

Bitmedi:

Prof. Alberto Donzelli...

İtalya Milano Halk Sağlığı Müdürlüğü'nün kanıta dayalı tıp eğitimi başıydı. "Zetia" ile ilgili yayımlanmış tartışmalar üzerine pratisyen hekimlere bu ilacın yazılmamasını içeren mektup yayımladı. Ardından...

Merck şirketinin İtalyan tıbbi direktörü Patrizia Nardini'den sert tepki aldı; mektubu dolaşımdan kaldırmazsa hakkında 1 milyon 300 bin avro tazminat davası açacaktı!

Bu tehdit içeren mektubun bir kopyası da Milano Halk Sağlığı Genel Müdürü Roberto Carlo Rossi'ye gönderildi. Konu, tıp komisyonunda görüşüldü ve Prof. Donzelli'yi haklı buldu.

Amerikan şirketi Merck geri adım atmadı; mektubu kaldırması için Prof. Donzelli'ye ikinci bir mektup gönderip mahkemeye başvuracaklarını tekrarladı. Başardı. Prof. Donzelli uyarısını web sitesinden kaldırdı...

Küresel ilaç şirketleriyle mücadele hiç kolay değil...

Prof. Canan Karatay ve bir avuç hekim ne yapabilir ki? Yanlarına meslek örgütlerini bile alamıyorlar. "Modern tıp" deyince akan sular duruyor...

Tehlikeli örgüt: FDA

Tarih: 21 Aralık 2012.

Herkes tatile hazırlanırken Noel "arifesinde" FDA çalışıyordu:

Amerikan ilaç şirketi Aegerion Pharmaceuticals tarafından (nadir genetik hastalığı olan kişilerde yüksek kolesterol tedavisi için) üretilen "Juxtapid" (Lomitapide) adlı ilacı 13'e karşı iki oyla onayladı. Karşı oy kullananlar, ilacın karaciğer üzerinde toksik-zehir etki yaptığını ileri sürdü.

FDA; şirketin ABD, Kanada, Güney Afrika ve İtalya'da 29 hasta üzerinde 26 hafta süren çalışma yaptığını belirtip, böyle bir etkinin olmadığına karar vererek, ilacın satışına onay verdi. Aslında 29 hastanın 10'unda karaciğer enzimlerinden en az birinin normalin üç katı; dört hastada ise beş katından fazla yükseldiği görülmüştü. Buna rağmen "Juxtapid" pazara sunuldu.

Üstelik ilaç pahalıydı; hastaya yıllık maliyeti 250-300 bin dolar idi...

5 yıl sonra... Reuters haber ajansı 31 Ocak 2018'de şu haberi verdi:

Boston'daki ABD Bölge Hâkimi William Young, Aegerion ilaç şirketini 40,1 milyon dolar tazminat ödemeye mahkûm etti. Sebebi, "Juxtapid" adlı kolesterol ilacının karaciğere yaptığı yan etkiydi! Parayı ilaçtan zarar gören 91 hasta paylaşacaktı.

Aegerion şirketi, 2016 yılında Kanada küresel ilaç firması QLT Inc ile birleşti. Duruşmada işletme müdürü Jeffrey Hackman, "Hiçbir zaman gerçekleşmemeliydi ve bir daha asla gerçekleşmemesini sağlamaya çalışıyoruz" diyerek, mağdurlara ödenecek tazminatın 36 milyon dolara düşmesini sağladı...

Tek örnek yok ki...

Fransız ilaç devi Sanofi Amerikan şirketinin Isis /Ionis Pharmaceuticals ile birlikte, 2013'te çıkardığı benzer

"Kynamro" (Mipomersen) adlı kolesterol ilacı var. Avrupa Birliği (AB) İlaç Tavsiye Komitesi bu ilaca karaciğer hasarı riski nedeniyle onay vermezken, FDA onayladı!

Kime güveneceğiz?

Kolesterol hapları dünyada hâlâ çok satıyor…

Pazarda artık çok şirket var. Jenerik ilaçlar bolca çıktı, fiyatlar ucuzladı.

Baksanıza:

Pfizer patentli "Lipitor" 2006 yılında rekor kırdı; 12 milyar 886 milyon dolarlık gelir elde etti. Patent süresi bitip benzer / jenerik ilaçlar piyasaya çıkınca[112] ve ilacın fiyatı düşünce, geliri 2017 yılında 1 milyar 915 milyon dolara indi.

ABD'de 2018 itibarıyla tüm kolesterol ilaçlarının aylık geliri 3 milyar 80 milyona (yıllık 40,6 milyar dolara) kadar geriledi...

Şurası mühim:

Amerikan şirketi Pfizer'ın 30 Kasım 2011 tarihinde patenti kalktı;[113] FDA, aynı yıl Ağustos 2011'de aldığı kararla kalp kaslarına zarar verdiği için 80 mg "Simvastatin" (Zocor, Lipovas, Simvakol, Zovatin) kullanılmasını yasakladı! Eee Pfizer'ın ilacı ilk çıktığında reçeteye yazılması için onay veren de FDA değil miydi?

Yine FDA, bir yıl sonra kolesterol ilaçlarının hafıza kaybı, unutkanlık, şeker hastalığı / diyabet, adale ve eklem ağrıları ile zihin bulanıklığı gibi yan etkilerinin ilaç kutularına yazılmasını zorunlu kıldı…

---

112 Patent kalktıktan sonra Stator, Atorvastatin Teva, Litorva, Torid, Atoris, Atorlip, Mactor, Lipvas, Sortis, Torvast, Torvacard, Totalip gibi çeşitli marka adları altında jenerik ilaçlar çıktı. Pfizer ayrıca "Zarator" adı altında kendi jenerik versiyonunu sundu.

113 İlaç şirketleri büyük parayı patent sahibi oldukları ilaçlardan kazanır. Amerikan araştırma şirketi IQVIA'nın analizine göre, ABD'de orijinal ilacın eczane fiyatları 2012'den 2017'ye neredeyse yüzde 60 arttı. ABD Başkanı Donald Trump 2018'de Pfizer'ı hedef alarak "İlaç fiyatlarını düşürün" dedi. Küresel ilaç şirketleri temsilcileri (AbbVie, AstraZeneca, Bristol-Myers Squibb, Johnson & Johnson, Merck & Co, Sanof ve Pfizer) 26 Şubat 2019'da Amerikalı senatörler ile "fiyatlandırma" toplantısı yaptı. Şirketler indirim yapabilmeleri için ABD'nin dünya ülkelerine baskı yapıp patent sürelerini uzatmalarını istedi.

Yine FDA, "Vytorin" adlı kolesterol ilacının kansere sebep olma riski bulunduğu için izlemeye alındığını açıkladı. Merkezi Almanya'daki Avrupa Kardiyoloji Topluluğu "Vytorin" hakkında Norveç Ulleval Üniversitesi'ne çalışma yaptırmıştı:

Araştırmada, 1873 hastaya "Vytorin" ve etkisiz ilaç plasebo verildi. "Vytorin" verilenlerin 105'i kansere yakalanırken, etkisiz hap "plasebo" verilenlerin 70'i kanser oldu!

İlaç şirketi uzmanlarına göre bu fark bir anlam ifade etmiyordu. Ancak İngiliz tıp dergisi *New England Medical Journal*, yayımladığı başyazıda "Vytorin"in güvenliğinin şüpheli olduğunu; ilaçtaki ("Zetia" adıyla çıkan) "Ezetimibe" adlı kimyasal maddenin sindirim sisteminde başka moleküllerle etkileşime girerek, kanserli hücrelerin büyümesine sebep olabileceğini yazdı. FDA karar almak zorunda kaldı...

Merck şirketi ve Schering-Plough şirketi kolesterol ilaçları konusunda bilimsel verileri ve ilaçlarının etkisiz olduğunu sakladıkları için 5,4 milyon dolar tazminat ödemeyi kabul ederek anlaşmaya gitti...

Bu tehlikeli kimyasallar diğer kolesterol ilaçlarında yok muydu? Vardı. Bizdeki tartışmalar "kolesterol ilacı yararlı-zararlı" kısırdöngüsüne hapsedildi...

Hep bir dümen

Satış için her yola başvurdular: Amerika'da yayımlanan *BusinessWeek*, "Lipitor" patentinin kalkmasından bir hafta sonra, Pfizer'ın bu ilacın reklamlarında kullandığı, "Çeşitli yaş gruplarında kalp krizi riskini yüzde 36 düşürür" şeklindeki yalanını haber yaptı.

Dergi, reklamdaki yüzde 36 ibaresinin üzerinde bir yıldız sembolü bulunduğunu, altta ise bunun sebebinin küçük puntolarla açıklandığını kaydetti.

Meselenin aslı şuydu:

Klinik deneyde katılımcılardan "Lipitor" kullananların yüzde 2'si ve hiçbir etkisi olmayan plasebo hap verilenlerden ise yüzde 3'ü kalp krizi geçirmişti. Yani, 100 kişi deneye katıldıysa; "Lipitor" kullananlardan 2'si, kullanmayanlardan 3'ü kalp krizi geçirmişti.

Pfizer şirketi bunu "riskte yüzde 36 düşüş" diye reklam etmişti!

Derginin demeç aldığı uzmanlar şöyle konuştu:

-Harvard Üniversitesi'nden Prof. John Abramson, "Kolesterol ilaçları/statinler 20 yıldır var. Kalp hastalığı geçmişi olmayan insanlarda statin kullanımı ölüm ve diğer ciddi sağlık sorunları konusunda düşüş kaydetmiyor. Sadece kalp krizi vakalarında hafif bir azalma gördük" dedi.

-Teksas Üniversitesi'nden Prof. Howard Brody, statinlerin sadece kalp hastalığı geçmişi olan insanlarda işe yaradığını belirterek, "Ama bu hasta grubu ilaç üreticileri için hiç de geniş bir potansiyel değildi" diye konuştu.

-San Diego Hasta Güvenliği Merkezi'nden Bryan Liang, "İlaç firmalarındaki kurnaz insanlar dünyayı kolesterolün kötü bir şey olduğuna ve düşürülmesi gerektiğine ikna etti. Bu marketing (pazarlama) stratejisi işe yaradı, satışlar patladı. Aslında bunun bilimsel bir temeli yok" dedi.

-Michigan Medical School'dan Prof. Rodney Hayward, "Statinleri savunan insanlar içinde kolesterol hapı endüstrisinden büyük miktarda gelir elde etmeyen birini bulamazsınız" iddiasında bulundu.

Pfizer yetkilisi ise "İlaç piyasası çok yüksek oranda denetim altında. Lipitor ve diğer ilaçlarımızın tüm mesajları klinik deneylere dayanıyor ve doğrudur" savunmasını yaptı.

Artık...

Pazarlama harikası kolesterol ilaçlarının acı gerçeği ortaya çıkıyordu. Mesela...

Pfizer, -iyi kolesterol HDL'nin seviyesini artıran- kolesterol ilacı "Torcetrapib" çalışmasını Avustralya Kalp Araştırmaları Enstitüsü ile yapmaya 1990'da başladı. 2005'te İrlanda'da ilaç üretilip denek insanlar üzerinde denendiği açıklaması yapıldı. Birden...

Pfizer, 2 Aralık 2006'da projeyi geri çekmek zorunda kaldı.

Oysa...

Pfizer Yönetim Kurulu Başkanı Jeffrey Kindler, henüz iki gün önce düzenlediği toplantıda, "Bu bizim neslimizin en önemli bileşiklerinden biri olacak" demiş; gelecek yıl ilacın pazara sunulması için başvuru yapacaklarını açıklamıştı!

İki gün önce Pfizer, 242 ilaç geliştirdiğini ve bunlardan en çok güvendiklerinin "Torcetrapib" olduğunu açıklamıştı.

Ne oldu bilinemedi...

İddiaya göre, 15 bin kalp damar hastasında denenen "Torcetrapib" iyi kolesterol düzeylerini neredeyse iki katına yükseltti. Üstelik kötü kolesterol düzeylerini de aşağıya çekti. Bu sonuçlara göre ölümlerde ve kalp krizlerinde azalma olması beklenirken, sonuç herkesi şaşırttı. "Torcetrapib" ilaç alan grupta ölümler ve kalp krizleri, plasebo alan gruba göre belirgin biçimde daha fazlaydı!

Kamuoyu kolesterol ilaçları konusunda bilgi sahibi oldukça, mahkemelerde açılan davalar arttıkça, ilaç şirketleri dikkatli olmaya çalıştı. Örneğin...

-Roche şirketi, kolesterol ilacı "Dalcetrapib" çalışmasını 7 Mayıs 2012'de durdurdu...

-Eli Lilly şirketi, kolesterol ilacı "Evacetrapib" çalışmasını 3 Nisan 2016'da durdurdu...

-Merck şirketi, kolesterol ilacı "Anacetrapib" çalışmasını 10 Ekim 2017'de durdurdu...

İddialara göre, araştırmalarda çok sayıda insan hayatını kaybetmişti...

Eli Lilly çalışması gözlemcisi Dr. Stephen J. Nicholl's başkanlığındaki heyet şu raporu yazdı: "En akıllara durgunluk veren soru, yararlı olduğu belirtilen ilaç nasıl hiçbir bir fayda göstermez?"

Bu tür çalışmaların neden durdurulduğu hiçbir zaman kamuoyuna açıklanmadı. "Pazarda var olan kolesterol ilaçlarının satışını etkilemesin" diye mi?

Ya da araştırmalar sonucunda değiştirdiler... Örneğin... ABD'de üç yıl süren, 5 bin 804 kişi ile yapılan "Risk Altındaki Yaşlılarda Pravastatin'in Prospektif Çalışması" (PROSPER) araştırması da hastaların kanserden ölmesi üzerine "etik" nedenle durduruldu. Kimse, "İlacın yan etkisinden mi?" diye sormadı?

Dört bin ilaç gereksiz

Yıllar geçti...

Köprünün altından çok su aktı...

Kamuoyu baskısı arttı...

Yargı süreçleri gösterdi ki, uzun vakit alacak ilaç faz çalışmaları küresel şirketlerin rekabeti yüzünden doğru dürüst yapılamamıştı![114]

Sadece yargı değil... Namuslu bilim insanları-hekimler ABD'de sağlıkla ilgili kurumların-derneklerin-enstitülerin gerçek yüzlerini ortaya çıkarmaya başladı...

Prof. Akira Endo...

İlk kolesterol ilacını bulan Japon bilim insanı.

Japonlar ilacın uzun dönemde insanlara yan etkisini araştırmadıkları için piyasanın çok gerisinde kaldı. Ama çalışmalarına devam ettiler. 2002 yılında M. Matzuki ve ekibi, 50 bin

114 Klinik öncesi çalışmalar güvenilir sonuç verdikten sonra Faz çalışmaları denilen bir seri çalışma başlatılır:
Faz 1 çalışması, 20- 100 sağlıklı denek üzerinde ortalama 1 yıl kadar sürer. Bu çalışma, yan etkiler açısından güvenilirlik ve etkili olabilecek dozaj aralığının belirlenmesini, ilacın vücuttaki dağılımı ve dokulara etkileri gibi bilgileri vermeyi amaçlar.
Faz 2 çalışması, 100-500 gönüllü denek üzerinde ortalama 2 yıl kadar sürer. İlacın etkinliğinin kontrolü ve tedavi için en uygun dozun belirlenmesini hedefler...
Faz 3 çalışması, 5 binden fazla kişi üzerinde ortalama 3 yıl kadar sürer. Bu çalışmalar, etkililik ve güvenilirliğin uzun dönemli araştırılmasıdır. Bu dönemde, psikolojik etkilerin araştırılması için ilaç görünümünde ama etkili madde içermeyen haplar (plasebo) ile gerçek ilaçların mukayesesi ve aynı ilacın farklı dozlarının etkilerinin birbirleriyle karşılaştırılması amaçlanır.
Bu faz da tamamlandıktan sonra ilacın piyasaya çıkışı için izin başvurusu yapılır.
Faz 4 çalışması, ilaç pazara çıktıktan sonra etki- maliyet dengesi gibi ekonomik açıdan ve hayat kalitesine etkisi yönünden incelenmesidir.

kişiye beş yıl süreyle düşük doz "Zocor" verdi. Kolesterolü düşmüş hastaların kanserden üç kat daha fazla hayatlarını kaybettiği ortaya çıktı!

Yine Japonya'da 2006 yılında H. Iwata ve arkadaşları, lenf kanseri teşhisi konmuş hastaların daha önce kolesterol ilacı alıp almadıklarını araştırdı. Sonuç; evet almışlardı!

Klinik araştırmalarının nasıl olması gerektiği konusunda *Designing Clinical Research* adlı kitabı 1988'de yazan California Üniversitesi'nden Stephen B. Hulley dört meslektaşıyla, kolesterol ile tedavi edilen laboratuvar hayvanlarıyla ilgili bütün çalışmaları inceledikten sonra şu raporu yazdı:

-"Bu ilaçlar kanser yapıyor!"

İlaç şirketlerinin yanıtı şöyle oldu:

-"Bu denek hayvanlara yüksek dozda ilaç verdik, sebep bu." Ardından eklediler: "Bu ilaçları kullanan insanlarda hiçbir kanser vakasıyla karşılaşılmadı."

Yalan sonra ortaya çıktı: İnsanlarda kanserin ortaya çıkması, sıçanlar ve farelere göre daha uzun zaman alıyordu. Tartışma konusu da zaten buydu; "İlaçların yan etkisi tam görülmeden pazara sunulmuşlardı!"

Çalışmaların arkası geldi:

-Amerikalı araştırmacı Prof. Ronald M. Krauss, kan lipitleri içinde en yüksek kalp krizi riski göstergesinin kandaki total kolesterol miktarı olmadığını ispatladı.

-East Texas Tıp Merkezi'nden kardiyolog Peter Langsjoen, hastaların üçte ikisinin sadece altı aylık statin/ilaç tedavisinden sonra kalp kası zayıflama belirtileri gösterdiğini açıkladı. FDA Langsjoen'in devlet tarafından finanse edilen çalışmasını gerçeklikten uzak buldu.

Pfizer satış temsilcileri şöyle dedi: "Lipitor'u biliyorsunuz. Size verileri gösterdik. Neden başka bir şeye ihtiyacınız var ki?"

Küresel ilaç şirketlerine rağmen bilimsel çalışmalar inatla sürdü/sürüyor...

Sayıları çok az da olsa hakkaniyetli araştırmalar dünyaya yayıldı. Hollanda, Kanada, Finlandiya, Yeni Zelanda gibi...

Prof. Philippe Even…

Fransa'da çok tanınmış hekim. Necker Tıp Enstitüsü'nü yönetti. Meslektaşı politikacı Bernard Debre ile birlikte 2016 yılında yazdıkları kitapla dünyaya adlarını duyurdular: *Guide Des 4 000 Médicaments Utiles, Inutiles Ou Dangereux: Cancer, Hypertension, Dépression*…

Kanser, hipertansiyon, depresyon vb. ilgili kullanılan dört bin faydasız ilaç vardı! "Endüstriyel tıbbın" pulları dökülüyordu...

Konumuzu ilgilendiren kitabının adı *La Vérité Sur Le Cholestérol*; yani "Kolesterol Gerçeği."

S. Bertoncini ile birlikte İtalyanca *Colesterolo Tutta La Verità. Il Colesterolo Cattivo Non Esiste* (Tüm Kolesterol Gerçeği: Kötü Kolesterol Yok) kitabını yazdı.

Neydi tezi bu kitapların:

-"Kolesterol kesinlikle sanıldığı gibi insan sağlığı için zararlı değil; damarları tıkamıyor; kalıtsal ve aşırı olanları dışındakiler ölüme yol açmıyor; tam tersine vücut için kesinlikle gereklidir..."

-"Kolesterol düşürücü haplar vücut için yaşamsal öneme sahip kolesterol üretimini engelliyor ve bu nedenle yüksek dozda alınması halinde bünye için olumsuz sonuçlara yol açıyor..."

-"Kötü kolesterol, küresel ilaç şirketlerinin uydurduğu bir yalan…"

-"Kolesterolün zararları üzerine bilimsel makalelere imza atan bilim insanları ilaç endüstrisi hesabına çalışıyor…"

-"İlaç endüstrisi bu yalanla son 15 yılda 300 milyar dolar kazandı…"

Prof. Philippe Even, küresel ilaç firmalarının ahtapot gibi dünyayı sarıp, sağlık bakanlıklarını-sağlık kuruluşlarını ele geçirip insanları yanlış "tedavi" ettirdiğini iddia etti.

Ve ama: Kolesterol haplarıyla ilgili dünyada kim olumsuz konuşup kitap yazsa, tıpkı Türkiye'de olduğu gibi çeşitli saldırılara maruz kalıyor. Prof. Even de bunlardan biri... Neler demediler:

-"Kitabını sattırmak için halkın sağlığını tehlikeye attırıyor!"

-"Kendisi akciğer hastalıkları uzmanı, ne anlar kolesterolden!"

Fransa'da Prof. Even'in doktorluğu altı ay askıya alındı! Enstitüden ayrılmak zorunda bırakıldı...

Fransız dergisi *Le Nouvel Observateur*'ın başlığı anlamlıydı:

"Bu doktor ya bir çılgın ya da tüm ilaç tarihinin en büyük teşhis hatasıyla karşı karşıyayız!"

Şüphe gerçeğe ulaşmanın ilk adımıdır...

İşte başka bir "çılgın"...

Uffe Ravnskov (d.1934) Danimarkalı hekim...

İsveç'te klinisyen ve araştırmacı olarak çalıştı; kolesterol kampanyalarına yönelik yazdığı seksen bilimsel makaleyle dünyada tanındı:

"İsveç'te 1989'da kolesterol kampanyası başlatıldığında çok şaşırdım. Kolesterol ve kalp-damar hastalıkları ile ilgili bilimsel literatürü yüzeysel olarak birkaç yıl boyunca takip ettim; yüksek kolesterolün kalp veya kan damarları için tehlikeli olduğunu veya herhangi bir diyet yağının daha faydalı veya zararlı olduğunu gösteren herhangi bir çalışmayı hatırlayamadım. Merak ettim ve daha sistematik bir şekilde okumaya başladım..."

Hekim Ravnskov araştırdıkça gördü ki:

"Bu araştırma alanında yanlışlıklar, yanlış yorumlamalar, abartmalar ve yanıltıcı alıntılar var..."

Kolları sıvadı. *Kolesterolmyten* (Kolesterol Efsaneleri) adlı kitabı 1991 yılında İsveç'te ve bir yıl sonra 1992'de Finlandiya'da yayımlandı. Hemen saldırıya uğradı. Finlandiya televizyon kanalında "yerin dibine sokulan" kitap, yakıldı!

Aksine kitaba ilgi azalmadı; İngilizce ve Almancaya çevrildi. Ravnskov, "Tıbbi şüphecilik alanına orijinal katkılarından dolayı" Dublin'de 1999'da Skrabanek Ödülü'nü aldı.

İnsanlar ilaçlar konusunda şüphe duymaya başladı çünkü...

Hekim Ravnskov gerçeği çok sert ifade edenlerden oldu:

-"Yüksek kolesterol yüzünden kaygılı mısınız? Kalp krizi geçirip ölmekten korktuğunuz için kolesterol düşürücü ilaç mı alıyorsunuz?

-"Öyleyse siz de günümüzün en büyük tıp skandalı olan kolesterol mitlerinin kurbanısınız.

-"İşin gerçeği şu: İlaç şirketleri ve bu şirketlerin tuttuğu araştırmacılar kolesterol düşürücü ilaçları insanlığa cennetten bir armağan gibi sundular..."

Hepsi yalandı...

Dr. Uffe Ravnskov kitabında, dünyada referans kaynağı olarak gösterilen bilimsel kaynakları didik didik etti:

-ABD'de yapılan Çoklu Riskli Faktörler Çalışması (MRFIT), Helsinki Kalp Çalışması, Norveç'ten Dr. Ingvar Hjermann, Washington DC'den Prof. Greg Brown, Amerikan Ulusal Kalp, Akciğer ve Kan Enstitüsü, İngiltere'de İleriye Dönük Araştırmalarda İşbirliği, Finlandiya'da akıl hastanesinden Dr. Tatu Miettinen tarafından yapılan ve kolesterol ilaçları lehine çıkan araştırmaların eksik-hatalı yerlerini ve önemsiz sonuçlarının nasıl abartıldığını ortaya çıkardı / foyalarını döktü...

Öyle bilgiler verdi ki:

-"Mega araştırma olan Koroner İlaç Projesi'nde beş ayrı kolesterol düşürücü tedavinin etkileri incelenecekti. Çalışma sırasında uygulanan tedavi sonucu ölüm oranlarında azalma yerine artış görülünce çalışma vaktinden önce sonlandırıldı... Bütün bu kusurlara ve kuralsızlıklara karşın -Türkiye'de sıklıkla referans verilen- MRFIT Çalışması hâlâ ABD'deki sağlıklı erkeklerin ölüm oranıyla ilgili risk faktörleri açısından en kesin veri kaynağı olarak gösterilmektedir..."

-"Kolesterol düşürme çalışmalarına aşina olanlar, Helsinki Kalp Çalışması'nın neden kalp rahatsızlığı olan insanlarda değil de, yalnızca sağlıklı insanlarda yapıldığını merak ediyor olmalılar. (...) Aslında tabii ki daha önce kalp krizi geçirmiş olan kişileri içine alan bir çalışma yapıldı, ama elde edilen sonuçlar onlar için son derece kötüydü. Beş yıl içinde, plasebo verilen grupta sekiz kişiye karşılık, kolesterol ilacı 'Gemfibrozil' verilen grupta 17 kişi kalp krizi geçirerek öldü. Bu 17 kişi kayıtlara, 'şahitsiz ölüm', 'ölüm nedeni bilinmiyor', 'ölüm nedeni görülmemiş' diye kaydedildi. (...) Çalışma, üstünden altı yıl geçtikten sonra yayımlandı. Hem de pek prestijli olmayan az bilinen bir tıp dergisinde..."

-"İngiliz araştırmacılar 2007 yılında yaklaşık 900 bin sağlıklı bireyin birkaç yıl boyunca izlendiği 61 çalışmanın analizini yayımladılar. Amaç, kişilerin kolesterolün ileride kalp krizinden ölme risklerini belirlemekti. Araştırmacılar yüksek kolesterolün her yaştaki kadın ve erkek için inme olmasa da, kalpten ölüm oranıyla ilişkili olduğu sonucuna varmışlardı. 61 çalışmayı tek tek incelediğimde, İngiliz araştırmacıların makalelerinde katılımcı sayısının her seferinde farklı yazıldığını fark ettim. Örnek olarak, incelemede 9 bin 603 katılımcıdan söz edilmesine karşılık, çalışmanın orijinal raporunda bu sayı 37 bin 891 olarak verilmişti. Diğer bir başkasında ise inceleme makalesinde katılımcıların sayısı 1.783 olarak verilmiş olup, orijinal raporda sayı 5 bin 749 olarak gösterilmişti..."

Bu özensiz çalışmalar Türkiye gibi ülkelerde hâlâ "bilim" diye yutturuluyor!

Uffe Ravnskov inatçı bir hekim...

Şöyle:

ABD/Dallas'da Amerikan Kalp Derneği (AHA), 2005 yılında "Agresif Lipit Düşürme" (IDEAL) çalışmasını yaklaşık 9 bin kalp hastası üzerinde yaptı. Deneklerin yarısına yüksek dozda "Lipitor", yarısına düşük dozda "Zicor" verildi. Sonuç mükemmeldi. Ancak...

Raporda, "Her iki grupta da hastaların yüzde 90'ında yan etki görüldü" diye bir cümle vardı. Ravnskov ve iki meslektaşı raporun yayımlandığı dergiye mektup gönderdi: "Nedir bu yan etkiler?" Yanıt alamadı. İlgili dergiye konunun aydınlatılması için mektup gönderdi. Yayımlanmadı!

Sadece bunlar değil:

Türkiye'deki kolesterol ilaç destekçilerin sürekli referans verdiği Framingham Heart Study, kalp hastalıklarıyla ilgili araştırmalara 1948 yılında başladı.

Proje başladığında -İngiltere ve ABD'de- 30 ve 62 yaş arası kadın, erkek 5 bin 209 denek insanla çalıştılar.

Thomas R. Dawber, 1949'dan 1966'ya kadar çalışmanın direktörlüğünü yaptı. Çalışmanın 20 yıl sürmesi amaçlanmıştı, ancak uzatıldı.

- 1960'larda sigara içmenin kalp hastalığı riskini artırdığını, egzersizin kalp hastalığı riskini azalttığını rapor ettiler...

- 1970'lerde yüksek tansiyonun inme riskini ve menopozun kalp hastalığı riskini artırdığını rapor ettiler…

- 1980'lerde Yüksek HDL kolesterol seviyelerinin kalp hastalığı riskini azalttığını rapor ettiler. Kolesterolü yüksek olan 47 yaşından büyük olan katılımcılar, düşük kolesterolü olan aynı yaş grubundaki kişiler kadar -ve hatta bazıları daha uzun- yaşamıştı: "Her 1mg/dl kolesterol düşüşüne karşılık koroner ve toplam ölüm oranında yüzde 11 artış gözlendi!"

Framingham Raporu, "yeni pişirilen algıyı" yıktı. Fakat Amerikan Kalp Derneği ile Ulusal Kalp, Akciğer ve Kan Enstitüsü 1990 yılında şu açıklamayı yaptı:

- "Framingham çalışmasının sonuçlarına göre, kan kolesterolünüzün yüzde 1 oranında azalması, koroner kalp hastalığı riskinde yüzde 2 oranında düşüş sağlandığını göstermektedir!"

Yüzde 1 düşüşün, ölüm oranını yüzde 11 artırdığı bilinmesine rağmen, göz göre göre bu açıklamayı yaptılar!

Sonunda... Boston Üniversitesi ile işbirliği yapan Framingham Heart Study de onlara uydu; daha sonraki raporlarında yüksek kolesterol seviyesinin kalp hastalığı için büyük risk oluşturduğunu açıkladı!

Bugün... Framingham kalp çalışması eski katılımcıların çocukları ve torunlarının gönüllülüğü ile devam ediyor. Çalışma masraflarını azaltmak ve kalp sorunları hakkında farkındalığı yaymak için Framingham Kalp Çalışması Dostları adlı yardım kuruluşu kurdular. İlaç şirketlerinden yardım alıyor mu? "Almıyoruz" diyorlar...

Sadece Rockefeller Vakfı gibi "hayırsever" kuruluşlarıyla ilişkileri vardı. Bir de Rockefeller Üniversitesi gibi kurumlarla çalışıyorlardı! Geçelim.

Türkiye'de kimi doktorlar bu çalışmaları sürekli referans gösteriyor!

NASA hekiminin hafızası

Duane Edgar Graveline (1931-2106)...

Amerikalı uçuş hekimi ve aile doktoru...

NASA astronotu idi. 1965 yılında NASA'nın dördüncü astronot grubu olan Apollo programı için seçilen altı bilim insanından biriydi.

Lipitor, Thief of Memory (Lipitor, Hafıza Hırsızı) adlı 2004 yılında yazdığı kitabında başına gelenleri anlattı.

2000'lerin hemen başı...

Kalp rahatsızlığı sebebiyle gittiği meslektaşı, dönemin modası gereği reçeteye "Lipitor" yazdı. Aradan birkaç gün geçti. Dr. Graveline birkaç saat boyunca eşini tanıyamadı. Bu bellek kaybı/amnezi sonucu tekrar meslektaşına koştu. Meslektaşı "Lipitor"un böyle bir yan etkisi olmadığını belirtti; hapı kullanmasında ısrar etti.

Dr. Graveline, ne çalıştığı NASA doktorlarından ne de tanıdığı hekimlerden-eczacılardan ilacın böyle bir yan etkisi olduğunu duymuştu. Tekrar "Lipitor" almaya başladı...

Altı hafta sonra, bu kez on iki saat boyunca liseden sonraki hayatını hatırlamadı.

Yaşadıklarını "The People's Pharmacy" (Halkın Eczanesi) adlı radyoya aktardı. Birden, onlarca hasta ya da yakını, benzer durumun başlarına geldiğini bildirdi. Bir araya geldiler.

Dr. Graveline şikâyetleri rapor edip ilacın yan etkisini FDA'ya bildirdi. FDA şu yanıtı verdi: "Konu halen değerlendiriliyor!"

Şaşırıyor muyuz; FDA budur...

İlaç güvenliği konusunda araştırmalar yapan Prof. Brian L. Strom ve arkadaşları, 13 Ocak 1987 - 16 Aralık 2013 tarihleri arasında "Statin Tedavisi ve Akut Bellek Bozukluğu Riski" çalışması yaptı.

- Kolesterol ilacı kullanan 482 bin 543 kişi; hiç kullanmayan 26 bin 484 kişi ve lipit düşürücü statin kullanan 68 bin 28 kişi olmak üzere toplam 577 bin 55 kişi üzerinde yapılan araştırmada şu gerçek ortaya çıktı:

Kimi insanlar kolesterol ilacı kullanmaya başladıktan 30 gün sonra akut hafıza kaybına uğruyordu...

Sonra... İlaç prospektüsüne "Ender de olsa hafıza zayıflığı görülebilir" diye not düştüler!

Şu gerçek dile getirilmedi: Tüm bedenleri aynı gören "endüstriyel tıp" hatasıydı bunlar... Her ilaç her bedende farklı yan etki yapabiliyordu...

Hafıza konusu yargıya taşındı:

Zor durumda kalan FDA 2012 yılında, "Lipitor ve diğer statinler, Tip 2 diyabet ve hafıza kaybına sebep olabilir" açıklaması yaptı. Ardından kimi hastalar tazminat davaları açtı. Davacıların avukatı H. Blair Hahn, Reuters ajansına, 4 bin kadını temsil eden bin dava açtığını söyledi.[115]

---

115 ABD Florida merkezli Levin&Papantonio adlı avukatlık bürosu internette Türkçe site açtı: "Eğer siz ya da sevdiğiniz biri, ilaç kullanırken-Lipitor kullanırken Tip 2 diyabet geçirirseniz, bir Lipitor davası açabilirsiniz. Lipitor tarafından sağlığına zarar verilen birçok hasta Lipitor üreticisi Pfizer'a karşı dava açmaya başladı. Durumunuzla ilgili olarak bizimle iletişime geçmek-

Epeydir piyasada olan kolesterol ilaçlarının yan etkileri ortaya çıkıyordu.

Kanada Waterloo Üniversitesi'nde Carolyn M. Machan, Patricia K. Hrynchak, Elizabeth L. Irving adlı araştırmacılar, 2007-2008 yılları arasında 6 bin 400 hasta üzerinde yaptıkları çalışmada, kolesterol ilacının katarakt riskini yüzde 57 artırdığını tespit etti.

Yine Kanada'da 2 milyondan fazla kişiyi kapsayan araştırma sonuçlarına göre, yüksek doz kolesterol ilacı kullananlarda böbrek hasarı riski, kullanmayanlara nazaran yüzde 35 daha fazlaydı.

Keza:

On yıllık çalışma sonucunu Bilim ve Teknoloji Üniversitesi araştırmacıları Norveç'te 2011 yılında açıkladı: Söylenenlerin tam aksine, yüksek kolesterol kadınlarda ömrü uzatıyor ve daha az kalp krizi - felç geçirmelerine sebep oluyordu!

Norveç'te 20-74 yaş arası 52 bin 87 kişide yapılan araştırmada tüm risk faktörleri göz önünde bulundurulduğunda kolesterol seviyesi 270 mg/dl'den yüksek kadınlarda ölüm oranı, kolesterol seviyesi 193 mg/dl'den düşük olanlara nazaran yüzde 28 daha azdı. Kolesterolü seviyesi yükseldikçe kalp hastalığı, kalp durması ve inme azalmaktaydı! Araştırmacılar bu konudaki rehberlerin yeniden gözden geçirilmesi ve boşu boşuna statin/ilaç kullanılmamasını önerdi.

Üzerinde en çok tartışma yapılan yan etki konusu cinsel iktidarsızlık oldu!

Erkek cinsellik hormonu olan "testosteron", kolesterol molekülünden üretiliyor. Kolesterol düşürmenin "testosteron" üretimini de azaltıp azaltmadığı sorusu merak edildi. Pfizer hemen İngiltere'de araştırma yaptırdı. H. Solomon ve arkadaşları Uluslararası Kardiyovasküler Risk Kliniği'ne başvuran 93 erkek üzerinde altı aylık çalışma yaptı. Hastaların beşte birinde belirli derecede iktidarsızlık vardı.

---

ten çekinmeyin. Levin&Papantonio'dan bir avukat davanızı değerlendirebilir, Lipitor davasının açılıp açılmayacağını belirleyebilir."

Pfizer bu yan etkiden hiç bahsetmedi. Zaten bir süre sonra "Viagra"yı pazara sürdü. Kimi insanlar "Lipitor" ile "Viagra"yı birlikte kullanmaya başladı!

Yıllar sonra bu kez kolesterol ilaçlarının başka ilaçlarla alınmasında ortaya çıkan yan etkiler araştırıldı. Örneğin... AIDS/HIV veya Hepatit C tedavisinde kullanılan ilaçlarla alınan kolesterol ilaçları, kas hastalığı (miyopati) ve kas erimesi (rabdomiyoliz) riskini artırıyor; ölümcül böbrek hasarına yol açıyordu. FDA, 2012 yılında ilaçların birlikte kullanımını yasakladı.

15 yıllık kolesterol ilaçları kullanım sürecinde nice insanın yok edildiğini araştıran olmadı...

Northwestern Üniversitesi'nden Dr. Donald Lloyd Jones, "Lipitor" ve "Crestor"un kolesterol düşürücü etkisinin abartıldığı gibi olmadığını açıkladı. 2017 yılında ABD Kalp Derneği (AHA) tarafından "yılın doktoru" seçildi! Nerden nereye... AHA gibi kurumlar hep su üstünde kalıyorlar...

Dünyanın en çok satan "Lipitor" ilacının mucidi Bruce D. Roth, artık kolesterol ilaç çalışmalarından uzaklaştı. Şimdi psikoterapi ve dermatoloji gibi alanlarla ilgili ekipleri yönetiyor!

Thincs Grubu

Evet hava döndü...

Bunda aralarında Prof. Canan Karatay gibi hekimlerin bulunduğu 98 bilim insanının oluşturduğu "Thincs" gibi grupların etkisi yadsınamaz...

Kolesterol gerçeğini yazanlar çoğalıyor: California Üniversitesi Tıp Fakültesi'nden Beatrice A. Golomb ve Marcella A. Evans, *American Journal of Cardiovascular Drug* adlı tıp dergisine geçen yıl yazdıkları 45 sayfalık kolesterol ilaçlarının yan etkileri makalesinde 892 kaynağı referans gösterdi. Bir avuç değil yüzlerce bilim insanı gerçeği ortaya çıkarmak için çalışmaya devam ediyor...

Yıl, 2019…

Türkiye ise hâlâ kolesterol ilaçlarını tartışmaya devam ediyor…

-Bu ilaçlar böbrekleri bozuyor…

-Bu ilaçlar şeker hastalığına yol açıyor...

-Bu ilaçlar akciğere dokunuyor...

-Bu ilaçlar zona yapıyor…

-Bu ilaçlar çok kilo alınmasını sağlıyor…

-Bu ilaçlar kas iltihabına davetiye çıkarıyor…

-Bu ilaçlar Parkinson'u artırıyor…

-Bu ilaçlar antibiyotikle alınırsa hastanelik ediyor…

-Bu ilaçlar bir işe yaramıyor…

Şu bile deniyor: "Kolesterol ilaçları kalp damarlarını daha fazla daraltıyor." Benzeri yan etkiler -doğru ya da yanlış- hâlâ tartışılıyor...

Diğer yanda küresel ilaç şirketleri, kolesterol ilaçlarını satmaya devam ediyor. En son iki yıl önce Novartis "Canakinumab" (Ilaris) isimli statini çıkardı. Medya yine "kalp krizi riskini azaltan yeni ilaç" diye haber yaptı!

Bu haberlerin kaynağı belli:

Türkiye kolesterol ilaç pazarındaki yabancı şirketlerin oranı 1992'de yüzde 80,4 iken bugün -jenerik ilaçlara rağmen- yüzde 90'ı aştı…

Artık konuyu toparlayayım. Ancak... Bu bölümde iki kişiyi anmazsam eksik olur:

Uzman biyolog Mevlüt Durmuş…

Kolesterol gerçeğini halka anlatan birkaç isimden biriydi. *Kolesteroldeki Kaos* (2003), *Kayıp Felsefe Genleri* (2005), *Manifesto: Çarmıha Gerilen Molekül ve Modern Bilimin Kolesterol Masalları* (2007), *Kolesterol ve Akıl Oyunları* (2009) isimli kitapları yazdı; "kolesterolmasallar.blogspot.com" sitesini kurdu.

Dedi ki:

"-Birileri siz farkında olmasanız da hepimizi kolesterol molekülüne, kolesterol artışına yönlendiriyor, çünkü kolesterol yüksekliği bahanesiyle kazanılacak milyarlarca dolar kendilerini bir köşede bekliyor. Onlar için hücre içi metabolik bir yolun engellenmesinden dolayı kaç insanın zarar gördüğü hiç önemli değil, insan nüfusu sürekli artıyor nasıl olsa..."

Mevlüt Durmuş yorulmadan çalıştı. Çok tepki aldı. İnatla yazdı gerçekleri ama… 48 yaşında öldü…

Ve:

Kolesterol gerçeğini ısrarla söyleyip altı kitap yazan Cerrahpaşa Tıp Fakültesi Metabolizma ve Beslenme Bilim Dalı Başkanı Prof. Ahmet Aydın da dedi ki:

-"Damar sertliği oluşturan kolesterol değil, enflamasyondur / mikropsuz iltihap. Buna neden olanlar arasında da ayçiçeği yağı, mısır yağı, margarinler bulunur. Kardiyoloji dernekleri bunları mı teşvik ediyor? Madem baltalar çıktı, biz de çıkarıyoruz...

-"900 araştırma sonucunda ortaya çıkıyor ki kolesterol ilaçlarının büyük yan etkileri var. Kas tahribatı yapıyor bir kere. Kalbi koruyacağım derken tahrip ediyorsunuz...

-"Statin ayrıca erkeklik ve kadınlık hormonlarını azaltıyor. Alzheimer'a, kas zayıflığına, katarakta yol açıyor...

-"Bunları bilmiyorlarsa cahiller. Bilip de uygulamıyorlarsa ahlaksızlar…"

Prof. Aydın 63 yaşında öldü...

Canan Karatay kimdir?

Rahmetli kalp hastası annem elinde bir torba ilaçla dolaşırdı. Doktor tavsiyesi sebebiyle:

– Yumurta yemezdi…

– Kırmızı eti ağzına sürmezdi…

– Tereyağını eve sokmazdı…

Tehlikeli "sinsi düşmanı" vardı: Kolesterol!

Tetkikler sonucu "kolesterol düştü mü" evde bayram edilirdi; yüksek çıkınca hüzün yaşanırdı!

Sonra "düşman kolesterolün" ikiye ayrıldığı ortaya çıktı: İyi kolesterol ve kötü kolesterol!

İyisinin yüksek, kötüsünün düşük çıkması gerekiyordu; yoksa durum vahimdi!

Annem 18 yıl önce vefat etti…

Doktorlarının anneme tavsiyelerinin yanlış olduğu tartışılıyor bugün! Ama maalesef annem, çok sevdiği yumurtayı, tereyağını, kırmızı eti yıllarca ağzına koymayarak bu dünyadan göçüp gitti...

Şimdi bugün kolesterolün vücut için önemli bir yapıtaşı olduğu ve hastalık sebebi olup olmadığı tartışılıyor. Aksine kolesterol düşürücü hapların mevcut hastalıkları tetiklediği gibi yan etkilere yol açtığı belirtiliyor…

Annem…

– Früktoz-glikoz / mısır şurubu nedir duymadı.

– Glüten nedir duymadı.

– Kandida nedir duymadı.

– Probiyotik nedir duymadı.

– Glutatyon nedir duymadı.

"Bağırsak ikinci beyindir" dense kahkaha atardı herhalde!

Kocaman göbeğin kocaman baş ağrısına sebep olduğunu hiç işitmedi. Ona söylenen hep şu oldu: "Yağlar kötü, karbonhidratlar iyidir!" Bu nedenle sürekli, "Ağzıma ekmek dışında bir lokma koymuyorum" derdi. Bir dilim ekmeğin kan şekerini sofra şekerinden daha hızlı yükselttiğini hiç bilmedi…

Hele… Vücut bağışıklık sistemini endüstriyel gıdaların yıkıma uğrattığını ona hiçbir doktoru söylemedi. Ama yıllar sonra…

Bir doktor, Türkiye beslenme biçimi konusunda farkındalık yarattı…

Kim bu doktor?

Elazığ 1943 doğumlu...

Annesi fizik öğretmeniydi. Babası avukat.

Efendigil ailesinin çocuğuydu.

İlkokulu memleketinde okudu. Orta-liseyi İstanbul'da Üsküdar Amerikan Kız Lisesi'nde yatılı okudu. 1961'de İstanbul

Üniversitesi Tıp Fakültesi'ni kazandı. Sadece başarılı öğrenci değildi; yaz tatillerinde Eskişehir Bardakçı Köyü, Gaziantep Nizip İlçesi'nde gönüllü doktorluk yaptı.

Okulu 1967'de bitirdi; dahiliye uzmanlığını 1972'de tamamladı. İngiliz hükümetinin bursuyla Liverpool Regiana Cardiac Center'da kardiyoloji konusunda çalışma yaptı.

1974-76 yıllarında İstanbul Üniversitesi'nde asistan olarak çalıştı. Ardından…

Güney Afrika'ya giderek Cape Town Üniversitesi'nde ilk kalp ameliyatı gerçekleştiren Dr. Christiaan Barnard'ın ekibinde yer aldı. Doçentlik tezini kalp ameliyatı olmuş hastalar üzerinde gerçekleştirdi. Cerrahpaşa Tıp Fakültesi'nde 1979'da doçent oldu.

Mesleki yaşamında her fırsatta Anadolu insanının yardıma koştu. 1979-1980'de Toros Aladağlar ve Munzur Dağları köylerinde kalp taraması yaptı; hastaları İstanbul'a getirip tedavilerini sağladı.

1987 yılında kadar Haseki Hastanesi Kardiyoloji Bölümü'nde çalıştı. Sonra ABD'ye giderek New York State Üniversitesi'nde çalışmalar yaptı; makaleleri tıp bilim dergilerinde yayımlandı. Türkiye'de kalp ameliyatlarında bugün yaygın olarak kullanılan "Judgkin tekniği"ni ilk kez uyguladı. 1998'de profesör oldu.

İstanbul'dan Gaziantep'e; tıp merkezleri, koroner yoğun bakım üniteleri, üniversiteler kurdu. Üniversitelerde öğretim üyeliği, rektörlük yaptı. Seçkin ödüller aldı…

Evet, Prof. Dr. Canan Efendigil Karatay'dan bahsediyorum…

Peki annemle ne ilgisi var?

Yıl, 2010…

Prof. Dr. Canan Karatay'ın demeci çok ilgimi çekti:

– "Kolesterol diye hastalık yok..."

– "Kolesterol haplarının yan etkileri tehlikeli..."

Annemin son yirmi yılı yüksek kolesterol mücadelesiyle geçti ve şimdi bir doktor neler diyordu böyle?

Yazdığı *Karatay Diyeti* kitabını hemen aldım. Herkesin anlayabileceği basitlikte hastalıkların sebeplerini anlatıyordu. Örneğin…

Annem çok meyve yerdi; meyve şekeri fruktozun yıkıcı etkisini öğrendiğinde ne şaşırırdı kim bilir! Unlu böreklerin-çöreklerin, hele makarnaların-pastaların nelere yol açtığına şaşırırdı.

Prof. Karatay ezber bozdu:

– Yumurta yiyin, dedi...

– Tereyağ yiyin, dedi...

– Kelle, paça, sakatat yiyin, dedi...

Her okuduğum satırda annem aklıma geldi; en sevdiklerini yıllarca ağzına koyamadı!

Prof. Karatay ülkeye büyük hizmet verdi; bilinçli beslenmenin ne olduğunu milyonlarca insana bıkıp usanmadan anlattı. Ve… Kuşkusuz endüstriyel ürünler satan küresel gıda şirketlerinin tepkisini çekti.

Kuşkusuz küresel ilaç firmalarının tepkisini çekti.

– "Bilim karşıtı" dendi.

– "Şöhret peşinde" dendi.

– "Söyledikleri spekülasyon" dendi.

Dünyanın dört yanında benzer olay yaşandı. Tarihte gerçekler çoğu zaman ticari kârların gölgesinde kalmıştır.

Prof. Canan Karatay hiç geri adım atmadı; halkı aydınlatmaya devam etti. Her geçen yıl toplumdaki sevgisi ve saygınlığı arttı.

Bu yıl… Prof. Dr. Canan Karatay'ın, Türk Tabipler Birliği üyeliğinin 50. yılı. Ödüller verileceğine, adına kitap çıkarılıp, paneller yapılacağına susması-konuşmaması ve hekimlik yapmaması için kimileri elinden geleni yapıyor!

Oysa bilinen sözdür: Eğer herkes aynı şeyi düşünüyorsa, kimse düşünmüyor demektir.

Bugün dünyada asıl tepkiyi Prof. Karatay gibi hekimler değil…

ABD'de, ilaç onaylarını -neoliberalizmin altın dönemi-1990'lardan sonra çok artıran ve her onay karşılığında (825 milyon dolar) para alan FDA'ya büyük tepki var. Bağımsız yeni ilaç güvenliği kurulunun oluşturulması çağrıları yapılıyor...

Ya bu arada annem gibi ölenler…

Kronik hastalıkların pençesine düşenler…

"Bütün hastalıklar vücudumuza ağız yoluyla girer" diyen Hipokrat günümüzde yaşasaydı; bu sözüyle ilacı kastettiğini mi ifade ederdi?

Soru şudur:

"Modern tıp" yalanıyla bu hastalık düzenini Rockefellerlar ne amaçla kurdular?

Yolculuğumuzu sürdürelim; bakalım karşımıza ilaç dünyasından daha neler çıkacak... İşte her fırsatta ağzınıza attırılan antidepresanlar...

Dördüncü Bölüm

BEYNİNİZİ ÖLDÜRÜYOR

-"İçimde isteksizlik var, hayata küstüm" derseniz...

Sertralin etkin maddeli ilaçlardan Lustral, Seralin, Selectra, Serdep tavsiye ediliyor!

-"Son günlerde her şeye sinirleniyorum" derseniz...

Sitalopram etkin maddeli ilaçlardan Cipram, Eslopram, Citol, Vodalex, Citara tavsiye ediliyor!

-"Uyku bozukluğu çekiyorum; gözüme uyku girmiyor" derseniz...

Fluoksetin etkin maddeli ilaçlardan Prozac, Depreks, Zedprex, Fulsac, Florak'tan biri veya ek olarak Modafinil (Modiodal) ya da sadece uyku ilacı olarak Zopiklon (Imovane) tavsiye ediliyor!

-"Yaşam isteğim kalmadı" derseniz...

Essitalopram etkin maddeli Cipralex, Eslorex, Citoles'ten biri tavsiye ediliyor!

-"Hayattan zevk alamıyorum, evden çıkmak istemiyorum" derseniz...

Paroksetin etkin maddeli Seroxat veya Paxil tavsiye ediliyor!

-"Devamlı korku içindeyim" derseniz...

Venlafaksin etkin maddeli Efexor veya Veniba tavsiye ediliyor!

-"Son dönemde birden bende çok yorgunluk başladı" derseniz...

Mirtazapin etkin maddeli Remeron veya Mirtaron tavsiye ediliyor!

-"Okul başarımda aniden düşme oldu" derseniz...

Fluvoksamin (Faverin) tavsiye ediliyor!

-"İş performansım düştü" derseniz...

Milnacipran (İxel) tavsiye ediliyor!

-"Sosyal fobimden nasıl kurtulabilirim" derseniz...

Reboksetin (Edronax) tavsiye ediliyor!

-"Saplantılarım olmaya başladı" derseniz...

Tianeptin (Stablon) tavsiye ediliyor!

-"Arkadaşımı kaybettim, ağlamamı durduramıyorum" derseniz...

Agomelatin (Valdoxan) tavsiye ediliyor!

Bunların hepsi yeni kuşak antidepresan ilaçlar...

Her biri diğer semptom/bulgu/belirti için de reçete ediliyor. Açılıyor ilaç listesinin bulunduğu hacimli el kitabı "Vademecum"; bulunuyor mübadil bir ilaç...

Bir de...

Klasik antidepresanlar ilaçlar var:

Moklobemid (Aurorix), Mianserin (Tolvon), Trazodon (Desyrel), Bupropion (Zyban), Amitriptilin (Laroxyl), Klomipramin (Anafranil), İmipramin (Tofranil), Opipramol (İnsidon, İnsomin)...

Antidepresanlar birbirine -çoğunlukla- muadil sayılıyor. Her eczanede fazla sayıda antidepresan bulabilirsiniz; elinizin boş dönmesi imkânsız!

Ne çok antidepresan ilaç var, değil mi?

Anksiyolitik/kaygı giderici antidepresan ilaçlar da var. Bunlar "müsekkin" veya "sakinleştirici" olarak biliniyor.

-"Hep huzursuzluk içindeyim" derseniz...

Diazepam etkin maddeli ilaçlardan Diazem, Nervium, Spazmo-Valibrin tavsiye ediliyor!

-"Kaygı içindeyim" derseniz...

Klordiazeposid etkin maddeli ilaçlardan Librax, Librium, Klipaks tavsiye ediliyor!

-"Çok ebdişeliyim" derseniz...

Lorazepam etkin maddeli (Ativan) tavsiye ediliyor!

-"Hayatım kâbus" derseniz…

Alprazolam etkin maddeli (Xanax) tavsiye ediliyor!

-"Gerginlikten kaslarım kaskatı oldu" derseniz…

Klonazepam (Rivotril) tavsiye ediliyor!

Duygu durumunuzu düzenleyen daha çok antidepresan var: Karbamazepin (Tegretol, Karazepin, Teril, Karberol), Valproat (Depakin, Convulex), Lamotrijin (Lamictal), Topiramat (Topamax), Gabapentin (Neurontin)…

Okumaktan bıkmayınız… Bu antidepresan ilaçları dünyada özellikle çocuklar, gençler, milyonlarca insan kullanıyor. Bakın çevrenize en az üç dört kişi sayabilirsiniz…

-"Hareketlerim çok zayıfladı" derseniz…

Biperiden etkin maddeli (Akineton) tavsiye ediliyor!

-"Üzüntümden kurtulamıyorum" derseniz…

Buspiron etkin maddeli (Buspon) tavsiye ediliyor!

-"Bunama (demans) içindeyim" derseniz…

Memantin etkin maddeli (Ebixa), Donepezil (Aricept, Doenza), Rivastigmin etkin maddeli (Exelon), Galantamin etkin maddeli (Reminyl) tavsiye ediliyor!

-"Dikkat eksikliğim var" derseniz…

Metilfenidat (Ritalin, Concerta) tavsiye ediliyor!

-"Cinsel ilişkide sertleşme sorunu yaşıyorum" derseniz…

-Sildenafil etkin maddeli (Viagra, Levitra, Sildegra) tavsiye ediliyor…

Epilepsi / saradan, Parkinson hastalığına kadar tedavi için antidepresan ilaçlar veriliyor. Her derde deva bunlar! Yutturuyorlar size...

Usandınız mı ilaç ismi okumaktan? Az sabredin…

Şizofreni ve diğer psikotik bozukluklar için verilen antipsikotik ilaçlar var. Yeni kuşak antipsikotikler:

Risperidon (Risperdal), Olanzapin (Zyprexa, Rexapin), Ketiapin (Seroquel, Cedrina), Aripiprazol (Abilify), Risperidon (Risperdal Consta), Klozapin (Leponex, Clonex)…

Klasik antipsikotikleri unutmamak lazım:

Haloperidol (Norodol), Klorpromazin (Largactil), Pimozid (Nörofren), Trifluoperazin (Stilizan), Sülpirid (Sülpir, Meresa, Dogmatil), Flufenazin (Prolixin), Zuklopentiksol (Clopixol), Flupentiksol (Fluanxol)…

İlaç isimlerini okumaktan başınız dönmüş olabilir; hemen bir antidepresan tavsiye edeyim! Şaka bir yana…

Depresyon neoliberalizmin yarattığı hastalık aslında; "Durma, koş, yakala, kaçırma, atla, en yükseğe çık, çok hızlı ol, kendini göster, başarı şart, beğendir kendini…" gibi "liberal azgın dil" insanları çıkmaza sokuyor:

-Ya başarılısın ya da hasta!

-Başarmak için "takviye" ürün almalısın!

-Hastaysan zaten ilaç almalısın!

Antideprasan almaman imkânsız; sistemi/pazarı böyle kurdular!

Evet, neoliberal psikiyatrinin sefaletini yazmaya başlayabilirim...

"İnsanlara alerjiniz varsa"

Bazı antidepresanlar pek ünlü…

"Paxil" bunlardan biri…

1996 yılında onaylanan "Paxil" piyasaya sürüldüğünde halihazırda pek çok antidepresan kullanımdaydı. Bu nedenle, ilaç devi GlaxoSmithKline (GSK),[116] "Paxil" için depresyonun yanı sıra nedeni belli olmayan tedirginlik hali / "anksiyete pazarını" yarattı. İki yeni hastalık tanımlandı:

---

116 İngiliz Joseph Edward Nathan, yeni Zelanda'da 1873'te süt ürünleri satan "Glaxo" şirketini kurdu. Sonra Londra'ya taşındı.

Amerikalı eczacılar Henry Wellcome ve Silas Burroughs 1880 yılında "Burroughs Wellcome" adlı eczanelerini Londra'da açtılar. "Glaxo" ile "Burroughs Wellcome" 1995 yılında birleşti.

John K. Smith, adını taşıyan ilk eczanesini 1830'da ABD-Philadelphia'da açtı. 1891'de Fransız Richard Şirketi ile birleşti; 1929'da ismini değiştirdi. "Smith Kline ve French."

Ve 2000 yılında hepsi birleşti; "GlaxoSmithKline" (GSK) Londra merkezli İngiliz çokuluslu ilaç şirketi meydana getirildi. Ne kadar İngiliz, ne kadar Amerikalı, ne kadar Fransız ayrı konu… Dünyanın en büyük ilaç şirketlerinden biri…

-Toplumsal Anksiyete Hastalığı/"Social Anxiety Disorder (SAD)"...

-Yaygın Anksiyete Hastalığı/"Generalizing Anxiety Disorder (GAD)"...

"SAD" ya da diğer adıyla aşırı utanma korkusu gibi "toplumsal fobi"...

"GAD" ise kaygı-endişe gibi "kronik anksiyete"...

Bunlar psikiyatrinin "El Kitabı/hastalık çizelgesinde" yerini aldı!

Amerikan FDA, "toplumsal fobi" için 1999'da, "kronik anksiyete" için 2001 yılında "Paxil" kullanımını onayladı.

GSK şirketi, bundan sonra agresif reklam kampanyasına başladı. Kampanyanın temeli, hemen herkesin "toplumsal fobi" ya da "kronik anksiyete" olabilme olasılığıydı.

"Paxil"e ait reklam cümlesi, durumun vahametini ortaya koydu:

-"İnsanlara alerjiniz varsa!"

Bu tür kışkırtıcı reklamlar ile "Paxil" dünyada tanınan üçüncü ilaç haline geldi. 2001'de reçete edilen tüm ilaçlar arasında dünyada altıncı sıradaydı. ABD'de, 2001 yılında 2,1 milyar dolarlık "Paxil" satıldı. Bundan sonra satış rakamı ortalama 3 milyar dolar oldu. Dünyanın en çok satan antidepresan ilacıydı...

Utanma ve endişelenme gibi doğal insan hissiyatları bir hastalığa dönüşürken tedavisi de "Paxil" oluverdi!

Bunu nasıl "başardılar?"

Çokuluslu ilaç devi GSK...

Genel müdürlüğü New York Madison Bulvarı'nda bulunan ABD'nin en büyük iletişim şirketlerinden -yılda 6 milyar dolar kazanan- WPP ve onun halkla ilişkiler şirketi Cohn&Wolfe ile anlaştı.

Tanıtım şirketi ilaç pazarlamakla kalmıyor; Amerikan FDA "onay alma" işlemlerini de kolaylaştırıyordu! Şirketin web sitesinde şu yazılı: "Çoğu zaman yaptığımız iş, onay alınmadan önce pazarı hazırlamaktır!" FDA işin en kolayı demeye mi getiriyorlardı?

Cohn&Wolfe şirketi müşterisi GSK ilaç şirketinin isteğiyle sosyal anksiyeteyi ciddi rahatsızlık olarak konumlandırdı. Hedefi, "Paxil" satışlarını patlatmaktı. ABD'nin dört yanını afişlerle donattılar:

-"Yüzünüz kızarır, terlersiniz, titrersiniz, nefes almanız bile güçleşirse; işte sosyal anksiyete budur."

Posterlerin altında GSK şirketinin adı yoktu. "Sosyal Anksiyete Koalisyonu" diye kâğıt üstünde bir sivil toplum kuruluşu meydana getirivermişlerdi!

New York Times, Howard Stern Show, *Vouge*, GoodMorning America gibi medya mecralarında yer aldılar. Sadece bir yıl içinde 1,1 milyar kez medyada haber oldular.

Tıbbi uzmanlığı olmamasına rağmen California Üniversitesi psikoloğu Murray Stein "bilinçlendirme" kampanyasının öncü ismi oldu. GSK şirketine ücretli danışmanlık yaptığını yazmama gerek var mı?

Cohn&Wolfe "Paxil" çalışmasıyla Amerika Halkla İlişkiler Topluluğu'ndan yılın kampanyası ödülünü aldı... "Alnının teriyle" kazanmıştı kuşkusuz! İsviçreli dev ilaç firması Roche, az deneyimli bir halkla ilişkiler şirketiyle çalıştığı için anksiyeteye karşı reçete edilen "Aurorix" adlı antidepresan ilaç satışında hiç başarılı olamadı...

Bitmedi... Meselenin daha vahim yönü var.

2000'lerin hemen başında çokuluslu GSK ilaç şirketi, 1994'ten 1998'e kadar Amerika'da yapılan klinik deney olan "Study 329" araştırması daha yayınlanmadan, "Paxil" adlı hapın çocuk ve erişkinlerde etkili ve emniyetli antidepresan olduğunu ileri sürerek, ilacı piyasaya sürdü.

Tam da o günlerde Sally Laden adında bir "bilim insanı" ortaya çıktı. *Amerikan Çocuk ve Ergen Psikiyatrisi Akademisi Dergisi*'nde (JAACAP) ilacı övdü:

-"12-18 yaş arası çocuklarda çok emniyetli ve çok etkili bir antidepresan Paxil..."

Ama görüldü ki…

"Sally Laden" sahte isimdi! Daha da garip olan şuydu:

Makaleye Amerikan Çocuk ve Erişkin Psikiyatri Derneği Başkanı, Teksas Üniversitesi'nden Prof. Karen Wagner başta olmak üzere, Brown Üniversitesi psikiyatri profesörü Martin Keller gibi 22 akademisyen imza koymuştu!

"Bilimsel" denen aldatmacaların gerçeklerini ortaya çıkaran "Restoring Invisible and Abandoned Trials" (RIAT) bu sahtekârlığı dünyaya duyurdu...

Bu arada *JAACAP* adlı derginin 2003 yılından beri her yıl GSK ilaç firmasından 500 bin ile 1 milyon dolar para aldığı, yapılan mali incelemede ortaya çıktı…

Aynı ilaç…

Aynı şirket…

Prof. Charles Barnet Nemeroff...

ABD'nin en tanınmış-saygın psikiyatristi...

850'den fazla araştırma raporu ve inceleme makalesi yayımlandı. 15 kitap çıkardı. Almadığı ödül kalmadı…

Çalışmalarına hep Rockefeller Vakfı finans desteği verdi…

Atlanta Emory Üniversitesi Psikiyatri Bölümü başkanı iken küresel ilaç şirketi GSK üretimi antidepresan ilacı "Paxil" pazarlamasında görev alıp, 960 bin doları cebe indirdiği ortaya çıktı!

GSK dışında Abbott Laboratories, Acadia Pharmaceuticals, Bristol-Myers Squibb, Corcept Therapeutics, Cypress Bioscience, Cyberonics, Eli Lilly and Co, Entrepreneur's Fund, Forest Laboratories Inc, Merck, i3 DLN, Janssen Pharmaceutica, Lundbeck, Otsuka America Pharmaceutical Inc, Pfizer Pharmaceuticals, Quintiles Transnational, UCB Pharma ve Wyeth-Ayerst Laboratories şirketlerinden de milyonlarca dolar aldığı ortaya çıktı...

Ve bu Prof. Nemeroff... 2003 yılından beri Amerikan Ulusal Sağlık Enstitüsü (NIH) tarafından desteklenen 3,95 milyon dolarlık "Emory-GSK-NIMH Collaborative Mood Disorders Initiative" projesini yürütürken, GSK ilaç şirketinin beş antidepressan ilacının araştırmasını yaptı. Her platformda bu ilaçları övdü.

Aldığı rüşvetler ortaya çıkınca Emory Üniversitesi sözleşmesini feshetti. *Journal of Neuropsychopharmacolgy* editörlüğünden ayrılmak zorunda bırakıldı.

NIH, Emory Üniversitesi'ne gönderdiği yazıda "çıkar ilişkileri" açıklığa kavuşmadan üniversiteye verdiği 9,3 milyon dolarlık araştırma fonunu durdurduğunu açıkladı. NIH kurallarına göre, araştırmacılar ilaç firmalarından aldıkları paraları üniversiteye, üniversiteler de NIH'e açıklamak zorundaydı!

Ama...

Bu "filmin" sonu sizin tahmin ettiğiniz gibi olmadı. Bir yıl sonra Prof. Nemeroff, Miami Miller Üniversitesi Tıp Fakültesi'nde psikiyatri başkanı oldu. Halen görevde ve halen ABD Ulusal Bilimler Akademisi Tıp Enstitüsü üyesi...

Sanmayınız ki ilaç şirketlerinden örtülü para alan sadece Prof. Nemeroff idi.

ABD'de "Paxil" olarak bilinen ilacı İngilizler "Seroxat" diye tanır.

İngiliz müfettişler, firmanın "Seroxat" adlı antidepresan ilacın yan etkilerini hasıraltı ettiğine dair çok ciddi bulgulara ulaşınca, ilaç devi GSK hakkında soruşturma başlattı. Skandalın ortaya çıkmasının ardından New York Başsavcısı Elliot Spitzer, 2004 yılında GSK hakkında -bilimsel verilerle pazarlama söylemleri birbirine uymuyor diye- dava açtı. GSK federal sağlık programlarına yanıltıcı ve sahte bilgi vermekten dolayı 2012 yılında ABD tarihinin en büyük cezalarından birine çarptırıldı: 2,5 milyar dolar!

Yine GSK...

Yine antidepresan...

"Weelbutrin" isimli antidepresan ilaç kabul edilemeyecek düzeyde sebep olduğu nöbet sıklığı nedeniyle 1986'da piyasadan çekildi. Fakat bilinmeyen bir nedenle FDA, bu ilacın aynı yıl tekrar piyasaya girmesine izin verdi. Şikâyetler yıllar içinde bitmedi. Örneğin… 1998-2001 yılları arasında Kanada Sağlık Bakanlığı, GlaxoSmithKline şirketine "Weelbutrin" ilaca bağlı istenmeyen etkilerle ilgili 1127 bildirim gönderdi. Bunların arasında 19 ölüm vardı… İngiliz İlaç Kontrol Dairesi de 18 ölüm vakası bildirdi. Wellbutrin'in taşıdığı tehlikeler FDA tarafından göz ardı edildi.

Yazmakla bitmez:

Joseph Glenmullen…

Prozac Backlash (Prozac Tepkisi) kitabının yazarı...

Harvard Tıp Fakültesi psikiyatristlerinden...

GSK şirketinin "Paxil" ile ilgili ölümleri bilinçli olarak sakladığını açıklaması, Amerika'da gündem oldu…

Pek çok referans verilen "Study 329" araştırmasının işin özünde gerçeği şuydu:

-"Paxil" etkili değildi...

-"Paxil" saldırganlık, uykusuzluk, yerinde duramama/akatizi gibi ciddi yan etkilere sahipti...

-13 genç intihara teşebbüs etmiş ve buna rağmen yan etki çok düşük gösterilmişti...

Tüm bunlar ortaya çıkınca ne oldu; "Paxil" satışları durdu mu? Ne gezer, satışlar yüzde 3 arttı!

"Paxil" Türkiye'de hâlâ reçete ediliyor…

Türkiye rekor kırıyor

İçinizde bu antidepresan ilaçlardan almayanınız-yutmayanız kaldı mı? Pek sanmam. İnsanlara cicili bicili ambalajlı kutularla bu haplar dayatılıyor. Türkiye'de her on kişiden biri bu ilaçlardan kullanıyor…

2003 yılında 14 milyon 238 bin kutu antidepresan tüketirken, bu sayı, 2010'da 34 milyon kutu, 2015'te 43,5 milyon kutu ve 2018'de 55 milyon kutu oldu. Artış inanılmaz...

Sadece Türkiye'de değil, dünyada son yıllarda bu ilaçların kullanımı o kadar yaygın hale geldi/getirildi ki, neredeyse kullanmayan kalmadı.

Çünkü: İnsanlara, "sağlıklı olabilmek için önce hasta olduğunu" dayatıyorlar! "Siz farkında değilsiniz ama hastasınız" deniyor!

İngiliz gazetesi *Independent*'taki haberin başlığı ilginçti:

"Ofis çalışanları işyerlerinde uyanık kalmak için ADFD ilaçları kullanıyor," (20 Nisan 2015)[117]

Yetişkinler için bu ilacı ilk satan Amerikan ilaç şirketi Lilly[118] oldu. "Straterra" adlı ilacı 2003'te piyasaya sürdü...

Reklamı şuydu:

-"Kafanız mı dağınık? Düzeniniz mi bozuk? Yılgınlık? Pek çok yetişkin farkında olmadan Yetişkin Dikkat Eksikliği Sendromu Çekiyor..."

Bu sadece bir ilaç şirketinin reklamıyla olmazdı. ABD'nin önde gelen haber dergilerinden *U.S. News&World Report*, "Yetişkinlerde ADD" diye kapak konusu yaptı:

"Dikkat dağınıklığı ve kaygı-sıkıntı-gerilim yaratan anksiyete ile başa çıkmak için yeni bir umut!"

Dergiye göre yetişkinler bu hastalığın farkında değildi... Dergideki bu haberden birkaç sayfa sonra "Strattera" ilacının reklamı vardı! Tabii ki karşıt görüşe yer verilmemişti.

Böyle kampanyalarla ilaç ilk altı ayında bir milyondan fazla reçeteye yazıldı. Bir yıllık satışı 370 milyon dolar oldu.

Hiç kusura bakmasınlar; "deli doktoru gömleğini" çıkarıp, "akıl hocası cübbesini" giyen doktorların bunda rolü çok oldu... Psikiyatri, tıpta uzmanlık sınavında tercih edilen ilk beş uzmanlık arasına nasıl girdi sanıyorsunuz? "Talep çok" diye, değil mi?

---

117 ADFD, dikkat eksikliği ve hiperaktivite bozukluğunun İngilizce kısaltılmış ifadesi. Amerika'da ADD olarak ve Türkiye'de DEHB veya DEB olarak dillendiriliyor.

118 Eli Lilly, ABD merkezli küresel ilaç şirketi. 1876 yılında Eli Lilly tarafından kuruldu. 18 ülkede ofisi bulunmakta ve yaklaşık 125 ülkede faaliyet göstermektedir. Şirketin merkezi Indianapolis. Daha çok çocuk felci aşısı ve insülini kitlesel olarak üreten ilk şirket olma özelliğine sahip. Günümüzde en büyük psikiyatrik ilaç üreticisi. 2002 yılında dünya medyası; bu şirketin sahiplerinden Ruth Lilly'Nin şiirlerini yayımlayamayan ünlü Amerikan şiir dergisi *Poetry Magazin*'e 100 milyon dolar bağışlamasını konuştu! 1912'den beri her ay yayımlanan ve T. S. Eliot gibi büyük şairlerin ilk şiirlerini yayımlama onurunu taşıyan bu dergi, Ruth Lilly'nin gönderdiği şiirleri 1970'lerde yayımlamamıştı...

Sadece psikiyatristler-psikologlar değil; danışmanlık merkezleri, gelişim ofisleri, yaşam koçları, çocuk yetiştirme ya da evlilik danışmanları "yol gösteriyordu" artık...

Burada da karşımıza aynı ikilem çıkıyor:

Daha mı çok hastalanıyoruz?

Yoksa daha mı çok tedavi ediliyoruz?

Doğrusu şu: Hastalık yaratıldı/yaratılıyor... Her insani "duygusal sorun" tıbbi meta haline neden getirildi/getiriliyor?

Sağlık alanında dünyanın önde gelen gazetecilerinden Ray Moynilhan, ilaç politikaları konusunda araştırmacı Alan Cassels ile ortaklaşa kitap yazdı: *Selling Sickness* (Satılık Hastalıklar)

-"Bugün, dünyanın en büyük ilaç şirketlerinin pazarlama stratejileri, saldırgan biçimde sağlıklı ve iyi durumdaki insanları hedefliyor...

-"Günlük hayatın olağan iniş çıkışları sinir rahatsızlıkları oldu; genel şikâyetler korkutucu hastalıklara dönüştürüldü ve gittikçe daha fazla sağlıklı insan hastaya çevrildi. İçimizdeki ölüm, yaşlanma ve hastalık korkularını kaşıyan 500 milyar dolarlık [günümüzde 1,1 trilyon dolar-y.n.] ilaç endüstrisi, yaptığı promosyon kampanyalarıyla insan olmanın anlamını değiştiriyor. Wall Street'ten de anlaşılabileceği gibi sağlam insanlara hasta oldukları söylenerek kazanabilecek çok para var...

-"Ufak sorunlar ciddi hastalıklarmış gibi resmedildiğinden (örneğin) utangaçlık sosyal anksiyete belirtisi sayılıyor! Kadınlarda âdet öncesi gerginlik 'regl öncesi disforik bozukluk' isimli bir zihin hastalığı imiş gibi tanımlanıyor... Cinsellikle gündelik dalgalanmalar cinsel işlev bozuklukları oluyor... Hayatın doğal değişimlerinden biri olan menopoz, 'bir hormon eksikliği hastalığı' olarak adlandırılıyor... İşyerlerinde dikkati dağılan çalışanların ise artık 'dikkat eksikliği sendromu' isimli bir hastalığı var... Sağlıklı orta yaş kadınların osteoporoz denilen sessiz bir kemik hastalığı, sağlam orta yaş erkeklerinin ise yüksek kolesterol isimli ömür boyu devam edecek bir hastalıkları oluyor..."

Yalan mı?

Vince Parry…

New York Manhattan'da çalışan ve uzmanlık alanı ilaç sektörü olan reklamcı. Yani... İlaç sektörü için yaratılan yeni hastalıkların "satışını" yapanlardan…

Bir makalesinin adı konuyu özetliyor:

-"The Art of Branding a Condition" (Bir Rahatsızlığı Markalaştırma Sanatı)

Yazısında tıbbi hastalıkların reklam yoluyla "türetilmesini nasıl teşvik ettiklerini" şöyle ifşa etti:

-"Bazen az bilinen bir hastalığa dikkat çekilir…

-"Bazen eski bir hastalık yeniden tanımlanır ve yeni isim verilir...

-"Bazen de yepyeni bir hastalık türetilir…"

Reklamcı Vince Parry'nin kişisel olarak en sevdiği "yeni hastalıklar" şunlardı:

-Erektil işlev bozukluğu / sertleşme zorluğu…

-Dikkat eksikliği sendromu…

-Regl öncesi disforik bozukluk…

"Prozac" ve "Viagra"nın "yıldızlaşmasında" onun parmağı vardı!

Araya girip şu notu eklemeliyim:

Cinsel bozuklukları da düzelttiği iddia edinen antidepresanların, seksüel bozuklukları daha da bozarak depresyonun şiddetlenmesine yol açtığı ortaya çıktı. Araştırma "Gepirone" isimli antidepresanı imal eden Fabre Kramer ilaç firması tarafından bağımsız araştırma şirketi Wakefield Research'e yaptırıldı.

ABD'deki "Sexuel Symptoms and Side Effects in Deression, (SEXSED)" adlı araştırma, antidepresan kullanan bin erişkin üzerinde yapıldı. 2016 yılında yapılan açıklamaya göre, antidepresan kullananların yüzde 88'i ilaç kullandıktan sonra cinsel arzularının tatmin olmadığını ve bazı seksüel fonksiyonlarının azaldığını bildirdi.

Cinsel bozukluk sebebiyle antidepresan kullananların yüzde 55'i hiçbir iyileşme olmadığı gibi cinsel fonksiyonlarının, yüzde 73'ü ise depresyonlarının da daha kötüleştiğini bildirdi.

Virginia Tıp Fakültesi Psikiyatri Bölümü Başkanı Prof. Anita H. Clayton, "Antidepresanların seksüel yan etkileri birçok hasta tarafından ciddi problem olarak görülmektedir. Yapılan birçok çalışma özellikle SSRI grup antidepresanların cinsel istek azlığı, uyarılma bozukluğu, orgazm bozukluğu, ereksiyon bozukluğu gibi çok ciddi yan etkilere sebep olduğunu göstermiştir" dedi.

İlaç reklamlarına dönersek...

Reuters Business Insight 2008 raporu, küresel şirketlerin "yeni hastalık pazarları üreterek" ilaç satışlarıyla milyarlarca dolar kazanmasını alkışladı! İnsanların genel rahatsızlıkları algılama şeklinin değiştirilerek, doğal süreçlerin hastalıklara dönüştürülme başarılarını kutladı! Neoliberal piyasa için bunlar doğal "alışveriş" idi...

Ders hapı

Dikkat Eksikliği Sendromu (ADD, Attention-Deficit Disover)... *Amerikan Halk Sağlığı Dergisi* (American Journal of Public Health) yazdı:

-Kamu okullarındaki çocuklarda dikkat yetersizliği-hiperaktive bozukluklarında ilaç tedavisinin kapsamı beyaz öğrencilerde yüzde 20 idi.

Sadece "Ritalin" artışı son on yılda yüzde 800'e ulaşmıştı. Sadece çocuklar değil artık futbolculara, atlara bile veriliyordu "Ritalin"...

Dünyadaki en büyük biyomedikal araştırma merkezlerinden biri olan Washington merkezli (ki ilaç şirketlerinden maddi yardım alan) Ulusal Sağlık Enstitüsü (National Institutes of

Health -NIH), bu "rahatsızlığın" nedenlerinin tartışmalı olduğu sonucuna ulaştı ve dikkat eksikliği sendromunun zihinsel bir hastalık olduğuna dair yeterli kanıt olmadığını açıkladı.

California Üniversitesi'nden Prof. Lawrence Diller 1990'larda "hiperaktif çocuklara" yıllarca antidepresan reçete yazmış; bunun ne kadar yanlış olduğunu anlayıp; 2005'ten itibaren eleştirel makaleler yazan bir pediatri uzmanı...

-"Onlara göre" diyor, "erkek çocuk olmak bile neredeyse hastalık hali!"

Çocuk yoktu, hasta vardı artık!

Risk giderme aracı ise sadece ilaç...

Baksanıza... Kimi araştırmalar "haylazlığın" ilaç tedavisi gerektiren nörobiyolojik bozukluk olduğunda ısrarcı! Bu çevrelerin sesi daha çok çıktığından "Adderall" satışı rekorlar kırdı. 1990 yılında 10 milyon dolar olan satışı, sadece altı yılda 520 milyon dolara ulaştı.

"Benim çocuğum sınavlardan 100 alsın" diye yutturulan bu antidepresan, 2018 yılında Netflix'te "Take Your Pills" adlı belgeselin yapılmasına sebep oldu. Belgeselde ilaç o kadar güzel anlatılıyor ki, "Keşke olsa da içsek, sıkıntımızdan kurtulsak" diyorsunuz! İşin özünde belgesel tadında "Adderall" reklamı izliyorsunuz...

Diğer yandan 2012 yılında 16 milyon kişiye reçeteyle verilen bu ilacın 116 bin kişide bağımlılık sebebiyle rehabilitasyon ihtiyacı doğurduğu yıllarca saklandı.

"Adderall" Amerika'da çok yaygın...

New York Times, bu ilaca "ders hapı" adını verdi:

-"ABD genelinde liselerde not baskısı ve üniversiteye girme yarışı, öğrencileri reçeteli uyarıcılara yöneltiyor. Okullarda 'ders hapı' başlıyor...

-"Manhattan'ın Yukarı Doğu Yakası gibi varlıklı semtlerinden birçok genci tedavi eden New Yorklu psikolog DeAnsin Parker, 'İlaç kullanımı buradaki bütün özel okullarda çok yaygın. Belli bir okulla sınırlı bir kültür değil bu. Genel kültür haline gelmiş bir şeyden söz ediyoruz' diyor…

-"ABD Uyuşturucuyla Mücadele İdaresi, Adderall ve Vyvanse (amfetaminler) ile Ritalin ve Focalin'i (metilfenidatlar) ikinci sınıf kontrollü maddeler olarak değerlendiriyor, yani kokain ve morfinle aynı kefeye koyuyor. Bunun nedeni söz konusu ilaçların yüksek bağımlılık yapan tıbbi maddeler arasında bulunması…" (25 Haziran 2012)

Türkiye'de de özellikle öğrenciler arasında popüler hale getirildi bu ilaç. Oysa satranç turnuvalarında yasakladılar; rakibe "haksızlık olmasın" diye! Bence bu da reklam ürünüydü!

"Adderall"in faydalarını abarttığı için (ki "işsizliği önler" bile dediler), İrlanda merkezli İngiliz ilaç üreticisi Shire Pharmaceuticals'a ABD Adalet Bakanlığı tarafından 5 milyon dolar ceza kesildiği pek haber olmadı!

Shire Pharmaceuticals şirketi, sadece "Adderall" satarak 3 milyar dolar gelir elde etmedi. Minicik bir bölümünü de Amerikan Tıp Birliği gibi "yararlı" kurumlara "eğitim bağışı" olarak verdi!

Shire gibi şirketlerle mücadele etmek kolay değil. Shire, "Adderall"i piyasa sürülmeden önce "CHADD" adlı hasta destek örgütü kurdu. Bugün ABD'nin en büyük hasta destek örgütlerinden biri bu.

Grubun *Attention* adlı bir dergisi var. Amaçları, çocuklarında dikkat eksikliği olan ailelere yardım ederek toplumsal bir hareket oluşturmak! Ve tabii ki dergi sadece Shire şirketinden[119]

---

119 Şu bilgileri bolca vermek istiyorum. Çünkü ilaç şirketlerin pazarda nasıl büyüdüğü bilgisi, ilaç sektörüne ayna tutuyor. İşte Shire… 1986'da İngiltere'de beş girişimci tarafından kuruldu: Harry Stratford, Dennis Stephens, Peter Moriarty, Geoff Hall ve Dr. Jim Murray. 1997 yılından itibaren şirket, Pharmavene, Richire Pharmaceutical Company, Biochem Canada, New River Pharmaceuticals, Vyvanse, Jerini, Movetis, Advanced BioHealing, FerroKin BioSciences, FerroKins, Lotus Tissue Repair, SARcode Bioscience Inc., Fibrotech, Lumena, NPS Pharmaceuticals, Gattex, Natpara, Meritage Pharma, Foresight Biotherapeutics, Dyax, Baxalta'yı satın aldı. Son şirkete ödediği para 32 milyar dolar idi. 2018 yılında ise Shire, dünyanın en büyük on beşinci ilaç şirketi Japon Takeda Pharmaceutical Company'ye 62 milyar dolara satıldı. Bu kadar büyük paralar, bu kadar ilaç şirketinin el değiştirmesinin amacı belli değil mi? İnsan sağlığını korumak gibi ulvi bir hedef değil herhalde!

değil, "Ritalin" üreticisi İsviçreli Ciba-Geigy[120] firmasından da para yardımı alıyor.

Türkiye'de de benzerleri var. Sorun şudur ki; kamuoyu genelde insanların algısını değiştirmeye uğraşan bu tür grupların çalışma mekanizmalarından-ilişkilerinden hiç haberdar değil. "Bilim" yapıldığını sanıyor, çabuk kanıyor...

Türkiye Psikiyatri Derneği'ne göre, ülkemizde 15-55 yaş arasındaki nüfusta en yaygın hastalıklar içinde depresyon ve anksiyete bozuklukları ilk beşte yer alıyor. İlaç şirketleri sadece hastalık yaratmıyor, her geçen yıl ilaç kullanma yaş aralığını genişletiyor…

Oysa… Çocuk ve ergenler için "kolay tanı" eğilimi ciddi riskler oluşturuyor. Sadece size/yetişkinlere değil, çocuklara da sürekli "hap yutturmaya" başladılar.

- Çocuğum takıntılı…
- Çocuğum hep korku içinde…
- Çocuğum isteksiz…
- Çocuğum çok hareketli…
- Çocuğum derslerine konsantre olamıyor…
- Çocuğumda dikkat eksikliği var…

Benzerlerini söylediğiniz anda "hastalığa uygun" antidepresan ilaç hazır!

Her evde "psikolojik vaka" çocuk var!

Çocukların "hastasın" teşhisiyle güvenlerini kırarak asıl o zaman "hasta" yapıldığını kimse görmüyor mu?[121]

---

120 Ciba-Geigy ile Sandoz'un birleşmesiyle 1996 yılında "Novartis" kuruldu. Novartis'in geçmişi üç firmaya uzanıyor: 18. yüzyıl ortalarında İsviçre'nin Basel kantonunda kimyasal madde ve boya ticaretiyle faaliyet gösteren Geigy, 1859 yılında boya üretimine başlayan Ciba ve 1886 yılında Basel'de kurulan kimyasal madde firması Sandoz.

121 Yazar Raymond Queneau, Fransa'da reklamları yayınlanan "Klorpromazin" ilacına gösterilen ilgiyi, 1981'de mizah yoluyla yazdı:
-"Baba bu adam bana n'apacak?
-Hiçbir şey oğlum, bir şey yapmayacak.
-Madem bişey yapmayacak, o zaman beni niye getirdin buraya?
-Çünkü kendini iyi hissetmiyorsun.
-Sen nerden biliyorsun iyi hissetmediğimi?
Babam enseme tokat patlatmaya hazırlanırken, içeri bir adam girdi. Babam ona 'Doktor Bey' diyordu.
-Ufaklığın nesi varmış bakalım?
-Başı ağrıyor Doktor Bey.

Ya bu ilaçların yan etkisi sonuca yaşanan ölümler?

Joseph Biederman…

Harvard Tıp Fakültesi'nde psikiyatri profesörü…

Massachusetts General Hastanesi'nde Çocuk Psikofarmakolojisi ve Yetişkin DEHB Klinik ve Araştırma Programları Şefi...

Amerikan Psikiyatri Birliği'nin Çocuk Psikiyatri Araştırmalarında Mükemmellik Ödülü aldı… Amerikan Çocuk Akademisi'nin Bilimsel Başarı Ödülü'nü aldı...

Massachusetts Psikiyatri Derneği Ödül Komitesi tarafından Üstün Psikiyatrist Araştırma Ödülü aldı…

Bu ödüllerin sebebi Prof. Biederman'ın çocuklardaki "manik depresyon hastalığı" (bipolar bozukluk) üzerindeki çalışmalarıydı. Bu çalışmalar sonucu ABD'de, 1994-2003 yılları arasında çocuklara konan "manik depresyon" hastalığının teşhisleri dört kat arttı. Bu dünyayı da etkiledi. Paralel olarak çocuklar için oldukça tehlikeli ve pahalı antidepresan ilaçları kullanılmaya başlandı.

Sonuçları oldu:

Rebecca Riley (2002-2006)…

Dört yaşında Massachusetts'te öldü. Muayene sonucu küçük Rebecca'nın reçeteli ilaçların "birleşik etkilerinden dolayı" öldüğü tespit edildi. Rapora göre, günde 750 miligram "Depakote", günde 200 miligram "Seroquel"[122] ve günde 35 miligram "Clonidine" alıyordu…

Rebecca, iki yaşından beri bipolar bozukluk ve DEHB teşhisiyle ilaç tedavisi görüyordu…

Bu acı olay Amerikan kamuoyunu harekete geçirdi. Hedefteki isimlerden biri de yıllardır bu "reçeteyi" savunan Prof. Joseph Biederman idi...

-Belki de fazla çalışmaktandır.

-O mu? Taş kafalının biridir o.

Bu kadarı da fazlaydı doğrusu, taş kafalının teki olmadığım için babama dil çıkarttım. Doktor dilime baktı ve şöyle dedi:

-Durumu şimdi anladım, sakinleştirici kullanması lazım..."

122 Hollanda gibi ülkelerin sınırlarından sokmadığı bu ilaç Türkiye'de satılıyor...

Tartışmalar konuyu, akademisyen psikiyatrların federal yasaları ve üniversite yönetmeliklerini ihlal ederek ilaç şirketlerinden gizlice büyük miktarda para almalarına getirdi.

Amerikan Senatosu Chuck Grassley başkanlığında soruşturma başlattı. Bu raporu *New York Times* haber yaptı. Harvard Üniversitesi'nden Prof. Joseph Biederman ilaç şirketlerinden elde ettiği bir milyon dolarlık geliri bildirmemişti.

Prof. Biederman, ilaç şirketlerinden sekiz yılda en az 1,6 milyon dolar danışmanlık ücreti almıştı. Liste kabarıktı: Johnson & Johnson 2002 yılından 2005'e kadar Prof. Biederman başkanlığındaki araştırma merkezine 700 bin dolar vermişti ve bunun sebebi bipolar bozukluk gibi "tedavilerde" kullanılan şirketin "Risperdal" (Risperidon) ilacıydı.[123]

Gerek Harvard gerekse Massachusetts Hastanesi Prof. Biederman hakkında soruşturma açtı. Ne oldu diye sormayın; Prof. Biederman hâlâ görevlerinin başında.

Peki, asıl suçlu kim bulundu?

Rebecca Riley'in annesi Carolyn ile babası Michael işsizdi. Sosyal güvenlik yasasından yararlanıp kızlarını iki yaşında Tufts-New England Tıp Merkezi'ne götürmüşlerdi. Dikkat Eksikliği Hipetaktivite Bozukluğu (DEHB) ve bipolar bozukluk tanısı burada konmuş, reçete burada yazılmıştı.

Anne Carolyn Riley, 9 Şubat 2010'da kızının ölümünde ikinci derece cinayetten suçlu bulundu: 15 yıl içinde şartlı tahliye olasılığıyla ömür boyu hapis cezasına çarptırıldı...

Baba Michael Riley, 27 Eylül 2010'da kızının ölümünden birinci dereceden suçlu bulundu ve şartlı tahliye olasılığı olmaksızın ömür boyu hapis cezası aldı...

---

123 Bu olaydan beş yıl sonra... Johnson & Johnson, antidepresan "Risperdal" ilacını, doktor-eczacılara rüşvet verip endikasyon dışı / gerekli olmadığı halde satışını-kullanımını pompaladığı için 2,2 milyar dolar ceza aldı. Rüşvet verdiği iddia edilenlerden biri de psikiyatrist Prof. Nada Logan Stotland idi; Amerikan Psikiyatri Birliği başkanıydı!

Prof. Biederman'a inanıp, teşhis koyup, reçete yazan Dr. Kayoko Kifuji çocuk psikiyatrı olarak çalışmaya devam ediyor...

Ders alınıyor mu?

İlaç endüstrisinin son 25 yıldaki hedeflerinden biri öğretmenler ve itibariyle okullar!

Fast-food tarzıyla okullara sızdılar. Bunun ilk adımını, "DSM IV" psikolojik tanı kılavuz rehberine koydular: "Öğretmen Değerlendirme Ölçeği!" Yani... Çocuklara ilk "teşhisi" öğretmenler koymalıydı ve doktorlara yönlendirmeliydi. Öğretmenler "hasta tespit edici" oluverdi!

Washington DC'de 491 doktorun yaptığı çalışmada, kendilerine gelen çocuklardaki DEHB (dikkat eksikliği-hiperaktivite bozukluk) tanısının neredeyse yarısı ilk önce öğretmenler tarafından konmuştu! (Ki bazı ülkelerde öğretmenlere, öğrencilerin fiziksel ve mental performansı artıran "Psikostimulan" ilaçlar verme rolü yükledi.)

Hem antidepresan "Adderell" üreticisi Shire ilaç şirketi...

Hem de antidepresan "Ritalin" üreticisi Novartis ilaç şirketi...

Öğretmenler için "özel kaynaklar" (rehber kılavuz) içeren eğitim web siteleri kurdu. Novartis, "Ebeveynler sorarsa..." başlıklı bölümde, öğretmenlerin ilgili ebeveynlere verebilecekleri yanıtları yazdı:

-"DEHB için ilaç ve diğer tedaviler hakkında doktorun tıbbi tavsiyelerini anlamanın ve takip etmenin kendileri ve çocukları için önemli olduklarını açıkça belirtin. DEHB, çocuğun ilaç almasını ve uzun süre danışmanlık almasını gerektirebilecek ciddi bir durumdur. "

Shire ilaç şirketinin yıllık ücretsiz "uzmanlara sor" DEHB yardım hattı var...

Novartis ilaç şirketi ABD'de "Ulusal Okul Hemşireleri Birliği" ile işbirliği içinde 11 bin okul hemşiresine "DEHB tedavisi" hakkında bilgi içeren "kaynak seti" dağıttı.

Yazdım: ABD'de Dikkat Eksikliği Hiperaktivite Bozukluğu Olan Çocuklar ve Yetişkinler- CHADD kuruluşu var. Bu örgütün toplam gelirinin yüzde 22'sini ilaç şirketleri veriyor!

İngiltere'de Sağlık Bakanlığı tarafından kurulan Ulusal Dikkat Eksikliği Bozukluğu Bilgi ve Destek Hizmeti-ADDISS öğretmenler için eğitim programları veriyor. Bu kuruluş da Janssen-Cilag, UCB Pharma ve Eli Lilley'den fon alıyor...

Amerikan FDA'nın "şiddeti tetiklediğini" açıkladığı on ilacın beşi antidepresan ilaçlar grubundan... Şiddeti artırdığı tespitli ilaç listesinde bulunan diğer ilaçların ise çocuklarda sıklıkla yazılan ve "ilgi eksikliği" olarak tanımlanan hastalık grubu için üretilen ilaçlar olması vicdanları nasıl rahatsız etmez?

Üstelik...

National Institute of Mental Health (ABD Ulusal Ruh Sağlığı Enstitüsü) 2006 yılında yaptığı "Okul Öncesi Dikkat Eksikliği Hiperaktivite Bozukluğu" (PATS) tedavisi araştırmasında, 0-6 yaş grubunda altı yıl sonraki takipte kullanılan ilaçların şikâyetleri azaltmadığı benzeri yığınla araştırma verisi varken...

Katliamların sebebi

Antidepresanlar...

Genellikle aylar süren uzun süreli bir kullanım gerektiriyor. Çünkü etkisini haftalar sonra gösteriyor. Bu süreç bağımlılığa yol açabiliyor. Bu da özellikle gençlerde şiddet-intihar eğilimini tetikliyor.

Bu bilinmesine rağmen çocuk ergenlik çağının basit gerilimlerini mi yaşıyor, dayıyorlar ilacı![124]

Londra King's College üniversitesinin 21 bin insanın medikal kayıtlarını inceleyerek ulaştığı sonuçlara göre bazı ilaçlar...

---

124 Ah nedir bu gençlerin çektikleri: Fransa Sağlık Ajansı (ANSM), ülkede -sivilce- ergenlik/akne tedavisinde kullanılan "Diane 35" ve jeneriklerinin ruhsatlarını askıya alıp piyasadan çekti. Doğum kontrol hapı olarak da satılıyordu.

-Mani ve bipolar bozukluk potansiyeli taşımakta...
-Kemik kırılma riski iki kat yükseliyor…
-Kalp hastalığı ve felç riskini artırmakta...
-Bu ilaçlar intihar ve şiddet düşüncelerini tetikleyerek geçmişte sayısız örneği olan kıyımlara zemin hazırlıyor…

Sık sık medyada haber yer alıyor; görüyorsunuz:

Okuduğu liseyi ya da üniversiteyi silahla basıp öğrencileri-öğretmenleri katleden çocukların trajik olaylarını... Saldırgan gençlerin antidepresan kullanıp kullanmadığı üzerinde çok az duruluyor!

Biliniyor ki antidepresanlar hem kullanıldığı sırada ve hem de ilaç ani olarak kesildiğinde intihar veya düşmanca hareketler-saldırganlık gibi çok ciddi sonuçlara yol açabiliyor. Bu konuda yapılmış belgeseller var. "Public Schools: Pushing Drugs?" (Devlet Okulları: Uyuşturucu İlaçlara mı İtiliyor?) gibi...

Bazı olayları anımsatmama izin veriniz:

- 1 Aralık 1997… 14 yaşındaki Michael Carneal, üç öğrenciyi öldürdü; beş kişiyi yaraladı. Psikiyatrik ilaç tedavisi görüyordu...
- 25 Mart 1998… 13 yaşındaki Mitchell Johnson ve 11 yaşındaki Andrew Golden, bir öğretmen, dört öğrenci öldürdü; 11'ini yaraladı. Johnson, psikiyatrik ilaç tedavisi görüyordu.
- 21 Mayıs 1998… Almanya'da 15 yaşındaki çocuk, annesini, babasını ve iki öğrenciyi öldürdü; 25 kişiyi yaraladı. Psikiyatrik ilaç kullanıyordu: Prozac.
- 20 Nisan 1999… 18 yaşındaki Eric Harris ve 17 yaşındaki Dylan Klebold, on iki öğrenci ve bir öğretmen öldürdü; 24 kişi yaralandı. İntihar ettiler. Harris, Zoloft ve Luvox kullanıyordu.
- 22 Mart 2001… 18 yaşında Jason Hoffman, bir kişiyi öldürdü; bir kişiyi yaraladı. Psikiyatrik ilaç kullanıyordu: Celexa ve Effexor.

- 15 Nisan 2001… 16 yaşındaki Cory Baadsgaard 23 öğrenci ve bir öğretmeni rehin aldı. Yaralanma veya ölüm olmadı. Psikiyatrik ilaç kullanıyordu: Paxil ve Effexor.
- 26 Nisan 2002…Almanya Erfurt kentinde 19 yaşındaki bir öğrenci, 12'si öğretmen, 2'si öğrenci 16 kişiyi öldürdükten sonra intihar etti. Psikiyatrik ilaç kullanıyordu…
- 21 Mart 2005… 16 yaşında Jeff Weise, dokuz kişiyi öldürdü ve yedi kişiyi yaraladı, sonra intihar etti. Psikiyatrik ilaç kullanımı: Prozac. Aynı gün yine ABD'de Red Lake kasabasında bir lisede, genç bir saldırgan intihar etmeden önce 5'i liseli 9 kişiyi öldürdü.

Liste uzayıp gidiyor:

- 3 Ekim 2006…ABD: Pennsylvania eyaletindeki bir Amish okulunda silahlı saldırgan 5 kız çocuğunu öldürdü, 6'sını ağır yaraladı...
- 16 Nisan 2007… ABD: Virginia eyaletinin Blacksburg kentindeki Virginia Tech Üniversitesi kampüsünde bir saldırgan intihar etmeden evvel 32 kişiyi öldürdü.
- 7 Kasım 2007… Finlandiya Helsinki'nin kuzeyindeki Tuusula'da bir lisede ateş açan 18 yaşındaki bir genç, intihar etmeden önce 7 öğrenci ve okul müdiresini öldürdü.
- 23 Eylül 2008… Finlandiya Kauhajoki bölgesinde bir öğrencinin intihar etmeden önce ölüm saçtığı bir lisede 10 kişi öldü. Psikiyatrik ilaç kullanıyordu…

Liste çok uzun…

Virginia Üniversitesi, 16 Nisan 2007, 32 ölü…

Sandy Hook İlkokulu, 14 Aralık 2012, 26 ölü…

Stoneman Douglas Lisesi, 14 Şubat 2018, 17 ölü…

Teksas Üniversitesi, 1 Ağustos 1966, 14 ölü…

Columbine Lisesi, 20 Nisan 1999, 13 ölü…

Her şiddet eyleminin sebebi antidepresan yan etkisi denemez kuşkusuz. Ama ilaçların çocuklar üzerinde etkili olup olmadığı neden pek gündeme getirilmiyor?

Fransa, Almanya, İspanya, Arjantin, Brezilya, Meksika, Kanada ve ABD'de 17 yaşına kadar çocukların antidepresan kullanma oranlarıyla ilgili olarak yapılan araştırma, çocuklarda sakinleştirici kullanımın, İngiltere'de olduğu kadar hızlı olmasa da bütün bu ülkelerde de artış gösterdiğini ortaya çıkardı. İlaç kullanımının en yavaş arttığı ülkeler ise yüzde 13 ile Kanada ve Almanya idi.

Ya Türkiye?

Veri yok. Türkiye'de de son dönemde benzer toplu katliamlar-cinayetler ve intihar vakalarıyla karşılaşıyoruz. Ancak bu olayların sebepleri arasında depresan ilaçlarının kullanıp kullanılmadığına dair araştırma yok! Çünkü bu ilaçlar çok masum algısı var.

Oysa...

Bu ilaçlar mutluluk hapı değil; kimi ağır yan etkilere sahip. Uzun süre kullanılması zorunlu olan antidepresan ilaçların bağımlılık yapma riski yüksek.

İlaç kutularının içinden çıkan prospektüsü okursanız genellikle yan etki olarak kilo alımı, iştahsızlık, mide bulantısı, sürekli uyku hali, sersemlik, cinsel isteksizlik, ağızda kuruluk, kabızlık ve ishal gösterilir. Oysa yan etkileri saymakla bitmez... Amerikan FDA bile kendisini kurtarmak için 2004'ten itibaren tüm antidepresan ilaçlara "siyah kutu" uyarısının konulmasını şart koştu. Sebebi özellikle 18-24 yaşları arasındaki genç yetişkinlerin intihar eğilimi riskinin artmasıydı...

Meselenin şakaya gelir yanı yok.

Örneğin:

Prof. Dr. Canan Karatay en yakınını kaybetti:

- "Günümüzde peynir-ekmek gibi antidepresan kullanılıyor. Tabii ki işe yaradığı da oluyor ama kişiliği bozduğu, intihara sürüklediği de oluyor. Ben iki aile büyüğümü antidepresan yüzünden kaybettim. Biri abimdi, intihar etti" deyip sözlerini şöyle sürdürdü:

- "Abim depresyona girdi. Bu da normal. Normal olmayan, 'depresyon yaşıyor' diye dönemin en önemli hekimlerinin ona üç ayrı antidepresan vermesi! Bu ilaçlar onu kötü etkiledi, sonunda da intihar etti..."

26 Ocak 2013... Bayburt Üniversitesi Rektörü Gökhan Budak, ailesinin de evde olduğu sırada intihar etti. Budak, antidepresan kullanıyordu...

18 Mart 2010... Erzincan Üniversitesi Rektörü Erdoğan Büyükkasap, evde yalnızken bir not bırakarak intihar etti. Rektörün antidepresan kullandığı ortaya çıktı.[125]

Uzatmaya gerek yok, artık sıklıkla okuyorsunuz bu haberleri... İnsan şunu düşünmeden edemiyor:

İnsanoğlu büyük savaşlar gibi yıkımlar yaşamamasına rağmen intihar vakaları 1980 yılından bugüne yüzde 67 oranında neden arttı? Sebebi neoliberalizmin insanları baskılaması mı? Neoliberalizmin vahşi ilaç pazarı mı? Her ikisi de mi aslında?

Dünya Sağlık Örgütü verilerine göre bugün dünyada 40 saniyede bir kişi intihar ediyor. Türkiye'de antidepresan ilaçlarının satılmaya başlandığı 1974'ten 1999 yılına kadar intihar sayısı bin kişide 2,28 iken, 2018'de sayı binde 3,94 oldu. Sadece geçen yıl ölümle sonuçlanan 3 bin 161 intihar vakası var...

Ekonomik sıkıntı gibi birçok sebebi var kuşkusuz; ama "ilaçların yan etkisi yoktur" denemez...

Farmakoloji uzmanı öğretim üyesi Prof. Esra Sağlam, antidepresanların doğrudan beyindeki santral sinir sistemini etkileyen bir içeriğe sahip olduğunu vurgulayarak, "Antidepresanlar intihar ettirebilir. Ama her vakada suçu ilaçlara yüklemek yanlış olur" dedi. Aman ilaçların üzerine gölge düşmesin! Ne korkuttular gazetecileri, akademisyenleri?[126]

125 Eski başbakan Mesut Yılmaz'ın oğlu Yavuz Yılmaz'ın "Temporal Lob Epilepsi" tedavisi gördüğü ve ağırlaşan komplikasyonlar nedeniyle ağır stres altında olduğu için intihar ettiği açıklaması yapıldı. Hangi antidepresan ilacı kullanıyordu acaba? Bu ilacın intiharında etkisi var mıydı? Hiç üzerinde durulmadı!

126 Gerçi cesaretli olanların başına ne "çorap örülüyor." İşte... David B. Werner... Biyolog. Eğitimci... Boston Üniversitesi Halk Sağlığı Anabilim Dalı Kürsüsü'nde öğretim görevlisi. Meksika'dan Hindistan'a, İran'dan Bangladeş'e kadar birçok ülkede halk sağlığı çalışmalarında danışmanlık yaptı. Köylerde özellikle engelli çocuklar için çalışmalar yaptı. Uluslararası Halk Sağlığı Konseyi'nin kurucu üyesi oldu. *Donde No Hay Doctor* (Doktorun Olmadığı Yerde) kitabını yazdı. Gittiği ülkelerde sağlık emekçilerini örgütlemeye çalıştı; halk sağlığı enstitüleri kurdu.

Türkiye'nin önde gelen farmakoloji uzmanı Prof. Cankat Tulunay yıllardır "akıllı ilaç" konusunda çalışmalar yapıyor. Dedi ki:

-"Yapılan yeni araştırmada antidepresan kullanımı, genel popülasyonda ölümleri artırmakta. Son senelerde yapılan birçok araştırma antidepresanların iddia edildiği kadar etkili olmadığını, hafif ve orta şiddetteki depresyonlarda hiçbir etkileri bulunmadığını ve fakat ölüm dahil çok ciddi yan etkileri olduğunu ortaya koydu. 17 araştırmada antidepresanların genel popülasyondaki ölüm oranına, kalp-damar hastalığına etkileri değerlendirildi. Antidepresanlar genel popülasyonda ölüm riskini yüzde 33 artırırken, yüzde 14 yeni kalp-damar hastalığına sebep oluyordu…"

Prof. Gülümser Heper de antidepresan kullanımı tehlikesine dikkat çekenlerden:

-"Valium, Ativan, Xanax gibi ilaçların reçetelenmesi 1996 yılından 2013 yılına kadar tam üç kat artarken, yüksek doza bağlı ölümler aynı sürede beş kat arttı. Acil servislere psikiyatrik ilaçların yan etkileri nedeniyle gelen insanların oranı altı yılda dört kat yükseldi. Zira 'Benzodiazepin' grubu bu ilaçlar, yüksek bağımlılık potansiyeli yanında alkol ve diğer psikiyatri ilaçlarıyla kombine edildiğinde öldürücü potansiyeli var..."

Üstelik…

İlaçların sadece tek başlarına etkileri yok: Hangi ilaçlarla da kullanıldığı önemli. Örneğin, Ekim 2016'da FDA, vücutta morfin gibi etki gösteren "Opioid" (kodeinli ağrı kesiciler, öksürük şurupları gibi) gibi depresyon yapan ilaçların, etken maddesi "benzodiazepin" (Xanax, Rivotril, Diazem, Nervium, Ativan gibi) ilaçlarla beraber kullanılmasının çok ciddi yan etkilere ve ölüme sebep olacağını açıkladı.

İlaç hakkında açıklamaları bu kadar; daha derini yok...

Sonra başına ne geldi biliyor musunuz; kurduğu Hesperian Vakfı'nda Meksikalı çocukları taciz ettiği yalanıyla karalandı! Sınır dışı edildi. Dosya kapatıldı…

Bir kişiye o kadar çok ilaç reçete ediliyor ki; tek ilacın yan etkisinden, çok ilacın yan etkisine maruz kaldı insanoğlu!

Daha acıklısı: "Bilimsel çalışmalar" intihar vakalarına değil, intihar düşüncesi ve davranışına dikkat çekiyor! Kötü yan etkili sonuçlar ortaya çıktığında şunu diyorlar:

-"Ama onlar eski nesil antidepresanlar! Piyasaya sürülen son nesil antidepresanların yan etkileri hemen hemen yok gibidir!"

Üzüntü, değersizlik veya suçluluk duygusu gibi "depresyon vakalarında" verilen "Serzone" (Nefazodone), sarılık ve karaciğer iflasına yol açan yan etkisi sebebiyle daha yeni toplatıldı! Ki, bu antidepresanı üreten Amerikan ilaç şirketi Bristol-Myers Squibb, dünyada depresyon anketlerinin en önemli sponsoru...[127]

Yılda 20 milyar dolar kazancı olan bu küresel Bristol-Myers Squibb şirketi para vermesin de kim versin? Herhalde sonuçlar konusunda (insanları kendi bilgileri dışında veya istemedikleri halde etkileme veya yönlendirme anlamına gelen) psikolojik manipülasyon yapmıyor değil mi?

Yanıtı şöyle vereyim:

Uluslararası Psikiyatrik Epidemiyoloji Konsorsiyumu'nu kuran Harvard Üniversitesi'nden Prof. Ron Kessler'a göre, anket çalışmalarında öyle yönlendirmeci sorular soruluyor ki, bu yanıtlara göre herkes "zihin hastası" sayılıyor![128]

Avrupa Birliği İlaç Ruhsat Kurumu (EMA) daha birkaç yıl önce depresyon tedavisinde kullanılan iki ilacı ("Venlafaxin" ve "Escitalopram") test sonuçlarında manipülasyon yapıldığı için toplattı.

---

127 Squibb şirketi 1858'de Edward Robinson Squibb tarafından New York Brooklyn'de kuruldu. William McLaren Bristol ve John Ripley Myers, 1887'de New York Clinton ilaç firmasını satın aldı. Bu şirket Myers'ın ölümünden sonra 1899'da adını Bristol-Myers Corporation olarak değiştirdi. "İpana" diş macununu bunlar çıkarıyordu. İki şirket 1989'da birleşti. 2000 yılında arka arkaya mali operasyon geçirdi. *Forbes*, 2013 yılında "en iyi ilaç şirketi" seçti! Şirket karşımıza bakalım daha nerelerde çıkacak...

128 Türkiye'de ruh sağlığıyla ilgili ilk alan çalışması 1963 yılında Türkiye Akıl Hıfzıssıhhası Cemiyeti'nin yaptığı ve 10 bin kişinin tarandığı çalışmaydı. Sponsoru kimdi?

Erick Turner liderliğinde yapılan ve *New England Journal of Medicine*'de 2008'de yayımlanan araştırmaya göre; antidepresanlar üzerine yapılan araştırmaların olumsuz çıkan sonuçlarının ancak yüzde 8'i rapor ediliyor olumlu çıkanların ise yüzde 97'si yayımlanıyordu!

Prof. Irving Kirsch...

Uzmanlık alanı psikoloji...

Harvard Üniversitesi Tıp Fakültesi öğretim üyesi...

Antidepresan konusunda çalışmalar yapıyor...

Üniversitenin "Plasebo Çalışmaları ve Terapötik Karşılaşım Programı" araştırmasını yürütüyor. Yazdığı *The Emperor's New Drugs* kitabında dedi ki:

-"Antidepresan kullanımı depresyonun sonraki yıllarda tekrarlama riskini yüzde 113-280 artırıyor. Dört-sekiz hafta gibi kısa kullanımlarda bile depresyon bunu tekrarlıyor. Günümüzde depresyon görülme sıklığının en temel sebebi antidepresan kullanımıdır! Çünkü ilaç kullandığınızda depresyon hiç bitmiyor..."

Bilgi Özgürlüğü Yasası'ndan yararlanarak FDA'dan aldığı verileri incelediğinde hayatının en büyük sürpriziyle karşılaştığını belirten Prof. Kirsch, antidepresanlarla ilgili çalışmaların yüzde 40'ının yayımlanmadığını ve yayımlanmayan çalışmalarda antidepresanların yüzde 88 oranında depresyon tedavisine ciddi katkı sağlamadığının gösterildiğini belirtti.

Daha kötüsü ise yaptığı araştırmalarda...

-Antidepresanların 24 yaşın altındaki gençlerde ve çocuklarda intihar riskini yüzde 62, yetişkinlerde inme/felç riskini yüzde 50-60, hamileliğin ilk üç ayındaki kullanımda ise kadınların otistik bebek sahip olması riskini yüzde 280 oranında artırdığının ortaya çıkmasıydı.

Ayrıca ölümlere ciddi oranda katkısı vardı...

Bu tespitlerden sonra Prof. Kirsch hakkında hemen karalama faaliyeti başladı.

Bunların başında Prof. Jeffrey Lieberman vardı; Amerikan Psikiyatri Birliği Başkanı. Keza: Ulusal Bilimler Akademisi Tıp

Enstitüsü ve Amerikan Bilim İlerleme Derneği üyesiydi. Ve FDA Danışma Kurulu üyesiydi. Uzmanlık alanı psikiyatri hakkında 450 bilimsel makalesi vardı. Üniversitelerde okutulan *Psikiyatri* ve *Şizofrenin Kapsamlı Bakımı, Psikiyatrik İlaçlar ve Ahlak Bilgisi* gibi sekiz kitabı bulunuyordu. *Psikiyatrik Araştırma: İnsan Deneklerini Koruma Konusunda Kaynak El Kitabı* çalışması refarens gösterildi hep. Ayrıca... *Amerikan Psikiyatri Dergisi, Biyolojik Psikiyatri, Nöropsikofarmakoloji, Acta Psychiatrica Scandinavica, Şizofreni Araştırmaları, NeuroImage, Uluslararası Nöropsikofarmakoloji* ve *Şizofreni Bülteni* dergilerinin editörüydü! Tabii ki almadığı ödül yoktu. Böylesine koca titri olan Prof. Jeffrey Lieberman dedi ki:

-"Kirsch ideolojik ve önyargılıydı. Düşüncelerini ideolojik olarak desteklemesi için bir analiz yürütüyor ve yorumluyor. Taraflı ve insanlara zararlı bakış açısı bu! Vardığı yanlış sonucun, depresyondan musdarip olan ve antidepresan ilaçlardan fayda gören insanlara zarar vermesi muhtemel."

Şu bilgi olmasaydı, dersiniz ki "iki bilim adamının tartışması" iyidir. Ancak...

2006 yılında... 2009 yılında... 2011 yılında... 2013 yılında... "Unvan zengini" Prof. Jeffrey Lieberman hakkında *Wall Street Journal*'dan tıp dergisi *JAMA*'ya kadar ilaç şirketleriyle ilişkisini gösteren makaleler çıktı.

Türkiye de öyle; unvanı bol olanın bildiği düşünülüyor...

Prozac toplumu

"Prozac"...

İlaç devi Eli Lilly and Company tarafından 1972 yılında keşfedildi, 1986 yılında ilk Belçika'da piyasaya verildi, FDA 1987'de onay verdi; 1990'larda ünlü oldu. Kullanımı salgına dönüştü. ABD'de yıllık satışlar bir yıl içinde 350 milyon dolara ulaştı. Dünya çapında satışlar yılda 2,6 milyar dolar oldu...

"Prozac" konusunda çalışmalar yapan İngiliz psikiyatrist Prof. David Healy, "Prozac'ı iyi yapan şey, güçlü bir ilaç olması değil, iyi pazarlanmış olmasıydı" dedi.

ABD Hastalık Denetleme Merkezi'ne göre ise Avrupa'da her 100 kişiden 10'u "Prozac" kullanıyordu, Amerika'da ise her 100 kişiden 11'i... Bu insanlar 12 yaşın üzerindeki nüfustan geliyordu...

Gazeteci Elizabeth Wurtzel ilaçla yaşadıklarını ve ilacın bağımlılık yaratarak Amerikan toplumunu nasıl esir aldığını 1994 yılında *Prozac Nation* (Türkçeye de çevrilen ve hemen iki baskı yapan "Prozac Toplumu") adlı otobiyografik romanında anlattı:

-"Bir şeylerin gerçekten yanlış olduğunu biliyorum. Aldığım tüm ilaçlar -Lithium, Prozac, desipramine ve geceleri uyuyabilmek için aldığım Desyrel- hepsi, başlangıçta bozuk olan neyse, onu düzeltmeye yetmiyor. Kendimi hatalı bir ürün gibi hissediyorum, sanki banttan tümüyle bozuk çıkmışım. Sorunumun ne olduğunu bir bilebilsem…"

Hayata zeki ve başarılı "dâhi çocuk" olarak başlayan Elizabeth Wurtzel, modern psikofarmakolojinin hemen bütün "imkânlarını" nasıl denediğini, tükenmemek için nasıl çabaladığını yazdı.

Kitap birkaç ayda 120 bin sattı. Roman aynı isimle yönetmen Erik Skjoldbjaerg tarafından filme çekildi...

Antidepresan "Prozac" kötü bir sembole dönüştü: Örneğin, Lou Marinoff *Prozac'ı Bırak Platon'a Bak* isimli felsefe kitabı yazdı...[129]

---

129 Özellikle ABD'de bu saldırıları psikolojik ilaç kullanımıyla ilişkilendiren çok kitap çalışması var. Londra'da ruh sağlığı hastanesinde yıllarca çalışan Moncrieff Brentwood 2013'te yayınladığı *The Bitterest Pills* kitabı bunlardan biri. Çok kitap var:
-*America Fooled: The Truth About Antidepressants, Antipsychotics and How We've Been Deceived* (Amerika Kandırıldı: Antidepresanlar, Antipsikotikler ve Nasıl Aldatıldığımız Konusunda Gerçekler)… Yazan: Dr. Timothy Scott...
-*The Anti-Depressant Fact Book: What Your Doctor Won't Tell You About Prozac, Zoloft, Paxil, Celexa, and Luvox* (Anti-Depresan Gerçeği Kitap: Doktorunuzun Size Prozac, Zoloft, Paxil, Celexa ve Luvox Hakkında Söylemediği)… Yazan: Peter R. Breggin...
-*Medication Madness* (İlaç Çılgınlığı)… Yazan: Peter Breggin...
-*The ADHD Fraud* (ADHD Dolandırıcılığı)… Yazan: Fred A. Baughman Jr., M.D. ve Craig Hovey...
-*Surviving America's Depression Epidemic* (Amerika'nın Depresyon Salgınında Ayakta Kalmak)… Yazan: Bruce E. Levine...

Yine de 2016 yılında Prozac ABD'de 23 milyon reçeteye yazıldı. Sayının düşmesinin iki sebebi vardı:

Birincisi FDA'nın 2007'de, antidepresanların 25 yaşından küçük kişilerde intihar riskini artırabileceğini belirten kara kutu uyarısını şart koşmasıydı…

İkincisi Lilly ilaç şirketinin patenti Ağustos 2001'de sona erdiğinde jenerik ilaçların çıkmasıyla Lilly'nin satışını yüzde 70 azaltmasıydı.

İlaç şirketlerinde "oyun" biter mi? Prozac'ın patenti biterse başka bir "yol" bulurlardı...

Hedef kadınlar

Gündelik riskleri "ölümcül hastalık" olarak tanımlayanların son büyük buluşları kadınlara yönelik oldu:

-"Cinsel işlev bozukluğu hastalığı."

Öncesini biliyorsunuz:

"Viagra" (Sildenafil)… Penis sertleşmesi bozukluğuna karşı kullanılan ilaç. ABD'de ilk kez 1998 yılı mart ayında satışa sunulan ve aynı yılın eylül ayında Avrupa'da onay alan Pfizer şirketinin ilacı… Şirket sadece Amerikan pazarındaki "Viagra" satışından yılda ortalama 1,5 milyar dolar kazandı! ABD'de 2016 yılında yaklaşık 2 milyon reçeteye yazıldı.

"Viagra"nın yan etkisi kimin umurundaydı. On yıl, en yaygın yan etkileri olarak baş ağrısı, hazımsızlık, burun tıkanıklığı gibi basit etkiler söylendi. Şikâyetler zamanla çok artınca Temmuz 2005'te FDA, "nadir durumlarda görme bozukluğuna yol açabileceğini" belirtti. Ölümler yaşanmaya başlayınca Ekim 2007'de FDA, "Uzun süreli ereksiyonlar kalp krizi, inme, ani işitme kaybı yapabilir" dedi. Uyardı da ne oldu; Viagra'nın yıllık satışları 2008'de 1,934 milyar dolar

---

-*Psyched Out: How Psychiatry Sells Mental Illness and Pushes Pills That Kill* (Psikiyatri Nasıl Zihinsel Hastalık Satıyor, Öldüren Hapları Nasıl Dağıtıyor)… Yazan: Kelly Patricia O'Meara...

-*Anatomy of An Epidemic* (Salgının Anatomisi)... Yazan: Robert Whiteaker... Hepsi ilaç şirketlerinin yarattığı "yalan dünyayı" yazdı.

seviyesine ulaştı. Reklamında Brezilyalı eski ünlü futbolcu Pele'yi oynattılar!

Hedefte şimdi neden kadınlar olmasındı? Hastalığı tanımlayan sınırı ne kadar geniş çizerseniz potansiyel hasta havuzu o kadar geniş olmaz mı? Satılsın antidepresanlar, gelsin paralar...

Peki…

Kadınlarda "cinsel işlev bozukluk hastalığı" nerden çıktı?

1990'lar sonuna doğru ilaç devi Eli Lilly'ye ait çok kârlı antidepresan "Prozac" patentinin süresi bitiyordu. Daha ucuz jenerik rakiplerin ortaya çıkması yüzünden Lilly büyük gelirinden olmak üzereydi. O dönemde ilginç bir gelişme yaşandı:

Dünyanın en büyük ilaç firması Pfizer, "Viagra" hapını 1998'de çıkarıp çok kazanç elde etti.

O yıl sonunda Lilly, Washington'da "yuvarlak masa toplantısı" düzenledi. Toplantıya, on altı önemli uzman, bir grup FDA çalışanı, dört Lilly yöneticisi katıldı. Tartışmaları Columbia Üniversitesi'nden Prof. Jean Endicott yönetti; çünkü on yıldan fazla süredir bir "hastalık kabulü" için çabalıyordu.

Toplantı sonunda küçük bir tıp yayını olan *Kadın Sağlığı ve Cinsiyete Dayalı Tıp Dergisi* (*Journal of Women's Health and Gender Based Medicine*)[130] sekizinci sayısında, J. Endicott, J. Amsterdam, E. Erisson imzalı, "Regl öncesi disforik bozukluk ayrı bir klinik vaka mıdır?" başlıklı makale yayımlandı.

Olan şuydu: Pfizer "Viagra" ile nasıl erkekleri ele geçirdi ise Lilly de kadınlar için yeni bir "hastalık" yaratacaktı: Regl öncesi disforik bozukluk (PMDD).

Böylece… Kadınların âdet öncesi sıkıntıları, ciddi ruhsal dengesizlik sayılacaktı! Gelsin yeni mega market!

Amerikan Tıp Kadınları Birliği'nin resmi yayın organı da olan sağlık dergisindeki yayından birkaç ay sonra FDA "hastalığı" kabul edip ilaç tedavisini onayladı.

---

130 Dergi 1992'de yayına başladı. Sahibi, 1980 yılında kurulan özel "bağımsız yayıncılık" şirketi Mary Ann Liebert Inc., sahibi Mary Ann Liebert idi. Yayınları genellikle tıp üzerineydi.

Aslında Lilly şirketi ilaç için FDA'nın kapısını 1987 yılından beri çalıyordu. İzin 1998'de çıktı! FDA çok eleştiri aldı... Sonuçta...

PMDD yaşayan kadınlara antidepresan verilecekti. Regl öncesi yaşanan duygusal çalkantılar normal gündelik hayatın parçası değildi; bu çalkantılar psikiyatrik hastalığın var olabileceğinin emaresiydi![131]

"Bilim" desteği alındıktan sonra sıra kamuoyu ilgisine geldi. İlaç şirketi Lilly televizyon reklamlarına başladı:

-"PMS (regl öncesi sendrom) olduğunu mu düşünüyorsunuz? PMDD olabilir!"[132]

İddialarına göre PMDD belirtileri şunlardı:

Şiddetli yorgunluk-sinirlilik, depresyon ve anksiyete dahil olmak üzere ruhsal değişiklikler-konsantrasyon zorluğu-kalp çarpıntısı-paranoya ve öz-görüntü ile ilgili sorunlar- ko-

---

131 O dönem Türkiye akademi dünyasında da sıkça PMDD konusunda makaleler çıkmaya başladı:
- Müderris, İ. İ., Gönül, A. S., Sofuoğlu, S., Taşcı, S., Bayatlı, M. (1999). "Genç kadınlarda premenstrüel disforik bozukluk prevalansı", *Klinik Psikiyatri*,
- Akdeniz, F., Gönül, A. S. (2004). "Kadınlarda üreme olayları ile depresyon ilişkisi", *Klinik Psikiyatri*,
-Çetin, S. K., Akdeniz, F., Tamar, M. (2005). "Depresif bozukluk tanılı genç kızlarda adet öncesi belirti dağılımı ve şiddeti", Anadolu Psikiyatri Dergisi,
- Doruk, A., Erdem, M., Gülsün, M., Uzun, Ö., Perdeci, Z. (2009). "Âdet öncesi disforik bozuklukta mizaç ve karakter özellikleri", *Pamukkale Tıp Dergisi*,
- Tanrıverdi, G., Selçuk, E., Okanlı, A. (2010). "Üniversite öğrencilerinde premenstrual sendrom prevelansı", *Anadolu Hemşirelik ve Sağlık Bilimleri Dergisi*,
- Gençdoğan, B. (2010). "Premenstrüel disforik bozukluk ile cinsiyet rolleri ve anksiyete arasındaki ilişkiler", *Sosyal Bilimler Enstitüsü Dergisi*,
- Erbil, N., Bölükbaş, N., Tolan, S., Uysal, F. (2011). "Evli kadınlarda premenstrual sendrom görülme durumu ve etkileyen faktörlerin belirlenmesi", *Uluslararası İnsan Bilimleri Dergisi*,
- Türkçapar, F., Türkçapar, H. M. (2011). "Premenstruel sendrom ve premenstruel disforik bozuklukta tanı ve tedavi: Bir gözden geçirme", *Klinik Psikiyatri*,
- Babacan Gümüş, A., Bayram, N., Can, N., Kader, E. (2012). "Üniversite öğrencilerinde premenstruel sendrom ve somatizasyon: İlişkisel bir inceleme", *Anatolian Journal of Psychiatry* gibi... ABD çok ülkenin "bilim dünyasını" da bu derece etkiyordu...

132 "Amerikan ilaç endüstrisi ilaçlarını pazarlamak için her yıl ortalama 3 milyar doların üstünde reklam harcaması yapıyor. Bu reklamlar sadece ilaç satmakla kalmıyor, bu ilaçlarla ilgili hastalık satıyorlar! PMDD için hazırlanan alışveriş sepetli reklam, milyonlarca insana daha önce duymadıkları hastalıkları öğretmek için tasarlanmış yeni bir reklam yönteminin parçasıdır." (*Satılık Hastalıklar*)

ordinasyon anormallikleri-unutkanlık-karın şişkinliği, iştah artışı ve mide bağırsakta rahatsızlık-baş ağrısı-kol-bacak kas spazmı, uyuşma veya karıncalanma-akne, egzama ve diğer cilt hastalıklarının kötüleşmesi gibi cilt rahatsızlıkları-sıcak basmaları-baş dönmesi-bayılma-uykusuzluk-sıvı tutulması, meme hassasiyeti, idrar üretimi azalımı-vizyon değişiklikleri ve göz şikâyetleri-alerjiler ve enfeksiyonlar gibi solunum yolu şikâyetleri-ağrılı âdetler, libido azalması...

Âdet döneminde bunlardan birini yaşamayan kadın var mı?

PMDD "hastalık" mıdır, değil midir çok tartışıldı. Dünyanın en önemli üniversiteleri bile karşı karşıya geldi.

Kuşkusuz Lilly ile çalışan Columbia Üniversitesi'nden Prof. Lean Endicott, PMDD'nin psikiyatrik rahatsızlık olduğu iddiasındaydı.

Brown Üniversitesi'nden Prof. Paula Caplan ise rahatsızlığı regl öncesi sıkıntılarından ayırmak için yeterince bilimsel veri olmadığını belirten gruptaydı. "Daha kötüsü" dedi Prof. Caplan, "kadınların âdet öncesi yaşadıkları sıkıntılara tıbbi damga vurma, ıstırabın altında yatan gerçek nedenleri maskeleme riski taşıyor."

Sonuçta tartışmalar yapıladursun...

Lilly şirketi büyük reklam kampanyasıyla kadınlara ilaç satmaya başladı! Lilly ilaç ismi için -dünyanın en ünlü marka yaratıcısı- Interbrand firmasıyla çalıştı. Özü "Fluoxetine" etkin maddeli "Prozac" olan ilaç lavanta rengindeki antidepresan "Sarafem" adıyla pazara sunuldu. ABD'de ilk yıl "Sarafem" satışları 85 milyon dolara ulaştı. O yıl Lilly şirketinin tüm ilaçlarının yaklaşık 295 milyon dolarlık satış yaptığı göz önüne alındığında bu hayli iyi satış rakamıydı.

Diğer yandan...

ABD'de kanser araştırmaları yapan City of Hope in Duarte adlı klinik merkezi seks hormonlarının dengesini bozan ve meme kanserinin ilerlemesine sebep olan kimyasallar arasında "Paxil", "Seroxat"[133] gibi antideprasanların da adını verdi. Önce bu tür çalışmalar önemsenmedi. Hatta... FDA, ateş basması gibi menopoz semptomları için "Brisdelle" ilacı önerdi.

Çok geçmedi:

Yıl, 2003. "Sarafem" ilacında problemler ortaya çıkarınca Avrupa Tıp Ürünleri Değerlendirme Kurulu, "PMDD'nin Avrupa'da onaylanmış bir hastalık olmadığını, uluslararası hastalık sınıflandırmalarında yer almadığını" belirterek, Lilly ilaç şirketinin "hastalıkla" ilgili çalışmasında test sürelerini kısa tutmasını, hastaların ilacın reçetelenebileceği kişiler arasından seçilmediğini ve en kötüsü testlerin neyi ölçtüğü belli olmadığı için sonuçlarının şaibeli olduğunu açıklayarak ilacın reçete yazımını yasakladı.

Kime nasıl güveneceksiniz?

-"Zyprexa" (Olanzapin), şizofreni ve bipolar bozukluğu tedavisinde kullanılan antipsikotik... Eli Lilly şirketi 1971 yılında patent aldı. FDA onayını 1996'da yaptı. On yıl sonra ilacın etkileri görülmeye başlandı; ölümler oldu. 18 bin dava açıldı. Bazıları hâlâ sürüyor. Lilly bugüne kadar 1,4 milyar dolar tazminat ödedi. Yıl, 2009 idi. *New York Times*'ın haberine göre mahkeme, şirketin ilacın yan etkilerini küçültmek için kasıtlı bir çaba gösterdiği sonucuna varmıştı!

Türkiye'de hâlâ satılıyor...

İşte:

"Latuda" (Lurasidone)...

Şizofreni ve bipolar bozukluğu tedavisinde kullanılan antipsikotik ilaç. 2003 yılında patent aldı. FDA, 2010 yılında onay verdi. Bu ilacın yan etkileri sebebiyle de ABD'de davalar açıldı. Eli Lilly şirketine ait "Symbyax" (Olanzapine) ilacına olanlar da farklı değil... İşin ilginç yanı bu davaları açanlar

133 Bu çalışmadan yıllar önce 2001 yılında 12 yaşındaki Kara Jaye-Anne Otter intihar ettiği zaman, yedi aydır Seroxat isimli antidepresan haplarını kullanıyordu. "Bana bu ilaçların en kötü yan etkisinin soğuk algınlığına benzer semptomlar olduğu söylenmişti" diye konuştu annesi Shannon Baker.

arasında ne ABD, ne İngiltere Kanada gibi ülkelerdeki şizofreni dernekleri vardı. Çünkü ilaç şirketlerinden sürekli fon desteği alıyorlardı! Artık hiç şaşırmıyoruz.

İşte:

"Seroquel" (Ketiapin)...

AstraZeneca şirketi tarafından psikiyatri ilacı olarak 1985'te geliştirildi ve 1997'de ABD'de tıbbi kullanım için onaylandı. Ancak... Tip 2 diyabete sebep olması sebebiyle şirket 2011 yılında 28 bin kişiye 647 milyon dolar tazminat ödemek zorunda kaldı...

Amerikanlı doktorlar ABD ilaç devi Lilly şirketinin ilacı "Prozac"ı reçete ediyordu.

Avrupalı doktorlar reçetelerine GSK şirketinin ilacı "Paxil"i yazıyordu.

Etkisi konusunda hiç fark yoktu. Tek fark, paranın kimin cebine gireceğiyle ilgiliydi.

Kandırmaca olanca hızıyla sürüyor. En son... Consultation on Sexual Medicine-ICSM (Uluslararası Cinsel Tıp Danışmanlığı) "vajina sendromu" üzerinde çalışıyordu.

Bir de "huzursuz bacak sendromu" var:

"Neurontin" (Gabapentin) aslında epilepsi ilacıydı. Pfizer şirketi ilacın antidepresan olarak "huzursuz bacak sendromu" için de reçete edilmesini sağladı!

Bu ilaç ABD'de mahkeme konusu oldu. Çünkü paranın önemli bölümünü ABD'nin en büyük sigorta şirketlerinden Kaiser Foundation Health ödüyordu. Mahkemeye gittiler ve dediler ki "Pfizer yüzünden 90 milyon doları boşa harcadık!"

İddialarına göre Pfizer, hekimleri "Neurontin" kullanmaya teşvik etmek için yasadışı işler yaptı. Ayrıca insanları kandıran reklam ve pazarlama yürüttü. Asıl vahim olan ilaç yüzünden intiharlar-ölümler yaşanmasıydı...

Pfizer, 2004 yılında 430 milyon dolar, 2009 yılında ise 2, 3 milyar dolar ceza ödedi...

2009 yılında ne oldu dersiniz; FDA, "Neurontin" dahil olmak üzere bazı antikonvülsan ilaçların kullanan hastalarda intihar düşüncesi oluşturduğu için uyarı yayımladı. Bipolar bozukluğu olan hastalarda bu ilaç intihar düşüncesi oranını iki katına çıkarıyordu. Bu ilaç ABD'de 2016 yılında 44 milyon kutu tüketildi…

Yani... İnsan sahipsiz.

Küresel şirketler istediklerini yapıyor. Dünyayı parmağında oynatıyorlar.

Öte yandan İngiliz medyasında; "Sertraline" adlı antidepresan reçetesi yazılan 17 yaşındaki Reece Burrowes'ın parkta ölü bulunması gibi haberlerin sayısı artıyor…

Oysa, İngiltere'de 2004 yılından itibaren çocuklara ağır antidepresan ilaçların yazılması durdurulmak istendi. Londra Üniversitesi tarafından 2000 ile 2002 yılları arasında yapılan istatistik çalışması, İngiltere'de çocuklara antidepresan reçetesi yazılmasının yüzde 68 oranında arttığını ortaya koymuştu. Değişen bir durum olmadı.

Geçen yıl BBC'nin "File on 4" programında yayınlanan verilere göre doktorların İngiltere, İskoçya ve Kuzey İrlanda'da son üç yıldır çocuklara daha fazla antidepresan reçete yazdıkları ortaya çıktı. BBC'nin haberine göre en hızlı artış 12 yaş ve altındaki çocuk hastalarda görüldü

Antidepresanların yan etkileri ortaya çıktıkça Amerikan halkının da tepkisi büyüdü. FDA bile toplantılar yapmak zorunda kaldı. Washington Holiday Inn Otel'de Şubat 2004'te yapılan toplantıda Tom Woodward, üniversiteye giriş için endişelenen kızı Julie'ye depresyon teşhisi konulup "Sertraline" ilacı verildiğini ve bir süre sonra kızının evin garajında kendini astığını söyledi.

Evet, kuşkusuz intihara götüren sebepler çoğunlukla karışıktır. Ama "Bu ilacın etkisi yoktur" demek de mümkün değildir! Ki bu tek vaka değildi… FDA araştırmasına göre, bu tür ilaçlar sonucu intihar etme eğilimi yüzde 2 ile 4 arasındaydı!

FDA'nın hep küresel ilaç şirketleri lehine karar verdiğini bilmeyen yok! Rakamların yüksek çıkması da olası...

Görüşüne başvurulan Florida Üniversitesi'nden Mark Hudak, FDA'ya çocuklara ağır depresyon ilaçlarının verilmemesi için ısrar edenlerden:

-"Ufak tefek sağlık sorunları olmasına rağmen bu ilaçlar nedeniyle korkunç sonuçlara katlanmak zorunda kalmış insanlar var."

Çocukların yaşamları tartışılırken üretici ilaç şirketleri neyin peşinde?

Malum antidepresan "Zoloft" (Sertraline)...

Pfizer şirketinin ürünü...

FDA tarafından 1991 yılında onaylandı. 1996'da en sık reçete edilen antidepresan oldu.

"Sertraline" sadece 18 yaş ve üstü yetişkinlerde kullanım için onaylıydı. Fakat FDA 2002 yılında 6 yaşından büyük çocukların "ağır takıntılı/ OKB" ile tedavisinde kullanılmasına izin verdi. FDA'nın gerçek yüzü budur! İngiltere buna karşı çıktı...

Tartışmalar sürerken Pfizer şirketinin "Zoloft" patent hakkı 2006 yılında bitti. Pfizer o dönem bu ilaçtan 30 milyar dolar gelir elde etmişti. Artık pazara jenerik ilaçlar girecekti. Ve birden...

California'dan Laura Plumlee ve kimileri Pfizer şirketi aleyhine dava açtı:

-"Şirket bizi kandırdı. Zoloft ilacının tek bir yararını görmedik, etkisizdi. Zoloft ile yalancı hap plasebo arasında fark yok...

-"Zaten Pfizer bunu biliyordu; Zoloft ile yapılan ilk çalışmalar negatifti, hatalıydı...

-"Pfizer bilinçli olarak ilaç prospektüsünü tüketici ve doktorları yanıltacak şekilde yazdırdı. İlaç hakkında çıkan makaleler, seçilmiş datalar para verilerek yapıldı. Televizyonlarda kandırıcı reklamlar kullanıldı.

-"Pfizer haksız yere milyarlarca dolar kazandı..."

ABD'de böyle binlerce dava var. Ama…

Bu davanın özellikle zamanlaması dikkat çekiciydi:

Pfizer, ilacı hakkında şüphe uyandırarak rakiplerinin jenerik ilaçla pazara girmesini mi engellemeye çalıştı?

Çünkü bu davanın duruşmaları hiçbir zaman "Zoloft" ilacı hakkında olmadı; tek konu "zamanaşımı" meselesiydi. Ve: Dava zamanaşımı nedeniyle düştü! Bu süreçte ilacın jenerik üretimine diğer şirketler cesaret edemedi; Pfizer kasasına biraz daha para koydu...[134]

Karşınızda yine Rockefeller

Sahi… Göz göre göre neler oluyor?

20. yüzyılın başında yeni bulunan tüberküloz ilacının veremli hastalar üzerinde yaptığı mutluluk verici etkiyi gözlemleyen hekimlerden esinlenen ilaç firmaları, bu yeni tüberküloz ilacının, -insanda mutluluk, canlılık ve zindelik hissi veren- serotonini yükselten etkisinden hareket ederek, serotonin düzeyinin "depresyon" adlı hastalıkta düşük olduğu savını ortaya attı.

Antidepresan…

"Imipramin" etkin maddeli "Tofranil"in üretildiği 1951 yılına kadar bu isimde hastalık yoktu. Bu ilacın etkisinden yola çıkılarak "depresyon" adlı hastalık üretildi. Önceden "manik-depresif" / bipolar bozukluk (taşkınlık-çöküntü) ya da "melankoli" olarak adlandırılıyordu...

1951 yılında ilk antidepresan "Imipramin" üretildi ve ardından 1960'larda bir iki tane daha bulundu. Asıl şu anda çok yaygın olarak kullanılan antidepresan ilaçların yüzde 90'ı 1980'lerde ilk kez kullanıma başlandı. İlk ilaç "Fluoksetin" çıktı; "Prozac". Yıllarca çok sattı.

---

134 Konu açıldı, bir örnek vermeliyim: Patent meselesi mühim onu anladık da jenerik de önemli. Şöyle: Avrupa Birliği, antitröst yasalarını ihlal ettiği için Servier, Unichem, Mylan, Teva, Krka ve Lupin adlı beş jenerik firmaya 427,7 milyon avro ceza kesti. Çünkü: -Dünyada ikinci en büyük Fransız ilaç şirketi- Sevier'in çok satan tansiyon ilacı vardı: "Perindopril" (Coversyl). Bu ilaç -2006 ve 2007'deki yıllık satışı 1 milyar doları aşarak- şirketin en çok satan ürünü oldu. Patent süresi bitince Fransız Sevier, diğer şirketlerle anlaşarak ucuz jenerik ilaç çıkmasını engelledi! Ceza bundandı!

Günümüzde en çok kullanılan, en çok satan "Cipralex" ve "Lexapro" markası altında satılan "Essitalopram" etkin maddeli antidepresan 2002 yılında onaylandı. 2016 yılında, sadece ABD'de 25 milyon reçete edildi…

Bunlar yıllar boyu süren "bilimsel çalışmalar" sonucu bulunmuş ilaçlar değil. Üç-beş hayvan deneyi yapıldı ve ardından piyasaya sürüldü. Yirmi yıllık bir ilacın kullanımının uzun vadeli ne gibi olumsuz sonuçlar doğuracağı bilinemiyor; tahmin ediliyor… En sık kullanılan ilaçlar bunlar. Büyük risk de burada yatıyor. Ya bunların uzun vadede çok olumsuz etkileri varsa? Örnek vermek şart:

Antidepresanlar ABD sivil havacıları tarafından kullanım için onaylanmadı. Sebeplerinden biri de; ABD Ulaştırma Bakanlığı sponsorluğunda Eskişehir Gülhane Askeri Tıp Akademisi Havacılık ve Uzay Tıbbı Anabilim Dalı'ndan Ahmet Sen ve Ahmet Akın ile Oklahoma Sivil Havacılık ve Uzay Tıp Enstitüsü Federal Havacılık İdaresi'den Dennis V. Canfield ve Arvind K. Chaturvedi'ye yaptırılan çalışmaydı.

Haziran 2007'de açıklanan rapora göre, 1990-2001 yılları arasında meydana gelen 61 pilotaj hatalı sivil havacılık kazasında, pilotlarda 4 SSRI (Sitalopram, Fluoksetin, Paroksetin ve Sertralin) bulundu. Bu pilotların depresyon dahil diskalifiye edici psikolojik koşullara sahip olup olmadığı ve antidepresan kullanımının bildirilmiş olup olmadığı öğrenilemedi…

İnsanı-insanlığı kimler yıkıma götürüyor?

Okuduğunuz önceki sayfalarda 20. yüzyılın ortalarına doğru öncelikle ABD'de "tanımlayıcı psikiyatrinin" ağırlığı giderek azaldı.

Bunu sağlayan Rockefeller Vakfı oldu. Şaşırdınız mı?

"Zihinsel hijyen" olarak tanımladıkları bu tıp disiplinine, "Amerika Birleşik Devletleri'nde psikiyatri alanının gelişimi, Rockefeller Vakfı'nın hedefi ve finansmanı ile büyük ölçüde gelişti" diye destek verdiler.

-"Amerika'da psikiyatrinin üniversite bölümleri ya yoktu ya da kalitesizdi. Psikiyatri, yalnızca en ciddi zihinsel sorunların incelenmesiyle ilgilendi; daha yaygın ve ince olan zihinsel bozukluklara, bu gibi rahatsızlıkları olan kişilerin toplumla nasıl ilişkilendiğine veya beden ile zihin arasındaki etkileşime çok az önem verilmişti. Bu keşfedilmemiş çalışma alanları vakfın Tıp Bilimleri Anabilim Dalı Başkanı Dr. Alan Gregg'i büyüledi. Hem akademik hem de pratik sonuçlarla gerçek bir çalışma yapma fırsatı buldu..."

Vakıf kayıtlarına göre psikiyatriyi desteklemek için yapılan Rockefeller'ın stratejisi üç ayrı hedefi içeriyordu:

-1931-1944 yılları arasında tıp fakültelerinde psikiyatri öğretimini müfredata aldırmak,

-1940'lı yıllarda anahtar araştırma merkezleri inşa etmek,

-Hastanelere, okullara, mahkemelere ve sosyal hizmetlere psikiyatrik uygulamaları sokmak...[135]

Bir dönem Türkiye'ye de gelen Dr. Gregg neler yapmıştı:

Onun on yıl süren liderliği altında Rockefeller Vakfı, Chicago, Yale ve McGill Üniversitesi'nde Nöroloji Enstitüsü'nde psikiyatri bölümleri kurdu. Harvard, Duke, Tulane ve Washington üniversitelerinde öğretimi destekledi.

-Tarihteki ilk "psikomatik tıp" birimi 1934 yılında, aynı zamanda "liyezon" kavramını da ilk tarif eden Edward Billings tarafından Colorado General Hospital'da, "Psikiyatrik Liyezon Bölümü" ismiyle kuruldu. Bunu takiben, Massachusetts General Hospital, Johns Hopkins Hospital, University of Rochester Hospital ve New York Mount Sinai Hospital'da "psikomatik tıp" servisleri inşa edildi.

135 Bizim ülkemizde psikiyatri bölümü ilk kez Türkiye'nin ikinci üniversitesi olan Ankara Üniversitesi çatısı altında 1945 yılında açıldı. Prof. Dr. Rasim Adasal, Ankara Tıp Fakültesi Psikiyatri Kliniği'nin başına geçti. 1963 yılında ise İstanbul Tıp Fakültesi'nde yeni bir yapılanmaya gidilerek psikiyatri ve nöroloji klinikleri nöro-psikiyatri adı altında birleştirildi. Cerrahpaşa Hastanesi içinde bir psikiyatri kliniğinin açılması kararlaştırıldı. Daha sonra Cerrahpaşa Tıp Fakültesi'nin psikiyatri kliniği olacak olan yeni kliniği Doç. Dr. Ayhan Songar, Adnan Ziyalar ve Oğuz Arkonaç beraber kurmuşlardı. Sağlık Bakanlığı bünyesinde bir Ruh Sağlığı Müdürlüğü yoktu; ilk kez 1968-72 yıllarını kapsayan II. Beş Yıllık Kalkınma Planı'nda yer verildi...

Buna ek olarak, yurtdışında Maudsley Hastanesi'nde öğretim ve araştırma fonu sağlandı. Londra'da bulunan Queen's Square Hastanesi için yeni bir bina finanse edildi vs.

Böylece "psikomatik tıp"-"psikobiyoloji" teşhisi koydu: zihinsel kaynaklı problemler, beden sorunudur. Gelsin ilaçlar... Bunun "mucidi" kuşkusuz Rockefeller idi.

"Tanı enflasyonu" nereden çıktı sanıyorsunuz?

Yıl, 1952. Psikolojiyi kliniğe hapseden Rockefeller destekli Amerikan Psikiyatri Birliği (American Psychiatric Association, APA) tarafından hazırlanan *Ruhsal Bozuklukların Teşhis ve İstatistiksel El Kitabı* (*Diagnostic and Statistical Manual of Mental Disorders/DSM*) ruh hastalıkları tanımını genişletti.

Dünyada pek çok psikiyatrist bu "el kitabına" bakarak hastalarına ilaç reçete ediyor. Öyle ki:

1952'de yayınlanan ilk kılavuz-rehber kitabında 108 tanı kategorisi bulunurken, 1980 yılında yayımlanan dördüncü versiyonunda 410 tanı kategorisi vardı. 2013'teki beşinci kılavuzda tanı sayısı ikiye katlandı!

Dünyada olduğu gibi Türkiye'de de...

Hekimler-psikiyatristler, hazırlanan "hastalık çizelgesine/kılavuz kitaplara" bakıp beş dakikada teşhis koyup ilaç yazıyor...[136]

Yıllar sonra... Psikiyatristlerin "tanı çizelgelerine" göre hareket etmesi nihayet dikkatleri Amerikan Psikiyatri Birliği tarafından hazırlanan *Ruhsal Bozuklukların Teşhis ve İstatistiksel*

136 Türkiye'de 2 bin 500 psikiyatr var. Bunların yüzde 80'i psikoterapi uygulayamıyor; çünkü bu hekimler devlet hastanesinde çalışıyor. Yani hastaya 5-10 dakika ancak ayırabiliyor. Psikoterapi uygulamak için hastaya en az 45-50 dakika ayırmak gerekir. Diğer yandan ülkemizde 15 bin psikoloji mezunu var. Bunların ise sadece 700'ü klinik psikolog. Onların da hepsinin psikoterapi eğitimi yok. Dolayısıyla Türkiye'de hastaların psikoterapiye ulaşma şansları yok denecek kadar az. Dünya Sağlık Örgütü verilerine göre: Türkiye, Avrupa içerisinde nüfusuna oranla en az sayıda ruh sağlığı ve hastalıkları uzmanına sahip ülke. Avrupa Birliği'ne üye 28 ülkede, 100 bin kişiye ortalama 16,8 psikiyatri uzmanı düşerken aynı oran Türkiye'de 3,8 civarında. Buna ek olarak Avrupa Birliği'ne üye 28 ülkede 100 bin kişi başına 72,9 psikiyatri hasta yatağı düşerken aynı dönemde Türkiye'de bu oran 6,1 civarında...

El Kitabı üzerine çekti. Öğrenildi ki, bunu hazırlayan "bilim insanlarının" çoğunun ilaç firmalarıyla ciddi bağlantıları vardı...

L. Cosgrove, S. Krimsky, M. Vijayaraghavan, L. Schneider tarafından 2006 yılında yapılan "uzmanlar-ilaç şirketi ilişkisi" araştırmasına göre, Amerikan Psikiyatri Birliği'nin ilk kez 1952'de yayımlandığı ve geliştirilmiş altıncı baskısını yaptığı *Diagnostic and Statistical Manual of Mental Disorders* isimli "el kitabı"nın 170 yazarının 95'inin şizofreni ve duygu durum bozukluklarıyla ilgili ilaç şirketleriyle bağlantısı vardı!

Tiksintiyle istifa

"Balık baştan" kötü kokuyordu:

Alan F. Schatzberg…

Profesör… Stanford Üniversitesi Tıp Fakültesi Psikiyatri ve Davranış Bilimleri başkanı... *Psikiyatrik Araştırmalar Dergisi* (*Journal of Psychiatric Research*) genel yayın yönetmeni… Amerikan Psikiyatri Birliği'nin başkanı….

Depresyon konusunda yaptığı araştırmalar ve tedavisi çalışmaları birçok ulusal ve uluslararası ödülü almasına sebep oldu...

Evet, karşınızda değerli bir "bilim insanı" var, değil mi?

Hayır, karşınızda bir "tüccar" var! Şöyle:

Corcept Therapeutics Inc….

Psikiyatri hastalıklarının tedavisi için ilaçlar üreten ABD şirketi. Prof. Schatzberg, Stanford Üniversitesi'nden meslektaşı Joseph K. Belanoff ile şirketi 1998'de kurdu. Resmi belgelerde hissesini 100 bin dolar gösterdi. *Businessweek* dergisi, rakamın 6 milyon dolar olduğunu ortaya çıkardı. Paranın kaynağı neydi?

Sadece bu değil…

Kürtaj-düşük ilacı "Mifepristone"un pazar payını artırmak için Amerikan Psikiyatri Birliği başkanı forsunu kullanarak kılavuza "Depresyona iyi gelir" diye yazdırmıştı. Bunlara rağmen görevini bir müddet daha sürdürdü.

Şirketinin değerini ise 2018 yılında 275 milyon dolara çıkardı. Yani… Kılavuz kitabı hazırlayan Amerikan Psikiyatri Birliği'nin başkanı aynı zamanda ilaç şirketi sahibiydi!

Bunlar... Kolesterol yalanları gibi depresyon konusunda da neler demedi ki... "Bilim dünyasını altüst edecek buluş" diye 1996 yılında şunu söylediler:

-"İnsanlarda depresyon geni var. SLC6A4 geni bulunan kişilerde depresyona girme oranı çok yüksek!"

Yani... Depresyon kalıtsaldı ve bu riskin önüne geçmek için de "hap yutmak" lazımdı.

443 bin insan üzerinde yapılan çalışma 2019 yılında açıklandı:

-"Böyle bir gen yok!"

Harvard mezunu psikiyatrist Dr. Loren Mosher, dünyada psikoloji tarafından otorite kabul edilen Amerikan Psikoloji Derneği (APA) üyeliğinden "tiksinti" içinde istifa ettiğini açıkladı: "Psikiyatri neredeyse tamamen ilaç şirketleri tarafından satın alındı."

Dr. Mosher'i en çok rahatsız eden bu çirkin işbirliğinden ziyade, bu kirli ilişkinin psikiyatrinin uygulanışı üstündeki yıkıcı etkisiydi. Hemen her yerde hekimlerin, insanları sosyal koşulları içinde bir bütün olarak görmemeleriydi. Psikiyatrinin daha soylu bir varoluş sebebi olduğunu düşünüyordu. Toksik-zehir kimyasalların geniş çaplı ve yanlış kullanımına devam eden mesleğinde daha fazla kalmak istemediğini söyledi.

Sonra çağrı yaptı:

-"Para, politika ve bilim konularında gerçeğe dönün, her birini oldukları gibi gösterin, dürüst olun."

Her yeni "kılavuz el kitabı" çıktıktan sonra "yeni hastalıkları" hiç sorgulamadan kabul edip reçete yazanlara karşı Fransa, İtalya, Amerika Birleşik Devletleri, Arjantin, Brezilya ve Belçika'da "Stop DSM" hareketi 2011 yılında kuruldu. Hareketin öncülerinden psikiyatrist Prof. Gérard Pommier 2014'te Paris'te meslektaşlarına şöyle seslendi:

-"Günlük hayatın sorunlarının hastalığa dönüşmesinin, hatta aşkın ve matemin bile hastalığa dönüşmesinin ve sadece bizi değil kamu yararını da ilgilendiren yanlış tanıların zararını göstermeyi düşündük.

-"Hiçbir bilimsel kanıt içermeyen ve gittikçe daha karmaşık ve istilacı vahşi bir ormana benzeyen bu epidemiyolojik el kitabı ile ne öğrencilerin iyi bir eğitim alabileceğine ne de eğitmenlerin iyi bir formasyon verebileceğine ikna olduk. Şehirlerdeki doktorların ilaç dağıtıcısı ve ilaç temsilcisi rolüne indirgendiğini, çünkü her yerde hastalık gören bu el kitabının insanı korkuttuğunu düşündük. Bu politikanın bitmesi gerektiğini düşündük...

-"Geri döndürülemez yıkım riskiyle karşı karşıya olduğumuzu fark etmekte geç kaldığımız bir gerçek. Önceleri epidemiyolojiye göre hazırlanmış zararsız bir sınıflandırma, sosyal güvenlik kurumlarına ve finansal tahminlere göre bir kodlama ile uğraştığımızı zannettik. Ama bunun her türlü farklı düşünme, tedavi etme, tedavi eğilimi, araştırma yapma biçimini boğmak isteyen, hegemonyacı bir teşebbüs olduğunun farkına varılması şarttı...

-"İlaçlara karşı değiliz ve açgözlü olmasalardı laboratuvarlarla müttefik olabilirdik. Bizler makine değiliz ve bugün ruhsal acıyı açıklayan organik nedenlerin hiçbir bilimsel kanıtı yok..."

Evet, Batı'da her on kişiden birinin kullandığı bir ilaç grubu antidepresanlar... 50-64 yaş grubu insanlarda ise her dört kişiden biri kullanıyor...

Hayatın normal akışı içindeki sıradan üzüntü-kaygı yaşayan insanların hepsi, psikiyatri sektörü nezdinde potansiyel birer hasta durumuna geldi / getirildi. Oysa her insanın hayatında sıkıntılı olan bir dönemi yok mu?

Duygularımız bize yol gösteren rehber. Antidepresan ilaçlarsa duygulanım çeşitliliğimizi azaltıp bizi umursamaz ve aldırmaz bir hale getirerek; mutsuzluk, kaygı, endişe, tasalanma gibi duyguları duyumsamamızı engelliyor.

Bu olumsuz duyguların bizim için çok büyük önemi var. Örneğin çekingenlik duygusu, bizi hazır olmadan içine girerek zarar göreceğimiz durumlardan kurtarabilir. Bu ilaçları kullanarak çekingenlik duygusunu yok edenler, çok büyük zararlar görebiliyor.

Biliniyor ki duygusal çalkantıya sebep olacak birçok faktör var. İnsanları hemen "arızalı" görmek değil, dinlemek gerekiyor. Keyifli sohbet, dostluk, zihinsel doyum vs. en büyük "ilaç". İnsan para verip o "kanepeye" niye yatıyor anlatmak, rahatlamak için. Ama...

Sektörün her fırsatta sorunu "salt ilaçla yok etme dayatmasının" başka başka nedenleri var. Geleceğiz onlara…

Sonuç? Bu "hastalığın" tedavisinde ilaçların kullanılmaya başlaması 1990'larda hızla arttı, 2000'li yıllarda "rutine" girdi...

Kimi doktorların, kendilerine dayatılan kılavuzu hiç "sorgulamadan", benimsemeden, hatta bazen daha da ileri giderek büyük iştahla uygulamadan önce kendilerine şunu sormaları gerekiyor:

-"Bu rehber kitabı hazırlayanlar kim?"

-"Sürekli satılık hastalık üretenler kim?"

-Ve niye?

Mesele sadece daha çok para mı? Bu kadar basit olamaz...

Aklı tıbbileştirmek

Evet. Soru basit aslında:

Tüm bunların sebebi ne?

Psikanalizin ideolojiyle ilişkisi yok mu? Nihayetinde ideoloji neyi düşünüp neyi düşünmeyeceğimizi, neyi hayal edip neyi edemeyeceğimizi belirliyor.

Depresan, İngilizce "depression" kelimesinden geliyor; Türkçeye "buhran, bunalım" olarak çevirmek mümkün. Buhranın akli dengelere etkisine karşı kimyasal bir tampon bölge oluşturuyor antidepresan ilaçlar.

Antidepresanlar şu mantıkla görev yapıyor:

İlaçlarla, beyin hücrelerinin kendi aralarındaki ve diğer sinir hücreleriyle de iletişim kurmalarına olanak tanıyan serotonin hormonunu harekete geçirmek için veriliyor. Çünkü serotonin, insanda mutluluk, canlılık ve zindelik hissi veren hormondur…

Serotoninin az bulunmasının kişide depresif, yorgun, sıkılgan bir ruh haline sebep olduğu iddia ediliyor. Ki bu kesin değil. Kişisel ıstırapların beyinde serotonin salgısı dengesizliğinin sonucu olduğu iddiası çoktan modası geçmiş bir anlayış!

Ve:

Şunu ileri sürenler de var: İnsanın beyinsiz kalmasını istiyorlar… Bu ilaçlar birer kimyasal. Problemin kaynağı olarak beyni görüyorlar ve beyni "yola getirmek" istiyorlar! Yani beyne "format" atılıyor… Düşünün ki, beyni nasıl etkiliyor ise kişinin rüya görmesini bile engelliyor.

Pek çok soru hâlâ yanıt bekliyor. Örneğin, antidepresanlar serotonin düzeyini hemen yükselttiği halde, depresyonun düzelmesi neden haftalar sonra gerçekleşiyor, bilinmiyor!

Depresyonun sadece serotonin eksikliğiyle izah edilemeyeceği, daha karışık mekanizmaların sebep olduğu da ileri sürülüyor.

En önemlisi şu: Bu hastalık bu kadar yaygınsa, sebebi ne?

İlaçları üretenler diyor ki:

-"Bu ilaçlarla biz insanların beyinlerinde depresyona sebep olan bozukluğu düzeltiyoruz." Peki…

İnsanların beyninde bu kadar yaygın biyokimyasal bozukluk varsa, yüz binlerce yıldır atalarımız bu kadar zor koşullardan geçip bugünlere nasıl geldi?

Bin yıl öncesine göre insanoğlunun rahatı yerindeyken, antidepresyon ilaçları satışı nasıl zirve yaptı? Eğer beyindeki sorun bu kadar yaygınsa, o dönemde insanoğlu mücadele edecek gücü nasıl buldu?

Şöyle bir savunma yapılabilir: "Sorun sonradan ortaya çıkmıştır."

O zaman bunun sebebi ne? Bedeni darmadağın eden siz değil misiniz; söylesenize sebebini?

Bugün depresyon tanısı konan insanların beyninde böyle bir organik sorun olduğu ispatlanmış değil. Kısa sürede beyin böyle mutasyon geçiremez. Hele yüz yıl öncesine göre bu kadar sık görülen bir hastalığın ortaya çıkmış olması düşünülemez. Ortada bir kandırmaca yok mu?

Psikiyatr Jacques Lacan'ın şaşırtıcı sorusunu aklınızdan çıkarmayınız: "Psikanaliz bir işe yarıyor mu?"

Pensilvanya Üniversitesi'nden iki araştırmacı Joseph Mendels ve Alan Frezer 1974'te açıkladıkları raporlarında; yaptıkları araştırma ve deneyler sonucunda "Depresyon oluşumuna dair serotonin seviyesinin düşüklüğünün yeterli bir delili yoktur" dediler. Dinleyen kim? Unutuldu gitti bu çalışma... Aksine:

Antidepresanlar serotonin hormonunu artırmak istiyor. (Ki, kimi yiyecekler bunu sağlıyor ama bu konu üzerinde hiç durmuyorlar.) Böylece antidepresanlar beyinde serotonin metabolizmasını bozuyor. Bu ilaçları altı aydan uzun süre kullandıktan sonra beyin kendi kendine yeterli serotonin üretmeyi bırakıyor, "nasılsa hazırda var" diye!

İki yıl önce...

Avrupa İlaç Ajansı'na bağlı "Committee for Medicinal Products for Human Use" (CHMP) adlı kuruluş, 18 yaş altı için kullanılan antidepresanların beynin olgunlaşmasının devam ettiği çocuk ve ergenlerde zararlı olduğunu ve intihar riskini artırdığını belirtip uyarıda bulundu.

The Lancet dergisinde yer alan makale, çocuklarda ve ergenlerde kullanılan 14 çeşit antidepresanın, biri dışında hiçbirinin depresyonda etkili olmadığı gerçeğini açıkladı.

Antidepresan ilaçlardan oluşan yan etkilerin çoğu, beyin serotonin düzeyi yükseltilirken vücuttaki serotonin düzeylerinin de artmasından kaynaklanıyor. Hatta nadiren de olsa "serotonin sendromu" denen ağır klinik tablolar bile oluşabiliyor.

Sonuçta ilaç takviyesi beynin kimyasını altüst ediyor. Antideprasanlar bağımlılık yaptığında geriye dönmemek üzere beynin kimyası kökten değişiyor![137]

137 ABD'de, Trump yönetiminin "sıfır tolerans" politikası nedeniyle Meksika

Dünya Sağlık Örgütü tahminlerine göre, depresyon 2020'de hayat kalitesini bozan ve insandaki düşünme, anlama, kavrama ya da imgeleme gibi doğal zihinsel güçlerin yitimini oluşturan hastalıklar arasında birinci sırayı alacak...

Çevrenize bir bakın, son yıllarda ne çok Alzheimer hastası var. ABD'de araştırmalar yapan Prof. Turan İtil *Unutulan Beyin* kitabında şöyle yazdı: "Sentetik olarak üretilen, beyin işlevlerini değiştirerek algıda, ruh halinde, bilinçte ve davranışta geçici değişikliklere neden olan psikotropik denen ilaçların beyinde nasıl etkilere sebep olduğuna yoğunlaştık. (...) Eskiden herhangi bir ilacın beyne etki edip etmediği, ancak o insanda fiziki bir değişiklik olursa anlaşılıyordu. Yani bir insana bir ilaç verdiniz, eğer bir uyku hali oluyorsa ya da hasta birden çok uyanık bir hal alıyorsa o zaman anlıyordunuz ki ilaç beyne etki ediyor. Hormonları araştırdığımız dönemde gördük ki kişiye ister erkeklik ister kadınlık hormonu verelim, altı saatlik zaman zarfında bunun görünürde hiçbir etkisi olmuyor. Ancak bilgisayarlı 'elektroansefalografi' ile baktığımızda beyin dalgalarındaki değişikliği görüyorduk. (...) 170 ilacın beyin üzerindeki etkilerini saptadık..."

Psikiyatrist Dr. David Healy uzun yıllar Wales Üniversitesi'nde çalıştı. Hastalarına antidepresan ilaç yazdı. İlaç şirketlerine danışmanlık yaptı. Son olarak 1997'de *The Antidepressant ERA* adlı kitabı yazdı. Dedi ki:

- "Depresyona serotonin eksikliğinin neden olduğu varsayımı sonraki araştırmalarla doğrulanmadı…

- "Prozac, Paxil ve Zoloft gibi ilaçların satışını desteklemek için serotonin teorisi aşırı şekilde abartıldı. Abartıldı, çünkü şirketler harika pazarlama fırsatı doğduğunu fark etti...

- "Serotin, depresyon bağlantısı teorisi tarihin tıp çöplüğüne atılmalıdır. Çünkü bu, delilik ile mastürbasyon bağlantılı saçmalığın benzeridir..."

---

sınırında ailelerinden ayırıp, göçmen merkezlerinde tuttuğu çocuklara istekleri dışında, -beynin işlevlerini değiştirerek algıda, ruh halinde, bilinçte ve davranışta değişikliklere neden olan kimyasal madde- "psikotrop" türü antidepresan ilaçlar verildiği ortaya çıktı.

Jack Nicholson'ın başrol oynadığı akıl hastanesinde geçen *Guguk Kuşu* filmini anımsar mısınız? Gerçek olaya dayanır. Stanford Üniversitesi'nden sosyal psikolog David Rosenhan psikiyatrik tıbbi tanı ölçülerini teste tabi tutmak için 1973 yılında sahte hastalarını sağlık kuruluşuna gönderdi. Bu hastalar sadece kafalarında "pat" ya da "boş" diye sözcük duyduklarını söyleyip gayet normal davranacaklardı. Sahte hastaların hepsi akıl hastanesine yatırıldı! Filmde de Jack Nicholson sahte hastayı oynadı...

David Rosenhan hocası R.D. Laing'in sözlerini gerçeğe dönüştürmüştü:

-"Şizofren gerçek vaka değil, teoridir..."

-"Akıl hastalığının tıbbi modelleri doğru tedavi değildir..."

O halde, bile bile insanların beyni neden hasarlı hale getirilmeye çalışıldı?

Hatırlar mısınız:

12 Eylül 1980 askeri darbesinden sonra da bu bakış açısı Türkiye'ye geldi. Özellikle başta "itirafçı tutuklular" olmak üzere 2 bin 700 kişi üzerinde deneyler yapıldı. Projeye göre, devrimciler-ülkücüler "beyinlerindeki rahatsızlık" sebebiyle şiddet yanlısıydı!

Sınıfsal çelişki, toplumsal eşitsizlik filan değildi sebep, "teröristlerin" asıl sorunları "otoriter babaya isyan" idi!

Araştırmayı yapan Prof. Ayhan Songar, 1984 yılında Bursa'da yapılan 20. Nörolojik Bilimler ve Psikiyatri Kongresi'nde "Bunlar genetik olarak suçlu," dedi. Çünkü sol eğilimli teröristler ağırlıkla köy kökenliydi ve akrabalarında suçluluğun oranı yüksekti![138]

---

138 Neler demediler ki tutukluları kobay olarak kullanan Türk Mengeneler:
-Sol kanadın tersine sağ kanatta sıkı ve katı disiplin yoktu. Sol kanatta saldırganlığın hedefi devletin silahlı güçleriydi ve silahlı bir devrim amaçlanmaktaydı. Sağ kanatta ise hükümete karşı dini temele dayalı bir anayasa oluşturma ya da faşist bir düzen kurma amacı yoktu...
-Sağ ve sol kanadın aktif teröristleri arasında psikolojik, psikiyatrik ve tıbbi açıdan bir fark yoktu. Her iki grubun da özgül karakteristiği suçlu kişilikti...
-Solcuların zekâ düzeyleri yüksekti, psikopatik eğilimleri belirgindi. Sağcıların zekâları normal sınırlar içinde solculardan daha düşüktü ve daha az psikopatiktiler...

Şaşılacak değildi; "modern tıp" müfredatıyla "doktor" olanlar "davranış psikolojisi" anlayışıyla mağduru suçlama eğiliminde oldu.

ABD merkezli Amerikan Sivil Özgürlükler Birliği 2018 yılında yayımladığı raporda, 11 Eylül 2001 terör saldırılarından sonra CIA, birçok doktor, psikolog, tıbbi asistan ve hemşire ile sorgudaki zanlılardan daha fazla bilgi almayı sağlayacak ilaç geliştirmeye çalıştığını belirtti. Aslında yıllar önce yapıldı bu...

"Versed" (Midazolam) Amerika'da Hoffmann-LaRoche tarafından 1974'te patentlendi ve 1982'de tıbbi kullanıma girdi. İlk kullanıldığı yerlerden biri 12 Eylül darbesinin cezaevleri oldu! Keza... 2002-2007 yılları arasında 97 tutuklu üzerinde "Versed" (Midazolam) adlı sakinleştirici ilaç baz alınarak deneyler yapılmıştı.

İlaç ABD'deki idamlarda da kullanıldı: Arkansas'ta mahkûmlar; 20 Nisan 2017'de Ledell T. Lee, 24 Nisan 2017'de Jack Jones ve Marcel Williams, Ohio'da 13 Eylül 2017'de Dennis McGuire... Mahkûmların 10-14 dakika içinde ölmesi "ilacın başarısı" diye reklam edildi!

Yıl, 1953.

CIA Başkanı Allen Dulles, artık istihbarat faaliyetlerinin özünü "beyin yıkama" olarak açıkladı. Princeton Üniversitesi'nde yaptığı konuşmada şöyle dedi: "Hedef beyin yıkama, zihin kontrolü, ideolojiyi değiştirme ve gerektiğinde birçok Mançurya kobayı yaratabilmektir."

"Mançurya kobayı"; kendi iradesi dışında, birtakım beyin yıkama seanslarının, ilaçların veya hipnozun etkisiyle başkalarının istediği eylemleri yapanlara verilen isimdi. CIA; "zihin kontrolü" konusunda, Frank Sinatra'nın oynadığı *Mançurya Kobayı* adlı film bile yaptı.

-Her iki siyasal suçlu grubunun, olağan suçlulardan ayırt edici bir kişilik özelliği yoktu ama teröristler normal kontrol grubundan farklıydı.

Colin A. Ross *The CIA Doctors* (CIA Doktorları) adlı kitabında, Amerikalı psikiyatristlerin CIA ile yaptığı kirli operasyonları ortaya çıkardı.

Harvey Weinstein'in yazdığı *Psikyatr ve CIA* ile John Marks'ın yazdığı *Mançurya Adayını Arayış* gibi kitaplar da ABD'nin beyinle ilgili örtülü operasyonlar yaptığını ortaya koydu.

Sonuçta: Bilimin toplumsal işlevi; egemen sınıfın, toplumsal cinsiyetin, ırkın çıkarlarını korumaya çalışmak değildir. Adil bir toplum yaratılmasına öncülük yapmaktır.

Artık bu bölümü bitireyim:

ABD'de 2000 yılı başında "Disease Mongering" / "hastalık tüccarlığı" diye bir kavram doğdu. Hastalıkların tanı sınırlarını genişletme ve tedavi için pazarları genişletmek için halkın kandırıldığını açıklayan bir terim.

Medicine and Culture (Tıp ve Kültür) gibi kitaplar yazan Lynn Payer, "hastalık çığırtkanlığı" terimini kullandı:

-"Daha fazla hasta görebilmek ve daha fazla ilaç satabilmek için hastalık sınırlarını lüzumsuz biçimde genişleten ilaç şirketleridir..."

Turan İtil diyor ki: "İlk keşfedilen psikotropik ilaç olan 'Chlorpromaz'ın (Largactil, Thorazin) beyne etkisini 1954 yılında gösterdik. 1970'lere kadar LCD 25'in 'Valium', 'Librium', 'Impramin', 'Amitriptilin', 'Haloperidel', 'Molindon', 'Thiothiexene', 'Xanax', 'Sertralin'in beyne etkisini gösterdik." O halde bu tür ilaçlar neden ısrarla satılıyor! Amaç belli değil mi? Beyni uyuşturmak. ABD otoritelerinin tüm bunları bilmelerine rağmen tek yaptığı, şirketlerin kimi antidepresan ilaç etiketlerine uyarıcı "kara kutu" koymaları oldu! Bu sadece FDA'nın ilaç endüstri fonlarına bağlı olmasıyla açıklanabilir mi? Derinde ne gizli?

"Aklı tıbbileştirme" sistemini kimlerin kurduğunu biliyoruz artık. Psikanalizi "ideolojik bir aygıta" kimlerin dönüştürdüğünü biliyoruz.

Dünyada olduğu gibi Türkiye'de de "modern psikiyatri" temeli geçen yüzyılda atıldı. Ve hâlâ hiç tartışma kabul etmiyorlar. Oysa "asıl hastalık" antidepresan ilaçlar!

Antidepresanlar yeni kişilikler yaratıyor. Hızlı karar veren, çok üretken görünen, sürekli yeni projeler peşinde koşan, sürekli iş, çevre, sevgili değiştiren, çabuk sıkılan, kolay tüketen kişilikler bunlar. Yaptığını kesinlikle sorgulamayan, çevreye uymaktan çok çevreyi kendilerine uydurmak için sürekli bir zorlama içinde olan, eleştirilmeye gelmeyen, çabuk sinirlenen, çok hızlı ve pek düşünmeden, enine boyuna tartmadan harekete geçen, kolay yıkılan, yeni ve daha mükemmelini yaratabileceği hayaliyle yaşayan, yaptığı her şeyin doğru olduğunu, hiç yanlış yapmadığını sanan kişilik yaratıyor ilaç…

Bu da tüketim çarkının dönmesini kolaylaştırıyor. Kaygısız insan vahşileşiyor...

Hâlâ dayıyorlar ilacı herkese…

Ian Parker, "eleştirel psikoloji" alanında kitaplar yazan bir akademisyen. Diyor ki:

- "Psikoloji kapitalizmin egemenliğinde toplumsal kontrol aracına dönüşmüştür.[139]

Ahmet Hamdi Tanpınar modernleşmenin eleştirisini yaptığı *Saatleri Ayarlama Enstitüsü* romanında şöyle dedi:

-"Psikanaliz çıktığından beri hemen herkes az çok hastadır."

Bölümü, yıllarca Bakırköy Akıl Hastanesi'nde görev yapan psikiyatr Dr. Cemal Dindar'ın sözüyle noktalayayım:

"Hayat, psikiyatriyi döver."

---

139 Psikanalitik tedavide ücret alma dayatması ve yoğun bürokratik düzenlemeler, Naziler Almanya ve Avusturya'yı kontrol altına aldıklarında başladı. Bugün yaşamakta olduğumuz tedavi modeli budur.

Beşinci Bölüm

UYGARLIK İLACI YALANI: AŞI

20. yüzyılı icatlarıyla aydınlatan Thomas Edison dedi ki:

-"Geleceğin hekimi artık ilaç vermeyecek. Hastalarına insan bedenini, beslenmenin ne olduğunu, hastalıkların nedenlerini ve bunları önleminin yollarını anlatacak..."

Ne büyük yanılgı!

Bebeklere hâlâ aşı yapıyorlar.

Başlayabilirim.

Prof. Howard Waitzkin (d. 1945) ...

Harvard mezunu. Stanford, Boston, California ve New Mexico Üniversitesi'nde görev yaptı. İşçi dernekleri kliniklerinde gönüllü çalıştı. Şilili sosyalist lider Salvador Allende'ye halk sağlığı projesinde danışmanlık yaptı. Latin Amerika ve ABD'deki neoliberal sağlık modellerini ve sağlık emperyalizmini inceleyip altı kitap yazdı.[140]

Sağlığın nasıl, ne zaman, kim tarafından metalaştırıldığını yazdı.

- Waitzkin dedi ki: "Şaşırtıcı derecede rekabetçi ve son derece başarılı bir ABD'li işadamı (Rockefeller), kariyerinin

---

140 Hiçbiri dilimize çevrilmeyen kitapları şunlar:
-*The Exploitation of Illness in Capitalist Society*. 1974.
-*The Politics of Medical Encounters: How Patients and Doctors Deal with Social Problems*. 1991.
-*The Second Sickness: Contradictions of Capitalist Health Care*. 2000.
-*At the Front Lines of Medicine*. 2001.
-*Medicine and Public Health at the End of Empire*. Paradigm Publishers, 2011.
-*Health Care Under the Knife: Moving Beyond Capitalism for Our Health*. 2018.

ortasında dikkatini dünya çapında halk sağlığına neden yöneltti? Merak mı?"

- Waitzkin dedi ki: "20. yüzyılın başında, Rockefeller Vakfı (RF) John D. Rockefeller'ın muazzam petrol kârını (tıp, eğitim, sosyal bilimler, tarım ve doğa bilimlerinin yanı sıra) uluslararası sağlıkta önemli bir rol oynamak için neden kullanmaya başladı?"

- Waitzkin dedi ki: "Tıp ve halk sağlığı emperyalist yayılmada önemli roller oynadı. ABD'nin 20. yüzyılın başlarında emperyalist bir güç olarak ortaya çıkmasıyla halk sağlığı ve sağlık kurumları emperyalizmin birkaç kilit aracı kurumundan oldu..."

- Waitzkin dedi ki: "Kurulduğu yıl olan 1913 ile 1920 arasında Rockefeller Vakfı, Antarktika hariç her kıtada araştırma enstitüleri ve hastalık yok etme programlarının geliştirilmesini destekledi..."

- Waitzkin dedi ki: "Yaklaşık bir yüzyıl sonra neden, yazılımcı Bill ve Melinda Gates Vakfı (BMGF), küresel sağlık ve beslenme alanında (ve tarım, kalkınma, eğitim alanında) en etkili gündem belirleyici oldu?"

- Waitzkin dedi ki: "Her biri (Rockefeller ve Bill Gates), uluslararası sağlık tarihinde belirleyici bir kavşakta (20. ve 21. yüzyıl başında) ortaya çıktı. Döneminin en zengin kapitalistlerinin bu 'işlere' başlaması tesadüf mü? ABD mega filantropileri (hayırseverlikleri) dünyadaki sağlık sorunlarını ele almak için bilgi, örgüt, stratejilerin üretilmesinde ve şekillenmesinde bu kadar önemli bir rolü neden oynadı?"

- Waitzkin dedi ki: "Bu 'hayırsever kapitalizm', finansal spekülasyonlar, tekelci fiyatlandırma, işçilerin sömürülmesi, tarımsal varlıkların yok olması ve doğal kaynakların tahribatından elde edilen kârlara bağlı olan sermayeleri, 'dünyayı kurtarmanın' nasıl aracı olarak görüldü?"

-Waitzkin dedi ki: "Hem 20. yüzyılın başlarında 'modern' Rockefeller Vakfı ve hem de 21. yüzyılın başında 'çağdaş' Bill ve Melinda Gates Vakfı dar, teknoloji merkezli, hastalık kontrol yaklaşımcı uluslararası/küresel sağlık alanının kurumlarını, ideolojilerini ve uygulamalarını önemli ölçüde şekillendirdi..."

- Waitzkin dedi ki: "Rockefeller Vakfı, Gates Vakfı tüberküloz, sıtma ve en yakın zamanda ebola gibi problemleri ele almak için geniş çaplı 'dikey yönelim' devam ettirdi. Bu girişimler, genellikle (kullanılan temel ilaçlar ve aşılar için patentleri ellerinde tutan) çokuluslu ilaç şirketlerinin katılımıyla teşvik edildi…"

- Waitzkin dedi ki: "Umarım insanlar sağlık hizmetini ve sağlığı birbirine bağlayan egemen ideolojileri öğrenirler. Çünkü kapitalist sağlık hizmetleri, kapitalizmin ürettiği olumsuz sağlık sonuçları, insanlar küresel kapitalist sistemi değiştirene kadar dünyayı iyileştirmeyecektir..."

Karmaşık ilişkiler ağı

The Centers for Disease Control and Prevention (CDC)…

ABD'nin "Hastalık Kontrol ve Önleme Merkezi"…

"Aşı" denince dünyada akla gelen ilk kurum. Yapılacak aşı listesini vs. düzenliyor…

İkinci Dünya Savaşı'ndan sonra 1946'da Sıtma Kontrol Faaliyetleri Ofisi adıyla kuruldu. Kuruluşunda en büyük desteği Rockefeller Vakfı'ndan aldı. Zaten kuruluşundan önce, sıtma kontrolünde küresel etkiye sahip iki kuruluş; Milletler Cemiyeti Sıtma Komisyonu ve Rockefeller Vakfı idi.

Bu kurum, ilk yıllarında -mucidine Nobel verdikleri- DDT ile dünyayı ilaçladı! Neyse.

Coca-Cola Company'nin sahibi ve yönetim kurulu başkanı Robert W. Woodruff'un maddi katkılarıyla enstitü büyüdü. Kore Savaşı yıllarında biyolojik savaş kaygıları nedeniyle 1951'de bir Salgın İstihbarat Servisi (EIS) faaliyete geçti.

1957'de Zührevi Hastalıkları Bölümü (PHS) ve 1963'te Bağışıklama Programı/aşı birimi kuruldu.

1967'de yürürlüğe giren Ulusal Bulaşıcı Hastalık Merkezi (NCDC) oldu. Kuruluş, 24 Haziran 1970 tarihinde Hastalık Kontrol Merkezi (CDC) ve 14 Ekim 1980'den itibaren Hastalık Kontrol Merkezleri olarak yeniden adlandırıldı. Nihayet 27 Ekim 1992'de isme "ve Önleme" sözcükleri eklendi. İşte…

Yakından yaşadığınız "domuz gribi" ve "kuş gribi" gibi "salgınlar" ile mücadeleyi bu kurum yaptı.[141]

CDC Başkanı Julie Gerberding, 21 Nisan 2005'te enstitünün "21. yüzyıl sağlık tehditlerinin zorluklarıyla yüzleşmek için" yeniden düzenlendiğini açıkladı. Arkasında ABD Başkanı George W. Bush yönetimini alan "demir pençe" Gerberding, kurduğu dört koordinasyon merkeziyle biyolojik savaşa karşı kurumun etkinliğini artırdı...

Bugün, CDC'nin biyogüvenlik laboratuvarları dünyada var olan birkaç laboratuvar arasında ve örneğin dünyada çiçek hastalığının sadece iki resmi deposundan biri olarak "hizmet" veriyor! CDC'nin bu büyük dönüşümüyle 2018 mali yılı bütçesi 11,9 milyar dolar oldu. 15 bin kişi çalışıyordu artık kurumda...

Julie Gerberding koltuğa oturunca, kurumun kıdemli çalışan kadrosunda büyük kayıplar yaşandı; birçok bilim insanı kurumu terk etti. Yerlerine aşı endüstrisiyle bağlantılı kişiler geldi. Buna rağmen Gerberding, 2006'da *Time* dergisince "Yılın En İyi 100 Yenilikçisi" arasında gösterildi. *Forbes* dergisi ise 2007'de, "Dünyadaki En Güçlü 100 Kadın" arasında beşinci gösterdi. Sağlık alanındaki "hizmetlerinden" dolayı Accordia Global Health Foundation gibi kurumlardan "Global Sağlık Liderliği Ödülü" gibi birçok ödüle değer bulundu. Peki...

CDC'nin 2002-2009 yılları arasında başında bulunan Julie Gerberding enstitüden ayrıldıktan sonra nereye gitti dersiniz: Küresel ilaç şirketi Merck'in aşı bölümü başkanı oldu! Halen bu küresel ilaç şirketinin başkan yardımcılığını yapıyor...

Amerikan FDA Merck'in en pahalı "Gardasil" adlı HPV aşısını rekor sürede, altı ayda onaylayıp,[142] dokuz yaşından

141 Şu bilgiyi ekleyeyim ki, "salgınlar" sözcüğünü neden tırnak içine aldığımı anlayınız: CDC, 1984'ten 1989'a kadar Irak'a Botulinum toksini, Batı Nil virüsü, Yersinia pestis ve Dang humması virüsü dahil olmak üzere birçok biyolojik savaş ajanı gönderdiğini itiraf etti! Yani... Halk sağlığı enstitüsü altında ölümcül virüsler göndererek insanların ölmesine yol açtı! CDC, ABD'nin Irak işgaliyle daha da büyüdü...

142 Ki bu tip aşıların onayı genellikle ortalama üç yıl alıyor ve genel kabulü ek olarak beş on seneyi buluyor. Keza. Avrupa İlaç Ajansı (EMA), HPV aşı-

itibaren hem -rahim ağzı kanserini önlemek için- kız, hem de -genital siğiller sebebiyle- erkek çocuklar için rutin olarak önerip, "Hemen aşı olmazsanız öleceksiniz" kampanyasına başladığında CDC'nin başında Julie Gerberding vardı![143]

Ne tesadüf: Dünyada aşı konusunda, itibarıyla immünoloji konusunda "bir numara" kabul edilen aşı merkezi Emory Vaccine Center, Georgia eyaleti Atlanta şehrindeki CDC merkezine sadece bir dakika mesafedeydi!

CDC Başkanı Julie Gerberding küresel medya tarafından sürekli "kutsanırken", CDC'nin kıdemli bilim insanı epidemiyolog[144] Dr. William W. Thompson aynı medya tarafından "tü kaka" edildi. Çünkü Thompson, -dünyanın en çok ziyaret

larının yan etkileri konusunda Kasım 2015'te inceleme yaptı. Danimarkalı Doktor Peter C. Gotzsche (ki kendisi, *Mamografi Taraması: Hakikat, Yalanlar ve Tartışma*, *Ölümcül İlaçlar* ve *Organize Suç ve Küresel İlaç Şirketleri Sağlık Hizmetlerini Nasıl Yok Etti* kitaplarının yazarıydı) EMA incelemesini detaylı eleştirdi. Bunu sonucu, -sağlık müdahaleleri hakkındaki kanıta dayalı seçimleri kolaylaştırmak amacıyla tıbbi araştırma bulgularını organize etmek üzere oluşturulmuş İngiliz kuruluşu- "Cochrane"den 2018 yılında kovuldu. Güya Gotzsche, uzun süredir tıp kültürünü baltalayan ve yardım kuruluşunun çalışmasına, itibarına zarar veren yıkıcı - uygunsuz davranış içindeydi! Gotzsche de, "Cochrane'in işbirliği, açıklık, şeffaflık, hesap verilebilirlik, demokrasi ve ilaç endüstrisiyle yakın ilişkisinin örgütün temel değerlerini artık aşındırdığını" belirtti. Yani... Türkiye'de sorgusuz uygulanan HPV aşısı Avrupa'da böyle tartışmalara sebep oldu. Olmaya devam ediyor.

143 "Gardasil" adlı aşının Türkiye'de rutin aşı takvimine alınması yönünde lobi yürütüldü. Başardılar. Aşı Türkiye'de de satılıyor. Oysa Japonya'da 3,28 milyon kişi bu aşıyı kullandı ama Japon hükümeti 2013 yılında, "rahim ağzı kanseri aşılarının artık 12 ila 16 yaş arası kızlar için tavsiye edilmemesi gerektiğini" bildirdi. "Gardasil" konusunda laboratuvar testlerini yapan patalog Dr. Sin Hong Lee, "Bu (alüminyum bulunan sentetik DNA) vücudu yıkıma götüren biyolojik silahtır" dedi.

Küresel dev Merck, 3,2 milyarlık pazarı bulunan ilacı "Gardasil"in 24-45 yaş arası kadınlarda prekanser ve dış genital lezyonları yüzde 91 önlediğini iddia etmesine rağmen, Amerikan FDA, kanser aşısının 27-45 yaş arası kadınlarda kullanılmasına izin vermedi!

Dünyada büyük tartışmalara sebep olan "Gardasil" hakkında bilgi sahibi olmak için konuyla ilgili iki belgesel filmi izlemenizi öneririm: Biri, bu aşının Danimarka'da sakatladığı kız çocuklarından yola çıkılarak ve diğeri ise İrlanda'da aşının yarattığı kalıcı nörolojik bozukluklar nedeniyle ailelerin inisiyatifiyle başlatılan kampanyadan hareketle çekilen belgesel...

144 Epidemiyoloji, toplumdaki hastalık, kaza ve sağlıkla ilgili durumların dağılımını, görülme sıklıklarını ve bunları etkileyenleri inceleyen tıp bilimi dalıdır. Sağlığı geliştirmek ve hastalıkları azaltmak için sağlık bilgilerini toplamak, yorumlamak ve kullanmak, bu bilim dalının amacıdır.

edilen sağlık haberleri web sitesi- naturalnews.com'a[145] aşı-otizm bağlantısının üstünün CDC tarafından kapatıldığını itiraf etti:

-"Benim adım William Thompson. 1998'den beri çalıştığım CDC'de kıdemli bilim insanıyım. *Pediatri* dergisinde yayımlanan 2004 tarihli makalede istatistiki olarak önemli bilgileri ihmal ettiğime pişmanım. 36 aydan önce (kızamık, kabakulak, kızamıkçık) MMR aşısı alan Afrika kökenli Amerikalı erkeklerin otizm açısından yüksek risk altında olduğu ihmal edildi. Veriler toplandıktan sonra hangi bulguların raporlanacağına dair kararlar alındı ve son çalışma protokolünün takip edilmediğine inanıyorum... Artık otizmli çocuk aileleriyle tanıştığımda çok utanıyorum, çünkü sorunun bir parçası oldum..."

Sonrası malum:

Aşı-otizm konusunda medya, büyük küresel ilaç şirketlerin yönlendirmesiyle Dr. William Thompson'a değil, "aşı ile otizm arasında hiçbir ilişki yoktur" diyen Danimarkalı Paul Thorsen'e güvendi. Oysa...

Şirketlerden 2 milyon dolar hibe alan Thorsen bir psikiyatr idi! Big Pharma/büyük küresel ilaç şirketleri için aşı-otizm bağlantısını silmeye çalışan "Otizm Çalışması" ile herkesi kandırdı!

CDC ise Thorsen'i "anıtsal keşif yapan dâhi" olarak gösterdi dünyaya! Thorsen, aşı yanlıları tarafından referans gösteriliyor...

Öte yandan... CDC tarafından örtbas edilen aşı-otizm bağlantısı 2016 yılında "Vaxxed: Örtbastan Felakete" adlı belgesele konu oldu. Belgesel konusunu *Saklı Seçilmişler* kitabımda ayrıntılı yazdığım için geçiyorum...

145 Michael Allen "Mike" Adams tarafından kurulan naturalnews.com dünyada en çok tartışılan haber sitesi. Gıda-beslenme-ilaç konularında alternatif makaleler yayınlayan bu site ilaç firmalarının ve günümüzdeki akademisyenlerin bir numaralı hedefi olmayı sürdürüyor... Diğer yanda "Gardasil" sorununu gündeme getirip takdir kazanan da bu siteydi... Adams'ın, Michael Jackson, gazeteci (Başkan Bush'un basın danışmanı) Tony Snow ve televizyon habercisi Tim Russert'ın ölümleri hakkında yazdığı makaleler çok konuşuldu. Özellikle Russert'ın ani kalp krizi, akla Mustafa Koç'un ani-zamansız ölümünü getiriyor...

Elinizdeki bu kitapta anlatmak istediğim; aşının yararı-zararından çok, aşının ekonomi-politiği. Bu anlaşılırsa tartışmanın temeli sağlam olur. Çünkü şu gerçeğe kimse gözünü kapatamaz. British Columbia Üniversitesi'nden Prof. Lucija Tomljenovic'in sözleri çok çarpıcı:

-"Aşı üreticileri, ilaç şirketleri ve sağlık otoriteleri aşılara dair birçok tehlikeyi bildikleri halde halktan sakladılar. Bu bilimsel sahtekârlıktır ve suç ortaklığı, bu uygulamanın bugün de devam ettiğini gösteriyor..."

Aşı önemlidir. Aşıyı her yönüyle tartışmalıyız.

"Bilim", "modern tıp" laflarıyla hakikatin üstünü örtmek isteyenlerin -"aşı karşıtı yobaz dinciler" gibi ileri sürdükleri absürt gerekçelerle- oyununa gelmemek lazım... Bilmek şart:

Rockefeller aşısı

20. yüzyılda sarıhummadan başlayarak bir yüzyıl boyu Rockefeller aşı kampanyaları yaptı. 21. yüzyılda öncü görevini Bill Gates'e bıraktı...

Önce yüzyıl başına dönelim:

William Crawford Gorgas (1854 - 1920)...

ABD ordusu doktoru.

İspanyol-Amerikan Savaşı'nın 1898'de sona ermesiyle Havana'da görevlendirildi. Ardından Florida ve Panama Kanalı'nda görev yaptı. Karşılaştığı tek sorun sarıhumma ve sıtmaydı. Gölet ve bataklıkları kurutmak zaman ve emek alıyordu; bunun bir ilacı bulunamaz mıydı?

Rockefeller'ın kapısını çaldı. El sıkıştılar, birlikte çalışacaklardı. Virüsü bulup aşıyla bedende yok edeceklerdi...

Dr. Gorgas, 1909 yılında seçildiği Amerikan Tabipler Birliği başkanı olarak Rockefeller'da araştırma bölümünü idare edecekti. Fakat Birinci Dünya Savaşı çıkınca ordusuyla savaşmaya gitti. (Kenan Evren, Gülhane Askeri Tıp Akademisi'nin [GATA] açılışında askeri tabiplere ne demişti: "Önce asker, sonra doktorsunuz!")

Rockefeller aşı çalışmasını bırakmadı. Kurduğu Uluslararası Sağlık Bölümü (IHD), 1915'te sarıhumma ve sıtmanın araştırılmasını, yok edilmesini en öncelikli mesele yaptı. O yıllarda IHD, bütçesinin yarısını sarıhumma aşısının geliştirilmesi programlarına harcadı. Bu fon ayrıca geniş ve etkili araştırma laboratuvar ağı kurulmasını ve bireysel burslara katkı sağladı.

On yıl sonra 1925'te sarıhumma aşısı New York'taki Rockefeller Enstitüsü'nün[146] laboratuvarlarında vakıf çalışanı Japon bakteriyolog Hideyo Noguchi tarafından geliştirilip test edildi. Afrika'da denediler...

Vakıf çalışanı Max Theiler, 1936'da geliştirdiği aşıyı bir yıl sonra Brezilya'da denedi. 1951'de Nobel Ödülü verildi. Bir virüs aşısının gelişimi için verilen ilk Nobel Ödülü idi. Theiler öldüğü 1972 yılına kadar vakıfta çalıştı...

ABD hükümeti İkinci Dünya Savaşı'nda Rockefeller Vakfı'ndan Amerikan ve İngiliz askeri personelinin aşılarını koordine etmesini istedi. Sekiz milyon doz aşı uygulandı ama fayda etmedi; 80 bin asker hastalandı, 81'i öldü. Savaştan sonra vakıf, 34 milyon doz aşıyı ABD Kamu Sağlığı Servisi ve diğer uluslararası kurumlarla dünyaya dağıtmaya devam etti.

Bu arada Rockefeller Vakfı bilim adamları 1947'de başka virüs keşfetti: Zika.

"Rift Valley Fever", "Mengo ensefalomyelit", "Semliki Ormanı" gibi virüsleri keşfettiler. Çaresi aşıydı kuşkusuz...

Aşının büyük kampanyaya dönüşmesi ABD'de gerçekleştirildi.

Tarih: 4 Şubat 1976.

New Jersey Fort Dix karargâhında 19 yaşındaki David Lewis adında genç asker beş kilometrelik zorunlu yürüyüşe katıldı, birden yığıldı ve öldü. Ardından 19 asker hastaneye kaldırıldı. Açıklama yapıldı:

146 Enstitü 1965 yılında -biyolojik ve tıbbi bilimlere odaklanan ve doktora ile doktora sonrası eğitim sunan- Rockefeller Üniversitesi olarak adlandırıldı. Toplamda 36 Nobel Ödülü aldı. Hepsi biyokimya dalında verildi! Hep yazarım, nerede Nobel Ödülü varsa kuşkuyla yaklaşmak şart...

- Asker David Lewis ve dört hastanın rahatsızlık sebebi "di Justo" adı verilen domuz gribinin bir şekliydi.

Birden Amerikan medyası aynı anda yayına başladı:

-Dünya yeni bir kıyametle karşı karşıyaydı. 1918 yılında olduğu gibi "İspanyol gribi" salgını milyonlarca ölüme sebep olacaktı. Sadece ABD'de yarım milyon insanın hayatını kaybedeceği şeklinde haberler halkta panik yarattı. İnsanlar korku içindeydi.

ABD Hastalık Kontrol ve Önleme Merkezi - CDC Başkanı David Sencer, on gün sonra bu kıyameti önlemenin tek yolunu açıkladı: "Herkes aşı olmak zorunda!"

Üstelik ABD nüfusunun en az yüzde 80'inin aşılanmasının şart olduğu belirtildi. Ardından...

Önce ABD'de Ulusal Domuz Gribi Bağışıklama Programı, "acil durum yasasıyla" 5 Nisan'da yürürlüğe girdi. Meclis Ödenekleri Komitesi, domuz gribi aşılama programı için 135 milyon dolar verilmesine karar verdi.

Ah ne şans... İlk etapta 200 milyon doz aşı için domuz gribi aşısı üreticisi Merck ilaç şirketi "kutsal göreve" hazırdı!

Bu arada ABD'de 2 Kasım'da başkanlık seçimi vardı. Başkan Gerald Ford seçimi kazanmak için aşı kampanyasından yararlanmak istedi. Basın toplantısı yapıp "aşı olması" için halka çağrıda bulundu. Kendisi Beyaz Saray'da aşı oldu...

Öyle propaganda yaptılar ki, ABD aşı kampanyası ilk kez yalnızca hastalığın önlenmesi adına değil, "vatan güvenliği" için yapılıyordu! 45 milyon kişi aşı oldu...

Ya sonra... Korkulan salgın olmadı. Gripten sadece bir kişi, asker David Lewis öldü; diğer hastalanan askerler iyileşti. Ancak... Hiç beklenmedik bir durum ortaya çıktı: 24 kişi -bir nörolojik hastalık olan- Guillain-Barré sendromundan[147] hayatını kaybetti! Ölümler kısa sürede 450'ye ulaştı. "Domuz gribi aşısı olan her 100 bin kişi için, GBS ölüm vakası yaklaşık

147 Guillain-Barré sendromu, sinir sistemiyle ilgili bir sorun. Bu hastalık kas zayıflığına, refleks kaybına, kollarda, bacaklarda, yüzde ya da vücudun diğer kısımlarında hissizliğe ya da karıncalanmaya neden oluyor. Guillain-Barré sendromu (GBS) felce ve ölüme sebep olabilir.

bir kişi olabilir" açıklaması yapıldı. Bu tür açıklamaların hep aşılama bittikten sonra yapılması gelenek oldu!

Tüm bedenleri tek beden yapmanın yanlışını dile getiren oldu mu? Olsa da sesi duyulmadı...

Kurnazlık, beceriksizliğin sebebidir: Kampanyasını aşı üzerine kuran Gerald Ford yenilgiye uğradı; koltuğunu Jimmy Carter'a bıraktı. Bir yenilen daha vardı; başkan yardımcısı Nelson Rockefeller![148]

Sadece ABD değil...

Bu arada aşı mağdurları sayısı arttı; 11 ülkede soruşturma başlatıldı. CDC Başkanı David Sencer 16 Aralık'ta aşılama programının bir aylık askıya alındığını açıkladı. Aşı kampanyasını bir daha ağzına alan olmadı...

Unutmadan ekleyeyim: 1976'daki aşı mağdurlarının açtığı davalar yıllar sonra sonuçlanmaya başladı; insanlar büyük miktarda tazminatlar kazandı. Bunun sonucu ne oldu dersiniz; Carter'dan sonra başkan olan Ronald Reagan, Milli Çocuk Aşısı Zararı Kanunu'nu (National Childhood Vaccine Injury Act NCVIA) çıkarttı; zarar görenlerin aşı firmalarına dava açmaları yasaklandı!

Fakat... Ulusal Aşı Yaralanması Tazminat Programı (VICP), kişilerin tazminat için dilekçe vermelerine izin verdi. 1988'den beri VICP'ye 20 bin 728 dilekçe verildi. Bu 30 yıllık süre zarfında kurum 4,1 milyar dolar tazminat ödemek zorunda kaldı.

Ne oldu? Aşı kampanyalarından vaz mı geçtiler?

Çocuklara aşı kampanyaları özellikle 1980'lerden sonra küresel boyuta ulaştı.

Rockefeller aşı kampanyasını dünyaya yaydı...

Bunun öncüsü 1984 yılında İtalya'daki evi Bellagio'da düzenlediği uluslararası konferansla Rockefeller Vakfı oldu.[149]

---

148 1976 aşı kampanyası "reformation.org" adlı sitede "Rockefeller, Ford Başkanı Aşıladı" başlıklıyla konu edildi. Bu yazıya ulaşmam mümkün olmadı; yayından kaldırılmıştı!

149 Rockefeller İtalya'ya 1925 yılında girdi. Sıtmayı önlemek için İtalyan Alberto Missiroli ve Amerikan Lewis Hackett'in yönettiği "Antimalarial Mücade-

Bellagio toplantısı, bu işle görevlendirilen Dünya Sağlık Örgütü Genişletilmiş Bağışıklama Programı'na (Expanded Program on Immunization - EPI) yüzlerce milyon dolarlık fon sağladı…

Kimi ülkelerde "haydi çocuklar aşıya" dönemi başladı… Üstelik ücretsizdi…

Rockefeller "elçisi" Prof. İhsan Doğramacı'nın isteğiyle Cumhurbaşkanı Kenan Evren-Başbakan Turgut Özal ikilisi, 11 Eylül 1985 tarihinde Türkiye'de ilk kez "aşı kampanyası" yaptı. Kampanya sonucu 0-5 arası beş milyon çocuğa difteri, boğmaca, tetanos, kızamık, çocuk felci aşısı yapıldı.[150] Çabalarından dolayı Semra Özal'a New York'ta ödül verdiler![151]

1980'lerde "aşının yıldızı" parlatıldı. Kimse sormadı ki, yüz yıldır bu aşı mücadelesi nasıl başarıya ulaşmadı? Amerika'daki tıp ve kapitalizm ilişkisine değinen E. Richard Brown, *Rockefeller Medicine Men* kitabında şu tespiti yaptı:

-"Amerika Birleşik Devletleri'nde tıp aynı zamanda şirketlerin daha büyük ekonomiye hâkim olmaları için büyüdü. Kurumsal kapitalizm geliştikçe, ilaç gibi toplumdaki pek çok sektör-kurum değiştirildi..."

---

le İçin Deneysel İstasyonu" kurdu. "İstasyon" kısa süre sonra Avrupa'daki sıtma mücadelesinde ana referans noktası haline geldi. Üç yıl sonra 1928'de, faşist Benito Mussolini hükümeti işbirliğiyle İtalya'daki ana hijyen enstitüsü Istituto Superiore di Sanita'yı (Halk Sağlığı Enstitüsü) kurdu. 1946'da, İtalya Hijyen ve Sağlık Yüksek Komisyonu'nu (mevcut sağlık bakanlığına eşdeğer), BM Yardım ve Rehabilitasyon İdaresi'ni (UNRRA) ve Marshall Planı Yardımı kapsamında Anti-Anophelic Mücadele için Bölgesel Otoritesi'ni (ERLAAS) finanse etti.

150 1985'e kadar aşılara başlama yılları şöyleydi: Çiçek (1930), difteri, boğmaca (1937), verem aşısı BCG (1952), ağızdan çocuk felci Oral Polio (1963), difteri, boğmaca, tetanos DBT (1968), kızamık (1970)... Arkası gelecekti tabii…

151 Türkiye gibi üçüncü dünya ülkelerinde aşı kampanyaları düzenlenirken, aynı dönem ABD-CIA Nikaragua'da Somoza diktatörlüğünü deviren devrimci Sandinista iktidarını yıkmak için özellikle sağlık reformuyla çocuk ölüm oranlarını azaltan, herkese bedava sağlık hizmeti sunan devletin sağlık merkezlerini bombalayarak binlerce çocuğun ölmesine sebep oldu. *Washington Post* şu manşeti atıyordu: "(CIA destekli) Kontralar Acıtarak Yerden Vurmayı Öğrendi." Demek ABD merkezli aşı kampanyalarından şüphelenmeyelim, öyle mi?

Bayrağı başka zengin devraldı

Rockefeller çocukları aşılama konusunu kurumlaştırmak istedi.

Yıl 1990. Çocuk Aşı Girişimi (The Children's Vaccine Initiative-CVI), BM Kalkınma Programı (UNDP), BM Çocuklara Yardım Fonu (UNICEF), Dünya Sağlık Örgütü, Dünya Bankası ve Rockefeller Vakfı tarafından kurulup hayata geçirildi...

Rockefeller Vakfı kayıtlarında bu çalışma için ilk dönemde ödenen paraların belgesi var:

-"CVI'nın ana sponsoru olan Rockefeller Vakfı, hedefine önemli bir finansal katkı yaptı. 1994'te ve 1995'te, gelişmekte olan ülkelerde çocuk aşı araştırma programlarını desteklemek amacıyla sırasıyla 1,3 milyon ve 1,2 milyon dolar tahsis etmiştir..."

Aşı işi "üç-beş kuruş" verilerek dünyaya yayılamazdı. Küresel patronlar aşı yoluyla "hayır yapma" kuruluşları meydana getirirken şans yüzlerine güldü!

Ne tesadüf ki...

Dünya aşının "ne derece önemli" olduğunu 1997'de Hong Kong'da baş gösteren "küresel felaket" H5N1/kuş gribi "salgınıyla" anladı! Tabii ki ortada felaket filan yoktu; 18 kişi hastalandı, sadece altısı hayatını yitirdi.

Küresel medyanın devreye sokuluşuyla virüs dünyanın ilgisini bir konuya çekti:

-Aşı olmazsak ölürüz...

-Aşı candır, hayat kurtarır...

Ülke hükümetleri aşı üreticisi küresel ilaç şirketleriyle acilen olası salgınları önlemek için masaya oturdu; anlaşmalar yapmaya başladı. Aşı talebi patladı; ilaç piyasası canlandı...

Patent korumasının desteğini alarak aşı pazarının şekillendirilmesi, özel sektör için uygun hale getirilme süreci başladı. "Aşı patentlenince" 1998-2001 yılları arasında kimi ülkeler geleneksel aşıları üretmeyi ya azalttı ya da tamamen bıraktı! Türkiye'ye de o dönem bıraktırdılar aşı üretimini...[152]

---

152 Çiçek aşısını 19. yüzyılda Avrupalılara öğreten; dünyada ilk tifüs aşısını bu-

Aşı pazarı büyüyordu...

Aşı kampanyacıları da büyüyecekti…

Rockefeller Vakfı 1999 yılında Bellagio'daki merkezinde Dünya Bankası, Bill & Melinda Gates Vakfı, DSÖ ve UNICEF'in kıdemli kadrosuyla yuvarlak masa toplantısı yaptı. Yeni bir kuruluşun hayata geçmesine karar verdiler: Küresel Aşı İttifakı (Global Alliance for Vaccines and Immunization- GAVI)…

Aşının öncülüğü Rockefeller'dan Gates'e geçti…

Bill Gates'in babası avukat William H. Gates bu projeyle ilgili yalnız olmadıklarını söyledi:

-"Rockefeller Vakfı'ndan aldığımız ilhamla vakfımız, bir GAVI enstrümanı olan Çocuk Aşıları Global Bütçesi'ne 750 milyon dolarlık katkıyı taahhüt ederek GAVI'yi başlatmıştır. (...) Öyle görünüyor ki, döndüğümüz her köşede Rockefeller ailesini görüyoruz. Hatta bazı durumlarda onların çok ama çok uzun zamandır zaten orada olduğunu fark ediyoruz..."

2000 yılı başında…

Bill & Melinda Gates Vakfı, Dünya Sağlık Örgütü, UNICEF, Dünya Bankası, Uluslararası İlaç Üreticileri Federasyonu (IFPMA) ve Rockefeller Vakfı "aşı ittifakı" kurduklarını dünyaya duyurdular...[153]

Amaçları aşıya olan talebi artırarak insanın yaşamasını sağlamaktı. Fakat Bill Gates, TED konferansında yaptığı konuşmayla kafaları karıştırdı:

-"Bugün dünyada 6,8 milyar insan var. Bu yakında dokuz milyara çıkacak. Şimdi yeni aşılar, sağlık bakımı, üreme

lan, Kurtuluş Savaşı'nın zor dönemlerinde aşı üreten Türkiye'de, 12 Mart 1971 askeri darbesiyle tifüs aşısı üretimine ve 12 Eylül 1980 askeri darbesiyle çiçek aşısı üretimine son verildi! AB "uyum" sürecinin ilk adımı Gümrük Birliği'ne girerek 1996'da kuduz aşısı, 1997'de BCG aşısı ve 1998'de toptan aşı üretimine son verildi! Aşılar ülkemizde sadece ithalat yoluyla temin edilmeye başladı. Aşı ithaline 2016 yılında 300 milyon dolar ödendi. Aşı kampanyasının ekonomik yönü hiç gündeme getirilmedi.

153 2014'ten itibaren adı "GAVI Alliance" oldu. GAVI CEO'su Seth Franklin Berkley, *Time* dergisi tarafından 2009'da "Dünyanın En Etkili 100 Kişisi" arasında yer aldı. *Fortune* dergisi 2010 yılında, Berkley'i "Küresel Vizyoner" seçti. Berkley'in önceki görevinin Rockefeller Vakfı'nın Sağlık Bilimleri Müdürü olması da tesadüf!

sağlığı hizmetleri konusunda gerçekten harika bir iş çıkarırsak, bunu yüzde 10 ya da 15 oranında azaltabiliriz."

Aşılar ölümleri azaltarak nüfusu artırmak gayesiyle yapılmıyor muydu? Aşıyla nüfusu azaltmak da neydi? Kadınları kısırlaştırmak mı?

Biliniyor ki: GAVI ortakları Dünya Bankası parasıyla 1970'lerde "Üreme Düzenlemesi Aşıları İşbirliği" adı altında bir araya geldi.

Ortalama günlük bir milyon ziyaretçinin takip ettiği Hollandalı *ThePostOnline* yazarı Jurriaan Maessen'in haberine göre, bu işbirliği grubu birçok araştırmalar yaparak kısırlık aşısı üretimini koordine etti. Sperm ve yumurta engelleyici aşılar üzerinde çalışıp bir anti-hCG[154] aşısı üretmekte başarılı oldular. David Rockefeller, 1989'da Yeni Delhi'deki Ulusal İmmünoloji Enstitüsü'ndeki benzer çalışmaları finanse edenler listesinin en başındaydı...

Komplo teorisi mi?

İngiliz BBC, 1995 yılında "The Human Laboratory" (İnsan Laboratuvarı) belgeselinde, Filipinli kadınların aşı sonucunda nasıl kısırlaştığını belgeledi. Tetanos aşısıyla hCG'nin insana taşınması sonucu kadınlar kısırlaştırılmakta ve hamile kadınların çocuğunu düşürmesi sağlanmaktaydı! Kısırlık aşılarının başarıyla gerçekleştirilmesinden sonra, hCG aşıları birçok üçüncü dünya ülkesinde kullanılmıştı...

Gazeteci Daniel Taylor'ın *Global Research* haber portalına 4 Eylül 2007 tarihinde yazdığı "Dünyayı Aşılayın: Gates&Rockefeller Küresel Nüfus Azalımı İstiyor" başlıklı makalesi benzer "aşıyla kısırlaştırma" üzerineydi... Uzatmayayım.

Beyaz Saray'da aşı toplantısı

Biz GAVI'yi unutmayalım...

Tarih: 2 Mart 2000.

ABD Başkanı Bill Clinton'ın çağrısı üzerine dört büyük aşı/ilaç üreticisi, yeni piyasaya sunmakta oldukları "eserlerini"/ aşılarını tanıtmak üzere Beyaz Saray'a davet edildi.

154 hCG testi, kan veya idrardaki HCG (Human Chorionic Gonadotropin) hormonunun seviyesini ölçer.

Küresel ilaç şirketleri Başkan Clinton sevindirecek kararlarını açıkladılar: Dünyada aşı kampanyası yapacaklardı ve işe GAVI üzerinden yapacakları 150 milyon dolar bağışla başlayacaklardı…

Bu kadar değildi…

-Merck şirketi, Hepatit B hastalığına karşı 5 milyon doz Recombivax HB üretecekti...

-American Home Products (Wyeth) şirketi (ki Pfizer tarafından daha satın alınmamıştı), 10 milyon doz Hib aşısı üretecekti...[155]

-SmithKline Beecham şirketi (ki Glaxo ile henüz birleşmemişti), sıtma aşısı geliştirmek için araştırmalarını genişletecek, Lenfatik Filariasis / fil hastalığını yok etmek için 1 milyar dolar ayıracaktı...

-Aventis şirketi (ki daha Sanofi ile birleşmemişti), Afrika'ya 50 milyon doz Polio / çocuk felci aşısı gönderecekti...

"Gözleri dolan" Başkan Clinton hükümet olarak GAVI'ye[156] yılda 50 milyon dolar ödeyeceklerini, aşı geliştirme çalışmalarını hızlandırmak için özel sektöre 1 milyar dolar vergi indirimi sağlayacaklarını ve ulusal sağlık enstitülerinin bütçelerini artıracaklarını açıkladı. Ayrıca…

Dünya Bankası ve benzeri çok ortaklı kalkınma bankalarından da azgelişmiş dünya ülkeleri sağlık projeleri için verdikleri düşük faizli kredileri yıllık 400 milyon dolardan 900 milyon dolara çıkarmalarını isteyeceğini belirtti. Tüm bunların hepsi, yoksul ülkelerin zavallı çocuklarının bulaşıcı hastalıklardan ölmelerini engellemek içindi! Yalan!

Mesela…

---

155 Hib bakterisi; menenjit (beyin ve omuriliği saran zarın iltihabı), kan zehirlenmesi (sepsis), zatürre, eklem iltihabı, kalp zarı iltihabı, deri ve derinin altında yer alan yumuşak dokuların iltihabı, kemik iltihabı, sinüzit ve otite (orta kulak iltihabı) neden olmaktadır.

156 Burada uzun uzun GAVI'nin çalışmalarını yazmayayım. Tek örnek vereyim: GAVI 2012 yılında, dünyanın en büyük ilaç firması Pfizer'ın uzun süredir devam eden enjekte edilebilir kontraseptif / doğum kontrol cihazını, gelişmekte olan ülkelerdeki kadınlara ucuz ulaştırma konusunda bu şirkete yardım etti!

Wyeth şirketi ürettiği 10 milyon doz Hib aşısını kime satacaktı? Hindistan çocuklarının yılda 500 milyon doz aşıya gereksinmesi olduğu ileri sürüldü. Bu ülke çocuklarında (Türkiye'de olduğu gibi) doğal bağışıklık oluştuğu yönündeki araştırmalar-bulgular yok sayıldı. Hindistan'da Hib'in yaygın bir tehlike oluşturmadığı dört büyük araştırma hastanesinde ileriye yönelik sürdürülen araştırmadan, 3 bin 441 menenjit, pnömoni/zatürre ve sepsis olgusundan yalnızca 58'inde Hib üretilebilmesinden anlaşılıyordu. Pahalı bulunan aşının fiyatının ucuzlayabilmesi için Hib aşısı dozunun dörde çıkarılması bile önerildi! Ayrıca…

Merck şirketinin Beyaz Saray'a sözünü verdiği hepatit B'ye bağlı Hindistan'da yılda 200 bin ölüm olduğu öne sürüldü! Hindistan Tıbbi Araştırmalar Enstitüsü, bu ülkede yılda yalnızca 4 bin 935 kişinin hepatit B'ye bağlı öldüğünü açıkladı. Bu Hintliler de oyunu bozmaya ne çok meraklı! Şaka yapmamak en iyisi; hepatit B aşısını dünyada 1990 yılında 20 ülke kullanırken, 2001 yılında 135 ülke kullanmaya başladı...

Türkiye'de hepatit B aşısı bebek doğduğunda birinci doz, birinci ayı sonunda ikinci doz ve altıncı ayın sonunda üçüncü doz vuruluyor…

Hepatit B aşısını 1976'da bulan Amerikalı mikrobiyolog Maurice Ralph Hilleman (1919-2005), 1957 yılından beri Merck ilaç şirketinin çalışanıydı…[157]

1990'lar… Türkiye'ye bu aşılar nasıl sokuldu; devlet-hükümet tarafından nasıl kabul gördü? Yanıtını Prof. Gazanfer Aksakoğlu versin:

-"1990'lı yılların ortasında Sağlık Bakanlığı Bağışıklama Danışma Kurulu toplantısına gündem dışı olarak '1.000 doz

---

157 Hilleman, mevcut aşı programlarında rutin olarak önerilen on dört aşıdan sekizini geliştirdi: kızamık, kabakulak, hepatit A, hepatit B, su çiçeği, menenjit, zatürre ve Haemophilus influenzae… Ayrıca kansere neden olan virüs SV40'ın keşfedilmesinde rol oynadı... Aşıyı asıl bulan mikrobiyoloji profesörü ve Tours Eczacılık Fakültesi Dekanı Fransız Philippe Maupas Nobel Ödülü'ne aday gösterildiği 1981 yılında trafik kazasında hayatı kaybetti…

HBV /hepatit B aşısının Trakya'da bir bölgedeki yenidoğanlara uygulanması' sorusu getirildi. Üyelerin şaşkınlığıyla karşılanan öneri sorularla açıldı, var olan böyle olanağın en yüksek risk grubundaki sağlıkçılarda kullanılması gerektiği belirtildi…

-"Sağlık Bakanlığı üst yönetimi, aşının yerel Rotary Kulüp tarafından ve o yörede kullanılmak üzere hibe edilmek istendiğini açıkladı! Kurulca önerinin olumsuz bulunmasının ardından sıra asıl öneri olan 'tüm Türkiye'de yenidoğanlara hepatit B aşısı uygulanmasına' geldi. Bu önerinin de sıcak karşılanmaması üzerine aşının fiyatının çok uygun olduğu özellikle vurgulanarak salt bu gündemle yeni bir toplantı yapılması programa alındı...

-"Düzenlenen yeni toplantıda salt hepatit B aşısı uygulanması maliyetinin temel aşıların tümünün toplam maliyetinin on katından fazla olduğu anlaşılınca, aşının uygulanması önerisi kurulca oybirliğiyle geri çevrildi.

-"Sağlık Bakanlığı birkaç ay sonra yayımladığı genelgeyle hepatit B aşısının tüm ülkede yenidoğanlara uygulanmasının zorunlu olduğunu duyurdu!

-"Temel aşıların her bir dozunun 0.05-0.10 dolar dolayında fiyatla satın alınabildiği dönemde hepatit B aşısının dozu -o da Kore yapımı olduğu için- 0.52 dolara alındı! Yavrularını sağlık ocağına emanet edemeyip muayenehane hekiminin kucağına teslim eden anneler ise hepatit B aşısını eczanelerden 10 dolara satın aldı…" (*Toplum ve Hekim*, 2003)

Bu konularda bilinçli olmak zorundasınız. Küresel ilaç şirketlerinin dayatmasıyla grip, ishal ve suçiçeği gibi zorunlu olmayan aşıların teşvik edildiğinin farkında olmalısınız. Karar kuşkusuz sizlerin ve hekimin sorumluluğundadır...

FDA'nın aşı oyunu

Neoliberalizmin rakipsiz kaldığı 1990'larda ülke aşı takvimlerindeki geleneksel kimi aşıların üretimine son verildi; pazara yeni aşılar sokuldu. İddiaya göre, kapitalizm ilaç pazarına insanların gereksinmesi olmayan ürünler sunuyor, konu sağlık olduğu için bu ürünleri uluslararası sağlık kuruluşlarına-hükümetlere kabul ettirmekte güçlük çekmiyordu!

Pazarlayanların verdiği rakamlara göre aşı pazarı 1992'den 2002'ye yılda yüzde 10 büyüdü; 2,9 milyardan 6 milyar dolara yükseldi. Dünya Sağlık Örgütü'nün verilerine göre aşı pazarının büyüklüğü 2000 yılındaki 6 milyar dolardan, 2014 yılında 33 milyar dolara yükseldi. 2024 yılında 45 milyar dolar olması bekleniyor.

CDC tarafından 1985'te tavsiye edilen aşıların maliyeti 80 dolar iken, bugün neredeyse 40 misli artarak 3 bin dolara yükseldi. BBC'nin haberine göre Avrupa Parlamentosu'na sunulan rapora göre, bir çocuk için tam bir aşı paketinin fiyatı 2001 ile 2014 arasında 68 kat arttı.

Türkiye'de aşı gideri 2005'te 18 milyondu; bugün 300 milyon dolara yükseldi.

Ve:

Yaptığı dev boyutlardaki bağışlar ve kampanyalar nedeniyle Gates Vakfı aşı sektöründe "400 kiloluk goril" adıyla anılır oldu. Mesele sadece "hayırseverlik" değildi. Bill Gates aynı zamanda tıbbi cihaz yatırımcısıydı. Teknoloji olacak da Gates olmayacak, geleceğiz bu konulara...

1990'larda hızla küresel sağlık yönetimi Dünya Sağlık Örgütü'nden çıkıyor, özel sektöre kayıyordu. BM'nin sağlık alanındaki yönlendiriciliği de giderek azalıyordu. Fonların nereye ve hangi ülkeye yönlendirilmesi gerektiği kararını artık BM değil, ABD'nin küresel özel sektörü veriyordu. Sağlıkta bulaşıcı hastalıklara yönelik olması gereken "öncelik belirlenmesinde" BM ve Dünya Sağlık Örgütü'nün etkisi yoktu; sesi çıkan "para" odaklı şirketlerdi...

Bu hedefle... GAVI kurucuları ve -Bergama'dan tanıdığımız altın madenciliğiyle bilinen- Anglo-American şirketi[158] gibi küresel güçler 2001 yılında BM çatısı altında -10

158 Anglo-American plc, bir madencilik şirketi. 1917 yılında kurulmuş olup yüzde 40 ile dünyanın en büyük platin üreticisi ve aynı zamanda önde gelen elmas, bakır, nikel, demir cevheri, metalürjik ve termal kömür üreticisidir.

milyar dolar bütçesi olması planlanan- Küresel Fon'u (GF) kurdu.

Görünür amacı AIDS, verem, sıtma ile mücadele etmekti. Kuşkusuz Dünya Sağlık Örgütü Fon'u desteklediğini açıkladı. Gerek GAVI gerek Küresel Fon'un gerçek amacı, sağlık kavramını ve ortamını sermayenin çıkarlarına yönelik kullanmaktı!

Sağlığın bu iktisadi yönü hiç konuşulmuyor...

O dönem küresel dev ilaç şirketleri ardı ardına aşı işine girdi. Örneğin Pfizer, PowderMed'i (2006), Coley'i (2007) ve en önemlisi Wyeth'ı (2009) satın alarak aşı pazarındaki yerini güçlendirdi; en büyük oldu...

Bu satışların perde arkasında kimler neler yaptı? Örneğin: "Prevnar 13" diye son on yılda yıldızı parlatılan "konjüge pnömokok aşı" var; zatürre, menenjit ve sepsis (kan zehirlenmesi)[159] vakalarını önlemek iki yaşından küçük çocuklara vuruluyor. Bebeğin ikinci ayında birinci, dördüncü ayında ikinci doz, on ikinci ayında pekiştirme yapılıyor...

Aşıyı Amerikan Wyeth şirketi "icat" etti ama Pfizer şirketi "yıldızını" parlattı. Çünkü:

2010 yılında, yani Wyeth'i bünyesine kattıktan bir yıl sonra FDA bu aşıya onay verdi. Aşının "dünya pazarına" çıkması için sadece FDA desteği yetmedi; Rockefeller-Gates kuruluşu GAVI bu aşıya 1,5 milyar dolarlık katkı sundu. Ardından...

2011 yılında "Prevnar 13" ilaç sektörün "en saygın ödülü" Prix Galien'e layık görüldü! Ve aynı yıl Sağlık Bakanlığı aşıyı

Birleşik Krallık ve Güney Afrika merkezli bir şirkettir. 2016 yılı geliri 21,4 milyar dolar oldu. İlaç ne alaka değil mi?

159 Son yıllarda medyada sık sık "sepsis" konulu haberlere rastlıyorum. Hipokrat'tan beri bilinen "kan zehirlenmesi" son dönemde özellikle Nejat İşler, Harun Kolçak gibi tanınmış isimler üzerinden haber yapılıyor. Sadece bizde değil... 2002 yılında ABD merkezli Hayatta Kalma Sepsis Kampanyası geniş uluslararası işbirliğinin kurulmasına sebep oldu. Öte yandan sepsis araştırmaları bütün hızıyla yapılıyor. "Kobay fareler" üzerinden yapılan 150'den fazla klinik sepsis denemesinin başarısız olduğu ortaya çıktı. Fakat ilaç-aşı tedavisi hız kesmezken ilginç gelişmeler yaşanıyor. Eli Lilly ilaç şirketinin ürettiği FDA onaylı "Xigris" (Drotrecogin alfa) 25 Ekim 2011'de toplatıldı...

"Prevenar" ismiyle Türkiye'ye getirdi! Bunlar hep bebeklerin sağlığı için yapılan çabalar! Pfizer bu aşıdan yılda 6-8 milyar dolar kazanıyor! 2010'dan 2018'e aşının fiyatı yüzde 79 arttı; çünkü dediler ki "tehlike büyük"; halk korkutularak "oltaya" getirildi...

İnsanlar ne yapsın; devletler, sağlık örgütleri bu "yemi" yutturuyor.

Artık aşı pazarı öyle kazançlı hale geldi ki…

Küresel ilaç devlerinden sadece Pfizer, Merck'i bünyesine katmadı; AstraZeneca, Medlmmune'ü (2007); Abbott, Solvay Pharma'yı (2009); Johnson & Johnson, Crucell'i (2010) satın alarak kârlı aşı ticaretini büyüttü. Yoksa tüm bunlar "hayırseverlik" işi miydi?

Baksanıza:

Dünya Sağlık Örgütü Nisan 2009'da bilim insanlarının "tavsiyesi" ile tüm dünyada hükümetlerin referans aldığı "pandemi" (salgın) tanımını değiştirdi. Eski tanımda örgütün hastalığı salgın olarak ilan edebilmesi için…

-Yeni bir virüsün ortaya çıkması,

-Hızla yayılması,

-İnsanların bu hastalığa bağışıklığının bulunmaması,

-Yüksek ölüm oranına sahip olması,

-Bulaşma oranının yüksek olması gerekiyordu.

Ancak.

2009 Nisan ayında alınan kararla örgüt, bu son iki şarttan vazgeçti! Ölüm oranı yüzde 0,12'den yüksek olmayan domuz gribi vakaları bir anda pandemi / salgın tanımının içinde kendine yer buluverdi! Böylece…

H5N1 kuş gribinin "rantını" yiyenler bu yapay korkuyu 2003, 2006, 2007, 2008, 2013'te de yarattılar.

Ne yazdırmadılar; sonuçta tüm dünyada 375 kişi öldü. O da Dünya Sağlık Örgütü'nün açıklamasını doğru kabul edersek…

Öte yandan kuş gribi salgını büyük şirketlere devasa kâr kapısı açtı. Bu şirketler hükümetler düzeyinde lobi etkinliklerini sürdürdü. Böylece… Örneğin Güney Amerika'da

1990'larda dozu 2 dolar olan grip aşısı fiyatı, 2007 yılında 12 dolara yükseldi! Ki maliyeti 1 dolar idi!

Yok hepsi "hayır faaliyeti" değil mi? İnanırsanız öyle...

Peki…

Dünyayı hastalıkla korkutanların…

Dünyada hastalık travması yaratanların hep aynı kişiler olmasına ne diyorsunuz?

Rockefeller'ın keşfi

1994 yılında Hendra…

1998 yılında Nipah…

2002 yılında Sars…

2009 yılında Pantemi…

2012 yılında Mers…

2013 yılında Ebola virüsü dünyanın gündemine getirildi.

Mesela 2016 yılı başıydı; küresel medyada ve bizim basında yayınlar başladı:

CNNTürk: "Dünya, sivrisinekler yoluyla bulaşan Zika virüsünün tehdidi altında. Brezilya'da korkutucu boyutlara ulaşan virüsün yol açtığı hastalık 20 ülkeye yayıldı..." (28.1.2016)

Hürriyet: "Zikada panik çok, aşı yok" (28.1.2016)

Türk medyasının haber kaynağı BBC idi. Onun kaynağı ise ABD medyası. Bu dönemeç hep tekrarlıyor.[160]

Sadece bizde değil…

"Zika virüsü", kafatası ve beyni gelişmemiş veya az gelişmiş olarak doğan bebek sayısındaki artışla dünya gündemine oturdu. 50 ülke tehlike altındaydı…. Dünya haritaları yayınlandı; mavi = yok, kırmızı = en yüksek tehlike barındıran ülkeleri gösteriyordu…. Washington DC Capitol Hill semtinde virüs taşıyan sinek bile ortaya çıkarıldı: Ama her hikâyede olduğu gibi "cinsellik" olmadan olmazdı; "Zika" cinsel yolla bulaşıyordu. En bilinen vakalar ise erkeklerden kadınlara

160 Dünyayı yöneten Üçlü Komisyon'un 1991 Haziran'ındaki toplantısının açılışında David Rockefeller'ın sözlerini anımsatmam lazım: "*Washington Post*'a, *New York Times*'a, *Time Magazine*'e ve yöneticileri toplantılarımıza katılan ve 40 yıl boyunca takdir yetkisi vaatlerine saygı duyan diğer büyük yayınlara minnettarız." Geçelim…

bulaşıyordu! Nisan 2016 itibariyle "Zika" cinsel yolla bulaştığı Arjantin, Şili, Fransa, İtalya, Yeni Zelanda ve ABD'de belgelenmişti. Her daim olduğu gibi panik yaratıcı haberler şu cümleyle bitiyordu:

-"Salgının aşısı yok, ne yapacağız?"

Allah'tan(!) polis ve FBI'ın koruduğu yüksek güvenlikli Galveston Laboratuvarı'nda uzmanlar aşı üzerinde çalışıyordu! Polis-FBI laboratuvarı neden korur; "görünmez düşmanların" yaratılması bir algı operasyonu, değil mi? Dikkat edin; aşı üzerine çalışan herkesin bir güvenlik koruması altında olduğu belirtilir:

-"Aşı üzerine çalışan Türk doktor sıkı korunuyor!"

Neydi bu kadar "patırtının" sebebi? Zika virüsü nerde keşfedilmişti?

Zika virüsü yeni değildi. İlk kez 1947'de Uganda Entebbe'deki Rockefeller Virüs Araştırma Enstitüsü'nde keşfedildi. Virüsün bir örneği, araştırma için vakıf çalışanı J. Casals tarafın New York laboratuvarına getirildi...

Vakıf 2016 yılında "Zika" gündeme gelince, keşfi yaptıkları ama virüsü "patentlediği" iddialarını yalanladı: "Rockefeller Vakfı'nın Zika virüsü hakkında herhangi bir patent için başvurduğuna ya da herhangi bir telif ücreti aldığına dair hiçbir gösterge yoktur."

Doğru mu değil mi, bilmem...

Bildiğim her sağlık sorunuyla karşılaşıldığında ilk akla gelen aşı! Esas yapılması gereken insanların aşılanması değil, "sivrisinekler" ile mücadele olması gerekmiyor mu?[161] Zavallı sinekler son yüz yıldır ne çekti insanoğlundan...

Aynı yüz yıllık süreçte hastalıkların sadece ilaçla tedavi edilebileceği ve sadece aşılarla önlenebileceği fikri zihinlere kazındı. Bu sebeple hemen panikle "Zika virüsünün aşısı var mı?" diye sorulur oldu. Oysa... Enfeksiyonların sağlıklı çevre ve sağlıklı bağışıklık sistemi sayesinde önlenebileceği

161 Küba ülkesinde ilk vakayı tespit eder etmez dokuz bin asker görevlendirerek ülke çapında kontrollü sivrisinek mücadelesi başlattı.

üzerinde neden hiç durulmuyor? Sorunların ancak "endüstriyel tıp" ile çözüleceği dayatması yapılıyor sürekli…

Aşı konusunda karşıt tezleriyle tanınan Prof. Alişan Yıldıran, "Zika virüsü" konusunda şunu yazdı:

-"Geçen hafta ortaya çıkan 'Zika-virüs' olayını biraz kurcalayınca bu uçuk (!) hikâyelerin aslında uçuk olmadığını, karşımızda acayip bir sistemin bulunduğunu naçizane duyurmak isterim. Nitekim bugün yayımlanan 'Zika-virüsü kimin?' başlıklı yazıda açıkça 'Zika-virüs' patentinin (bu da ne demekse ve de nasıl kabil olabiliyorsa!?) ilaç imparatoru da denilen Rockefeller Foundation'a ait olduğu kaynak gösterilerek belirtiliyor…[162]

-"Zika-virüs neden mühim? Çünkü CDC haftalık ölüm ve hastalık raporunda (MMWR) bu virüsün hamile kadınlara bulaştığında fetüste mikrosefaliye (başın ve dolayısıyla beynin küçüklüğü ile kendini gösteren çok ağır bir doğum anomalisi) yol açtığı iddia ediliyor. Fakat bu rapor çok garip doğrusu; Brezilya'da 2015 yılında 35 (yazı ile otuz beş) âdet annenin hamileliği esnasında virüsün tespit edildiği yerlerde bulunduğu bilinen mikrosefali vakası belirlenmiş, virüsün varlığı ve bebeklerin gerçekten mikrosefalik olup olmadıkları (erken doğum sebebi ile) belirtilmemiş. Hani dört binden fazla 'Zika-virüslü' ve mikrosefalili bebek vardı? 'Zika' ve mikrosefali konusunda Dr. Jason Tetro'nun bu durumun tesadüfi olabileceği yorumu daha makul görünüyor...

-"Meşhur tıp kütüphanesi Pubmed'e 'Zika' yazdığınızda çok az sayıda makale olduğunu, bunların sadece 10 kadarının bu virüs hakkında derleme makalesi olduğunu ve dişe dokunur tek yazının ise Edward B. Hayes tarafından kaleme alınmış olan 'Afrika dışında Zika-virüs' makalesi olduğunu görüyoruz. Makaleyi okuduğumuzda, yazarın bu konuda

---

162 Prof. Yıldıran'ın verdiği http://www.globalresearch.ca/who-owns-the-virus kaynağına girdim. Virüsün patentinin Rockefeller Vakfı'nda olduğunu belgeleriyle açıklayan Guillaume Kress'in makalesini okuyacağımı sanıyordum! Karşıma şu yazı çıktı: "Sorry, but you are looking for something that isn't here." (Üzgünüz, burada olmayan bir şey arıyorsunuz.) Haberi silmişlerdi!

muhtemelen en önemli kişi olduğunu, virüsün ise 1942'de maymunlarda tespit edildiğini, sarıhumma ve deng gibi bilhassa Amerika kıtasında önemli hastalıklar yapabilen virüslerden olduğunu, tıpkı bu hastalıklarda olduğu gibi sivrisineklerle taşındığını, insanlarda ilk defa 1970'lerde Nijerya'da tespit edildiğini, hafif bir ateşli hastalık yaptığını belirtiyor. Gebelikle ilgili bir bilgi verilmemişti...

- "Yaklaşık yetmiş yıldır bilinen bir virüs (hastalık değil!) ve birden salgın yapıyor, mikrosefali yaptığı iddia ediliyor, Allah Allah... Nedense aklıma aşıların maymun dokularında üretildiği, bu aşıların tam da o dönemlerde gariban Afrikalılarda denendiği, gelmiş geçmiş en büyük aşı geliştirici Dr. Maurice Hilleman'ın aşılardaki kanser müsebbibi SV40 virüsü kontaminasyonu geliverdi. Bu yazıyı yazmak için Dr. Hayes'a mail gönderdim, fakat 'teslim edilemedi' mesajı aldım, Google amcaya sorduğumda maatteessüf acı haberi aldım, adamcağız 9 Mayıs 2013'te, daha 57 yaşında kalp krizinden vefat etmemiş mi? Yine maatteessüf başka bir şey bulmak da mümkün değil…"

Mesele sadece "Zika-virüsü" patentinin Rockefeller'a ait olduğunu belgeleyen haberin silinmesiyle sınırlı değil…

Mesele sadece GSK, Sanofi, Takeda ve diğer bir düzine şirketin ABD'yi zorlayarak 1,1 milyar dolarlık ek aşı bütçesi yaptırmasıyla da sınırlı değil…

Aşılar… İlaçlar… Küresel şirketler…

Kanlı rekabete sebep oluyor...[163]

---

163 Son 20 yılda dünyada ardı ardına mikrobiyoloji alanında çalışan bilim insanları ya ortadan kaldırıldı; ya da cinayete kurban gitti. Fransız bilim insanı Philippe Maupas'ın trafik kazasından ölüp, meydanın Merck şirketinden Hillemann'a kaldığını yazdım…
-Harvard Üniversitesi'nde görevli tanınmış mikrobiyolog Prof. Don Wiley, tatilini geçirmek üzere gittiği İzlanda'da katıldığı bir davetten dönerken ortadan yok oldu. Otomobili köprü üzerinde bulundu. Cesedinin nehirde kaybolduğu iddiasıyla dosya kapatıldı...
-Rus mikrobiyolog Dr. Tanya Holzmayer evinde kurşunlanarak öldürüldü. Dr. Holzmayer'in yardımcısı Çinli mikrobiyolog Dr. Guyang Matthew Huang'ın da cesedi ertesi gün ormanda bulundu. Polise göre Dr. Holzmayer'i öldüren Dr. Huang intihar etmişti…
-Mikrobiyolog Dr. David Shwartz, Virginia/Loudon County'deki evinde

Her yıl medyada okuduğunuz "haber" sağanağı sürüyor: "Bu yıl dünyada insanların yüzde 20'si gribe yakalanacak ve en az yarım milyon insan ölecek!"

Sayıların gerçeği yansıtmadığı artık bilinse de, "ne olur ne olmaz" tereddüdüyle herkes aşı oluyor; ilaç alıyor.

Ya yetkililer? Domuz gribi aşısı 2009 yılında dünya gündemindeyken FDA'nın "Baş Aşı Kontrol Başkanı" Dr. Anthony Morris, "Herhangi bir grip aşısının, grip salgınını önlemede etkili olduğuna dair kanıt yoktur. Üreticiler aşıların değersiz olduğunu bildikleri halde satmaya devam etmekteler" dedi. Ve hemen ardından görevinden alındı! Ne de olsa aşı pazarında sadece grip aşıları 5 milyar dolar ile ilk sırayı alıyordu...

Dr. Morris yerine kimler el üstünde tutuldu:

Domuz gribi için "Tamiflu" (Oseltamivir) ve "Relenza" (Zanamivir) kullanımını öneren Dünya Sağlık Örgütü rehberini hazırlayan üç uzman! Üçü de bu ilaçların üreticisi Roche ve GSK ilaç şirketinden para almıştı:

-Prof. Fred Hayden'ın, Roche ve GSK şirketinden para aldığı elektronik mektuplarında ortaya çıktı. "Tamiflu" için hazırladığı raporda, ilacın viral enfeksiyon sebebiyle hastaneye yatışları yüzde 60 azalttığını iddia etmişti!

-Dr. Arnold Monto da her iki ilaç şirketinden para aldığını ve bunu belirtmediğini itiraf etti.

-Rehber hazırlama komisyonunun üçüncü üyesi Prof. Karl Nicholson da şirketlerden para aldığını açıkladı. Nicholson, Roche ile parasal ilişkilerinin 2001'den beri devam ettiğini de söyledi.

---

bıçaklanarak öldürüldü. Eve zorla girildiği emaresi olmadığı halde polis, "Satanistler öldürdü" dedi...

-Rus Devlet Tıp Üniversitesi mikrobiyoloji bölümü başkanı V. Korshunov'dan, Avustralya/Victoria State'ten Set Van Nguyen'e...

-Dr. Vladimir Pasechnik'ten, İsrail'den kalkıp Rusya'nın mikrobiyoloji başkenti olarak bilinen Novosibirsk'e giden uçağın yanlışlıkla atılan Ukrayna füzesiyle düşürülmesi sonucu hayatını kaybeden beş mikrobiyoloğa kadar... 2000'li yılların başında ardı ardına esrarengiz ölümler oldu. Rus *Pravda* gazetesi mikrobiyolog cinayetlerini manşetten verdi:

"Ocak ayı içerisinde dünyaca ünlü iki bilim insanı daha öldürüldü. I. Glebov, St. Petersburg'da saldırıya uğrayarak, A. Brunshlinski ise Moskova'da bıçaklanarak. Bu tesadüf olamaz..." (9 Şubat 2002)

Mikrobiyoloji savaşları ayrı bir kitabın konusu olabilir.

O dönem kimse şu gerçeği dile getirmedi: Domuz gribi aşıları kadınlarda yüzde 700 oranında düşüklere sebep oldu! Daha vahimi: 61 milyon Amerikalı domuz gribi aşısı oldu.

CDC, -muhtemelen abartarak- gripten 11 bin 160 kişinin hayatını kaybettiğini açıkladı. Bağımsız araştırmacılar şu gerçeği ortaya çıkardı: Domuz gribi sebebiyle ölenlerden 2 bin 200 kişi domuz gribi aşısı yaptırmıştı!

Neymiş, "bilim" sınıflar üstüymüş.

Neymiş, "bilim" tartışılmazmış.

Hele aşı konusu üzerine tek laf edilmezmiş.

Politik ekonomi bilinmeden bu meseleler anlaşılabilir mi? En çarpıcısını yazayım:

Derin adamların şirketi

Amfoterisin B (AmB)...

Mantar enfeksiyonlarında 1958 yılından beri kullanılan önemli ilaçtı. Venezuela'daki Orinoco Nehri'nde bulunan sporlardan üretilmişti. Oldukça da ucuzdu...

AmB, NeXstar Pharmaceuticals ilaç şirketinin ürünüydü.

1980'lerde ilacın böbrek yetmezliğine sebep olduğu yazılmaya başlandı. Sebebi anlaşıldı; 1990'lar ortasında "daha etkin" ve "yan etkisi daha düşük" yeni mantar ilacı keşfedildiği öne sürüldü. "Keşfi" yapan Ulusal Sağlık Enstitüsü'nden (National Institutes of Health-NIH) Dr. Thomas J. Walsh ve ekibiydi.

Bu çalışmanın sponsorluğunu yapan ise Gilead Sciences adlı ABD'de 1987'de kurulan ilaç şirketiydi. Bu şirkete dikkat...

FDA komitesi, Dr. Walsh'ın sunduğu araştırma sonuçlarından tatmin oldu ve onun sunduğu klinik çalışmanın yöntemini uygun bularak 1997'de jenerik ilacı onayladı. Bir ay sonra Dr. Walsh, bir konferansta ilacın kanserli hastaların mantar enfeksiyonlarında kullanılacak en etkili tek ilaç olduğunu ilan etti. İddia edebilir de... Çalışması, en prestijli tıp dergisi *NEJM*'de yayımlandı...

Bir süre sonra dergi genel yayın yönetmeni makaleyi eleştiren mektuplar almaya başladı. Görmezlikten gelindi eleştiriler...

Bu arada çalışmanın sponsoru Gilead Sciences ilaç şirketi, 1999 yılında AmB ilacının üreticisi NeXstar Pharmaceuticals şirketini satın aldı!

O zamanlar NeXstar'ın yıllık 130 milyon dolarlık satışları, Gilead'in satışlarının üç katıydı. NeXstar'ın gelir getiren iki ilacı, enjekte edilebilir bir mantar tedavisi olan "AmB" ve HIV hastaları tarafından alınan bir kanser ilacı olan "DaunoXome" idi. Gilead bu alanlarda pazarın güçlüsü olmayı hedefliyordu.

İki yıl sonra…

2001'de İngiliz Hematoloji Derneği de (British Society for Haematology), Dr. Walsh'ın çalışmasında yanlılık olduğunu açıkladı. Fakat ne FDA, ne şirket oralı bile oldu. Aksine… Dr. Walsh bu kez Merck ilaç şirketi için yeni bir mantar ilacını araştırmak üzere kontrat imzaladı. Yine FDA'yı mantar enfeksiyonu kanıtlı kanser hastaları yerine ateşi olan ve beyaz kan hücresi/lökosit düzeyi düşük kemoterapi alan kanserli hastalarda çalışmaya ikna etti. Bu ilacın adı "Candidas" idi.

Dr. Walsh saygın ve etkili bir akademisyen olarak iki yeni ilacın FDA onayı almasına öncülük etmesiyle neredeyse Nobel'e aday gösterilecekti.

Sonunda… Klinik çalışmalarında herkesi kandırdığı ortaya çıktı. Üstelik çalışmalarını yaptığı ilaçlar konusunda şirketlerden yüklüce para almıştı; oysa şirketlerle ilişkisi yok biliniyordu; öyle açıklamıştı! NIH hakkında soruşturma başlattı...

Dr. Thomas J. Walsh'ın çalışmaları çok kritik sorunu gözler önüne serdi: İlaç firmalarının gizli amaçları çalışmanın yanıtlamak istediği soruya, yöntem seçimine, veri toplama biçimine, verilerin yorumlanmasına, sonuçların sunulmasına sinsice emdirilebiliyordu.

Ve tabii ki soruşturma sonucunda ne Dr. Walsh'a, ne şirketlere ne de çalışmaların sponsoru Gliead Sciences'e dokunulabildi! Meselenin "bam teline" geldik:

Gilead Sciences…

29 yaşında bir tıp doktoru olan Michael L. Riordan tarafından 1987 yılında kuruldu. Bir yıl sonra...

ABD Savunma Bakanı Donald Rumsfeld yönetim kuruluna dahil oldu. Hemen ardında da ilaç şirketinin yönetim kurulu başkanı oldu. Sadece Rumsfeld değil...

ABD Dışişleri Bakanlığı görevlerinde 1982'den 1989'a kadar bulunan George Shultz da yönetim kurulundaydı...

İlaç şirketi Gilead Sciences ilginç araştırmalara sponsor oluyordu sürekli. Örneğin... Gilead Science, uluslararası kuralları ihlal ederek ve hastalarından onay almadan hepatit C'ye karşı geliştirdiği "Sovaldi" ilacının (Sofosbuvir) testlerini yaptı.

Gürcistan'daki laboratuvarı tarafından Aralık 2015'te yürütülen deneyler sırasında 24 hasta yaşamını yitirdi. Çalışmaları durdurdu mu? Hayır. Gilead Sciences testlerini sürdürdü; bunun sonucunda 49 kişi daha öldü. Bu gerçeği Gürcistan Sosyal Güvenlik Bakanı Igor Guiorgadze belgelerle destekleyerek ortaya koydu. Keza:

Rus Radyolojik Kimyasal ve Biyolojik Koruma Güçleri Komutanı Igor Kirillov, "Sovaldi" testlerinin aslında Pentagon adına gerçekleştirilen yasadışı silah testleri olduğunu iddia etti. Kimse oralı olmadı; küresel medya tek cümle yazmadı. Maksat başkaydı...

ABD'nin en derin adamı Donald Rumsfeld 1997'de çiçek hastalığına karşı geliştirilen "Cidofovir" adlı ilacı FDA'da onaylattırmayı, ardından da molekülünü Pentagon'un biyoterörizm alanındaki araştırmalarına dahil etmeyi başardı!

Gilead Sciences, Donald Rumsfeld 2001'de tekrar Savunma Bakanı olduğunda, "şarbon saldırıları" sırasında Pentagon'a çiçek hastalığına karşı bu ilacı sattı!

İlaç şirketi Gilead Sciences, "dünyayı kasıp kavuracak" palavrası sıkılan kuş gribi (H5N1) virüsüne karşı etkili olduğu belirtilen "Tamiflu" ilacını geliştirip Roche ilaç şirketine satan şirketti!

Fortune dergisinden Nelson D. Schwartz şöyle yazdı:

-"Kuş gribi Roche şirketinin, borsa spekülasyoncusu California biyoteknoloji firması Gilead Sciences'e "bulaşmasına" neden oldu. İlk Tamiflu ilacı Gilead Sciences geliştirdi. Tamiflu'nun etkinliği konusundaki endişelere rağmen korkunun, açgözlülüğün ne kadar çabuk ortaya çıkabileceğinin hatırlatıcısı oldu bu şirket…

-"Gilead Sciences, Tamiflu'yu kendi başına geliştirdi, ardından 1996'da Roche şirketine üretim ve pazarlama konusunda yardım almak için lisans verdi. Ancak Tamiflu satışlarının yaklaşık yüzde 10'una eşit telif ücreti alan Gilead, Roche'un ilacı gerektiği gibi tanıtıp satmadığını belirtti. Roche ile lisans anlaşmasını sona erdirme ve münhasır haklarını geri kazanmak için adım atacağını açıkladı…

-"Roche CEO'su Franz Humer, Gilead Sciences şirketinin Tamiflu'yu ihmal ettiği yönündeki iddialarını reddetti. Roche, geçen yıldan beri Tamiflu üretimini iki katına çıkardığını ve gelecek yıl tekrar ikiye katlayacağını belirtti…" (14 Kasım 2005)

Sonra ne tesadüf dünyada "kuş gribi" patlak verdi!

Sadece -1997'den 2001'e kadar Gilead Sciences başkanı olan- Savunma Bakanı Donald Rumsfeld, Pentagon'a 58 milyon dolarlık alım yaptı. ABD Başkanı George W. Bush 2005 yılında kuş gribi için kongreden 7,1 milyar dolarlık acil önlem paketini geçirdi; bu paketin 1,2 milyarı sadece "Tamiflu" alımını kapsadı...

Kuş gribi sürekli ısıtılırken, üst düzey bir Pentagon görevlisine göre Rumsfeld, "herhangi bir çıkar çatışmasından kaçınmak için" tüm Gilead Sciences hisselerini sattı; tabii tanesi 35 dolar iken 57 dolardan! Kuş gribi krizi, Başkan Bush ekibinin en zengin üyelerinden biri olan "Pentagon şefini" en az 1 milyar dolar zenginleştirdi…

Küresel medya ne yazdı o dönem: Kuş gribine karşı tek ilaç "Tamiflu"… Çocuklarda bile kullanımı onaylandı.

Türkiye'de "Tamiflu" karaborsaya düştü; kapış kapış içildi.

Dikkat ederseniz, yan etkilerinden bile bahsetmez olduk; piyasanın çirkinliği yüzünden bu konuya gelemiyoruz… Bir zamanlar "ticaretle kirlenmemiş tarafsız ve saf araştırmanın kalesi" kabul edilen Ulusal Sağlık Enstitüsü 1990'lardan itibaren yozlaşmanın merkezi oldu. Bazı örnekler vereyim:

-Enstitü klinik merkez başkanı Dr. John I. Galin'ın, 1997-2002 yılları arasında ilaç şirketlerinden 145 bin dolar ile 322 bin dolar arasında paralar aldığı ortaya çıktı.

-Enstitü kas iskelet deri hastalıkları başkanı Dr. Stephen Katz'ın, görevde kaldığı on yıl boyunca ilaç şirketlerinden 365 bin dolar ile 476 bin dolar arasında para aldığı ortaya çıktı...

-Enstitü alerji ve enfeksiyon hastalıkları bölümünün laboratuvar başkanı Dr. Ronald N. Germain'in 1993-2003 yılları arasında ilaç şirketlerinden 1,4 milyon dolar aldığı ortaya çıktı...

-Enstitü tümör immünolojisi ve biyolojisi laboratuvar başkanı Jeffrey Schlom'un, ilaç şirketlerinden 331 bin 500 dolar aldığı ortaya çıktı...

-Enstitü genom araştırma bölümü başkanı Jeffrey M. Trent'in ilaç şirketlerinden 50 bin ile 163 bin arasında para aldığı ortaya çıktı...

Ki Ulusal Sağlık Enstitüsü ABD'de en fazla gizlisi saklısı olan kurumlardan biri. Pisliğin boyutunu düşünün! "Çek defteri bilimi" diyorlar Amerika'da buna...

Öte yandan "tek suçlu" hep belli:

Eş-Şifa... Sudan'ın başkenti Hartum'da bulunan ilaç fabrikasıydı. İnşaatına 1992'de başlandı; 1996'da tamamlandı ve resmi açılışı 12 Temmuz 1997'de gerçekleştirildi.

Usame bin Ladin'in önderliğindeki El-Kaide ve Mısır İslam Cihadı ile bağlantılı kişiler tarafından, ABD'nin Darüsselam ve Nairobi'deki konsolosluklarına 7 Ağustos 1998'de bombalı saldırılar düzenlendi.

Ve Sudan'daki ilaç fabrikası, Bin Ladin'in burada kimyasal silah ürettiği gerekçesiyle, Amerikan kuvvetleri tarafından düzenlenen füze saldırısıyla 20 Ağustos'ta imha edildi.

Daha sonra yapılan incelemeler ve Amerikalı hükümet yetkililerinin açıklamalarıyla fabrikada böyle bir üretimin gerçekleşmediği ve yalnızca ilaç üretimi yapıldığı, Bin Ladin ile fabrika arasında herhangi bir bağlantı olmadığı tespit edildi.

ABD bunu bilmiyor muydu? Biliyordu kuşkusuz. Ancak dünyanın bilmediği şuydu: Eş-Şifa ilaç fabrikası, Gilead Sciences'ın AIDS ilacını kopyalayıp üretiyordu!

Gilead Sciences, 1999-2017 yılları arasında 16 ilaç şirketini satın alıp bünyesine kattı! Sadece "Pharmasset" adlı ilaç şirketini 10,4 milyar dolara satın aldı. Değirmenin suyunun nereden geldiği belli değil mi?

"Aşı şart" diyen Rumsfeldler Irak'taki kirli savaşta, Dünya Sağlık Örgütü tarafından 1970'lerde "toplumcu sağlık hizmetleri ödülü"nü alan iki bin Iraklı doktorun ölümüne sebep oldu! Yani...

Sağlık-tıp, ekonomi-politik bakış olmadan değerlendirilemez. Hep koca bir yalan üzerine inşa edilen "endüstriyel tıp" bu hakikatlerin üzerini kapatmaya yarıyor! Tek örnek vereyim: ABD'li senatör Lindsey Graham, Senato Yargı Komitesi başkanı olarak insanların bebeklerine aşı yaptırmamasını, özgürlükleri olarak tanımadığını söyledi; "Herkes mutlaka aşı yaptıracak!" Aynı senatörün Irak'ın, Afganistan'ın, Libya'nın bombalanmasının en ateşli temsilcisi olmasına ne demeli? Suudilerin Yemen'i, İsrail'in Filistin'i bombalamasına destek vermesine ne demeli?

Menzil Tarikatı

Yıllar geçiyor, ne değişiyor?

En son Mart 2019'da Dünya Sağlık Örgütü, ciddi risklere ve yıkıma yol açabilecek yeni bir küresel grip salgınının kaçınılmaz olduğunu açıkladı. Örgütün genel direktörü Tedros Adhanom Ghebreyesus, "Hayvanlardan insanlara bulaşan ve potansiyel olarak küresel bir salgına neden olacak yeni bir grip virüsü tehdidi her zaman mevcuttur. Dikkatli ve hazırlıklı olmalıyız. Büyük bir grip salgınını tedavi etmenin masrafı, önleme masrafından çok daha ağır olacaktır" dedi.

Cumhurbaşkanı Recep Tayyip Erdoğan'ın imzasıyla Nisan 2019'da yayınlanan genelgede; nüfusun büyük çoğunluğunu etkileyebilecek küresel grip salgını ihtimaline karşı kamu kurum ve kuruluşlarınca alınması gereken tedbirler getirildi.

Mesele sadece grip aşılarıyla sınırlı değil...

Domuz gribini "yüzyılın en büyük tıp skandalı" olarak tanımlayan Avrupa Konseyi Aile ve Sağlık Komisyonu başkanı, sosyal demokrat milletvekili Dr. Wolfgang Wodarg, araştırma önergesi verdi. Önergenin kabul edilmesinin ardından domuz gribi oturumunda ifade veren Dünya Sağlık Örgütü'nden Prof. Ulrich Keil, "Domuz gribi salgını ilaç üreticilerinin kârlarını artırmak için bu şirketlerle ortak olarak üretilen bir korku kampanyasıydı" diye konuştu!

Dünya Sağlık Örgütü grip direktörü Keiji Fukuda ne dedi:

-"SARS ve kuş gribi konusunda da tüm tahminlerde yanıldık. Kamu sağlığını ilgilendiren onca şey varken domuz gribi konusunda halkta büyük bir panik yaşanmasına sebep olduk ve bu tamamen abartılmış bir korkuydu. DSÖ'nün kararları ülkelerin sağlık bütçelerine çok büyük yük getirdi. İnsanların ölümüne sebep olan en önemli etkenlerin hipertansiyon, sigara, yüksek kolesterol, obezite, egzersiz yapmama, sebze ve meyve tüketiminin azlığı olduğunu çok iyi biliyoruz. Hükümetler, DSÖ'nün tavsiyesi doğrultusunda bu alanlara yatırım yapmaları gerekirken, küresel bir salgın yaşanması yönündeki deliller çok zayıf olmasına rağmen domuz gribine yatırım yapmak zorunda bırakıldı..."

Gerçek şuydu:

Domuz gribinin mevsimsel gripten farkının bulunmadığını Harvard Üniversitesi uzmanlarının araştırması ortaya çıkardı. Üstelik öldürme riski daha düşüktü ve aşılama kampanyaları gereksizdi!

Bağımsız araştırmacılar tarafından yapılan ve *Lancet* tıp dergisinde yayımlanan araştırmaya göre grip aşısı, pnömoni (zatürre) riskini önlemiyordu! Ölüm sebebi olan zatürre riskini azaltmak için özellikle yaşlılara influenza/grip aşışı tavsiye edilmekteydi. Aşı üreticilerinin destekleriyle yapılan araştırmalarda aşının zatürre riskini yüzde 20-30 azalttığı iddia edilmekteydi. Ve fakat:

65-94 yaş arası 3 bin 500 sağlıklı kişi üzerinde yapılan araştırmada, 3 yıl süreyle grip mevsimde aşılananlarla aşılanmayanlar arasında zatürre riski yönünden hiçbir fark yoktu!

Kanada Hastalık Kontrol Merkezi'nden Prof. Danuta Skowronski başkanlığındaki ekip tarafından yapılan çalışmada ise 2008-2009 grip mevsiminde mevsimsel grip aşısı yapılanların H1N1 (domuz gribi) salgınından daha fazla hasta oldukları ortaya çıktı!

Avusturya, Fransa, Almanya, İtalya, Yunanistan, İsviçre ve İspanya, Novartis ilaç şirketinin grip aşıları "Fluad" ve "Aggripal" kullanımına geçici yasaklama getirdi. Gerekçesi, aşılarda partikül/parçalar bulunması ve bunun daha önceden firma tarafından bilindiği halde saklanmasıydı! İtalya'da 2014 yılının son günlerinde 11 kişi bu grip aşısını kullandıktan birkaç gün sonra hayatını kaybetti.

Novartis ise aşılarının 1997 yılından beri kullanıldığını ve herhangi bir tehlike içermediğini iddia etti. Türkiye'de bu aşıların satıldığını belirtmeme gerek var mı?

Türkiye'nin alım yaptığı Sanofi-Aventis şirketinin ürettiği adjuvansız,[164] tek dozluk aşıların dört serisi etkisiz bulunup 800 bin doz aşının toplatılmasına filan girmeyeyim...

Ama şunu ekleyeyim:

AKP'li dönemin Sağlık Bakanı Recep Akdağ bu konularda hep suskun kalmayı tercih etti. O kadar panik yaptırdılar ki, ithal edilen 8,4 milyon doz aşıdan Türkiye'nin elinde 5 milyon doz aşı kaldı![165] Toplam aşı kampanyasında harcanan 550 milyon dolar kimin cebine gitti; Menzil Tarikatı'nın mı?

164 Adjuvan; aşının bağışıklık yapma gücünü artıran madde. Türkiye'de uygulanacak aşılar adjuvan olarak ''skualen" maddesi içeriyor. Aşı adjuvanla birlikte yapılınca bağışıklık kazanma potansiyeli daha çok arttığı iddia ediliyor. Bazı ülkelerde söz konusu maddenin özellikle hamilelerde yan etkilere neden olduğu ileri sürüyor. Türkiye'de aşının içindeki maddeler bile tartışılmıyor...

165 Türkiye'yi "aşıya âşık" yaptılar; depoları doldurdular. Sayıştay, Sağlık Bakanlığı 2018 Denetim Raporu'na göre bakanlık depolarında 1 milyon 628 bin doz aşı vardı ve hepsinin miadı dolmuştu! Bu arada 63 bin çocuğa tarihi geçmiş aşı yapıldığı ortaya çıktı!

Küresel ilaç şirketleri ile Sağlık Bakanlığı'nı avucunun içine alan Menzil Tarikatı'nın iç içe olmasına şaşırıyor musunuz? İstanbul'daki o görkemli Menzil hastanesi Emsey vd. hangi parayla yapıldı?

Türkiye'de bir iki cılız ses dışında bu aşıya tepki gösterilmezken, Almanya'da kıyamet koptu! Alman medyasından öğreniyoruz ki, uluslararası dev ilaç firmalarının baskısıyla Dünya Sağlık Örgütü'nün domuz gribi tehlikesini abartmasıyla sağlık sektöründe 4,4 trilyon dolarlık ciro yaratılmıştı!

Aşılar artık para kazandırıyor

Günümüzde ülkelerin aşı gereksinimi 12 gelişmiş ülke ile 9 gelişmekte olan ülke üreticisinden karşılanıyor. Kâr oranı düşük aşılar, gelişmekte olan ülkelere bırakıldı. Geleneksel aşılar açısından Kuzey Amerika ve Avrupa pazarlarının doymuş olması, küresel ilaç şirketlerini yeni pazar arayışına soktu. Azgelişmiş ülkeler aşı üreticileri için yeni bir pazar umudu oldu. Türkiye bunlardan biri...

Burada bir kez daha Türkiye'nin yıllarca tifo, dizanteri, kolera, veba, meningokok, stafilokok, boğmaca, brucella, nezle, verem, tetanos, difteri, kızıl, tifüs, çiçek aşısı ve karma aşı üretirken, küresel ilaç şirketlerine nasıl bağımlı hale getirildiğini hatırlatmama gerek var mı?

Otuz yıl önce onlarca üretici ABD pazarı için aşı üretirken; ancak bugün yalnızca beş şirket ABD'deki çocuklar ve yetişkinler için tüm aşıları üretiyor ve dünyaya satıyor. Aşı konusunu piyasa olgusu dışında düşünmek yanıltıcı olur...

Soru aslında basit: Bağışıklamayı kim tehdit ediyor: Aşı karşıtları mı, yoksa aşı piyasası mı?

Yine Türkiye'den bir akademisyen, Prof. Şafak Taner aşı konusunda pek dile getirilmeyen benzer soruları yıllardır soruyor:

-"Sanofi-Aventis'in icra kurulu başkanı aşı satışlarını 2010 yılında 6 milyar dolar öngörüyor olmalarının, 2013'te ise satışları ikiye katlayacakları beklentisinin verdiği heyecanla; 'Aşı harika bir ticaret' diyordu (*Vaccination News*, 2010). Yirmi beş yıl önce, sesi neredeyse hiç duyulmayan, halk sağlığı uzmanlarına bırakılan aşılara ne olmuştu da bir CEO böyle konuşabilir oldu…

-"Oysa aşılar her zaman sağlığı korumanın en ucuz yolu olarak bilinegelmişlerdi. Çoğu zaman da devlet tarafından bedava verilen bir hizmetti. Uzun yıllar aşı fiyatları hükümetlerin kontrolü altındaydı ve kullanılan teknoloji oldukça sınırlıydı. Bu nedenle de özel sektörün ilgisini çekmemekteydi…

-"Ancak ilaç sektöründe aşı satışlarının reçeteli ilaçlara göre hızla artması, firmaların reçeteli ilaç satışlarının azalması, artan aşı talebi şirketlerin üretim kapasitesini artırmalarına ve yeni yatırımlara yönelmelerine yol açtı…

-"Özel sektörün gösterdiği bu ilginin açıklamasını yapmak için aşı üretiminin sadece bilimsel ve teknolojik bir konu olmayıp, sosyal, ekonomik ve politik bir konu olduğu gerçeğini hep anımsayarak aşının geçirdiği değişime bakmakta yarar olacaktır…

-"1990'larda Kanada'nın en büyük aşı üreticisi olan lAF BioChem International'ın üst düzey yöneticilerinden Claude Vezeau, 'Geçmiş yıllarda bütün aşılar para kaybettiriyordu', Connaught Antitoxin Laboratuvarları'nın başkanı da 'İnsanlar, onları hastalanmaktan koruyacak bir aşıya verecekleri paradan daha çoğunu bir kutu baş ağrısı ilacı için vermeye istekliydiler' diyordu. Bu ve benzeri söylemler neoliberal politikalar çerçevesinde yeni bir strateji gerekliliğine işaret ediyordu..." (*Toplum ve Hekim*, 2012)

Gelelim en tehlikeli bölüme; çocuklarımıza ne yaptırıyorlar?

Bebekler hedefte

Tarih: 28 Şubat 1998

Dr. Andrew Wakefield'in, "Çocuklarda spesifik olmayan kolit ve yaygın gelişimsel bozukluk" başlıklı makalesi *The Lancet* tıp dergisinde yayımlandı. Çalışmasında, 12 hastanın sekizinin (3-10 yaş) MMR (kızamık, kabakulak ve kızamıkçık) aşısını takiben otizmle uyumlu davranış semptomları geliştirdiği sonucuna vardı.

Büyük tartışma çıktı. Ve bu halen de sürüyor. Dr. Wakefield için neler denmedi ki? İngiltere'deki doktorları denetleyen Genel Tıp Konseyi makaleyi "sahtekâr ve sorumsuz" olarak değerlendirdi! *Lancet* baskılara dayanamadı, makaleyi geri çekti. Makaleyi yayınlayan dergi editörü Richard Horton yalnız kaldı. Tepkilere yanıtı şu oldu:

-"Tıp alanındaki ilerleme, yeni fikirlerin özgür ifadesine dayanır..."[166]

Dinleyen kim? Ama... Aşının yan etkileri dünyada tartışılmaya devam ediyor...

Dr. Wakefield yalnız değildi.

Prof. Robert S. Mendelsohn (1926-1988)...

Amerika'nın önde gelen çocuk doktoruydu.

Yazdığı kitaplar, makaleler ve katıldığı televizyon programlarında ilaç sektörüne sert eleştiriler getirdi. Meslektaşlarını da "ilkel bir dinin güçlü rahipleri" diye tasvir etti. 1981-82 yıllarında tamamlayıcı tıbbı savunan Ulusal Sağlık Federasyonu (NHF) başkanlığını yaptı. Ne diyordu?

Modern tıp yöntemlerinin genellikle teşhis ve tedavi etmek için tasarlandığını ve bunun hastalıklardan daha tehlikeli olduğunu savundu: "Modern tıpta yazılı olmayan kurallardan biri, tüm yan etkiler ortaya çıkmadan önce hızlı bir şekilde yeni bir ilacın reçetesini yazmaktır."

166 Dr. Richard Horton, İsrail'in Gazze'deki uygulamalarının Filistin halkının sağlığı üzerindeki olumsuz etkilerini sergileyerek, İsrail'in tutumunu eleştiren bir mektubu yayımlayınca yine kıyamet koptu! Glaskow Üniversitesi'nden Graham Watt önderliğinde 546 tıp insanı "Yahudilere karşı nefret propagandası" yaptığı için *The Lancet*'i kınayan bildiri yayımladı! Türkiye gibi ülkelerde ise "Tıpta gericiliğe karşı *The Lancet* editörüne destek" bildirisi imzaya açıldı. Dr. Horton, 655 bin sivilin ölümüne yol açan ABD'nin Irak işgaline karşı savaş karşıtı makale yayımladı. Tepkiler yağdı. Irak Sağlık Bakanı, düzenlediği basın toplantısında, işgalde ancak 100 bin ile 150 bin kadar insanın öldüğünü tahmin ettiğini açıkladı! Yani şunu anlatmaya çalışıyorum, tıbbı siyaset üstü göremezsiniz!

Prof. Mendelsohn, *How to Raise a Healthy Child, In Spite of your Doctor* (Doktorunuza Rağmen Sağlıklı Çocuk Nasıl Yetiştirilir) kitabında, çocuklar için aşılanmaya karşı çıktı; aşıların tehlikeli ve değersiz olduğunu iddia etti:

-"Aşılar, döküntülerden, yüksek ateşlerden, nörolojik hasarlardan, nöbetlerden ve hatta ölümlere kadar çeşitli yıkıcı reaksiyonlara neden olur. Genellikle aşıya bağlı ölümler 'doğal' veya 'bilinmeyen' nedenlere veya 'beşik ölümü' SIDS'e bağlanarak tıp topluluğu tarafından göz ardı edilir. Başkalarının size söylediklerine güvenmeyin. Kendinizi eğitin ve aşılama hakkında bilinçli kararlar alın."

Tabii ki...

Hemen ardından Chicago'nun önde gelen Michael Reese Tıp Merkezi'nden kovuldu! Geri adım atmadı, kalp krizinden ölene kadar iddialarının arkasında durdu. Bu konuda şaşırtıcı tezler ortaya koydu:

-"Doktorların akraba evliliğine karşı olmaları aslında bilimle ilgili değil, ideolojiktir. Genetik sorunu olan gebelikler zaten ekseriya düşer, düşmeyenlerde ise umumiyetle ehemmiyetsiz sorunlar olur. Akraba evliliği mahsulü çocuklar aşılardan olumsuz etkilenen en önemli gruptur...

-"Gebelikte asla aşı yapılmamalıdır...

-"Kadın ve erkekte kısırlığın en önemli sebeplerinden biri aşılardır...

-"Hayatın ilk iki senesinde güncel hiçbir aşı yapılmamalıdır..."

-"Aşılar koruyucu tıbbın ikinci önemli unsurudur, birincisi temizliktir..."

Prof. Mendelsohn da yalnız değildi...

Vaccine (Aşı)...

ABD'de 1983 yılından beri haftalık yayımlanan hakemli tıp dergisi... H. Houweling, M. Verweij, E. J. Ruitenberg adlı hekimlerin aşı konusunda 2010 yılında yazdıkları makale hayli ses getirdi. Dediler ki:

-"Aşıyla toplumsal sağlığı tehdit eden hastalıklar hedef alınmalıdır." (Türkiye'de çocuk aşı takvimindeki aşıların çoğunun bu ilkeye uymadığını bilmeyen var mı?)

-"Yenidoğan ve süt çocuklarının (iki yaş altı) immün/bağışıklık sistem özellikleri, aşılara ve çoklu aşı uygulamalarına verdikleri cevap ile ilgili bilgiler oldukça sınırlıdır..."

-"Sinir sistemi (yürüme-konuşma gibi) büyümesine bebekler ancak iki yaşında başlar ve gelişimini sürdürür. Bu bakımdan aşıların sinir sistemi üzerindeki muhtemel bağışıklık sistemine etkileri göz ardı edilemez..."

-"İnsan organizması ağırlığının yarısını oluşturan ve simbiyoz/beslenme yaptığı mikrobik evrenden/ mikrobiyotadan[167] oluşmaktadır ve aşıların bu evrenle ilişkisi hakkında bilgimiz yok gibidir..."

Başka söze gerek var mı? Bunları Türkiye'de konuşturmuyorlar. "Aşı hayat kurtarır" sözünden başka laf işitmek istemiyorlar!

Aşılar konusunda en önemli uzmanlardan biri olan İsviçreli Prof. Claire-Anne Siegrist, mevcut aşıların immün sistem ve sağlık üzerine uzun dönemdeki etkilerinin bilinmediğini yazıyor yıllarca aynı dergiye...

ABD'de sadece tıp insanları değil, çok değişik çevrelerden kişiler aşı karşıtlığı kampanyaları yapıyor. Amerikan Başkanı John F. Kennedy'nin yeğeni, Senatör Robert F. Kennedy'nin oğlu Prof. Robert Francis Kennedy bunlardan biri.

Amerikan çocuklarının çok çeşitli kimyasallara maruz bırakılarak hastalandırıldığını ileri sürüp bununla mücadele etmek için Çocuk Sağlığı Savunması kurdu.

Yazdığı makaleler ve kitabı sert tartışmalara sebep oldu: *Thimerosal: Bilimin Konuşmasına İzin Verin.*[168]

---

167 Mikrobiyota; vücudumuzda yaşayan milyarlarca mantar, bakteri ve tekhücrelilerden oluşan, hayati öneme sahip çok hassas bir süper organdır. Mikrobiyota terimini ilk kez, 1958'de Nobel Tıp Ödülü kazanan ABD'li Joshua Lederberg kullandı.

168 Bu kitabın önsözünü, "fonksiyonel tıp" olarak adlandırılan alternatif tıbbi tedavinin savunucusu Prof. Mark Hyman yazdı.

Kennedy, "Aşılar, Hükümet ve Büyük İlaç Şirketlerinin Kirli Parası" adlı makalesinin yayımlanması büyük gazeteler tarafından reddedilince, yazısını *USA Today*'de ücretli bir reklam olarak yayımladı! Dedi ki:

-"Aşılar büyük işlerdir. İlaç sektörü, yıllık satışlarda 25 milyar dolarlık aşıları olan trilyon dolarlık bir endüstridir. CDC'nin takvime aşı eklemesi, aşı üreticisine milyonlarca müşteri ve milyarlarca gelir sağlar...

-"1988'den bu yana CDC'nin aşı programı genişliyor. CDC 1954'te çocuklara beş pediatrik aşı önermişti. Bugünün çocukları 18 yaşına geldiğinde en az 56 doz 14 aşı olmadan okula gidemiyor. Doyumsuz bir ilaç endüstrisi, CDC'nin bürokratik 'boru hattında' 2025 yılına kadar aşı gelirlerini artırma ümidiyle 271 yeni aşıya sahip. Sektörün ilk sözcüsü Dr. Paul Offit[169] çocukların 10 bin aşı alabileceğini düşünüyor...

-"Büyük ilaç şirketleri, geçen yıl ulusal siyasi adaylara 31 milyon dolar vererek ülkenin en büyük siyasi bağışçıları arasında yer aldı. 1998'den 2014'e kadar 3 milyar dolar olan diğer sektörlerden daha fazla siyasal lobi için para harcadı. Bu para petrol ve doğalgazın harcadığı miktarın iki katı ve savunma ile havacılık lobicilerinin dört katı..."

Aşıları bu açıdan hiç tartışmıyorlar...

Prof. Brian S. Hooker...

Aşıların otizme neden olduğunu iddia eden tıp insanlarından biri. Otizm Vakfı yönetim kurulu üyesi. Hastalık Kontrol ve Önleme Merkezi / CDC çalışanı idi.

Hooker aşılar ve otizm arasındaki bağlantıya ilişkin, CDC'nin bilimsel sahtekârlık, komplo ve örtbas yaptığını 2014 yılında iddia etti:

"CDC, ilk MMR (kızamık, kabakulak, kızamıkçık) aşısının yaşı ile Afrikalı-Amerikalı erkek çocuklarda otizm görülme sıklığı arasındaki ilişkiyi 2003 yılı başlarında biliyordu, ancak örtbas etmeyi seçti."

---

169 "Rotavirüs" aşısının ortak mucidi. Bu aşı patentini 2006 yılında Merck'e 182 milyon dolara sattı.

Bu iddiayı yine gündeme taşıyan CDC'den bilim insanı Dr. William Thompson oldu. 2004 yılında *Pediatrics* tıp dergisine, "MMR aşısının çocuklarda otizm gelişmesi riskini artırdığına dair verilerin CDC tarafından gizlendiğini" belirtti.

Bu yazı üzerine -şirket destekli- Patric Ip ve arkadaşları, cıva ile otizm arasında hiçbir ilişki olmadığını ileri sürdükleri makalelerini 2004 yılında ünlü *Journal of Child Neurology*'de yayınlandı. Birçok otorite de bu makaleyi "Aşı otizm yapmaz" diye kaynak gösterdi. Üç yıl sonra...

Otizm üzerine çalışan Prof. Catherine DeSoto, 2007 yılında aynı araştırmanın verilerinin istatistik çalışmasını tekrar yaptığında cıva ile otizm arasında çok manalı bir ilişki olduğunu ortaya koydu! *Journal of Child Neurology* dergisi bu makaleyi bir özür yazısıyla birlikte aynı sayfada yayımladı...

Tartışma sürüyor. Sürsün. Daha da sürmeye devam edecek...[170]

Sadece cıva değil yıllarca aşılardaki alüminyum tartışıldı; korkunç yan etkisini sonra kabul ettiler. (Ki tamamen aşıdan çıkarmaları imkânsız!)

Öyle ya, senelerce aşılardaki cıva tartışıldı; korkunç yan etkisini sonra kabul ettiler. (Gerçi Afrika'da domuz gribine karşı kullanılan "Pandemik aşı" hâlâ cıva içeriyor!)

ABD'de 1988'den 2011 yılına kadar aşı-otizm ilişkisine dair 5 bin 636 kişi şikâyette bulundu.

Amerikan Ulusal Aşı Yaralanması Tazminat Programı (VICP), otizmle ilgili 2 bin 620 kişiye 3,8 milyar dolar tazminat ödedi...

Aşı yargı konusu olmayı sürdürüyor.

İshal için bebeklere yapılan "Rotashield" aşısını FDA onayladı. Bir yıl içinde yüzden fazla bebekte barsak tıkanması

---

170 Tarih 30 Ağustos 2005. *Sabah* gazetesi "Aşı Kurbanları" başlığıyla, Ömer Ata, Selen, Can adlı çocuklara aşıdan sonra nasıl otizm teşhisi koyulduğunu açıkladı. Oğlu Ömer Ata ile mücadele veren Doktor Cem Kınacı aşılardaki civanın belirlenen sınırdan 125 kat fazla olduğunu söyledi. Uluslararası Otizm Enstitüsü'nün Türkiye'deki tek üyesi olan Doktor Kınacı'dan bir daha kimse kolay kolay demeç almadı.

yaşandı. Aldırmadı. Vaka sayısı çığ gibi büyüdü. Sonra şu gerçek ortaya çıktı; FDA bu yan etkiyi bilerek aşıya 22 Ekim 1999 tarihinde onay vermişti...

Aşının içinde ne var?

Aşıyı konuşmak zorundayız:

-Raf ömrünü uzatmak için kimi endüstriyel yiyeceklerin içine "katkı maddesi" konduğu gibi aşı da benzer süreçten geçiriliyor... Örneğin... Okuduğunuz, yapay griplerle dünyaya dayatılan "Tamiflu"nun raf ömrü her geçen yıl artırılıyor! Halen bazı ülkelerde "iki yıl" olarak bildirilmesine rağmen Roche şirketi ilaçlarının raf ömrünün "yedi sene" olduğunu açıkladı... Bu nasıl oluyor? "Timerosal", birden fazla aşı dozu içeren şişelerde bakteri ve mantarların büyümesini önlemek için, yani aşıların ömrünü uzatmak için kullanılıyor! Timerosal'in yüzde 49,6'sı cıva...

1980'li yılların ortalarında sadece karma (difteri-tetanos-boğmaca), çocuk felci ve kızamık aşıları uygulanıyordu. Bunlardan sadece karma aşı cıva (Timerosal) içeriyordu. İki yaşına kadar dört kere aşılanan çocuk, ortalama (4x25) 100 g Timerosal alıyordu. 1990'ların başında menenjit (HiB) ve sarılık (hepatit B) aşıları da rutin aşılar arasına katıldı. Böylece iki yaşındaki çocuğun enjeksiyon yoluyla aldığı cıva miktarı 100 g'dan 237.5 g'a yükselmiş oldu!

Çoklu dozlarla yapılan toplu aşılamalarda tehlike daha büyük. Hele aşı şişesi iyi çalkalanmadıysa şişenin sonunda kalan bölümü alanlardaki cıva miktarı çok yüksekti. Tabii tek dozluk aşılarda tehlike o kadar belirgin değil...

Otistik çocukların önemli bir bölümünde kan ve doku cıva düzeyleri yüksek olduğundan gözler aşılara çevrildi.[171]

171 Şunu eklemeliyim: Cıvanın otizmin bir nedeni olup olmadığı tartışıladursun, aşı otizmin tek sebebi değildir. Kurşun, alüminyum gibi ağır metallerin yanında sütteki kazein, buğdaydaki glüten, tarım ilaçları, böcek ilaçları ya da çok sayıda başka toksin de otizme yol açabilmektedir. Keza Danimarka'da 1996-2006 yılları arasında yapılan çalışmada sara ve migren ilacı olarak kullanılan Valproat'ın bebeklerde otizme sebep olduğu belirtildi.

Timerosal' "Otizm dahil ciddi zarar riski yoktur" denmesine rağmen, ABD'deki çocuk aşılarından 2001 yılında kaldırıldı... 16. yüzyılda Avrupalı kadınlar güzellik için "Venedik Sirüsü" denen beyaz kurşunu ve cıva sülfürü yüzlerinde, boyunlarında, göğüslerinde kullanıyordu! Güzellik için kullanılan beyaz kurşunun ve civanın sağlıklarını tehlikeye soktuğunu biliyorlardı. Karınlarındaki bebeğin hayatını tehlikeye soktuğunu biliyorlardı. Yani şunu diyorum; civanın tehlikeli olduğu 500 yıldır biliniyordu. Bile bile aşıya nasıl eklendi? Bir sebebi olmalı, değil mi?

Hangi aşılarda, yan etkisi büyük ("etilen glikol", "fenol", "formaldehit", "alüminyum" gibi) hangi katkı maddelerin olduğunu yazarak konuyu uzatmak istemiyorum... Yurtdışından ithal aşıları inceleyecek laboratuvarı olmayanlar aşı savunuculuğu yapıyor.

Aşı çok açıdan konuşulup tartışılmalıdır.

Şüphe duymadan bilim yapılmaz.

Mesela... Aşı destekçilerinin en önemli argümanı kızamık aşısı!

Bu temel aşının yapılmasıyla yılda üç milyon bebeğin yaşamının kurtarıldığı belirtiliyor. Bu çocukların beslenme yetersizliği, uygun olmayan barınma koşulları, eğitimsizlik gibi nedenler ve zatürre, ishal, kaza gibi sonuçlarla öleceği neden sürekli göz ardı ediliyor? Güneydoğu Asya'da insanların beşte biri sağlıklı içme suyuna sahip değil; oysa aynı bölgede yeni aşıların uygulanması 1,5 milyar doları aştı! Hep aynı anlayış karşımıza çıkıyor:

Beden üzerinden iyileştirme...

Zaire Kasongo'da, 1981'de kızamık aşısı uygulanan ve uygulanmayan iki grup çocukta izleyen yıllarda ölüm hızlarında farklılık bulunmadı. Honduras'ta 1984-85 aşı kampanyasının hemen ardından "polio / çocuk felci" salgını gelişti.

2030 yılında 20 aşının rutin kullanımda olacağı öngörülüyor. Pazarda yer alan biz "müşteriler" bu aşıların hangilerinin bizim yararımıza olacağını, hangilerinin zararının dokunabileceğini, verilen paraya değip-değmeyeceğini, ne kadar ödeme yapmamızın uygun olacağını bilmemiz gerekmiyor mu? "Aşı yararlıdır" rüzgârına kendimizi kaptırıp hiç mi soru sormayalım?

Tıp dergisi *New England Journal of Medicine,* tek başına kızamık aşısının kadınların yüzde 55'inde romatoit artrit/eklem iltihabı gelişmesine neden olduğunu yazdı.

Aşıların yararlarını abartmak için hep aşı lehine istatistik cambazlığa başvurulduğuna gözümüzü mü kapatalım? Aşı konusunda en büyük silahları istatistik verileri... Oysa... Harward Tıp Fakültesi, Beth Israel Deaconess Tıp Merkezi Deneysel Tıp Şefi Jerome E. Groopman diyor ki: "Günümüzdeki kanıta dayalı tıp yönetimine sıkı sıkıya bağlı kalmak, doktorun rakamlara bağlı kalarak tedaviyi pasif olarak seçme riskini ortaya çıkartmaktadır. İstatistikler bireyleri değil ortalamayı kapsar..." Ama her bebeğe, her çocuğa dayıyorlar aşıyı... İstatistik öyle diyor!

Bebeklerimizi hastalıktan korumak kumar olmamalıdır… Bilmeliyiz: Boğmaca/ "Pertussis" aşısını takiben üç gün içinde bebeklerin normale göre yedi kat daha fazla oranda öldüğü de bir bulgu değil mi?

ABD'deki Ulusal Aşı Bilgi Merkezi (The National Vaccine Information Center /NVIC) şu gerçeği belirtme ihtiyacı duydu: "Hiç aşılanmamış çocuklarla, hükümetin tavsiyesi olan tüm aşıların yapılmış olduğu çocuklardaki sağlık sonuçlarını karşılaştıran hiçbir çalışma yoktur." Niye acaba?

Şu tarihi gerçeği görmezden gelemeyiz:

Endüstri Devrimi'nin yaşandığı dönemde Avrupa'da 1838 yılında tüberküloza (vereme) bağlı ölüm hızı milyonda 4 bin idi. 1880'de veremin sebebi ortaya çıkarılınca ölüm hızı yarı yarıya düştü. 1950'lere kadar hastalık, geliştirilen ilaçlarla tedavi edilmeye başladığında ölüm hızı milyonda 500 oldu. Verem aşılanması başladığı yıllarda ise milyonda 250 düzeyine zaten düşmüştü. Görünen şu: 100 yıllık geçen süreçteki maddi azalmanın nedeni tıptan çok ekonomik ve çevresel koşulların değişmesiydi…

Evet… Meselenin ekonomi-politiğine bakmayalım mı? 2017 itibariyle dünya nüfusunun yüzde 70,1'ini yoksullar oluşturuyor. Bunlar küresel servetin sadece yüzde 3'ünü paylaşıyor. Bunun her tür sağlıksız hayatlar yarattığını hiç konuşmuyorlar.

Halk sağlığı uzmanı Prof. Gazanfer Aksakoğlu diyor ki:

"İlkokul öğrencisine sorsanız, 'sağlıkta korunma' denince ilk aklına gelen aşılama olur. Sokaktaki yurttaşın görüşünü alırsanız, bağışıklamanın 'devlet görevi olduğunu' söyler. Öyle mi? Hayır, artık o günler geride kaldı! Bağışıklama da, aşı üretimi de devletin elinden ve kamu görevi olmaktan çıkarıldı; sermayeye teslim edilerek tatlı kârlar için yatırım aracına dönüştürüldü. Artık bebeklerin ve erişkinlerin bağışıklanmaları üzerinde kişisel, kurumsal ve sınıfsal çatışmalar, uluslararası sermayenin kanlı çıkar oyunları yer alıyor…"

Prof. Aksakoğlu'nun söylediklerine tek örnek verip bu bölüme noktayı koyayım:

Daraprim (pirimetamin), sıtmaya sebep olan plazmodyum türlerine karşı kullanılan ilaç. Kimi ülkelere-bölgelere seyahat edeceklerin, bu ilaçla kendilerini sıtmaya karşı koruyacağı belirtiliyor. Ayrıca...

AIDS hastalarına da "Dapson" ile birlikte kullandırılıyor. Şuraya geleceğim:

2015 yılında -ABD merkezli- dünyada bir etik tartışması başladı. Merkezinde 1983 doğumlu Karadağ göçmeni Martin Shkreli adlı bir hedge fon yöneticisi vardı.

Lise mezunu Shkreli, kısa sürede Lehman Brothers gibi finans şirketlerinde çalıştıktan sonra 2009 yılında çocukluk arkadaşı Marek Biestek ile (baş harflerinden oluşan) MSMB Capital Management'ı kurdu.

Borsadaki "uzmanlık alanı" ilaç sektörü idi. Zayıflama ilaçları üreten ABD'li ilaç şirketi Orexigen Therapeutics'in yeni çıkaracağı "Contrave" adlı ilaç için dünyanın en büyük finans şirketlerinden Merrill Lynch'e tanesi 2,50 dolarlık

32 milyon adet hisse satılmasını sağladı. Yine ABD'li Navidea Biopharmaceuticals şirketinden kanser teşhis cihazı ve ABD'li MannKind Corporation firmasından solunabilir insülin cihazı için borsada oyunlar yaptı. Ayrıntıya girmiyorum, sözü başka konuya getireceğim:

Shkreli 2015 başında Turing Pharmaceuticals[172] ilaç şirketini kurdu. Hemen ardından Amerikan FDA/ Gıda ve İlaç İdaresi'nin 1953'te onayladığı "Daraprim" ilacının "haklarını" 55 milyon dolara Impax Laboraries şirketinden satın aldı.

Daraprim'in patent süresi dolmuştu ancak genel bir sürümü mevcut değildi. Patent dışı ilaçlar için pazarlar genellikle küçüktü ve genel sürüm üretilmesi için yasal onay alınması pahalıydı.

Shkreli bundan faydalandı, tekel oluşturdu. Ve üretim maliyeti 1 dolar olan Daraprim'in fiyatını bir gecede -yüzde 5 binlik/50 kat artışla- 13.50 dolardan 750 dolara çıkardı!

Bu ilk kez yaşanan olay değildi...

Rodelis Therapeutics...

2015 yılında Chao Center for Industrial Pharmacy isimli ilaç şirketini aldıktan sonra bünyesine kattığı –özellikle tüberküloz vakalarında 1954 yılından beri kullanılan antibiyotik- "Siklorin" (Cycloserine) fiyatını bir gecede 500 dolardan 10 bin 800 dolara çıkarıverdi!

Actavis (Allergan) PLC...

Dünyanın üçüncü büyük jenerik ilaç üreten şirketiydi. 12 küresel pazarda ilk üç içinde; 16 küresel pazarda ilk beş içinde ve 33 küresel pazarda ilk on arasında yer aldı. 2016 yılında şirketin Londra'daki kapısını John Beighton ve Guy Clark adında iki yatırımcı çaldı. Benzer teklifi yaptılar. Ve "Hidrokortizon" fiyatını bir gecede 79 peniden 88 sterline çıkarttılar! Fiyat bir gecede yüzde 9 bin 500 artıverdi!

172 Shkreli şirketine, İngiliz öncü bilgisayar bilimcisi Alan Turing'in adını vererek ne kadar bilimden yana olduğunu göstermek istiyordu!

Benzer şekilde Pfizer İngiltere' de 2.83 sterlin olan epilepsi (sara) ilacı "Fenitoin"in fiyatını yüzde 2 bin 600 artırarak 67.5 sterline çıkarttı.

Parkinson hastalığı tedavisinde kullanılan "Symmetrel" 5.33 sterlinden 130.99 sterline çıkarılarak satılmaya başlandı; yüzde 2 bin 358 fiyat artışı!

Epilepsi ilacı "Mysoline"in fiyatı yüzde 644 fiyat artışı ile 12.6 pounddan 93.75 pounda çıkartıldı.

Örnekler çok…

Piyasa, sağlık filan dinlemiyordu…

İnsanların sağlığı umurlarında değildi…

Baksanıza:

ABD'de en çok satan ilaç fiyatlarında 2008-2014 arasında yüzde 127'lik bir artış olurken, aynı dönemde tüketici fiyatları yalnızca yüzde 11 arttı.

Anlayınız artık: "Aşılar tartışılamaz-tartışılmamalıdır" sözünün arkasında halkın sağlığı değil, ilaç şirketlerinin menfaati var. Tüm aşıları aynı gereklilik, etkinlik ve emniyette göstermek kurnaz tüccarların işidir…

Aşı "cenneti" Türkiye

"Hepsi gerekli mi?" diye soranların "çarmıha" gerildiği ülke burası… Bilginin değil inancın hegemonyası var bu topraklarda…

ABD'den örnek vereyim:

- 1 yaşından küçük bebeklere 26 aşı yapılan ülke…

-2 yaşına kadar 14 etkene ait toplam 26 doz verilen ülke…

-6 yaşına kadar toplam 49 doz verilen ülke…

-18 yaşına kadar ise 16 etkene ait aşılardan toplam 69 doz uygulanan ülke…

Türkiye aşı konusunda da ABD'yi takip ediyor:

-Hepatit B, bebek doğmadan, birinci ayın sonunda ve altıncı ay sonunda uygulanıyor…

1) BCG (verem), bebek iki aylıkken uygulanıyor…

2) Difteri, boğmaca, tetanos, çocuk felci ve zatürre gibi beşli karma aşı; ikinci, dördüncü, altıncı aylarda uygulanıyor; 18. ayda pekiştirme aşısı yapılıyor…

3) 2009 yılında aşı takvimine dahil edilen zatürre ve menenjit gibi hastalıkları önleyen KPA aşısı; bebeklerde ikinci, dördüncü aylarda uygulanıyor; 12. ayda pekiştirmesi yapılıyor...

4) Kızamık, kızamıkçık, kabakulak aşısı bebeklerde 12. ay ve ilköğretime başladığı ilk yıl uygulanıyor…

5) Difteri, boğmaca, tetanos- çocuk felci dörtlü karma aşı ilköğretim birinci sınıfta uygulanıyor…

6) Çocuk felci aşısı altıncı ve 18. aylarda uygulanıyor…[173]

7) Difteri, ilköğretim dördüncü sınıfta uygulanıyor…

8) Hepatit A, 18 ve 24. aylarda uygulanıyor…

9) Suçiçeği aşısı 18. ayda uygulanıyor…

10) Ateş, kusma, karın ağrısı, ishali önlemek için Rotavirüs aşısı, ikinci, üçüncü, dördüncü aylarda uygulanıyor…[174]

11) Grip aşısı Influenza, altıncı ayın sonunda ve her yıl yaşa uygun dozda uygulanıyor…

12) Tetanos, boğmaca vs. karşı dT aşısı ortaokul son sınıfta uygulanıyor…

13) Cinsel yolla geçen HPV virüsüne karşı aşı 9-18 yaş arasında uygulanıyor…

14) Öksürmeyle bulaşan hastalıkları önlemek için yapılan birinci Meningokok ACWY aşısının dozu ve zamanını doktor belirleyip uyguluyor…

15) Diğer Meningokok aşısını da doktor belirleyip uyguluyor.

Hepsi gerekli mi?

İmmün sistem virüsü keşfiyle Nobel Ödülü alan Prof. Dr. Luc Montaigner ve kanserle mücadelede ulusal madalyalı Prof. Dr. Henri Joyeux, aşı konusunda "Aklıselime Çağrı"

---

173 Küba'da, devrimden sonraki iki yıl içinde/1960'lar başında çocuk felci yok edildi. Bize ise 1963'ten beri hâlâ uygulanıyor!

174 Türkiye'nin, "İçinde domuzlarda görülen virüse ait (PCV 1) bir genetik materyal var" diye Rotavirüs aşısının kullanılmasını askıya aldığı söyleniyordu. Oysa Sağlık Bakanlığı'nın "aşı takviminde" halen bulunduğu görülüyor.

başlıklı bildiri yayımladı. İlk cümleleri şu oldu: "Aşıya karşı değiliz. Ama iki yaşından küçük çocukların çok sayıda ve sistematik olarak aşılanmasına karşıyız!"

Bildiriyi sekiz bin doktor imzaladı...

Türkiye'de aşı konusunun tartışılmasını istemiyorlar! Oysa bebeğe aşı uygulandığında nasıl bir immünolojik cevap alınacağı; bu uygulamanın kısa ve uzun vadeli yan etkilerinin ne olacağı; doğumdan sonra gelişimi devam eden bağışıklık / immün sistem, sinir sistemi ve bağırsaktaki yararlı mikrobiyota üzerine ne gibi etkileri olacağı konusunda hemen hiç bilgi yok!

Hele...

İnsanlar farklıdır. Bu farklılık, tanıdan tedaviye kadar tıbba yansır. Bazı hastalara standart dozda verilen ilaçlar neden hiç etkili olmaz? Bazılarında ilaçların yan etkileri niçin görülür de diğerlerinde görülmez? Bu soruların yanıtı "kişiselleştirilmiş tıp"tır! Günümüzün endüstriyel tıbbında tek ölçüt, "tüm bedenler aynıdır ve doz herkese uygundur" temeline dayalıdır. Kişiselleştirilmiş tıp ise "doğru zamanda, doğru hasta için, uygun dozda ve uygun ilaç" anlayışına dayanır...

Aşının dozajını bile tartıştırmıyorlar!

Aşı tabu oldu!

Oysa:

"Aşı yararlı mı, zararlı mı" tartışması doğru değildir. Aşı meselesi bu parantez içine sıkıştırılamaz. Konu, çok katmanlıdır. Toplumu aşılar konusunda bilinçlendirmek lazım...

Normal doğan ile sezaryen bebeklerin aşılanması arasında -bağırsak florası sebebiyle- fark olması gerektiğini kaç kişi biliyor? "Tercüme doktorluğu" sorusuz-şüphesiz tıbba inanıyor.

Aşı mikroplarının patenti bile apayrı konu... Küresel şirketler doğal bakteri ve virüslerin patentini alamaz. Bu yüzden genetiği değiştirilmiş mikroplar ile aşı hazırlar. Bu aşıların uzun süreçte zararları hakkında ne kadar yeterli bilgiye sahibiz?

Aşı lobisi her olayı kullanıyor. Suriye'den gelen üç kişi menenjitten öldü diye tüm çocuklara menenjit aşısını 2013'te takvime ekleyiverdi! Oysa ölenlerin menenjitten öldüğüne dair rapor bile yoktu... "Risk faktörü" sürekli abartılıyor. İnsanları korkutuyorlar. Diyorlar ki: "Aşıyı tartışmayın, yoksa bebeğiniz, çocuğunuz ölür!" Gel de aşı yaptırma!

Bugün aşıyı dünya tartışıyor...

ABD'nin *National Library of Medicine*'inde yayımlanan rapora göre, aşı olan bebekler, aşı olmayan bebeklere oranla daha fazla hasta olup, "bebek ölümlerine" maruz kalıyor!

38 bin bebek ölümü ve hastaneye kaldırılma vakalarını inceleyen araştırmacı doktorlar, aşı olan bebeklerde bu oranların çok daha fazla olduğunu tespit etti. Örneğin dört kere aşı olan bir bebeğin hastalanma ve hastaneye kaldırılma olasılığı, iki kere aşı olan bir bebeğe oranla çok daha fazlaydı!

Raporda dikkat çekilen başka nokta, bütün uyarılara ve çalışmalara rağmen ABD'deki konuyla ilgili kimi "özerk" devlet kurumları aşı tavsiyelerine devam ediyordu. Centers for Disease Control and Prevention'ın / CDC (Salgın Hastalıklar Kontrol ve Önleme Merkezi) tavsiyeleri üzerine, 1990'larda ortalama bir bebeğe tavsiye edilen aşılar 15 iken, bu rakam 2007'de 26'ya çıktı!

Araştırmayı yapan hekimlerden Neil Z. Miller bir enstitünün başkanıydı ve şöyle diyordu: "Aşı olmadan önce iki kez düşünün."

1970-2010 yılları arasında kırk yılda dünyada bulaşıcı hastalıklar yüzde 17 oranında azaldı; aynı dönemde bulaşıcı olmayan hastalıklar yüzde 30 oranında arttı. Aşı bağışıklık sistemini koruyor mu, aslında çökertiyor mu? Bir "saldırı olasılığına" karşı korurken, "diğer saldırılara" kapı mı açıyor? Kronik hastalıklar nasıl bu kadar arttı? Sormayalım mı?

Bu bölüme Prof. Howard Waitzkin ile başladık, yavaş yavaş onunla bitirelim. Gazeteci sordu: "İşinize ilham veren entelektüel kahramanlar kimlerdir?"

Yanıtı şu oldu:

-"Üç sosyal tıp kahramanı, cesaretle hastalığın sosyal sebeplerine odaklanarak risk aldı.

1) 1800'lerin ortalarında Karl Marks ile işbirliği yapan Friedrich Engels, sosyal tıpta ilk kapsamlı çalışma olan bir kitap yazdı: '*1844 Yılında İngiltere'deki İşçi Sınıfının Durumu.*' Engels, 170 yıl boyunca bu sorunlar hakkında araştırma yapılmasını öngören mesleki ve çevresel hastalıkları ayrıntılı olarak açıkladı.

2) Engels'den etkilenen Almanya'daki Rudolf Virchow, hücresel patoloji alanını geliştirdi. Salgın hastalıklara neden olan sosyal koşullara ve sağlık çalışanlarının sosyal sorumluluklarına odaklanmasından dolayı Virchow, aynı zamanda tüm dünyada 'sosyal tıbbın babası' olarak tanındı; çalışmalarının bu önemli bileşeni Amerika Birleşik Devletleri'nde çok az ilgi gördü.

3) Ve Şili'deki Salvador Allende… Kendisi Virchow'un öğrencisi olan patoloji profesörü Max Westenhoffer yoluyla, 1930'larda Latin Amerika'da sosyal tıbbın lideri oldu. Seçilmiş bir senatör olarak Allende, Latin Amerika'daki ilk ulusal sağlık programını kurdu. Ardından, 1970'lerin başlarında Şili'nin başkanı olarak ABD'nin desteklediği askeri darbede ölene kadar, Latin Amerika'da ve dünyanın geri kalanı için örnek olmuş bir dizi etkili sosyal tıp girişimi düzenledi."

Prof. Howard Waitzkin bu üç ismi örnek alıyor.

Kimileri ise Rockefeller-Gates yolundan yürümeyi "solculuk" sanıyor!

Neymiş, "aşı hayat kurtarırmış". Hangi aşı? Hasta edenin mikroorganizma değil; zayıf bağışıklık sistemi olduğu nasıl bilinmezlikten gelinir? Bağışıklık sistemini tek kuvvetlendiren aşı mı? Vücudun "savunma askerlerine" virüs gelecek diye sürekli nöbet tutturmanın gereğini hiç tartışmıyorlar. Bireyin belki de ömür boyu karşılaşmayacağı bir sürü "hastalık" için bağışıklık sistemini hazırda tutmanın yararı var mı? Bir de şöyle anlatayım: Aşılar bilgisayar programı olsa her programı yüklediğinizde kaliteli işler mi sistem? Aşı, bağışıklık sistemini aslında kalitesiz hale mi getiriyor? Ve bunun sonucu vücut daha mı güçten düşüyor? Bunlar nasıl konuşulmaz? Ne demek "aşı hayat kurtarır"?

Melinda & Bill Gates Vakfı, insanın sağlığını önemsediği için mi aşı işinde? Bir de şöyle düşünün:

Türkiye gibi özellikle gelişmekte olan ülkelerde sağlık sistemleri dönüştürüldü / dönüştürülüyor. Ulusal sağlık sigorta programlarının desteklenmesi ve erişimi artırmak için e-sağlık programları (tele-tıp, elektronik hasta kaydı, e-öğrenme gibi) dahil olmak üzere çeşitli sağlık programları hayatımıza girdi / giriyor. Microsoft Corporation bu işin neresinde? Tam merkezinde... Sadece aşı satmıyorlar, sağlık programları ve tıbbi cihazlar satıyorlar...

Bölümün girişinde alıntı yaptığım Prof. Howard Waitzkin dedi ki:

- "Tıbbın Batı'nın üçüncü dünya ülkelerini sömürgeleştirmesinde oynadığı rol ele alındığında kolonyalizmin kendi otoritesini, meşruluğunu ve kontrolünü sağlamak için 'bedeni' bir alan olarak kullandığı veya kullanmaya çalıştığı görülmektedir..."

- "Bu açıdan kolonyal / sömürgecilik tıp tarihi ile 'salgın hastalıkların kontrolü' iç içe geçmiştir. Beden ile ilgili tıbbi bilginin birikimi siyasal gelişime ve kolonyal sistemin ideolojik eklemlenmesine katkı sağladığından, tıp ve sağlık hizmetleri kolonyal düzenin geniş kapsamlı özelliğinden soyutlanamaz. Aksine, kolonyalizmin siyasal etkisi, ekonomik çıkarları ve kültürel zihniyeti ile bütünleşmiştir..."

Haksız değil... Uzatmayayım. Sahra-Altı Afrika'da 1990-92 yıllarında yetersiz beslenen insan sayısı 169 milyondu. 2001-2003 yıllarında sayı 207 milyona çıktı. Bugün 300 milyon! Afrikalı çocukların yetersiz beslenmelerini değil, "hayırsever aşıları" konuşturuyorlar bize hep.

Afrika'da 1980'de bodur çocuk sayısı 34 milyondu; 2005 yılında 50 milyona yükseldi. 2025 yılında Afrika'da aç çocuk sayısı 42 milyonu bulacak.

Bunların sorumlusu kim?

Demek "Aşı hayat kurtarır" reklamına devam etmemiz isteniyor, öyle mi?

Yazık.

Yalçın Küçük diyor ki:

"Nerede kolaycılık varsa, orada soysuzlaşma vardır.

Nerede zordan kaçış varsa, orada cehalet vardır.

Kolaycılık ve cehalet, ikiz kardeştir.

Kolaycılık ve cehaletin, doğrulara karşı bir direnişi vardır."

Altıncı Bölüm

ŞEKER-TANSİYON ÖLÇÜMÜ

Sayılara birçok şey söyletilebilir; en saçma şeyler bile...

Yazar Mark Twain'e göre üç tür yalan vardır: Sıradan yalanlar, kutsal yalanlar ve istatistiki yalanlar...[175]

"Endüstriyel tıp" sisteminde hastalıklar değil, olasılıklar, ihtimaller ve yüzdeler "tedavi" edilir! Dünyada "entelektüel terör" estirilir...

Başlayabilirim…

Tarih: 20 Aralık 2006.

Birleşmiş Milletler, diyabeti/şeker hastalığını küresel bir tehdit olarak ilan etti. İlk kez AIDS, tüberküloz ve diğer enfeksiyon hastalıkları dışında enfeksiyon hastalığı olmayan salgından bahsedildi. Bu da -en çok korkutulan hastalıklardan- diyabetti.

Dendi ki: Diyabet, dünyadaki ölümlerin yedinci sebebi…

Vücudumuzun temel enerji kaynağı karbonhidratlar... Karbonhidratların emilip kullanılabilir hale gelebilmesi için, vücudumuz bunu en basit formu olan glikoza dönüştürür. Beyin ve diğer organlarının enerji ihtiyacı glikoz ile sağlanır. Özellikle beynin temel enerji kaynağı glikoz...

175 Çağımızın "fizik dehası" denen Stephen Hawking, 2014 yılı futbol Dünya Kupası için İngiltere'nin kazanma istatistiğini hesapladı. Dedi ki: "İngiltere sahaya kırmızı formayla çıkmalı, penaltıyı sarı saçlı bir futbolcu atmalı, hakemleri Avrupalı olmalı," vs. Yetenek, takım uyumu, psikoloji vs. önemli değildi! Hawking İngiltere'nin değil Brezilya'nın şampiyon olacağını söyledi. Finali Almanya ile Arjantin oynadı!

Glikozu kandan hücrelere pankreastan salgılanan insülin hormonu taşır. İnsülin hormonunun vücut tarafından kullanılamaz hale gelmesi, doğuştan gelen insülin yokluğu ya da yetersiz salınım sonucu kanda glikoz birikmesi halk arasında "şeker" olarak bilinen diyabet hastalığını ortaya çıkarıyor...

Halk dilinde "şeker hastalığı" olarak da bilinen "tip 2 diyabet"; vücut, düzgün çalışması için yeterli insülin üretmediğinde veya vücut hücreleri insüline tepki vermediğinde meydana geliyor. Bu insülin direnci olarak biliniyor.

Tip 2 diyabet, tip 1 diyabetten çok daha yaygın... Tip 1 diyabette vücut hiç insülin üretmiyor.[176]

Tip 2 diyabet, uzun vadede kalp hastalıklarına, böbrek yetmezliğine, erkeklerde sertleşme sorununa ve hatta körlüğe sebep olabiliyor. Uzun dönemli etkileri arasında sinir sistemi hasarı da bulunuyor...

Kolesterol ve tansiyon gibi diyabet ilaçları da dünyada hep tartışma konusu. Yine... Burada da "ölçüm" meselesi karşınıza çıkıyor; bu kez "kan şekeri seviyesi" ölçülüyor.

Birçok glikoz testi türü mevcut:

-Açlık şekeri ne kadar olmalı?

-Tokluk şekeri ne kadar olmalı?

-"HbA1c" üç aylık ortalaması kaç mg/dl (desilitre başına miligram) seviyesinde olmalı?

Uluslararası Diyabet Federasyonu "HbA1c" değerini 6,5 olarak belirledi. Amerikan Diyabet Derneği ise 7 değerini seçti. Şimdi bütün dünyada 6,5'in ideal olduğu bilinmesine rağmen 7'ye odaklanılıyor!

Bu kitabın yazılış amacını artık biliyorsunuz: Sağlığın ekonomi-politiğini yazmak. Bu kavranmadan hastalık-ilaç değerlendirmesi eksik olur... O nedenle "Bizim kan şekeri seviyemizi belirleyenler kim?" sorusunu aklınıza getirmelisiniz!

176 Yüksek bir seviyeye "hiperglisemi" denir; düşük seviyelere "hipoglisemi" denir.

Ölçümü belirleyen kimler

Amerikan Diyabet Derneği (American Diabetes Association -ADA), halkı diyabet hakkında eğitmek ve diyabeti önlemek için araştırmaları finanse eden ABD merkezli -güya- kâr amacı gütmeyen kuruluş... Şunu yapmaktan da geri durmadı. Telefon şirketi InfoCision ile "diyabet kampanyası" yürüttü, bağış topladı ve gelen paranın yüzde 15'ini cebine indirdi. Diğer yüzde 85'i telefon şirketine gitti![177] ADA'nın 2017 yılı geliri 155 milyon dolar!

Sponsorları kim bu "kâr amacı olmayan" derneğin? İlk insülini çıkardığı 1923 yılından beri diyabet ilaçları üreten Eli Lilly ve benzer ilaçları satan Abbott, AstraZeneca, BD Medical-Diabetes Care (BD Tıbbi Diyabet Bakımı), Boehringer Ingelheim Pharmaceuticals, Dexcom, Janssen Pharmaceuticals, Merck, Novo Nordisk, Sanofi gibi diyabet ilacı ve tıbbi cihazı satan küresel şirketler...

Bu şirketler isimlerini bu tür "sosyal sorumluluk projeleri yürüten sivil toplum kuruluşlarının onur listesine" öyle kolay yazdırmıyor; yılda en az 500 bin dolar vermek zorundalar! Sadece bu değil; ayrıca "400 bin dolar verenler listesi" var: Colgate Total ve CVS Pharmacy başı çekiyor!

Ve... ADA'nın 1957 yılından beri değişmez para desteği Rockefeller Vakfı'ndan! Şaşırtıcı değil; Rockefeller Enstitüsü 1910-19 yıllarında arasında Prof. İsrail Simon Kleiner başkanlığında insülin araştırmaları yaptı. Bu çalışmaları hep sürdürdüler.

Biyosentetik insülinlerin ticari olarak çıkarıldığı 1980'ler başında... Kan şekeri kontrolünü izlemek için "glikosile edilmiş hemoglobin testini" geliştirerek, Amerikan Diyabet Derneği tarafından "Frederick Banting Bilimsel Başarı Madalyası" ile taçlandırılan Prof. Anthony Cerami gibi isimler Rockefeller'ın "bilim insanı" idi...

177 Ohio Başsavcısı Mike DeWine'ın, 20 Nisan 2012 tarihinde Ohio Yardım Kuruluşları Yasası'nı ihlal etmesi sebebiyle InfoCision aleyhine dava açmasına ve şirketin ceza almasına filan girmeyeyim...

Bugün... Rockefeller Vakfı, ADA ile birlikte Bangladeş'ten Kenya'ya ulusal diyabet programları yürütüyor. Diyabet aşısı üretmeye çalışıyor! Ekip içinde Rockefeller Üniversitesi'nde çalışmalarını sürdüren Türk Kıvanç Birsoy da var...

Peki... Böyle bir kuruluşa/ Amerikan Diyabet Derneği'ne kim başkanlık edebilir? David Herrick...

Diğer görevi ne? New York City merkezli marka danışmanlık şirketi EthicOno'ın müdürü!

O dönem ABD'de en büyük ikinci eczane zinciri olarak faaliyet gösteren Walgreens şirketinden, diyabet gibi ilaçlar üreten ABD şirketi Bristol-Myers Squibb'e kadar büyük firmalarla birlikte çalıştı...

"Bir marka strateji uzmanı ne amaçla başkan yapılır ki" diye sormayın! Bu yine iyi...

Bir önceki başkan Dr. Karen Talmadge, diyabet için tıbbi malzeme üretip satan Kyphon şirketini 2007 yılında kurdu. Yani hanımefendi diyabet ürünleri satan şirket sahibiydi! Üç yıl sonra şirketini, tıbbi araçlar konusunda dünyanın en büyük şirketi Medtronic'e 4,2 milyar dolara sattı. Sonra da gidip ADA başkanı oldu. (Tıpkı tansiyonda olduğu gibi diyabette de sadece "ilaç" satılmaz; ayrıca "tıbbi alet" de pazarlanır. Bazı hastalıkların "pazar bereketi" boldur; testler-"ölçüm cihazları" sürekli yenilenir.)

Dr. Talmadge, ADA'dan ayrıldıktan sonra insülin için tıbbi teknoloji üreten Bigfoot Biomedical şirketine geçti. Bunları öğrenince insanın "kan şekeri" nasıl yükselmez?

Sadece bunlarla kalsa iyi...

ADA yönetiminde yer alan Robert M. Cuddihy, ABD'nin değil dünyanın en büyük ilaç şirketlerinden AMGEN Medikal İşler başkan yardımcısı! Şirketin resmi sitesinde hakkında şu bilgi var:

-"Dünya Sağlık Örgütü aracılığıyla diyabet tedavisi konusunda küresel çapta çok sayıda tıp kongresinde ve yine

Dünya Sağlık Örgütü aracılığıyla diyabet tedavisi konusunda doktorların eğitiminde sık sık konuşmacı olarak, hayatını diyabetle yaşayan bireylerin eğitimi ve savunuculuğuna adamıştır..."

Bir diğer yönetim kurulu üyesi Otis W. Kirksey ise, Neighborhood Medical Center'da ilaç müdürü. Uzatmaya gerek yok, sayfaları doldurur "marifetleri"...

Sadece ADA/ Amerikan Diyabet Derneği değil ki...

Uluslararası Diyabet Federasyonu (International Diabetes Federation - IDF), 1950'de kuruldu. Şemsiyesi altında 168 ülke ve 230 ulusal diyabet birliği var. Merkezi Brüksel, Belçika...

IDF yan kuruluşu (Rockefeller tarafından desteklenen) *The Diabetes Atlas* aracılığıyla sürekli korkutucu istatistik açıklıyor:

-"Şu anda dünyada diyabetle yaşayan 425 milyon insan var. Toplamın 2045 yılına kadar 629 milyona çıkması bekleniyor..."

Örgütün başında İngiliz/İskoç muhafazakâr politikacı Michael Hirst var. (Adı eşcinsel dayağı skandalına karıştı ama buna girmeyelim...) Sadece ekonomi değil siyasi yönünü de bilmelisiniz "sağlık hizmetlerinin"...

ABD'de diyabetle ilgili "kâr amacı gütmeyen" çok dernek-vakıf var. Bunlardan biri de Amerikan Diyabet Eğitimcileri Derneği (The American Association of Diabetes Educators/ AADE)...

Görünür amacı, diyabet konusunda halkı bilgilendirmek. Ama genellikle "para işleriyle" uğraşıyor. Mesela diyabet ilaçlarının sağlık sigortası/ Medicare'de kısıntıya uğramaması için çaba gösteriyor. Biliniyor ki, parasını devlet ödemezse yoksullar bu ilacı alamaz ve böylece küresel şirketler ilaç satamaz!

Lilly, Merck, Novartis gibi ilaç devleri bu diyabet birliğinin üyesi. AADE yönetiminde yer alan hemen tüm isimlerin küresel ilaç şirketleriyle ilişkisi var:

-Başkanı Martin J. Abrahamson... Amylin, Eli Lilly, GlaxoSmithKline, Merck, Novo Nordisk, Novartis, Pfizer, Sanofi Aventis ve Takeda'nın baş konuşmacısı olarak görev yaptı. Bu konuşmaları para karşılığı yaptığını yazmaya gerek var mı? Amylin, Eli Lilly ve Sanofi Aventis için danışmanlık hizmeti verdi. Amylin ve Medtronic'ten araştırma hibeleri aldı.

-Yardımcısı Joan Bardsley... Novo Nordisk, GlaxoSmithKline ve Eli Lilly'nin danışmanıydı.

-Sözcü Silvio E. Inzucchi... Takeda'nın araştırma komitesinde görev yaptı. Eli Lilly'den araştırma fonu aldı.

-Yönetimde yer alan isimler:

Sheila Y. Garris... Sankyo ve GlaxoSmithKline'da danışmanlık yaptı. Wahida Karmally... Shionogi için araştırma danışmanı oldu.

Francine Kaufman... Johnson & Johnson'dan araştırma desteği aldı.

Mary T. Korytowski... Novo Nordisk'in danışmanıydı. Melinda D. Maryniuk... Eli Lilly'nin danışma kurulunda bulundu.

Söyler misiniz, kan şekeri ölçüm kararını "bilim" mi veriyor, yoksa küresel ilaç şirketleri mi? Soru yanıttır aslında...

Peki... Bizde işler nasıl dönüyor?

Türkiye Diyabet Vakfı, -en son 2011 yılında basılan, 2018'de sekizinci baskısı yapılan- *Tanı ve Tedavi Rehberi* hazırladı. 68 bilim insanının imzası vardı. Rehbere katkı sunan ve onay veren kuruluşlar şunlar:

Sağlık Bakanlığı Ulusal Diyabet Koordinatörlüğü, Türk Diyabet Cemiyeti, Türk Diş Hekimleri Birliği, Türk Kardiyoloji Derneği, Türk Nefroloji Derneği, Türk Oftalmoloji Derneği, Türkiye Aile Hekimleri Uzmanlık Derneği, Aile Hekimleri Derneği Federasyonu, Türkiye Aile Hekimliği Vakfı, Pratisyen Hekimlik Derneği, Diyabet Hemşireliği Derneği, Diyabet Diyetisyenliği Derneği. (Anlaşılan burada da iktidara yakın "yandaş kuruluşlar" seçildi. Ayrım yapılmayan mevzu yok ülkemizde! Neyse...)

Hazırlanan kılavuzun kaynakça bölümünde ağırlıklı olarak ADA, IDF yayınları vardı. Yani aslında "rehber" bir çeviriydi! Sadece TDC değil, ülkemizde bulunan benzeri rehber-kılavuz kitaplar genellikle tercüme. Türkiye Endokrinoloji ve Metabolizma Derneği kılavuzu da farklı değil, 338 kaynak gösterse de yapılan sadece tercüme-çeviri…

Türkiye'de tıbbı-hastalıkları bu tercümeler üzerinden tanımlıyorlar ve adına "bilim" diyorlar.

1955 yılında kurulan Türk Diyabet Cemiyeti (TDC), dört yıl sonra 21. üye olarak IDF'ye katıldı. O günden beri bizim "şeker ölçümümüzü" belirleyen ABD oldu.

TDC bağışçıları arasında Lilly, Novo Nordisk, Sanofi gibi yabancı ilaç şirketleri olduğunu da not edip bu konuya son vereyim...

Sonra medyaya çıkıp koca koca laflar etmiyorlar mı?

Diyabet yalanı

Diyabet önemli…

Sağlık Uygulama Tebliği'ne göre "Şeker hastalığının tedavisinde kullanılan ilaçları" her doktor reçete edemiyor:

-Metformin, sulfonilüreler, akarboz ve insan insülinleri tüm doktorlar;

-Repaglinid ve nateglinid ilaçlarını; endokrinoloji, iç hastalıkları, kardiyoloji ve aile hekimliği uzmanı doktorlar;

- Rosiglitazon ve pioglitazon ilaçlarını yalnızca endokrinoloji uzmanı doktorlar;

-Sitagliptin ve oral antidiyabetiklerin kombine preparatlarını endokrinoloji uzmanı doktorlar reçete edebiliyor…

Bu arada, şu ara notu ekleyeyim:

Diyabeti iyileştirme vaadiyle ürün satışı yapan şarlatanlar konusuna hiç girmeyeceğim. Ya da "üç ayda tek aşı" gibi "umut taciri" haberlerden bahsetmeyeceğim…

Israrla diyabet için de aynı soruyu yönelteceğim; ilaç tek çözüm mü? Diyabet, ömür boyu süren bir hastalık mı?

Diabetes Care…

Amerikan Diyabet Birliği tarafından 1978 yılından beri yayımlanan tıp dergisi... Mart 2016 sayısında yayınladığı makale, şeker hastalığı konusunda ezberleri bozdu: Uzun yıllardır diyabeti olan 30 gönüllü üzerinde sekiz hafta süreyle yapılan araştırma, sıkı bir diyetin "tip 2 diyabeti" tamamen ortadan kaldırabileceğini gösterdi. Üstelik… Diyet bittikten altı ay sonra da diyabet ortaya çıkmamıştı!

Sonuç şaşırtıcıydı. Çünkü "endüstriyel tıbba" göre, diyabet bir defa teşhis edildiğinde ömür boyu asla düzelmesi mümkün olmayan; ölene kadar ilaç tedavisi gerektiren kronik hastalık idi! Bu iddia artık yok olmak üzere…

The Lancet…

Dünyanın en çok bildiği, 1823 yılından beri yayımlanan İngiliz tıp dergisi…

İngiltere ve İskoçya'da rastgele seçimle; tip 2 diyabet tanısı konan 20-65 yaş arası 298 kişiyle beş ay süren çalışmanın sonucunu Aralık 2017'de yayımladı.

Diyet[178] yapıp kilo veren kişilerin diyabeti gerilemişti. Araştırmayı gerçek "dönüm noktası" diye tanımlayan Newcastle Üniversitesi Tıp Fakültesi ve Metabolizma Profesörü Roy Taylor, "Biz bu işe başlamadan önce doktorlar ve uzmanlar tip 2 diyabeti geri çevrilemez olarak görüyordu. Ancak elimizden geleni yapar ve o tehlikeli halden kurtulabilirsek, insanlar diyabeti geri çevirebilir," dedi.

Ekledi:

-"Göstermiş olduğumuz şey, yaklaşık 10 yıla kadar uzun bir süredir bu durum olsa bile, diyabetinizi tersine çevirmenin mümkün olduğudur. Teşhisi bundan daha uzun süre önce yaptıysanız, umudunuzdan vazgeçmeyin, kan şekeri kontrolünde önemli iyileştirmeler mümkündür."

178 Bu çalışmalarda yapılan diyetleri yazmıyorum. Diyet ancak hekimlere danışılarak yapılmalıdır. Toptancı yaklaşımlara ilgi göstermeyiniz. Her insanın vücut yapısı birbirinden farklıdır çünkü. Hekime görünmeniz şarttır.

Bu, Prof. Taylor'ın ilk çalışması değildi. Diğer araştırmalarında da benzer sonuçları aldı.

Tamam, diyabet önemli...

Tamam, bunun sebeplerine girmeyelim…

Fakat… Şeker hastalığı tek başına hareket etmiyor, neredeyse vücuttaki tüm sistemleri, tüm organları etkiliyor; yıllar için bu olumsuz etki çığ gibi büyüyor.

"Genetik" deyip geçilmesi büyük hata olmaz mı?

"Sadece ilaç yeterlidir" denmesi büyük hata olmaz mı?

Doğru beslenme çok önemli…[179]

Spor çok önemli…

Tip 2 diyabet, hayat tarzındaki yanlışlar sonucu ortaya çıkan ve dikkatli beslenmeyle, spor yaparak geçirilecek "geçici" bir rahatsızlık olamaz mı?

Bu sorular üzerinde durmak şart. Tip 2 diyabetin ilaçlarla iyileşmediğini, üstelik daha da derinleşerek ilerlemeye- vücutta tahribat yapmaya devam ettiğini gösteren çok araştırma var.

Yan etkileri korkunç

İlaç konusunun geçtiği her diyalogda şu soru mutlak sorulmalıdır: Yan etkisi nedir?

Öyle ya, diyabet ilaçlarının bırakın iyileştirmeyi, kalp krizi gibi ölümcül yan etkileri olduğunu gösteren araştırmalar mevcut. Tip 2 diyabet tedavisinin hastayı daha hasta edip etmediği konusunda dikkatli olmak şart. Tedaviyi sorgulamak şart! Bunun için bilgili olmak/ bilinçli hasta olmak şart!

Şöyle bir ikilem var:

-Diyabet ilacı kullanıyorsun, kalp krizine sebep oluyor!

179 Bundan; "az yağlı" gibi yalanlarla işlenmiş ürünleri ya da artık yalan olduğu ortaya çıkan "kalori hesabını" kastetmiyorum! Gıda ve ilaç endüstrisi tarafından dayatma bazı uygulamalar konusunda bilgi sahibi olmak şart. Şunu eklemeliyim: Bilim dergisi *JAMA*'da, 20 Şubat 2018'de yayımlanan araştırmada, kilo vermek için kalori hesabı yapmanın ve yiyeceklerin miktarını azaltmanın bir faydası olmadığı; şeker, işlenmiş tahıllar, işlenmiş gıdalardan uzak duranların bir sene içinde önemli ölçüde zayıflayabilecekleri yazıldı.

-Kalp ilacı kullanıyorsun, diyabeti artırıyor!

Örneğin...

Tıp dergisi *The Lancet*'te Şubat 2010'da yayımlanan araştırmaya göre, dünyanın en çok kullanılan kolesterol ilaçlarından "Crestor" diyabete neden oluyordu. ABD, Norveç, İngiltere, Japonya, İtalya, Hollanda ve İrlanda'daki 17 üniversite ve 7 sağlık kurumundan 33 bağımsız araştırmacı ve akademisyenin 90 bin 410 kişi üzerinde yaptıkları bir yıl süren araştırmada, statin kullanımının diyabet riskini yüzde 9 artırdığı ortaya çıktı.[180]

Aynı yıl…

Bilimsel tıp *BMJ* dergisi, 20 Şubat 2010 tarihinde yayımlanan makaleye göre, tip 2 diyabet tedavisinde kullanılan -Türkiye'de de satılan adıyla- "Avandia" / "Avandamet" (Rosiglitazon) adlı ilacın kalp krizine yol açtığı üç yıldır bilinmesine rağmen hiçbir adım atılmamıştı… *BMJ* dergisine göre bunun sebebi, araştırmacıların çoğunun ilaç üreticisi GlaxoSmithKline (GSK) şirketiyle maddi bağları olmasıydı.

Dergi konu üzerine ısrarla gitti; 6 Eylül 2010 tarihi, "Rosiglitazon: Yanlış Giden Ne?" başlığıyla ilacı sorgulamayı sürdürdü. Odağında bu ilaçla ilgili araştırmayı yapanlar vardı.

202 çalışmada görev alan araştırmacıların…

-108'inin (yüzde 53) şirketlerle ilişkisi belli değildi; 90 araştırmacının (yüzde 43) çıkar ilişkisi kesindi.

-Menfaat ilişkisi bulunan 90 çalışmanın 69'unda araştırmacılar bu ilişkiyi açıkladı.

-21 çalışmada ise firma ilişkisi saklandı. Bunlardan üçünün "çıkar ilişkimiz yok" denilerek doğru olmayan beyanda bulunduğu ortaya çıktı.

GSK şirketi ise ilaçlarıyla ilgili yaptığı açıklamada, yedi klinik araştırmasının bu iddiaları çürüttüğünü belirtti. Ve fakat:

GSK aleyhine binlerce dava açıldı ve GSK, Philadelphia'da açılan ilk 700 kişilik dava için 60 milyon dolar ödeme anlaş-

180 Meselenin bizim açımızdan daha acıklı hali şuydu: "Crestor"un orijinal İngilizce prospektüsünde ilacın kan şekerini yükselttiği, diyabeti artırdığı ve kan şekerinin ölçümünde kullanılan enzimi yükselttiği açıkça ifade edilirken, Türkiye'deki prospektüsünde bu bilgiler yoktu!

masına gitti. GSK'nın açılan yaklaşık on bin davada toplamda yaklaşık 5 milyar dolar ödeyeceği belirtiliyor…

Bu arada... Amerikan Kalp Birliği (American Heart Association) GSK'dan 3,6 milyon dolarlık sponsorluk alınca, "Avandamet" hakkındaki olumsuz yazıları yetersiz buldu!

"Bu Avandamet"…

GlaxoSmithKline (GSK) tarafından 2002 yılında piyasaya çıktı. 2009 yılında dünyada en çok satan "şeker ilacı" oldu. Bir yıl sonra… Avrupa Birliği İlaç Ajansı (EMA) ve bir gün sonra TC Sağlık Bakanlığı 23 Eylül 2010'da "Rosiglitazon" etkin maddesini içeren beş firmaya ait, altı ticari marka (Avandia, Avandamet, Rosette, Rosvel, Rosenda, Rositaz, adıyla satılan 12 ilacı piyasadan toplatma kararı aldı. Bunlar arasında "Avandamet" en bilineydi…

İlginç olan şuydu:

2010 yılında İngiltere ve Hindistan, 2011'de Yeni Zelanda ve Güney Afrika bu ilacı yasakladı. Ancak… Amerikan FDA sadece, ilacın reçetesiz satılmaması kararı aldı. 2013'te ise önceki kısıtlamayı da kaldırdı. Niye? *BMJ* dergisi bunun ipucunu yazdı aslında: ABD'yi küresel şirketler yönetiyor. Bunu sağlayan Rocekefeller vb. oldu.

Yazmakla bitmez:

1980'lerde şeker ilaçları yağmur gibi piyasaya sokuldu.

İşte… "Actos" (Pioglitazone)…

1985 yılında patent aldı ve 1999 yılında tıbbi kullanıma girdi. Asya'nın en büyük ilaç şirketi Japon Takeda ve pazarlama ortağı Eli Lilly tarafından "tip 2 diyabet" ilacı diye dünyaya yutturuldu. 12 yıl sonra… Almanya, Fransa ve Hindistan gibi ülkelerde yasaklandı. Yılda 4,8 milyar dolarlık satış yapan ilacın ciddi yan etkileri vardı: Mesane kanseri, kalp yetmezliği, karaciğer yetmezliği, gözde maküler/lekeli dejenerasyon, kadınlarda kemik kırılması...

Louisiana ABD Bölge Hâkimi Rebecca Doherty hastaların açtığı tazminat davası kararında şöyle dedi:

-"Takeda ve Lilly, ilacın mesane kanseri riskini artırdığını biliyordu veya biliyor olmalıydı... Bu bağlantıyı halktan, doktorlardan ve FDA'dan gizlemek ve bu risk hakkında yeterli uyarıyı önlemek için 12 yıl çaba sarf ettiler... İnsanların ölümüne sebep verdiler... Şirketler bu faaliyetlerden büyük ölçüde faydalandı ve sadece 2008 yılında 2,4 milyar dolarlık 'Actos' sattı... Sanıklar, halk sağlığı yerine kâr arayışına odaklanmayı seçti..."

Mahkeme, 6 Mayıs 2018 tarihinde Takeda'yı 27,7 milyon dolar ve Lilly'yi 9,2 milyon dolar tazminata mahkûm etti.

Sonuç? İlaç ABD'de hâlâ satılıyor! FDA sadece "Mesane kanserine yol açabilir" notu koydurdu ilaca! İnsanlar umursamıyor. "Actos" 2016 yılında sadece ABD'de 6 milyon reçete edildi! Hiç sormayınız "Türkiye'de satılıyor mu?" diye. Bizim "kâbemiz" FDA!

Diğer yanda...

"Diamicron" (Gliclazide)... 1966'da patent aldı; 1972'de tıbbi kullanım için onaylandı. Avrupa'da satılıyor; Dünya Sağlık Örgütü "ilaçlar listesinde" yer alıyor ama ABD, pazarına sokmuyor!

Bu tür haberleri okuyamazsınız.

Okuduğunuz şudur: "Tip 2 diyabet rahatsızlıklarında kullanılan ilacın sigarayı bırakmada etkili olduğu tespit edildi!"

Yani; "Şekerinizi düşüremedik; ilacın yan etkisiyle sizi hasta ettik; ama bakın sigarayı bıraktırabiliriz" diyorlar!

Şunu da pek yazmazlar: Kimi ilaçlar kan şekerinizi olumsuz etkiliyor. Örneğin...

Tüm dünyada olduğu gibi ülkemizde de yaygın olarak kullanılan "Kinolon" sınıfı antibiyotiklerin diyabetli hastalarda kan şekerinde ciddi iniş-çıkışlara yol açtığı tespit edildi. FDA 2017'de ilacın kullanımına büyük kısıtlama getirdi...

Benzer... "Gatifloksasin" (Tequin, Gatiflo, Zymar); 1986 yılında patenti alındı ve 1999 yılında tıbbi kullanım için onaylandı. Sonra antibiyotik kan şekeri üzerine olan ciddi etkileri sebebiyle zaten 2006'da piyasadan çekildi.

Yani arkadaş! Kullandığınız ilaçların yan etkileri konusunda bilgi sahibi olmanız şart. Hekiminize mutlaka sorunuz...

İşte... "Invokana" (Canagliflozin)...

Tip 2 diyabet tedavisinde kullanılan bir ilaç. FDA 2013'te onayladı. Üç yıl sonra aynı FDA, "Canagliflozin" için 2016 yılında uyarı yayınladı. Bu ilaçlar, kemik minerallerinde azalma ve ciddi kemik kırılmaları meydana getiriyordu. Vajina ve peniste mantar enfeksiyonları, hiperkalemi (potasyum yüksekliği), hipoglisemi (düşük kan şekeri), ciddi alerjik reaksiyonlar doğuruyordu. Yine...

FDA; "Invokana", "Invokamet", "Invokamet XR" isimli, "Canagliflozin" ihtiva eden ilaçların tip 2 diyabet hastalarında her bin kişiden 6-7 kişide ayak ve bacak ampütasyon/kesilme riski doğurduğu konusunda 2017 yılında uyarıda bulundu.

Prof. S. Singh ve arkadaşları 1 Şubat 2005-1 Aralık 2008 tarihleri arasında akut pankreatit/pankreatit iltihaplanması tanısıyla hastaneye müracaat eden 2 bin 169 hastayı kontrol grubuna aldı. Tip 2 diyabet hastalarının 2005 yılından itibaren kullandığı "Byetta" ve "Bydureon" markası altında satılan "Exenatide" ile "Januvia" markası altında satılan "Sitagliptin" kullananlarda pankreatit oranı bu şeker ilaçlarını kullanmayanlara nazaran çok daha fazla buldular. S. Singh ve arkadaşları araştırmalarını bilim dergisi *JAMA*'da yayımladı.

Aradan dört yıl geçti.

Washington merkezli tüketici hakları savunucu "Public Citizen", -diyabet ürünleri ve insülin uygulama sistemleri devi olan Danimarka merkezli- Novo Nordiks şirketinin ürünü -bir yılda 1,7 milyar dolarlık satış yapan- "Victozası" ilacının yasaklanması için FDA'ya müracaat etti. Keza:

ABD devi Merck Sharp & Dohme Corp. (MSD) tarafından üretilen "Januvia", "Januvet" ve "Juviync" diyabet ilaçlarının yıllık satışı ortalama 5,75 milyar dolar idi. Benzeri bulgular ve açılan davalar sonucu FDA, 2013 yılında harekete geçmek zorunda kaldı. Aslında FDA, 2007'de "Byetta" ve 2009'da "Januvia" ile "Januvet" diyabet ilaçlarının ölümcül pankreatit yapıcı yan etkisini prospektüslere koydurdu. Fakat bu ilaçların pre-kanseröz/ kanser öncüsü etkileri konusunda halkı uyarmadı. FDA yetkilileri, bu ilaçların pankreas kanseri yapıp yapmadığının halen araştırıldığını söylüyordu. FDA, ne karar alacağını düşünedursun...

California'da Hâkim Anthony Battaglia, "Byetta", "Januvia", "Victoza" ve bu sınıftaki diğer ilaçların pankreas kanserine yol açtığını iddia eden 700'den fazla dosyayı 2015 yılında kapattı. Hâkime göre suçlu şirketler değil, FDA'nın "ilaçlar ile pankreas kanseri arasındaki ilişkinin belirsiz olduğu" kararını vermesiydi.

İlaç üreticilerinin pankreas kanseri geliştirme risklerini bildiklerini, ancak doktorları ve hastaları uyarmadıklarını ileri süren davalılar bu karara şaştı kaldı! Fakat konu kapanmadı; temyize gidildi.

ABD Federal Temyiz Mahkemesi 6 Aralık 2017 tarihli kararıyla dosyayı geri gönderdi. Bu karar, davacıların avukatlarına istenen belgelere ulaşmalarına izin verilmemesi, ilk deneme sırasında hayvan çalışmaları ve klinik araştırmalarıyla ilgili "yeni keşfedilen kanıtlar" sunmalarına izin verilmemesi temelinde verildi. Dava halen görülüyor...

Öte yandan...

Fransa'nın en büyük ilaç firmalarından Servier, tüm dünyada 33 yıl boyunca kullanıldıktan sonra 2009'da yasaklanan "Mediator" adlı -diyabet ve obezite sorunları olanlara verilen- ilaçtan etkilenenlere karşı sorumlu olduğunu kabul etti. Firmanın 1976'da piyasaya sürdüğü ilacın kalp kapakçığında kalınlaşma ve hipertansiyon gibi dolaylı yan etkileri Fransa'da 1.300 kişinin ölümüne yol açmıştı. Fransız Ulusal Sağlık ve Tıbbi Araştırma Enstitüsü (INSERM) doktorları Agnes Fournier ve Z. Mahmoud Zureik bu sayının çok düşük olduğunu, gerçekte rakamların daha yüksek olması gerektiğini söyledi.

Ya dünyada kaç kişi hayatını kaybetti? Türkiye'de bu ilaca ancak iki yıl sonra 2011 yılında yasaklama gelmesini nasıl yorumlamak gerekiyor sizce? Geçelim…

Halkımız bu konularda ne derece bilgilendiriliyor? Hap müptelası yapıldı halk...

Türkiye'de en yaygın kullanılan tip 2 diyabet ilacı "Glucophage"in (Metformin) uzun süre kullanıldığında demans/bunama ve Parkinson hastalığı gibi nörodejeneratif beyin bozukluklarına, cinsel güç zayıflığına sebep olduğunu kaç kişi biliyor? Yetmezmiş gibi bu ilacı Türkiye'de zayıflama niyetiyle kullanan "akıllı" insanlar var!

Sadece Türkiye'de değil… Dünyada en çok kullanılan şeker ilacı "Glucophage" (Metformin)…

Fransa'da 1922 yılında Emil Werner ve James Bell tarafından tanımlandı. İlgi 1940'larda başladı. İngiltere 1958'de, Kanada 1972'de satılmasına izin verdi. Amerikan FDA 1994 yılına kadar onay vermedi. Ne zaman New York merkezli Bristol-Myers Squibb şirketi "Glucophage" ilacı üretti; 3 Mart 1995'ten başlayarak ABD'de pazarlanmaya başlandı! 2017 yılında 81 milyon reçeteye yazıldı.

Bu bilgi bile, önemli olanın ne olduğunu ortaya koymuyor mu? Kimin umurunda halkın sağlığı?

Prof. Diana M. Zuckerman, ABD'nin en tanınmış hekimlerinden. Sık sık Amerikan medyasına konuk oluyor. Zuckerman 12 Aralık 2013'te, iki küresel dev ilaç şirketi Bristol-Myers Squibb-AstraZeneca ortaklığında geliştirilen tip 2 diyabet ilacı "Farxiga" (Dapagliflozin) ile ilgili olarak şunları söyledi:

-"Bu ilaçla ilgili endişem, çok fazla cevaplanmamış soru olduğu ve cevaplanmayan soruların korkutucu olduğudur. FDA bu başvuruyu 2 yıl önce onaylamayı reddetti ve bugün hâlâ doğru çizgide durmaktadır. İlacın neden olduğu riskleri, klinik denemeleri net olarak ortaya çıkardı."

Oysa... Bir yıl önce aynı ilaca Avrupa İlaç Ajansı onay vermiş ve Avrupa ülkelerinde satışa çıkarılmıştı!

Kime güveneceğiz?

Türkiye'de "Forgiza" markasıyla satılıyor…

Halkı kim aydınlatacak?

Medya insanları aydınlatma sorumluluğunu yerine getiriyor mu? Yoksa ilaç şirketlerinden gönderilen "basın bültenlerini" hiç sorgulamadan yayımlamayı habercilik mi sanıyor?

Medyadan bir örnek

MannKind Corporation…

Diyabet gibi hastalıklar için terapötik/tedavi edici ürünlerin keşfedilmesi, geliştirilmesi ve ticarileştirilmesine odaklanan bir biyofarmasötik şirket...

1991 yılında ABD California'da kuruldu. 2009'da kan şekerini kontrol ettiğini ileri sürdüğü solunum yoluyla kullanılan "Afrezza" için FDA'dan ruhsat istedi. FDA, kan şekerini yeteri kadar kontrol edemediği için olumsuz yanıt verdi. Bunun üzerine firma cihazını "modifiye ederek/geliştirerek", tip 1 diyabetiklerde yapılan klinik araştırma sonuçlarını gösterip yeniden ruhsat için müracaat etti.

Yine... "Afrezza", FDA tarafından 2010 ve 2011 yıllarında iki kez reddedildi. Ancak -iddialara göre- "Afrezza" klinik araştırma hilelerini yutan FDA 2014 yılında onay verdi.

Aslında FDA Ocak 2006'da Pfizer şirketine ait ilk inhalasyon/ağızdan solunumla alınan insülin aleti "Exubera"nın kullanımını onaylamıştı. Kimine göre akciğer kanserine yol açması, kimine göre kullanım yönteminin kabul görmemesi nedeniyle piyasadan çekilmişti. Şu bilgi "iddia" değildi; "Exubera"da akciğer kanseri sıklığının dört, akciğer kanserinden ölümün üç kata yakın arttığı saptanmıştı…

"Afrezza" kendine güveniyordu.

Bu arada Fransızların küresel ilaç şirketi Sanofi de solunum yoluyla kullanılan toz halindeki insüline FDA'dan 2014 yılında ruhsat aldı. Herkes şaşırdı. Gerçek kısa süre sonra ortaya çıktı:

ABD'li MannKind ile Fransız Sanofi aynı yıl "insülin ortaklığı" yaptı. Sanofi, ABD'li MannKind'a 775 milyon doları bulan ödeme yaptı. Fransız şirketi ilacın geliştirilmesinden, pazarlanmasından ve kanuni düzenlemelerden sorumlu oldu. Anlaşmanın diğer ortağı MannKind ise ABD'nin Connecticut eyaletindeki fabrikada "Afrezza" üretimini üstlendi. Satış gelirleri Sanofi ile MannKind arasında yüzde 65'e yüzde 35 oranında paylaşılacaktı.

Sanofi ve MannKind, "Afrezza" ile dünyanın birçok ülkesindeki diyabet hastalarına ulaşmayı hedefliyordu. Bu nasıl olacaktı? Tek örnek vereyim...

Sabah gazetesi...

12 Ağustos 2014 tarihli sayısında neredeyse bir sayfasını "Müjde! Sprey insülin geliyor" başlıklı habere ayırdı:

-"Her gün birkaç kez insülin iğnesi olmak zorunda kalan şeker hastaları, rahat bir nefes alacak... 2015'te piyasaya sürülecek olan sprey insülin, daha çabuk kana karışıp vücuttan daha hızlı çıkıyor...

-"Tip 1 ve tip 2 diyabet hastalarının kullanımına sunulacak Afrezza astım ilaçları gibi küçük ve taşınması kolay. Üstelik bu yeni ilaç, insülin iğnelerinden daha çabuk kana karışıyor. İnsülin iğnelerinin etkisini göstermesi yarım saat ile bir saat arasında bir süre alırken, Afrezza 15-20 dakikada kana karışıyor. Doktorlar ilacın yemekten hemen önce ya da yemeğe başlar başlamaz tüketilmesinde bir sorun olmadığını bildiriyor. Kana hızla karışan Afrezza'nın vücuttan atılması da insülin iğnelerinden daha hızlı. Enjeksiyon yoluyla alınan insülin vücutta ortalama 4 saat kalırken, solunum yoluyla alınan bu ilaç 2 ila 3 saat içinde vücuttan çıkıyor..."

Evet, "reklamları" okudunuz!

Dünyanın dört yanındaki bu tür "reklamlara" rağmen "Afrezza" hastalardan beklediği ilgiyi bulamadı. Çünkü iddia edildiği gibi etkili değildi. Hele...

Kullanan hastaların dörtte biri kuru öksürükten şikâyetçiydi. Boğazda tahriş ve ağrı yapıyordu. Prospektüsünde astımlı ve kronik obstriktif akciğer hastalarında (KOAH) akut bronkospazm/ bronşlarda daralma yapacağı konusunda "kara kutu" vardı. Ayrıca "Afrezza" kullananlarda diyabetik ketoasidoz/ şeker koması daha sık görüldü. En ciddi yan etki ise akciğer kanseri riskiydi. Sigara içmeyenlerde dahi akciğer kanserine sebep olabilmekteydi.

Tüm bu iddialar FDA'nın gündemine de geldi. Yan etkiler ve akciğer kanseri yönünde yapılması istenen klinik çalışmalar 2023 yılında tamamlanabilecekti! "Afrezza" 2023'e kadar yan etkiler hakkında kesin bilgi olmadan kullanılmaya devam edecek…

Bu gerçekler ortada iken…

ABD ya da ABD gölgesindeki kuruluşların direktiflerine ya da yayınlarına göre hareket edenler Türkiye'de çok sert konuşmalar yapıyor, farklı tavır alanlara ceza veriyor.

Örneğin…

Hamile kadınlara yapılan "şeker yükleme testi" Türkiye'de tartışma konusu. Bu testin zararlı olduğunu söyleyen Prof. Dr. Canan Karatay'a, kendi meslek örgütü 15 günlük meslekten men cezası verdi!

Diyabeti teşhis etmek için -kan tahlilleri varken- hamilelere şeker yükleme testi yapmak mecburi mi?

75-100 gram glikoz vererek yapılan ölçümde anne karnındaki 300 gram bebek bundan nasıl etkileniyor?

Sorusuz, tartışmasız bilim olur mu? Yoksa asıl maksat Prof. Karatay'ı susturmak mı?

Hep tartışmalıyız. Tıp "inanç" değil…

Mesela... Türkiye'deki şeker ölçüm cihazları-çubuklarının yanlış ölçtüğünü tartışmayalım mı?

Yoksul insanları kandırıp ucuz cihazlar satıyorlar ve bunların yanlış ölçüm yaptığı gerçek değil mi? Hangi sıklıkla ölçüm yapılacağı bile tartışma konusu değil mi?

Evet, en acı soru: Şeker hastası hayatının sonuna kadar kimyasal ilaca mahkûm mu? Kan şekeri sadece ilaçla mı kontrol altına alınabiliyor?

Elbette diyabet tedavisi kontrol gerektirir; mutlaka doktor takibinde kalınmalıdır. İlaçları ne kimse kendi başına almalı, ne de bırakmalıdır. Ama… Salt ilaç alarak tedavi ne derece etkili? Diyabet ilaçsız tedavi edilemez mi? Yapılabileceğini pek, çok bilim insanı söylüyor. Hastalığa neyin yol açtığını bilmeden hastalığı nasıl iyileştirebilirsiniz?

Şeker genetik mi?

Ezberden kurtulmalıyız.

Doktorlar mutlaka şu soruyu yöneltiyor: "Ailenizde şeker hastası var mı?" Çünkü çok hekim hastalığın "genetik" olduğuna inanıyor. Sahi öyle mi?

Küresel neoliberalizm genetiği "aldatma silahı" olarak mı kullanıyor? Sormak durumundayım...

Şeker hastası mısınız; genetik!

Psikolojiniz mi bozuk; genetik!

Çocuğunuzda dikkat eksikliği mi var; genetik!

Ekliyorlar ama: "Korkmayın… İnsanın 'kaderinin yazıldığı genom' şifresi çözüldüğünde tek sorunumuz kalmayacak! O zamana kadar 'markalaştırılmış' şu hapı alır mısınız?"

Kuşkusuz genler hakkında şu gerçek var; vücut ölçülerimizi, merkezi sinir sistemimizin bağlantılarının sayısını onun katlarına borçluyuz. DNA'mızın anatomi ve fizyolojimize etkisi büyük. Ve fakat… İnsanın toplumsal özelliklerini genetik temele oturtmaya ilişkin tüm ifadeler sadece spekülasyon. Şöyle:

Neoliberalizmin hayata geçirilmesiyle birlikte siyasal-toplumsal olaylar bile "biyolojik" temelli açıklanmaya başlandı! İnsan varlığının DNA-genetik tarafından kontrol edildiği iddiası, içinde yaşadığımız toplumsal yapılara meşruiyet kazandırdı. Sav öyle popüler hale dönüştürüldü ki, davranış, yetenek, fiziki-akli sağlık farklılıkları gen kodlarıyla açıklanır oldu. Rekabetçi, girişimci olup olmadığınızı ve hatta politik tavırlarınızı, dindarlığınızı da DNA belirliyordu! İçe dönüklük, dışa dönüklük, depresyon ve hatta siyasal görüşünüz bile kalıtımsaldı!

Vay be… Proteinlerinizdeki aminoasit dizilimleri sizi "solcu" ya da "sağcı" yapmıştı demek! Anlayacağınız "robot" idik! Irkçı öjeni çalışmaları yine hortlatıldı demek:

-"Fakir çünkü IQ'sü düşük!"

-"Göçmen çünkü IQ'sü düşük!"

-"Şiddet olayları IQ'sü düşük, hastalıklı beyinlerin ürünü!"

İngiliz Cyril Lodowiec Burt (1883-1971) başta olmak üzere bazı "genetikçiler", verileri tahrip ederek "IQ kalıtsal; genler zekâyı belirliyor" diyerek tarihi skandala imza attı.

Ardından…

"Hastalıklı beyin" zamanla "kusurlu beden" oldu! Böylece, tüm çirkin davranışların sebebi toplumsal yapı, siyasal-ekonomik sistem filan değil, nesilden nesile aktarılan "kötü genler" idi.

-Alkolik mi, genlerden!

-Madde bağımlısı mı, genlerden!

-Hırsız mı-katil mi, genlerden!

Evet, sorun ekonomik gelir dağılımı adaletsizliği - iktisadi eşitsizlikler değildi. Toplumsal yapının sorgulanmasına, çalışma koşullarını değiştirmeye ya da hak talep etmeye gerek yoktu.

Yaşam tarzından, endüstriyel beslenmeden, yiyeceklerdeki böcek-bitki ilaçlarından, çevre kirliliğinden bahsetmeye gerek yoktu. Sebep olan kusurlu genlerdi!

"Sosyobiyoloji", insan yaşamının olması gerektiği gibi olduğu konusunda insanları ikna etmeye yönelik en son ve en kafa karıştırıcı çaba oldu.

Doğru genlere sahipseniz; eş bulmak, yiyecek bulmak, diğerleriyle rekabette galip gelmek, dünyanın kaynaklarının büyük bölümünü ele geçirmek kolaydı; her soruna çözüm bulabilirdiniz!

Yakın tarihte bir Amerikan mahkemesi, "kellik kalıtsal olduğu" için kelliği tedavi ettiğini söyleyen ürünlerin yanıltıcı olduğuna hükmetti! Tabii ki karar doğru değildi. Yargının da etki altına alındığına güzel örnek!

Maalesef... Genetikçi tıp, her türlü eşitsizliği meşrulaştırma amacıyla kullanılmaya başlandı. Eşitsizlik yoktu; sadece kalıtımsal farklılıklar vardı!

Evet. Neden bazıları zengin ve güçlü, diğerleri yoksul; neden bazıları sağlıklı, diğerleri hasta anladınız mı; genler yüzünden! Kanıt? Şimdilik yok, laboratuvarda arıyorlar...

Sonuçta... Sağlık sorunları-hastalıklar yine sadece bireye yüklendi.

Sonuçta... Toplumsal koşullar birey için sorun değildi; "geni bozuk" birey, toplumun baş etmesi gereken sorunuydu!

Biyoloji, ideoloji haline getirildi.

Biyoloji, virüs yerine artık "gen modasının" hâkim olduğu döneme girdi.

"Çevresel, kimyasal faktörler kansere yol açar" mı" dediniz? Hayır, sebep genlerdi!

Maden işçilerinde görülen siyah akciğer (pnömokonyoz) ve tekstil işçilerinde görülen kahverengi akciğer (bisinoz) rahatsızlığının sebebi, genlerin işlerini doğru yapmamasıydı!

Öyle bir bahsediliyor ki; insan gen dizilimi sanki tüm insanlarda aynı! Gerçekte, proteinlerin aminoasit dizilimleri kişiler arasında muazzam çeşitlilik gösterir.

-İnsan genlerinde kabaca 3 milyar nükleotit /kimyasal bileşik vardır.

-Herhangi iki insan ortalama 600 bin nükleotitte birbirinden farklıdır.

-3 bin nükleotitten oluşan ortalama bir gen, iki insan arasında yaklaşık 20 nükleotitle birbirinden farklıdır. Yani... İnsan kataloğu için kimin gen dizilimi sağlanabilir ki?

Dünyanın tanınmış biyologlarından ve önde gelen genetikçilerinden Prof. Richard C. Lewontin[181] şöyle dedi:

---

181 Richard Charles Lewontin (d. 1929) Amerikalı evrimci biyolog, matematikçi, genetikçi ve sosyal yorumcu. Genetiğin ve evrim teorisinin matematiksel temelini geliştirmede öncü oldu. Mezun olduğu Harvard Üniversitesi'nde görev yaptı; biyoloji anabilim dalı başkanlığı yürüttü. Evrim teorisine yeni kavramlar kazandırdı. Popülasyon ve deneysel genetik alanında yaptığı

-"Hasta insanın DNA'sı normal standart dizilimle karşılaştırıldığında, şayet hastalıklardan sorumlu bir farklılık varsa, bunun iki DNA arasındaki birçok farklılıktan hangisi olduğunu bilmek imkânsız olacaktır. Bu durumda aralarında ortak farklılık olup olmadığını görmek için normal ve hasta insanlardan oluşan büyük gruplara bakmak gerekecektir. Fakat söz konusu hastalık birçok genetik nedene sahipse bu da mümkün olmayabilir. Zira farklı insanlar aynı hastalığı farklı nedenlerle (ki bu nedenlerin hepsi genetik değişimlerin sonucu bile olabilir) taşıyabilir. Bu durumun 'talasemi' denilen hastalık için geçerli olduğunu biliyoruz...

-"İnsan genom projesinin ikinci sorunu genlerimizin moleküler dizilimini öğrendiğimizde, hakkımızda bilinmeye değer olan her şeyi bilmiş olacağımızı iddia etmesidir. Bu projeye göre, genler bireyleri, bireyler de toplumu belirler. Bu proje sözde kanser genindeki bir kusuru bu hastalığın nedeni olarak soyutlar. Halbuki gendeki yüzde 6'lık bir yatırımın kaçınılmaz bir sonucu olarak endüstriyel bir sürecin ortaya çıkardığı bir kirleticinin bünyeye alınmasıyla da kanser oluşmuş olabilir..."

Lewontin'in şu sözleri çok önemli bir noktaya parmak basıyor:

-"O halde güçlü, ünlü, başarılı ve son derece zeki pek çok bilim insanı neden insanın gen haritasını çıkarmak istiyor? Bu soruya verilecek cevaplardan biri, kendilerini tek neden ideolojisine adamış olmaları, bu araştırmanın yararına inanmaları ve kendilerine daha karmaşık sorular sormamalarıdır. Bir diğer cevapsa, binlerce teknisyenin ve alt kademeden bilim insanının her gün çalışmasını gerektiren 30 ya da 50 yıl sürecek milyarlarca dolarlık bu araştırma projesinde yer almanın ve projeyi kontrol etmenin hırslı bir biyolog için son derece cazip olmasıdır. Bu proje sayesinde meslekte ilerleyecek, Nobel ödülleri kazanacak, onursal dereceler teklif edilecektir,

---

çalışmalarla tanındı. Tek bir gen lokusunun davranışını bilgisayar simülasyonunda yapan ilk kişi oldu. Sonradan kazanılan özelliklerin aktarılamayacağını savunan "Yeni Darvinciliğin" bazı yönlerine sert eleştiriler getirdi. Elinizdeki kitap çalışması için Lewontin'in *Genlerimizden İbaret Değiliz* ve *İdeoloji Olarak Biyoloji* kitaplarından yararlandım.

önemli profesörlükler verilecek, para ve prestijle ödüllendirilecektir…

-"Araştırmacı bilim insanları bu mücadelede sadece akademik rolleriyle yer almazlar. Üniversitede profesör olan moleküler biyologların büyük bölümü aynı zamanda biyoteknoloji şirketlerinde danışman ya da hissedardır. Teknoloji, ortaya konulan sermayeye karşı beklenen kâr için büyük bir endüstri ve kaynaktır. İnsan genom projesi kamu harcamalarıyla yeni teknolojiler yarattığı ölçüde, biyoteknoloji şirketlerine pazarda satacakları ürünleri üretmeleri için güçlü araçlar sağlayacaktır.

-"İnsan genom projesinden faydalanmayı bekleyen üreticiler sadece biyoteknoloji şirketleri değildir. Proje, muazzam miktarda kimyasal ve mekanik ürün tüketecektir…"

Tüm bunları okuyunca umutsuzluğa kapılmayınız.

İyi şeyler de olmuyor değil...

Bunu siz yapacaksınız.

Örneğin...

İngiltere'de doktorların 2014 yılında kurduğu "Action on Sugar" grubu, Costa Coffee ve Starbucks gibi birçok kahve zincirinden satın alınan içeceklerde bulunan şeker seviyelerine dikkat çeken eylemler yaptı. Bunun üzerine halk sağlığı Public Health England, Mart 2017'de gıdalardaki şekerin azaltılmasını istedi…

Darısı bizim doktorların başına…

Kılavuzu "karga" olanın

İlaç şirketlerinin son yıllarda en büyük tıbbi keşfi şu oldu:

Risk!

Herkesin her an, her hastalığa yakalanma riski vardı. O halde… Hastalanmamak için, yani "riski yok etmek için" ilaç almak şarttı! Ve bu arada risk alanı her geçen yıl büyüyor...

Tansiyon, vücutta dolaşan kanın damarlara yaptığı basınç… Tarihsel olarak "sert nabız hastalığı" olarak adlandırıldı uzun yıllar... 17. yüzyıldan beri insanoğlunun gündeminde. Tedavisinde sülük veya pirinç diyeti bile kullanıldı.

20. yüzyılın başında tansiyonu; "iyi huylu" ve "kötü huylu" diye ikiye ayırdılar.

İlk ilaç "Diuril" (Klorotiazid) antibiyotik sulfanilamitten 1958'de türetildi.

İngiliz Prof. James W. Black (1924-2010)...

Kimyasallar, patlayıcılar, gübreler, böcek öldürücüler, boya maddeleri, demir dışı metaller üreterek Amerikan DuPont ve Alman IG Farben ile rekabet eden, İngilizlerin en büyük kimya şirketi ICI Pharmaceuticals'a 1958 yılında katıldı. Şirket İkinci Dünya Savaşı'ndan sonra ilaç işine girdi.

Böcek-bitki öldürücü "Paraquat", "Gramoxone" "Pirimifos-metil", "Pirimikarb", "Brodifacoum" (Rodenticide) icat edip doğayı katleden İngiltere'nin en büyük ihracat yapan şirketi, aynı zamanda tansiyon ilacını da keşfetti: "Inderal" (Propranolol).

Buluşu gerçekleştiren Prof. James W. Black idi.

İlaç 1962'de patent aldı; 1964'te satışa sunuldu. 1960'lar sonunda dünyanın en çok satan ilacı oldu. Hâlâ... 2016 yılında 18 milyondan fazla reçeteyle ABD'de en çok reçete edilen 43. ilaç...[182]

Prof. James W. Black, ICI Pharmaceuticals şirketinden 1973'te ayrıldı. Dokuz yıl çalışacağı GlaxoSmithKline şirketine "transfer" oldu. 1975'te mide / ülser ilacı "Tagamet" (Simetidin) buluşunu yaptı. Bu da dünyanın en çok satan ikinci büyük ilacı oldu.

Sonra adı unutuldu... Aradan 13 yıl geçtikten sonra 1988'de Nobel Ödülü verildi. Niye adı ve çalışmaları geç anımsandı? Tansiyon ilaçlarının "patlama" yapması için mi?

---

182 İlaç okçuluk, atış, golf ve bilardo dahil olmak üzere yüksek dikkat gerektiren sporlarda performans artırıcı / doping olarak kullanıldı. Hatta 2008 Yaz Olimpiyatları'nda, 50 metre tabanca yarışmasında gümüş madalya ve 10 metre hava tabancası yarışmasında bronz madalya kazanan Kim Jong-su "Propranolol" kullandığı için madalyaları geri alındı.

Ne de olsa 1980'ler neoliberalizm rüzgârının esmeye başladığı dönemdi.

Kolesterol ilaçlarında okuduğunuz tansiyon ilaçlarında da oldu. Prof. Black "tansiyonun mucidi" olarak dünyaya tanıtıldı. James Black Vakfı kuruldu; parayı Johnson & Johnson ilaç şirketi verdi...

The Daily Telegraph, Prof. Black öldüğünde şunu yazdı: "İlaç endüstrisi için çalışıp ilaç endüstrisinden fazla kazanan adam..."

Bugün tansiyon ilaçları, dünyada üzerinde hâlâ araştırmalar yapılan ve sonuçları çok tartışılan konu...

Mesela... Son günlerde bizim evde tansiyon hep gündemde...

Sürekli tansiyon ölçülüyor, kan veriliyor, çıkan sonuçlar dört koldan değerlendiriliyor:

–Hemen ilaç al...

–Şimdi o ilacı bırak, şu ilaca başla...

–Tansiyon aleti almak şart...

Ölçüm rakamları havada uçuşuyor. Kimine göre bilmem ne rakamı tehlikeli, diğerine göre normal!

Çok bilen biri atılıyor oradan "Evde mi ölçtünüz, hastanede mi?" Neymiş, tıp literatüründe "beyaz gömlek hipertansiyonu" diye kavram varmış; tansiyon evde normal, doktor veya hemşire tarafından ölçüldüğünde ise yüksek çıkarmış!

Hey gidi günler! Türkiye'de 1980'lerde hastanın yaşının önüne 1, ikinci basamağa virgül konurdu; bu tansiyon o kişiye göre normal denirdi. Yani... "62" yaşında bir hasta için, "16,2" normal kabul edilirdi.

O dönemler küçük tansiyonun yüksek olmasının daha önemli olduğu, büyük tansiyondaki zaman zaman oluşan yükselmelerin vücut tarafından "katlanabilir" olduğu söylenirdi. Sadece... Sürekli yüksek olan küçük tansiyonun bazı doku hasarlarına yol açma riskinin daha büyük sorun yarattığı teorisi geçerliydi. Tabii bu görüş de son yıllarda değişti; artık büyük tansiyonun yüksek olmasının, en az küçük tansiyon kadar önemli olduğu belirtiliyor. Hatta 50 yaşın yukarısında büyük tansiyonun daha önemli bir risk faktörü oluşturduğu düşünülüyor...

Yazdığım gibi bunu bilimsel çalışmalar-araştırmalar mı ortaya koyuyor; yoksa ilaç satmak isteyen küresel ilaç şirketlerinin dayatmaları mı? Kitabın yarısına geldik, yanıtını biliyorsunuz sanırım artık... İnsanoğlu daha geçen yüzyılda tanıştı bu kadar çok ilaç yutmayla; yuttukça gerçeği anlayacak; ilaçlar hastalıklara sebep olmaya devam edecek.

Bizim eve dönersek... Tansiyon yüzünden hastaneyi, polikliniği, acil servisi yol yaptık!

Sohbet tansiyon üzerine olunca, baktım yakın çevremde ne çok "tansiyon hastası" var ve sürekli ilaç kullanıyorlarmış... Herkesin dilinde aynı cümle: "Aman dikkat, tansiyon kalp krizini tetikliyor." Ölüm korkusunun "pazarlanması" mı bu da?

Her yıl milyonlarca insan tansiyon riskiyle doktora gidiyor. Açıklamalara göre, Türkiye'de her üç kişiden birinin "tansiyon sorunu" var![183]

Peki, tansiyon hastalık mı? Ya da şöyle sorayım:

Genç, sağlıklı ve düşük risk taşıyan biri, bir gün sırf "tansiyonu 16'ya çıktı" diye "hasta" sayılabilir mi?

Tansiyon da muhtemel kalp krizi riskini artıran etmenlerden sadece biri değil mi? Hareketsiz yaşam, kötü beslenme, sigara içme gibi kimi faktörlere de bakılması, insanın bir bütün olarak değerlendirilmesi gerekmiyor mu? Oysa hastalık sebepleri -ilaca dayalı olması maksadıyla kolesterol ya da tansiyon gibi- daraltılıyor!

183 Tansiyon günlük hayatın parçası oldu. Cumhurbaşkanı Recep Tayyip Erdoğan 2017 yılında bayram namazı için gittiği Ataşehir Mimar Sinan Camii'nde rahatsızlık geçirdi. Cami çıkışında gazetecilere açıklama yapan Erdoğan, "Bugün özellikle şekere dayalı bir tansiyon dengesizliği geçirdik. Hamdolsun kısa sürede toparlandı. Şu anda iyi bir konumdayım" dedi. Erdoğan 2006 yılında Başbakan iken de "kan şekerinin düşmesi (hipoglisemik şok) üzerine" hastaneye kaldırılmıştı.

British Columbia Üniversitesi'nden ilaç konusunda uzmanlaşmış Prof. James McCormack, Kanada'da verdiği konferansta dinleyicilerinden birine sordu:

– Kaç yaşındasınız?

– 65.

– Sigara içiyor musunuz?

– Hayır.

– Hiç kalp krizi geçirdiniz mi?

– Hayır.

– Anjiyo?

– Adını bile duymadım.

Prof. McCormack bu bilgilerden sonra seyirciye dönüp sordu:

"Bu kişinin tansiyonu 16'ya 9 civarında olduğunu varsayalım, kalp krizi geçirme olasılığı nedir?"

Dinleyicilerin büyük çoğunluğu "yüzde 50" görüşündeydi. Prof. McCormack kendi görüşünü açıkladı: "Sadece yüzde 5-6 civarında!"

İlaç şirketleri -kolesterol gibi- tansiyonu da fazla hap satmak için abartıyor mu? Baksanıza, neyin "sıkıntılı tansiyon" olduğu tanımı sürekli değişiyor! Her geçen yılda "yüksek" tanımı daha küçük sayılara indiriliyor! Bu sebeple yeni hastalık kategorisi ortaya çıkarıldı: Prehipertansiyon...

Buna göre, "sistolik kan basınç" değeriniz 12-13,9 ve "diastolik kan basınç" değeriniz 8-8,9 arasında ise "tansiyon hastalığına" yakalanmışsınız demektir![184]

Bu da demektir ki: Milyonlarca yeni insan hap kullanmaya başlayarak ilaca mahkûm edilecek, ilaç şirketlerinin potansiyel pazarı daha da büyüyecek...

Şaşırmamak lazım, küresel ilaç şirketleri dünyanın en kârlı üçüncü büyük sektörü oldu. Buna rağmen kimileri tıp

184 Kalp, kanı önce pompalar, sonra kanın yeniden kalbe dolması için istirahat haline geçer. Kan pompalandığında oluşan atardamar duvarındaki en yüksek basınç "sistolik kan basıncını" (büyük tansiyon), istirahat halinde oluşan en düşük basınç ise "diyastolik kan basıncını" (küçük tansiyon) meydana getirir.

dünyasının dokunulmaz olmasında ısrarcı! Sormayalım mı? Tansiyon ilaçlarını sürekli kullandırmak da ilaç şirketlerinin pazarlama stratejisi olamaz mı?

Çok para var tansiyon ilaçlarında. İnsanlar hayatlarının sonuna kadar kullanıyor. Bu durum ilaç şirketleri için büyük para kaynağı… ABD'li Pfizer, dünyada en fazla hasılat getiren ilaçlar sıralamasında dördüncü olan -tansiyon hapı- "Norvasc" (Amlodipin) üreticisi! 1982'de patentlendi ve 1990'da tıbbi kullanım için onaylandı... Yıllık ortalama 5-6 milyar dolarlık satış yaptı.[185]

Kuşkusuz…

Ciddi risk taşıyan insanlar var; tansiyon önemli...

Diğer yandan, tanımı oldukça geniş tutarak sağlıklı insanların "icat edilen hastalık" kategorilerine sokulduğu da gerçek… Hastalık satıyorlar!

Tansiyon meselesini ciddi şekilde sorgulama zamanı gelmedi mi? "Korku tacirlerine", "hastalık çığırtkanlarına" daha ne kadar boyun eğilecek?

İnsanları zayıf noktasından yakalayıp dünyayı ilaç bataklığına çevirmek isteyen profesyonel "hastalık satıcılar" var! Her fırsatta dayıyorlar ilacı! Küresel ilaç firmalarının adı niye bu derece kirli? Neoliberalizmin "altın dönemi" 1991-2018 yılları arasında açılan davalar karşısında bu şirketler yaklaşık 50 milyar dolar ödemek zorunda kaldı!

Çünkü: Neler yapmıyorlar ki?

Al sana "bilimsel" araştırma

"Modern tıp" anlayışıyla doktorlara öğretilen malum o "sihirli soru" 1990'lardan sonra fazlalaştı:

"Ailenizde tansiyon var mı?"

Ailesinde tansiyonu olmayan var mı? Başka sorum yok, al sana ilaç… Mesele şu:

185 2007 yılında "Norvasc" patent süresi dolup pazara jenerik ilaçlar girince satışları 2018 yılının ilk çeyreğinde 254 milyon dolara kadar düştü. Yine de yıllık satışı 1 milyar dolar denebilir.

"Genetik" denilince ilk anlaşılan "iyileşemez" algısı oluyor ve bu da "İlaç kullanımından başka seçenek yok" anlayışına yol açıyor!

Sorun yine salt biyolojik-kimyasal olarak gösteriliyor… Rahatsızlığın fiziksel, sosyal, kültürel, ekonomik sebebi yine yok sayılıyor! Hep tek çözüm yolu gösteriliyor; ilaç tedavisi şart!

Oysa...

Konunun hiç dile getirilmeyen başka yönleri var...

Sürekli kullanılan tansiyon hapların yan etkileri bulunuyor.

İnsanlara "leblebi" gibi ilaç yazmayı tartışmak gerekiyor.

Tıp tartışılmaz değil.

Beden-ilaç merkezli yöntem büyük hatalara sebep oluyor, çünkü. İşte…

-"Posicor" (Mibefradil)…

Roche şirketinin ürettiği tansiyon ilacı…

FDA, ilacı 8 Haziran 1998'de onaylayıp ruhsatı verdi.

Sadece bir yıl içinde kayıtlara 200 ölü geçti!

Roche, ilacı bir yıl dolmadan "gönüllü" olarak piyasadan çektiğini açıkladı! Ölümler ile ilaç arasında bağlantı olduğunu reddetti…

-"Diovan" (Valsartan)…

Novartis şirketinin ürettiği tansiyon ilacı…

İlaç, 1990 yılında patent aldı ve 1996 yılında tıbbi kullanıma girdi.

Patent süresi Eylül 2012'de bitmeden önce yıllık 6-8 milyar dolarlık satışı oldu. Dünyanın en çok satan tansiyon ilaçlarından biri durumuna yükseldi. 100'den fazla ülkede satılıyordu. Fakat… 6 Temmuz 2018 tarihinde ilaç piyasadan toplatılmaya başlandı. (Türkiye iki aylık gecikmeyle bu kararı aldı!)

Dendi ki: Çin Linhai bölgesindeki Zhejiang Huahai Pharmaceutıca adlı ilaç firmasının ürettiği "Valsartan" maddesinde kanserojen madde tespit edilmesi üzerine ürünlerin toplatılması kararı alındı! Resmi gerekçe böyleydi. Ya gerçekler?

İlacın patent süresi dolmadan çok önce kuşkular dile getirilmeye başlandı. *Circulation*, *Circulation Research* ve *Hypertension* adlı Amerikan kardiyoloji dergilerinde 2001-2004 yılları arasında kaygıları dile getiren beş makale yayımlandı. Umursayan olmadı. Güya başka araştırmalar bunun tersini iddia ediyordu:

Oxford Üniversitesi tarafından yayımlanan akademik bilim dergisi *European Heart Journal* 2009'da ilacın çok yararlı olduğunu övgüyle vurguladı. Araştırmayı yürüten ekibin başında bir Japon profesör vardı: Hiroaki Matsubara.

Araştırmada 3 bin tansiyon hastası günü gününe izlendi. Bir grup hastaya "Valsartan" verildi; ikinci bir gruba da başka tedaviler uygulandı. İki grubun arasında sürekli olarak yapılan karşılaştırmalar o kadar kesin ve tartışılamaz sonuç verdi ki, araştırmayı yürüten doktorlar "konuyu uzatmaya gerek yok" diye çalışmayı durdurdu! Keza deneme uğruna ikinci grubu bu etkili ilaçtan uzak tutmanın onların yaşamını tehlikeye atacağını düşünmüşlerdi! Ah şu "insancıl" bilim çalışmaları! Yalandı tabii…

Novartis şirketi Japonya'daki araştırmanın sonucunu dünyaya duyurdu. Öyle ya, "dürüstlükleri" ile tanınan Japon bilim insanlarına kim güvenmez?

Araştırma, Avrupa Kardiyoloji Derneği'nin (European Society of Cardiology) 2009 yılındaki kongresinde sunuldu…

Novartis ilacının tanıtımlarında ve yayınlarında bu araştırmayı kullanmaya devam etti. İki yıl böyle geçti. Birden…

European Heart Journal dergisi makaleyi geri çektiğini açıkladı. Ardından, ilgili makaleyi yayımlayan bilim dergilerinden *Circulation Journal* da, araştırmayı güvensiz bulduğunu belirtip okuyucularından özür diledi. Neler oluyordu?

Araştırmada tutarsızlıklar vardı...

Araştırma güvenilir değildi...

Araştırmanın başında bulunan Prof. Matsubara, Kyoto'daki Prefectural Üniversitesi'ndeki görevinden istifa etti.

Üniversite soruşturma başlattı; raporunu 12 Temmuz 2013'te açıkladı:

Araştırmaya konu olmuş hastaların tıbbi dosyaları teker teker incelenmiş ve verilerde manipülasyon olduğu anlaşılmıştı! Şöyle ki, ilacı alan hastaların verileri olumlu yönde abartılmış, ilacı kullanmayan hastaların verileri ise belli ölçüde olumsuzluğa itilmişti.

Konu burada da bitmiyordu; araştırma ekibindeki bir uzman Novartis'in ücretli görevlisiydi! Ki bu Novartis görevlisi başka üniversitelerde bu ilaç üzerine yapılan deneylere katılmıştı...

Araştırmayı yürüten Prof. Hiroaki Matsubara, ilaç şirketi Novartis'ten 1,4 milyon dolar almıştı! "Ne var, herkes alıyor" diye açıklandı bu "etkileme" parası...

Aslında...

Novartis aynı ilaç çalışmasını ilk önce Japonya'da, Jikei Üniversitesi'yle 2007 yılında yapmıştı. Bu araştırma, bilim dergisi *The Lancet*'in 28 Nisan 2007 tarihli sayısında Prof. Seibu Mochizuki imzasıyla yayımlanmıştı... 2013 yılındaki skandalın ardından bu çalışma üzerinde tekrar inceleme yapıldı. Kan basıncıyla ilgili verilerin gerçek tıbbi kayıtlardan farklı olduğu ve bu araştırmayı yapan grup içinde yine bir Novartis çalışanının yer aldığı ortaya çıktı! Soruşturma komitesi raporunda, Novartis' in 2005-2007 arasında Prof. Seibu Mochizuki'nin dahil olduğu "bilim grubuna" 84 milyon yen bağışta bulunduğunu yazdı.

Bitmedi...

Asıl "bomba" sonra ortaya çıktı: "Japon miti" ortadan kalktıktan sonra "Valsartan" değil, benzeri ilaçlar üzerinde şüphe doğdu.

-"Cozaar" (Losartan)...

Novartis grubuna bağlı Sandoz tarafından 1986 yılında patenti alındı ve 1995 yılında tıbbi kullanım için onaylandı. "Valsartan" olayından sonra bu tansiyon ilaçlarında da iki çeşit kanserojen madde bulundu. Hindistan merkezli Hetero Labs'tan İsrail merkezli Teva'ya kadar ilaç şirketleri benzeri ürünleri piyasadan çekti...

Kimi ürünler piyasadan çekilse de "Valsartan", "Losartan" ve "Irbesartan" gibi etmenli ilaçlar ile ilgili araştırmalar devam ediyor.

Bu ilaçlar (Kandesartan, Azilsartan, Eprosartan, İrbesartan, Telmisartan, Olmesartan vs.) hâlâ reçete ediliyor. Bunları doktorunuzla konuşmanızda yarar var.

Mesele sadece kimi tansiyon ilaçlarında kanserojen madde olup olmaması değil...

Bu bölümde Japonya'dan çok bahsettik, bu ülkeden devam edeyim.

Daiichi Sankyo Inc, "Olmesartan" (Benicar) üreticisi... (Amerikan şirketi Pfizer da "Olmetec" markası altında tansiyon ilacını satıyor. Türkiye'de "Hipersar" olarak pazarlanıyor.) Türkiye'nin de bulunduğu 35 ülkede, 20 bin 332 kişiyle yapılan ve iki buçuk yıl süren araştırma sonucu *NEJM* bilim dergisinde yayımlandı. "Telmisartan" (Micardis) ile yalancı ilaç plasebo arasında felci / stroke önleme yönünden herhangi bir fark yoktu. "Micardis" yüzde 8,7, plasebo yüzde 9,2 idi!

FDA, değerlendirdiği "Roadmap" ve "Orıent" adlı iki klinik araştırma sonucunda, yüksek tansiyon tedavisi için "Olmesartan" kullanan Tip 2 diyabetli hastaları uyardı. Araştırmalarda, kardiyovasküler sebeplere bağlı ölümlerin plasebo kullananlara göre anlamlı olarak yüksek olduğunu açıkladı. Böbreklere zararı ise araştırılıyordu...

FDA, yüksek tansiyon tedavisinde kullanılan (Enalapril, Kaptopril, Lisinopril, Ramipril gibi) ACE inhibitörü ile ARB (Valsartan vd.) grubu tansiyon ilaçlarına hamilelerde ölümlere yol açtığı için "siyah kutu" uyarı koymayı şart koştu.

JAMA bilim dergisinin 5 Ağustos 2013 sayısında, bazı tansiyon ilaçlarının uzun süreli kullanımının kadınlarda meme kanserine yol açtığı yazıldı.

Tüm bu sebeplerle "bilinçli hasta" olmak şart...

Tüm bu sebeplerle "akıllı ilaç" kullanmak şart...

Öyle ki:

Hekimler iyi biliyor ki, bazı ilaçlar tansiyon fırlamalarına neden oluyor. Özellikle tansiyon hastaları sürekli bu tür ilaçlara karşı dikkatli olmaları konusunda uyarılıyor:

Soğuk algınlığı tedavisinde kullanılan bazı ilaçlar, kortizon içeren ilaçlar, bazı ağrı kesiciler, bazı depresyon ilaçları, burun açıcı spreyler, aktif maddesi "Sibutramin" olan zayıflama hapları gibi ilaçlar hipertansiyona yol açabiliyor.

Şifa niyetine içilen bitki çayları bile bazen tansiyon nedeni olabiliyor. Keza uykusuzluk tansiyonu tetikliyor...

"Ölçüm" modası

Kolesterol ölçümü...

Diyabet ölçümü...

Vücut Kitle İndeksi ölçümü...

D vitamini ölçümü...

Toksik yük seviyesi ölçümü...

Tansiyon ölçümü...

Ölçüm... Ölçüm... Ölçüm...

"Nicel Benlik" (Life-Logging) diye kavram var. Moda yapıldı. İnsanlar yaşamlarındaki her girdiyi ölçüyorlar; kalori, kafein, toksin, stres, oksijen, ne kadar uyudular, ne kadar yürüdüler, ne sıklıkla cinsel ilişkiye girdiler, idrarındaki-dışkısındaki kimyasal seviye... Küçük kameralarla hayatınızın kaydı tutturuluyor! Herkesin elinde-cebinde-çantasında bir minik alet! Sonuçta...

Hayat "zindelik" olmaktan çıktı, ölçmeye indirgendi. İyi bir yaşam sürmenin aracı olan sağlık, hayatın tek amacı oldu! En yardımcı olan ise tıbbi aletler ve ilaçlar!

Gece gündüz çalışıp yorgun mu düştünüz, "al bir amfetamin"!

Beyniniz durdu gibi mi hissediyorsunuz, "al bir nootropik" ya da "al bir adderall" veya "metilfenidat", "modafinil"...

Ölçüm varsa, ilaç var mutlaka...

Ve: Sürekli ölçümler değiştiriliyor:

Total kolesterolde eski sınır 210-220 idi; önce 200'e ve sonra 180'e çekildi. Sonuç, milyonlarca "kolesterol hastası"...

Ya diyabet? Eskiden açlık kan şekeri 110-120 sınırındaydı ve ilaç yazılmazdı. Sınır 100'e kadar çekilince milyonlarca yeni "hasta" ile ilaç pazarı büyütüldü.

İnsanlar ellerinde ilaç torbaları avuç avuç hap yutuyor.[186] Küresel ilaç şirketleri son 30 yılda en hızlı büyüyen sektör oldu.

Teşhisi koyanlar kılavuz kitaplara göre hareket etmeyi sürdürüyor.

Soru aslında basit:

-Tansiyon "ölçüm kıstası" yani alt-üst sınır nasıl belirleniyor? Rehber-kılavuz kitapla!

-Bu kılavuzu kim yazıyor?

Amerikan Kardiyoloji Koleji (ACC) ve Amerikan Kalp Derneği (AHA) öncülüğünde Amerikan Hipertansiyon Derneği (American Society of Hypertension-ASH) gibi sağdan soldan toplama birkaç kuruluşla yan yana gelip, "Birleşik Ulusal Komite" (JNC-Joint National Committee) oluşturup karar veriyorlar!

"Kılavuz-rehber kitabın" ilki, -tansiyon ilaçlarının iyi para kazandırdığı- 1977 yılında çıktı: "JNC-1"

İkincisi 1980 yılında çıktı: "JNC-2"

En sonunda 2003 yılında "JNC-7" çıktı.

Aradan on yıl geçti...

"JNC-8" için ABD'de toplantı yapıldı; kavga çıktı!

ACC/AHA'nın "JNC 8" raporu, 2013 yılının son ayı içerisinde ancak 14 sayfa 9 tavsiye kararıyla çok özet şekilde "bilimsel literatüre" girdi. Ancak beklenmeyen şekilde, bir hafta sonra Amerikan Hipertansiyon ve Uluslararası Hipertansiyon Dernekleri (ASH/ISH) ortaklaşa ve "JNC8"den apayrı bir başka hipertansiyon kılavuzu yayımladı!

Al sana "bilim"...

---

186 Kitap yazımını bitirdiğimde Perihan Teyze'mi kaybettim. Odasında bir kutu içinde kullandığı 12 çeşit ilaç vardı! Aynı annem gibi... Teyzemin böbrekleri iflas etmişti. Umarım elinizdeki kitap insanların ilaç kullanırken "Bunun yan etkileri nedir?" sorusunu yöneltmelerine sebep olur...

Taklit etmeye ve ne derlerse-yazarlarsa aynen "reçete" etmeye devam mı edilecek?

Sadece tansiyon değil...

Kolesterol "sınırını" belirleyen de AHA ve ACC! İki kalp kuruluşu dünyanın kaderini "ölçüyor!" Bu kılavuzlara bakıp kimileri koca koca laflar ediyor!

"Toptancılık" meselesine hiç girmek istemiyorum: Kan basıncı bir kişiden diğerine değişmez mi; 20 mmHg kadar küçük bir düşüş bazı insanlar için sorunlara neden olurken başka birinde aynı etkiyi göstermeyebilir! Farklı kan basıncı türleri ve nedenleri yok mu?

Konuyu uzmanına bırakalım:

ABD'li akademisyen, kanser araştırmacısı Prof. H. Gilbert Welch'in *New York Times* gazetesine yazdığı makalenin başlığı şuydu:

-"Yeni Tansiyon Rehberinin Sizinkileri Yükseltmesine İzin Vermeyiniz." (15 Kasım 2017)

Konu şuydu: Hep karşımıza çıkan ve pek inandırıcılıkları kalmayan Amerikan Kalp Derneği (AHA) ile Amerikan Kardiyoloji Koleji (ACC) yanlarına dokuz kuruluş alıp, Eylül 2017'de "yeni hipertansiyon kılavuzu" yayımladı. Kan basıncı üst sınırı 14/9'dan, 13/8'e (130/80 mm/hg) indirildi! Yani...

Tedavi altındaki hastalar için "hedef değer" artık -Amerika ve Avrupa kılavuzlarında 2013 yılında yazan- 14/9 değildi; 13/8 olacaktı...

Bu yeni durum sadece ABD'de erişkinlerin neredeyse yarısına (yüzde 46) hipertansiyon teşhisi konmasına yol açtı. "Hasta" sayısı 72 milyondan bir anda 103 milyona fırladı![187]

Bugün AHA ve ACC tansiyonu 12/7'ye çekmeyi "araştırıyor." İş çığırından çıktı ve kimse oralı bile değil...

187 ABD'de 1995 yılında yetişkin nüfusunun yüzde 24'ü; 2004 yılında yüzde 29'u; 2006'da yüzde 32'si ve 2017'de yüzde 46'sı tansiyon hastası olarak belirlendi. Sayı hep arttı. Bu, sınırların değişiminden mi yoksa diğer şartların değişmesinden mi oldu?

Prof. Welch, makalesini *New England Tıp* dergisinde 2015 yılında yayımlanan, 50 yaş üstü 9 bin 361 kişiyle 102 klinikte yapılan "Sprint" adlı büyük fonlu çalışmanın sonuçlarına yanıt olarak yazdı.[188] Yeni kılavuz bu çalışma üzerine açıklanmıştı çünkü…

Prof. Welch dedi ki:

-"Yıllarca doktorlara 140'tan daha az sistolik[189] kan basıncı hedeflemesi söylendi. Ardından, 2013'te, 60 yaş ve üstü hastalar için öneriler 150'den aza gevşetildi. Şimdi, önümüzdeki on yıl içinde yüzde 10'luk kalp krizi veya inme riski olan herkes için 130'dan aza sıkılaştırıldı. Bu, ABD'deki tüm yetişkinlerin yaklaşık yarısı demektir. Bahse girerim bu haberi duyunca kan basıncı yükselen tek doktor ben değilim. Açıklama: Daha az tıbbın savunucusuyum, daha sağlıklı bir yaşam sürüyorum ve sayılara fazla odaklandığımız için endişeleniyorum…"

Prof. Welch uzun uzun itirazlarını rakamlar vererek açıkladı. Sonra ne oldu dersiniz?

1769 yılında kurulan ABD Ivy League'de bulunan araştırma üniversitesi Dartmouth College'den Eylül 2018'de istifa etmek zorunda bırakıldı!

İlaç konularında fikir ileri sürmek öyle kolay değil; -çeşitli gerekçelerle- mutlaka bedel ödetiyorlar… Ve hiç utanmadan "rehber-kılavuz" kitap hazırlamayı sürdürüyorlar.

Hatta…

Sağlığa-tansiyona ne kadar önem verdiklerini göstermek için Dünya Sağlık Örgütü, 2005 yılından itibaren 17 Mayıs'ı Dünya Hipertansiyon Günü ilan etti! Sağlığımızla ne kadar yakından ilgileniyorlar değil mi? Bunlar hep göstermelik…

Tansiyon…

Şeker…

---

188 Bu çalışmaya Takeda Phar. Int ve Arbor Phar. ile Ulusal Diyabet ve Sindirim ve Böbrek Hastalıkları Enstitüsü, Ulusal Nörolojik Bozukluklar ve İnme Ulusal Enstitüsü ve Yaşlanma Ulusal Enstitüsü destek verdi.

189 Sistolik değer, kalp kasıldığında kalpten damarlara doğru atılan kanın damar duvarında yaptığı basınç. Diastolik değer ise kalp gevşediğinde hâlâ damar duvarında mevcut olan basınç.

Kolesterol…

Hatta D vitamini eksikliği bile…

Hayatımızda hep "ölçüm korkusu" var.

Korkutarak teslim alıyorlar.

-Hastasın sen!

-Hemen ilaç almalısın; hem de hayatının sonuna kadar…

Yüksek tansiyonun sebebi, "yetersiz kamu politikalarıdır; insanlar ağır ekonomik-politik baskı altındadır" deseniz size kim inanır? Yaşam tarzını gündeme getiren yok; ölç tansiyonu, iç hapı...

2000 yılında İngiltere'de kurulan ve insanları tansiyon konusunda eğiten, hastanelerde, eczanelerde, sağlık merkezlerinde ve alışveriş merkezlerinde ücretsiz tansiyon ölçümü yapan The Blood Pressure Association (BPA) diyor ki:

-"Yüksek tansiyon tedavi edilemez ve ilaç almanız gerekiyorsa, muhtemelen ömür boyu kullanmaya devam etmeniz gerekecektir. Eğer almayı bırakırsanız, kan basıncınız tekrar yükselir…

-"Kendinizi iyi hissetseniz bile, ilaçlarınızı kullanmaya devam etmek çok önemlidir. Kan basıncınızı düşük tutarak kalbinizi ve kan damarlarınızı hasara ve hastalıklara karşı koruyorsunuz…

-"Tansiyon ilaçlarından yan etkileri varsa, doktorunuz veya hemşireniz dozunuzu değiştirebilir veya sizin için daha iyi çalışabilecek farklı bir ilacı deneyebilir…"

İlaçtan kurtuluş yok…

Ölçme / ölçüm, kıyaslamadır. Yönetebilmenin aracıdır.

Ölçme tekniğini hayatın gerçeğini bulmada en önemli yol gösterici olarak "moda" yapan kişi, Francis Galton (1822-1911) idi. Her şeyi ölçüyle açıkladı; gerçek olan sadece sayı idi. Ve ırkçı "sosyal darvinizm"- "öjeni" kavramını ölçme metoduyla inşa etti:

-İnsanlık içerisinde bozuk - hatalı - hasarlı ve kötü özelliklere sahip ırklar vardır; bunlara bilim çözüm bulmalıdır!

- Toplumsal yaşamda ancak şartlara uyum sağlayabilen, mücadele etme - savaşma kapasitesine sahip "güçlüler" ayakta kalabilir, zayıflar ise yok olmaya mahkûmdur!

Bilim ırkçılığı denen öjeni ölçme metodunun, bugün günlük hayat içinde bu derece fazla olması salt, "ama sağlık" diye açıklanabilir mi? Biliniz ki: Ölçme aynı zamanda faşist soykırımın kodudur…

Hiç tesadüf değil:

Psikoloji, sosyoloji gibi bilimlere "metri" son ekini takarak, insan davranışlarının ölçülebilir ve öngörülebilir olduğu esasına dayanan "psikometri", "sosyometri" gibi bilimler Galton'un "insanları sağlıklı-sağlıksız sınıflandırma" çalışmalarından çıktı.

Modern tıbba başka "pencereden" bakabilmeyi öğrenmeliyiz... Küresel şirketlerin sizin sağlığınız için çalışma, araştırma yapmadığını bilmelisiniz. Örneğin... ABD ilaç şirketi Vitarine, yüksek tansiyon ilacı "Dyazide"nin jenerik versiyonunu üretmek için FDA'ya başvurdu. Aylar geçti… ABD'nin "en güvenilir kurumu" FDA ve rakip ilaç şirketi Bolar'ın evraklarda tahrifat yaptığı ortaya çıktı. Bunları okudukça insanın tansiyonu yükseliyor! Tansiyonun asıl sebebi bunlar…

Bölümü toparlayayım:

En yararlı ilacı ABD California'daki Western Virginia Üniversitesi geçen yıl keşfetti! Yaptıkları araştırmaya göre "âşık olmak" gibi duygusal tepkiler, sağlıklı yaşamın kapısını aralıyor: Kalp güçlü atıyor, tansiyon değerleri normal seviyelere geliyor…

Yaşam sevinci en yararlı ilaç; âşık olmak, spor yapmak, sağlıklı beslenmek…

İrlandalı yergi ustası Jonathan Swift'in "iyileşmenin çaresi" pek farklı değil:

-"Dünyanın en iyi doktorları perhiz, sükût ve neşedir!"

Yedinci Bölüm

ANTİBİYOTİK ÇIKMAZI

Tespit:

Ağrı ne ölçülebilir ne de kıyaslanabilir…

Tespit:

Türkiye'de 100 reçetenin 35'inde antibiyotik yazılı…

Tespit:

Ağrı kesiciler kolay erişimleri ve masum algılanmaları yüzünden dünyanın en ölümcül ilaçlarıdır.

Başlayabilirim.

Hoechst AG…

Teerfarbenfabrik Meister Lucius&Co. adıyla 1863'te kurulan bir Alman ilaç şirketi… Uluslararası pazar için adını Farbwerke Hoechst AG olarak basitleştirildi.

Birinci Dünya Savaşı sırasında endüstriyel güç elde etmek için Almanya'nın kimyasal endüstri grubu IG Farben'in kurucularından oldu…[190]

İkinci Dünya Savaşı sırasında toplama kamplarındaki insanlara ilaç denemeleri yaptığı için yöneticileri Nürnberg Davası'nda yargılandı.

---

190 IG Farben'in ana hissedarlarını şöyle sıralamak mümkün: BASF (yüzde 27.4), Bayer (yüzde 27.4), Hoechst-Cassella-CFR Birleşik (yüzde 27.4), Agfa (yüzde 9), Cfge (yüzde 6.9), CF Weiler Ter Meer yüzde 1.9)... 1926 yılına gelindiğinde IG Farben 1,4 milyar mark sermayeli, 100 bin çalışanı, bünyesinde Nobel ödüllü bilim adamları olan bir "kimya canavarına" dönüştü. Uluslararası ortaklıkları oldu: Rocfeller'ın Standard Oil'i, Dupont, Dow Chemical gibi… ABD devleriyle özel temasları sonucu, savaş endüstrisinde kullanılacak binlerce ton kimyasal sattı. Ölüm kamplarında bir milyondan fazla insanı gaz odalarında öldüren zehirli gaz Zyklon B'yi satan şirketti. *Saklı Seçilmişler* kitabımda ayrıntılı yazdığım için geçiyorum…

IG Farben'in 23 başkanının savaş suçu sebebiyle yargılandığı davada 13 kişi mahkûm oldu! Ve hepsi 1951'de Amerikan yüksek komiseri John J. McCloy tarafından serbest bırakıldı! Batı'da IG Farben'den geriye kalanlar 1951'de altı kurucu şirkete, ardından tekrar üçe bölündü: BASF, Bayer ve Hoechst.

Hoechst AG, 7 Aralık 1951 tarihinde Frankfurt'ta yeniden kuruldu. Faaliyetlerine kaldığı yerden devam etti…

"Telitromisin"…

Klinik düzeyde kullanılmaya başlanan ilk antibiyotik…

Sinüzit gibi solunum yolu enfeksiyonlarında kullanılıyor.

"Ketek" ismiyle satışa sunuldu…

1990 yılında çalışmaya başlanan "Ketek" adlı antibiyotiğin insan üzerinde deneyimi Türkiye, Macaristan, Fas ve Tunus'ta yapıldı. 2001'de Avrupa Komisyonu tarafından onaylandı ve üç ay sonra 2001'de satılmaya başlandı. FDA ise 1 Nisan 2004'te onay verdi. Bu onayla ortalık karıştı. Çünkü: Aynı yıl ABD Kuzey Alabama Bölge Mahkemesi, "Ketek" ilacının güvenliğini ve etkinliğini 24 bin hasta üzerinde test eden Dr. M. Anne Kirkman-Campbell'i 57 aya mahkûm etti! Bulguları -sahte raporlarla- çarpıtmıştı…

"Ketek" ABD'de piyasaya sürüldükten sonra, ilacı kullanan birçok kişide bazen ölüme yol açabilen ciddi akciğer hasarı görülmeye başlandı. Yani mesele sadece sık görülen yan etkiler ishal, bulantı, karın ağrısı, görme bozukluğu ve kusmadan ibaret değildi. 2006'da karaciğere zarar veren üç rapor ortaya çıktı...

FDA ilk etapta ilacın arkasında durmaya çalıştı. Ancak FDA'dan bazı araştırmacılar "Ketek"in deneylerinin dört bin (bazıları 6 aylıktan küçük olmak üzere) çocuk üzerinde yapıldığı ve etik olmadığı konusunda uyarılarda bulundu. Şikâyetler üzerine 2006 yılında FDA, "Ketek" deneylerinin durdurmasını istedi. Bir yıl sonra da ilaç piyasadan çekildi.

Ancak FDA'ya gelen raporlara göre, ABD'de 12 kişi "Ketek" kullanımı nedeniyle yaşamını kaybetmişti...

Prof. Andrew C. von Eschenbach (d. 1941)…

"Von" unvanına bakılırsa Alman kökenli asilzade aileye mensuptu... 2006-2009 yılları arasında FDA başkanı oldu. (Daha önce Ulusal Kanser Enstitüsü başkanıydı.) Yazdım: *Time* dergisi 2006 yılında, "Amerikan yaşamına muazzam etki yapan" FDA başkanı olarak Von Eschenbach'ı "Dünyayı Şekillendiren 100 İnsan"dan biri olarak seçti.

ABD Temsilciler Meclisi Enerji ve Ticaret Komitesi, çok zararlı yan etkileri olduğu yolunda raporlar bulunmasına rağmen, "Ketek" ilacını onaylayan FDA'yı 2007 yılında ifadeye çağırdı.

Soruşturma sürecinde Eschenbach'ın yalan ifade verdiği ortaya çıktı. Komiteye, FDA Başkanı Eschenbach'ın tahkikat sırasında gerçekleri parlamentodan sakladığını açıklayan da FDA yetkililerinden David Ross oldu…

FDA'dan ilk açıklama 29 Haziran 2006 tarihinde geldi; "Ketek" prospektüsünde "karaciğer yetmezliği" yaptığının yazılmasına karar verilmişti.

FDA İlaç Değerlendirme ve Araştırma Merkezi Başkanı Dr. Steven Galson, "Biz Ketek kullanan hastalara ve bu ilacı yazan doktorlara, karaciğer sorunlarına bağlı şikâyet ve belirtilere karşı dikkatli olmalarını öneriyoruz. Bu türden belirti ve semptomlarla karşılaşan hastalar Ketek kullanımını kesmeli" dedi.

"Ketek"in prospektüsüne uyarı konulmasına rağmen ABD'de bu antibiyotiğin tartışması bitmedi. Son olarak FDA "Ketek" ile ilgili yeniden değerlendirme toplantısı yaptı. FDA İlaç Yan Etki Bölümü, "Ketek"in acil olarak yasaklanmasını istedi. Kurum Başkanı Dr. David Graham "Ketek'in etkinliğinin, diğer ilaçlardan daha güçlü veya emniyetli olduğuna dair hiçbir bilgimiz yok. İlacın emniyetine gözü kapalı bakılıyor. Bu gruptaki diğer ilaçlardan çok daha toksik ve derhal piyasadan kaldırılması gerekir" dedi.

"Ketek" üreticisi şirket, ilacı ABD pazarından çekti.

Sonra ne oldu?

Başkan Eschenbach, 2009 yılında FDA'dan ayrıldı. Biyoteknoloji şirketi olan BioTime Inc. yönetim kurulunda görev yapmaya başladı. Aynı zamanda Viamet Pharmaceuticals adlı ilaç şirketinin başkanlığını yürüttü. İlacın zararı sadece size...

Gelelim asıl meseleye:

"Ketek" ilacını üreten Sanofi-Aventis şirketi idi. Ama... Yazının girişinde bahsettiğim Alman Hoechst AG, "Telitromisin" klinik deneylerine ilk başlayan şirket oldu.

Fransız Rhone Poulenc ile 1999 yılında birleşerek adını Aventis olarak değiştirdi.[191] Daha sonra 2005 yılında Sanofi ile birleşerek Sanofi -Aventis doğmuş oldu! 2011 yılında şirket sadece Sanofi adını kullanmaya başladı...

Bu durum biraz ironikti çünkü "Rhone Poulenc", IG Farben'in savaş sırasında el koyduğu tesisler arasındaydı.

IG Farben bugün, Agfa, BASF, Bayer ve Sanofi adı altında faaliyetlerini sürdürüyor.

Yani... Kimin eli kimin cebinde belli değil...

İlaçlar artık sadece toplama kamplarında değil, Türkiye gibi ülkelerde deneniyor.

Türkiye antibiyotik pazarı için cennet! Küresel şirketler bunu kaçırır mı? Sanofi 2013 itibariyle, "Jasmine" projesi adıyla Lüleburgaz'da Sefalosporin antibiyotik üretim projesini faaliyete geçirdi. Sanofi'nin bu ilçedeki Zentiva fabrikası bünyesinde kurduğu antibiyotik üretim hattından çıkan 250 bin kutu ilacın çoğunluğu iç pazara veriliyor. Bundan önce Sanofi, Sefalosporin grubu antibiyotik üretimini İngiltere'de yapıyordu...

Karaciğere etkisi sebebiyle "Ketek" tartışması ABD'de devam ederken, CHP Ordu Milletvekili rahmetli Dr. İdris Sami Tandoğdu, 23 Mayıs 2006 tarihinde TBMM'de sordu:

-"2004 ve 2005 yıllarında, SSK'da "Telitromisin" (Ketek/ Aventis Pharma) adlı ilaçtan kaç kutu tüketilmiştir?"

---

191 Birleşmesinde şu olayın etkisi var mıydı: Rhône-Poulenc 1997'de, İsveç tarihinin en kötü çevre kazasına yol açtı. Kimyasal madde artezyen suya sızdı ve büyükbaş hayvanlara, işçilere, doğaya zarar verdi. Şirket aleyhine ceza davaları açıldı. 2001'de eski Rhône-Poulenc İsveç genel müdürü suçlu bulundu ve toplam 60 bin dolar cezaya çaptırıldı.

Yanıt şu oldu: "Ketek" (400 mg) 2004 yılında 28 bin 60 kutu ve 2005'te ise 483 bin 872 kutu tüketildi! İlacın Türkiye'de satışı 17 kat artmıştı…

İlaç ülkemizde halen satılmaya devam ediyor…

Evet, antibiyotik konusuna başlayabiliriz!

Rockefeller Enstitüsü çalışması

İngiliz Daily Telegraph, 21 Aralık 1943'te, "Winston Churchill, Tunus'ta hastalanınca penisilin hayatını kurtardı" diye yazdı. Aslında Churchill (ve ABD Başkanı Franklin D. Roosevelt'in oğlu Franklin Jr. Roosevelt) antibakteriyel "sulfonamid" ile iyileşmişti! "Sulfonamid", Almanya'da geliştirildiği için İngiliz gazetesi -kendi buluşları olan- penisilini yazmayı tercih etmişti! Mesele şuydu:

Alman IG Farben grubunun parçası olan Bayer, 1932 yılında, bakterilere ve parazitlere karşı kömür katranı boyalarının kullanılabileceğini keşfetti ve enfeksiyonlara karşı güçlü bir koruyucu etkiye sahip ilacı "Prontosil" adıyla çıkardı.

1930'ların sonunda yüzlerce üretici, on binlerce ton kükürt üretti. İlaç insan üzerinde denenmeden satışa sunulduğu için 1937'de felaket yaşandı; ABD'de yanlış hazırlanan "Elixir Sulfanilamide" sonucu yüzden fazla kişi zehirlenip hayatını kaybetti…

İkinci Dünya Savaşı'nda "sulfonamid" yara enfeksiyonlarına karşı kullanıldı. Amerikan asker sağlıkçıların ilkyardım çantalarında "sulfonamid" hapları ve açık yaraların üstüne serpmeleri için pudra "sulfonamid" vardı...

Peki, antibiyotik nasıl keşfedildi?

Modern tıp tarihi antibiyotiği/penisilini keşfedeni, İskoç bakteriyolog Alexander Fleming (1881-1955) olarak yazsa da öncesi vardı:

Modern penisilin araştırma geçmişi 1870'lerde İngiltere'de başladı. (A. Fleming'in de 1924-1948 yılları arasında çalıştığı Mary Hastanesi'nde) Sir John Scott Burdon-Sanderson 1854–

1862 döneminde küfle kaplı kültür sıvısının bakteri üremesi yaratmayacağını gözlemledi. Bu keşif, İngiliz cerrah Joseph Lister'ın 1871'de küfle kirlenmiş idrar örneklerinin de bakteri üremesine izin vermediğini keşfetmesine neden oldu. Lister ayrıca "Penicillium glaucum" adı verilen bir küf türünün insan dokusu üzerindeki antibakteriyel etkisini buldu. Daha sonra…

Fransız biyologlar Louis Pasteur ve Jules Francois Joubert, 1877'de antraks basil kültürlerinin küflerle kirlendiğinde başarılı bir şekilde inhibe (enzimlerin etkisini azaltıcı, geciktirici) edildiğini gözlemledi. Çok uzatmadan zamanı atlayayım…

Yıl, 1928. Alexander Fleming "stafilokok" bakterisini[192] kültür kaplarında çoğaltırken kapları yıkamadan bir aylık tatile çıktı. Döndüğünde, küflenen kapları yıkarken birinde küfün çevresinde bakteri büyümediğini gördü. Mantardaki bir madde, bakterinin çoğalmasını engellemişti. Maddeyi mantardan ayırdı ve küfün saf bir kültürünü geliştirip ona "penisilin" adını verdi.

Asistanı Stuart Braddock enfeksiyona penisilin uyguladı; üç saat içinde, enfekte bölgedeki bakterilerin çoğu kayboldu. Fakat *İngiliz Deneysel Patoloji* dergisinde 1929'da yazdığı penisilin makalesi hiç ilgi görmedi. Çünkü:

Her ne kadar Fleming doğrudan penisilin ile hasta üzerinde araştırma yapıp tıbbi kullanıma büyük katkı sağlasa da, yaptığı penisilinin homojen olmayan safsızlığı ve onu üretme zorluğundan dolayı "iyileştirici" potansiyeli fark edilmedi…

Sonunda... Howard W. Florey, Norman Heatley, Ernst B. Chain'den oluşan biyokimyasal araştırma ekibi antibiyotiği geliştirip seri üretimine geçilmesini sağladı.[193]

---

192 "Stafilokok" denilen bakteri insanların hem üst solunum yollarında, boğaz ve ağız florasında hem de deri florasında yer alan bakterilerdir.

193 Howard W. Florey 1940'larda öne çıktı, Fleming unutuldu. *London Times*, "Mucize penisilin Oxford'da geliştirildi" diye yazdı. May Hastanesi'nin başhekimi gazeteye tekzip yazıp penisilini Fleming'in keşfettiğini bildirdi. Gazeteciler, Fleming ve Florey ile röportaja gitti. Florey, gazeteye çıkmak istemediği için arka kapıdan kaçtı. Fleming, muhabirlerle görüşünce gazete resmini basıp onu kahraman ilan etti. Sonuçta Fleming, Florey ve Chain ile birlikte 1945'te Nobel Tıp Ödülü'nü kazandı.

Ardı geldi: Yıl, 1939. Fransız mikrobiyolog Rene Dubos, Rockefeller Tıbbi Araştırma Enstitüsü'nde (biyokimyacı Rollin Hotchkiss'in yardımıyla) boğaz iltihaplanmasında kullanılan "Tyrothricin" antibiyotik karışımını buldu. (Karaciğer ve böbreğe verdiği zarar yıllar sonra ortaya çıktı...)

Batı'da ilk penisilin 1942'de, ABD-Boston yangınındaki yaralılarda kullanıldı. ABD'deki küflü bir kavunun mantarı, Fleming'in mantarından 200 kat fazla penisilin üretiyordu. Mantar, x-ışınlarıyla mutasyona uğratılınca, bin kat fazla penisilin üretti. Penisilin, 1945'te bir milyon hastayı tedavi edecek miktara ulaştı. Yaralı askerlerin yarısından çoğu penisilin sayesinde ölümden kurtuldu...

Ama hiç kimse... 1946 yılında Guatemala'da bir penisilini test etmek için hayat kadınlarına haberleri olmadan kasıtlı olarak frengi bulaştırıldığını ve 83 kadının yaşamını yitirdiğini yazmadı. Aynı "deneyi" 1932 yılında siyah erkekler üzerinde denediler!

Ya Türkiye'de?

İkinci Dünya Savaşı döneminde Trakya'daki kolordu kumandanlarından General Rüştü Paşa hafif bir yüz felci geçirince seyyar hastanede görevli yedek tabip Mansur Pekdeğer, komutanın tıbbi kontrolünde fizik tedavisi tatbikine başladı. Ancak tedavi sırasında Rüştü Paşa komaya girdi...

Türkiye'de psikiyatri tarihini oluşturan önemli isimlerden Profesör Nazım Şakir Şakar'ın katıldığı konsültasyonda, kana karışan enfeksiyon virüsünün damar yoluyla beyne ulaştığı teşhis edildi. Beyin apsesi teşhisi Dr. Pekdeğer'in teklifi üzerine Milli Savunma Bakanı Ali Rıza Artunkal'a duyuruldu...

Rüştü Paşa'ya adı pek duyulmamış ilaç "penisilin" yapılmasına karar verildi. Ama bu o kadar kolay değildi. Yeni ilaç penisilin savaş halindeki ülkeler arasında sır gibi saklanıyordu. Bakan Artunkal, acil konuyu Cumhurbaşkanı İsmet İnönü'ye bildirdi. Ve İngiltere Ankara Büyükelçiliği'nden penisilin ricasında bulunuldu.

Kısa süre sonra...

İngilizler Londra'dan ilacın gönderileceğini ve havaalanından aldırılmasını istedi. Havaalanında alınan güvenlik tedbirleri arasında İngiliz askeri uçağı ambalajlı sandığı piste bıraktı. Paket zırhlı birlik kordonu altında Rüştü Paşa'nın evine getirilip doktora teslim edildi.

Ordu Sağlık Başkanı Prof. Nazım Şakir Şakar ve Karadeniz Boğazı müstahkem mevki baştabibi Yarbay Prof. Burhanettin Tugan eve çağrıldı... Ambalaj açıldı, çelik bir termos içinde yüz bin ünitelik beş şişe penisilin çıkartıldı. İlacın tatbiki yapılacaktı fakat penisilin dozajı ne olacaktı? İngilizlere soruldu! Rüştü Paşa hayata döndürüldü...

Penisilinlerin keşfiyle sağlıkta "büyük devrim" yaşandı; ilk kez bilimsel yöntemlerle üretilmiş olan molekül sayesinde mikroorganizmaların yok edilmesi sağlandı. Artık enfeksiyonların tarihe karıştıkları düşünüldü! Tüm dünyada iyimserlik dönemi başladı! Ancak bu iyimserlik dönemi uzun sürmedi. Birkaç yıl sonra, bakteriler penisiline karşı direnç geliştirdi! Evet... İnsanlığın geliştirmiş olduğu antibiyotiklere karşı bakteriler boş durmadı ve antibiyotikleri etkisizleştiren evrimsel dönüşüm yaşadı.

Bakteriler, daha sonra geliştirilen antibiyotiklere de, kullanılmalarından kısa süre sonra yine direnç gelişimi gösterdi.[194]

Evet, bakteriler, antibiyotiklerin baskısı altında evrime uğruyor, yani değişiyor... Antibiyotiğin yetersiz kaldığı "süper bakteriler" sebebiyle 2016 yılında 700 bin kişi hayatını kaybetti.

Ekonomik İşbirliği ve Kalkınma Örgütü (OECD) tarafından yayımlanan rapora göre, OECD ülkeleri arasında bakterilerin antibiyotiklere en fazla direnç gösterdiği ülkelerin ilk üç sırasında yüzde 35 civarındaki oranlarla Türkiye, Güney Kore ve Yunanistan yer aldı.

---

194 Ne yazık ki, parazitler ve virüsler de direnç geliştiriyor. O nedenle antibiyotik yerine parazitleri, virüsleri, mantarları da kapsayacak şekilde "antimikrobiyal" dirençten söz ediliyor. Bu da önemli bir sorun olmaya başladı. Öyle ki, HIV direnci pek çok ülkede önemli sorun hale geldi. Çünkü HIV'e karşı ilaçlar etkisiz kalmaya başladı. Bu nedenle tıpkı bakterilerde olduğu gibi, HIV için de ilaçların direnç ve duyarlılık testleri yapılıyor...

Antibiyotik direncine bağlı ölüm sayısının 2050'ye gelindiğinde her yıl 10 milyonu bulacağı tahmin ediliyor! Salt ilaç yönetiminin sonucu mu bu?

"Süper Böcek"

Maryn McKenna...

Amerikalı bilim gazetecisi...

Beating Back the Devil (Şeytanı Yenmek) adlı kitabında, dünyanın dört bir yanındaki salgın hastalıkları ve biyoterör saldırılarını izleyen ve önlemeye çalışan 53 yıllık "ABD Hastalık Kontrol ve Önleme Merkezleri (CDC)" kurumunun 11 Eylül 2001 saldırısından sonra yaptıklarını yazdı.

Keza: *Superbug* (Süper Böcek) adlı kitabında hastane enfeksiyonları (MRSA) tarihini gözler önüne serdi. Bakterilerin, mikropların antibiyotiklere direnç geliştirdiğini gösteren vakaların nasıl patlama yaptığını gerçek olaylar üzerinden açıkladı. "AIDS'ten sonra günümüzün en büyük tehlikesiydi MRSA.

2014 yılında yazdığı, "Antibiyotik Sonrası Geleceği Hayal Etmek" adlı makalesi ABD'de Bilim ve Doğa Yazarları tarafından yılın makalesi seçildi...

TED...

Her iki yılda bir California Monterey'de, farklı alanlardaki ileri derecede bilgi sahibi kişilerin bilgi alışverişinde bulunduğu bir konferans...

Bilim gazetecisi Maryn McKenna 2015 yılında TED konuşmacısı oldu. Antibiyotikleri anlattı:

"Bakteriler diğer bakterilere karşı ölümcül içerikler üreterek yiyecek için birbirlerine karşı rekabet ediyorlar. Diğer bakteri ise kimyasal saldırıya karşı koruma geliştiriyor. İlk antibiyotikleri yaptığımızda, bu içerikleri laboratuvara aldık ve bunlardan kendi versiyonlarımızı ürettik ve bakteriler, saldırımıza her zamanki gibi cevap verdiler. Sonrasında ise şu oldu:

-"Penisilin 1943'te dağıtılmaya başlandı ve geniş çaplı penisilin direnci 1945'te oluştu. Vancomisin 1972'de geldi.

Vancomisin direnci 1988'de başladı. İmipenem 1985'te çıktı, direnci ise 1998'de... En son ilaçlardan biri olan Daptomisin ise 2003'te çıktı ve buna karşı direnç de 2004'te ortaya çıktı.

"Kendimize bunu biz yaptık. Direnç vazgeçilemez biyolojik bir süreç ancak bunu arttırdığımız için sorumluluğa katlanacağız. Bunu şu an aşırı görünen düşüncesizlikle antibiyotikleri müsrifçe kullanarak yaptık. 1950'lere kadar penisilin tezgâhlarda satıldı. Gelişmekte olan ülkelerin birçoğunda çoğu antibiyotik bu şekilde satılıyor. ABD'deki hastanelerde verilen antibiyotiklerin yüzde 50'si gereksiz. Doktorların ofislerinde yazılan reçetelerin yüzde 45'i antibiyotiklerin işe yaramadığı durumlar için. Bunlar sadece sağlık hizmetinde olanlar.

-"Yeryüzünün birçok yerinde yenilen hayvanların çoğuna her gün, hastalıklarının iyileşmesi için değil ama şişmanlatmak için ve fabrika çiftliklerindeki koşullarından korunmaları için antibiyotik veriliyor. ABD'de sudan, topraktan ve hayvanların etlerinden uzaklaştıran dirençli bakteriler oluşturmak için her gün satılan antibiyotiklerin yüzde 80'i çoğunlukla çiftlik hayvanlarına gidiyor, insanlara değil. Özellikle Asya'da su kültürleri de antibiyotiklere bağlı ve meyve yetiştiriciliği de elmaları, armutları, turunçgilleri hastalıklara karşı korumak için, antibiyotiklere bağlı. Aynen havalimanında bir yolcunun çantasına olduğu gibi bakteri bir DNA'dan diğerine geçiyor. Bir kere bu direnç gün yüzüne çıktığında, artık onun nereye doğru yayılacağını bilmek mümkün değil.

-"Bunlar tahmin edilebilirdi. Aslında penisilini keşfeden Alexander Fleming tarafından bu durum tahmin edilmişti. 1945 yılında kendisine Nobel Ödülü verilmişti ve kısa bir süre sonra verdiği bir röportajında bu bağlamda şunu söylemişti: 'Penisilin tedavisi ile uğraşan düşüncesiz bir kişi penisiline direnç gösteren organizma ile enfeksiyona yenik düşen bir kişinin ölümünden manevi olarak sorumludur.' Şöyle ekledi: 'Umarım bu kötü durum engellenebilir.'

-"Evrim her zaman kazanır. Bakteri her 20 dakikada bir yeni bir nesil doğuruyor. İlaç kimyasının yeni bir ilacı üretmesi

10 yıl sürüyor. Her antibiyotik kullandığımızda, bakteriye inşa ettiğimiz koruma sisteminin kodunu kırması için milyonlarca şans veriyoruz. Şimdiye kadar, yenilemeyen hiçbir ilaç bulunamadı.

-"Bu bir asimetrik savaş ama bunun sonuçlarını değiştirebiliriz. Birtakım adımları antibiyotik kullanımı için de atabiliriz. Doğru olduğundan emin olmadığımızda, antibiyotik vermekten vazgeçebiliriz. Nelere sebep olacağından emin olmadan önce çocuklarımızın kulak enfeksiyonu için yazılmış bir reçete için ısrar etmeyi bırakabiliriz. Her restorana, her süpermarkete etlerinin nereden geldiğini sorabiliriz. Düzenli olarak antibiyotik ile yetiştirilen tavuğu, karidesi veya meyveyi bir daha asla almayacağımıza dair birbirimize söz verebiliriz. Eğer bunları yaparsak, antibiyotik sonrası bir dünyanın gelişini yavaşlatabiliriz. Fakat bunu bir an önce yapmalıyız. Penisilin antibiyotik çağını 1943'te başlattı. Sadece 70 yılda, bir facianın kıyısına doğru ilerledik. Tekrar 70 yıl geriye gidecek bir yol bulamayacağız..."

Antibiyotik-bakteri savaşını kim kazanacak?

Bu soru özellikle Türkiye'yi çok yakından ilgilendiriyor. En tehlikeli bakteriler ülkeden ülkeye, bölgeden bölgeye değişebiliyor. Durumun en kötü olduğu yerlerin Türkiye, Yunanistan ve İtalya'nın da içinde olduğu Güney Avrupa ülkeleri olduğu iddia ediliyor! Bu durum küresel tehdit olarak tanımlanıyor. Çünkü bazı bakteriler öylesine dirençli ki, artık hiç bir antibiyotik etki etmiyor...

Peki, ne yapılıyor?

Bakteri "direnişinin" antibiyotiklerin etkinliğini önemli ölçüde sınırlandırdığı sarsılmaz bir gerçek. Buna rağmen yeni geliştirilen antibiyotik sayısı giderek azalıyor. Bunun başlıca nedeni ilaç firmalarının, kâr kaygısıyla finansal kaynaklarını ve çalışma ortamlarını, antibiyotikler gibi göreceli olarak daha kısa süreli kullanımları olan ilaçlardansa kronik hastalıkların (kolesterol, tansiyon, diyabet vs.) tedavisiyle ilgili ilaçları satma arzuları...

Sağlığın/tıbbın küresel şirketlerin inisiyatifine bırakılamayacağını bu durum bize bir kez daha göstermiyor mu?

Aman çocuklara dikkat

ABD merkezli "Hastalık Dinamikleri, Ekonomisi ve Politikaları Merkezi" (CDDEP) araştırmacıları tarafından 2000 ile 2015 arasında 76 ülkedeki antibiyotik satışları baz alınan araştırma yapıldı. Buna göre...

-Düşük ve orta gelirli ülkelerin zenginleşmesiyle orantılı olarak antibiyotik kullanımında yüzde 114 artış vardı.

-Dünya genelinde antibiyotik tüketimi 2000'de 21,1 milyar olarak kaydedilirken, bu rakam 2015'te yüzde 65 artarak 34,8 milyara ulaştı.

-Dünyada günlük antibiyotik kullanım dozu 2000 yılında bin kişi başına ortalama 11,3 iken, bu rakam 2015'te yüzde 39 artışla 15,7 oranına çıktı.

-Araştırmacılar, antibiyotiklerin kullanımında 2030'a kadar dünya genelinde yüzde 200'e varan artış olabileceğini öngörüyor.

-En fazla antibiyotik tüketilen ülkeler şunlardı: Türkiye, Cezayir, Tunus ve Romanya...

Türkiye'de 10 reçetenin 3'ünde antibiyotik var! Bu "iyi" halimiz; reçete mecburiyeti olmadığı dönemde virüs kökenli grip, nezle, ateş düşürücü gibi hastalıklarda hiçbir işe yaramamasına rağmen antibiyotik kullanılıyordu! Basit bir üst solunum yolu enfeksiyonunda kullanılan antibiyotiğin faturasının bir iki hafta sonra yeni bir kulak iltihabı, sinüs apsesi ya da zatürre olabileceği akla getirilmiyor!

Çoğu insan -doğal olarak- "hastalık odaklı" düşünüp, yan etkileri hiç düşünülmeden hastalığı tedavi edeceğini düşünerek ilaç kullanıyor. Antibiyotiklerin her mikrobu yok edebileceğini zannediyor. Oysa bunlar virüslere karşı değil, sadece bakteri enfeksiyonlarında işe yarayabilen ilaçlar. Ayrıca her bakteri enfeksiyonunda etkili olabilen herhangi bir antibiyotik de mevcut değil; birinde etkili olan diğerinde hiçbir işe yarayamayabiliyor… İlaç merkezli yetiştirilen insanlar "ilaçsız hayat" düşünemiyor...

Antibiyotikler öte yandan bu yüzyılın en büyük zehri! Yan etkileri geçici değil kalıcı, sizi ömür boyu sakat bırakabilir, yıllarca acı çekmenize sebep olabilir. Ki yan etkileri ilacı kullandıktan haftalar, aylar ya da yıllar sonra ortaya çıkabiliyor. İlacın verdiği hasarların çoğunun -tendon yırtılması gibi çok fiziksel yan etkiler dışında- günümüz teknolojisiyle görüntülenemediğini de aktarayım. Maalesef… Antibiyotiklerin yan etkileri pek bilinmiyor!

-Antibiyotiklerin içindeki kimyasal maddelerin çoğu toksik olabilen moleküller. Neredeyse her üç antibiyotikten biri, karaciğer ve böbreğe zarar verebiliyor. Örneğin aminoglikozidler gibi antibiyotikler böbreği darmadağın ediyor…

-Antibiyotiklerin bazıları kemik iliğinde üretilen farklı hücrelerin üretimini de baskılayabiliyor. Neticede kansızlık, kanama eğilimi ve ağır bağışıklık yetersizliği ortaya çıkıyor.

-Antibiyotikler en çok çocuklarımıza zarar veriyor ve maalesef en fazla suiistimal de çocuklar hastalandığında yapılıyor. Antibiyotik kullanan çocuklar yavaş gelişiyor, geç büyüyor, direnç sistemleri zayıf kalıyor. Daha sık hastalanıyorlar…

-Obeziteye neden olabiliyor. Son yıllarda yapılan araştırmalar gösteriyor ki; özellikle bebeklik ve çocukluk dönemlerinde daha sık antibiyotik kullananlarda obezite daha çok görülüyor.

-Kulağa, göze, kalbe, akciğere zarar verebilen, dişi, kemiği bozabilen antibiyotikler de var.

-Ciddi alerjik reaksiyonlar oluşturabiliyor. Sadece hafif bir kaşıntı ya da deri döküntüsü şeklinde gelişebildiği gibi ölümle sonuçlanabilecek kadar şiddetli de olabiliyor.[195]

---

195 Antibiyotiklerin yan etkisi konusunda sürekli açıklama yapmak zorunda kalan FDA 20 Aralık 2018'de, "İdrar yolu enfeksiyonlarının tedavisinde yaygın olarak tercih edilen 'florokinolon' grubu antibiyotiklerin riskli hasta gruplarında kullanımı kesinlikle kısıtlanmalı, mümkünse başka ilaçlar tercih edilmeli" dedi. Benzeri yan etkilerin ayrıntısını yazmıyorum. Yoksa kitabı tamamen yan etkiler konusuna ayırmam gerekir: Tendon yırtılması, kronik yorgunluk sendromu, eklem ağrısı, görsel/işitsel halüsinasyonlar,

Ve en önemlisiyle konuyu toparlayayım:

Bağırsaklarımızda yaşayan faydalı ve dost probiyotik bakteriler sağlığımızın en büyük güvenceleri. Bağırsaklardaki "iyi-kötü bakteri dengesini" korumak onların görevi... Bu denge bozulduğunda sindirim sistemi alarm vermeye başlıyor. İşte... Antibiyotiklerin önemli bir bölümü vücuda girer girmez önce bu yararlı bakterileri yok ediyor. Neticede "iyi-kötü dengesi" bozuluyor ve bağışıklık sistemi çöküyor...

Başta kanser olmak üzere bağışıklık sisteminin çökmesi sonucu ortaya çıkan benzeri hastalıklara sebep oluyor...

Artık bilinçli hekimler antibiyotik yanında reçeteye probiyotik takviyesi de yazıyor![196]

Ah! Ah!

Dünyanın gelişmiş ülkelerinde antibiyotikler reçetesiz satılmaz. Bizim ülkemizde ise yıllarca önüne gelen arzu ettiği her antibiyotiği istediği her eczaneden, istediği kadar aldı. Her yiyeceğin hangi koşullarda satıldığını denetleyen "devlet aklı" sıra antibiyotiğe gelince yeteri kadar neden dikkatli davranmadı?

Reçete zorunluluğu yıllar sonra 1 Nisan 2016 tarihiyle başladı. Oysa yıllarca basında şu haberler vardı. Son 10 yıldan örnek vereyim:

-"Reçetesiz antibiyotik satan eczanelere ağır ceza geliyor." (22 Temmuz 2006)

-"Antibiyotik reçetesiz satılamayacak." (12 Nisan 2011)

---

gözyaşı üretimi eksikliği, yaraların çok geç iyileşmesi, gözlerde kaşıntı, çok hızlı kalp atışları, sindirim ve mide problemleri, zihin bulanıklığı, karıncalanma ve uyuşma, panik atak, kulak çınlaması, şiddetli uykusuzluk, gece terlemeleri, tat ve koku alma duyularında bozulma, sık sık baş dönmesi, saç-kıl dökülmesi, kramplar, hafıza kaybı, deri dökülmeleri, iştahsızlık... Antibiyotiğin benzeri yan etkileri konusunda hekime danışmak şart.

196 Eklemeliyim ki: Her probiyotik herkese uymaz! Bir sorun için işe yarayan herhangi bir probiyotik, başka sorunda hiçbir fayda sağlayamayabilir. Kullandığınız probiyotik desteğinin içinde hangi bakteri veya bakteriler karışımının olması gerektiğini sadece hekim bilir. Probiyotik desteği almak için konunun uzmanı doktora danışmak şart. Örneğin, kabızlığın ön planda olduğu spastik kolon sendromundan yakınanların B. Lactis, B. Longum, L. Asidoflus, L. Reuteri, L. Plantarum ve kombinasyonlarından oluşan probiyotikleri tercih etmeleri tavsiye ediliyor...

-"Reçetesiz ilaca sıkı takip." (27 Şubat 2013)

Reçete uygulaması niye bu kadar geç uygulanabildi?

Hani nerde Avrupa Birliği müktesebatı? Neden hiç zorlamadılar?

Geçiniz efendim, geçiniz...

Sorun tek değil ki...

Türkiye'de bilinçsizce antibiyotik kullanımının bir başka zararı şu: Ülkemizde 4. kuşak antibiyotik kullanımı çok fazla. Daha pahalı olan bu 4. kuşak antibiyotikler genellikle az gelişmiş ülkelerde tüketiliyor. Avrupa ülkelerinde 2. kuşak antibiyotik kullanılırken, ülkemizde neden 4. kuşak antibiyotikler kullanılıyor? Bu tür antibiyotiklerin yan etkisinin, diğerlerine oranla çok yüksek olduğu bilinmiyor mu?

Bilmediklerimiz o kadar çok ki... Soyumuzu kurutuyorlar!

Göz göre göre kimi doktorlar neden her fırsatta antibiyotik yazıyor?

Prof. Carl Elliott...

Türkçeye çevrilen *Beyaz Önlük Siyah Şapka* kitabında; hayat kurtarması-hastaları iyileştirmesi beklenen "beyaz önlüklü" tıbbın, "her ne pahasına olursa olsun daha çok satmak" isteyen "siyah şapkalı" agresif endüstriye dönüştürüldüğünü yazdı!

Hekimliği tüketim kapitalizmine feda eden neoliberal değişimi deşifre ederek, eskiden tıp fakültelerinde ya da eğitim hastanelerinde yürütülen ilaç çalışmalarının, ilaç firmaları tarafından özel sektöre nasıl kaydırıldığını yazdı.

Bu değişim sonucunda türeyen sözleşmeli araştırma kuruluşlarının, ilaç geliştirme sürecinin her aşamasında ürünün "arkasını" nasıl kolladığını, ilacın hızla onay alabilmesi için yapılanları ve bu arada görmezden gelinenleri - hasıraltı edilenleri, kurumsal inceleme kurullarının bu süreçteki rolünü ayrıntılı ele aldı.

Hekim sorumluluğu ile endüstri arasındaki çıkar çatışmalarının ne denli tehlikeli olabileceğine şu örneği verdi:

Cleveland'da iki araştırmacı, bedava bir gezinin doktorlar üzerindeki etkisini öğrenmek istedi. Gezinin sponsorluğunu üstlenmiş iki farklı üretici tarafından imal edilen biri antibiyotik, diğeri kalp ilacı olmak üzere iki ilaç seçti. Sonuç:

-Geziden sonra, söz konusu antibiyotik için yazılan reçeteler, gezi öncesine göre 10 kat arttı.

-Kalp ilacı reçetelerindeki artış gezi öncesine göre 2,5 kattı. Oysa: Geziye çıkan 20 doktordan 19'u geziye çıkmadan önce, gezinin yazılan reçeteleri etkilemeyeceği öngörüsünde bulunmuştu.

Prof. Elliott kitabında, her ne kadar ABD'deki çığırından çıkmış sağlık sisteminin genel fotoğrafını çekmiş görünse de, aslında neoliberalizmin dünya sağlık sistemini nasıl ele geçirmiş olduğunu yazdı.

Parayı en önemli değer yaptıklarını gözler önüne serdi.

Ölümcül antibiyotikler

"Augmentin" (Amoksisilin)...

Tüberküloz gibi hastalıklar için kullanılan antibiyotik... Beecham Araştırma Laboratuvarları bilim insanları ilacı 1981 yılında keşfetti.[197]

"Augmentin", Amerikan FDA tarafından 1985 yılında tıbbi kullanım için onaylandı. Bir sağlık sisteminde ihtiyaç duyulan en etkili ve güvenli ilaçlar olan Dünya Sağlık Örgütü Temel İlaçlar Listesi'nde yer aldı...

Peki... Yıllardır şu haber dikkatiniz çekmiyor mu:

-Augmentin'in BID 200/28 70 ml adlı 517288 parti numaralı ürün geri çekildi.

197 İngiliz Kimyager Thomas Beecham (1820-1907) bir aile şirketi kurdu: Beecham! İlk ürünü 1842'de müshil olan "Beecham Hapları" oldu. 1953 yılında Beecham, alerji aşılarında uzmanlaşan CL Bencard'ı satın aldı. Penisilin çekirdeğini keşfetti. Şirket, 1970'lerde ve 1980'lerde ürün eklemeye ve diğer şirketleri satın almaya devam etti. Beecham, 1972'de, en çok reçete edilen antibiyotiklerden biri haline gelen "Amoxil"i (Amoksisilin) piyasaya sürdü. Bakteri enfeksiyonu tedavisinde kullanılan bir antibiyotik olan "Augmentin"i 1981'de tanıttı. 1989 yılında Beecham Group ve SmithKline Beckman birleşti: SmithKline Beecham! Ve 2000 yılında SmithKline Beecham ve GlaxoWellcome birleşti: GlaxoSmithKline!

-Augmentin BID 400/57 100 ml adlı 508967 parti numaralı ürün geri çekildi.

-Augmentin ES 600 100 ml adlı 336, 337 ve 523681 parti numaralı ürünler geri çekildi.

-Augmentin BID 200/28, 400/57 ve ES 600 adlı ürün geri çekildi.

-Augmentin 625 mg film tablet geri çekildi.

-Augmentin -çocuklara verilen- BID 200/28 mg Oral Süspansiyon Hazırlamak İçin Kuru Toz geri çekildi.

-Augmentin 400/57mg Forte Oral Süspansiyon Hazırlamak İçin Kuru Toz geri çekildi.

-Augmentin 600/42.9 mg ES Oral Süspansiyon Hazırlamak İçin Kuru Toz geri çekildi.

Defalarca toplama kararı verilen Augmentin halen piyasalarda... Türkiye'de 20 yıldır reçete ediliyor... Piyasadan çekilmesi TBMM gündemine bile geldi... Ama halen en çok satılan antibiyotik...

Augmentin'in (klavulanik asidin) hem ABD hem de Avrupa'da evcil hayvanlarda (sığır, domuz vb.) kullanımı yasaklandı! Ya insanlar?

Avrupa İlaç Ajansı İnsan Ürünleri Tıbbi Ürünleri Komitesi (CHMP), Augmentin'in incelemesini tamamlayarak sonucu açıkladı: "Avrupa Birliği'ndeki reçete bilgilerinin uyumlaştırılması gereklidir." Bu kadar...

Bir başkası:

Levaquin (Levofloksasin)...

Akut bakteriyel sinüzit, zatürre, idrar yolu enfeksiyonları, kronik prostatit dahil olmak üzere birçok bakteriyel enfeksiyonun tedavisinde kullanılan antibiyotik...

Japon Daiichi Seiyaku şirketi 1985 yılında patent aldı. Bu ilaç pazarlamasında Johnson & Johnson ile birlikte çalışan Daiichi 1996 yılında ABD'de ilaç satışı için onay aldı. (Daiichi, aynı ilacı Sanofi-Aventis şirketi ortaklığıyla 1993 yılında "Tavanic" ticari ismi altında pazarladı.)

İlaç satışları rekor kırdı. Örneğin 2009 yılında 1,6 milyar dolarlık gelir yaptı. Fakat…

2012 yılı itibariyle iş döndü. "Floxie Hope" ve "My Quin Story" gibi web sitelerinde ve Facebook gruplarında hastalanan binlerce kişi deneyimlerini paylaşmaya başladı. Birçoğu, psikiyatrik ve duyusal bozukluklardan, ilaçları bıraktıktan sonra da devam eden kas, tendon ve sinir sorunlarından bahsetmeye başladı…

Onlarca yıl boyunca antibiyotiğe inanmış hekimler ve tıp çevreleri ilacın bu kadar yıkıcı olacağına bir türlü inanmak istemedi. Ama hastalar da ısrarcıydı. Ve…

Johnson & Johnson şirketine yaklaşık 3 bin 400 kişi dava açtı. Buna rağmen ilaç 2016 yılında 3,9 milyon kutu sattı.

İlacın onaylanmasının üzerinden 22 yıl geçtikten sonra… 2015 yılında endikasyonlarda/tedavi yönteminde zarar-fayda oranının bilinmediğini belirten FDA, 2018'de "Bu antibiyotiğin yararından çok zararı var" açıklaması yapmak zorunda kaldı. Johnson & Johnson ABD'deki üretimine son verdi…[198]

FDA bu kararı nasıl aldı?

Size önce yine birini tanıtayım:

Stephen Fried…

Amerikalı araştırmacı gazeteci…

Dünyada daha çok Gia Carangi'den Fred Harvey'ye kadar biyografi çalışmalarıyla tanındı. Konumuzu ilgilendiren kitabı ise 1998 yılında yazdı: *Acı Haplar: Yasal İlaçların Tehlikeli Dünyası.*[199]

---

198 Amerikan FDA, cilt ve diyabetik ayak enfeksiyonlarında kullanmak için Johnson & Johnson tarafından üretilen "Ceptobiprol" adlı antibiyotiğe ruhsat vermedi. Şirket tarafından sunulan bilgilerin güvenilirliği hakkında şüpheye düşmüştü. Güzel. Ancak o kadar kuşku duyuyorsunuz ki, kimin, gerçekten halkın sağlığı için mi, küresel şirketlerin rekabeti sonucu mu karar verdiğine inanamıyorsunuz. Çünkü: Aynı ilaç, 12 Avrupa ülkesinde, Kanada ve İsviçre'de onaylandı...

199 Gazeteci Stephen Fried, diğer benzeri kitabını 2015 yılında yazdı. ABD Başkanı John F. Kennedy'nin en küçük kardeşi Senatör Ted Kennedy'nin çocuğu olan Patrick J. Kennedy üzerinden ABD'deki zihinsel sağlık bakımının tarihini ve ailenin özel mücadelesini araştırdı: *Ortak Bir Mücadele: Akıl Has-*

Gazeteci Stephen Fried kitabında eşi üzerinden kişisel deneyimini paylaştı. Karısı Diane basit bir enfeksiyon için kinolon-antibiyotik (Levofloksasin) kullandı ve soluğu acil serviste aldı: Zehirlenmişti!

Fried, dünyadaki en kârlı ilaç endüstrisinin beş yılını mercek altına aldı. Doktorların, hastaların, ilaç şirketlerinin, FDA ve devlet düzenleyicilerinin "rollerini" yazdı. Gördü ki:

ABD'de ölüm sıralamasında ilaç yan etkileri dördüncü sıradaydı...

Gazeteci Fried'in kitabı 2001 yılında antibiyotik yan etkileri konusunda uyarıcı yayınlar yapan "Quinolone Antibiotics Adverse Reaction Forum" gibi web sitelerinin doğmasına sebep oldu.

Jay Cohen...

San Diego, California Üniversitesi'nde tıbbi bir araştırmacı hekim...

Web sitelerindeki hastalarla diyaloğa geçti. 45 vaka çalışması yayınladı. Antibiyotik "Florokinolon" aldıktan sonra, bazı kişilerin çoklu organlarında ciddi sorunlar meydana geliyordu. Bu etkiler kiminde hemen, kiminde ise aylar-yıllar sonra ortaya çıkıyordu.

Cohen'in çalışmalarına tıp çevreleri dudak büktü. "Forumlara kim güvenebilirdi?" Ancak şikâyetler ve hasta dilekçeleri devam etti. FDA'ya 60 binden fazla hastadan, halen piyasada bulunan beş "Florokinolon" ile ilişkili ciddi (nörolojik ve psikiyatrik semptomların yanı sıra tendon kopması gibi) olumsuz olay rapor edildi. Bunun 6 bin 575'i ölüm raporuydu!

FDA, doğrudan hastalar ve hekimler tarafından gönderilen olumsuz raporların ciddiyeti hakkında hâlâ şüpheciydi. Şikâyetler o kadar arttı ki... FDA 2008 yılında reçeteye "tendon kopması uyarısı" koydurdu. İlaç etiketine 2013 yılında geri dönüşü olmayan sinir hasarı riski ekledi. Bu tür hayati tehlike oluşturan risklere ait uyarılar ilacın "kara kutu" olmasına sebep oldu.

---

talığının Geçmişi ve Geleceği Üzerine Kişisel Bir Yolculuk.

Uyarılar arttıkça hastalar, ilaç şirketlerinin aleyhine risklerden yeterince haberdar edilmediklerini iddia ederek dava açtı... FDA 2015'te "Az görülse de yan etkisi olmaktadır" kararını aldı. Ve üç yıl sonra okuduğunuz kararı verdi: "Florokinolon" diğer antibiyotiklerden çok daha fazla sakatlık yüzdesine sahiptir!

Tarih: 14 Ocak 2019 idi... Bu süreçte kaç bin kişi yaşamını kaybetti? İstenen bu belki de...

Sakın kullanmayın

İlaç-farmakoloji yan etkileri konusunda yıllarca çabalayıp didinen fedakâr Prof. Cankat Tulunay diyor ki:

- "Türkiye'de aynı etken maddeyi kullanan farklı isimlerde çok fazla muadil antibiyotik ilaç var. Cipro, Roxin, Riprasid, Cravit, Tavanic, Kinoflox, Ciproxin bunların başlıca olanları. Herhangi birinin yanına muadil yazıp Google araması yaparsanız tüm listeye ulaşabilirşiniz. ABD bizim gibi muadil ilaç cenneti olmadığından orada bu kadar farklı isimlerde ilaç yok, Cipro, Levaquin, Avelox ve Floxin isimli ilaçlar var…

-"Eğer ölüm kalım durumu yoksa asla ama asla kullanılmaması gereken 'Fluoroquinolone' ["Florokinolon"–y.n.] grubu ilaçlardır. Sadece ağız yoluyla alınan hap formundaki tabletler değil, bu etken maddeden yapılan göz ve kulak damlaları, hatta inhalasyon (soluma yoluyla) ilaçlar var, onlar da en az tabletler kadar tehlikeli…

-"Size reçete edilen tüm antibiyotiklerin etken maddesine bakmalısınız, eğer etken maddesi kinolon / florokinolon / siprofloksasin / levofloksasin / moxifloxasin / gemifloksasin / norfloksasin / besifloksasin / gatifloksasin / finafloksasin ise elinizdeki ilacın zehir olduğunu bilin! Kullandıktan sonra hayatınız bir daha eskisi gibi olmayabilir. Abartıyorsun canım demeyin, okumaya devam edin...

-"Antibiyotik bu gruptaysa çok ama çok dikkatli olmalısınız, bu yüzyılın en büyük zehridir, yan etkileri geçici değil kalıcıdır, ömür boyu sakat kalabilir, yıllarca acı çekebilirsiniz. Yan etkileri ilacı kullandıktan haftalar, aylar ya da yıllar sonra ortaya çıkabilir. Burası çok önemli bir nokta, sağlığınız birden kötüye gider; vücudunuzda anlam veremediğiniz şeyler olmaya başlar ama siz bunu üç ay önce kullandığınız antibiyotiğe bağla(ya)mazsınız. Yanlış teşhislerle işe yaramayan, hatta sizi daha da kötü yapabilecek ilaçları kullanmaya başlarsınız. Bu noktada her şey içinden çıkılmaz bir hale gelir. İşte risk bu yüzden çok büyük.

-"Ayrıca hiçbir hastane ya da doktor size birkaç test yapıp 'Aaa evet antibiyotikten zehirlenmişsin' demez, diyemez; çünkü ilacın verdiği hasarların çoğu günümüz teknolojisi ile görüntülenemiyor, tendon yırtılması gibi çok fiziksel yan etkiler dışında testlerinizin hepsi çok sağlam gelir, ama siz acıdan kıvranıyorsunuzdur ya da içten içe ölüyorsunuzdur. Bu noktada size psikiyatri yolu gözükür, hiçbir doktor sizin medikal geçmişinizi sormaz, bu antibiyotikten hiç bahsetmez, çoğu zaman kendi de bihaberdir çünkü. Siz bir ton ilaç kullanmaya devam eder, dertlerinize bir çare aramaya başlarsınız…

-"Bu ilaçları yıllarca kullanıp hiç sorun yaşamayan insanlar olduğu gibi 100 mg tek hapla yıllardır yatağa bağlı olan insanlar da var. Zehirlenmenin sıklığı ne prospektüslerde yazdığı kadar nadir, ne de zehirlenen insanların düşündüğü kadar yaygın. Tek gerçek, riskin çok ama çok büyük olduğu…"

Prof. Tulunay gibi hekimler sayesinde Türkiye'de "akılcı antibiyotik kullanımı" konusunda bilinçlenme başladı.

Türkiye İlaç ve Tıbbi Cihaz Kurumu verilerine göre, 2011 yılında toplam 15 milyar lira olan ilaç harcamalarının yaklaşık yüzde 11'ini antibiyotikler oluşturdu. Bu rakam 2017'de yüzde 5'e düştü.

2011'de tüketilen 1,6 milyar kutu ilacın yaklaşık yüzde 13'ü antibiyotiklerden oluşurken, 2017'de 2 milyar kutu ilaçtan sadece yüzde 8,5'i antibiyotik oldu...

2011'de 42 birim olan "bin kişi başına düşen antibiyotik tüketim miktarı", 2017'de 35 birime indi. (Hollanda'da bu rakamın 14 birim seviyesinde olduğunu yazayım da siz bir kıyaslama yapın!) Fakat hâlâ çok antibiyotik kullanıyoruz...

Antibiyotiklere haksızlık yapmak istemem! Sonuçta... Antibiyotikleri kaybedersek, herhangi bir korumaya ihtiyaç duyan zayıf bağışıklık sistemine sahip kişiler hayatlarını kaybeder. Ameliyatlar bile yapılamaz hale gelir... Demek istediğim şu:

Her ilaç gibi antibiyotik konusunda da farkındalık geliştirin, mutlaka bilinçlenin... Viral enfeksiyonlarda antibiyotik kullanılmaz. Almanların bir sözü var: "Doktora giderseniz bir haftada iyileşirsiniz; evde yedi günde iyileşirsiniz!" İstirahat şart! İyi beslenme şart! Bol iyi su içmek şart! Vücudun ateşle savaşması iyidir; bırakın vücudunuz mücadele etmesini öğrensin. Siz ona doğal yollarla destek olun, illa hapla değil... Çünkü tehlike bazen büyük olabiliyor... Örneğin...

Yürek dayanmaz

2010 yılının son günlerini anımsayınız:

WikiLeaks belgeleri dünyanın gündemindeydi.

İngiliz *Guardian* gazetesi WikiLeaks'in sızdırdığı şu belgeyi yayımladı: ABD Dışişleri Bakanlığı'na ait gizli yazışma, dünyanın en büyük ilaç şirketi Pfizer'ın, hakkındaki davayı geri çekmesi için Nijerya başsavcısı üzerinde baskı kurmaya çalıştığını gösteriyordu. Konu şuydu: Nijerya'nın kuzeyindeki Kano eyaletinde 1996 yılında 12 bin çocuğun öldüğü menenjit salgını sırasında Pfizer, kasaba hastanesinde yatan 200 çocuk üzerinde ilaç denedi.

Çocukların yarısına -o dönem Amerika'da kullanılan "en iyi menenjit ilacı" olarak kabul edilen (Roche şirketi üretimi)- "Rocephin" adlı antibiyotik, yarısına da bronşitten zatürreye kadar çok çeşitli enfeksiyonlara karşı "umut vaat eden" bir antibiyotik olan "Trovan" adlı yeni ilaç verildi.

Pfizer'ın, 11 milyar dolarlık enfeksiyon önleme pazarında lider olan Bayer "Cipro"ya "Trovan" ile rakip olmayı hedefliyordu! Pfizer, Trovan'ı klinik deneylerinde yetişkinler üzerinde denemiş ancak henüz çocuklarda test etmemişti...

Pfizer beş araştırmacıyı bir araya getirdi[200] ve altı haftalık çalışma için Nijerya'daki Kano'ya gönderdi. (Ki, normalde, geç aşamada bir ilaç denemesi tasarlamak en az dokuz ay alır!)

Sonuçta... "Trovan" verilen çocuklardan beşi, "Rocephin"verilen çocuklardan da altısı öldü. Kimi çocukların felç, sağır, dilsiz, kör olarak ağır yan etkilere maruz kaldığı iddia edildi.

Pfizer'ın ailelerden izin almadığı ve denemeyle ilgili belgelere ilişkin soru işaretleri olduğu iddiaları ortaya atıldı. Hem Kano eyaleti hem de federal hükümet Pfizer'a dava açtı. Çocukların ilaçtan değil, menenjitten öldüğünde ısrar eden Pfizer, davadan sonuç alamayacağını anlayınca Kano eyaletiyle dostane çözüme vardı:[201] 75 milyon dolar karşılığında dava geri çekildi! Aileler paralarını 2011 yılında aldı.

Burada iki noktanın altını çizmek istiyorum:

Birincisi... Nijerya Federal Yüksek Mahkemesi Pfizer'a 6,95 milyar dolarlık dava açtı. WikiLeaks belgesine göre, Pfizer ilk başta davanın geri çekilmesini sağlamak için, başsavcı aleyhinde bilgi toplayacak kişiler tutup, bu kişilerin sağladığı başsavcının yolsuzluk yaptığına dair bilgileri yerel basına sızdırmıştı. Bu hal, küresel şirketlerin neler yaptığına iyi bir örnek...

İkincisi... Nijerya cinayeti Pfizer'a büyük darbe vurdu. "Güvenirliği" dünyada tartışılmaya başlandı. Yardıma FDA yetişti; "Trovan" ilacını onayladı! Ancak FDA, "Trovan" bağlantılı karaciğer kaynaklı ölümler artınca ilacın piyasadan

200 Pfizer, 1994 yılında Trovan'ın çocuk klinik gelişimi için Yale Tıp Fakültesi'ndeki pediatrik bulaşıcı hastalık uzmanı Juan Walterspiel'i işe aldı. Pfizer, Dr. Walterspiel'i Nijerya'ya göndermedi. Gerçek sonra ortaya çıktı: Dr. Walterspiel, "çocuklarda tıbbi deneylerin etik kurallara aykırı olduğunu" belirtip gitmemişti.

201 Çözüm görüşmeleri –üç milyon insanın ölümünden sorumlu- Nijerya'nın eski askeri diktatörü Yakubu "Jack" Gowon ve eski ABD Başkanı Jimmy Carter tarafından başlatıldı.

çekilmesi kararını vermek zorunda kaldı. Bu arada "Trovan" iki yılda 2,5 milyon reçeteye yazılmış oldu…

Antibakteriyel ürünlere dikkat

Sabunlar, deterjanlar, deodorantlar, diş macunları, gargara ürünleri, tıraş kremi, losyonlar, dudak boyası, ıslak mendil, cerrahi temizlik malzemeleri…

Günlük hayatın her anında antibakteriyel ürünler kullanılıyor. İnsanlar -ve ebeveynler tarafından dayatılan çocuklar- mikroplardan ve bunların yaptıkları hastalıklardan korunabileceklerini sanarak sıklıkla antibakteriyel ürün kullanıyor! Yararı olmadığı belli de, ya zararları?

"Triclosan" (OTC)…

Bundan 55 yıl önce pestisit[202] kaydı yapılmış bir kimyasal madde. İsviçreli Ciba-Geigy[203] şirketi tarafından 1964'te patenti alındı. Mikrop bulaşmasını önlemek maksadıyla 13 Eylül 1974'te FDA tarafından onaylandı. Ve böylece ilk önce hastanelerde kullanılmaya başlandı. 1970'ler sonuna doğru dünya çapında tanındı. Fakat 1990'lardan itibaren OTC tartışılmaya başlandı. FDA seyirci oldu.

Hormonlar üzerinde bozucu etki yaratıp, vücuttan atılmaları çok yavaş olup, tabiatta da çok uzun süre kalıp insana ve doğaya büyük zarar verdiği için Natural Resources Defense Council (Doğal Kaynakları Savunma Konseyi), OTC konusunda hiç adım atmayan FDA'yı 2010 yılında dava etti![204]

---

202 Besin maddelerinin üretimi, tüketimi ve depolanmaları sırasında, besin değerini bozan ve besinleri yok eden, zarar veren haşereleri, mikroorganizmaları ve diğer zararlıları (pestleri) yok etmek için kullanılan fiziksel, kimyasal veya biyolojik savaş maddelerine pestisit denir.

203 Novartis, 1996 yılında, her ikisi de İsviçre kökenli uzun bir geçmişi olan Ciba-Geigy ve Sandoz'un birleşmesiyle kuruldu.

204 Bu konuda çok çalışma yayınlandı. California Üniversitesi'nden Prof. Robert Tukey, geniş kullanım alanı olan Triclosan maddesinin karaciğer toksinlenmesi üzerinde büyük risk oluşturduğunu ifade etti. 2014 yılında yayınladığı araştırmasına göre, Triclosan'ın kanı temizleyen protein hücrelerine zarar vererek karaciğere etki ettiği bu etkiyi en aza indirmek için karaciğerin fazla hücre yapımına gitmesinin ise kanseri tetiklediğini ifade etti. Keza: Birmingham Üniversitesi ve Norveç Araştırma Parkı'ndan araştırmacılar *Journal of Antimicrobial Chemotheraphy* dergisinde Temmuz 2017'de yayım-

Mecburen...

FDA 6 Eylül 2016 tarihinde, "Triclosan" içeren 19 aktif maddenin güvenli olmadığına karar verdi. Ama... İçinde "Triklosan" bulunan birçok ürün günlük hayatta kullanılmaya devam ediyor...

Siz siz olun, benzeri ürünleri alırken içinde "Triclosan" bulunmayanları tercih edin. En iyisi endüstriyel kimyasal ürünlerden uzak durmak! Hilelere karşı uyanık olmak.

Türkiye'de pek meşhur antibakteriyel sıvı sabun markalarının internet sitelerinde "Sağlık Bakanlığı onaylı olduğu" ifadesi var; oysa markette ürünün ambalajına baktığınızda böyle bir onay ifadesinin olmadığını görürsünüz...

Ne yazık ki Türkiye'de...

İlaçların vücutta emilimi, dağılımı, dönüşümü ve atılması gibi farmakokinetik süreçler konusunda pek toksikolojik ve klinik test yapılmadan onay veriliyor. Hep bir kafa karışıklığı yaşanıyor. AB dayatmasıyla sadece 1993 yılından 2015 yılına kadar yedi yönetmelik-kılavuz çıkarıldı. Klinik araştırmalar mevzuatını -ciddi bir hacme ulaştığı için- pek okuyan da yok. Bu nedenle hep tuhaf kararlar veriliyor. Misal:

Suda eriyen tablet (ki en bilineni Alka-Seltzer) "Efervesan", baş ağrısı, mide ekşimesi için kullanılırken birden kalp ilacı oluverdi! Yetmedi. Antibiyotik olarak da kullanılabileceği açıklandı. Niye? SGK kapsamına sokup reçete edilenlerin parasını devletin ödemesi için!

Belirttim; yabancı firmalar ilacının farklı bir hastalığa daha iyi geldiği iddiasıyla ikincil patent hakkı alabiliyor. Böylece hem patent süresini uzatıyor hem de yerlinin önüne geçiyor! Bu nasıl yapılıyor, ilaç üzerinden anlatmak daha aydınlatıcı olacak:

"Glivec" isimli kanser ilacı, lösemili hastalar için piyasaya sunulurken, hastalardan herhangi fark ücreti alınmayıp, ilacın tüm maliyeti SGK tarafından karşılandı. Firma, lösemili has-

---

ladıkları çalışma ile antibiyotik direnci ile "Triclosan" direnci arasında bağ olduğunu ortaya çıkardı. Çocuklarda alerji ve egzamaya neden oluyordu vs.

talardan alamadığı fiyat farkını "ikincil endikasyon kullanım patentleri" sayesinde tahsil etti. İlacın üreticisi Novartis, ilacın mide kanserine de iyi geldiği iddiasıyla patent enstitüsünde ikincil kullanımını tescillediği ilaç için "Türkiye İlaç ve Tıbbi Cihaz Kurumu'na başvurup yeni fiyat talebinde bulundu.

Başvurusu kabul edilen şirket, mide kanseri hastalarından 397 TL fark almaya başladı. "Glivec" devlete 2 bin 384 TL'ye satılıyordu. SGK lösemi hastaları için satın alırken ilacın tamamını ödüyor ve ikinci kullanım endikasyon patentine takılan mide kanserinde ise devlet 1.987 TL veriyordu. Aradaki 397 TL fark vatandaştan tahsil edildi!

Yani...

Meselenin sadece para olduğunu vurgulamak istedim. Bu sadece Türkiye'de değil dünya ilaç pazarında böyle. Benzeri Hindistan'da gerçekleşti: Novartis, yine "Glivec" ilacı yüzünden Delhi'deki Hindistan Yüksek Mahkemesi tarafından mahkûm edildi. Şirketin patent hakkı iptal edildi...

Neoliberal sağlık politikasının temelinde "devlet soygunu" amaçtır; sonra vatandaşlar gelir! Bu sebeple...

Türkiye Bilimler Akademisi Şeref Üyesi Prof. Oğuz Kayaalp, 29 Nisan 2004 tarihinde Sağlık Bakanı Recep Akdağ'a mektup yazarak, bakanlık yetkililerinin Biyoeşdeğerlik Komisyonu raporlarına karşı pasif olduğunu çünkü bakanlığın bazı ilaç firmalarınca etki altına alındığını belirtti.

Yani arkadaş!

Biyoeşdeğerlilik neymiş, geçiniz...

Farmakokinetik neymiş, geçiniz...

Kapitalizm ahlakını savunan idealist Adam Smith bile sağlığın-ilacın önemini bilip şöyle dedi:

"Sağlık hizmetleri, piyasaya bırakılamayacak denli kritik önemdedir!"

Yasal uyuşturucu

Rockefeller Pharmaceutical Laws...

ABD başkanı olmayı hedefleyen New York Valisi Nelson Rockefeller, adıyla bilinecek "ilaç yasasını" 8 Mayıs 1973 tarihinde onayladı. Sözüm ona uyuşturucuyla mücadele yasalarıydı. Afyondan esrara hepsine çok ağır cezalar getirildi. (Türkiye'ye o yıllarda yapılan "haşhaş ekme" baskısını anımsayınız!) Sonra ne oldu; ABD "sentetik uyuşturucu cenneti" oldu!

Bu hayli sert yasanın çıkmasıyla 150 bin New Yorklu cezaevine atıldı. New York, dünyanın esrar tutuklama başkenti olarak adlandırıldı. Ülkenin cezaevi nüfusu 1973'te 330 binden 2,3 milyona çıktı.

"İhtiyaçlar" yaratıcılığa sebep olmaz mı? "Kafa buldurucu Opioid tipi ilaçların" eczanelerde "hap" olarak yasal satılma dönemi böyle başladı.

Rockefeller yasaları uyarınca tutuklanan ve hapishaneye gönderilen insanlar neredeyse tamamen yoksul siyah ve İspanyol göçmen mahallelerinden geliyordu. Bugün ABD'de "yasal kafa bulucu hapları" kullananların da aynı çevreler olması tesadüf mü?

İnsan düşünmeden edemiyor:

-Yasa sahiden uyuşturucuyla mücadele için mi çıkarıldı?

-Yoksa küresel şirketler, daha çok talep için "haplarının" eczanelerde legal satılmasını mı hedefledi?

Yıllar sonra…

Tarih: 24 Nisan 2019.

Amerikan medyası "son dakika" haberini duyurdu:

Amerikan Uyuşturucu Teşkilatı/DEA polisleri, ABD'nin en büyük 10 ilaç dağıtımcısından biri olan Rochester Drug Cooperative (RDC) şirketinin New York merkezine operasyon düzenlendi…

Mevzubahis olan…

Eczacılar tarafından 1905 yılında kurulan bir kooperatif idi. Halen kooperatif bünyesinde 1.300 eczane vardı ve yıllık satışları 2 milyar dolardı!

ABD tarihinde ilk kez ilaç şirketine/kooperatifine uyuşturucu operasyonu yapılıyordu. Konu, ağrı kesici ilaçlarda kullanılan "Opioid" kimyasalıydı!

Afyon ve haşhaş ekimiyle elde edilen ürünlerle yapılan ilaçlar, doğal olarak vücutta morfin gibi etki gösteriyordu. Orta ve şiddetli ağrılarda kullanılıyordu. Bağımlılık yapıyordu... Dünyada yaklaşık 3 milyar insanın bu ilacı kullandığı tahmin ediliyor.[205]

ABD'de ne olmuştu?

İddiaya göre... RDC kurallara uymadan, denetimden kaçarak "Opioid" türü ilaçlar satıyordu. "Oksikodon" gibi semi-sentetik Opioid ve "Fentanil" gibi tam sentetik Opioid kimyasal "özgürce" satılan haplar arasındaydı!

ABD'de dünya "Opioid" üretiminin beşte dördü tüketiliyor. Rakamlara göre, "Oksikodon" tablet satışları 2012 yılında 4,7 milyondan 2016 yılında 42,2 milyona kadar neredeyse dokuz kat arttı. "Fentanil" satışları ise 2012'de 63 binden 2016'da 1,3 milyona yükseldi!

Öte yandan...

ABD'de 2015 yılında 53 bin kişi bu yüzden hayatını kaybederken, rakam 2016 yılında 64 bine sıçradı. ABD Ulusal Kamu Sağlığı Enstitüsü ise 2017 yılında Opioid maddesi sebebiyle 47 bin 600 kişinin hayatını kaybettiğini duyurdu.

Bu sonuç beklenmedik değildi: Ağrı kesicinin yeni çıktığı 1999 yılında 4 bin kişi aşırı dozdan ölmüştü. Krizin boyutlarını anlamak bakımından "Opioid" ilaçların ABD'de trafik kazaları ya da silahlardan daha fazla can kaybına neden olduğunu belirtmeliyim.[206]

---

205 Ankara Numune Eğitim ve Araştırma Hastanesi'nde çalışan doktorlar arasında 10-20 Temmuz 2015 tarihinde "Opioid" kullanımı ve kullanım sırasındaki davranış ve bilgilerini ölçmek amacıyla 29 soruluk anket yapıldı. Çalışmaya 156 doktor katıldı. Yüzde 82,7 ağrı konusunda eğitim almamıştı. Doktorların sadece yüzde 48,8'i "Opioid" tedavisi konusunda kendini yeterli gördü. Yüzde 67,9'u ise "Opioid" reçete ederken tedirginlik hissediyordu. "Opioid" ilaçları potansiyel yan etkileri ve suiistimal edilebileceği düşüncesiyle hastalara uygulamadan çekinmeye, -tıbbi literatürde ilk kez 1985 yılında Amerikalı farmakolog John Morgan tarafından kullanılan adıyla- "Opiofobi" denir...

206 Birleşmiş Milletler Uyuşturucu ve Suç ile Mücadele Örgütü (UNODC) 2018 Yılı Dünya Uyuşturucu Raporu'na göre dünyada madde bağımlılığına bağlı her dört ölümden üçü "Opioid" kullanımından kaynaklanıyor. Evet, vücutta morfin etkisi yapan ve eroinde de bulunan "Opioid" maddesi küresel bir

ABD'de kriz artık öyle bir aşamaya vardı ki bazı şehirlerde eczanelere, aşırı doza karşı etkili "Naloxone" adlı (burun spreyi ya da şırıngayla tatbik edilen) ilacı bulundurma zorunluluğu getirildi!

ABD devleti suçluyu hemen ilan etti: Satışlardan 1,5 milyon dolar prim alan[207] -emekli olduğu 2016 yılına kadar en değerli yönetici ödüllerini toplayan- CEO Laurence Doud III.

Bu kadar basitti yani... Yerseniz!

ABD'de kamu sağlığı ve güvenliği konusunda çalışan "Hastalık Kontrol ve Korunma Merkezleri" (Centers for Disease Control and Prevention-CDC) adlı devlet kuruluşu var.

CDC dedi ki: "Ağrı kesici olarak satılan ilaçların aşırı dozda alınması sonucunda günde ortalama 142 kişi hayatını kaybediyor."

Bunun önüne geçmek için ABD'nin tek yaptığı ilaç dağıtım şirketine operasyon düzenlemek ve eski yöneticisini hapse atmak oldu! Kimsenin aklına ne "sistem" ne de "ilaç üreten yerler" geldi! ABD'deki tüm sorunun kaynağı prim peşinde koşan bir eski CEO idi.

Kuşkusuz bir de halk var; kandırılan-aldatılan insanlar. Oklahomalı halk "Opioid" krizine neden olan ilaç firmalarına yaklaşık iki bin dava açtı. Johnson & Johnson'a açılan dava ise bunların ilki oldu. Dünyanın en büyük ilaç şirketlerinden Johnson & Johnson'a ağrı kesici ilaçların reklam ve tanıtımında tüketiciyi yanıltıcı ve eksik bilgi verdiği gerekçesiyle toplam 17,5 milyar dolarlık dava açıldı. Şirket 572 milyon dolara mahkûm oldu.

---

salgına dönüşmüştü. 2015 yılında dünyada kayda geçen ve doğrudan uyuşturucuya bağlı olan 168 bin ölümün yüzde 76'sı, "Opioid" kaynaklıydı. Sentetik "Opioid" Tramadol bağımlılığı özellikle Afrika'nın belli bölgelerinde endişe boyutunu aşmıştı...

207 Küresel ilaç şirketleri yöneticilerinin aldığı primler dudak uçuklatacak gibi. Örneğin Pfizer CEO'su Ian C. Read yılda 23,28 milyon dolar prim aldı. Ki göreve geldiğinde dünyanın en çok satan ilacı "Lipitor"un patenti bitmişti. Yoksa herhalde 50 milyon dolar alırdı! Read görevini bu yıl başında Albert Bourla'ya bıraktı. Bourla'nın terfisinin nedeni ise Pfizer Küresel Aşılar Grup Başkanlığı'nda çok başarılı olmasıydı... Ne diyorlardı: "Aşı kurtarır!"

Tüm bu okuduklarınıza bakıp "Ama orası ABD" demeyin sakın! 2016 yılında 292 bin 565 tablet yeşil ve kırmızı reçeteye yazılan ilaç yakalanırken, bu sayı 2017'de 593 bin 602 tablete çıktı! Uyuşturucu bağımlılığı legal-illegal ilaçlarla sürüyor...

Uyuşturucu ilaç kullanımı Türkiye'de 2017 yılında bir önceki yıla göre yüzde 45,8 arttı!

"Bu kasıtlı siyaset"

James Petras (d. 1937)...

Yunan kökenli... New York Binghamton Üniversitesi'nde sosyoloji profesörü... Marksist...

Yunanistan Cumhurbaşkanı Andreas Papandreu, Şili Cumhurbaşkanı Salvador Allende ve son yıllarda Cumhurbaşkanı Hugo Chavez gibi sol başkanlara tavsiyelerde bulundu. ABD'nin Irak işgalini soykırım olarak tanımladı.

New York Times, The Guardian, The Nation, Christian Science Monitor, Dış Politika, New Left Review, Partisan Review, Canadian ve *Le Monde Diplomatique* gibi yayınlarda iki binin üzerinde makalesi yayımladı. Kitaplar yazdı.[208]

Kitapları 29 dile çevrildi.

Ve kitap isimlerinden de anlaşıldığı gibi Siyonist çevreler tarafından antisemit olmakla suçlandı! Bir daha çok tanınır gazete ve dergilerde yazısı yayımlanmadı. O da "petras.lahaine.org" adlı kendi web sitesini kurdu...

Geçen yılbaşını web sitesinde ABD'deki işçilerin ve orta sınıf beyaz yakalı çalışanların içinde bulundukları uyuşturucu madde afetine ayırdı.

"Amerika'daki Opioid Salgını - Bir Milyon İşçiyi Öldürmek" başlıklı yazısında, kapitalizmin bunu bir siyaset olarak

---

208 *Kolera Döneminde Latin Amerika: Seçim Politikaları, Piyasa Ekonomisi ve Kalıcı Kriz* (1992); *İmparatorluk veya Cumhuriyet: ABD'de Küresel Güç veya Yurt İçi Bozukluk* (1994); *Latin Amerika'daki Toplumsal Değişimin Dinamikleri* (2000); *Küreselleşme Maskelenmedi: 21. Yüzyılda Emperyalizm* (2001); *ABD İmparatorluğu'nda Yönetenler ve Yönetilenler: Bankerler, Siyonistler ve Militanlar* (2006); *Emperyalizm ile İmparatorluk: Neoliberal Kapitalizmin Küreselleşen Dinamikleri* (2006); *Siyonizm, Militarizm ve Amerika'nın Gücündeki Düşüş* (2007); *Gazze'de Savaş Suçları ve Amerika'daki Siyonist Beşinci Kol* (2010); *Arap İsyanı ve Emperyalist Karşı Saldırı* (2011)...

uyguladığını iddia etti. Kapitalizmin ve onun küresel tezahürü olan yeni-emperyalizmin, ABD'yi ve diğer ülkeleri daha iyi yönetilebilir kılmak için, dünyanın başına "Opioid" denen "ilacı" bela ettiğini belirtti.

İngiliz Doğu Hindistan Şirketi ve onun emperyalist koruyucuları, Çin'i tarihin en büyük "bok çukuruna" nasıl düşürdü ise ilaç tekellerinin de ABD'yi (ve dünyayı) o hale getirmeye çalıştıklarını yazdı:

-"21. yüzyılda, benzer bir bozulma süreci ABD'nin içinden meydana geldi. 'Reçeteli Opioid Salgını' Amerikan ailelerini, mahalleleri, toplulukları, şehirleri ve eyaletleri tahrip ediyor. Özellikle kırsal kesimde, madencilikte ve eski üretim bölgelerinde ABD toplumunun tamamını parçalıyor. Binlerce işçi öldü ve milyonlarca bağımlı bir zamanların güçlü işgücünün yerini aldı. (Örneğin) ABD inşaat işçilerinin tahmini yüzde 15'i madde bağımlılığından mustarip. (...) Aşırı doz ölümlerinin yüzde 95'inden fazlası işçi sınıfı mensuplarına aitti...

-"Neo-Malthus'un güçlü tonları olan bu kasıtlı politikayla amaç ABD yönetici elitinin siyasi-ekonomik kararları ile fazla ya da gereksiz görülen Amerikan işçi sınıfının gücünü azaltmaktır. (...) ABD'de işçi sınıfının ve elit hastaların tedavi edilmesinde büyük fark var. Binlerce tıp uzmanı, alt ve orta sınıf hastaları arasındaki bariz bağımlılığı ve ölümleri görmezden geldi. Ve 'Opioidleri' teşvik etmek için maalesef rüşvet yediler...

-"Geçtiğimiz yirmi yıl boyunca siyasi seçkinler, büyük ilaç lobilerinden milyonlarca dolarlık kampanya fonu aldı. FDA narkotiklerin aşırı kullanımına ve dağıtımına izin verdi ve 20 yıldan uzun süredir korkunç sonuçları görmezden geldi.[209]

209 E-postalara iletişim talebi haklı bulunan Ohiolu Avukat Craig Mayton, 2013 yılında şu gerçeği ortaya çıkardı: "Bu e-postalar bize, FDA'nın ağrı kesicilerden sorumlu biriminin son on yılda aldığı felaket kararları görmemize yardımcı oluyor. FDA halk sağlığını korumaktansa ilaç firmalarının kurallarının yazıldığı masada yer almak için para ödemesine izin veriyormuş!" E-posta yazışmalarına göre ilaç şirketleri, ağrı kesicilerin güvenliğini ve etkisini test eden klinik denemelerle elde edilen verilerin nasıl değerlendirileceği konusunda toplantılara katılanların her birine 25 bin dolar ödemişti. (*Washington Post*)

DEA ve ABD seçkinleri yüz binlerce fakir ve işçi sınıfı Amerikalının ölümünü 'görmezden' geldi…

-"Bağımlılığa yol açan lider ilaç 'Oxycontin' (Oksikodon), Mortimer ve Raymond Sackler'in soyundan gelenlerin sahip olduğu Purdue Pharma L.P adlı özel ilaç şirketin ürünü. Şirket yeni ölen Raymond Sackler ve kardeşlerinin öncülüğünde Sackler ailesi tarafından kuruldu ve yönetildi.[210] Doğu Avrupa Yahudi kökenli Sackler ailesinin İsrail ile yakın bağları var. Bunlar, laksatifler / müshil üreterek işe başladı. Daha sonra, son zamanların en kârlı reçeteli ilacı 'Oxycontin'i (Oksikodon) 1990'lı yılların başında, Başkan Bill Clinton'ın 'sağlık reformu' yönetimi sırasında üretip bastırdı. Sackler kardeşler hekimleri, ürünlerinin bağımlılık yapmadığına ikna etmek için agresif, büyük ölçekli bir satış gücü kurdu. 'Oxycontin'in güvenliği ile ilgili sahte veriler yayınlamaları için hekim-araştırmacılara para ödediler. Gelişen ağrı kesici endüstrisindeki kiralık uzmanlar, Sackler'in ürünlerini pazarlamak için büyük ücretler aldı...

-"*Forbes* milyarder listesine göre Sackler serveti 'Oxycontin'in kârından 2015 yılında 35 milyar dolara ulaştı. Reçeteli cinayet ve bağımlılık Sackler ailesini en büyük sanat eserleri koleksiyoncuları arasına soktu![211] Kraliçe Elizabeth ona şövalyelik verdi. Bu arada binlerce reçeteli bağımlı her yıl hayatını kaybetti. Milyonlarca insan bağımlı oldu, sağlıksız kaldı...

-"Tamamen önlenebilir ve tahmin edilebilir bir tahribat sonunda, Oxycontin'in bağımlılığını ve aşırı doz potansiyelini aldatıcı şekilde örtbas ettiği için 2007'de Purdue Pharma-

---

210 Isaac Sackler ve eşi Sophie Greenberg'in torunlarıydılar. ABD'ye Galiçya'dan (şimdi Ukrayna) ve Polonya'dan göçtüler. Brooklyn'de market açtılar. Çiftin, her biri tıp fakültesine giden ve psikiyatrist olan Arthur (1913–1987), Mortimer (1916–2010) ve Raymond Sackler (1920–2017) adlı üç oğlu vardı. Kardeşler 1952 yılında Connecticut'ta küçük bir ilaç firması olan Purdue Fredericks'i satın aldı. En büyük erkek kardeş Arthur, tıbbi reklamcılıkta öncü oldu. 1996 yılında "Oxycontin"i (Oksikodon) tanıttılar. Böylece "Opioid salgını" ortaya çıktı.

211 2019 yılında İngiltere'deki Ulusal Portre Galeri ve Tate Modern gibi kültürel kurumlar aileden hediye kabul etmekten vazgeçtiklerini açıkladı. Amerikan Doğa Tarihi Müzesi ve Solomon R. Guggenheim Müzesi ile New York'taki Metropolitan Sanat Müzesi, Sacklers'dan gelecek bağışları kabul etmeyeceklerini duyurdular…

ceuticals'a 634,5 milyon dolar para cezası verildi. Sackler ailesinin politik gücü davaların kendilerine dokunmasını engelledi...

- Pentagon ve Senato Silahlı Servisler Komitesi, ABD askeri personeli arasında reçeteli narkotik ilaç kullanımının aşırı artmasından 2010 yılından itibaren kuşku duydu. Sağlıklı askerlere hâlâ ihtiyaç duyuluyordu. İşçi sınıfı vatandaşlarını korumakla ilgilenmeyenler savaş gücü için harekete geçti. Tabii ki ABD senatörleri, 'Big Pharma üzülmesin' diye tehlike konusunda şaka yollu uyarıda bulundular...

-"Bu bir Amerikan soykırımıdır..." (24 Ocak 2018)

Prof. Petras, Donald Trump işbaşına geleli bu trafiğin katlanarak arttığını yazdı. Peki, suçlu kim? Rochester Drug Cooperative (RDC) eski CEO'su mu? Yoksa Sackler mi?

Asıl "uyuşturucu mafyası" kim? "Baronlar" bilinmeden anlaşılmaz bu işler![212]

En fazla "Opioid" bağımlısı Batı Virginia'da bulunuyordu. "Opioid" araştırmasının (yeni bir ilacın orta-uzun vadeli değerlendirme altında güvenli ve etkili olduğunun kabul edilip edilemeyeceğini belirlemeye yardımcı olan) faz III çalışması hangi klinikte yapıldı: West Virginia Üniversitesi'ndeki Rockefeller Neuroscience Institute'de!

Başka sorum yok...

Yine Rockefeller! Her taşın altında!

Lekeli politikacılar

Dünyanın en büyük tıbbi cihaz satış sıralamasında 13,5 milyar dolar ile yedinci olan Amerikan şirketi: Cardinal Health.

Tarih: 29 Şubat 2012.

---

212 Örneğin... 1948'den 1982'ye kadar Rockefeller Enstitüsü ve Rockefeller Üniversitesi'nde endokrinolog olan Dr. Reginald Archibald'ın, bu süre boyunca çocuklardaki büyüme problemlerini incelerken düzinelerce çocuğu taciz ettiği ortaya çıktı. Ama... New York Valisi Andrew Cuomo, çocuk mağdurların üniversite aleyhine dava açmalarına sınırlama getiren tasarıyı onayladı!

Florida Federal Bölge Mahkemesi, DEA'dan aldığı raporlara dayanarak, başta Bonita Springs ve Brooks Eczanesi olmak üzere bazı sağlık merkezlerini kapattı. Mesele, aşırı miktarda Oksikodon/Opioid dağıtmak-satmaktı.

Bu yargı kararı üzerine DEA Başkanlık Kontrol Ofisi Başkanı Joseph Rannazzisi, en tepeyi hedef aldı ve bu ilacın toptan satıcısı Cardinal Health'in "halk için büyük tehlike oluşturduğunu" belirtip faaliyetinin askıya alınmasını istedi.

Dedi ki:

-"2010 yılında 16 bin 651 kişi aşırı dozda Opioid alıp öldü; bu bir oyun değil..."

- Milyonlarca ve milyonlarca uyuşturucunun, eczanelere, doktorların ofislerine girmesine izin veren, onları bu uyuşturucular için meşru hale getiren ilaç endüstrisidir..."

-"İnsanlar ölüyor…"

Sonuçta ne oldu?

Joseph Rannazzisi DEA'dan kovuldu!

Bitmedi…

Beyaz Saray'da "tıbbi kullanım" adı altında uyuşturucunun yasallaşmasının önüne geçme amacıyla kurulan bir ofis var: Office of National Drug Control Policy.

Başkan Donald Trump, 1 Eylül 2017'de bu ofisin başına Cumhuriyetçi Parti Amerikan Kongre üyesi Tom Marino'yu getirmek istediğini açıkladı.

Tom Marino…

Kim miydi Marino?

DEA'nın Opioid gibi "ilaçlar" konusunda soruşturma yapmasını hayli zayıflatan, Etkili İlaç Uygulama Yasası için kongrede Cardinal Health şirketi adına lobi yapan politikacıydı! 13 milyon dolar harcayıp bunu sağlamıştı. İlaç endüstrisinin Kongre lobi masrafı 2014 ve 2016 arasında en az 106 milyon dolar olmuştu! Sonuçta… Barack Obama 19 Nisan 2016 tarihinde bu yasayı imzaladı.

Tom Marino'ya şimdi "başarısının" ödülü verilecekti. Ancak… Kongre'de Demokratlar itiraz etti; kimi medya Joseph

Rannazzisi adını tekrar anımsattı ve Tom Marino 17 Ekim'de adaylıktan çekildiğini açıkladı. Bir süre sonra da Kongre'den istifa etti; böbrek kanseri olmuştu!

Tıp, siyaset üstü değildir.

Neyin zararlı olduğuna -politikacıları satın alan- küresel ilaç şirketleri karar verir!

Pfizer ilaç şirketinin çalıştığı siyasi lobilerin başında The Nickles Group geliyor. Ve bunun başkanı Stacey Hughes, Amerikan Senato Bütçe Komitesi genel müdür yardımcısı olarak görev yaptığı yıllarda ilaç şirketlerinin "memuru" gibi çalıştı! Ve tabii ki Amerikan medyasına göre Hughes dünyanın vizyoner ilk 100 kadınından biriydi! Küresel düzene boyun eğip onlar için çalışırsanız hep koca unvanlarınız olur!

Siyaset ve ilaç sektörü ABD'de içli dışlı; örneğin senatörler Jeremy Rabginovitz ve Lois Capps'in Novartis şirketi için lobi yürüttüğünü bilmeyen yok. Ve aslında "lobi yürüttü" yerine "iş takibi yaptı" mı demek lazım?

Bir iki isim değil ki...

Orrin Grant Hatch (d. 1934)...

42 yıldır (1977-2019) Utah'tan senatör seçilen Amerikalı siyasetçi... ABD tarihinde en uzun süre hizmet veren Cumhuriyetçi senatör...

ABD'de böyle "kilit isimler" var; Hatch bunlardan biri. Senato'da Sağlık, Eğitim, Çalışma Komitesi başkanlığını yaptı. Yani, ilaç şirketlerinin Senato'daki en güvenilir politikacısı oldu. Gizli saklı değildi bu; 1989-2014 yılları arasında ilaç / sağlık ürünleri endüstrisinden 2 milyon 178 bin 863 dolar almıştı! Karşılığında neler yapmadı ki; ABD'de uyuşturucu kullanımı ve uyuşturucu kaçakçılığı ile mücadele etmekle görevli DEA'nın geniş yetkisini daraltmak için Hastaya Erişim ve Etkili İlaç Uygulama Yasası getirdi. Böylece "Opioid" gibi reçeteyle satılan uyuşturucuların yolunu açtı! Senatör Hatch sadece bu çalışması karşılığında ilaç endüstrisinden 177 bin dolar bağış aldı. Kök hücre araştırmalarının da destekçisi olan Hatch, embriyonik kök hücre araştırmalarında federal kısıtlamaların gevşetilmesini istedi.

Sadece o değil...

Hatch'in oğlu Scott Hatch, Washington'daki lobi şirketi Walker & Martin & Hatch LLC ortağıydı! Firma 2001 yılında, altı yıl boyunca Hatch'in yardımcısı olan Jack Martin ve senatörün yakın yardımcısı olarak tanımlanan H. Laird Walker ile kuruldu. Perde arkasında kim olduğu belli değil mi?

Beş büyük ilaç şirketi ve endüstrinin ana ticaret birliği olan Amerika İlaç Araştırma ve Üreticileri (PhRMA), 1990'lardan itibaren Hatch'leri desteklediğini açıkladı. Örneğin... Amerikan FDA mevzuatına ilişkin kongrede lobi yapmak üzere 2007 yılında PhRMA, lobi şirketi Walker & Martin & Hatch LLC şirketine 120 bin dolar ödemişti. Tüm bunlar 2007 yılında Amerikan vergi dairesinin yanlışlıkla bazı bilgileri açıklaması üzerine gün yüzüne çıkmıştı.

Amerikan vergi dairesi IRS kayıtlarına göre, ilaç şirketlerinin Hatch'e dolaylı yoldan ödediği paralar şuydu: Lilly 25 bin dolar, Beckton Diskerson 25 bin dolar, Barr Pharmaceuticals 30 bin dolar, Astra Zeneca 25 bin dolar, Sepracor 27 bin 500 dolar, PhRMA 40 bin dolar...

Neler var neler...

The Center for Public Integrity isimli soruşturmacı gazetecilik organizasyonu, Senatör Hatch'in birçok seyahatinin ilaç şirketleri Pfizer ve GSK tarafından karşılandığını; ilaç şirketi Schering Plough'un Golfstream jetini senatöre tahsis ettiğini, bunun karşılığı senatörün de, alerji ilacı "Claritin"in patent süresinin uzatılması için kanun teklifi verdiğini açıkladı.

Siz hâlâ her ağrı hissettiğinizde hap almaya devam edin... Meselenin politik ekonomisi bu...

Uğur Dündar

"Bextra" (Valdecoxib)...

Özellikle ağrılı âdet semptomlarında kullanılmak üzere üretildi. Pfizer'ın yan şirketi G. D. Searle & Company tarafından -FDA'dan onay alarak- 2001 yılında piyasaya sunuldu.

Aradan sadece dört yıl geçti. İlacın çok ciddi kalp-damar sorunlarına ve felce yol açtığı görüldü. FDA ilacın toplatılmasına karar verdi. Pfizer ilacı 7 Nisan 2005 tarihinde pazardan çektiğini açıkladı.

Bunun sebebi şuydu:

Blue Cross Blue Shield Association (BCBS)...

ABD'de 106 milyondan fazla kişiye sağlık sigortası sağlayan, 36 ayrı ABD sağlık sigortası kuruluşu ve şirketin bağlı bulunduğu birlik... 1929 yılında kuruldu... "Bextra" adlı ilaçtan şikâyetçi olanların başında geliyordu.

BCBS şikâyetinde, Pfizer'ın ilacın yan etkileri konusunda tüketiciyi bilgilendirmediğini ve ilacı reçeteye yazması için doktorlara promosyon verdiğini iddia etti. Doktorları Bahama, Virgin Adaları vs. gezilere götürmüş ve yapılan toplantılarda "Bextra" ilacı reçete etmeleri için 2 bin dolar para vermişti! Bu ilaç için şirketin "tanıtım" gideri 325 milyon dolar idi!

Bunlar ortaya serilince "Bextra" pazardan çekildi...

Ancak... Mesele kapanmadı.

ABD Adalet Bakanlığı 2 Eylül 2009 tarihinde Pfizer'a 2,3 milyar dolar ceza kesti. Suçu, "Bextra" (ve "Geodon", "Lyrica", "Zyvox") adlı ağrı kesici ilacın tanıtımı ve pazarlamasında yalan söyleyip, yan etkilerini saklamasıydı!

Pfizer satış müdürü Mary Halloway, Bextra'yı gayri resmi kullanım tanıtması için çalışanına emir vermekten suçlu bulundu. "Yaygın olarak yalanlara dayanan ilacı teşvik etmek için alışılmadık derecede cüretkâr çaba" sebebiyle ceza aldı. Bextra davasıyla ilgili olarak Adalet Bakanlığı kararında şunu belirtti: "Yasadışı davranış şirket genelinde yaygın."

Dikkatinizi çekerim; dünyanın en büyük ilaç şirketi Pfizer'dan bahsediliyor!

Tek bir adli olay değil ki...

Yine Pfizer…

Yine baş ağrısında (ve ateş düşürücü olarak) kullanılmak üzere ürettiği ilaç: "Mesulid" (Nimesulid)...

Piyasaya çıkışı ilginç oldu. İlk kez İtalya'da 1985 yılında "Aulin" ve "Mesulid" olarak satışa verildi. Sonra Portekiz, Yunanistan, Rusya, Tayland, Brezilya olmak üzere dünya çapında 50'den fazla ülkede kullanılmaya başlandı.[213]

"Nimesulid"in pazarlanmadığı ülke ABD ve Japonya idi ve Pfizer ruhsat için nedense FDA'ya başvurmadı! Aslında bunu "onay alamadı" diye okumak lazım!

Aradan altı yıl geçti.

10 Mayıs 2002 tarihinde (dünyada olduğu gibi) Türkiye'de de ilacın satışına yasak geldi. Bu arada dünyada 326 milyon insan bu ilacı kullanmıştı…

Aradan yine altı yıl geçti.

İtalya'nın önde gelen günlük gazetesi *Corriere della Sera* İtalya'daki ilaç ajansı AIFA'da üst düzey bürokratın, ilaç şirketlerinden rüşvet alırken polis tarafından yakalandığını yazdı (23 Mayıs 2008). İddiaya göre, bazı ilaçların ajans izleme kurumundan incelemeye alınmasını sağlamak için para alıyordu. Soruşturma, bazı AIFA ilaç testlerinin sahte olduğunu ortaya çıkardı; sekiz kişi tutuklandı.

Söz konusu ilaç ilk İtalya'da piyasaya sokulan "Aulin" idi...

Benzer olaylar çok yaşandı:

---

213 Nimesulid, aşağıdaki ticari markalara sahip şirketler tarafından dünya genelinde şu isimlerle satıldı: Sulid, Nimalox, Mesulid (Brezilya ve Yunanistan), Coxtal (Çin, Çek, Bulgaristan), Sintalgin (Brezilya), Eskaflam (Brezilya, Meksika), Octaprin, Nimside (Pakistan), Nise (Rusya, Venezuela, Vietnam, Ukrayna), Nilsid (Mısır); Aulin (Bulgaristan, Çekya), Ainex, Drexel, Donulide, Edrigyl, Enetra, Heugan, Mesulid, Minapon, NeRelid, Nexen, Nidolon, Nilden (Meksika); Emsulid, Nimed, Nimedex, Nimesil (Moldova), Nimulid, Nimutab, Nimdaz, Nimopen-MP Nise, Nisulid, Nodard, Nipcap, Nimcap, Niş-N, Niş-Kaplıcalar (Hindistan); Mesulid, Novolid, Relmex (Ekvador); Remisid (Ukrayna); Coxulid, Emulid, Frenag, Fuzo, Motival, Nimeksil, Nimelid, Nimes, Nimesdin, Romasulid, Sulidin, Suljel, Thermo Sulidin, Mesulid (Türkiye), Xilox (Macaristan); Modact-IR (Pakistan)… Türkiye dikkatinizi çekti mi? 1996 yılından itibaren girmeye başladı ve 14 isim altında satıldı Türkiye'ye bu ilaçlar…

Merck & Co. migren, eklem iltihabı gibi ağrılar için "Vioxx", "Ceoxx" ve "Ceeoxx" markaları altında "Rofecoxib" patenti aldı. FDA ilacı 1999'da onayladı ve "daha önceki ilaçlardan güvenilir" diye pazarlandı.

Kasım 2000'de *NEJM/New England Tıp* dergisinde ilacın uzun süreli, yüksek dozaj kullanımında felç ve kalp krizi riskleri içerdiğini belirten "Vigor" araştırması yayımlandı.

Veri yorumlanmasındaki çarpıtmaların en meşhur örneklerinden biriydi; "Vioxx" çalışması!

İnanılacak gibi değildi; firma sponsorluğunda yapılan klinik çalışması tarafsız gözle incelendiğinde "Vioxx" ilacı kullanan kişilerde, benzeri ilacı kullananlara kıyasla kalp krizi riskinin beş kat daha yüksek olduğu görülüyordu. Buna rağmen ilaç satışa çıktı…

Tartışmalar, şikâyetler başladı…

FDA, Merck'i uyarmak zorunda kaldı. Merck şirketi, 91 milyon kez reçete edilen, yılda 2,5 milyar dolar satış geliri elde ettiği ilacı piyasadan "gönüllü" çekti!

İlaç çekilse de insanlar Amerikan ilaç devi Merck'e toplam 5 milyar dolarlık dava açtı. Bunlardan sadece ikisi Türkiye'dendi!

Şirket, kamuoyunu yanıltıcı hareket ettiği gerekçesiyle açılan davada, toplam 950 milyon dolarlık tazminat ödedi. Şirket halkı kandırmak için sadece bu ilaç için 45 milyon dolarlık reklam harcaması yapmıştı!

"Aklı başına gelmiştir" filan diye düşünmeyin… Merck şirketi aynı süreci, 10 yıl sonra "Raptiva" (Efalizumab) adlı ilaç sürecinde de yaşadı! Benzerlerini de daha çok okuyacaksınız...

Dr. David Graham'ın İngiliz tıp dergisi *The Lancet*'te yayımlanan araştırmasına göre "Vioxx" 1999-2004 yılları arasında ABD'de 88 bin ile 140 bin kişinin hayatını kaybetmesine sebep oldu. Kimine göre ise ABD'de "Vioxx" nedeniyle toplam 30 bin kişi hayatını kaybetti.

Daily Mail gazetesi, İngiltere'de ilacı 400 bin kişinin kullandığını ve iki bin kişinin ilaç nedeniyle hayatını kaybetmiş olabileceğini yazdı.

Herald Tribune gazetesi "Bizim için şaşırtıcı olan Vioxx'un yasaklanması değil, nasıl olup da bugüne kadar serbestçe satıldığıdır" diye tepki gösterdi.

İlaç 80 ülkede satıldı. Biri Türkiye idi...

Kalsiyum yetersizliği sonucu oluşan kemik erimesi / osteoporoz tedavisinde kullanılan "Vioxx" ilacı Türkiye'deki prospektüsünde Batı'nın aksine "her derde deva" diye sunuldu!

12.5 ve 25 mg'lık ilacın âdet ağrısı ve eklem ağrısında etkili olduğu belirtilirken, 50 mg'lık tabletin prospektüsünde, diş cerrahisi ve büyük ortopedik cerrahi müdahalelerin yanı sıra bel fıtığı, kemikteki tümör cinsi ağrılarda etkili olduğu da buna eklendi! Türkiye'deki prospektüsün "doz aşımı" bölümünde: "Klinik çalışmalarda Vioxx ile doz aşımı bildirilmemiştir" dendi. Yalandı...

Tarih: 10 Mayıs 2004.

Gazeteci Uğur Dündar CNNTürk'te yaptığı Arena programında "Vioxx" ve "Celebrex" ilaçlarla ilgili Türkiye'de bugüne kadar hiçbir işlem yapılamadığını söyledi. İki ilaca bugüne kadar 200 milyon dolar ödeyen 15 bin kişi üzerinde "Vioxx"un ciddi koroner kalp yetmezliği ve damar hastalıklarına yol açmış olabileceği, bunlardan dört binden fazla kişinin de ölmüş olabileceğinin tahmin edildiğini belirtti.

Sağlık Bakanlığı ilacın toplatma kararını ancak 30 Eylül 2004 tarihinde verdi![214] Türkiye'deki toplam satışı -jenerikleriyle birlikte- dört milyon kutuydu. İlacın yan etkisinden ülkemizde kaç kişi hayatını kaybetti? Bilmiyoruz...

Bildiğimiz dünya "Vioxx" ölümlerini konuşurken Pfizer, "Bextra" gibi ağrı kesici ilaçlarının tanıtımına milyon dolarlar harcıyordu...

214 Uğur Dündar kamuoyunu uyarırken 15 ay sonra RTÜK doktoru Hayati Bice, "Vioxx" ilacını kullanan 19 RTÜK personelinde kalp krizi, şuur kaybı ve hipertansiyon atağı görüldüğünü Sağlık Bakanlığı'na rapor etti.

"Bextra" yalanı ortaya çıktı...

Sonra ne oldu?

Pfizer bu kez Türkiye'de de satılan "Neurontin" ilacı sebebiyle 430 milyon dolar ceza ödedi.[215]

Sonra...

Yine ağrı kesici...

Yine Pfizer...

"Celebrex" markası altında satılan "Celecoxib"...

1993 yılında patenti alındı, 1999 yılında kullanımına başlandı.

2,5 milyar dolarlık satışla Pfizer'ın 2011 yılında en çok satan ilaçlarından biri oldu. Fakat yıllarca tartışmaları hiç sona ermedi; ne çok davalar açıldı...[216] Türkiye'de bile satışları bir dönem durduruldu. Hâlâ tartışılıyor...

Bu devran sürüp gidiyor. Avrupa İlaç Ajansı / EMEA, Pfizer'ın iltihaplı romatizma hastalığı ilacı ("Tofactinib" etken maddeli) "Xeljanz"ı yetersiz etkinlik ve emniyet gerekçesi ile reddetti. Oysa Amerikan FDA bu ilaca yedi ay önce ruhsat vermişti!

Yine romatizma için de reçete edilen "Calcitonin Nazal Spreyi", EMEA tarafından kanser riskini artırdığı için reddedildi. Amerikan sivil toplum kuruluşu Public Citizen Başkanı Sidney Wolf, Amerikan FDA birimine başvurarak ilacın yasaklamasını istedi.

---

215 "Neurontin" FDA'dan 1994 yılında epilepsi (sara) hastalığı tedavisinde kullanılmak üzere onay aldı. Ama birçok ilaçta yapılanlar burada da hayata geçirildi: Bir ilacın, çok daha yaygın olan başka hastalıklar için de kullanılmasını sağlamak. Buna "off-label" yani "ruhsat dışı kullanım" adı veriliyor. Aslında bir ilacın prospektüsünde belirtilmeyen hastalıklarda kullanımı için pazarlama faaliyetleri yürütmek kesinlikle yasak. Dönem neoliberalizm dönemi, yasağı kim dinler. "Neurontin" ağrı kesici olarak da reçetelere yazılmaya başlandı! İlaç kısa zamanda "blockbuster" yani hasılat rekorları kıran bir ilaç oldu. 2003 yılında en çok satılan ilk 50 ilaç arasına girdi. Sadece Amerika'daki yıllık satışı 2 milyar doları geçti. Bu arada satışların yüzde 90'ının ruhsat dışı hastalıklar için gerçekleştiğini belirtelim...

216 Bu davalardan birini de 2006 yılında Bringham Young Üniversitesi açtı! Konu, Pfizer şirketinin yaptığı patent hırsızlığıydı! Dava sonuçlandı ve Pfizer, üniversiteye 450 milyon dolar tazminat ödemek zorunda kaldı. "Celebrex", Pfizer tarafından değil Bringham Young Üniversitesi tarafından geliştirilmiş ve Pfizer, üniversitenin haklarını ihlal ederek ilacı piyasaya çıkartmıştı.

Türkiye 2012 yılında sadece "Biocalcin Nazal Sprey" değil; "Miacalcic Nazal Sprey", "Tonocalcin Nazal Sprey", "Calsynar Çok Dozlu Nazal Sprey" ve "Nylex Nazal Sprey" püskürtücüleri hakkında toplatma kararı verdi. Bu ilaçlar 1994 yılından beri kullanılıyordu…

Hiç bitmiyor. Yine osteoporoz ile ilgili "Boniva (Ibandronik asit), Fosomax" (Alendronik asit) gibi ilaçların olumsuzlukları tartışılmaya devam ediliyor! Davalar açılıyor sürekli.

Bitecek gibi de görünmüyor…

İlaç adı okumaktan kuşkusuz bıktınız ama bunları bilmelisiniz:

"Bilimsel" çalışmaya bak

"Actonel" (Risedronik asit)…

Kemiği güçlendirmek, osteoporozu tedavi etmek veya önlemek için reçete ediliyor. Üreticisi yıllık (2018) 66,9 milyar dolar geliriyle dünya devi olan ABD'li Procter & Gamble şirketi. İngiliz Amerikan William Procter ve İrlandalı Amerikan James Gamble tarafından 1837 yılında kuruldu. Daha çok kişisel sağlık-bakım ve hijyen ürünleriyle tanınıyor…

Yıl 2002.

Procter & Gamble, İngiltere Sheffield Üniversitesi'nden -son yıllarda adı çok duyulan- metabolik kemik hastalığında kıdemli öğretim görevlisi Dr. Aubrey Blumsohn ile bir araştırma projesine liderlik etmesi için bedeli 180 bin İngiliz Sterlini olan anlaşma imzaladı. Konu, şirketin en çok satan ilacı "Actonel"in, yaşlı kadınlarda kullanımıyla kemik kırıkları arasındaki ilişkinin araştırılmasıydı.

O dönem "Actonel", her yıl osteoporoz tedavisi için doktorların dünyadaki yaklaşık bir milyon kadına reçete ettiği çok başarılı bir ilaçtı. Her yıl şirkete 1 milyar dolar gelir getiriyordu.

Fakat… ABD'li Merck şirketi tarafından üretilen yıllık getirisi 3 milyar dolar olan "Fosamax" ile arasında yoğun bir rekabet vardı. Procter & Gamble şirketinin bu çalışmayı yapmak istemesinin özel nedeni de buydu; son zamanlarda yayımlanan pek çok çalışmada, "Actonel" ilacı (turnover supresyon değeri) "Fosamax" kadar güçlü değildi. Dr. Blumsohn'un çalışmasının bunu tersine çevireceğinden emindiler!

Dr. Blumsohn'un laboratuvarına, üç yıl boyunca "Actonel" kullanan binlerce kadından alınan kemik biyopsileri geldi. Her biri izlendi, incelendi. Çalışma tamamlanınca ham veriler firma tarafından ABD'ye götürüldü. Aradan dokuz ay geçti. Dr. Blumsohn, şirketin yaptığı istatistiksel analizleri görmek istedi. Oldukça ilginç gerekçelerle reddedildi. Procter & Gamble, kullandıkları istatistik yöntemleri öğrenmesinin zaman alacağını, özel bir eğitim gerektirdiğini ve buna gerek olmadığını bildirdi Dr. Blumsohn'a!

Neler oluyordu?

Dr. Blumsohn bekleyedursun, Procter & Gamble onun çalışmasıyla ilgili Minneapolis'teki Amerikan Kemik ve Mineral Araştırmaları Derneği'nin konferansına iki araştırma makalesi sundu. Ayrıca tıp dergilerinde yayımlanmak üzere de makale hazırladı. Dr. Blumsohn bunu şirketten öğrendi. Konferanstan iki gün sonra şirketten mektup aldı. Procter & Gamble makalenin yazılması için bir profesyonel yazar (hayalet yazar) ile anlaşmıştı. Gerekçeleri şuydu; bu "hayalet yazar", "Actonel" verisi ve firmanın anahtar mesajına aşinaydı! Çalışma, "hayalet yazar" tarafından yazıldıktan sonra, Dr. Blumsohn'un ismiyle yayımlanmak üzere bir tıp dergisine gönderilecekti!

Dr. Blumsohn itiraz etti. Yaptığı çalışmanın verilerini görmeden, istatistik analizini yapmadan ve tanımadığı bir kişi tarafından yazılmış makalenin kendi ismiyle yayımlanmasını kabul etmeyeceğini bildirdi. Yoğun tartışmalardan sonra, Dr. Blumsohn'a bir firma çalışanının bilgisayarında çalışmanın ilgili grafikleri gösterildi. Ve gördüklerine inanamadı; verilerin yüzde 40'ı analizde kullanılmamıştı; çünkü bunların eklenmesi firmanın aleyhine sonuç çıkarıyordu!

Dr. Blumsohn durumu Eylül 2003'te üniversiteye aktardı; fakat umduğu yanıtı alamadı. Üniversite son yıllarda Procter & Gamble şirketinden 1,6 milyon pound araştırma bursu almıştı ve bu ilişkisinin kesilmesini istemiyordu!

Dr. Blumsohn diretti. Sonunda ne oldu? Üniversiteden kovuldu. Üniversite tarafından "disiplinsiz" ilan edildi... Adı unutuldu gitti!

Araştırmada Dr. Aubrey Blumsohn ile birlikte çalışan ama şirketin veri tabanı üzerinde manipülasyon yapmasına göz yumup meslektaşını yalnız bırakan Dr. Richard Eastell, sonraki yıllarda "dünyanın en tanınmış osteoporoz uzmanı" olarak bilindi...

Procter & Gamble şirketine ne oldu?

AstraZeneca ilaç şirketi "Prilosec" (Omeprazole) adlı mide, reflü, ülser ilacını 1988 yılında çıkardı. 2001 yılında patent koruma hakkını yitiren "Prilosec" o yıl 3,6 milyar dolarlık satışla dünyanın dördüncü en çok satan ilacıydı. Bu sebeple ilacın patent süresi bitince kimi şirketler hemen jenerik ilacını çıkardı.

Procter & Gamble, "Prilosec OTC" adlı jenerik ilacı çıkardı. Ama hemen hakkında dava açıldı; reklamlarında "Prilosec OTC" ilacın bir gün içinde mide ekşimesini tedavi edeceğini söyleyerek halkı kandırmıştı!

Bu konular üzerine ayrı kitap yazılır. Mide rahatsızlıklarında kullanılan "Domperidon" etkin maddeli 15 ilaç, yüksek dozda ve uzun süreli kullanımda kalp rahatsızlıklarına yol açtığı öğrenilince Avrupa İlaç Ajansı tarafından yasaklandı.

Mide asidiyle ilgili kullanılan ilaç grubu Proton Pompa İnhibitörleri (PPI) meselesine girmek istemiyorum. FDA, yayımlanmış yedi çalışmayı gözden geçirdi; bunlardan altısı PPI kullanımıyla demans ve kalça, el bileği, omurganın kırılma riski olduğunu bildirdi. Sonuçta...

Küresel ilaç devleri ne olursa olsun yüzleri kızarmadan kârlarına devam ediyorlar.[217]

217 İngiliz şirketi Boots, hipotiroidizm/ tiroit bezi tedavisinde de çok kullanılan "Synthroid" isimli ilacının, piyasada jenerik ilaçlara karşı önemli pazar kaybına uğraması üzerine bir çalışma yaptırmaya karar verdi. California Üniversitesi'nden Dr. Betty J. Dong ile 256 bin dolarlık kontrat imzaladı. Yapılacak çalışma, "Synthroid" ile piyasada yarışan diğer ilaçların biyo-eşdeğer olup olmadığını araştırmaktı. Çalışma altı ayda tamamlandı. "Synthroid", piyasadaki diğer jenerik ilaçlarla biyolojik olarak eşdeğer bulundu. Yani

Çoğu şirket gibi Procter & Gamble da "hayalet yazar" kullandı. Ama "Johnson & Johnson" adlı dünya devinin, "Tapentadol" isimli ağrı kesici ilacın klinik araştırmasını sahte doktorla yaptığı ortaya çıktı!

Bitmedi:

Bu Dr. Vilademir Martin adlı "hayalet araştırmacı", Pfizer'ın klinik araştırmalarında da bulunduğunu açıkladı.

Yine Pfizer...

Yine osteoporoz...

Şirket, menopoz sonrası kadınlarda osteoporoz hastalığının önlenmesi için Eylül 2005 tarihinde ticari marka "Oporia" (Lasofoxifene) adıyla FDA'ya başvurdu. Ret yanıtını aldı...

Küresel dev Pfizer işin ucunu bırakır mı?

Ligand Pharmaceuticals, San Diego-California'da 1987'de kurulan bir ilaç şirketi. Şirket, Menkul Kıymetler ve Borsa Komisyonu tarafından 2002 ve 2004 yılları arasındaki mali raporlaması nedeniyle iki kez soruşturma geçirdi. Eylül 2005'te "nedense" NASDAQ'dan ayrıldı!

Aynı dönem...

Bu ilaç şirketinin kapısını Pfizer çaldı.

Ve Ligand Pharmaceuticals, "pazarlama ortağı" Pfizer aracılığıyla, osteoporoz hastalığının önlenmesi için "Fablyn" ticari ilacı çıkardı. Onayı FDA değil, Mart 2009'da Avrupa İlaç Ajansı- EMEA verdi! İlaç önce Litvanya ve Portekiz'de Pfizer tarafından pazarlandı. Bir yıl sonra FDA da onay verdi...

İlaç o kadar "başarılı" oldu ki *Fortune* dergisi, Ligand şirketini 2014-2016 yıllarında en hızlı büyüyen ilk 100 şirket sıralamasında altıncı sıraya koydu. MarketWatch 2018'de sağlık sektöründe en hızlı büyüyen şirketler listesinde ikinci sırada Ligand'ı gösterdi. Ligand hisseleri 2019 itibariyle beş yılda

---

Boots şirketinin öne sürdüğü "Synthroid" ilacın diğer jenerik ilaçlardan daha etkin olduğu iddiası geçersiz çıkmıştı. Boots ne yaptı dersiniz; çalışma sonuçlarını reddederek ve sonuçların güvenilir olmadığını öne sürerek Dr. Dong'u üniversite yönetimine şikâyet etti! Sonuçta Dr. Dong'un çalışması 1997'de *JAMA* tıp dergisinde yayımladı. Boots ise daha büyük kâr yerine yılda 330-350 milyon kazanabildi. Bugün tıbba olan inancımızı Dr. Dong gibi hekimlere borçluyuz...

yüzde 99 arttı. Daha on yıl önce hesapları soruşturulan Ligand Pharmaceuticals nerden nereye geldi?

ABD'de 28 milyondan fazla insan osteoporoz sebebiyle ilaçlara yılda 14 milyar dolar para harcıyor. Konu kapanmadı: Bu osteoporoz ilacının, düşük dozlarda dahi kanser, damar tıkanması ve felç dolayısıyla ölümlere sebep olduğu yoğun olarak tartışılıyor... FDA hangi baskılar sonucu ilaca onay verdiğini açıklayamıyor...

Esrarengiz Tylenol

Lütfen sıkılmayınız.

Bu ilaçları kullandırıyorlar size.

Bilmek zorundasınız.

İşte bir başkası...

"Parasetamol" (Asetaminofen)...

Baş ağrısı, migren, âdet sancıları, diş ağrısı, soğuk algınlığı, gribal enfeksiyonlara bağlı ağrı, siyatik, kas-eklem ağrıları, orta kulak ağrıları, sinüzit ve cerrahi operasyonlara veya yaralanmalara bağlı ağrılar sebebiyle reçete ediliyor...

Dünyada en çok kullanılan "Asetaminofen" (N-asetil-p-aminofenol, Parasetamol, APAP) Türkiye'de 300'den fazla ilaç preparatının içinde mevcut...

1883'te keşfedildi... 1950'de pazara sunuldu...

Andrew McLachlan, Mark Hancock ve Ric Day gibi araştırmacılar, "Parasetamol" (Asetaminofen) etkinliği ve güvenliği üzerine Avustralya'da klinik deney yaptılar.

11 Kasım 2009 tarihinde başlayan çalışmaya "The Paracetamol for Low-Back Pain Study (PACE)" adını verdiler.

Projenin üç amacı vardı:

-Birincisi, "Parasetamol"ün akut bel ağrısının iyileşme üzerindeki etkisini,

-İkincisi, "Parasetamol"ün düzenli doz almanın iyileşme günlerini azaltmadaki etkisini,

-Üçüncüsü, gerektiği gibi "Parasetamol" doz almanın etkisini test etmekti.

Bel ağrısı çeken 1.652 hasta üç eşit gruba ayrıldı.

-Birinci gruba günde üç kere toplam 4 gram,

-İkinci gruba ihtiyaç duyduğunda kullanmak üzere günde maksimum 4 gram,

-Üçüncü gruba ise plasebo (yalancı ilaç) verdiler…

Tarih: 23 Temmuz 2014. Çalışma sonucu açıklandı:

"Parasetamol" grupları ile yalancı ilaç/plasebo grubu arasında ağrı, sakatlık, uyku ve yaşam kalitesi yönünden herhangi bir fark yoktu!

İhtiyaç duyulduğunda "Parasetamol" kullanan hastalar 17, plasebo alan hastalar 16 günde iyileşmişti! Evet, bel ağrılarında ilk tercih olarak tavsiye edilen "Parasetamol" hiçbir ciddi klinik araştırmaya dayanmıyordu!

Peki…

Bu araştırmadan sonra yüz yılı aşkındır kullanan "Parasetamol" hakkında ne işlem yapıldı? Sağlık Bakanlığı/Türkiye İlaç ve Tıbbi Cihaz Kurumu "Parasetamol" içeren ürünler hakkında 28 Ocak 2019 tarihinde duyuru yaptı: "500 mg üzerinde (500 mg hariç) Parasetamol içeren preparatların reçeteli olarak satılması uygundur."

Demek bakanlığa göre hâlâ etkiliydi ilaç…

Biz yine "iyiyiz"; Arap ülkelerinde marketlerde satılıyor!

Bitmedi.

"Parasetamol" (Asetaminofen) amiral gemisi "Tylenol" markasını bilmeyen yoktur.

Yıl 1982. ABD'nin gündeminde esrarengiz ölümler vardı:

Önce "Top oynarken üşütmüş olabilir" diye annesi tarafından verilen "Tylenol" 12 yaşındaki Mary Kellerman'ın ölümüne sebep oldu. Otopsi bulguları "siyanür zehirlenmesi" dedi.

Yine Chicago'da, aynı gün Janus ailesinden üç kişi "Tylenol" almaları sonucu hayatlarını kaybetti. Üçünün de kanında "siyanür" bulunduğu açıklandı.

Yine "Tylenol" ve "siyanür"den ölüm yediye çıkınca alarm verildi. İlaç şişesinde siyanür vardı!

Neler oluyordu?

O dönemde "Tylenol" ABD'de yüzde 37 pazar payıyla en çok kullanılan soğuk algınlığı, öksürük, ağrı kesiciydi. Johnson & Johnson ürünüydü. Reçetesiz satılıyordu…

Ölümler ABD'de panik yarattı. Kimse ilaç yan etkisi ya da yanlış üretimden bahsetmedi; katil / katiller aranmaya başlandı... Dendi ki: "Katil, birkaç aylık bir süre içinde Chicago'nun beş ayrı yerinden satın aldığı 'Tylenol'lerin içindeki bazı kapsülleri açtı, içlerine 'siyanür' doldurdu ve kutuları yeniden raflara yerleştirdi!"

Siyanürlü ilaçların seri numaralarından, Johnson & Johnson ilaç şirketinin her iki fabrikasında, dört ayrı partide imal edildikleri ve zehrin fabrika içerisinde konmadığı saptandı.

Bu arada ölenlerden birinin ilacı süpermarketten değil de hastaneden aldığı ortaya çıktı ama bu kamuoyundan saklandı!

FBI kriminal profilleme uzmanları, "Tylenol teröristinin" kişiliği, davranış ve yaşam biçimine ilişkin bir rapor hazırladı: Faili, 20-30 yaş arasında, beyaz, erkek, kurbanları tanımadığından aşk, kıskançlık, nefret motifli olmayan, muhtemelen toplumun geneline kin duyan, düzenden şikâyetçi, bu nedenle tehdit mektupları yazmış ya da yazacak, okulda, işinde başarısız ve siyanüre ulaşabilecek mesleğe sahip bir kişi olarak tanımladı! Çok kişi "katil" diye sorgulandı; hapse atılan bile oldu. Suçlu bulunamadı.

Bu arada…

İlaç şirketi piyasadan 31 milyon kutu ilaç topladığını açıkladı. (Bunların kapaklarının değiştirilip tekrar piyasaya sunulduğu iddia edildi. Neyse…)

Aradan dört yıl geçti. 1986'da kâbus geri döndü; New York'ta "Tylenol" kapsülü alan Diane Elsroth siyanürden zehirlenip öldü. Herkesin aklına iki olasılık geldi. Ya bir türlü yakalanamamış Chicago katili tekrar harekete geçmişti; ya da onun kopyası ortaya çıkmıştı!

Oysa... ABD'nin dört yanında 270 vaka tespit edildi. Hâlâ kimsenin aklına "hatalı üretim" gelmedi! "Tylenol" katili ya da katilleri ABD'de hâlâ aranıyor!

ABD'de yapılan araştırmaya göre halkın yüzde 87'si meydana gelen ölümlerden "Tylenol" üreten şirketin sorumlu olmadığını ifade etti.

ABD Başkanı Ronald Reagan, Beyaz Saray'daki bir toplantıda, Johnson & Johnson'dan övgüyle söz ederek, kurumsal sorumluluklarını yerine getirdiği için teşekkür etti. Çünkü: Şirket katili bulana 100 bin dolar ödül vaat etmişti!

1983 yılından itibaren "Tylenol" eski pazar payının yüzde 95'ini tekrar kazandı.

"Tylenol" olayından sonra şöyle bir gelişme oldu: Reçete-ambalaj vb. konularda ABD'de köklü değişiklikler oldu; küçük üreticilere yaşam hakkı tanınmadı.

Aradan yıllar geçti.

FDA... 30 Nisan 2010'da, sıvı bebek ve çocuk ağrı kesicileri, "Tylenol" ve "Motrin" (alerji ilaçları "Zyrtec" ile "Benadryl") hatalı-kusurlu üretim yaptıkları için geri çağırdı, yeni teste soktu! FDA... 5 Mayıs 2010'da, geri çağrılan "Tylenol" üreticisi Johnson & Johnson tesisinde bulunan bakterinin, antibiyotiklere genellikle dirençli bir bakteri olan *Burkholderia cepacia* olduğunu doğruladı! 1982'de neden hiç şüphelenmediler acaba?

"Tylenol" markası 2017 itibariyle, Brezilya, Mısır, Lübnan, Myanmar, Umman, Filipinler, Portekiz, Güney Kore, Tayland, Vietnam, Türkiye ve ABD'de hâlâ satılıyor...

Hangisini yazayım?

İspanyol A Coruna Üniversitesi 20 bin 743 çocuk üzerinde yaptığı araştırma sonucunu Avrupa Halk Sağlığı Birliği (European Public Health Association) tarafından 2013 yılında yayımladı. Sonuç yürek yakıcı çıktı: Ağrı kesici "Parasetamol" verilen çocuklarda astım gelişme riski çok yüksekti!

-6-7 yaşlarda en az ayda bir kere "Parasetamol" kullanan çocuklarda, kullanmayanlara nazaran astım riski beş misli;

yılda bir kez kullananlarda bile yüzde 70 daha fazla astım riski tespit edildi.

Araştırmacılar "Parasetamol"ün kan ve akciğerlerde antioksidan glutatyonu azaltarak akciğer dokusunda hasar oluşturduğunu ileri sürdü. "Parasetamol" ihtiva eden "Calpol" üreticisi ilaç şirketi Johnson & Johnson yetkilileri ise astımlı çocuklarda üst solunum yolu enfeksiyonları daha fazla olduğu için daha çok "Parasetamol" kullandıklarını ileri sürdü!

Diyebilirsiniz ki:

İlaç şirketlerine soruşturma yapılmıyor-dava açılmıyor değil. Evet, bunlar oluyor. Ama yine insan şundan kuşku duyuyor:

Insys Therapeutics...

Hindistan doğumlu John Nath Kapoor tarafından 1990'da Arizona'da kurulan ilaç şirketi.

Boston'daki Federal Mahkeme'de görülen dava 2 Mayıs 2019'da sonuçlandı. Suçu, -kanser ağrılarında kullanılan- bağımlılık yaratan narkotik spreyi doktorların hastalarına yazmaları için rüşvet vermekti!

Şirket bu sayede 3,5 milyon dolar kazanarak, "Subsys" spreyi ABD'de kendi türünde en çok reçetelendirilen ilaç haline getirdi.

Mütevazı bir ailenin çocuğu olarak Hindistan Amritsar'da doğan, öğrenimini Hindistan Mumbai'de yapan, ABD'ye burslu mastır için gelip, ilaç sektöründe çalışıp, şirketler kuran Kapoor, Hintli değil Amerikalı olsaydı, yine de tutuklanıp cezaevine konur muydu?

Bu soruyu sormamın sebebi var:

Amerikan FDA bazı ilaçlar hakkında toplatma kararı aldığında "ilaç şirketi hangi ülkeye ait" diye bakıyorum. ABD ilaç şirketleriyle diğer benzer küresel şirketler arasında kıyasıya yarışma var. FDA ABD'li ilaç şirketlerine, Avrupa Birliği ise kendi ilaç firmalarına daha toleranslı davranıyor. Örneğin...

İsviçre'nin dünya devi Novartis ilaç şirketi Avrupa'dan ziyade ABD'de zorlanıyor. Kronik kabızlık tedavisinde kullanılan Novartis'in "Zelmac" (Zelnorm, Tegaserod Maleat) adlı ürününe toplatma kararı verdi.

Amerika'nın ilaç pazarında "haydutluk" yapmak için elinden geleni yaptığı bir gerçek. En komiği şu oldu: Novartis, ABD'de kadınlara karşı ayrımcılıktan 250 milyon dolar para cezasına çarptırıldı! New York'ta Manhattan'daki bölge mahkemesinde görülen davada jüri, Novartis'i erkeklere göre daha az maaş ve promosyon vererek kadınlara karşı ayrımcılık yapmaktan suçlu buldu ve şirketi 5 bin 600 kadına 250 milyon dolar ödemeye mahkum etti! Sanki ABD ilaç şirketlerinde durum farklıydı. ABD yargısı, demokrasi beşiği İsviçre'nin küresel ilaç şirketine sözüm ona "insan halkları dersi" veriyordu! Amaç tabii ki Novartis gibi rakipleri bezdirmekti!

Benzer örnekler çok...

Peki, Novartis şirketi ne yaptı? ABD Başkanı Donald Trump'ın özel avukatı Michalel Cohen'e yıllık 1,2 milyon dolar (ayda 100 bin dolar) danışmanlık ücreti olarak ödeme yaptığını açıkladı. Lobi olmadan ABD'de işler zordu!

Sonuçta:

Mesele gelip dolaşıp "modern tıp" anlayışına dayanıyor. Çünkü: "Ağrı" tıbbi teknik terim haline dönüştürüldü. Çaresi ilaçtı. İnsanın kendisinin ağrıya karşı mücadele etme direnci unutturuldu, görmezden gelindi. İlaç ya da cerrahi girişimlerle ağrıya müdahale şarttı. Oysa "Fantom ağrısı" denen hayalet ağrı var. Tamamen beyinde oluşan bir ağrı. Başıma geldi, inanılmaz bir boyun ağrısıyla hekime gittim, bu teşhis sonucu ilaç kullanmadan ağrıdan kurtuldum...

En garip olanı ağrı ilaçlarının keşfiydi. "Modern tıbbın" tüm bedenleri aynılaştırması yetmiyormuş gibi, ağrıya müdahale teknikleri ve hangi maddelerin ağrıya iyi geldiği konusundaki verilerin kaynağı da genellikle hayvan deneyleri oldu!

Hayvan deneyleri sonucunda elde edilen veriler kobay insanlar üzerinde doğrulatılmaya çalışıldı. Ağrı dindiriciler, kobaylarda ve insanlarda aşağı yukarı benzer sonuçlar verdi, fakat bunun için insanların deney öznesi olarak hayvanlarla hemen hemen benzer koşullarda deneye tabi tutulmaları gerekmez mi?

Aynı girişim gerçekten hasta ya da yaralı kişilere uygulandığı anda, ilacın etkisi deneysel koşullardan bağımsız hale gelmez mi?

Tartışalım…

İnsanın acıyla ilgili bilgisinin, salt "endüstriyel tıbbi" otorite ve ilaç tekellerinin himayesinde olması sayısız tehlikeli sonuçlara sebep oluyor… Bağımlılık bunlardan biri, uyuşturucu gibi, 1500'lerin başında Portekiz tüccarları gelmeden önce Çinliler kuşkusuz afyonu biliyor ve ağrı kesici olarak kullanıyordu. Uyuşturucu olarak kullanımına, "uygar insan" İngilizlerin milli şirketi The British East India Company'nin tütünle afyonu karıştırmasıyla başlayıp bağımlı oldular. Bunun bugünün ilaçlarından farkı var mı?

Ve daha bitmedi, bebeklere bile neler yapıyorlar?

Sekizinci Bölüm

KIBRIS'TA ÖLÜ BEBEKLER

İkinci Dünya Savaşı sonrası…

İnsanlar herhangi bir konuda endişeli hissettiklerinde ilaç-hap almaya teşvik edildiler. Kişisel problemleri çözmek için ilaçlar her derde deva idi.

ABD ve İngiltere'de her yedi kişiden biri sakinleştirici, uyku getirici ilaç "Barbitürat" kullandı. "Komünizm" korkusundan kurtulmak için bile hap alındı! Ailesinden birçok bilim insanı olan İngiliz yazar Aldous Huxley 1954 yılında yazdığı *Algı Kapıları* adlı kitabında komünizm tehlikesi gibi toplumsal endişelerin sadece alkolle giderilemeyeceğini yazdı; "Bir ilaç mutlaka üretilecek" dedi.

O ilaç…

Almanya'da üretilmişti zaten: Thalidomide (Talidomid)...

İlacın mucidi Heinrich Mückter (1914-1987) idi.

Nazi ordusunda görev yapmış doktordu. Lekelihumma ve Virüs Enstitüsü'nde yöneticiydi.

Astsubay Wilhelm Kunz ise yardımcısıydı.

Irksal temizleme için biyomedikal üzerine çalışıyorlardı.

Dr. Mückter (ve yardımcısı Kunz) savaştan sonra dokunulmayan Nazilerden idi. Çünkü… Savaş dönemindeki "çalışmalarının" karşılığını alıyordu:

-Küf kültürlerinden penisilin üretti.

Almanya Aachen'de 1946 yılında kurulan Chemie Grünenthal, endüstriyel penisilinin üretilmesine 1950'de ilk izin verilen şirket oldu. "Supracilin" ve "Pulmo" adlı antibiyotikleri üretti. İlacın, iç kulak ve beyin arasındaki sinirlere hasar verdiği henüz bilinmiyordu! Aynı "keşfettikleri" sakinleştirici Thalidomide (Talidomid) ilacının yan etkilerinin bilinmediği gibi! Üstelik... Hamile kadınlara da verildi; sabah bulantısını hafifletmek için. Tabii ki hamileler üzerine hiçbir çalışma-test yapılmamıştı.

Ortaçağdan beri devam eden popüler bir efsane vardı: Zararlı hiçbir madde anne karnında plasentayı geçip embriyoya ulaşamaz! Ancak…

1955 yılından itibaren molekül ağırlığı binden az olan her maddenin plasentayı geçip fetüs kanına girebileceği biliniyordu! Talidomid'in molekül ağırlığı iki yüz elli sekizdi. Buna rağmen hiçbir bilimsel temeli olmadan ilaç "Contergan" patent ismiyle 1957'de piyasa verildi; hem de dünya pazarına satıldı! "Hamile kadınlar güvenle kullanabilir" dediler…

İş reklamsız olmazdı; Grünenthal şirketi elli tıp dergisine reklam verdi; iki yüz elli bin doktora mektup gönderdi. Tüm tema "güven" üzerine kuruluydu. "Barbitürat ölümlerinin artan sayısına bir çözüm" için satılıyordu! Sadece sakinleştirici değil; her derde devaydı; soğuk algınlığı, öksürük, grip, astım, baş ağrısı vs.

İlacın sıvı haline "bebek bakıcısı" denirdi; çocukları yatıştırıp uyutmak için kullanılıyordu.

Reklam kampanyası oldukça başarılı oldu; ilaç Almanya'nın en fazla satan sakinleştiricisi oldu. İlacın satışları Grünenthal şirketi gelirlerinin yarısına ulaştı.

Savaş sonrası insanların ruh hallerini sömürüyorlardı…

İlacı ilk ithal edenlerden biri İngiliz Distillers Co. oldu; alkol imalatçısıydı! Sonra İsveç Astra şirketi ithal etti ilacı. Kanada'dan Avustralya'ya dünyada otuz yedi isim altında satılmaya başlandı. Almanya gibi ülkelerde reçetesiz satılıyordu!

Bir kadın farmakolog, ABD'nin kaderini değiştirdi: Dr. Frances Oldham Kelsey.

46 yaşındaydı ve 1960 yılında FDA'ya girmişti. İlk incelediğiydi bu ilaç. Onay verme niyetinde değildi; yeteri kadar test yapılmadığını belirtiyordu. Baskılara rağmen şirket bilgilerine dayanarak onay veremeyeceğini söyledi. Sürekli ek bilgiler istedi. Ama...

İlacın Amerikan distribütörü ve üreticisi Richardson-Merrell Pharmaceuticals Co. daima kapısındaydı. El altından da klinik test programı adına binden fazla doktora 2,5 milyondan fazla tablet dağıtılmıştı. Bunun sonucu ABD'de sadece 17 sakat doğum gerçekleşti. Bayan Kelsey direnmeseydi ölüm sayısı çok artacaktı. Bu sebeple Dr. Kelsey, 1962'de Başkan John F. Kennedy'nin elinden Federal Sivil Hizmet Ödülü aldı.

Sherri Finkbine Amerika'da televizyon sunucusuydu. Hamileydi. Eşinin Avrupa'dan satın aldığı reçetesiz yatıştırıcıyı kullandı. Talidomid'in zararlarını öğrendiğinde hamileliğini iptal etmek istedi; ancak Arizona'daki yasalar yalnızca annenin hayatı tehlikedeyse kürtaja izin veriyordu. Sunucu Finkbine, kürtaj için İsveç'e gitti. Evet, Talidomid'in fetusu deforme ettiği ortaya çıktı...

Ya Türkiye?

İstiklal Madalyalı kahraman Ord. Prof. Dr. Süreyya Tahsin Aygün, tavuk embriyosu üzerindeki olumsuz etkisini Sağlık Bakanlığı'na bildirip uyararak bu ilacın Türkiye'ye girişine engel oldu. Ankara Üniversitesi Farmakoloji Profesörü Şükrü Kaymakçalan'ın da toksisite çalışmalarını yeterli bulmaması ilacın ruhsat alamamasını sağladı. Türkiye'de bilinen Talidomid kullanımına bağlı hiçbir vaka olmadı. O yıllar bağımsızdık...

Ya diğer ülkeler?

Parıltılı günler çabuk geçti.

İlacı kullanan kişilerde kayda geçmeyen çeşitli yan etkiler ortaya çıkmaya başladı. Periferik nöropati/çevresel sinir sistemi hastalıkları, halsizlik, kabızlık, baş ve kas ağrıları yaygın şikâyetler haline geldi. Esas yıkıcı etken, hamile kadınların doğum yapmalarıyla ortaya çıktı:

Kolsuz, bacaksız, kulaksız bebek doğumları; kolları bacakları büyüyemeyen; kör doğan bebeklerin durumu hemen anlaşılamadı. Zaten Almanya'da artık sakat doğan bebeklerin kaydı da tutulmuyordu. Faşist rejimin Nazi Hastalıkların Önlenmesi Yasası ile zorunlu istatistiksel izleme dayatması savaş sonrası Almanya'da, doğuştan gelen rahatsızlıkları kayıt altına alma konusunda isteksizlik yaratmıştı.

Diğer yandan... "Ölüm ilacı" insanları zehirlemeyi sürdürmeye devam etti… Aynı yıl…

Avustralya'da Dr. William McBride bu konuda ilk makaleyi yazdı. Yaptığı tetkiklere göre, Talidomid molekülü anneden fetüse geçip çeşitli fonksiyon bozukluklarına sebep olabilecek nitelikteydi. Uyarı yazısını 14 Haziran 1961'de tıp dergisi *The Lancet*'e gönderdi. 13 Temmuz'da makalesi iade edildi; yayımlanmadı! (*The Lancet* hâlâ bu makalenin kendine ulaşmadığını iddia ediyor.)

Aynı dönem Alman şirketi Grünenthal reklam faaliyetlerini hız kesmeden sürdürdü. Sadece Almanya'daki doktorlara 700 bin promosyon broşürü gönderdi: "Contergan güvenilir bir ilaçtır." Doktorların ilaca "kör sadakatinden" yararlandılar… Öyle ya, "tıbbi ilerleme" sağlık sektörünün sihirli sözcüğüydü; kadim bilgiler ise şarlatanlık!

İlacın tanınırlığı ne kadar fazla ise etkisi o kadar sanılıyordu; aynı bugün olduğu gibi! Promosyonlar o yıllarda yenmeye başladı tıbbı…

"Berlin Duvarı'nın öte yakasındaki insanlar 'mutluluk ilacını' alamadığı için ne mutsuzdular" diyorlardı! İşin aslı, Doğu Almanya Talidomid'i onaylamadı ve ülkesine sokmadı. Merkezi eczane kontrol komisyonu başkanı Friedrich Jung Talidomid'in; beyin fonksiyonları için önemli glutamik asidin türevi olarak vitaminlerin yapısını bozan etkisinden şüphelendi.

Dünya televizyonları Nazi ırkçısı Adolf Eichmann'ın kaçırılıp Kudüs'e getirilip yargılanmasını izlerken, diğer Nazi'ye ait "ölüm ilacının" kontrolsüz bir şekilde evlere girmesine seyirciydi!

Sonuçta 46 ülkede… Beş bini hayatta kalan sekiz bin ile on iki bin arasında ilaç yüzünden şekil bozukluğu olan bebek doğdu. İlacın dünya çapında kaç kurbanı olduğu tam olarak bilinemedi. Örneğin İspanya'da Talidomid 1970'lerde, hatta 1980'lerde bile yaygın olarak kullanıldı. Bunun sebebi devlet kontrollerinin çok zayıf olmasıydı. İlaçtan insana zarar gelir miydi hiç?

Anneler bebekleri kucaklarına verildiğinde benzer tepkiyi gösterdi: Çığlık! Çok acı olaylar yaşandı. Belçika'da Van de Put adındaki çift, şekil bozukluğu olan sekiz günlük bebeklerini zehirleyerek öldürdü.

İlaç mağdurlarının davaları yıllarca sürdü. "Bilim" direndi! *Times* bile hâlâ inatla, "Talidomid Testleri Hiçbir Tehlike Arz Etmiyor" diye haberler yayımladı.

Ailelerin verdiği yıllarca süren mücadeleler sonucunda *Sunday Times* ancak 1972'de "Talidomid Mağduru Çocuklarımız: Milli Utanç" başlığıyla üç sayfa haber yaptı.

Oysa. İki yıl önce…

Almanya'da 1968'de Grünenthal şirketinin birkaç görevlisine ihmal, cinayet ve yaralanma davası açıldı! Sonuç? Duruşma Aralık 1970'te suçlu bulmadan sona erdi. Sadece… Anlaşmanın bir parçası olarak, Grünenthal özel bir vakfa 100 milyon mark ödedi; Alman hükümeti 320 milyon mark ekledi buna...

İngiltere'den Yeni Zelanda'ya davalar hep "uzlaşmayla" sonuçlandı. "Kan parası" yeterli oluverdi faciayı unutmak için!

Ölen öldüğüyle kaldı; sakat doğan bebekler ise her türlü zorluğa rağmen hayata tutunmaya çalıştı.[218]

Şirketlere gelince:

218 Hayatta kalanlardan Mat Fraser, 2002'de "*Born Freak*" isimli ve Niko von Glasow ise 2008'de "*NoBody's Perfect*" adlı konuyla ilgili belgesel hazırladılar.

Chemie Grünenthal adını Grünenthal GmbH olarak değiştirdi.

Distillers Co. Ltd. şu anda Diageo plc'nin bir parçası The Distillers Company (Biochemicals) Ltd. olarak varlığını sürdürüyor.

Smith, Kline, French (SKF) adını GlaxoSmithKline (GSK) yaptı.

William S Merrell şirketi varlığını Sanofi'nin bir parçası olan Richardson-Merrell adıyla sürdürüyor.

Tarih: 31 Ağustos 2012.

Grünenthal GmbH Genel Müdürü Harald F. Stock, Talidomid tarafından zarar görenleri sembolize etmek için engelli bir çocuğun heykelinin yapılacağını açıklayarak herkesten özür diledi. Hayatta olan 5 bin kurban özrü "hakaret" ve "çok az, çok geç" olarak nitelendirdi.

Bebek ilaçları dehşet saçıyor

Sadece Talidomid faciası yok...

Tarih: 25 Ekim 2010

Daily Telegraph gazetesi İngilizleri sarsacak haberi yayımladı. Kıbrıs'ta 1960'larda görev yapan İngiliz askerlerinin 300 bebeği ölü doğmuş ya da ancak bir gün yaşayabilmişti.

Askerlere aşı mecburiydi ve hepsine humma ve tifo adı altında yedi ayrı aşı yapılmıştı! Gözler aşıya çevrildi.

Savunma Bakanlığı üç aylık inceleme yaptı ve sadece 1960-66 döneminde Kıbrıs'taki bebek ölümlerinin sayısını araştırdı. Ve dedi ki: "Bebek ölüm oranı Kıbrıs'ın 1960'lar mevcut şartlarına uygundur!"

Aşı incelemesi yapıldı mı? İngiliz küresel ilaç devi GlaxoSmithKline (GSK) özellikle aşı üretiminde dünya liderlerinden biridir. Geçelim… Yapılmadı çünkü.

Diyebilirsiniz ki:

İnsanoğlu yakın tarihte böylesine büyük felakete uğradığı ilaçlar konusunda daha temkinli olur. Biliniz ki: Kapitalizm, Adam Smith'ten sonra ahlakını kaybetti!

Şunu okur musunuz:

Yıl, 2015. Hollanda'da, bebekleri karnında yeteri kadar büyümeyen 93 hamile kadına, büyümeye destek için Viagra verilmesi denemesi, yenidoğan 19 bebeğin ölümü ardından durduruldu...

Sanmayınız ki bu müstesna-istisnai bir olay! Bebekler hâlâ tehlike altında...

Çocuklu evlerde mutlaka Calpol, Sudafed, Benylin, Tixylis gibi ilaçlar var. Peki, bu ilaçların içine konulan tartrazine, panecau, güneş sarısı, karmozin, kuinolin, allura gibi renklendiricilerin-tatlandırıcıların çocuklar için zararlı olduğu bilinmiyor mu?

E110… Güneş sarısı içeren Buttercup, bebek öksürük ilacı olarak kullanılıyor…

E122… Karmozin içeren ağrı kesici, ateş düşürücü Calpol, parasetamol bebek şurubu olarak kullanılıyor...

E124… Ponceau içeren Anbesol, diş çıkarma jeli olarak kullanılıyor...

E210… Medised, bebeklerde ağrı kesici ve ateş düşürücü olarak kullanılıyor…

E211… Benylin, sert öksürük, ayrıca çocukta derin, kuru ve gece öksürüğü için kullanılıyor...

Daha yeni; Johnson & Johnson 2018 yılında Missouri eyaletinde, ürettiği bebek pudralarının kansere yol açtığı iddia edildiği davayı kaybetti; mahkeme firmanın 4,69 milyar dolar tazminat ödemesine hükmetmişti.

Hangisini yazayım?

"Tixylic", soğuk algınlığı için kullanılıyor… "Unichem", diş çıkarma dönemlerinde ağrı kesici olarak kullanılıyor...[219]

İlaç firmalarının bu şurupları-ilaçları üretip satmalarına neden izin veriliyor? Hem de çoğu reçetesiz olarak! Bu zararlı katkı maddeler hiç gündeme getirilmez. Fransız Çevre Ajansı

219 Ateş dürücü-öksürük kesici "Parol Pediatrik Şurup" adlı ürün 5 Ağustos 1986 tarihinde Türkiye'de toplatıldı. Öksürük üzerinde etkisi kanıtlanmamıştı. Arkası gelmedi… Öksürük şuruplarıyla ilgili çocuklar üzerinde yapılmış pek çalışma yok. Öksürük şurupları genellikle erişkinler üzerinde yapılmış çalışmalara dayanılarak çocuklara veriliyor!

(ANSES) 2018 yılında yayımladığı inceleme raporunda, kanserojen olduğu bilinen glifosat dahil zararlı olabilecek farklı toksik maddelerin bebek bezlerinde saptandığını açıkladı.

Kanserli Çocuklara Umut Vakfı (KAÇUV) Başkanı Prof. Dr. İnci Yıldız bu yılın başında, Türkiye'de yılda 3 bin 500 çocuğa, yani her üç saatte bir çocuğa kanser teşhisi konulduğunu belirterek, "Bu rakam nükslerle 5 bine ulaşıyor" dedi.

Çocuklarda kanser artışının sebepleri ne?

Kimler araştırıp hesap soruyor?

Dünyada hesap soranlar var:

Yıl, 1982.

Avustralyalı tıp öğrencisi olan Peter R. Mansfield'in dikkatini Bangladeş'te ilaç şirketlerinin bebeklere yönelik yayınları-reklamları çekti. Bunlar, yetersiz beslenmiş çocukların ebeveynlerine iştah açıcı tonik ve kas gelişimini sağlayan anabolik steroidleri tavsiye ediyordu!

Öğrenci Mansfield hemen ilaç şirketlerinin uluslararası karargâhlarına belirli ilanlar-reklamlar hakkında soru soran açık mektuplar yazdı. Çevresini de buna teşvik etti. Dünyaya yayıldılar…

Bir yıl sonra Medical Lobby for Appropriate Marketing (MaLAM) adlı örgütü kurdular. 2001 yılında adını değiştirdiler; "Sağlıklı Şüphecilik" (Healthy Skepticism)…

Tüm ülkelerde yanıltıcı ilaç reklamlarına-tanıtımlarına karşı mücadele etmeyi sürdürdüler. Yaptıkları baskılarla 168 ilacın reklamını durdurmayı başardılar.

Sadece reklam-tanıtım değil; küresel ilaç firmalarının faaliyetlerini de takip ettiler. Örneğin… Bu mücadeleyi yürütenlerden Dr. Christopher Scanlan, ABD'de 14 yıl önce yasaklanan bazı çocuk ilaçlarının Meksika'da satıldığını ortaya çıkardı. Ayrıca… Ölümcül yan etkili "Dipiron" ve "Winthrop" ilaçları da rahatça reçete ediliyordu!

Üçüncü dünya ülkelerinde neler olduğunu küresel medya yazmıyor. Dünya Sağlık Örgütü raporunda çocuklarda akut diyare tedavisinde "İshal önleyici ilaçlar asla kullanılmamalıdır" yazdı. "Hiçbiri kanıtlanmış bir pratik değere sahip değildir ve bazıları tehlikelidir." Sonra ne oldu?

Pakistan'daki Lahore Pediatri Profesörü Dr. Shahida Haider, "5 yaşın altındaki çocuklara tıp uzmanları ishal önleyici ilaçların verilmesinin iyi olmadığını biliyorlar; ancak ilaç şirketleri her zamankinden daha çok zorluyor" deyip ekledi: "Pakistan'da her yıl tahminen 90 milyon ishal vakası yaşanmaktadır. Bu yaş grubundaki tahmini 228 bin çocuk ölüyor…"

ABD'de artık satılmayan antibiyotik olan "Kaomycin" (Türkiye'de "Kanamisin") ilacı Pfizer (yan şirketi Upjohn) ve ishal önleyici ilaç "Imodium" (Türkiye'de adı "Lopermid") ilacı Johnson & Johnson satmaya devam ediyordu!

Yürek dayanmaz. Aralık 1989'da Pakistanlı çocuk doktoru Tarık Bhutta, Johnson & Johnson'ın yerel yan kuruluşundan... Söylendiğine göre ebeveynleri kendilerine "Imodium" damlası verdikten sonra bağırsakları felç olmuş 19 bebekten altısı hastanede, dördü evde öldü...

ABD ve AB dışında ne olduğuyla kimse ilgili değildi…

Bunlar hiç konuşulmaz ülkemizde. Gündemde olan sürekli çocuklardaki "dikkat eksikliği" veya "hiperaktivite" konusu!

Thomas Stephen Szasz (1920-2012)…

Macar kökenli Amerikalı psikiyatr-psikanalist idi.

Modern toplumların psikolojiyi sosyal kontrolün amacı olarak gördüğünü ortaya koyarak, *Zihinsel Hastalık Efsanesi* (1961) ve *Delilik Üretimi* (1970) adlı kitapları yazdı.[220]

Szasz'in görüşüne göre, ruhsal hastalıkların altında yatan fizyolojik temeller değildi; başkaları tarafından zihinsel bir hastalığı olduğu söylenen insanlar, en iyi ihtimalle "yaşamda sorun" yaşayanlardı.

220 Szasz'in şu tanımlaması harikadır: "Tanrı ile konuşursanız, dua ediyorsunuz; Tanrı sizinle konuşursa şizofreniniz var! Ölüler sizinle konuşursa, bir ruhsalcısınız; ölülerle siz konuşursanız şizofrensiniz!"

"Bir çocuğa psikiyatrik ilaç verdiğinde onu tedavi etmezsin, zehirlersin" diyen psikiyatri dünyasının efsane ismi Szasz bu konuda netti: "Otuz yaşında bir adam bir cep dolusu Ritalin ile yakalanırsa yıllarca hapis yatabilir. Bunun diğer adı speed'dir (uyuşturucu). Zerre kadar laboratuvar testi veya tıbbi kanıt olmadan 'hasta' diye okul çocuklarına verdikleri budur!"

Türkiye'de çocuklara "peynir-ekmek" gibi nasıl dayatılıyor bunlar? Çocukların gelişmesini etkilediği, kalp problemi yarattığı, doğuştan kalp bozuklukları olan çocuklarda ani ölümlere sebep olduğu, halüsinasyonlar, alışılmadık davranışlar, tikler, cilt üzerinde mor lekeler, tehlikeli derecede yüksek tansiyon, iştah kaybı, görme problemleri, sinirlilik hissi, uykusuzluk sebebi olduğu bilinmiyor mu? Türkiye'de "doktor tavsiyesiyle" altı yaşından küçük çocuklara bile veriliyor!

Hem de... ABD Oregon Sağlık ve Bilim Üniversitesi, dikkat bozukluğu üzerine 2 bin 300 araştırmayı gözden geçirip bu ilaçların hiçbirinin etkin olmadığını kanıtladığı halde

Paranın gözü çıksın!

Bilmediğimiz başka gerçekler mi var? Gerçekleri bilmemelerine olanak yok; ilaç yan etkileri nedeniyle ABD'de her 5 dakikada 1 kişi ölüyor. Ve bu gidişata "dur" demek için hiçbir ciddi yaklaşım sergilenmiyor! Bunun bir sebebi olmalı... İnsan ırkının yoksullarını yok etmek mi?

Rockefeller nüfus projesi

Doğum kontrolü eski zamanlardan beri kullanılıyordu; MÖ 1550'den Mısırlı Ebers Papirüs ve MÖ 1850'den Kahun Papirüs en erken belgelenmiş doğum kontrol açıklamalarıydı: Akasya yaprakları spermi bloke etmek için vajinaya yerleştiriliyordu. Yunan filozofu Aristoteles, cinsel ilişkiden önce rahme sedir yağı uygulanmasını tavsiye etti. Hipokrat bir yıl boyunca suda çözünmüş bakır tuzu içmenin hamileliği önleyebileceğini tavsiye etti vs.

Fakat... Etkili ve güvenli doğum kontrol yöntemleri ancak 20. yüzyılda mevcut oldu. Pensilvanyalı kimya profedörü Russell Marker, 1942 yılında progesteron (âdet döngüsü ve gebelikte rol oynayan, her ay rahmi hamilelik için hazırlayan kadınlık) hormonu üretebileceği bitki arıyordu. O sıralar bu hormon kadınlarda menopoz sürecine yardımcı olmak ve düşüğü önlemek amacıyla kullanılıyordu. Yüzlerce bitki türünü inceledikten sonra Meksika'da Hint yerelması veya tatlı patates adıyla bilinen yam kökünde karar kıldı. İşte... Kısa bir süre sonra bu bitkiden üretilen hormon doğum kontrol haplarına kaynaklık etti.

Doğum kontrol hapı kullanımına ilk olarak FDA onayıyla 10 Haziran 1957 tarihinde başlandı. Hap çok popüler oldu. *Time* dergisi kapak konusu yaptı.

Doğum kontrol ilaçlarının bulunmasıyla, o dönem Rockefeller öncülüğünde dünyada "nüfus kontrol" çalışmalarının denk gelmesi tesadüf mü?

Araya girip *Saklı Seçilmişler* kitabımdan alıntı yapmama izin veriniz:

Dünyada "ari ırk" nüfusunun artması için gelişmemiş ülkelerde "nüfus planlaması yapma" projesi de öjeni görüşünün yansımasıydı.

Rockefeller ve Carnegie gibi varlıklı "seçkin aileler" tarafından maddi destek verilen öjeninin asıl hedefi neydi: Arzu edilmeyen "kansoylarının" sistematik biçimde imha edilmesi anlamına gelen "negatif öjenik"!

Birini tanıtayım...

Negro/Zenci Projesi'nin başında bir kadın vardı.

Bugün "farklı maskeler" ile tanıtılsa da hedefi: Siyah nüfusu azaltmaktı! Üstün ırk (Master Race) yaratmaktı!

Adı, Margaret Sanger (1879-1966)...

Aktivist hemşire... Dünyada "kadın hakları mücadelesi veren kadın" olarak tanınıyor.

ABD'de neyin mücadelesini verdi:

-Doğum kontrol... (Bu terimin mucidi.)

-Kürtaj hakkı...

Kilise'nin "günahkâr" suçlamasına rağmen geri adım atmadı.

1914 yılında *The Woman Rebel* isimli aylık bir gazete çıkarmaya başladı.

1921'de Amerikan Doğum Kontrolü Birliği'ni (American Birth Control League) kurdu.

1927'de Cenevre'de ilk Dünya Nüfus Konferansı'nın toplanmasına öncülük etti.

1939'da Negro/Zenci Projesi'ni başlattı.

1953'te kurulan Uluslararası Aile Planlaması Federasyonu'nun ilk başkanı oldu. Hindistan ve Uzakdoğu ülkelerinde doğum kontrolü konusunda çalışmalar yaptı...

1921 yılında şunu yazdı:

"Doğum kontrolünün öjeni ve uygarlık değeri aydınlanmış ve zeki insanlar için belirginleşiyor. Doğum kontrol propagandamızın temelini oluşturan öjenin nihai hedefleri ile hemen hemen aynıdır. Doğum kontrolü savunucusu olarak, 'uygun olmayan' doğum oranı ile uygarlığa en büyük tehdidi oluşturan 'uyum' arasındaki dengesizliğin asla düzeltilemeyeceğini belirtmek için mevcut fırsattan yararlanmak istiyoruz. Bu konuda, alçak sınıfların, örneğin zayıf düşünen, zihinsel olarak kusurlu, yoksulluk çeken sınıfların doğurganlığı, zihinsel ve fiziksel olarak uyumu sağlamak için, eğitimli ve / veya eğitimli insanların daha verimli ebeveyni olmakla yükümlü tutulmamalıdır. Aksine, günümüzün en acil problemi, zihinsel ve fiziksel açıdan kusurlu olanların aşırı doğurganlığını sınırlamak ve caydırmaktır. Spartalı yöntemler toplum üzerinde zorla uygulanabilir. Öjeniklerin gerçek menfaatlerine en iyi hizmet edeceğiz, çünkü çalışmalarımız pratik ve pragmatik bir değere sahip olacak."

Margaret Sanger'ın arkasında Rockefeller vardı. Rockefeller Vakfı bu konudaki düşüncesini şöyle yazdı:

"Aile planlaması ve nüfus artışı endişeleri Rockefeller ailesini ve onların hayırseverliklerini uzun zamandır ilgilendirmektedir. Bu çıkarlarla ilgili çeşitli projeler, geçen yüzyılda Rockefeller'ın desteğini aldı. (...) Günler sonra John D. Rockefeller Jr., Sanger'ın davasına isimsiz bir bağışta bulundu. John D. Rockefeller Jr.'ın aile planlaması konusundaki desteği babasından daha açıktı. Bu konudaki ilgisini mütevelli heyetlerine açıkça belirtti ve nüfus kontrol konularında daha kesin bir biçimde davranmaları için baskı yaptı. (...) Nüfus kontrolü tartışmalı oldu, birçok yabancı hükümet planları kültürel açıdan uygun olmayan veya emperyalist olarak gördü. Bunun yerine Rockefeller Jr. tarıma yöneldi. Bu da çok daha az tartışmaya neden oldu..."

Nüfus planlamasına neden ihtiyaç duydukları sır değil; öjeni felsefesi... Amaç, güçlü ırklar yaratmak! Bunu "genetik", "doğum kontrolü" "aile planlaması", "nüfus kontrolü" gibi kavramlarla gerçekleştireceklerdi!

Ve: Rockefeller, Haziran 1952'de Nüfus Sorunları Konferansı'na sponsor oldu.

Konferanstan sonraki aylarda Rockefeller, nüfus konseyi kurulmasını önerdi.

Rockefeller Vakfı ile Ford Vakfı katkılarıyla 1954'te BM Roma'da, Dünya Nüfus Konferansı düzenledi.

Ne tesadüf! BM, Rockefeller'ın çalışmalar yürüttüğü Hindistan'ın isteğiyle, bu ülkede dünyadaki ilk hükümet düzeyinde oluşturulan aile planlaması programını destekleme kararı alındı.[221]

Nüfus Konseyi oluşturuldu. "Konsey, demografik eğitimle ilgilenen gelişmekte olan ülkelerden gelen bireylere burs desteği sağlayarak, bilimsel araştırma ve aktivizm arasında bir denge oluşturmaya çalıştı."

Dünya ölçeğinde nüfus planlaması büyük maddi güç istiyordu. Bu nedenle projeye Dünya Bankası Kalkınma

---

221 Rockefeller'ın Hindistan'da giremediği yer; 1950'lerden beri komünistlerin yönetimde olduğu Kerala eyaletiydi! Bahsettik: Hindistan genelinde bebek ölüm hızının binde 40 ve doğuşta yaşam beklentisinin 63,5 yıl olmasına karşılık, Kerala eyaletinde "halkçı sağlık sistemi" sayesinde bebek ölümleri binde 12'ye indirildi, doğuşta yaşam beklentisi ise 75 yıla uzadı...

Örgütü'nden destek alındı. Bu Amerikan kuruluşu 30 yıl içerisinde sadece Mısır'a 28 milyar dolarlık bağış yaptı. İstediği sadece aile planlamasıydı! Yerseniz…

Yani… "Doğum kontrolü" bu bilgiler anlaşılmadan ele alınamaz. Kadınlar hâlâ hedef:

Üçüncü kuşak doğum kontrol

Bugün…

Hormonal doğum kontrol yöntemi dünyada yaklaşık olarak 220 milyon kadın tarafından kullanılıyor. Bu hapların çeşitleri gün geçtikçe artıyor. Fakat eczaneye gidip herhangi bir ilacı satın almak son derece sakıncalı. Hapların ancak doktor kontrolünde, bünyenin özelliklerine göre seçilip kullanılması kadının cinsel sağlığı açısından büyük önem taşıyor. Örneğin, hormonal bakımdan aşırı hassas olan kadınlarda duyarlılığı tetikleyen haplar büyük sorun yaratabiliyor.

Yıl 1987…

Alman kökenli ABD'li küresel ilaç şirketi Schering-Plough Corporation, "Femodene" adı altında "üçüncü kuşak" (COC 3s) doğum kontrol hapını çok güçlü reklam kampanyasıyla pazara verdi.

Pek çok sağlıklı kadın, "ikinci kuşak" yerine "üçüncü kuşak" doğum kontrol ilacı kullanmaya başladı. İlacın aynı zamanda antiandrojen etki arttıkça tüylenme, akne ve sivilce gibi yakınmaların tedavisinde başarı sağladığı iddia ediliyordu. Hele… Antiandrojen etkinin artmasının kandaki kolesterol düzeyleri üzerinde de olumlu ve koruyucu etkisi vardı!

Bir süre sonra… İngiltere'de Sağlık Bakanlığı, bu ilaçların tromboembolik[222] hastalık riskinde artışa yol açtığına dair uyarıda bulundu.

Bu uyarı, medyada yankı buldu ve çoğu İngiliz kadını, "üçüncü kuşak" doğum kontrol ilaçlarını almaktan vazgeçti. Ancak… İlaç firmaları aksi yönde açıklamalarda bulunmaya

222 Herhangi bir damardaki trombüsten kopan kan pıhtısının başka bir bölge damarında tıkanmaya sebep olması.

ve reklam vermeye devam etti. 2000'li yılların başında çok sayıda çalışma yayımlandı. Sonuçlar rahatsız ediciydi. İlaç endüstrisi destekli tüm çalışmalar, tromboembolik hastalık riski artışı olmadığını gösteriyordu. Buna karşın kamu destekli çalışmalar tam aksi yöndeydi.

Konuyu araştıran Hollandalı bir gazeteci, endüstri destekli bir çalışmada, risk artışı saptadığını ancak bu çalışmanın hiçbir zaman yayımlanmadığını ortaya çıkardı!

İngiltere'de 100 kadar kadın, yan etkileri konusunda uyarılmadıkları gerekçesiyle "üçüncü kuşak" doğum kontrol hapı üreticilerine dava açtı. Haplardan zarar gören kadınların avukatları, kan pıhtılaşması riskini artıran hapların felç ve uzun dönemli sakatlıkların yanı sıra ölüme yol açtığını belirtti.

Hap kullanmayan ya da hamile olmayan kadınlarda tromboembolizm riski her 100 bin kadında 5 iken, "ikinci kuşak" hapları kullanan kadınlarda bu risk 100 binde 15, "üçüncü kuşak" hapları kullananlarda ise 100 binde 25 idi.

Kırk iki günlük delil ve tartışmadan sonra İngiliz Yüksek Mahkemesi hapları suçsuz buldu. İngiliz basını hâkimin, İngiltere İlaç Güvenliği Ajansı Lisanslama Otoritesi ile İlaç Güvenliği Ajansı (CSM) tarafından kabul edilenin aksine karara varmaya istekli olmadığını yazdı!

Söz konusu olan 15 milyar dolarlık doğum kontrol piyasasıydı kuşkusuz...

Hedef kadınların beyni

Yıl, 2008.

Yüksek Sağlık Şûrası şu gerçeği ortaya çıkardı: Doktor hatasına bağlı ölüm veya başarısız tedavi yüzünden açılan davalarda, ilk sırayı kadın doğum uzmanları aldı! Hamilelik ve doğum en hassas konuydu. Konuyla ilgili haberler ve iddialar hiç bitmedi.

İngiliz klinik psikoloji dergisi *The Journal of Clinical Psychiatry* 2016 yılında, hamilelik döneminde kullanılan ağrı kesici-ateş düşürücü parasetamolün çocuklarda "dikkat eksikliği" (attention deficit disorders, ADHD) bozukluğuna sebep olduğunu yazdı...

Benzer makaleler hep oldu:

- Kopenhag Üniversitesi'nden araştırmacılar, yaşları 15 ila 50 arasında değişen yaklaşık 1,8 milyon Danimarkalı kadından veriler topladı. 2017'de yapılan bu araştırmaya göre, doğum kontrol ilaçları alan kadınların meme kanseri riski artıyor. Risk artış oranı, alınan ilacın süresine bağlı olarak değişiyor. Eğer yılda birden az alınıyorsa, riskteki artış oranının yüzde 9 civarında olduğu, 10 yıldan fazla süredir kullanımda ise risk artışının yüzde 38 olduğu belirtiliyor...

-Antidepresan "Paroksetin" (PAXIL) kullanan hamilelerin bebeklerinde, kullanmayanlara nazaran 1,5 misli daha fazla kalp rahatsızlığı ortaya çıktığı açıklandı. Ölümcül kalp bozukluklarının yanında antidepresan kullanan hamilelerin bebeklerinde çoklu organ bozuklukları oluyordu.

-Epilepsi, bipolar bozukluklar, migren vs. hastalık meydana gelmemesi için kullanılan "Valproate" adlı ilacın, hamile ve çocuk doğurma potansiyeli olan kadınlar için çok tehlikeli olduğunu; bebeklerde otizme yol açtığını *Neurology* dergisi yazdı.

- ABD'nin sağlık kuruluşu Kaiser Permanente 2011 yılında yaptığı araştırmada, 1.800 çocuğun kayıtlarını inceledi, 298 çocukta otizm tespit etti. Doğumdan bir yıl öncesine kadar -antidepresan grubu- SSRI kullanan annelerin bebeklerinde otizm riski kullanmayanlara nazaran iki misli fazlaydı.

-Teksas Üniversitesi Tıp Fakültesi hormonal olmayan doğum kontrolü kullanan 18 ila 33 yaşları arasındaki 191 kadını takip etti. Buna göre, enjekte edilebilir doğum kontrol iğneleri sürekli kemik kaybına sebep oluyor...

-Araştırmalar ağız yoluyla alınan doğum kontrol ilaçlarının dişeti iltihabını artırdığını ortaya çıkardı...

- Fransa İlaç Denetleme Kurulu (ANSM), doktorlara "Diane 35" adlı ilacın olası yan etkileri nedeniyle doğum kontrol amaçlı verilmemesi uyarısında bulundu...[223]

---

223 Şunu belirtmem lazım: Gebeliği önleme yöntemleri genel itibariyle kadınlar üzerine; ilaca/ korunmaya maruz bırakılacak taraf hep kadınlar! Doğum

-Doğum kontrol hapları ve östrojen içeren hormon preparatların, vücutta proteinin eksikliği veya yetersiz işlevi nedeniyle deride ve iç organlarda tekrarlayan şişlik olarak tanımlanan herediter anjioödem hastalığını tetikleyebildiği uyarısında bulunuldu…

-Doğum kontrollerinin intiharı artırıp artırmadığı hep tartışılan bir konu…

Uzatmak mümkün ama gerek yok. Her ilacı/kimyasalı vücudunuza sokarken, yan etkilerini en ince ayrıntılarına kadar bilmek zorundasınız. Mesela… Bol kahve mi içiyorsunuz; doğum kontrol haplarının kafeinin parçalanmasını geciktirerek kan düzeyinin artmasına neden olduğunu bilmelisiniz!

Hiçbir doğum kontrol yöntemi mükemmel değildir. Doğum kontrol yöntemi seçerken, rahatsız edici yan etkiler ve gerçek sağlık tehditleri gibi potansiyel risklere karşı, etkinlik, kolaylık, işlem süresi ve geri dönüşüm kolaylığı gibi potansiyel faydaları iyi tartılmalıdır...

Hele… Doğum kontrol için tek yolun steroidlerden geçtiği dayatmasına karşı uyanık olunuz.

Benim anlamadığım şu: Sporcular yarışma öncesi doğum kontrol hapları gibi birbirleriyle kaynaşmış halkalardan oluşan steroidleri kullandığında bu "doping'" olarak adlandırılıyor ve istismar olarak görülüp cezalandırılıyor![224]

Doğum kontrol hapları insana uygun mu?

Doğum kontrol haplarında östrojen ve progesteron hormonlarının sentetik türleri üretilir. Bunlar o iki hormonu taklit edebilen daha dayanıklı hormonlardır. Bu hormonların ikisini içeren karma doğum kontrol haplarında sentetik östrojen

---

kontrol hapı, rahim içi araç, deri altı implantlar hep kadınların uygulayabileceği yöntemler. Araştırma-geliştirmelerin öznesi de kadınlar. Bunun sebebi olarak modern tıbbın hâlâ erkek egemen kültürden beslenmesi olarak gösteriliyor. Ki haksız değiller! 60 yıldır araştırıp duruyorlar güya! Erkeklere satamayacaklarını düşünüyorlar belki…

224 Hatta… Gümüşhanespor'da forma giyen Adem Şentürk, farkında olmadan dünya doping tarihine geçti! Gümüşhanespor'un Kırşehirspor ile oynadığı maçta, doğum kontrol haplarında bulunan hormon maddesi kullandığı tespit edilen Şentürk, bir futbolcuya verilen en yüksek cezayı alarak iki yıl sahalardan uzaklaştırıldı!

(etinel estradiol) ve sekiz farklı sentetik progesteron (progestin) türünden biri kullanılır.

Sentetik östrojen vücudun her ay yumurta üretmesini engellerken; progesteron da rahim ağzındaki mukusun koyulaşmasına neden olarak döllenmeyi engeller. Ancak…

Bu hormonlar gebeliği önlemede başarılı olsa da, doğal hormonlarla tam uyum göstermediği bir gerçek. Bu yüzden sentetik hormonların akne, terleme, tüylenme gibi farklı etkileri ortaya çıkıyor. Bu kadar mı? Hayır. Daha önemlisi var:

Bu güçlü sentetik hormonlar beyni de etkiliyor. Ne yazık ki doğum kontrol haplarının fiziksel ve duygusal yan etkileri üzerine çok sayıda araştırma yapılmasına rağmen beyin üzerindeki etkileri pek incelenmedi.

Salzburg Üniversitesi'nde nörolog Belinda Pletzer, 2010-2018 yılları arasında bu konuyu araştırdı. Sonuçlar oldukça ilginçti...

-Doğum kontrol hapı kullanan kadınların beyninde bazı bölgeler diğer kadınlara kıyasla daha büyüktü; tıpkı erkeklerde olduğu gibi.

-Davranışlarda da değişim vardı. Bazı doğum kontrol haplarını kullananlar, kadınların genel olarak yetenekli olduğu sözel alanda gerileme yaşıyor ama erkeklerin yetenekli olduğu başka becerilerde daha iyi hale gelebiliyordu!

-Doğum kontrol hapı kullanan kadınların insanlardaki üzüntü gibi yüz ifadelerini algılama özelliği azalıyordu!

Peki, "Türkiye bebek-ana sağlığı konusunda ne yapıyor?" diyebilirsiniz. Tek olayla açıklayayım…

İşin özü şu:

Doğum kontrol hapları kronik hastalıkların en önemli sebeplerinden biridir.

Mesele sadece hap değil…

Ya her fırsatta hiçbir yan etkisi yok gibi yapılanlar?

Amerikan FDA üç aylık gebelikten korunma iğnesini (Depo-Proveran), uzun süreli kullanımında önemli miktarda kemik yoğunluğu kaybı nedeniyle "siyah kutu" uyarısı kapsamına aldı. Ya Türkiye'de?

Türkiye'de tam bir boş vermişlik var; sağlığın her alanında...

Türkiye dünya rekortmeni

Doktorlar "robot" yapıldı; şartlandırıldı! "Kanıta Dayalı Tıp" doktor gözlemlerinin - teşhislerinin sonunu getirdi. "Yüksek çözünürlüklü MR tarayıcı" gibi baş döndürücü teknolojiler klinik sohbetlerinin sonunu getirdi: "Çektir bir MR bakalım..."

Bu konu önemli:

Tespit:

- Türkiye MR uygulamasında dünyada birinci sırada yer alıyor.

-Türkiye bilgisayarlı tomografi (BT) uygulamasında dünyada ikinci sırada bulunuyor.

- Yataklı tedavi kurumlarında 1000 kişiye düşen MR görüntüleme sayısı: Türkiye 174, OECD ortalaması 70.

-Yataklı tedavi kurumlarında MR cihazı başına düşen görüntüleme sayısı: Türkiye 15 bin 890, OECD 4.848.

Ve:

-Yataklı tedavi kurumlarında bilgisayarlı tomografi (BT) cihazı başına düşen görüntüleme sayısı Türkiye için 12 bin 993 iken, OECD ortalaması 6 bin 890.

-Yataklı tedavi kurumlarında 1000 kişiye düşen BT görüntüleme sayısı Türkiye'de 188; OECD'de ise 147.

Fark büyük...

Tespit:

2015 yılı verilerine göre...

-Hastanelerde, 11 milyon 286 bin 357 MR çekildi. Bunun 6 milyon 992 bin 601'i bakanlık, 1 milyon 432 bin 479'u üniversite hastanelerinde, 2 milyon 861 bin 277'si özel hastanelerde çekildi.

-Hastanelerde 13 milyon 675 bin 737 bilgisayarlı tomografi; 27 milyon 407 bin 816 ultrason, 10 milyon 839 bin 226 doppler (renkli) ultrason, 6 milyon 96 bin 164 ekokardiyografi, 1 milyon 964 bin 426 mamografi çekildi.

Sağlık Bakanlığı verilerine göre bu sayı geçtiğimiz yıl...

12,5 milyon MR...

15 milyon BT (bilgisayarlı tomografi)...

28 milyon ultrason oldu!

Bu kez dünya birinciliği hepsinde gerçekleşti...

Rekoru kimseye bırakmamak için sürekli kampanyalar düzenleniyor; "erken tanı şart".

Mecbursunuz yaptırmaya... Amerikan Radyoloji Derneği, meme kanseri konusunda kadınların kabahatli olduğunu açıkladı; "yıllık mamografilerini yaptırmıyorlar!"[225]

Tüm bu olağanüstü duruma ne diyeceğiz? "Ne zengin ülkeyiz, tıp teknolojisini ne çok kullanıyoruz!" Demek... Batı, tıbbi teknolojiyi kullanma konusunda ne fakir? Neyse, bunlar şaka yapacak haller değil. İş zıvanadan çıktı; hastaneler cep telefonuyla sms-mesaj gönderiyor:

-"Kaçırılmaz fırsat, indirimli check-up kampanyasından yararlanın, kanser olmayın!"

-"İndirimli yeni yıl hediyesi tedavi paketlerinden yararlanın!"

Buzdağının görüneni bu; hangi açıdan işlemek gerekiyor hazin durumu...

Halkı uyutmak için neler yapmadılar ki? Aletin ilk adı NMR idi; ancak "Nükleer Manyetik Rezonans" adını kullanmak istemediler; "nükleer" kelimesinin insanlara korkutucu geleceğini düşündüler. "MRI" dediler; "Magnetic Resonance Imaging (Manyetik Rezonans Görüntüleme).

İngiltere Sağlık Bakanlığı çok ciddi radyasyon tehlikesi dolayısıyla gereksiz tomografileri yasakladı! Amerikan FDA,

225 Bir meme kanseri çeşidi olan "duktal karsinoma in situ"nun (DCIS), mamografinin ortaya çıkmasından bu yana yüzde 328 oranında arttığına; bunun radyasyon ve mekanik basıncın birleşiminden kaynaklandığına; tek bir mamografi sırasında yayılan radyasyon miktarının sıradan bir göğüs röntgeninden bin kat daha fazla olduğuna filan girmeyeyim. Hele erkek prostat kanser testleri mamografi gibidir yan etkileri konusunda; bilgi sahibi olunuz...

daha iyi görüntüleme elde etmek için kullanılan "Definity" gibi bazı ilaçların ölüme sebep olduğunu açıkladı.

Bizim Sağlık Bakanlığı ise Avrupa'nın en büyük tomografi cihazı alımını gerçekleştirmekle övünüyor!

Çok övündükleri Bilkent Şehir Hastanesi'ni işleten CCN Holding CEO'su Murad Bayar şöyle dedi: "Son teknoloji teknik altyapı sayesinde MR çekim randevusu bir günde gerçekleştirilebiliyor!"

Batı hızla küçük, taşınabilir, yan etkisi göreceli az tıbbi cihaz teknolojisine geçerken, Türkiye gibi ülkelere hantal, yan etkisi fazla cihazları dayatıyorlar. Zaten işin özünde asıl mesele şu, küresel şirketler tıbbi cihaz satışından çok, sarf malzeme satışından kâr sağlıyor. Bu nedenle birçok firmanın hastanelere tıbbi cihazları "ücretsiz" kurduğu belirtilmektedir.

Bu cihazların insanlara hele çocuklara nasıl zarar verdiği konusunda ne yazık ki farkındalık yaratacak bilgilendirmeler yapılmıyor! İyi görüntü almak için vücuda verilen kimyasalların yan etkileri konusunda tek bilgi verilmiyor.

Öyle algı çalışmaları yapılıyor ki, insanlar MR vd. yaptırmadan hastaneden çıkmanın yanlış olduğu hissine kapılıyor! "Doğru teşhis" için bu cihazlar olmazsa olmaz oldu! Türkiye'de "test kirliliği" var maalesef...

"Modern" dünyanın "hastalık paranoyalı toplumu" devamlı kendisini kontrol ettirmekte ve sağlam kalmak için mücadele ediyor! Örneğin...

Bursa Devlet Hastanesi Ocak 2017 kayıtlarına göre sağlık kurumunda görevli radyoloji uzmanları, bir günde tam 320 hastaya ultrason yaptı!

Diyarbakır'da faaliyet gösteren özel hastanede kullanılan bilgisayarlı tomografi cihazına, Kürtçe yazılım yüklendi. Cihaza giren ve Türkçe bilmeyen hastalar, Kürtçe komutlara göre hareket ediyor...

Burada Romalı şair Horatius'u anımsatırım size:

"Neden gülüyorsun? Başkalarının başına geldiği için güldüğün bu hikâyeler aslında senin hikâyendir."

Zavallı ülkemiz

Tıbbi cihazların vücuda zararları konusunda kaç kişinin bilgisi var? Hamilelikte ultrasonun uzamış ve sık kullanımının bebekte beyin gelişimi, hareket ve vücut ağırlığı anomalilerine neden olduğunu gösteren bazı hayvan deneylerinin bulunduğunu kaç kişi biliyor? Bilinmeyen pek çok yan etki var:

-Tahliller vücuda radyoaktif ışın veriyor.

-Akciğer filmi vücudunuza zarar veriyor.

-MR yüzde 90 gereksiz yere çekiliyor.

-Her yıl gereksiz yere binlerce röntgen çekiliyor.

Bu bilinçsizliği oluşturmalarının nedeni gereksiz cihaz kullanımını sorgusuz sualsiz sürdürmek mi?

-Leblebi çekirdek yer gibi anjiyo yapılıyor ve stent takılıyor; bunlar vücuda zarar veriyor.

Bu bile tek başına kitap konusu olur. Tıp dergisi *NEJM* 2009 yılında İsveç'te 47 bin 967 stent konan hastanın 1-5 yıl takip edilmesinin enteresan sonuçlar ortaya çıkardığını; uzun süredir tartışılan ilaçlı ve ilaçsız stent tartışmasının ilaçsız stentler lehine bittiğini yazdı. Ne değişti Türkiye'de? Her sene milyonlarca lira hâlâ ilaçlı stentlere gidiyor!

Bu konu ayrı kitap konusu olur:

Örneğin... Kalça kırıklarında kullanılan tıbbi ve bilimsel olarak aynı işi yapan iki eklemli unipolar protezlerin fiyatı İngiltere'de bin dolar iken, ülkemizde iki bin beş yüz dolara satılıyor.

Tıbbi ve bilimsel olarak aynı işi yapan çelik plaklar yerine titanyum plaklar tercih edilerek fiyatlar kırk kata kadar çıkarılıyor. Bazı hekimler elli lira değerindeki çelik plakları tercih etme hassasiyeti gösterirken, bazı doktorlar iki bin lirayı aşan plakları tercih ediyor.

Alçı tedavisiyle hallolabilecek bir kırıklı hasta kolaylıkla pahalı plak, vida, cihaz ve malzemelerin kullanılabileceği pahalı ameliyata yönlendiriliyor.

Bir ilçede görev yapan ortopedi uzmanı doktorun tek başına yılda 600 diz protezi ameliyatı yaptığı ortaya çıktı!

Burası Türkiye... Yürüme mesafesi çok iyi olduğu halde, diz ya da kalça kireçlenmesi olan bir hastaya ağrısı olduğu gerekçesiyle protez ameliyatı yapılıyor.

Bir yıl içerisinde Antalya'da İsveç belden kemerli yürüme cihazı hiç reçete edilmemişken, Diyarbakır'da 300 tane yazılıyor!

Pahalı malzeme kullanmak için, üroloji ve doğumda zorlamayla idrar kaçırılmasını önlemek için yumuşak dokuda kullanılan "Coapetite syringa" diz eklemlerine bile enjekte ediliyor.

Sinir bozucu yazmayı bırakayım...

Baksanıza:

Televizyon ekranlarındaki "reality show" programlarının konusu oldu sağlık. "Modern tıp" neokapitalist ekonomi içerisinde kendine yer buldu ve insan sağlığı artık paraya dayalı bir meta haline getirildi.

Diana M. Zuckerman...

Hekim. Halk sağlığı ve hasta sağlığı için politikalar üreten Amerikalı sağlık analisti. Özellikle tıbbi ürünlerin güvenliği ve etkinliği konularında uzman. Endüstri tarafından finanse edilen taraflı araştırmaların medyada geniş yer bulmasına rağmen bağımsız olarak finanse edilen bilimsel çalışmaların görmezden gelinmesine karşı çıkan birkaç isimden biri:

-"Şirketler sevmedikleri araştırmalar için 'önemsiz bilim' diyor. Oysa halk sağlığına yönelik asıl tehlikeye 'çek defteri bilimi' denebilir: Bilgiyi genişletmek veya insanlığa fayda sağlamak için değil, ürünleri satmak için 'bilimi' kullanıyorlar."

Zuckerman'ın meslektaşları Paul Brown ve Steven Nissen, *Archives of Internal Medicine* dergisinde bir inceleme yayımladı: FDA, potansiyel olarak ölümcül veya çok yüksek riskli olduğu ortaya çıkınca geri çağırdığı 627 cihazdan hemen hiçbirini klinik çalışmalarda test etmemişti!

Şunu bir kez daha anımsatmalıyım:

Özel sektör doğası gereği "maksimum kâr" için çalışır.

Kâr yönelimli bir sağlık yatırımcısı, yatırım yapacağı sağlık kuruluşunun kendisine ne kadar para kazandırabileceğini önceden bilmek ister. Bunun için "piyasa" araştırması yapar ve "kâr" getirisinin yüksek olmadığı sektöre yatırım yapmaz. Sermaye sahibi için önemli olan elindeki para ile ne kadar para kazanabileceğini bilmek ve yatırımını "en kârlı" alana yöneltmektir. Bu durumda, yatırım yapılacak sağlık kurumu sermaye sahibine diğer sektörlerden (faiz, rant, diğer yatırım alanları vs.) serbest piyasanın sağladığı kârdan daha fazlasını getirme potansiyeline sahip olmalıdır! Bu nedenle sermaye sahipleri bir yandan kâr getirisi olasılığı yüksek olmayan yörelere sağlık yatırımı yapmaz!

Diğer yandan da yatırım yaptığı coğrafi alanda maksimum kâra ulaşmak için "arzın talep yaratması" adıyla bilinen bir uygulamaya yönelebilir. Bu uygulama çeşitli yollardan toplumu etkileyerek (korku, panik, moda, vb.) gereksiz sağlık hizmeti istemi yaratılması yoluyla aslında gereksinim duyulmayan bir sağlık hizmetinin sunulması ve elbette bu hizmetten kâr elde edilmesi anlamına gelmektedir. Kötüye kullanılan check-up uygulamaları ve gereksiz yere sık yinelenen çeşitli laboratuvar tetkikleri, bu konuda örnek olarak gösterilebilir...

İşte biri:

Tıbbi teknoloji şirketleri

MR...

Manyetik Rezonans...

Vücudun herhangi bir bölgesinin kesitsel olarak görüntülenmesi anlamına geliyor.

Dünyada ilk MR görüntüsü, kimyacı Paul Lauterbur tarafından 1972 yılında elde edildi. Aslında... Kimin ilk buluşu yaptığı yıllardır tartışma konusu. Kimisi de Dr. Raymond Vahan Damadian'ın keşfettiğini ileri sürüyor. Nobel, 2003 yılında ödülü Paul Lauterbur'a verilince tartışma daha da alevlendi. Dr. Damadian, üç büyük ABD gazetesine protesto ilanları verdi; ilk kanserli hücreyi kendisinin bulduğunu, Nobel'in hakkı olduğunu savundu. Nobel neden ikisine de verilmemişti, anlaşılamadı. Meselenin özü yıllar öncesine dayanıyordu. Dr. Damadian 1970'ler ortasında buluşunun patentini alıp, kendi şirketi "Fonar"ı kurup üretime başladı.

Bu arada Paul Lauterbur haklarını General Electric firmasına sattı; şirket üretime başladı. Dr. Damadian hemen yargıya koştu, dava açtı ve küresel devden 128 milyon dolar tazminat aldı![226]

Yıllık (2018'de) 121,615 milyar dolar geliriyle dünyanın en büyük şirketlerinden General Electric tıp teknolojisi yatırımlarına 1970'lerde başlamadı.

C.F. Samms ve J.B. Wantz tarafından 1893 yılında kurulan Victor Elektrik Şirketi, Wilhem Roentgen'in keşfinden bir yıl sonra röntgen makineleri yapmaya başladı. General Electric, 1920 yılında bu şirketi satın alarak sektöre girdi.

İkinci Dünya Savaşı'ndan sonra GE Medikal Sistemler Bölümü'nü kurdu. 1960'larda popüler olan kalp ve yoğun bakım üniteleri ekipmanlarını geliştirildi. Aynı dönemde kalp pillerini New York Schenectady'de Kurumsal Araştırma ve Geliştirme Bölümü'nde geliştirdi. Yani…

General Electric 1970'lerde Paul Lauterbur'den MRI patentini aldığında sağlık teknolojisi konusunda agresif büyüme içindeydi.

226 Kim bilir, belki de bu kavgadan dolayı, 1976 yılında ABD'de yeni tıbbi cihazlar için FDA'dan "onay" alınması uygulamasına geçildi. Bu iş için FDA içinde "Cihazlar ve Radyolojik Sağlık Merkezi" (Center for Devices and Radiologi-cal Health-CDRH) sorumlu kılındı. Ama sanmayınız ki işler yoluna girdi! "AneuRx stendi", FDA onaylı aort damarlarının normal çapından daha büyük genişlemesini durdurmak için kullanılıyor. Üretici firmanın ve stendi kullanan hekimlerin, FDA'ya gönderdikleri yan etki raporlarını topluca inceleyen üç FDA bilim insanı, Michigan Tıp Fakültesi'nden bir başka akademisyen ile stent kullanılan hastaların kısa ve uzun dönem belli bir hastalığa bağlı ölüm sayısının, geleneksel cerrahi tedavi gören hastalardan daha yüksek olduğunu bildiren çalışmayı *Journal of Vascular Surgery* dergisine gönderdi. Çalışma, derginin web sayfasında yayımlandı. Bunun üzerine, stenti üreten firma, FDA'ya gönderilen yan etki raporlarının çalışma için kullanılamayacağını, bunların ticari sır olduğunu ve firma onayı olmadan yayımlanamayacağını söyledi. FDA, makaleyi geri çekmek zorunda kaldı. Bu çalışma bir daha yayımlanmadı!

GE Medical 1983'te, 1 milyar dolar harcayarak Manyetik Rezonans Görüntüleme (MRI) teknolojisine yoğun bir şekilde yatırım yapmaya başladı; MR Signa doğdu. General Electric'in bir iştiraki olarak 1994 yılında GE Healthcare kuruldu. Uzatmayayım.

GE Healthcare; MRI, mamografi, bilgisayarlı tomografi gibi tıbbi görüntüleme, elektronik tıbbi kayıtlar, hasta izleme sistemleri gibi dokuz ana iş biriminden oluşuyor.

Bu bilgileri yazmamın sebebi; mesele sadece ilaç değil, bir de sağlık cihazları konusu var. Dünya pazarının en büyükleri arasında, 2017 yılında 19,1 milyar dolar gelirle GE Healthcare beşinci sırada!

-Dünyanın en büyük tıbbı cihaz şirketi, -en başta da kalp pilleri satışıyla- (2017) 29,7 milyar dolar geliriyle ABD'li Medtronic! Nasıl büyüdüğüne tek örnek vereyim; 2010-2019 yılları arasında 36 şirket satın aldı![227]

-Tıbbi cihaz şirketlerinin ilk onunun ikinci sırasında yine ABD şirketi var; Johnson & Johnson'ın tıbbi cihaz yan kuruluşu DePuy Synthes: 2017 yılı geliri 26,6 milyar dolar…

-Üçüncü sırada Alman şirketi Fresenius Medical Care var; 1966 yılında diyaliz makineleri satmaya başlayan şirketin (2017) geliri 20,7 milyon dolar…

Alanlarına kimseyi sokmuyorlar; Fresenius Medical Care, ABD merkezli bir ev içi diyaliz cihazı üreticisi olan NxStage'i 2 milyar dolara Şubat 2019'da satın aldı. Aynı yıl Angola,

227 Satın aldığı şirketler: Ardian (2010), Osteotech (2010), ATS Medical (2010), Krauth Cardiovascular (2010), Fogazzi (2010), Invatec (2010), ev3 Inc (2010), Aspect Medical Systems Somanetics Corp (2010), PEAK Surgical (2011), Salient Surgical Technologies (2011), China Kanghui Holdings (2012), CV Ingenuity (2012), BÂRRX (2012), Newport Medical Instruments (2012), SuperDimension (2012), Oridion Systems (2012), NGC Medical (2014), Sapiens Steering Brain Stimulation (2014), TYRX Inc (2014), Sapheon (2014), Reverse Medical Corporation (2014), Given Imaging (2014), VNUS Medical Technologies (2015), Advanced Uro-Solutions (2015), Diabeter (2015), CardioInsight Technologies (2015), Aptus Endosystems (2015), RF Surgical Systems (2015), Medina Medical (2015), Lazarus Effect (2015), Bellco (2016), HeartWare International Inc (2016), Crospon (2017), Mazor Robotics (2018), Nutrino Health Ltd. (2018), Titan Spine (2019). Niye mi satın alıyor; kapitalist bir ekonomide "pazarın" yapısını belirleyen iki unsur vardır: "rekabet ve tekelleşme!

Suudi Arabistan, Fas ve İspanya'da piyasaya hâkim olmak için rüşvet dağıttığı ortaya çıktı; 231 milyon dolar ceza ödedi.

- Küresel teknoloji şirketi Philips'in bir yan kuruluşu olan Philips Healthcare, dünya sağlık cihazları sıralamasında (2017) 20,7 milyar gelirle dördüncü sırada.

Sıralama... Alman tıbbi cihaz şirketi Siemens Healthineers (16,5 milyar dolar), Amerikan Cardinal Health (13.5 milyar dolar), Amerikan Stryker (12.4 milyar dolar), Amerikan Becton Dickinson (12.1. milyar dolar), Amerikan tıbbi cihaz şirketi Baxter (10.6 milyar dolar) ile sürüyor...[228]

Medikal alet sektörünün küresel ticaret hacmi 2015 yılı sonu itibariyle 1 trilyon 170 milyar dolar; ilaç sektöründen büyük...

Dünyadaki en büyük 30 tıbbi cihaz şirketi, küresel pazarın yüzde 89'una hâkim. Geri kalan 27 bin büyük ölçekli şirket ise pazarın geri kalan yüzde 11'ini paylaşıyor. En büyük ilk on şirketten yedisi ABD kökenli. Evet, tıbbi cihaz pazarının tartışılmaz lideri ABD; piyasanın yarısına hâkim.

ABD bunu nasıl başardı; farklı etmenler var kuşkusuz. Ama ABD, U.S. Office of Technology Assessment / OTA (ABD Teknoloji Değerlendirme Bürosu) birimini 1976 yılında kurdu. Çünkü Amerikan Kongresi, yeni bilim ve teknolojinin önemli olduğu ve mutlak politika geliştirme kararını almıştı. Mesele başkaydı; yeni pazarlar bulmak. Dedim ya, piyasa durgunluğunu sağlık parasıyla gidereceklerdi.

ABD'nin en eski ilaç şirketlerinden Warner Lambert; henüz kolesterol ilacı Lopid ile şeker ilacı Lipitor'u bulmadan ve henüz Pfizer'a satılmadan önce, 1970'lerde hastanelere tıp cihazı pazarlıyordu. Şirketin bu alandaki ilk ürünleri "Amerikan

---

228 Genel olarak üretip sattıkları tıbbi cihaz ve aletleri aşağıdaki gibi temel sınıflandırma yapmak mümkün: Tıbbi Görüntüleme Sistemleri, Ameliyathane ve Solunum Cihazları, Biyokimya, Moleküler Biyoloji, Hematoloji, Genetik ve Mikrobiyoloji Cihazları, Biyolojik Sinyal İzleme Cihazları, Radyoterapi Sistemleri, Fizik Tedavi Cihazları, Optik Tıbbi Cihazlar, Sterilizatör ve Etüv Cihazları, Diş, KBB ve Göz Üniteleri, Ses ve İşitme Cihazları (Odyometre, Empedansmetre), Mekanik Cihazlar ve Cerrahi Aletler, Tıbbi Gaz Sistemleri, Hemodiyaliz Cihazları, Su Sistemleri (Deiyonize, Distile, Revers Ozmoz), Tek Kullanımlık Sarf Malzemeleri, Protez ve Ortezler...

Optik Kardiyometre", "Lown Kardiyoverter" ve "Koroner Yoğun Bakım Ünitesi" idi. (Şirket, hiçbir kanıt olmadığı halde promosyon belgelerinde, koroner yoğun bakım ünitelerinin kalpten ölümleri azaltmakta etkili olduğunu belirtti. Oysa İngiltere'de yapılan çalışmalar bunun tersini söylüyordu!)

Kanıtlar her hastanın bu "pahalı" birimde tedavisine gerek olmadığını göstermesine rağmen, yoğun bakım üniteleri ABD'de hızla yaygınlaştı. Birçok yoksul Amerikalı insan en basit tıbbi hizmetlere erişemezken, hastanelerde yoğun bakım ünitesi enflasyonu yaratıldı!

Warner Lambert şirketi, ABD pazarı koroner yoğun bakım birimlerine doyunca yurtdışına aşılmak zorunda kaldı. İlk hedef Latin Amerika'ydı. İşte 1976'da kurulan OTA bürosunun kuruluş amacı buydu; Amerikan şirketlerini dünyaya açmak. Koroner bakım üniteleri insanlığa büyük müjde olarak sunuldu...

Ardından...

ABD, "sağlık teknolojilerini değerlendirme" projesini tek tek dünya ülkelerine soktu. 1993 yılında International Network of Agencies for Health Technology Assessment –INAHTA (Uluslararası Sağlık Teknolojileri Değerlendirme Ajansları Ağı) oluşumunu meydana getirdi. Bu işe 2008 yılında Dünya Sağlık Örgütü (WHO) katıldı. Kamuflaj / örtü şart!

Ne mi yapacaklardı; "dünyanın dört bir yanındaki ülkeler sağlık sistemlerini yönetme konusunda zorluklarla karşı karşıyaydı; yardım yapmak şarttı!" Teknolojiye öncülük verilmesi gerekiyordu vs.

Hemen her ülkede Health Technology Assessment-HTA (Sağlık Teknolojileri Değerlendirme) birimi kuruldu. Türkiye bu sisteme 2009 yılında dahil oldu. Sağlık Bakanlığı Sağlık Araştırmaları Genel Müdürlüğü bünyesinde ve Çalışma Bakanlığı Sosyal Güvenlik Enstitüsü, Genel Sağlık Sigortası Genel Müdürlüğü bünyesinde birer HTA departmanı oluşturuldu. Türkiye İlaç ve Tıbbi Cihaz Konseyi kuruldu. 35 bürokrata yurtdışında eğitim verildi.

İşin özü şuydu:

HTA esas olarak "kanıta dayalı tıp" yöntemine dayanıyordu. Bu kavram 1992 yılında tıp terminolojisine girdi. Sanki daha önce tıp kanıta dayalı yapılmıyordu!

Her ne kadar bu kavramda "Hekimin klinik deneyimi de önemlidir" dense de asıl konu "hastanın değerleri" meselesiydi. Yani hekim-hasta ele ele verip "en güçlü kanıtı" bulacaktı. Bu arayışa kim yardımcı olacaktı; tıbbi cihazlar tabii ki! "Kanıtı" sunacak olan teknoloji idi.

Dediler ki: "Hasta güvenliğinin sağlanması için hekimlerin klinik kararlarını kanıta dayalı almaları ana hedef olmalıdır." Sanki eskiden fala bakarak teşhis yapıyordu! Hekimi cihaza mahkûm etmenin yoluydu bu anlayış…

Türkiye'de yapılan HTA çalışmalarının merkezi "pazar" unsuruydu!

Türkiye açık pazar

Türkiye, tıbbi cihaz ve kritik parçalar ihtiyacını yüzde 85 oranında dış alımla gerçekleştiriyor. Toplam ithalat 1996 yılında 354,35 milyon dolar iken, bu rakam yirmi yıl sonra 2016'da 2,980 milyar dolar oldu!

Türkiye'de yerli-yabancı tıbbi cihaz üretici firma sayısı 1.059.

Türkiye'de tıbbi cihaz ithalatçısı şirket sayısı 2.245.

Bu yetmezmiş gibi elindeki büyüyen işletmeleri de yabancılara kaptırıyor.

-Türk Betasan şirketini, İngiliz Partners in Life Sciences (PILS) aldı...

-Türk Nemed şirketini, Danimarkalı AlvimedicaApS aldı...

-Türk Bıçaklar şirketini, Kuveytli Global Capital Management aldı...

- Türk San Sağlık Ürünleri şirketini, İsveçli Svenska Cellulosa Aktiebolataget aldı...

Türk şirketleri neden elden çıkarılıyor; bunda AB Gümrük Birliği ve AB uyum mevzuatı dayatmasının rolü olduğunu belirtmek zorundayım!

AB'ye uyum için sürekli Ocak 2007'de Vücut Dışında Kullanılan (In-Vitro) Tıbbi Tanı Cihazları Yönetmeliği, Haziran 2011'de Tıbbi Cihaz Yönetmeliği ile Vücuda Yerleştirilebilir Aktif Tıbbi Cihazlar Yönetmeliği gibi düzenlemeler yapıldı.

Tıbbi cihaz üreticisi bir Türk işadamı geçen yıl gazeteci Çiğdem Toker'e gönderdiği mektupta şöyle diyordu:

"Türkiye'de 10 yıl öncesine kadar sadece radyoloji cihazı üreten 8 firma vardı. Türkiye genelindeki bütün kamu alım ihalelerine girebiliyorlardı. Bu sayede hem üretim kalitemizi geliştiriyor, hem de yan sanayiye katkıda bulunuyorduk. Sonra Sağlık Bakanlığı toplu alım yapmaya karar verdi. Yüzlerce cihaz tek tek partiler halinde alındı. En küçük alım 10 milyon dolar. Bunların hiçbirine yerli üreticiler katılamadı. Çünkü 10 milyon dolarlık bir alımda, 'Firmaların tek seferde yüzde 25 iş deneyim belgesi olmalı' şartına uyan yerli üretici yoktu. Ayrıca 10 milyon dolarlık bir alıma ait yüzde 3, yüzde 6 banka teminat limitlerimiz yok. Üreticilerin çoğu kapandı, bazıları ithalata başladı. Tıbbi cihaz üreten bu sekiz fabrika CHP döneminde değil, AK Parti döneminde kapatıldı."

Bunun tek sebebi vardı; Türkiye tıbbi cihaz pazarının ithalata açık hale getirilmesi! Yoksa küresel şirketler nasıl gelirlerini artırsın?

Bakınız:

Türkiye'de tıbbi cihaz pazarının büyüklüğü 2,6 milyar dolar civarındaydı.

2018 yılında Türkiye rekor kırdı; on yıllık alım garantisiyle 10 milyar dolarlık tıbbi cihaz ihalesi yapacağını açıkladı. 350 MR, 538 bilgisayarlı tomografi, 7 bin 142 ultrason cihazı, 43 bin 372 hastabaşı monitör cihazı, 3 bin 236 dijital radyografi Cihazı alınacaktı...

Başvuru için son tarih, 4 Temmuz 2018 idi. Küresel 20 şirket başvurdu; tek seferde 10 milyarlık tıbbi cihaz alımı herkesi heyecanlandırdı. Bundan sonrası karışık oldu:

İhale 24 Temmuz'a ertelendi; sonra 13 Ağustos'a, sonra 31 Ekim'e, sonra 10 Ocak 2019'a, sonra 16 Nisan'a ertelendi. Sonra ihale sessizliğe bırakıldı... Ekonomik kriz çıktı, belki bundandı.

Bu kadar alımın şehir hastaneleri projesi için yapıldığı iddia edildi. Bu proje bile sadece tıbbı cihazlar konusuyla bile ele alınması gerekiyor. Çünkü: Şehir hastanelerinin sadece hacmi, büyüklüğü, cüssesi dışında kamuoyuyla hiçbir bilgi paylaşılmıyor. Bu hastanelerin -tıbbi cihazlar gibi- asıl maliyetinin ne olacağı söylenmiyor. Keza, mesele şu:

Tıbba egemen olan küresel şirketlerin tıp teknolojisine yatırımı genellikle koruyucu hizmetlerden çok, tanı ve tedaviye yönelik. O zaman "sağlık ocakları" yerini "şehir hastanelerine" bırakıyor.

Erdoğan hâlâ kandırılıyor

Carillion…

İngiltere'nin en büyük küresel inşaat şirketlerinden…

Geliri yıllık 236 milyon sterlin idi; 43 bin çalışanı vardı.

Şirket 2018 ocak ayında işlerini durdurdu; ağustos ayında battığı resmen açıklandı. Bu, Birleşik Krallık/İngiltere tarihinin en büyük ticari tasfiyesi oldu.

Carillion şirketinin sadece İngiliz devletiyle 450 sözleşmesi vardı. Bunlar arasında "şehir hastaneleri" önemli yer tutuyordu.

İngiltere'nin 1992'de başlattığı "kamu-özel ortaklığı" modeli bu şirketin batmasına sebep oldu. Şöyle:

Carillion…

Sothmead Hastanesi, Darent Vadisi Hastanesi, Harplands Hastanesi, Great Western Hastanesi, John Radcliffe Hastanesi, Lewisham Hastanesi, Brampton Hastanesi, Queen Alexandra Hastanesi, Soult Area Hastanesi, Qakville-Trafalgar Hastanesi, Al Jalia Hastanesi gibi "şehir hastaneleri" yaptı.

İflasıyla birlikte, Royal Liverpool Hastanesi, Midland Metropolitan Hastanesi yarım kaldı!

Carillion'un batışı İngiltere'de "şehir hastaneleri" modelini gündeme getirdi. Aslında… İngiltere'de, "şehir hastaneleri" modeli Carillion şirketinin batmasından önce tartışılmaya başlandı:

- İngiliz Tabipler Birliği (BMA) uygulamanın geleceğinin parlak olmadığını defalarca açıkladı.

-Yolsuzluk ve hizmet kalitesinin düşüklüğü gibi sebeplerle "şehir hastaneleri" şikâyetleri artınca, İngiliz parlamentosunda 2011'de araştırma komitesi kuruldu. Hasıraltı edildi gerçekler...

Ve 2018'de İngiliz devleti, inşaat şirketlerinin yönettiği birçok hastanenin hizmetini sürdürebilmesi için ek ödenek vermeye başladı. Sonu ne olacak, herkes karamsar.

İngiliz ulusal sağlık sistemini çökerten kamu-özel ortaklığı modelini biz bu ülkeden aldık! Üstelik bu modeli hayli abarttık:

-Araziyi devlet sağlıyor…

-İnşaatı yapan firmanın aldığı tüm kredilerin teminatı devlet oluyor...

-Tıbbi gereçler inşaatı yapan şirketten alınıyor...

-Tıbbi görüntüleme, laboratuvar gibi hizmetler inşaat şirketine bırakılıyor...

-Yüzde 70 (nedense psikiyatri hastaları için yüzde 80) oranında garantili hasta teminatı veriliyor.

-Otel gibi çalıştırılacak hastanelerin yardımcı sağlık personeli vd. inşaat şirketine ait oluyor.

-AVM görüntülü hastanelerin kafe, pastane, çiçekçi, alışveriş dükkânları gibi tüm ticari alanları da inşaat şirketine veriliyor.

Peki, bu modelde ileride bir sorun olursa kim çözecek? "Türk adliyesi" sanmayınız; yurtdışı tahkime gidilecek!

Turpun büyüğü heybedeydi…

Avrupa Yatırım Bankası'na göre, "şehir hastanesi" yatırımları yüzde 24 pahalıydı. Ayrıca alınan krediler de devlet borçlanmasına göre yüzde 83 fazlaydı. Bu biline biline…

Türkiye'de yapılması planlanan 12 milyar dolarlık sözleşme değerinde 30 şehir hastanesi var. Devletin 25 yılda ödeyeceği para 31 milyar dolar.

Mesele sadece hastane binasıyla / inşaatla sınırlı değil…

Türkiye'de 1514 hastane var.

Bunun 560'ı özel hastane.

Peki...

Neden "kamu-özel ortaklığı" şehir hastaneleri yapılıyor?

Neden kamu ya da özel sektör değil de, bu modelle hastaneler kuruluyor?

Neden büyük mali bedel ve mali risklerle devlet karşı karşıya bırakılıyor?

Öyle ki:

Rönesans Holding... (Ki sarayı yaptığından tanırsınız.)

Mart 2015'te Adana Şehir Hastanesi ihalesini kazandı.

1.550 yatak kapasiteli hastane Eylül 2017'de açıldı.

Adana'da 23 kamu-özel hastane vardı: 750 yatak kapasiteli Numune Eğitim ve Araştırma Hastanesi daha 2011 yılında açılmıştı. Şehir Hastanesi'nin açılmasıyla sadece 6 yıl sonra kapısına kilit vuruldu.

Sadece Adana değil...

553 yataklı Mersin Devlet Hastanesi 2015'te baştan sona yenilendi! 306 yataklı Doğum Çocuk Hastanesi 2007'de açıldı! 1.300 yataklı Mersin Şehir Hastanesi'nin geçen yıl açılmasıyla kapatıldı!

Adana'da 685 milyon dolarlık ve Mersin'de 358 milyon avroluk) savurganlık yapıldı. Ya diğerleri?

Üç kuruş inşaat rantı için küresel tıbbi cihaz şirketlerinin oyununa mı gelindi? Yoksa tüm bunlar danışıklı dövüş mü?

Batı taşınabilir-küçük teknolojik tıbbi aletlere yatırım yaparken Recep Tayyip Erdoğan devasa şehir hastaneleri inşaatıyla övünüyor. Hizmete sokacağı şehir hastanelerinin açılışına CHP lideri Kemal Kılıçdaroğlu'nu davet ediyor:

-"Bay Kemal, açılışta beraber olalım. İnan mutluluk duyarım. Bu hastanelerin ne kadar muhteşem, güzel olduğunu gör. Gör de yalandan kurtul!"

17 yıldır sadece inşaatla övünen iktidarı var Erdoğan'ın! Gurur duydukları icraat, Batı'nın terk ettiği şehir hastaneleri projesi! Yahu...

ABD'de... 1873 yılında 173 hastane vardı.

1909'da hastane sayısı 4 bin 300 sayısına ulaştı.

1946 yılında 6 bine, 1970'te 7 bin 200'e kadar yükseldi.

Bu sayı bugün 5 bin 7'ye kadar düştü.

Bir örnek daha vereyim; "hastane yatak sayısı artışı" ile çok övünüyor Erdoğan!

ABD'de 2000 yılında yatak sayısı 983 bin 628 idi; bugün bu sayı 850 bine kadar düşürüldü! Türkiye'de 2000 yılında 134 bin 950 olan yatak sayısı bugün 250 bine yaklaştı!

ABD hastane sayısını neden düşürüyor, Türkiye neden artırıyor?

Hastane sistemi Batı'da farklı ilerliyor...

Nedir bu farklılık?

Teknolojinin gösterdiği değişim, geleceğin hastanelerini dijital yapıya kavuşturuyor. Büyük hantal cihazlar yerini küçük pratik ürünlere bırakıyor. Sağlık dünyasında yaşanan transformasyon/dönüşüm, sisteme yeni oyuncuların girmesine sebep oluyor. Mobil sağlık kuruluşları bunlardan biri...

Erdoğan ise büyük binaya yatırım yapıyor!

Eric Jeffrey Topol (d. 1954)…

Amerikalı kardiyolog, genetikçi ve dijital tıp araştırmacısı. (Dünya onu, ağrı kesici "Vioxx" ilacın kalp krizi ve inme gibi yan etkileri sebebiyle piyasadan toplattırma mücadelesinden tanıyor! Bu nedenle -sözüm ona kâr amacı gütmeyen- Amerika'daki Cleveland Clinic'teki işinden oldu!)

Bir gün... Profesör Topol, yeni görev yeri Scripps Health'e gitmek için Washington'dan San Diego'ya uçarken, pilotun "Uçakta doktor var mı?" anonsuyla, hemen hastanın yanına gitti. iPhone'unu, AliveCor EKG cihazına tutturarak hastanın EKG'sini çekti. Kalp krizi geçirmekte olduğunu anlayıp, uçağın acil iniş yapmasını sağlayıp, hastayı kurtardı.

Evet. Akıllı telefonlar, geleceğin tıbbının seyyar tanı cihazlarla nereye gideceğinin somut göstergesi… iPhone ve iPad'e bağlanarak ilk kan şekerini ölçen iBGstar gibi (ki DNA kopyalayarak sayısız hastalığa tanı koyanların olduğu) küçük seyyar cihazlar, evleri hızla klinik laboratuvara dönüştürüyor... Yahu... Yakında transparan holografik hasta görüntüleri kullanılmaya başlanacak ve sanal ortamlarda doktorlar bu üç boyutlu görüntüler üzerinden teşhis koyup, uzak mesafedeki meslektaşlarıyla hastanın durumunu tartışabilecek!

Anımsatırım: Sadece iPhone/iPad'in kullanımda 18 binin üzerinde sağlık uygulaması var. Yani... Tıp, binaya değil, teknolojiye yatırım yapıyor!

Sekiz ülkeden on üç partner kuruluşu kapsayan "çip üzerinde laboratuvar" projesi olan "Labonfoil"e AB, 5,3 milyar dolarlık fon verdi.

ABD-Dallas'taki Walnut Hill Tıp Merkezi'ne, tasarımı ve inovatif/yenilikçi niteliğinden ötürü "Apple Deneme Hastanesi" deniyor! Bunların sayısı hızla artıyor... Çok sayıda dijital "hayat kurtarıcı" uygulama var: Instant, Reporter, Journey, Path, Moves, HeyDay, Insight for Wear (Smartwatch) gibi...

Erdoğan ise, "dünyanın en büyük hastane binasını yapmakla" övünüyor! Bu büyük inşaat sistemi anlayışı 1960'larda-1970'lerde kaldı... Sağlık hizmetleri kökten değişiyor! Erdoğan uyuyor! Tüm parayı inşaata gömüyor...

Altı yıl önce...

Teknoloji ve sağlığın geleceği üzerine araştırma programları yürüten Gelecek İçin Enstitüsü (IFTF) adlı düşünce kuruluşu, 9 Ocak 2013'ten başlayarak beş kıtadan 600'ü aşkın kişinin 4500 fikir ürettiği toplantılar yaptı.

Aynı yıl... Teknoloji şirketi Intel Corporation "sağlık inovasyon barometresini" açıkladı.

Her ikisinde de ortaya çıkan sonuç şu oldu: İnsanların yüzde 57'si geleneksel hastanelerin gelecekte geçersiz olacağını düşünüyor. Bu sayı bugün daha da arttı kuşkusuz...

Erdoğan ise İkinci Dünya Savaşı'ndan bu yana pek az değişiklik yapılan demode hastane odalarının çokluğuyla övünüyor!

Deloitte, İngiltere Sağlık Çözümleri Merkezi için sağlık hizmetleri pazarına yönelik hem mevcut hem de geleceğe ilişkin konuları ele alan rapor yayımladı: 2020 yılında neler olacak?

-"Tıbbi bakım artık klinikler veya hastanelerdeki klinik uzmanlarla sınırlı değildir; ağırlıklı olarak evde gerçekleşecektir. Dijital imkânlar doktor-hasta iletişimini sanal ortama taşır ve evde bakımı mümkün kılar. Uzmanlık gerektiren hastane hizmetleri, travma ve acil durum ameliyatları için kullanılır..."

Erdoğan bunları bilmez mi? O halde "mega hastane" projesi niye?

Dünya nerede, biz neredeyiz?

Doktor sermayeye yenildi

Çok değil, Türkiye'de (ve dünyada) birkaç on yıl önce tıp teknolojisi doktorun "küçük siyah çantası" idi...

Alma Ata 1978 yılı bildirgesi, tıbbi teknoloji konusunda "uygun" teknoloji kavramını ortaya atmıştı. Sorunu "birincil bakım" yerine, hastanelerde kullanılmaya "uygun" tıbbi teknolojilere odaklanma eğilimiydi bu.

Bildirgeye göre, tıbbi teknolojinin "uygun" olarak kabul edilmesi için bilimsel olarak geçerli olmanın yanında sağlıkçılar ve toplum tarafından kabul edilmesi, toplumun gereksinimlerine göre uyarlanabilir ve geliştirilebilir olması, kullanımının kolay olması ve bakım ile onarımının yerelde yapılabilmesi gerekiyordu. Ayrıca tıbbi teknolojilerin seçimi toplum katılımıyla belirlenmeliydi ve ulusal-yerel gereksinimler dengelenmeliydi...

Bunlar unutulup gitti; halk sağlığı yenilgiye uğratıldı. Sosyal ve ekonomik dönüşümler olmaksızın sağlıkta başarı elde edilebileceği unutuldu... Sermayenin-pazarın ideolojisi neoliberalizm kazandı. Dünya Bankası-IMF-Dünya Ticaret Örgütü dayatmasıyla devlet-kamu sağlığı "alan" dışına atıldı. Tıp, piyasaya düşürüldü.

Hastalık, toplumun değil bireyin kusuruydu! "Genetik" çalışmalar da bunun sonucu oldu... Yazdım.

Peki, bu tıbbi teknolojiye nasıl yansıdı? Günümüzde yaşanılan "teknolojik devrim" mi, yoksa "teknolojik tüketim" mi?

En önemli soru: Teknoloji tıbbı şekillendirip amacı dışına mı çıkarıyor?

Önce doktorlar açısından bakalım meseleye:

Yıllar evvel tek sermayeleri, tıbbi bilgi ve becerileriydi. Mesleklerini icra ederken kullandıkları basit ve ucuz tıbbi teknolojiyi kolayca edinebiliyorlardı.

Günümüzde tıbbi teknoloji giderek karmaşıklaştı ve kullanımı için "uzmanlık" düzeyinde bilgi ve beceriler gerektirdi. Ama daha da önemlisi teknoloji çok pahalılaştı; "işletme maliyeti" çok arttı. Tıp teknolojisi bir hekimin tek başına sahip olamayacağı hale geldi. Bu durum hekimi, "sermayesi olana" muhtaç etti! Böylece...

Tıbbi teknoloji tıbbın icra edilme tarzını değiştirerek, tıbbın "sanayileştirilmesine" hizmet etti ve tıp, sermayenin gereksinimlerine göre yeniden dizayn edildi! Pahalı tıbbi araçların sahibi sermayedar tıbba kâr-zarar denkleminde bakıp, hekimden bunun karşılığını bekler oldu.

Tıp, rakamlara-sayılara indirgendi. Sağlığın-tıbbın ölçülemez-sayılamaz olduğu çoktan unutuldu. "Getiri" için ölçüm dayatıldı.

Modern devlet bireyi salt kamera sistemiyle her hareketini takip edip kontrol altına almıyor. Sağlık da/ bedeniniz de bu takip araçlarından biri oldu...

Birey kendisini kaydettirerek, her türlü otoriteye/iktidara boyun eğer oldu.

Sağlıkla ilgili veriler genellikle istatistiki bilgiler olarak derleniyor. İstatistik modern bilimler ve tıp için neredeyse en önemli kanıtlayıcı bilgi haline geldi. Çünkü sayısal sonuçları olmayan bilgi yetersiz ve ucu açık bir bilgi sayıldı. Kriter, nitelik değil nicelik oldu…

İnsan kâğıt üzerindeki nesne oldu…

İstatistiki bilgi tamamen matematiksel ölçüm tekniklerine dayandığı için ölçülebilir bilgiyi tanımladı ve göreceliliği reddetti. Oysa insan ve onun kültürünü tanımlamak için matematiksel bilgi yetersizdir. İnsan ve onun kendi koşulları birçok değişkeni barındırır.

Örneğin... Ortalama ömür süresinin uzaması "modern tıbba" mal ediliyor. Ortalama ömür süresi yararlı bir istatistik bilgisi olabilir ama toplumun sağlığı ile ilgili yargıda bulunmak için yetersizdir. Daha sağlıklı bilgi elde etmek için nicelikten/sayısal ölçümden niteliğe çevirmemiz gerekir bakışımızı; yoksulluk, beslenme, çevre koşulları gibi...

Hele ilaç ömrü uzatmanın ana sebebi olamaz; ama kısaltmanın olabilir! Kitap bunu anlatmıyor mu zaten?

Prof. Jerry Z. Müller dilimize *Sayıların Diktatörlüğü* diye çevrilen kitabında, "Ölçümler, diğer hiçbir alanda tıpta olduğu kadar moda değildir" tespitini yaptı.

Dikkatinizi çekiyordur; "sorun" ya da "iyileşme" hep istatistik ölümle açıklanıyor. Prof. Müller yazdı: "Çoğumuz Dünya Sağlık Örgütü sıralamalarının genel sağlık seviyesini ölçtüğünü varsayarız. Ancak gerçek sağlık sonuçları, sıralama ölçeğinin sadece yüzde 25'ini oluşturmaktadır. (...) Kriter kısacası ideolojiktir."

Sadece ülkelere değil sağlığın her alanına bu dayatıldı; verileri çarpıtmak, "sayıları" iyileştirmek! Bunun dünyada tipik örneği ABD Cleveland Hastanesi; ülkemizde de parası olan direkt bu kliniğe gider! Amaç zaten zenginlerin hastanesi olmaktı, başardılar![229]

---

229 "Ölçüm" meselesi nereden çıktı dersiniz? Sayfaları her çevirdiğinize karşınıza bir "ölçüm" konusu çıkıyor. Carnegie Vakfı'nın altı ilkesinden biri şuydu:
-"Ölçemediğimiz ölçüyü geliştiremeyiz. Araştırma alanındaki bir uygulamanın ölçeklendirilmesi, onu yeni ortamlarda aslına uygun bir şekilde uygulamak anlamına gelir, ancak iyileştirme bilimi, bir ortamda uygulama çalışmasından öğrenilenlerin entegrasyonuna odaklanır...
-"Ölçümler, mevcut sistem hakkında, katılımcıların ihtiyaçları (hem sosyal hem de psikolojik) hakkında bilgi edinmek için uygulamadan önce veri toplamak ve iyileştirme çalışmaları başladıktan sonra etkisinin ölçülmesine yardımcı olacak temel veriler oluşturmak için kullanılır...
-"Daha sonra organizasyon, süreçleri incelemek ve iyileştirme çabaları hakkında bilgi edinmek ve bunlardan katılımcıların ihtiyaçlarına göre uyarlamak ve pratik iyileştirme teorisini test etmek için geri bildirim sağlamak için bir sisteme ihtiyaç duyar..."

Sonuçta…

Her sağlık konusunda uzun vadeli toplumsal-insani amaçlar yerini, kısa zamanlı para kazanma odaklı hedeflere bıraktı. Tek "hastalık" vardı artık; maliyet hastalığı! Bahane ise hep hazırdı; "teknoloji çok pahalı" çünkü.

Doktorlar teknoloji olmadan teşhis yapamaz hale getirildi! "Teşhis hastalığı" hem doktorlarda hem de hastalarda oldu artık! (Tıbbi cihazların en çok kullanıldığı ilk üç alanı; yüzde 22 ile tanı-teşhis; yüzde 18 ile çocuk sağlığı, yüzde 9 ile anne sağlığı oluşturuyor.)

Bitmedi.

Dünyaya olduğu gibi Türkiye'ye de hekimlere "performans ölçüsü" getirildi. Doktorların maaşları bile performanslarına göre yapılır oldu. Bunun "şampiyonu" neoliberalizmin azgın savunucusu Tony Blair idi.

Bu şu demekti:

Daha fazla kişi muayene edilecektir.

Daha fazla ilaç yazılacak/tüketilecektir.

Daha fazla kişi ameliyat edilecektir.

Daha fazla tetkik yapılacaktır.

Puanı yüksek olan tıbbi girişimler öncelenecektir.

Hastanelerde yüksek tıbbi teknolojinin kullanımı artacaktır. Sağlık ocaklarına hızla (gereksinimin ne olduğuna dikkat edilmeksizin) teknoloji sokulacaktır.

Doktorların elleri kolları bağlandı; ölçümleri-hedefi tutturma baskısı altına sokuldu. Sadece, daha çok MR, daha çok ameliyat, daha çok ilaç yoktu; daha çok hasta da vardı:

Türkiye'de 2002 yılında 110 milyon olan devlet hastanelerindeki muayene sayısı, 2006'da 195 milyona ve (Ocak-Ekim) 2017 yılında 295 milyon 808 bin 57'ye çıktı. Bugün tahminim 300 milyonu aşmıştır!

"Hizmet başı para" hekim-hasta ilişkisini değiştirdi.

Yıl, 2003. ABD Pensilvanya'da 824 doktorla yapılan araştırmada, hemen hepsinin (yüzde 93) tıbben herhangi bir gerekliliği olmamasına rağmen hastalardan testler, ek araştırmalar istedikleri, "defansif tıp" uyguladıkları ortaya çıktı.

Türkiye bugün "defansif tıbbın" oyun alanı oldu.

Neoliberalizm tıbbın boynuna "para tasmasını" geçirdi!

Ya halk? Ya hasta?

Tıbbın pahalılaşması sağlık harcamasını "lüks tüketim malı" haline dönüştürdü.

Sağlık hizmetlerine erişimde eşitsizlikler, bireylerin sağlık güvencesi bulunup bulunmaması temelinde oldu.

Teknoloji aynı zamanda toplumsal sorunların "tıbbileştirilmesinde" ve ilaçlaştırılmasında kullanıldı. Yani... Kalp sağlığı açısından, stresin azaltılması-beslenme-spor yerine, kolesterol hapları ya da koroner yoğun bakım birimleri daha etkin kılındı. Mesleki stres kalp hastalıkları için birinci derecede risk faktörü olmasına rağmen, mesleki stresin azaltılması ekonomik üretimin örgütlenmesinde değişiklikler gerektirdiği için kapitalist sistem açısından "işlevsel" değildi.

Öte yandan "kandırma" süreci tıbbı "güvenilmez" meslekler arasına sürüklemeye başladı. *New York Times*'ın geçen yıl yaptığı haber, tıbbın acıklı halinin göstergesiydi: "Kalbe konan stentlerin birçok stabil hastada faydası yok ama bunlar hâlâ yaygın olarak kullanılıyor!" (12.2.2018)

Savunulması gereken şudur: Toplum sağlığı teknolojilerine, yani bireyler yerine "toplumu" etkileyen müdahalelere odaklanılmalı. Sağlık sorunlarının çözümünde salt teknolojideki ilerlemelere bel bağlamak yerine, sağlık sorunlarının kaynaklarına yönelik çalışmalar yapılmalı. Sürekli yeni ilaçlar-cihazları geliştirerek "sivrisinek" ile değil, "bataklık" ile mücadele esas alınmalı...

Bireye odaklı tıbbi bakım yerine, sağlığı toplum düzeyinde iyileştiren teknolojiler öne çıkartılmalıdır...

Hep yazıyorum, sorusuz bilim olmaz.

Şüphe, tıp bilimin temelidir.

"Teknoloji iyidir, tartışılmaz" önkabulü doğru değildir; tıbbi cihazların güvenlik, etkinlik, maliyet ve en önemlisi yan etkilerini bilmek gerekir…

Her zaman kesin sonuç vermese de teknolojiyi kimse reddetmez ama "Hasta bakımının sırrı, hastaya gösterilen ilgidir"

Dokuzuncu Bölüm

EN ÇOK İNANILAN YALAN

Denir ki:

Napolyon, Avrupa'nın geleceğini tartışmak üzere Rus Çarı I. Alexander ile buluştuğunda toplantı saç dökülmesini engelleyecek ilaçlar hakkında sohbetle sonlandı...

Güzellik her zaman her çağda ulaşılması hedeflenen yücelik oldu. Kitapta sık sık karşınıza çıkan bir kavram "öjeni"... Amerikan Öjenik Cemiyeti, Race Bettermen Foundatio" (Irk İyileştirme Vakfı) gibi kuruluşlarla fuarlar düzenledi. Bu çerçevede "fitter family" diye aileler arasında "kim daha fit yarışması yaptı yıllarca. Bir yarışmanın afişi şuydu: "Bazı Amerikalıların doğumu diğerlerine yüktür." Amerika "fit olmayı" hâlâ pazarda satış için kullanıyor![230]

Tıp, biyolojiyi kader olmaktan çıkardı. İstediğiniz burun, kulak, gözler vs. değiştiriliyor.

Çünkü insanoğluna görüntüyü ana sorun haline getirdiler. Yüz yılda beden eğitiminden, beden estetiğine savruldu insanoğlu. "Fi" (Altın Oran) insan güzelliğinin ideal ölçüsü yapıldı. Kusursuz oranlara sahip olmak için "ölçüm" gerekiyor: Ayak bileğinizden belinize kadar mesafeyi, belinizden başınızın üstüne kadarki mesafeye böldüğünüzde çıkan sonuç "Fi" sayısı (1.618) olmalıdır! Gibi...

230 Alev Alatlı, *Nasihatname* eserinin birinci cildini yazdı: "Üşenmedim, araştırdım, meğer gezegenin en uzun boylu insanları Danimarkalılarmış. 2016 itibarıyla erkeklerde ortalama boy 181,4 santimetreymiş. Cilalı Taş Devri'nin İsa'dan 10.200 yıl önceye düştüğünü hatırlayın. Hazretin doğumundan sonraki 2000 yılı da ekleyin: 12 bin yıldaki artış hepitopu 8 cm. Yani bin yılda bir santim etmiyor."

"Güzel" değilsen sorumlusu sensin; bedenine rötuş yaptırmadın çünkü! Zavallı beden ne çekiyor insanlardan! Dövme-piercing yaptırmadan geçtim; beden yük olarak görülüyor ve nelere maruz kalmıyor ki… Dünyada 1 milyar insan açlık çekerken, 1 milyon insan zayıflamak için milyar dolarlar harcıyor...

Rockefeller başardı: Varoluşun merkezi vücut oldu.

Özellikle gençler vücut geliştirmek için çareyi spordan ziyade ilaçta buluyor. Sanıyor ki, hormon geliştirici ilaç alırsa göbeğinde "baklavalar" çıkacak! Şaka bir yana…

"Takviye edici gıda pazarı Türkiye'de 2016 yılında toplamda 735 milyon lira büyüklüğe ulaşırken, bu pazarın 2021 yılında 950 milyon liraya ulaşacağı tahmin ediliyor. Dünya piyasa büyüklüğü ise 90 milyar dolar!

Pazarı kimler, nasıl büyütüyor?

Konuyu pek bilinen bir ilaç üzerinden anlatayım…

"Genotropin"…

hGH veya HGH olarak da bilinen büyüme hormonu.

Çocukların büyüme bozukluklarını ve -yaşlılıkta canlılığı artırmak için- yetişkin büyüme hormonu eksikliğini tedavi etmek için kullanılan ilaç…

Endüstriyel tarımda hayvancılığın (süt ineklerinde) "daha verimli" olması için kullanılıyor…

İlaç küresel dev Pfizer şirketi ürünü…[231]

Birçok spor dalındaki sporcular, atletik performanslarını artırmaya çalışmak için insan büyüme hormonunu kullandılar. Sporda doping uygulandığına dair ilk belge, 1878'de yapılan uluslararası bisiklet yarışmasında doping amacıyla ilaç kullanan birkaç yarışmacının ölümüyle ortaya çıktı. Olimpiyatlarda doping kontrolü, ilk kez 1969'da Grenoble ve Meksika Oyunları'ndan itibaren başladı… Türkiye'de ise ilk doping analizi 1947 yılında at yarışlarıyla başladı!

---

231 Ayrıca Nutropin (Genentech), Humatrop (Lilly), Norditropin (Novo) ve Saizen (Merck Serono), Omnitrope (Sandoz) gibi büyüme hormonları ilaçları var. Nutropin (Genentech) 1999 yılında FDA tarafından onaylandı ama bu ürünün 2004 yılında finansal gerekçelerle üretimi durduruldu. Bu 2004 yılı ilginçti, sebebini birazdan yazacağım…

1982 yılından beri çok miktarda hGH tüketti sporcular; geleneksel idrar testinde doping olarak çıkmıyordu çünkü! Ancak… Atina'daki 2004 Olimpiyat Oyunları'nda yapılan kan testleri sonucu doping olduğuna karar verildi. 2004 yılı ilginçti… Bunu anlamak için bir kişiyi tanımak gerekiyor:

Peter Rost…

Tıp doktoruydu... Aynı zamanda ilaç pazarlama yöneticisiydi. Fakat 2005 yılında Pfizer tarafından işine son verildi. Oysa…

Pfizer satın almadan önce Wyeth ilaç şirketinin İskandinavya iştiraki olan Wyeth-Lederle Nordiska'nın başkanlığını yaptı. Hayli başarılıydı, görev süresi boyunca satışları iki katına çıkardı. Ancak… Şirketin denetim firması Arthur Anderson'a bildirilen yasadışı vergi azaltma uygulamalarını üst yönetime bildirdi. Takdir görmedi; Wyeth'in merkezi New Jersey'e tayini çıktı!

Yine başarılı olup; büyümeyi, metabolizmayı, kan basıncını, üremeyi ve diğer gerekli fonksiyonları düzenleyen hormonların incelenmesi ile ilgilenen endokrinoloji bölümünden sorumlu başkan yardımcılığına getirildi.

Pfizer, 2002 yılında Wyeth'i satın almak için görüşmelere başladı. Bu yuvarlak masa toplantılarında endokrinoloji bölümü başkan yardımcısı Dr. Peter Rost, "Genotropin" ile ilgili konularda Pfizer satın alma ekibine bilgi verdi. Pfizer yetkilileri önemsemedi; çünkü "Genotropin", Pfizer'ın bu şirketi satın alma amaçlarından biriydi…

Prof. Rost'un iddiaları vahimdi:

-"Kafada tümöre yol açar" dedi; "Ama iyi huyludur" deyip geçiştirildi...

-"Kolon kanseri ve prostat kanseri yapar" dedi; "Fakat hafif artış gösterir" deyip geçiştirildi...

-"Çenenin, parmakların ve ayak parmaklarının kemiklerini kalınlaştırır" dedi; "Doğal büyüme" deyip geçiştirildi...

-"Tip 2 diyabete yol açar" dedi; "Çok az ihtimal" deyip geçiştirildi...

-"İlaç fiyatı şişiriliyor" dedi; "O bu konuları bilmez" deyip geçiştirildi…

-"Pfizer'dA, her ne pahasına olursa olsun kârları artırmam bekleniyordu" dedi; "Yalan" deyip geçiştirildi…

Dr. Peter Rost, şirket içinden bu tür özel bilgileri 2003 yılında kamuoyuyla paylaşmaya başladı.

-*New York Times, USA Today* gibi gazetelere konuştu...

-*NEJM* dergisi editörü Marcia Angell'in yazdığı *The Truth About the Drug Companies* (İlaç Şirketleri Hakkında Gerçekler) kitabına yardımcı oldu...

-Eylül 2004'te Kongre'de dinlendi...

Sonuçta…

Pfizer, 1 Aralık 2005'te Dr. Peter Rost'u kovdu.

Rost, 10 Eylül 2006'da *Whistleblower* (Muhbir) adlı kitabında yaşadığı zorlukları yazdı.

Karşılıklı davalar açıldı. Neler ortaya dökülmedi ki; Pfizer, Dr. Rost'un telefonunu bile dinletmişti!

Rost ayrıca, Pfizer'a karşı Sahte Haklar Yasası (FCA) uyarınca dava açtı; "Genotropin"in yasadışı etiketsiz pazarlanmasından dolayı sahte belgelerle hükümeti dolandırdığını iddia etti. ABD'nin en büyük ecza kuruluşu Express Scripts'e antiaging, kozmetik ve atletik performans kullanımı öne çıkararak "Genotropin"i tavsiye etmesi için fazladan 12,3 milyon dolar ödeme yapmayı teklif etmişti.[232] Haklı çıktı. Pfizer, Nisan 2007'de "Genotropin" üzerinden rüşvet ve etiket dışı pazarlama sebebiyle 34,7 milyon dolar para cezası ödedi. Ağustos 2013'te dosya kapatıldı…

---

232 Kozmetik endüstrisi, ürünlerinin güvenliğini sağlamaktan büyük ölçüde sorumludur. FDA halkı korumak için gerektiğinde müdahale etme gücüne sahiptir ve ancak genel olarak pazar öncesi onay veya test istemez! Zaten: ABD'de piyasada 85 binden fazla besin desteği var ve FDA'da bunlarla ilgili çalışan sayısı ise sadece 25! Şirketler test edilmediyse ürünlerine bir uyarı notu yerleştirmeleri şart…

Pfizer'ın 2001-2010 yılları arasında hisseleri sürekli olarak hisse başına 45 dolardan 20 dolara geriledi. Değerdeki bu düşüş Pfizer'ın itibar ve hissedar güvenini yitirmiş olan etik dışı uygulamalarının sonucuydu!

"Genotropin" Türkiye'de satılmaya devam ediyor. Ve zaten bu konular bizim medyada hiç konu edilmedi!

İşte kim bilir… Dr. Peter Rost'un açıklamaları sonucu bu ilaç 2004 yılında "doping" unsuru sayıldı.

Ekleyeyim: Pfizer'ın, ilaç şirketi Wyeth'i satın alması başını epey ağrıttı:

2013 yılında… Wyeth tarafından üretilen, nakledilen organın vücudu reddetmesini önlemek için bağışıklığı baskılayıcı "Rapamune" (Immunsupresif) ilacı yasadışı şekilde pazarladığı için açılan davada 490 milyon dolar vererek anlaşmaya vardı…

2016 yılında... Wyeth'in ürettiği mide ilacı "Protonix"in, onaylanmamış kullanımıyla ilgili davayı sonuçlandırmak için 55 milyon dolar ödedi.

İlaç sektörü çok kirli gözükmüyor mu?

Zayıflama hapları

Zayıflama insanlarda tutku haline gelince, ilacının bulunup piyasaya sürülmesi kaçınılmaz oldu. Ama… Bu mevzu, tüketim endüstrisi günümüzde "salgın" hale getirmeden çok önce vardı ve bunu insanoğlunun başına musallat eden bizim Efes doğumlu hekim Soranüs (MS 98-138) idi! Şaşırtıcı değil "insan ırkının ıslahı" o dönemden miras insanoğluna... "İdeal vücut" o dönemden geliyor: Yazdım; "Antik Yunan Güzelliği" palavrası... "Kusursuz orantılara sahip bir insanın boyunun, başının yedi buçuk katı olması" gibi saçmalıklar...

Modern tıp bu konuyu 1920'lerde gündemine aldı. İlk zayıflama ilacı 1933'te pazara sunuldu: 2,4 - Dinitrofenol (DNP)… Aslında bu ilaç ilk, Birinci Dünya Savaşı'nda Fransızların silah-mühimmat üretiminde kullanıldı! Aynı zamanda boya, ahşap koruyucu, fotoğrafik geliştirici olarak çeşitli alanlarda yararlanıldı...

Stanford Üniversitesi'nden Maurice Tainter, insanoğlunun kilo vermesinde bu maddenin etkisini gördü. Patentini alıp reçetesiz satılan ilaçlar arasına koydurdu. Gerçek beş yıl sonra ortaya çıktı; DNP insanları kör ediyor, ölümlere yol açıyordu. 1938'de yasaklandı!

Yılmadılar. 1930'lar sonunda Benzedrin'den Obetrol'e uyarıcı amfetaminler "gökkuşağı diyet hapı" diye kullanılmaya başlandı. "İlaç", İkinci Dünya Savaşı'nda esir Sovyet askerlerine "sıcak tutsun" diye verildi.

Sonra... ABD'nin "Agent Orange" adıyla geliştirdiği kimyasal silah projesine dönüştü ve Vietnam Savaşı'nda kullanıldı! Deneylerde, 2,4-D'nin '2,4,5-T' (2,4,5-triklorofenoksiasetik asit) ile kombine olarak bir araya gelmesinin daha etkili zehirli herbisit oluşturduğu keşfedilmişti.

The Red Cross of Vietnam'ın (Vietnam'ın Kızılhaçı) yaptığı açıklamaya göre, bu "biyolojik ilaçtan" dolayı Vietnam'da yaklaşık bir milyon insan kalıcı hastalıklara maruz kaldı.

Bir dizi ölümden sonra bu gökkuşağı diyet hapları 1960'ta yasaklandı. Ama insanların zayıflama arzusu bitmedi... Şirketlerin kâr hırsı da!

"Phentermine" ABD Gıda ve İlaç İdaresi FDA'dan 1959'da onay aldı. "Fenfluramin", Pondimin, Ponderax ve Adifax markaları altında pazarlandı...

1960'ların başında American Home Products (daha sonra Wyeth olarak da bilinir) şirketi tarafından geliştirildi; ilk 1963'te Fransa'da tanıtıldı. Yaklaşık 50 milyon Avrupalıya 1963-1996 yılları arasında iştah bastırma için satıldı. 1973 yılında Amerikan FDA tarafından onaylandı. Yaklaşık 5 milyon kişiye 1996-1998 yılları arasında "Phentermine" olan veya olmayan "Fenfluramin" verildi. Fransız araştırmacılar 1990'lı yılların başlarında ilacın yüksek tansiyona sebep olduğunu anladı. Keza: "Fenfluramin"in kalp kapağı rahatsızlığı yarattığı 1997'de anlaşıldı. İlaçlar ABD pazarından çekildi. Daha sonra dünyadaki diğer pazarlardan çekildi. En son 1998 yılında Hindistan'da yasaklandı.

Fakat:

"Phentermine" ile "Fenfluramin" ikilisi 1992'de birleşti "Fen-phen" doğdu! Ve en çok reçete edilen diyet ilacı haline geldi. 2005 yılında bu ilaç da piyasadan sessizce çekildi. Ama Wyeth şirketi 50 bin kişinin dava açmasına engel olamadı...

1990'lar neoliberalizmin zirvesiydi; finans ekonomisi tüketimi hızla artırıyordu. ABD'li Wyeth bu kez "Deksfenfluramin" (Redux) ilacıyla FDA'dan 1996'da onay aldı. Aslında...Gıda ve İlaç İdaresi (FDA) görevlisi Leo Lutwak, hipertansiyon riski uyarısı konusunda uyarıda bulunup ilacı onaylamayı reddetti. Fakat FDA Kıdemli İlaç Değerlendiricisi James Milton Bilstad imzaladı ve ilaç 1996'da kara kutu uyarısı bile olmadan piyasa sunuldu.

İlacın ömrü Eylül 1997'de bitti. Kalp kapakçığını büyüttüğü, kalpte ritim bozukluğu yarattığı, yüksek tansiyona sebep olduğu ortaya çıktı. 600 bin kişi şirketi dava etti.

Wyeth yetkilisi Fred Wilson'ın endişelerini 1994 yılında rapor ettiği ama Wyeth şirketinin kılını kıpırdatmadığı ve iki yıl daha satışa devam ettiği ortaya çıktı! Şirket, 21,1 miyar dolar ceza ödedi.

Türk medyasından pek örnek vermemeye çalışıyorum. Bazen dayanılmaz oluyor meslektaşlar; küresel ajansların-ilaç şirketlerinin ellerine verdiği metinleri sorgusuz sualsiz yayımlıyorlar. İşte *Hürriyet* gazetesi haberi:

"Geçen sonbaharda yan etkileri nedeniyle piyasadan çekilen 'Redux'un yerine, şimdi hiçbir risk taşımayan yeni bir zayıflama ilacı geliyor. ABD'de 'Meridia' adıyla satılan yeni ilaç, Almanya'da 'Reluctil' markası altında piyasaya çıkıyor. Bu ilaç iştahı kesmiyor, insanın çabuk doymasını sağlıyor. Kilosu normalin üzerinde olan tam 10 milyon Alman, şimdi büyük umutlarla Reluctil'in piyasaya çıkmasını bekliyor. Kimya sanayiinin devi BASF'a bağlı Knoll şirketinin ürettiği Reluctil, geçen sonbaharda ABD'de piyasadan çekilen Redux'un aksine hiçbir yan etkiye yol açmıyor." (26.6.1998)

Öyle miydi?

Gerçek şuydu: 29 ölüm ve 397 olumsuz sağlık sebebiyle "Meridia" 19 Mart 2009 tarihinde pazardan çekildi!

Keza:

Gerek "Fen-phen" ve gerekse "Deksfenfluramin", ölümle sonuçlanan diyetler üzerine Eylül 1997'de piyasadan çekildi. Piyasa boşluk kabul etmezdi. "Ephedra" piyasaya sürüldü. O da felçlere-ölümlere sebebiyet verdiğinden 2004 yılında yasaklandı.

Yazmakla bitmez:

"Orlistat" (Xenical) zayıflama ilacını FDA, 2007'de onayladı. Şiddetli karaciğer hasarı vakaları ortaya çıkınca 26 Mayıs 2010'da yasaklandı. Yerine "Cetilistat" çıkarıldı! Yan etkisi vardı ama "iyi huylu" idi!

Sadece ABD değil...

"Rimonabant" (Acomplia - Zimulti[233]) 2006 yılında Avrupa İlaç Ajansı (EMEA) onayıyla satışa çıkarıldı. FDA -kuşkusuz rekabet nedeniyle- bu ilaca onay vermedi. Bu zayıflama ilacı da 2008 yılında yasaklandı.

Fransız Sanofi-Aventis'e ait "Acomplia"; kilo düşürücü, sigarayı bıraktırıcı, kan şekerini kontrol edici, kolesterol düşürücü, alkol, kokain suiistimalini önleyici mucize ilaç olarak medya tarafından pompalandı. Avrupa EMEA ruhsat müsaadesi verdi. 37 ülkede ruhsat alan ilaç 18 ülkede pazara verildi. FDA, "Acomplia"yı oy birliğiyle 13 Haziran 2007'de reddetti. Türkiye gibi birçok ülke FDA'yı rehber aldığından ilaca ruhsat vermedi. Pazarı daralan Fransız Sanofi-Aventis, zayıflamayla ilgili araştırmaları ve klinik çalışmaları durdurduklarını açıkladı; ilaç üretilmedi.

Tersi de oldu:

"Qsymia- Qnexa" (Fentermin) FDA tarafından 17 Temmuz 2012 tarihinde diyet ve egzersiz rejimini tamamlayan obezite tedavisi olarak onaylandı. Bu kez Avrupa İlaç Ajansı/EMEA,

233 Esrar içenlerin genellikle "munchies" olarak adlandırdığı açlığı bastırma bilgisinden geliştirildi!

kalp ve kan damarları, zihinsel sağlık ve bilişsel yan etkiler üzerindeki uzun vadeli etkilerini öne sürerek onay vermedi. Benzer sebeple ABD'li Pfizer da "Otenabant" üretimini durdurdu.

Rekabet sürüyor. İngiliz GlaxoSmithKline (GSK) ürettiği "Wellbutrin" adlı antidepresanın yan etkisini keşfetti; kilo verdiriyordu! Depresyon ilacını "zayıflama hapı" diye satamazlardı; endüstride çare tükenmiyor; bu gibi durumlara "ruhsat dışı" satış deniyor. Şirket "Wellbutrin" ilacını "zayıflamanın tek çaresi" diye reçetelenmesi için milyonlarca dolar rüşvet dağıttı! ABD peşini bırakır mı; "sağlık dolandırıcılığı" davasında şirketi 3 milyar dolar cezaya çaptırdı. Mevzubahis olan kendi şirketleriydi! Ama...

ABD şirketi Eli Lilly'nin kilo vermek için tasarladığı "Prozac" ilacını (Psikiyatrist Loren Mosher'in marifetiyle) antidepresan ilacı olarak satmasını seyretti! İşin ucunda yılda kazanılan 6 milyar dolar vardı!

Zayıflama ilaçları rekabeti küresel şirketler arasında sürüyor. Yoksa... Zayıflama ilaçlarının insanlara verdiği zarar kimsenin umurunda değil. Özellikle genç kızlarda görülen bulimia ve anoreksiya belasının insanlara neler yaptığını bilmelerine rağmen inatla "sıfır beden" algısını sürdürmüyorlar mı? Herkes "Victoria's Secret" mankeni olmaya çabalatılıyor!

Yağların ilaçla yerlerinden sökülmesi için bedenin metabolizmasının bozulmasına izin veriliyor. Oysa "reçete" belli; düzenli egsersiz, dengeli beslenme, su, oksijen... Bunlar yerine pahalı ilaçların kullanımı özendiriliyor...

Bu sebeple... Batman'da 16 yaşındaki R.D. gibi binlerce insan, "New FX 15" gibi uyduruk zayıflama ilaçlarını kullanarak genç yaşında kalp krizinden ölüyor...

Bu cinayetlerin aslında faili belli...

Vücut kitle indeksi

Yine karşınızda bir ölçüm:

İnsanların ne kadar sağlıklı olduklarının işaretine "vücut kitle endeksi" (VKE) dendi! Türk medyasında da sık sık okuduğunuz "aman dikkat" denilen bu "palavrayı" insanların başına kim bela etti?

Adı, Louis Israel Dublin (1882-1969)...

1868'de kurulan ve ABD'nin (ve günümüzde dünyanın) en büyük sigorta şirketi olan Metropolitan Life Headquarters (MetLife Inc) şirketinde istatistik uzmanı başkan yardımcısı idi. Yale Üniversitesi'nde istatistik konusunda ders verdi. Amerikan İstatistik Birliği'nin başkanı olarak 1924 yılında görev yaptı...

Louis Israel Dublin, beslenme ile kalp hastalığı üzerine "araştırma" yapan (daha önceki sayfalarda ayrıntılı okuduğunuz) Ancel Keys'in çalışmalarını merakla takip ediyordu. Çünkü şirkete ödenen sağlık sigortası parasıyla müşterilerin kilosu doğru orantılıydı. Bir gün aklına "dank" etti:

Ortalama kilo eşiğini düşürerek poliçe hamilerini "aşırı kilolu" kategorisinden sağlık açısından daha tehlikeli olan "obez" sınıfına sokabilirdi! Böylece yüklü sigorta bedeli ödeyecek on binlerce müşteri kazanacağını hesap etti.

İşte Louis Israel Dublin, "Vücut Kitle İndeksi" kavramını böyle yarattı... ABD nüfusunun önemli bölümü bir gecede "aşırı kilolu" ve "obez" oluverdi. Tabii ki hiçbir bilimsel gerçeğe dayanmıyordu! Sadece elindeki verileri incelemiş, 25 yaş grubundaki kişiler için ideal kiloyu baz almış ve bunu geri kalan kişilere gelişigüzel dağıtmıştı! İstatistik buydu!

MetLife şirketi ülkenin dört yanına firmanın logosu olan basküller koydu. "Vücut Kitle İndeksi" moda oldu; 1960'larda *New York Times* ülkeyi etkisi altına bu tuhaf akımı manşetine taşıdı.

Şeker o yıllarda çok "masumdu" ve obeziteye sebep olduğunu söyleyenler "çarmıha" geriliyordu. Şekere kim dokunabilirdi; Beyaz Saray'ı nüfuzu altına alan üç lobi vardı; petrol, silah ve gıda-ilaç endüstrisi...[234] Örneğin Coca Cola gibi ürünler

234 Hele 1990'larda gıda-ilaç endüstrisinin Beyaz Saray'a nasıl egemen olduğuna anlatmak için fıkra bile üretildi: Bill Clinton ile sevişmekten yorulan Monica Lewinsky, ABD başkanını nasıl durdurur? Monsanto'dan telefon geldiğini söyleyerek!

kutsal bir değer gibi dünyaya satıldı; Meksika San Juan Chamula köyünde Coca Cola adında kilise vardı! Neyse, bunları *Saklı Seçilmişler* kitabımda yazdım...

Evet, yine bir "ölçüm" ile karşı karşıyayız. 1966'da vücut kitle indeksi otuzdan yüksek olanlar (ki sayılar sürekli düşürülüyor) obez sayılınca insanlar sigorta şirketlerine, hastanelere hücum etti. Obeziteye ilişkin sağlık sigortası ve hastane ücretleri, ilaçlar tavan yaptı.

Her derdin devası var! Hemen...

"Mead Johnson & Co" ilaç şirketi (kimyager Daniel Abraham'ın ürettiği) "Metracal" adlı toz içeceği piyasaya çıkardı! Ürün ismi, "metre" ve "calori" sözcüklerinin birleşmesiydi. Tanıtımı şunun üzerine yaptılar; "Diyetler tek başına yeterli olmuyor, katkı maddesi şart!"

Zayıflama ilaçlarının arkası geldi...

Biraz önceki sayfada yazdığım "amfetamin" çılgınlığı böyle başladı.

Birleşmiş Milletler 21. yüzyılda dünya sağlığını tehdit eden en büyük tehlike olarak "obeziteyi" işaret etti. ABD'nin yüzde 75'i, İngiltere'nin yüzde 60'ı ve Türkiye'nin yüzde 67'si aşırı kiloluydu. Türkiye'de yüzde 32,1 oranında obez vardı!

Sağlık açısından Türkiye'nin pek dile getirilmeyen çok sorunu var. Ne kadar gerçeği yansıtıyor bilmem, 2016 yılı rakamlarına göre dünyada 1,9 milyar yetişkin fazla kilolu olarak tespit edildi. Bunların 650 milyonu obez idi. Beş yaşın altındaki 41 milyon çocuk ya fazla kilolu ya da obezdi.

İnsanları endüstriyel gıdalarla kilolu yapıp endüstriyel ilaçlarla tedavi etmeye çalışıyorlar!

Riski giderme amacını taşıyan ilaçlar bazen tehlikeli sonuçlar doğurabiliyor.

Şöyle:

Gençlere yasal bonzai

Türkiye genelinde uyuşturucu madde kullanımı nedeniyle 2017 yılında 941 kişi hayatını kaybetti. Ölenlerin 564'ü sentetik kannabinoid (bonzai) nedeniyle can verdi!

Kullanma yaşı 13'e düştü…

Yeni nesil esrar ya da hintkeneviri sentetik kannabinoidleri içeren, "Spice, K2, Super Nova, Yucatan Fire, Diamond ve Cloud 9" gibi çeşitli isimler adı altında internette, tekel dükkânlarında, aktarlarda satılan ürünlerin istismarı son zamanda fazlalaştı! Kanserojenik potansiyele sahip olmaları kimsenin umurunda değil…

Güya bu maddelerden bazıları erken uyarı sistemine göre 2010 yılından itibaren ülkemizde yasaklanan maddeler listesine alındı; ama satışlar yasal kısıtlılığı olmadığı için devam ediyor. Ya da "ettiriliyor" demeliyim…

Raphael Mechoulam…

Yahudi Sefarad ailesinin çocuğu olarak 5 Kasım 1930'da Sofya'da doğdu. Babası doktordu. İkinci Dünya Savaşı'nda toplama kampında öldü.

Raphael Mechoulam, 19 yaşında İsrail'e göç etti. Kudüs İbrani Üniversitesi'nde kimya okudu.

İlk araştırma tecrübesini İsrail ordusunda böcek ilacı üzerine çalışarak kazandı. New York Rockefeller Enstitüsü'nde doktora sonrası çalışması yaptı. Burada bilimsel ilgisi, kannabinoidlerin kimyası ve farmakolojisi üzerine oldu. Esrardan elde edilen doğal THC'den yüz ila sekiz yüz kat daha güçlü ve uzun bir etki süresine sahip sentetik kannabinoid "HU-210" sentezini yaptı. Kafanız karışmasın, bir çeşit "bonzai" (yurtdışında sokaktaki adı "baharat") yaptı yani! "HU" ise İbrani Üniversitesi'nin kısaltılmasıydı.

Yeni Zelanda gibi kimi ülkeler "HU-210"u uyuşturucu listesine aldı. 1970'lerde Pfizer ilaç şirketi, "CP-59.540" ve modifiye edilmiş "CP-47.497" serilerini sentezledi.

Günümüzde ikinci ve üçüncü nesilleri geliştirildi...

1980'lerde sentetik kannabinoidleri sentezleyen Prof. John W. Huffman, "Bu kaçınılmaz olan bir şeydi; insanların bu şeyleri kullanacak kadar aptal olması beni rahatsız ediyor," dedi. Çünkü:

"Spice" olarak adlandırılan bitkisel karışımlar 2004 yılından itibaren Almanya, İsviçre ve İngiltere gibi birçok Avrupa ülkesinde satışa sunuldu. İlk başlarda bu ürünler gözde olmayıp, sadece küçük gruplar tarafından deneme amaçlı kullanıldı. Ancak 2008'de Alman gazeteleri ve televizyonlarının bu ürünleri "Cannabis" (esrar) bileşeni olarak duyurmasının ardından, aynı yıl içinde kullanıcı sayısı ve bilinirliği de dramatik şekilde arttı!

Türkiye'ye 2011 yılında girdi... O dönemde esrar "sihirli bir el" tarafından piyasadan çekildiği için, esrar bağımlıları "ot" görünümündeki bu maddeyi kullanmaya başladı!

Bu uyuşturucuların değişik bitkilerden elde edilen doğal bir madde olduğu şeklindeki yanlış bilgi kabul gördü. Oysa bazı kurutulmuş bitkilere sıvı halde sentetik kannabinoidlerin emdirilmesi ile elde ediliyordu.

İnatla tütsü veya bitkisel karışımlar olarak ilan edilip "Spice Silver", "Spice Gold", "Spice Diamond", "Yucatan Fire", "K2" ve "Smoke" gibi adlar verildi. Özel tasarımlı renkli paketler içerisinde, 0,5-3 gram yeşil/kahve bitki materyalinden ince ince kesilmiş olarak piyasaya sunuldu. Bir gramı 20-40 dolara satıldı. Ambalaj etiketlerinde bu otlar için tüketildiğinde "Cannabis" benzeri etkiler oluşturabileceği, sadece doğal unsurların "sofistike/çok özel karışımından dolayı bu ürünlerin farmakolojik olarak aktif olduğu" belirtildi! Yasal uyuşturucu bataklığına çekildi insanlar... Beyinleri yok edildi... Hedef gençler oldu...

Sanki bu "otları" laboratuvardan çıkarıp pazara sokanların hiç günahı yoktu. Suçlu her daim olduğu gibi yoksul gençler idi!

Ve: Bugün 25 milyar dolar olan elektronik sigara pazarı bu "bilimsel çalışmalardan" doğdu!

Tabii ki ilacı da…

Tabii ki ölümler de...

Sigarayı bıraktıran hap

Elektronik sigaraların hayati önemdeki bağışıklık sistemi hücrelerine zarar verdiğini ve bu sigaraların daha önce düşünüldüğünden daha zararlı olduğunu sanırım biliyorsunuz. Bunu geçiyorum. Bir de "sigarayı bıraktırma hapları" var!

"Vareniklin" (Chantix-Champix)…

Sigara-nikotin bağımlılığı tedavisinde kullanılan ilaç 2006 yılında pazara verildi. Amerikan Gıda ve İlaç İdaresi-FDA on iki hafta boyunca "Vareniklin" kullanımını onayladı. Sigarayı bırakma başarılmamışsa, on iki hafta daha devam edilebilirdi...

İlaç, Pfizer şirketi ürünüydü. Yan etkiler bulantı, baş ağrısı, uyku güçlüğü ve kâbuslardı. Nadir görülen yan etkiler ise tat değişikliği, kusma, karın ağrısı, şişkinlik ve kabızlıktı. Ancak…

Yıl, 2007. FDA, sigara bırakma için "Vareniklin" kullanan kişiler arasında intihar ve ara sıra intihar davranışı, düzensiz davranış ve uyuşukluk ile ilgili bildirimler almaya başladı. İddiaya göre, insan çalışmalarından elde edilen veriler mevcut olmadan onay verildi.

Yıl, 2014. FDA sistematik bir gözden geçirme sonucu ilacın, intihar riskini artırdığına dair kanıt bulamadığını açıkladı. Diğer yandan Avrupa İlaç Ajansı şikâyetler -raporlar sonucu ilaç hakkında şüpheler uyandırdığını açıkladı.

Sonuçta… Pfizer, intihar-kalp krizi ve diğer zararlı yan etkileri için açılan davalarda anlaşma karşılığı 273 milyon dolar ödemeyi kabul etti. 17 bin 900 şikâyet vardı.

Pfizer aleyhine açılan dava sayısı 2 bin 700 idi.

Davayı ilk başlatan Avustralyalı emekli öğretmen Phoebe Morwood-Oldham oldu. 22 yaşındaki oğlu Timothy John (ve 25 kişinin) ilaca başladıktan sonra intihar ettiğini belirtti.

İlacın "kara kutu" kapsamına alınması ve uyarı konmasını isteyen kampanyasına binlerce destekçi buldu.[235]

Öyle bir mesaj veriyorlar ki, "bilim" dokunulmazdır! Tek örnek vereyim yapılan "bilim" çalışmasına: Pasif sigara içiciliği, tütün endüstrisiyle bağı bulunan bilim insanlarının yayınlarında yüzde 74 oranında zararsız bulundu. Bu oran, tütün endüstrisiyle bağı bulunmayan bilim insanlarının yayınlarında ise yalnızca yüzde 13'tü!

Bu sorunlu "Champix" 99 ülkede reçete ediliyor. Bunlardan biri de Türkiye...

Ülkemizde ortaya çıkardığı zarar pek bilinmiyor! Bilinen: Sağlık Bakanlığı, geçtiğimiz yıllarda bu "ilacı" ücretsiz olarak halka dağıttı! SGK tarafından reddedilen bir ilacın, Sağlık Bakanlığı tarafından parası ödenerek nasıl alındığı araştırma konusu bile yapılmadı. Hatta 2019 yılı başında Cumhurbaşkanı Recep Tayyip Erdoğan'ın kararıyla, sigarayı bırakma tedavisi alan hastalara, herhangi bir sosyal güvencesi olup olmadığına bakılmaksızın Sağlık Bakanlığı'nca temin edilecek ilaçlardan ücretsiz yararlanma imkânı getirildi!

Sorsanız "zararlı değil" derler!

Şöyle...

"Tütün Savaşlarından Alınan Dersler" diye harika bir belge var. Sigara şirketi Philip Morris'te çalışan üst düzey yönetici, obeziteye sebep olduğu için eleştirilen gıda devi Kraft şirketi yöneticisine gönderdiği mektupta, sigara karşıtı mücadelelere karşı 1970'lerde yaptığı stratejiyi tekrarlamasını istedi.

-"Eleştirmenleri karala... Saldırıya geç... Sakın bir adım dahi gerileme..."

Benzerlerini gıdadan ilaçlara farklı konularda Türkiye'de görmüyor muyuz?

---

235 Pfizer, Mart 2017'de "uyarı" koydu: "İntihar düşünceleri veya eylemleri, kaygı, panik, saldırganlık, öfke, mani, anormal duyumlar, halüsinasyonlar, paranoya veya karışıklık halinde doktorunuza Champix'in sizin için uygun olup olmadığını sormanız şarttır."

Bazıları şunun sorgulanmasını istemiyor:

İlaçlara bağımlı hale getiriliyoruz. Tıpkı bir dönem Çin'i afyona bağımlı yaptıkları gibi... ABD'de 2000 yılında yetişkinlerin yüzde 8'i beş ya da daha fazla reçeteli ilaç kullanıyordu. Bu oran şimdi iki katına çıktı. 2050 yılında ABD'li her yetişkin reçeteli ilaç kullanmaya başlayacak!

Türkiye'de yılda 2 milyar 300 milyon kutu ilaç tüketiyoruz! 1980 yılında bu kutu sayısı 370 milyon; 1990 yılında 602 milyon; 2000 yılında 1 milyar 94 milyon idi! İnanılmaz artış... Türkiye'de kişi başı ilaç kullanma yılda 26 kutu oldu. Buna reçetesiz satılan ilaçlar-vitaminler vs. dahil değil...

Sadece... Yılda 270 milyon kutu reçeteli vitamin satılıyor ülkemizde!

Vitamin çılgınlığı

Sonsuz sağlık-güzellik, gençlik sağlayıcısı vitamin efsanesi her geçen yıl katlanarak büyüyor. Vitaminler artık tıbbi reçetelerden bağımsız takıntıya dönüştü. Herkes kafasına göre kutu kutu ilaç tüketiyor. Kimsenin umurunda bile değil vitamin zehirlenmesi...

Ve sürekli "yenileri" çıkıyor: B5, B6, K1, B9, B12, C2, H, F gibi...

Keza:

Halen sağlıklı olup olmadığı tartışmaları devam ederken elektronik sigara konusunda yeni bir moda dünyaya yayılıyor: Butik mağazalarda satışına başlanılan vitaminli elektronik-sigaralar ABD'de epey popüler. İçerisinde A, B6, B12, C, D ve E vitaminlerini içerdiği iddia edilen bu vitaminli elektronik sigara buharının "Q10" enzimi ve "ginseng" ile enerji verdiği ve vücuda sağlık kattığı iddia ediliyor! Gülmeyin, insanlar inanıyor buna...

Başımızda "vitamin belası" vardı, bir de sigaralısı çıktı!

"Vitamin" adını...

Lister Koruyucu Tıp Enstitüsü'nden çalışırken Polonyalı biyokimyacı Casimir Funk koydu. Yıl, 1912 idi. "Vital amin" yani "hayat veren azot" idi anlamı...

20. yüzyılın başlarında vitamin üzerine çalışan neredeyse her bilim insanına Nobel Ödülü verildi:

1929 yılında Christiaan Eijkman ve Frederick Hopkins ödülü aldı.

1937 yılında Albert Szent-Györgyi ve Paul Karrer ödülü aldı.

1938 yılında Richard Kuhn ödülü aldı.

1943 yılında Edward Adelbert Doisy ve Henrik Dam ödülü aldı.

1954 yılında Linus Carl Pauling ödülü aldı.

1967 yılında George Wald, Ragnar Granit ve Haldan Keffer Hartline ödülü aldı.

Nobel komitesi nedense vitaminler konusuna çok önem verdi? Niye ise...

Bu isimlerden biri vitamini "moda" yaptı; ABD'li Linus Carl Pauling (1901-1994)...

Amerikan bilim tarihinin yıldızıydı; kimyager, biyokimyacı, barış aktivisti, yazar, eğitimci. Yaklaşık 850'si bilimsel konularla ilgili 1.200 makale ve kitap yayımladı. ABD medyası onu tüm zamanların en büyük 20 bilim adamından biri olarak nitelendirdi. 2000 yılı itibariyle bilim tarihinin 16. en önemli bilim insanıydı! Böylesine görkemli unvanlar olunca hayatını merak ediyorsunuz:

Babası H. William Pauling, Skidmore İlaç Şirketi satıcısıydı. Sonra kendi eczanesini açtı. Linus Carl Pauling babasından etkilenip kimya laboratuvarıyla ilgilenmeye başladı. Akademinin merdivenlerini çalışkanlığı ve zekâsıyla hızlı geçti. Ve:

1930'lar ortasında Rockefeller Vakfı tarafından desteklendi...

Arkadaşı Robert Oppenheimer, atom bombasının yapıldığı Manhattan Projesi'nde olmasını istedi ama kabul etmedi. Amerikan ordusu için araştırmalar yaptı. Başkan Harry S. Truman tarafından 1948'de Merit Başkanlık Madalyası ile onurlandırıldı. Soğuk Savaş döneminde Beyaz Saray'ı karşısına alma pahasına nükleer silahlanmaya karşı çıktı. Bu duruşuyla 1962'de tekrar Nobel Barış Ödülü verildi. Bu, Nobel komitesinin verdiği ilk barış ödülüydü…

Prof. Pauling modern kuantum kimyasının kurucularından, moleküler biyolojinin öncülerinden biri olarak gösteriyor. Bunlar bu bölümde konumuz dışı…

Asıl konumuzla ilgisine dönersek:

Prof. Pauling…

-1977 yılında *Vitamin C, the Common Cold* (C Vitamini, Soğuk Algınlığı);

-1987 yılında, *How to Live Longer and Feel Better* (Daha Uzun Nasıl Yaşar ve Daha İyi Hissedersin) adlı kitaplarını yazdı. C vitamini alımının çok yüksek olmasını savundu. Yüksek doz C vitamininin; kanser, kalp hastalıkları, beyin hasarlı çocukların tedavisi ve soğuk algınlığı- enfeksiyonlar olmak üzere pek çok hastalığı önleyebileceğini ileri sürü.

Prof. Pauling vitamini adım adım günde 3'ten 18 grama çıkardı. Hatta bundan böyle sadece vitaminin değil, iddialarının dozunu da kafasına göre artıracaktı! Bir süre sonra C vitamininin kansere de iyi geleceğini iddia etti. Daha sonra sıra C vitaminini bolca A, E vitaminleriyle, A vitamininin öncüsü olan beta-karotenle ve bir de bol selenyumla birleştirip aklına gelen her hastalığı aradan çıkardı. AIDS ortaya çıkınca onu da es geçmedi, vitaminler onu da tedavi edebilirdi!

Böylece… Vitamin ve daha da çarpıcı olan "mega doz vitamin" modası başlamış oldu ve aldı başını gitti.

Öyle ki vitamin eksikliği paranoya haline getirildi. C vitamini önermeyen hekimlere hastaları soruyordu: "Doktor Bey, sizin Nobel ödülünüz var mı?" Koskoca iki Nobel ödüllü bilim insanı Prof. Pauling yanılabilir miydi?

Evet…

Vitamin furyası, 1980'lerde ABD'de başladı. Buradan 1990'lar ortasında/1995 yılında Türkiye'ye geldi. 1997 yılında Türkiye'de tüketilen 667 milyon kutu ilaçtan 36 milyonu vitamindi. Ardından… Solgar ve GNC ilk kez 1998'de zengin muhitler Nişantaşı ve Bağdat Caddesi'nde şube açtı. Arkası geldi... Vitamin 2000'lerde Türkiye'de ve dünyada "moda" yapıldı!

Ve: Kendi aralarında moda dönemleri var; bugünlerde "D vitamini" pek popüler!

İnsanlar yine bir "ölçüm" peşinde koşturuyor. Efendim…

-"25 (OH) D düzeyi 20 ng/mL'den düşük ise D vitamini eksikliğiniz var…

-"21 ile 29 ng/mL arasında ise D vitamini yetersizliğiniz var…

-"30 ng/mL'den yüksek ise yeterli düzey… (tercih edilen aralık 40-60 ng/mL)…

-"150 ng/mL'den yüksek ise D vitamini zehirlemesi vardır!"

D vitamininin olmaması yağda eriyen vitaminlerin azalması anlamına geliyor. D vitamini eksikliği ve yetersizliğinin yaygın kanserler, kardiyovasküler hastalıklar, metabolik sendrom, enfeksiyöz ve otoimmün hastalıkların dahil olduğu birçok kronik hastalıklara sebep olduğu belirtiliyor. D vitamini eksikliği artık küresel bir salgın olarak kabul ediliyor!

Kurtuluş nedir? Güneşi bol Türkiye'de bile herkese hap dayatılıyor.[236] En çok kemik hastalığını (osteoporoz) ve kırıkları önlemek ile tedavi etmek için veriliyor!

İngiliz *The Lancet-Diabetes and Endocrinology* dergisinde yapılan 81 araştırma sonucu değerlendirildi:

- Vitamin D kırık ve düşmeleri önlemiyor ve kemik mineral dansitesi üzerine de anlamlı klinik tesiri yok…

236 Kitabı hazırlarken *New York Times*, dört güneş koruyucu üzerinde yapılan araştırmada, koruyucudaki kimyasalların deriden kan dolaşımına emildiğinin ortaya çıktığını yazdı (23.7.2019). Geçen yıl Fransız Sağlık Güvenliği Kurumu Anses (Agence de Sécurité Sanitaire), kansere neden olduğu gerekçesiyle tüm ülkedeki yapay bronzlaşma kabinleri solaryumların acilen yasaklanmasını istedi. Solaryum kabinlerinin, yılda 380 kişide deri kanserine (melanoma) ve pek çok vakada da cildin erken yaşlanmasına yol açtığı tespit edildi. Bilimsel olarak, kısaca UV olarak belirtilen "ultraviyole/mor ötesi" ışınların kullanıldığı kabinlerin kesin olarak kansere yol açtığının kanıtlandığı net ifadelerle belirtildi. Özellikle 35 yaşın altındaki deri kanseri vakalarının yarısının solaryum kabinlerine girenlerde görüldüğünün altını çizdi.

-Yüksek ve düşük D vitamini dozları arasında bir farklılık yok…

-Kas iskelet sağlığını sürdürmek veya iyileştirmek için vitamin D kullanmak için yeterli gerekçe yok… (4 Ekim 2018)

Tabii ki herkesin D vitaminine ihtiyacı var ama soru şu: Bunu hap olarak mı almalıyız? D vitamini aslında vitamin değil; vücutta üretilen bir hormon. Güneş ve sağlıklı beslenen insanların D vitamini desteğine ihtiyaçları yok. Oysa…

Amerikalıların yüzde 70'i daha sağlıklı olabilmek için vitaminlere başvuruyor. Türkiye'de de vitamin takviyesi yapanların sayısının her geçen gün arttığı biliniyor. Ama...

Çoğu gerçek yeni yeni ortaya çıkıyor:

- A vitamini böbrek taşı, kemiklerde ağrılı şişmeler, saçların dökülmesi ve kaşıntılı döküntüler, bulantı, baş ağrısı, halsizlik, iştahsızlık, kilo kaybı yapıyordu; uzun süre kullanımı ise sinirlilik ve uykusuzluk.

- Yıllarca ilave kalsiyum haplarının özellikle kadınlar için gerekli olduğu ileri sürüldü. Yeni araştırmalar kalsiyumun kemiklere ulaşamayıp, damarları tıkayarak sağlık sorunlarına yol açabileceğini ortaya çıkardı! Vücuttaki fazla kalsiyum kimi insanlarda böbrek taşına da sebep oluyordu…

- Alzheimer, katarakt, kalp hastalıkları ve kanser riskini düşürdüğü söylenerek pazarlanan E vitamini, aşırı dozlarda alındığında kanser riskini artırıyordu...

- Gereğinden fazla demir almak, karaciğere, pankreasa ve kalbe hasar veriyordu…

-E ve C vitamini kalp krizini önlemiyordu ve hatta E vitamini öldürücü olabiliyordu...

-Omega 3 kalp krizi veya inme riskini azaltmıyordu…

-Balık yağının kalp-damar hastalıkları yönünden hiçbir faydası yoktu…

Yanlış vitaminin karaciğer ve böbrek sağlığını tehdit ettiği biliniyor. Örneğin… Bilinçsizce tüketilen A vitamini karaciğer bozukluğuna; C vitamini böbrek taşına ve mide rahatsızlıklarına yol açabiliyor.

Trajikomik bir gerçeği yazmalıyım:

Her daim olduğu gibi bizim medya hiçbir sorgulama yapmadan yine yabancı basından çeviri bir haber verdi:

"ABD'nin Portland kentinde düzenlenen sporcu sağlığı konferansında, vişne suyu içenlerde kireçlenmenin daha az görüldüğü belirtildi. Araştırmalarda, üç hafta boyunca günde iki bardak vişne suyu içenlerin kireçlenme kaynaklı ağrılarının yüzde 22 oranında gerilediği belirlendi. Bunda kırmızı meyvelerde çok görülen 'antosiyanin' pigmentinin büyük rol oynadığı sanılıyor. Doktorlar 60 yaşını geçmiş insanların günde iki veya üç bardak vişne suyu içmelerini öneriyor." (*Hürriyet*, 11.6.2012)

Ağrı nasıl ölçülüyor ki, yüzde 22 oranında azalmış oluyor?

Kim bu "doktorlar"? Diyabeti filan önemsemiyorlar anlaşılan!

İşin özü şu: Vişne suyunun kireçlenmeye iyi geldiği iddiası Amerikan Cherry Marketing Institute –CMI (Kiraz Pazarlama Enstitüsü) tarafından ortaya atıldı ve hiçbir bilimselliğe dayanmıyordu!

Hatta bu enstitü yalanlarını o kadar sürdürdü ki, FDA yirmi dokuz vişne şirketine uyarı mektubu gönderip, vişne suyunun iyileştirici etkileri olduğuna dair reklam yapmaktan vazgeçmelerini bildirdi. O günden sonra vişne suyunun kireçlenmeye iyi geldiği veya kemik ağrılarını geçirdiği veya hafiflettiği iddiası dile getirilmedi!

Benzerlerini yazmaya gerek yok; bizim medyada sıklıkla okuyorsunuz...

Toronto Üniversitesi'nden David Jenkins, 2012-2017 arasındaki vitamin ve mineral takviyesi kullanan insanların vücutlarındaki değişimleri gözlemlediklerini, verileri depoladıklarını belirterek, "İnsanların en çok tükettiği vitamin ve mineral takviyelerinin olumlu sonuçlarının çok az olduğunu görünce çok şaşırdık" dedi.

Araştırma sonucuna göre D vitamini, kalsiyum ve C vitamini içeren multivitamin takviyelerinin bedene olumlu veya olumsuz etkisi bulunmuyordu.

Her an karşımıza çıkarılan "ölçüm" konusu burada da önümüze çıkıyor: İnsanlar D vitamini eksikliğiyle korkutuluyor. Oysa eksiklik seviyesi konusunda çok az fikir birliği var. İlk başta normal seviye, litre kan başına 50 ile 80 nanomol arasında değişiyordu. Sonra kimi araştırmalar 30 nanomolün yeterli olduğunu iddia etti. Ardından kimi çalışmalar ortaya çıkardı ki, D vitamini seviyesinin 20'nin üzerinde olmasının herhangi faydası olduğuna dair bilimsel delil mevcut değil!

Peki... Hastalık yaratıp, ilacını popüler yapıp satanlar kim? Üzerinde durduğum konu bu; hastalık üretip pazarlayanlar...

Yalan: "Müşteriyi asla kandırma"

ABD'deki en büyük besin takviyesi üreticisi şirketlerin patronu Arthur Rudolph'un sözü hep şu oldu:

"Müşteriyi asla kandırma!" Şaka gibi...

Hitler'in Propaganda Bakanı Joseph Goebbels ne demişti: "Yalan ne kadar büyük olursa inananlar o kadar çok olur!"

Besin takviyesi endüstrisi öncüsü Rudolph şirketlerinin gelişimi, besin takviyesi taleplerinin artmasına paralel oldu:

1960 yılında Arco Pharmaceuticals şirketini kurdu.

1971 yılında Nature's Bounty firmasını kurdu.

1984 yılında ürünlerini 14 eyaletteki kapalı alışveriş merkezlerindeki 74 "Vitamin World" büfesinde satmaya başladı. 15 yıl sonra ABD'deki mağaza sayısı 500 oldu. Buralarda satılanlar; A ve E vitaminleri dahil olmak üzere çok çeşitli vitaminler, kemik unu, kalsiyum laktat, magnezyum ve çinko gibi mineraller, besin takviyeleri, mide için antiasit sindiriciler, arı poleni, bira mayası, zayıflama için KLB6 ve ultra-KLB6, protein tozu, kakao yağı temizleme çubuğu, bitki yağı şampuanları, dudak merhemini içeren kişisel bir bakım hattı gibi üç yüzün üzerinde üründü.

1986 yılında Hudson Pharmaceutical ve (oğlu Scott'a ait 1977'de kurulan) Nutrition Co şirketini satın aldı. FDA, "Ener-B" adı verilen B1 vitamininin B10 jelinin ilaç olduğunu ve bu nedenle onayları olmadan pazarlanmasının yasadışı olduğunu şirkete söyleyip ikaz etti.

1988 yılında General Nutrition şirketini satın aldı. Süpermarketlerde vitamin satmaya başladı.

Distribütör oldukları uykusuzluğu tedavi etmek için alınan Japon yapımı L-Tryptofan'ın ölümlere sebep olması üzerine FDA dayatmasıyla ilacı geri çektiler. Keza sattıkları 19 ürün için sağlıklı olmadığı uyarısıyla bu ürünleri de satmayı bıraktılar.

1991 yılında Sturdee, Sturdee Health Products ve Biorganic Brands şirketlerini satın aldı. Balık karaciğeri yağları, sarımsak yağı gibi ürünlerle çeşitlerini çoğalttılar.

1992 yılında Beautiful Visions şirketini satın aldı. Ve o yıl ABD'de halka açık en büyük vitamin tedarikçisi oldu.

1993 yılında Prime Natural Health Laboratories şirketini satın aldı.

1994 yılında ürettikleri ürünleri aldatıcı reklamlarla sattıkları için 2,4 milyon dolar ceza ödediler. *New England Tıp* dergisi bazı ürünlerin insanları kandırdığını ele alan makale yazdı.

1995 yılında şirketlerinin adını NBTY yaptı.

1997: İngiliz vitamin ve sağlık gıda perakende zinciri Holland & Barrett'i 168,8 milyon dolara satın aldı. ABD'den sonra bu ülkede de en büyük vitamin ve sağlık gıdaları perakendecisi oldu.

Artık... ABD'de perakende mağazaları, müşteri talebi doğrultusunda hizmetlerini genişleterek, sağlık hizmetlerinde daha güçlü oyuncular haline geldi. Haftada yedi gün yedi gece ucuz, hızlı ve uygun sağlık hizmeti sağlamaya başladılar. Sunulan hizmetler aşı, genel tarama ve kronik hastalıkların takibini kapsıyordu.

Vitaminler, mineraller, amino asitler, şifalı otlar gibi diğer besin takviyelerinden oluşan 900'den fazla ürün satıyorlardı.[237]

---

237 Türkiye'de satılan bazı ürünlerine örnekler vermeliyim:
-Yağ asitleri: Omega-3 Plus Vitamin D3, Omega-3 600 mg, Mini Omega-3

Sadece toptancı değillerdi; zincir eczane ve süpermarketleri, mağazaları vardı... Satış temsilcileri ve perakende zinciri aynı zamanda müşterilerin ne istediğini fark etmelerini sağlıyordu! Üç ayda bir gazete ve dergiler içine ürünlerinin kataloğunu koyuyorlardı.

Aynı yıl... 1997'de hissedarlarına suni olarak satışlar, uygunsuz maliyetler gibi "üçkâğıtçılık" yapınca 8 milyon dolar ceza ödedi.

Neydi sloganları: "Müşteriyi asla kandırma!" Kapitalizmin ikiyüzlülüğü. Neyse...

Arthur Rudolph'un şirketlerinin satışları; 1978'de 10,85 milyon dolar iken, 1984 yılında 36,3 milyon dolara, 1990 yılında 70,8 milyon dolara, 1993 yılında 138,4 milyon dolara, 1996 yılında 194,4 milyon dolara, 1998 yılında 572,1 milyon dolara yükseldi.

NBTY 2010 yılında The Carlyle Group'a 3,8 milyar dolara satıldı.[238] Kim miydi yeni patron?

ABD'nin derin adamları

Daniel A. D'Aniello...

William E. Conway Jr...

David Rubenstein...

Üç ortak 1987 yılında Washington merkezli Carlyle Group küresel varlık yönetim şirketini kurdu. Sermayesi 5 milyon dolar idi...

---

900 mg, Fish Oil Omega-3, Evening Primrose Oil...

-Vitaminler: Biotin, Ester C, Flush Free Niacin, Folic Acid, Vitamin C, Vitamin D3, Vitamin E400...

-Mineraller: Gentle Iron, Magnesium Citrate Vitamin B6, Calcium, Calcium Magnesium Zinc, Chromium Picolinate, Zinc Gluconate ...

-Özel takviyeler: Probiotic Acidophilus with Pectin, Alpha Lipois Acid, Beta Carotene, CLA, Papaya & Digestive Enzymes, 5 HTP, Co Q-10, Coenzyme Q-10 LCarnitine, Lutein, Hyaluronic Acid...

-Multivitamin: Multi-Day with Green Tes Extract...

-Bitkisel takviyeler: Cranberry 7000 Vitamin C, Ginger Root, Ginkgo Biloba, Ginseng Complex Plus Royal Jell, Grape Seed Extract, Green Tea, Milk Thistle, Saw Palmettop P Seed Oil, St. John's Wort, Turmeric, Valerian Root...

238 Bu satıştan üç yıl sonra Arthur Rudolp 85 yaşında öldü. Biyografisini ne yazık ki o kadar aramama rağmen bulamadım. ABD ve İngiliz medyası Rudolp'un kim olduğunu neden hiç merak etmedi? Tuhaf.

"Carlyle" şirketi kısa zamanda sermaye artırımıyla dünyanın en büyük özel sermaye şirketi oldu. Halen 174 milyar doları yönetiyor. Bu kadar sürede nasıl büyüdü?

İlk büyük işleri 1991 yılında oldu; Suudi Arabistan Kralı Selman bin Abdulaziz'in yeğeni Prens Al-Waleed bin Talal dünyanın en zengin 64. kişisiydi. Dev şirketlerde, örneğin Apple'da yüzde 5, Twitter'da yüzde 4,9 hissesi vardı. Bu ismi şuradan hatırlarsınız; 2017'de Riyad'da gözaltına alınıp Ritz Carlton otelinde tutulup, uzun süren pazarlıklar sonucunda serbest bırakılmıştı. Bu örneği vermemin sebebi var; "Carlyle" şirketinin yolu böyle ilginç isimlerle kesişiyor hep!

"Carlyle" tam da 11 Eylül 2001'de yatırımcı konferansı gerçekleştirdi. Şeref konuğu kimdi dersiniz; Bin Ladin ailesinden Shafiq bin Ladin. Carlyle Group, Ladin ailesinin parasını işletiyordu çünkü...

"Carlyle" şirketinin özel ilgi alanı silah sanayiiydi. General Dynamics Corporation'ın elektronik bölümünü, askeri elektronik sistemleri üreticisi GDE Systems'i, Philips Electronics'ten askeri iletişim ve elektronik savaş sistemleri bölümü olan Magnavox Electronic Systems'i, Vought Aircraft'ı, United Defence Industries'i satın aldı. Bu alımların yapıldığı yıllar Irak Savaş öncesi ve sonrasıydı!

O dönem 2002 yılında Savunma Bakanı Donald Rumsfeld ile "The Crusader Weapon" (Haçlı Silahı) üzerinde çalıştılar!

İki belgesel var; Michael Moore'un *Fahrenheit 9/11* ve William Karel'in *The World According to Bush* (Bush'a Göre Dünya)... Her ikisi de Carlyle Grubu'nu, "Bush zengini" olarak gösterip karanlık ilişkilerinden bahsetti.

En kilit isim Carlyle Grubu başkanlığını yapan isimdi.

O, Başkan Richard Nixon yönetiminde Ekonomi Ofisi'nin direktörlüğü, Başkan Jimmy Carter yönetiminde CIA başkan yardımcılığı[239] ve Başkan Ronald Reagan'ın yönetiminde

239 Carlyle Grup patronlarından David Rubenstein (ve eşi Alice) de Jimmy Carter'ın yönetiminde Beyaz Saray'da danışmanlık yaptı.

ABD savunma bakanlığı yapan Frank Charles Carlucci idi.[240]

Carlyle Group-Ladin ilişkisinin kilit ismi de kuşkusuz Carlucci idi.

Carlucci 1992'den 2005'e kadar Carlyle Grubu'nun başkanlığını üstlendi. Aynı zamanda RAND Corporation Mütevelli Heyeti üyesiydi; RAND'ın Ortadoğu Devlet Politikaları Merkezi Danışma Kurulu'nun eşbaşkanıydı.

Donald Rumsfeld'in de üniversiteden yakın arkadaşıydı. ABD Dışişleri Bakanı Colin Powell bir dönem bu şirketin sözcülüğünü yaptı. Bu ekip ABD'nin "derin adamları" idi...

Bush, Rumsfeld, Carlucci ve diğerlerinin sağlık sektöründe olmaları tesadüf mü?

Anlatmak istediğim şu:

Bu "derin adamların" ilaç sektörüyle yakından ilgilenmelerinin gizli sebebi var mı? Konu sadece para kazanmak mı?

"Carlyle" şirketi sadece bitkisel takviyeler, vitaminler, mineraller satan NBTY şirketini almadı. Çocuklar için ABD'deki en büyük diş klinik zinciri olan Small Smiles Dental Centre'ın sahibi olan Forba Dental Management'ı da satın aldı.

Türkiye'de de sağlığa yatırım yaptılar; ülkenin en büyük hastane grubu Medical Park'ın yüzde 40'ını satın aldı.

Evet. Bu satın alımların tek gayesi sağlık sektöründeki bol kazanca ortak olmak mıydı? Neoliberalizmde kâr oranları düşerken, tıp kârlı yatırım olanakları mı sunuyordu? Yoksa para dışında başka amaçları var mı?

Bu "derin adamlara" ve "ürünlerine" kimse dokunamaz.

240 Carlucci, Kongo'daki ABD Büyükelçiliği'nde ikinci sekreter olarak görev yaparken aslında bir CIA ajanıydı. Bağımsızlık mücadelesi verip Demokratik Kongo Cumhuriyeti'ni kuran Patrice Lumumba'nın, 17 Ocak 1961'de katledilmesinde ne derece rolü vardı? ABD hükümetinin daha sonra yayınladığı belgelere göre, Başkan Dwight D. Eisenhower CIA'ya Lumumba'yı ortadan kaldırmasını emretmişti. Ağustos 1960 Ulusal Güvenlik Konseyi toplantısının tutanakları, Eisenhower'ın CIA Başkanı Allen Dulles'e Kongo liderini "yok etmesini" söylediğini doğruladı. Ancak ABD, Lumumba'nın nihayetinde Belçika'nın desteğiyle Katanga Eyaleti'nin siyasi rakibi Moise Tshombe'nin emriyle öldürdüğünü ileri sürdü. Bir sonraki Kongo Başbakanı olan Cyrille Adoula, Başkan John F. Kennedy ile Beyaz Saray toplantısına şu soruyla başladı: "Carlucci nerede?" Kennedy şu yanıtı verdi; "Carlucci kim? Tanımıyorum!"

Kime dokunulur?

Türkiye'de ilaç gibi tanıtılarak satışı yapılan, hiçbir ruhsatı olmayan ancak hastalıkları teşhis ve tedavi ettiği şeklinde tanıtım ve satışı yapılan "Clavix Panax", "Clavis" ve "Klavis Panax" gibi yüzlerce ürün var. Tıpkı diğerleri gibi: İlaç olmadığı halde ilaç gibi tanıtımı ve satışı yapılan bu ürünlerin halk sağlığını tehlikeye soktuğu gerekçesiyle toplatılıp cumhuriyet savcılığına suç duyurusunda bulunuluyor! Suçlu hep belli, "suçsuzlar"da...

Gözünüzü yumun

Sağlıklı yaşam endüstrisi bugün 350 milyar dolarlık bir pazara sahip! Bunun için tüm kadim bilgiler çarpıtılıyor. Bu sadece ilaçta olmuyor. Örneğin yoga!

Türkiye'de de yoga patlaması yaşanıyor! Başta İstanbul olmak üzere büyük şehirlerde yoga furyası var: Yin Yoga... Hatha Yoga... Hamile Yoga... Çocuk Yoga... Yüz Yoga... 60-70 yaş üstü Yoga... Dinamik Yoga... Vinyasa Yoga... Yoga Beslenme... Saymakla bitmez yoga çeşidi!

-Hayattan mı sıkıldınız; yoga!

-İşinizden mi bunaldınız; yoga!

-Sevgilinizden mi ayrıldınız; yoga!

-Bedeninizden mutlu mu değilsiniz; yoga!

Özellikle kimi kadın dizi oyuncuları Instagram'a yoga yaparken fotoğraflarını mutlaka koyuyor. ABD'de Demi Moore'dan, Madonna'ya, Jennifer Aniston'dan, Lady Gaga'ya kadar popüler kültür ikonlarının yoga fotoğrafları, magazin gündeminin başlıca konusu. Tabii ki Victoria's Secret mankenlerini unutmamak lazım; onlar da yoga yapıyor! Sosyal medyada binlerce takipçisi olan yoga fenomenleri var...

Kadim yoga moda yapıldı! İstanbul Ümraniye'nin ara sokaklarında bile "yoga okulu" var. Türkiye'de iyi kâr getiren bir alan oldu yoga. Baksanıza; film-reklam yapımcısı Sinan Çetin bile "Cihangir Yoga" adlı yer açtı! Sadece yoga merkezleri değil, kitaplara-DVD'lere de talep çok.

-Türkiye'de Yoga Akademisi var...

-Vivekananda Yoga Üniversitesi var...

-Yoga Antrenörler Derneği var...

-Türkiye Ulusal Yoga Federasyonu (ULUYOF) var...

-Ayrıca Yoga Federasyonu (IYSF) var...

-Uluslararası Yoga Federasyonu var... Ki, Türkiye'de kuruldu.

Bedenini büken kişi "hoca" sertifikası alıyor.

-"Yogada bir hocalar, bir de müritler var!"

Bunlar, ABD'den dünyaya yayılan yeni cemaat-tarikatın hocaları ve müritleri! Spritüel OSHO oluşumu farklı isimler altında faaliyetini sürdürüyor. Beş büyük ekolün merkezi Hindistan gösterilse de ana üs ABD. Bu tür ritüeller dünyaya -içi boşaltılarak- hep ABD'den dağılıyor! Ankara, İzmir, İstanbul'daki yoga merkezlerinde hep yabancı hocalar var; kim bunlar? Çoğu Amerika'dan gelen bu yoga hocaları, ABD'nin 1960'larda Türkiye'ye gönderdiği Barış Gönüllüleri'ne benzemiyor mu? Barış Gönüllüleri Amerikan emperyalizminin projesiydi. Amaçları gittikleri ülkelere Amerikan kültürünü anlatmaktı! Zamanla bunların istihbarat görevlisi oldukları ortaya çıktı. Türkiye'ye gelen yoga öğretmenleri de ajan mı? Kuşkusuz herkesin günahını almamak lazım...

Peki... ABD'den dünyaya nasıl bir yoga kültürü yayılıyor?

Sharon Gannon, David Life, Cyndi Lee, Paul Grilley, Sarah Powers, Rainbeau Mars gibi dünyanın önde gelen yoga eğitmeleri ABD'den çıkıyor!

"Ra-Yoka" gibi yoga tarzlarını bunlar "icat" ediyor! ABD'de oğlakların sırtta dolaştırılmasıyla yapılan yoga bile var! Binlerce yıllık "yogasutra" felsefesi neye dönüştürülüyor?

Hindistan Cumhurbaşkanlığı tarafından "Seçkin Hindolog" unvanı verilen, Ankara Üniversitesi DTCF Hindoloji Anabilim Dalı Başkanı Prof. Korkan Kaya beş nitelikli tercüme yaptı: *Hinduizm, Yogasûtra, Elmas Sûtra, Lotus Sûtra, Bhagavadgita/Tanrı'nın Şarkısı...*

Prof. Kaya, *Yogasûtra* çeviri kitabının önsözünde bir noktanın altını çizdi:

-"Türkiye'de yoga çevreleri Sanskrit dilini bilmedikleri için, çeviri yaptıkları İngilizce, Fransızca, Almanca gibi Avrupa dillerinin fonetik özelliklerine göre çeviri yapmaktalar; bu da hem yazılış hem de anlam olarak büyük kayıpların yaşanmasına neden olmakta…

-"İngilizceden yapılmış çevirilerin birbirinden çok farklı olduğu gözden kaçmaz. Yabancı dillerden yapılmış Türkçe çevirilerde de birlik bulmak mümkün değildir…

-"'Yoga yapmak' diye ifade edilen eylem her şeyden önce yoga felsefe sistemini izlemek olmalıdır...

-"Yoga sisteminde, aklın ve bedenin kurtuluşa erişmeye uygun duruma gelebilmesi için sekiz basamaklı egzersizler serisini yapmak gerekir. Bunları yaparken bedene çok yüklenmek hatadır."

Sonuçta:

Kadim yogayı salt spora indirgemek hata...

"Modern yogayı" salt sağlığa indirgemek hata…

Yogayı ABD eliyle Yahudi öğretisi Kabbala'ya dönüştürmek hata... ABD'nin bozmadığı yok.

Besin destekleri pazarının dünyadaki büyüklüğü (2016 yılında) 90 milyar dolar idi. Aynı yıl Türkiye'de bu rakam 193,5 milyon dolar oldu.

Son yıllarda giderek daha fazla insanın rağbet ettiği kilo kontrolü amaçlı beslenme ürünlerinin dünya hacmi 15 milyar doları aştı. Türkiye'de ise pazar 64,2 milyon dolar seviyelerinde.

Sporcu gıdalarına 2016'da dünyada 11 milyar dolar harcandı. Türkiye bu alanda 43,4 milyon dolarlık bir büyüklüğe sahip…

Bu küresel pazarın 2024'te 278 milyar doları bulması bekleniyor…

Buna kayıt dışı, internet satışları vs. dahil değil.

Devlet tüm bunları sadece seyrediyor. Bilgisi bile olduğunu sanmıyorum...

Onuncu Bölüm

SEN NEREDEN BİLİYORSUN?

Türkiye'de sağlık-ilaç konusunda yapılan tartışmalarda söz dönüp dolaşıp şu noktaya getiriliyor:

-"Öyle söylüyor ama bu konuda hiç bilimsel deneylere katılmış mı?"

-"Öyle konuşuyor ama bu konuda hiç bilimsel makale yazmış mı?"

Bu iki cümle, her türlü şüphenin "ölüm fermanı"

Çok tanındığı için Prof. Canan Karatay'ı örnek vereyim; bu tür sözlerle en çok o muhatap oluyor. 50 yıllık kalp hastalığı uzmanı Prof. Karatay benzer saldırılarla yıldırılmak isteniyor; "Bilimsel bir çalışmada yer almış mı?" Peki...

Sen aldın mı?

-"Almadım ama alanların dediklerine göre hareket ediyorum!"

Bu yanıttan sonra tartışmaya gerek yok! "Alanların" referans kaynaklarını okudunuz! Biz "şüphe" etmeye devam edeceğiz... Sorgusuz kabul edilen-adeta kutsanan "endüstriyel tıp bilgilerinin" nelere yol açtığını ele almak zorunlu. Bu anlayış son 40 yılda büyük krize dönüştü çünkü... Yoksa kim istemez tıbbın kanıtlara ve tarafsız testlere, bilim yayıncılığına dayandığını düşünmeyi...

İlaçlarla ilgili yapılan "bilimsel araştırmalar" konusunda yazdıklarımı önceki sayfalarda okudunuz. Bu bölümde size, ilaç alanında "tartışılmaz doğrular" olarak görülen "bilimsel yayınlar" hakkında bazı bilgiler aktarmak istiyorum:[241]

Teksas Üniversitesi hukuk profesörü olan Thomas O. McGarity ile Wendy E. Wagner, yayınlar yoluyla bilimin nasıl manipüle edildiğini *Bending Science* (Bilimi Bükme) adlı kitaplarında yazdılar.

-Bilimsel yayınlarda yeni ilaçların nasıl pazarlandığını yazdılar…

-İlaç endüstri tarafından üretilen makalelere, başyazılara ve yorumlara adlarını eklemek için iyi ücret alan bilim insanlarını ve hekimleri yazdılar…

-Tüm ilaç endüstrilerinin, ürünleri hakkında olumlu görüş bildirmek için sahte "araştırma enstitüleri" ve sahte "bilimsel örgütler" kurduğunu yazdılar…

- Araştırmalarda istenmeyen sonuçlar çıktığında bilimin halktan gizlendiğini yazdılar…

-"Sponsorlu bilim" gerçeğini yazdılar…

En acısı: McGarity ve Wagner, bilimin çarpıtılmasının sistematik olduğunu belirttiler. Yani sadece birkaç kötü örnek yoktu! Bilim dünyasındaki çarpıtma stratejilerini altı başlık altında topladılar:

1) Bilimi şekillendirmek: İlaç şirketleri, kafalarındaki özel bir sonucu göstermek üzere bilim insanlarına ücret karşılığında çalışma sipariş ediyor...

2) Bilimi saklamak: İlaç şirketleri, bilime/bilgiye şekil vermekte başarısız olduklarında, yani istemedikleri bir sonuç çıktığında bu kez de bilginin yayımlanmasını engellemeye çalışıyor...

3) Bilime saldırmak: İlaç şirketleri, çıkarlarına uygun olmayan makalelere/kitaplara karşı, onlara zarar verecek gayrimeşru saldırılarda bulunuyor ve dayanaksız eleştiriler yaparak okuyucunun, sağlık otoritelerinin ve kamuoyunun

241 İlk Türkçe tıp bilimi dergisi İstanbul'da 1849'da yayımlanan *Vakayi-i Tıbbiye* oldu. İstanbul dışında çıkan ilk tıp dergisi ise 1908'de İzmir'de yayımlanan *Hıfzu's-sıhha* idi. Bunu Ocak 1909'da 4. Ordu sağlık personeli tarafından Trabzon'da çıkarılan *Hekim* dergisi izledi. Anadolu'dan bir diğer yayın Konya'da 1933 yılında çıkarılan *Anadolu Kliniği* dergisi oldu.

gözünde çalışmanın değerini düşürüyorlar… Bu saldırılar o kadar farklı kaynaklar kullanılarak yapılıyor ki, araştırmacının tüm bunlarla başa çıkması mümkün olmuyor…

4) Bilim insanını taciz etmek: Araştırma yaptıkları kişileri "emirlerini" dinlemezlerse kontrata uymamakla suçlamak, şirketi ticari kayba uğratmak iddiasıyla tazminat davaları açmakla tehdit ediyorlar...

5) Bilimi ambalajlamak: En iyi bilinen örneği, ürün lehine derleme makale yazdırmaktır. Bilim insanlarının görüşlerinin dengeli biçimde oluşturulması yerine, uzlaşmacı paneller düzenleyerek ilaç ya da ürün lehine görüş verecek kişileri çağırıyorlar…

6) Bilimi yönlendirmek: Bilimsel çalışma sonuçları yorumlanmak yerine araştırmanın orijinaline sadık kalınmadan, ekonomik çıkarlar doğrultusunda yönlendiriliyor... Kamuoyunu etkilemekte uzman olan halkla ilişkiler şirketleri bu amaçla devreye sokuluyor ve bazı çalışmaların aşırı önemsenmesi, bazı çalışmaların ise değersizleştirilmesi için uğraş veriliyor...

Durun. Bitmedi. Yeni başladık...

Karı-kocanın başına gelenler

The Massachusetts Medical Society (MMS)…

ABD ve dünyanın en eski, en seçkin tıp birliği… 1781'de Massachusetts'te kuruldu. Resmi belgesinde kâr amacı gütmediği açıklanan topluluk bünyesinde 30 bine yakın doktor, tıp öğrencisi ve asistan var.

Sık sık okuduğunuz yayın organı tıp dergisi *New England Journal of Medicine* (*NEJM*) dünyada oldukça saygın.

Yıl, 1991.Tıp profesörü Jerome P. Kassirer, bu derginin genel yayın yönetmeni oldu. Beş yıl sonra görevinden istifa etti. Sebebini şöyle açıkladı:

-"Bilim pazarlık konusu yapılamaz!"

Mesele şuydu:

NEJM dergisinin yıllık geliri yaklaşık 100 milyon dolar idi. The Massachusetts Medical Society büyük gelir etmek için derginin ismini yeni alanlarda kullanmak istedi. Öyle ya, özellikle 1990'lardan itibaren neoliberal küreselleşme azgınlaştı. Prof. Kassirer bu ticari açılımın derginin saygınlığını riske edeceğinden karşı çıktı. İstifa etti…

Prof. Kassirer de boş durmadı. 2006'da yayımlanan makalesinde FDA'nın onayladığı ilaç çalışmaları hakkında, "Hatalı, bazen ciddi biçimde eksik ve açıkça aldatıcı" diye yazdı. Daha ileri giderek, acıklı durumu başka makalesinde "İlaç endüstrisi, pek çok hekimin ahlaki değerlerini saptırmıştır..." cümlesini sarf etti!

Sonra…

NEJM'nin başına, Prof. Kassirer'in arkasındaki güç olarak bilinen, uzun yıllardır yardımcı editör olan Marcia Angell getirildi. Tıp dergisinin 1812'den beri ilk kadın genel yayın yönetmeniydi. Fakat görevinde bir yıl kalabildi. Ve Angell'dan sonra bilim dergisinin genel yayın yönetmenliğine ilaç endüstrisiyle çok güçlü bağları olduğu bilinen Jeffrey Drazen getirildi!

Derginin başından ayrılan Marcia Angell "tıp etiği" çalışmalarına devam etti. 2004 yılında kitap yazdı: *The Truth About the Drug Companies* (İlaç Şirketleri Hakkında Gerçekler).

Çarpıcı tespitlerde bulundu:

-2002 yılında *Fortune* 500'deki on ilaç şirketinin toplam kârı 35,9 milyar dolar idi; diğer 490 işletmenin elde ettiği kâr 33,7 milyar dolar oldu! Yani on şirketin kârı daha fazlaydı…

-Bu parasal güç; ABD Kongresi, FDA, akademik tıp merkezleri ve tıp mesleğinin kendisi de dahil olmak üzere her kurumu etkileyip buralara istediği insanları yerleştirmek için kullanıyordu...

Angell'a göre küresel şirketler "yalan dünya" kurmuştu. Örneğin…

-İlaç endüstrisi, her yeni ilacın gelişmesi ve pazara sunulması için 800 milyon dolara mal olduğunu söylüyordu sürekli. Hesaplamalarına göre gerçek rakam 100 milyon dolara yakındı. Çalışmaları-araştırmaları pahalı göstermelerinin sebebi, maliyeti ilaç fiyatlarına yansıtmaktı!

Marcia Angell, 2005 yılında ilaçların etkinliğini ve yan etkilerini değerlendiren klinik araştırmalar hakkında da bizzat yaşadığı gözlemlerini yazdı:

-"Çok çeşitli numaralarla sonuçlar çarpıtılıyor…

-"Bu sürekli yapılıyor...

-"Toplum sağlığıyla ilgili kolektif bilimsel bilgilerle oynanıyor ya da veriler şirketler lehine taraflı yorumlanıyor..."

Kuşkusuz… Karalama kampanyaları başladı. Marcia Angell geri adım atmadı. 2009 yılında *New York The Books Review* dergisine "Drug Companies & Doctors: A Story of Corruption" (İlaç Şirketleri ve Doktorlar: Yolsuzluk Hikâyesi) başlıklı makale yazdı:

-"Yayımlanan klinik araştırmaların çoğuna inanmak ya da yetkili tıbbi kılavuzların yargısına güvenmek artık mümkün değil. *The New England Tıp* dergisinin editörü olarak yirmi yıl boyunca ulaştığım bu sonuçtan hiç memnun olmadım…

-"Hayal edebileceğimiz en kötü sistemi tasarlamak için yola çıkmış olsaydık, sahip olduğumuz kadar kötü hayal edemezdik…

-"Serbest pazar/serbest piyasa ideolojisi, sağlık sistemini bu kadar korkunç hale getirdi…"

Ne dediler Marcia Angell hakkında: "Dengesiz kadın!"

Şaşırdık mı? Hayır.

Oysa... Bir dönem *Time* dergisi, 1997 yılında en etkili 25 Amerikalıdan biri seçmişti Marcia Angell'i… Küresel şirketler çıkarına çalışıp-çalışmama arasındaki fark bu…

Marcia Angell'in etik duruşunda yanında hep eşi Prof. Arnold S. Relman oldu...

ABD tıp tarihinde; "Amerikan Klinik Araştırmalar Federasyonu", "Amerikan Klinik Araştırmalar Derneği" ve "Amerikan Doktorlar Birliği" başkanı olan tek kişiydi Prof.

Relman... 1977'den 1991'e kadar *NEJM* genel yayın yönetmeliği yaptı. Yani, Jerome P. Kassirer'den önce *NEJM* genel yayın yönetmeni oydu.

Prof. Relman da neoliberalizme "uyum" sağlamamış bir "dinozor" idi; sağlığın "piyasaya" düşürülmesini kabul etmeyen kuşaktandı. Görevini yaparken dergi yazarlarından tek isteği oldu: "Çıkar ilişkilerine girmeyin."

Prof. Relman, kuşkusuz Amerikan sağlık sistemi eleştirmeniydi:

- "Tıp mesleği, ilaç endüstrisi tarafından yalnızca tıp uygulaması açısından değil, aynı zamanda eğitim ve araştırma açısından da satın alınıyor.

-"Ülkenin akademik kurumları, kendilerinin ilaç şirketlerinin ücretli ajanları olmalarına izin veriyor. Bu utanç vericidir..."

1980'ler başında Amerikan sağlık sistemi "piyasaya teslim" olmaya başladığında ilk uyarıyı yapan Prof. Relman oldu; "Yeni Medikal-Endüstriyel Kompleks" adlı makalesini yazdı:

-"İlaç araştırmalarının dürüst olup olmadığını öngörmeye imkân yok..."

Yıllarca mücadele etti. Prof. Relman; 2002 yılında ise şu tespitleri yaptı:

-"Klinik araştırmalar sistemi, tümden kazanç elde etmek amacını güdüyor. Son on yıldır çok talihsiz bir duruma tanıklık ediyoruz...

-"İlaç endüstrisinden sponsor yardımı alan kurumlarda kabul edilmesi olanaksız çıkar ilişkisi söz konusu. Bir zamanlar yüce idealleri olan ve açıkça kamunun çıkarlarını gözeten araştırma sistemi giderek yozlaşıyor...

-"Tıp araştırmalarının geldiği bu ticari boyut hastaların esenliğine ve hasta-doktor arasındaki özel ilişkiye gölge düşürüyor. Günümüzde bu ilişki, her yandan paranın saldırısına uğruyor..."

Prof. Relman bu sebeple "tıbbi-endüstriyel kompleks" kavramını icat etti:

ABD'deki artan sağlık bakım tedavisini, hastanın tıbbi ihtiyaçlarına değil, ödeme kabiliyetine göre dağıtılan "piyasa emtiası" olarak değerlendirdi!

Prof. Relman'ın hayatı hekimleri sendikalı yapma mücadelesiyle geçti...[242] Namuslu, mesleğinin değerlerini koruyan böyle hekimler de olduğunu görünüz...

Clinton'ın seks hayatı

Sadece bu üç genel yayın yönetmeni değil…

Sadece Amerikan bilim dergisi *NEJM* değil…

Amerikan Bilim İlerleme Derneği (AAAS) yayın organı *Science* dergisi genel yayın yönetmeni Prof. Donald Kennedy, "Bilim adamları endüstri ürünleri aleyhine yayın yaptıklarında kişisel olarak saldırıya uğrayacaklarından, araştırma desteklerini kaybedeceklerinden ve hatta haklarında ticari kayba yol açmaktan davalar açılmasından korkuyor" diye yazdı. Kovuldu! 1980-92 yılları arasında 12 yıl Stanford Üniversitesi rektörlüğünü yapmış saygın bilim insanından bahsediyorum![243]

Başka bir dergi… Dünya Tıp Editörleri Birliği'nin ilk başkanı olan Richard Horton genel yayın yönetmenliğini yaptığı *The Lancet* dergisine 2015 yılında "Yayınlar ilaç firmalarının kirli çamaşırlarını yıkadıkları makalelerle dolu" diye yazdı. Henüz kovulmadı. Ki aşı tartışmaları konusunda malum tıp çevrelerinden nasıl tepkiler aldığını yazdım…

---

242 Marcia Angell 1939 ve Prof. Arnold Seymour Relman 1923 doğumluydu. 1994 yılında birlikte yaşamaya başlayıp, 2009 yılında evlendiler. 2014 yılında Prof. Relman hayata gözlerini kapadı.

243 Prof. Donald Kennedy kuşkusuz kovulmasına şaşırmamıştır; 1977-79 yılları arasında FDA yönetiminde görev aldı. O dönem en tartışılan konu tatlandırıcı "Sakarin" idi. Çay şekerinden yaklaşık 500 kat daha fazla tatlandırıcı özelliğe sahip olan Sakari'nin kanserojen olup olmadığı tartışılıyordu. Prof. Kennedy'nin neden görevinden ayrılmak zorunda kaldığı hiç açıklanmadı! Sadece bir ipucu vereyim; oyuncu Gee Nicholl Stanford Üniversitesi'nde senaryo yazarlığı bölümü açmak için 50 milyon dolar bağış yapacaklarını söylediğinde şöyle dedi: "Stanford bir ticaret okulu değil."

Başka bir dergi…

Richard Smith hekimdi...

İskoçya ve Yeni Zelanda'daki hastanelerde çalıştı.

BBC'de altı yıl "Televizyon Doktoru" diye program yaptı.

Edinburgh Üniversitesi'nin tıp dalında uzman *BMJ* dergisinde 1979'dan 2004'e, on beş yıl genel yayın yönetmeni olarak çalıştı. Dayanamadı:

-2005 yılında "Tıp Dergileri İlaç Firmalarının Pazarlama Kolunun Bir Uzantısıdır" adlı bir makale yazdı. Hayli yankı buldu. Ardından… *The Trouble With Medical Journals* (Tıp Dergilerinde Sorun) kitabı başvuru kaynağı oldu. Tabii ki başına gelmeyen kalmadı. İnandıklarını yazmayı sürdürdü; "Pek çok tıp makalesi bilimsel gerçekleri açıklamaktan uzak, araştırma ve yayın sistemleri yanlı, yönlendirilmiş ve güvenilmezdir."

Mücadele hiç kolay olmadı...

Tıp yayın dünyasında editoryal bağımsızlık, bir derginin güvenilir olabilmesi için birincil şart. Ancak… Son yıllarda *NEJM, JAMA, Annals of Internal Medicine, Canadian Medical Association Journal* gibi "saygın" yayınların genel yayın yönetmenleri sürekli değişti. Bazılarının işine son verildi. Bazılarının kontratları uzatılmayarak görevlerinden sessizce ayrılmaları sağlandı. Geçmişte olağan biçimde yaşanan genel yayın yönetmeni değişimleri, yukarıda andığımız gibi olaylar dergilerin saygınlığına ciddi sıkıntılar yaşattı / yaşatıyor.

Editoryal bağımsızlık eski bir hikâye oldu…

Ülkemizde hâlâ "bilimsel dergilerde" makale çıkınca konu "tartışılmaz" sanılıyor!

Oysa perde arkasında neler var? Okudunuz. Daha da örnek vereyim:

American College of Physicians…

1927 yılından itibaren *Annals of Internal Medicine* adlı bilimsel dergi çıkarıyor. Daha çok iç hastalıklarla ilgi makale yayımlıyor. İddialarına göre dünyadaki en çok alıntılanan tıp dergilerinden biri…

Robert Fletcher ve Suzanne W. Fletcher ise adlarına ödül verilen iki saygın bilim insanı. Her ikisi de *Annals of Internal Medicine* editörlüğünden ayrıldı. Sebebi...

Tıp dergisinde, ilaç endüstrisine ait çok sayıda yanıltıcı reklamın olduğuna ilişkin makale yayımlamaları oldu. Çünkü... İlaç reklamlarından ciddi gelir elde eden American College of Physicians, bu makalenin basılmasından hoşnut olmadı ve yayına izin veren karı-koca Fletcherlar işlerini kaybetti! Bitmedi...

Dergi, bu makaleyi bastığı için ilaç endüstrisi tarafından cezalandırıldı; reklam geliri kaybı 1,5 milyon dolar oldu!

"Bilim yayını mı" dediniz... Görünüz gelinen işler acısı hali.

Dünyanın en eski İngiliz tıp dergisi *BMJ*, 2004 yılında bir sayısını, "hekim-endüstri ilişkisine" ayırdı. Bu sayı, ilaç endüstrisinde ciddi tepkilere yol açtı. Dergi, ilaç endüstrisi tarafından 750 bin sterlin reklam gelirini kaybetmekle tehdit edildi.[244]

Aslında *BMJ*'nin yaptığı üstü örtülü "özür" yazısıydı. Bir yıl önce Nick J. Wald ve Malcolm R. Law imzalı bir makale yayımlamıştı:

-"Kardiyovasküler hastalıkları yüzde 80'den daha fazla azaltma stratejisi." Yani, kolesterol haplarının "tanıtımını" yapmış ve yetmemiş gibi "*BMJ*'nin bu sayısını saklayın; bu makale sebebiyle ileride koleksiyon sayısı olmaya aday" diye yazmıştı! *BMJ* tarihinde ilk kez bir kimyasal hapa böylesine destek çıkması tepkilere yol açmıştı!

İlaç, reklamla satılan "ürün" oldu artık...

Geçen yıl vefat eden Prof. Lisa M. Schwartz, eşi Prof. Steven Woloshin ve arkadaşlarıyla araştırma yaptı: "İlaç

---

244 Tıp dergileri, oldukça kâr getiren yayıncılık sektörü. *NEJM* gibi çok bilinen dergiler yayımladıkları her bir ilaç çalışması için ilgili firmadan 1 milyon dolar ayrı "basım geliri" elde ediyor. Dünyada yaklaşık 20 bine yakın tıp dergisi yayımlandığı tahmin edilmektedir. Batı'da küçük klasik araştırma dergilerinin bile yıllık gelirlerinin 1 milyon İngiliz sterlini civarında olduğu belirtiliyor.

reçetelenmesi için doğrudan tüketiciye yapılan reklamlar: Amerikalılara ne satılıyor?"

On popüler ABD dergisindeki 70 ilaç reklamını incelediler. Sonuç şuydu:

-Reklamların yarısının, tüketicileri gündelik deneyimlerinin altında tıbbi sebepler aramaya ve hatta doktorlara danışmaya teşvik ettiği ortaya çıktı...

-Reklamlar sıradan günlük sıkıntıları hedef almakta ve bu durumları tıbbi birer vakaymış gibi anlatmaktaydı! Böylece... Tıbbın "hastalık alanı" çok genişliyordu. Gerçekten hasta olan insanı tedavi etmesi için onaylanmış ilaçtan, hayatın gündelik sıkıntıları için hap kullanma fikrine doğru geçiş vardı.

Tüm reklamların amacı şuydu:

"Her hastaya bir ilaç, her ilaca bir hasta!"

"Bilimsel yayın" konusu genelde sıkıcı konu. Yumuşatmak için araya bir siyasi magazin yazayım. Bakın "bilimsel dergiler" neler yapıyor?

Beyaz Saray stajyeri Monica Lewinsky adını hatırlarsınız; ABD Başkanı Bill Clinton'a Oval Ofis'te 1995-97 yılları arasında dokuz kez oral seks yapması duyuldu ve bu da siyasi skandala sebep oldu! Bunun "bilim dergisi"yle ne ilişkisi olabilir?

JAMA, 1883 yılından beri yayımlanan, kapağında sanat eseri resimleri kullanan Amerikan Tıp Derneği (AMA) dergisi...

George D. Lundberg, 1999 yılına kadar on yedi yıl *JAMA* genel yayın yönetmenliği yaptı. Kovuldu. Sebebi şuydu:

Üniversite öğrencileri arasında "Oral seks cinsel ilişki midir" anketi yapıldı. Çalışma, 1998'de *JAMA* tarafından yayımlanmak üzere kabul edildi. Makale yayımlanması için sırasını beklerken, genel yayın yönetmeni Lundberg çalışmanın basılmasını hızlandırdı. Çünkü Başkan Clinton 26 Ocak 1998'de Beyaz Saray'da düzenlenen toplantıda, "Bu kadınla, Bayan Lewinsky ile cinsel ilişkide bulunmadım" dedi.

Diyebilirsiniz ki: "Gündem oral seks olduğu için Lundberg'in makaleyi yayımlama zamanı doğru!" Öyle değil işte, orası Amerika...

Derginin sahibi American Medical Association, makalenin yayın zamanlaması yüzünden Lundberg'in işine son verdi. Üye hekimlerin önemli bölümü Cumhuriyetçi idi ve Lundbeg'in Demokrat başkanın kurtulmasına verdiği desteği affetmedi! Bilim mi dediniz!

"Kapı bekçileri"

Bilimsel tıp dergilerinde gelen makaleler, önce konusunda uzmanlaşmış kişilere okutuluyor ve görüşü alınıyor. Bunlara "hakem" deniyor.

Bilimsel makaleler arasında eleme yapan uzmanlara -yaptıkları ulvi görev nedeniyle- "bilimin kapı bekçileri" adı veriliyor. Fakat:

Hakemlerin isimleri açıklanmadığı için bilimsel makaleyi değerlendirecek nitelikte olup olmadıklarını bilmek olanaksız...

Bu noktada size 2013 yılında bilim yayın dünyasının gündeminde olan bir olayı anlatmalıyım:

John Bohannon, Harvard Üniversitesi'nden biyolog olarak mezun oldu. Oxford Üniversitesi'nde moleküler biyoloji alanında doktora yaptı.

Science dergisinde bilim muhabiri olarak görev yaparken adını dünyaya duyurdu. Çünkü: Bilim dergilerindeki "hakem inceleme sürecinin" ciddi problemler içerdiğini ortaya çıkardı.

Bu çarpıcı habere giden yol şöyle oldu:

"Biyolog Johannes Bohannon" takma adıyla medyaya "bilimsel çalışmasını" gönderdi:

-"Yüksek kakao içerikli çikolata kilo kaybına yol açıyor, diyetlerde kullanılabilir!"

Çalışmasına çeşitli istatistik veriler koydu; kendisinin uydurduğu Diyet ve Sağlık Enstitüsünün onayını aldığını belirtti. Diyet konusunda her ıvır zıvırı haber yapan Alman *Bild*'den İngiliz *Daily Star*'a kadar medya bu "bilimsel çalışmayı" hemen haber yaptı; kuşkusuz çikolata yiyen kadınların erotik görüntüleriyle...

Bu "haberler" üzerine John Bohannon düşündü:

-"Peki, hakemli bilim dergileri bu oyuna gelir mi?"

Harekete geçti. Bu kez adını "Ocorrafoo Cobange" yaptı; Eritre'nin başkenti Asmara'da Wassee Tıp Enstitüsü'nde biyolog olduğunu belirtti. Tabii ki yine böyle bir enstitü filan yoktu.

Kayaların üzerinde yaşayan mantar ve yosun karışımı organizmalar olarak bilinen likenler üzerindeki araştırmasından bahsetti. Spesifik kanserli hücreye ev sahipliği yaptığını belirttiği bir liken türü üzerinde analizler gerçekleştirdiğini ve bilgisayar programı aracılığıyla liken molekülleri ile kanserli hücreler hakkında yüzlerce belge hazırladığını öne sürdü.

Makalesini kabul ettirmek için bilimsel isim ve terimleri Afrika'daki başkent isimlerini değiştirerek Swahili diliyle yazdı! Sonuçta...

Bohannon "bilimsel makalesini" onlarca dergiye gönderdi; tam 157 bilim dergisinden kabul aldı! Sadece 36 dergi, kendilerine gönderilen makalenin bilimsel hatalarla dolu olduğunu fark edip reddetti!

Tıp yayıncılığı nasıl bu hale getirildi?

Sadece bu değil...

Bir de "hayalet yazarlar" var...

Hayalet yazarlar

İlaç firmaları, araştırmaların yazılması için makalenin yazarlar listesinde görülmeyen "hayalet/profesyonel isimler" kullanıyor! Genellikle genç ve parlak bilim insanları olan bu kişilerden, firmanın istekleri doğrultusunda çalışması, veri analizi ve istatistik değerlendirmesi yapması ve makalenin bu doğrultuda yazılması isteniyor...

Hayalet yazarlar yazım işini bitirdikten sonra makale, çalışmayı yapan tanınmış bilim insanlarının isimleriyle yayımlanmak üzere bir bilim dergisine gönderiliyor. Makalede isimleri görülen yazarların, genellikle çalışma tasarımına, veri toplanması ve analizine çok az sınırlı katkısı oluyor ya da hiç olmuyor. Bunu bile bile ücreti/parası karşılığında o pek "saygın isimlerini" kullandırtıyorlar!

Makalede, isimsiz hayalet yazara teşekkür de bulunmadığından okuyucu durumu hiçbir zaman öğrenemiyor! Bu sözde "bilim insanlarına" hayalet yazarın kaleme aldığı metni gözden geçirmeleri için ve kendi isimleriyle bir dergiye göndermelerine izin verdikleri için ortalama 3.000- 5.000 dolar ödeniyor…

Hayalet yazarlar profesyonel şirketler aracılığıyla bulunuyor! Örneğin…

Okuduğunuz "Zoloft" isimli antidepresan hakkında 1998 yılında yazılan makaleler incelendiğinde 55'inin "hayalet yazar şirketi" aracılığıyla yazıldığı anlaşıldı.

Hayalet yazar kullanan bilim insanlarının, diğer bilim insanlarına kıyasla üç kat daha fazla makale yayımlamaları ve bu tip makalelerin diğerlerinden üç kat daha fazla atıf alması, bilimin geldiği acıklı hali gösteriyor.

Ayrıca... Konunun trajikomik yanı var:

Bazen bilim insanının hayalet yazarın yazdığı metni okuduktan sonra ismini vermekten vazgeçtiği, ancak bu metnin bir süre sonra başka bilim insanının ismiyle yayımlandığı görülebiliyor!

Makaleye imzasını koyan bilim insanları, bazen hayalet yazarın yazdığı metin üzerinde çok ciddi düzeltmeler/değişiklikler yapıyor. Ancak bunlar ilaç firmasının çıkarlarıyla bağdaşmıyorsa dikkate alınmıyor. Şirket bunun ardından "pek saygın" başka bilim insanı buluyor.

Alın size "hakem" gerçeği…

1991 yılından itibaren özellikle matematik ve fizik alanında, neredeyse tüm bilimsel makaleleri "arXiv" (arşiv) yapan Cornell Üniversitesi'nden Prof. Paul Ginsparg diyor ki: "Açık kaynaklı bilimsel dergiler, kendilerine gönderilen makaleleri ciddi şekilde gözden geçirmiyor…"

İngiliz *The Observer*, "hayalet yazarlar" ile görüşme yaptı.

"Hayalet yazar" Susana Rees şöyle konuştu:

-"Tıbbi yazım ajansları, ısmarladıkları ve dergilere, konferanslara gönderdikleri makaleleri ilaç şirketleri adına yazdırdıklarını, makalede adı geçen yazarların aslında makaleyi yazmadığını büyük ölçüde gizlemektedir. Bu ısmarlama yazdırılmış makalelerin başarı oranı oldukça yüksektir. Bunun birkaç istisnadan ibaret olduğunu sanmayın, sürekli yapılan uygulamadır."

İsmini açıklamak istemeyen bir diğer "hayalet yazarın" söyledikleri şuydu:

-"Bana 'saygın yazarların' adıyla çıkacak bir tıp dergisi eki için iki derleme yapmayı önerdiler, kabul ettim. Bana bir taslak, kaynaklar ve ilaç şirketinin onayladığı cümleler verildi. Proje ile ilgili hiçbir şey açıklamayacağımı belirten bir anlaşma imzalanmam istendi.

-"İlaç şirketi, beklentisinin tam olarak ne olduğunu belirtti ve bana neyin önemini artırıp neyi azaltacağım konusunda net olarak talimat verdi."

Bazı "bilimsel dergiler" adres olarak belirttikleri ülkelerde basılmıyor. Amerika ve Avrupa isimli bazı dergilerin merkezi aslında Hindistan!

Yani…

Her tartışmada insanın karşısına "ayet" gibi çıkarılan "bilimsel makaleler" hakkında kafanızda soru olsun istedim. Soru'suz bilim olmaz...

Yanıltıcı "bilim" araştırmaları

Maalesef "endüstriyel tıp" o hale getirildi ki; saygın bilimsel dergiler başta olmak üzere yayımlanmış her makaleyi değerlendirirken kuşkucu olmak zorundasınız. Tıbbi literatür kriz içinde çünkü… Bunun başlıca sebebi, ilaç şirketleri.

Günümüzde pek çok çalışma, sponsor desteği uğruna çarpıtılmış ya da hatalı bilgilerle yayımlanıyor. Örneğin…

Yüksek tansiyon ilaçları (kalsiyum kanal antagonisti) ile ilgili toplam 70 klinik çalışması incelendi: 30 çalışma mevcut ilacı desteklerken, 23 çalışmada ilaç aleyhine, 17'si ise nötr-yansız sonuç bildirildi. İlaç lehine sonuçlanan 30 çalışmayı yapanların yüzde 96'sının ilaç firmasıyla arasında finansal ilişki vardı!

Bu tür araştırmalar sadece sponsor şirketleri haklı çıkarmak için yapılıyor. Keza:

Yayınlarda, "firma lehine yanlılık" oluşturmanın pek çok yolu var. Mesela, karşılaştırılan ilaç düşük dozda verilip sponsorun desteklediği ilacın daha etkin olduğu; ya da karşılaştırılan ilaç yüksek doz verilip sponsor ilacın daha düşük yan etki profili olduğu gösteriliyor!

Başka aldatmalara yine örnek olarak şunu vereyim:

Ağrı kesici "Rofecoxib" ilacın vigor/dinçlik çalışmasında ciddi yan etkileri gizlendi.

Ya da "Celecoxib" ilacının "class çalışmasında", sonuçların sadece olumlu olan ilk yarısının yayımlanmasına izin verildi.[245]

İlaç firmalarının bir başka "aldatma" taktiği şu:

Tek çalışmanın kısıtlı verisinden çok sayıda makale yayımlayarak, ilaçları hakkında giderek büyüyen ilgi ve kanıt havası yaratılıyor. Sponsor firma aynı çalışmayı farklı yazarların isimleriyle ufak değişikliklerle farklı bilim dergilerinde yayımladığında, sanki birbirinden bağımsız çalışmalarla ilaçların desteklendiği algısı yaratılıyor! Bu durum, dergi editörleri tarafından bilinmesine rağmen önlenmiyor; çünkü ucunda dergiye verilen reklam desteği var! Para... Para... Para...

Bilim insanları bu çarpıtmalara niçin alet oluyor?

Evet, bilim insanları, ilaç firmalarının çıkarları uğruna çalışmalarının yanlış yönlendirilmesine neden ortak oluyor? Yanıtı belli, aralarında her türlü çıkar ilişkisi var!

---

245 Hatırlatayım: Sağlık Bakanlığı 2004 yılında "Rofecoxib" isimli etken maddeyi içeren Vioxx, Ecrox, Raxtane, Reox, Rofemax, Romaryd ve Vioref isimli ilaçları piyasadan çekti...

İlaç firmalarına danışmanlık ya da uzman görüşü vermek üzere çalışan bilim insanlarının yıllık kazancı ortalama 500 bin dolar olarak hesaplanıyor.

-ABD'de iki ulusal anketin sonuçlarına göre, önemli üniversitelerdeki akademisyenlerin yüzde 25'i ilaç endüstrisinden "destek" alıyor…

-Araştırma yürüten firmaların yüzde 90'ının üniversiteyle ilişkisi var...

-Akademisyenlerin yüzde 50'si ilaç firmalarına para karşılığı danışmanlık veriyor...

Kök Hücre Diyalogları kitabı Türkçeye de çevrilen Prof. Sheldon Krimsky, ilaç endüstrisinin araştırma "tekniklerinin", bilim adamlarıyla toplum arasında ciddi çıkar çatışması yaratacak soruna ulaştığını yazdı.

Krimsky'ye göre, akademisyenler ticarileştikçe araştırma değerleri artık bilim değerleri tarafından değil, piyasa değerleri tarafından yönetilir oluyor.

Somut olgular üzerinden anlatmak daha açıklayıcı olur:

"Dronedaron" (Multaq) kalp ritmini düzenleyen ilaç...

Patenti Fransız Sanofi-Aventis'e ait ilaç, 2 Temmuz 2009'da FDA tarafından onaylandı. FDA dedi ki: "Şirketin bize bildirdiği Athena klinik çalışmalarına göre bu ilaç kalp krizi geçirmeyi yüzde 26 azaltıyor!"

FDA bu kararı Wisconsin Tıp Fakültesi profesörlerinden Richard Page'in *NEJM* dergisinde yazdığı makaleye dayanarak aldığını belirtti. Bir yıl sonra gerçek ortaya çıkıverdi:

Makalenin yazarı Prof. Page, yazıyı Sanofi-Aventis şirketinin dikte ettirdiği şekilde yazmış ve Sanofi-Aventis'ten para almıştı. Bu kadar değil, daha neler yapmışlardı:

Kardiyolog Sanjay Kaul, FDA'ya verilen klinik datalarıyla *NEJM*'de yayımlanan makalenin verileri arasında ciddi farklar olduğunu ortaya çıkardı! Çalışmanın 4 bin 300 hasta üzerinde yapılacağının açıklanmasına rağmen, yapılan ara analizde sonuçların ilaç aleyhine çıkmaması için çalışmaya

328 hasta daha ilave edildiğini ve bunun da sonuçları değiştirdiğini ispatladı!

Bitmedi...

Kardiyovasküler Elektrofizyoloji dergisi genel yayın yönetmeni Dr. Eric N. Prystowsky, Sanofi-Aventis şirketinden aldığı 10 bin dolar karşılığı ilaç hakkında makale yazdığını itiraf etti. Ama makale ilaç şirketinin hoşuna gidecek şekilde yazılmamıştı. Şirket, Afibprofessional.org sitesinden yazıyı hemen kaldırttı. Dr. Prystowsky makaleyi yine koydurdu. Sonra…

Sağlık ve Klinik Mükemmellik Ulusal Enstitüsü (NICE) ilacı reddetti. Nedense bu bağımsız kuruluş, şirketin ikinci başvurusunda, "Ancak başka antiaritmik ilaçlar etki etmediği durumlarda ikinci tercih olarak sınırlı kullanılabilir" dedi. Küresel ilaç şirketlerinin karşısında durmak zor…

Kimin eli kimin cebinde

Üniversitedeki kadrolu bilim adamlarının yol açtıkları etik sorunlar kamuoyuna yansımaya başlayınca, ABD Ulusal Bilim Akademisi (NAS), Ekim 2002'de "Integrity in Scientific Research" isimli rapor yayımladı. Maddi çıkarlar başta olmak üzere pek çok yeni kural getirildi.

"Integrity in Scientific Research" raporunun küçük de olsa etkisi oldu. ABD'nin önemli bir bilim insanın, para ilişkisi olduğunu açıklamadan tıbbi cihaz lehine makaleler yazdığının anlaşılmasından sonra *Neuropsychopharmacology/ Nöropsikofarmakoloji* dergisinin editörler kurulundan istifa etmek zorunda bırakıldı.

Maalesef bu tür örnekler çok az ve tüm çabalara rağmen çıkar çatışmalarının yarattığı etik sorunlar artarak devam ediyor. Öyle ki…

FDA bünyesinde bulunan 16 ana komitenin çoğu üyesinin ilaç firmalarıyla ilişki içinde olduğu ortaya çıkarıldı. FDA kurumundaki bu üyelerin görevleri, ilaçlara onay verilip verilmemesi konusunda tavsiyelerde bulunmaktı!

FDA'nın 32 kişiden oluşan "Arthritis Advisory Committee" adlı danışma komisyonunun on üyesi, ağrı kesici COX-2 inhibitörleri üreten firmalarla parasal ilişki içindeydi! Tabii ki olumlu görüş bildirmişlerdi!

Buna "bilim yayıncılığı" diyorlar: Hiç tartışmadan yazıları olduğu gibi kabul ettiriyorlar...

Kemoterapi ilaçlarıyla ilgili olumsuz sonuç bildirme oranı, "kâr amacı gütmeyen" kurumların desteklediği araştırmalarda yüzde 38, ilaç şirketlerinin desteklediği çalışmalarda ise yüzde 5 olarak saptandı! Sorgusuz-sualsiz dayatılanları kabul etmek, sürekli kandırılmaya sebep oluyor. Paranın iktidar olduğu piyasada meslek ahlakına uymayan sahtekârlıklar olduğunu bilmek gerekiyor.

ABD'de 2005 yılında yapılan ankette, 320 bilim insanının yüzde 15'i, sponsor baskısıyla çalışmalarının tasarımını, yöntemini ya da sonuçlarını değiştirdiklerini itiraf etti.

Günümüzde, FDA tarafından onaylanmış pek çok klinik çalışma ilaç endüstrisi tarafından yürütülüyor ve pek çok hekim ve bilim insanı bu iş için firmalardan ücret alıyor...

FDA klinik araştırmacılarının ilaç şirketleriyle para ilişkisi üzerine Amerikan Sağlık Bakanlığı'nın 2009'da yayımladığı rapor, çarpıcı gerçekleri su yüzüne çıkardı:

FDA tarafından 2007 yılında onaylanan 118 ilaca ait dokümanların incelenmesinde, araştırmacıların ancak yüzde 1'inden azı ilaç şirketleriyle para ilişkisi olduğunu belirtmişti. Oysa sayı yüzde 42 idi! Neredeyse yarısının şirketlerle para ilişkisi vardı...

"Pozitif sonuçlu" ilaç endüstrisi destekli çalışmalar, "negatif sonuçlu" ilaç endüstrisi destekli çalışmalara göre daha çok atıf almaktaydı! Bu bulgular klinik araştırma sisteminin ilaç kullanımını artırmaya yönelik çalıştığının en bariz örneğiydi. Yergi az, övgü sınırsız...

Bir zamanlar Çin'de hekimler kapılarına ölen hastası kadar kırmızı fener asardı; ne kadar tecrübeli olduğunu göstermek için! Günümüzde bu "atıf sayısı" oldu!

Ama... Gerçek ortada:

"Bilimsel atıf" güvenirliğini kaybetti...

Endüstriyel tıp, "sanayi" oldu...

Kolesterol konusunda yaptığı araştırmalarını okuduğunuz Dr. Uffe Ravskov diyor ki:

"Gözlemlediğim başka bir bilgi de, kolesterol mitini destekleyen pozitif verilerle sonlanan çalışmaların bu mite kuşkuyla yaklaşan araştırmalardan altı kat daha fazla alıntı yapıldığıydı. Araştırmacılar nedense, kendi görüşlerini desteklemeyen çalışmalardan alıntı yapmakta son derece isteksizler. Hiçbir çalışmada görüşlerini desteklemeyen araştırmalardan yapılmış bir alıntıya rastlamadım..."

Bu bana şunu anımsattı:

İtalyan radyo ve televizyonları İngilizce konuşan bilim insanlarıyla neden sıklıkla röportaj yapar ve bunu İtalyancaya çevirip yayınlarlar, bilir misiniz? İtalyanlar, İtalyanca konuşan kendi bilim insanlarına inanmaz. Çünkü...

Sayfalardır okuduğunuz gibi tıp endüstrisi yozlaştı. Bunu Rockefeller'lar yaptı. FDA artık güvenilmez bir kurum. Baksanıza: FDA "ilaç değerlendirme ve araştırma" bölümü başkanı Dr. Janet Woodcock'un hakkında bazı firmalarla çıkar ilişkisi olduğu iddiasıyla ABD Sağlık Bakanlığı tarafından soruşturma başlatıldı. Bakanlık parmağını oynatmazdı ama Amerikan ilaç şirketi Amphastar firması şikâyetçi olmuştu.

Yapılan tahkikatta Dr. Janet Woodcock'un Momento Pharmaceutical firması ile özel ilişki kurduğu ve Sanofi-Aventis şirketinin -kan inceltici- "Lovenox" (Heparin) adlı ilacın jeneriğini çıkartması yönünde çalışarak "Amphastar"ın jenerik ilacını altı yıl geciktirdiği ortaya çıktı!

FDA'nın üç yetkilisi; Charles Y. Chang, David J. Brancato, Walter Kletch, Par Pharmaceutical ve yan kuruluşu Quad Pharmaceuticals adlı ilaç şirketinden rüşvet aldıklarını kabul etti!

"Yozlaşma" sözcüğünü bilinçli kullandım. Mylan Laboratories Inc jenerik ilaç üretme başvurusu FDA tarafından sürekli gecikmelere maruz kaldığından kurum hakkında dava açtı. Yapılan soruşturmada şirket haklı bulundu; FDA'nın, Pittsburgh Inc. ilaç şirketi lehine başvuruyu geciktirdiği ortaya çıktı!

Şaşırıyor musunuz? Yazdım:

"Demokrat"- "özgürlükçü" denen Başkan Barack Obama giderayak FDA'nın başına ilaç firmalarının bir numaralı adamını getirdi: Robert Califf. Kimdi bu isim? Duke Üniversitesi'inde klinik araştırmaların başkanı idi. Üniversitede çalıştığı sırada 23 ilaç firmasından çeşitli isimler altında milyonlarca dolar aldı. Merck Sharp & Dohme, Johnson & Johnson, GlaxoSmithKline, AstraZeneca ve Eli Lilly, Novartis, Schering gibi 23 ilaç firmasının danışmanıydı. Yazdım bunu. Ayrıca... Maddi ilişkiye dayanarak "bilimsel makale" yazdığı ortaya çıktı ve bazı makaleleri yayından kaldırıldı.

ABD'de 50 binden fazla hastanın ölümünden sorumlu ağrı kesici Vioxx'un da bir numaralı savunucusuydu. Benzer şekilde 379 ölüme sebep olan -kanın pıhtılaşmasında rol oynayan- "Xarelto" araştırmasının da yürütücüsü idi.

Pfizer'ın sigara bıraktırma ilacı "Chantix"in intihara sebep olduğu bilinmesine ve hatta şarkıcı Carter Albrech'in 2007'deki ölümüne rağmen piyasaya çıkmasını FDA Başkanı Califf çabuklaştırmıştı. Califf hakkında direktörlüğünü yaptığı klinik araştırmaları sebebiyle soruşturmalar vardı.

Obama böyle birini FDA başkanı yapmak istiyordu! ABD Senatosu'nda yapılan oylamada, Sosyalist Demokrat Senatör Bernie Sanders başta olmak üzere dört kişi karşı çıktı! 89 oyla FDA başkanı oldu Robert Califf...

Forbes dergisi, ilaç endüstrisi ile olan yakın bağları yüzünden Califf'in, 2009 yılında FDA başkanlığına aday gösterilmediğini yazdı! *Forbes* dergisinin patronuna filan girmeyeyim; hepsi aynı aileler; Rockefeller ekolünden hepsi...

Araştırmalar üniversitelerin elinden alınıyor

İlaç sektöründe "ilaç aldatmacasının" bir başka yönü denekler!

Araştırmalara "hasta sokmak" üzere hekimleri iletişim ağlarına bağlayan özel araştırma şirketleri/ Contract Research Organization kuruldu ABD'de! Pazarın büyüklüğü 30 milyar dolara yaklaştı...

Biliniyor ki:

İlaç endüstrisi, üniversitelerin sponsorluk katkısıyla yapılan araştırmalar üzerindeki kısmi kontrollerinden tamamen kurtulmak için, klinik çalışmalarını üniversite hastanelerinden özel sağlık sektörüne kaydırıyor.

Bu yeni sistemde, özel sektörde çalışan pek çok doktor, işte bu özel şirketler aracılığıyla çalışmalara dahil ediliyor.

Şirket aracılığıyla çalışmalara katılan doktorların büyük çoğunluğu, teknik bağlamda eğitilmiş araştırmacılar değil. Genellikle "kendilerine söyleneni yapan" doktorlar olarak, ilaç çalışmaları için yeni büyük bir kaynak haline getiriliyor.

Aracı şirketler, çalışmaya soktukları hasta başına para alıyor: 2000'ler başında yapılan çalışmada, hasta başına yaklaşık 7 bin dolar ödendiği ve hızlı hasta dahil edildiğinde "bonus ödemeler" yapıldığı saptandı.

Bu kirli düzene direnenler de yok değil...

Medyada haberlerini pek görmediğiniz bu isimleri bu kitapta fırsat buldukça sizlere tanıtmaya çalıştım... Kanadalı Doktor Nancy Oliveri bunlardan biri...

Toronto Tıp Fakültesi ve Harvard Tıp Fakültesi işbirliğiyle kurulan Toronto Çocuk Hastanesi'nde pediatri uzmanıydı.

Kanada Sağlık Araştırmaları Enstitüsü'nden 1988'de aldığı destekle, -anne ya da babadan kalıtımsal olarak bebeğe geçen kan hastalığı- Akdeniz anemisi/ talasemili hastalarında, "Deferiprone" isimli yeni ilaç için pilot çalışma yaptı. Sonra...

Bu çalışmanın, uzun dönem izlem çalışmasını yapabilmek için aynı kuruma tekrar başvurdu, destek alamadı!

Bunun üzerine Dr. Oliveri, araştırma desteği için Kanada'nın en büyük küresel ilaç şirketi Apotex'e yöneldi. Şirket, çalışmaya destek vermeyi kabul etti. Çalışma, 1993'te başladı, üç yıl sürdü... "Deferiprone" isimli ilacın jeneriği üretildi.

Dr. Oliveri, 1995'te *NEJM* adlı tıp dergisinde "Deferiprone" standart hapın, kullanımı zahmetli "Desferal" cihaz kadar etkili olduğunu ve önemli yan etkileri olmadığını bildiren makalesini yayımladı. Apotex firması rahatladı. Ancak...

Dr. Oliveri çalışmasına devam edip uzun dönem izleminde ilacın bazı hastalarda hiç işe yaramadığını görünce işler karıştı.

Dr. Oliveri, 1996'da ABD'de Hematoloji Kongresi'nde, "Deferiprone" ile ilgili daha önceki sonuçların uzun dönemde değiştiğini, ilacın etkinliğinin uzun dönemde ciddi olarak azaldığını ve başta karaciğerde olmak üzere önemli yan etkiler ortaya çıktığını bildirdi.

Kongrede bulunan Apotex şirketinden Dr. Michael Spino söz alarak; Dr. Oliveri'nin görüşlerine karşı çıktı ve kendisinin bu verileri sunma yetkisinin olmadığını söyledi.

Kongredeki tebliğinden hemen sonra Dr. Oliveri, hastane yönetimine şikâyet edildi ve Oliveri'nin bölüm başkanlığı görevine son verildi. Çünkü: Apotex firması ile Toronto Üniversitesi'nin ilişkileri çok iyi idi. Şirketin üniversiteye ciddi mali desteği vardı...

Bu jenerik Türkiye'de kullanılıyor...

Artık Türkiye'den örneklerle konuyu bağlayayım...

Türkiye'de bilim sahtekârlığı

Bilimsel mesleki dergilerde yılda 45 bini aşkın "araştırma makalesi" yayımlanıyor. Türkiye dünya sıralamasında 17. sırada! Ne büyük başarı değil mi? Ama... *Nature Index* adlı bilim dergisinin "ölçümüne" göre Türkiye 39. sırada! Bu nasıl oluyor? Tek başına makale sayısı baz alınmıyor; aldığı patentler, ödüller vs. "ölçüme" katılıyor. Ayrıca... Konumuz gereği her "bilim dergisi" de "bilim dergisi" kabul edilmiyor. Türkiye'den örnek vereyim:

Güven Plus Grup AŞ...

Kurucusu Murat Korkmaz.

Bu şirket ile aynı adreste İstanbul Bilim ve Akademisyenler Derneği var.

Dernek adına 15 tıp dergisinde yüzlerce makale yazıldı. Yetmedi, "bilimsel dergiler" çıkarıldı! Dergilerin isimleri kuşkusuz marka olarak kayıtlı değil ancak buna rağmen dergilerde "uluslararası ticari marka (international trademark) işareti "R" kullanılıyor. Dergilerin adreslerinin de aynı olduğunu belirteyim...[246]

Bazı dergiler, "arastirmax bilimsel yayın indeksi"ndeydi!

Bazı dergiler, "TÜBİTAK - Ulusal Akademik Ağ ve Bilgi Merkezi- ULAKBİM indeksi"ndeydi!

Kimi tanınmış 55 akademisyen bu dergilerde makale yazdı. Üstelik... Bu dergilere başvurulardan ücret alınıyordu.

---

246 Neydi bu dergiler:
- *Uluslararası Hakemli İletişim ve Edebiyat Araştırmaları Dergisi* (UHIVE) (International Peer-Reviewed Journal of Communication and Humanities Research)
- *Uluslararası Hakemli Ekonomi Yönetimi Araştırmaları Dergisi* (UHEYA) (International Refereed Journal of Research on Economics Management)
- *Uluslararası Hakemli Müzik Araştırmaları Dergisi* (UHMAD) (International Refereed Journal of Music Researches)
- *Uluslararası Hakemli Psikiyatri ve Psikoloji Araştırmaları Dergisi* (UHPPD) (International Journal of Psychiatry and Psychological Researches)
- *Uluslararası Hakemli Tasarım ve Mimarlık Dergisi* (TMD) (International Refereed Journal of Design and Architecture)
- *Uluslararası Hakemli Hemşirelik Araştırmaları Dergisi* (UHD) (International Refereed Journal of Nursing Researches)
- *Uluslararası Aile, Çocuk ve Eğitim Dergisi* (International Journal of Family, Child and Education -ACED)
- *Uluslararası Hakemli Akademik Spor Sağlık ve Tıp Bilimleri Dergisi* (International Refereed Academic Journal of Sports (SSTB)
- *Uluslararası Hakemli Beşeri ve Akademik Bilimler Dergisi* (International Refereed Journal of Humanities and Academic Sciences -UHBAB)
- *Uluslararası Hakemli Sosyal Bilimler Dergisi* (International Refereed Academic Social Sciences Journal -IIB)
- *Uluslararası Hakemli Mühendislik ve Fen Bilimleri Dergisi* (UHMFD) (International Refereed Journal of Engineering and Sciences)
- *Uluslararası Hakemli Beslenme Araştırmaları Dergisi* (DBHAD) (International Peer-Reviewed Journal of Nutrition Reseach)
- *Uluslararası Hakemli Kadın Hastalıkları ve Anne Çocuk Sağlığı Dergisi* (JACSD) (International Refereed Journal of Gyneacological and Maternal and Child Health)
- *Uluslararası Hakemli Ortopedi Travmatoloji ve Spor Hekimliği Dergisi* (OTSHD) (International Refereed Journal of Orthopedics Traumatology and Sports Medicine)
- *Uluslararası Hakemli Pazarlama ve Pazar Araştırmaları Dergisi* (UHPAD) (International Refereed Journal of Marketing and Market Researches)
- *Uluslararası Hakemli İş Güvenliği ve Çalışan Sağlığı Dergisi* (UHİGÇSD) (International Refereed Journal of Occupational Health and Safety)

Dergiler yoluyla düzenlenen kongre ve konferanslarda katılımcılardan ücret talep ediliyordu. Ne acı ki, bu dergilerde çıkan makaleler üniversitelerde akademik teşvik, atama ve yükseltmelerde değerlendirme konusu ediliyordu!

Sonunda...

TÜBİTAK Araştırma ve Yayın Etiği Kurulu, "Bilim sahteciliği yapılıyor" şikâyeti üzerine konuya ilişkin kapsamlı inceleme yaptığında ortaya neler çıkmadı ki:

Kullandığı isimler: Bazen "Murat Korkmaz", bazen "Hakan Murat Korkmaz" ve bazen "H. Murat Korkmaz" idi.

Murat Korkmaz, bazen isimleri aynı anda benzer ortamda kullanarak iki-üç farklı kişiymiş gibi gösteriyordu kendisini:

-Boğaziçi Üniversitesi'nde Doçent Doktor Hakan Murat Korkmaz...

-Paris-Fransa'da The International Council for Science'ta (ICSU) Doçent Doktor H. Murat Korkmaz...

-TÜBİTAK'ta Doçent Doktor Hakan Murat Korkmaz...

Asıl adı, "Murat Korkmaz" idi.

Kullandığı akademik unvan: Doçent Doktor.

Tabii ki ne doktor ne de doçent belgesi vardı!

Tabii ki hiçbir üniversitede çalışmışlığı yoktu!

Üniversite mezunu olup olmadığı bile bilinmiyordu![247]

Murat Korkmaz bilimsel dergilere makale yazdı...

Murat Korkmaz bilimsel konferanslarda konuşmacı oldu...

Az buz değil...

Murat Korkmaz'ın 2010'da yedi yazıyla başlayan "bilimsel makale" serüveni, 2011 yılında 23 makale, 2012 yılında 43 makaleyle sürdü. 2016 sonuna gelindiğinde ise 261 yayınla

---

247 Bilim adamı sahtekârlığı konusunda ülkemizden başka örnek vereceğim: Yıl, 2018. Kendisini Gülhane Askeri Tıp Akademisi mezunu beyin, sinir ve omurilik cerrahi profesörü olarak tanıtan, hatta televizyon programlarına, üniversitelere konuşmacı olarak katılan Cüneyt Turan'ın lise mezunu olduğu ortaya çıktı! Sahtekâr "profesör doktor", polislerin operasyonuyla gözaltına alındı. Sahte doktorlar konusu ayrı bir kitap konusu olur...

"rekor" kırdı! Dünyanın işletmecilik alanında en üretken akademisyenlerinden biri olan Prof. Dr. Tamer Çavuşgil bile 40 yılda ancak 200 civarında makale yayımladı. 2017 ve 2018'de kendisi hakkında inceleme başlatıldıktan sonra Murat Korkmaz'ın makale yayımlama sayısında ciddi düşüş oldu. Sonunda yakayı ele verdi...

"Bilimsel yayıncılığın" yanı sıra, emlakçılık, araba yıkama, temizlik, ilaçlama, kozmetik, promosyon gibi işleri de yapıyordu! Peki... Murat Korkmaz meselesi Türkiye'de tek bir vaka mı? Maalesef hayır.

Türk medyasında çıkan haber "yayıncılığına" başka örnek vereyim:

WASET (World Academy of Science, Engineering and Technology)...

Hayli şık, içeriğiyle de göz dolduran internet sitesiydi... Uluslararası hakemli dergilerle bağlantılar, neredeyse her branşta düzenlenen uluslararası konferanslar yapıyordu...

Parayı bastıran da bunların yaptığını CV'sine/özgeçmişine ekleyip doçent veya profesör oluyordu!

Ancak biraz araştırınca, sitenin makalenizi uluslararası dergilerde yayımlanmış gibi, sizi de katılmadığınız uluslararası konferanslara katılmış gibi gösterdiği ortaya çıktı!

Yapılan basitti aslında:

Diyelim ki, doçentliğinize veya profesörlüğünüze sıranız geldi. Kendiliğinden olacak hali yok ya, konferanslara katılmak ve uluslararası hakemli dergilerde makalelerinizin yayımlanması gerekli ki bunları CV'nize ekleyebilesiniz. Gerçi dünyada 25 bine yakın hakemli dergi var ama siz öyle zahmete girecek biri değilsiniz. "Şunun kolay yolu yok mu abi" kültüründen de yeterince nasiplenmişsiniz; yolu buluyorsunuz...

"WASET"in arkasında fen bilgisi eski öğretmeni Cemal Ardıl vardı, kendisine kızı Ebru Ardıl ile oğlu Bora Ardıl yardımcı oluyordu.

20 yıllık fen bilgisi öğretmeni Cemal Ardıl kendisini "Dr / PhD" olarak tanıttığı için TÜBİTAK Başkanı Prof. Nüket Yetiş, hakkında Etik Kurul'da soruşturma açtırdı. Arkasından TÜBİTAK ismini izinsiz kullandıkları için noterden protesto etti.

Konuya ilk dikkat çeken *NTV Bilim* dergisinden A. Murat Eren oldu. Kendisi de akademisyen olan Eren, site hakkında bilgiler verdi:

-"Türkiye'deki yayın sayısı ile o yayınlara yapılan atıf sayıları arasındaki oransızlıklar biliniyor; taşra üniversitelerinde akademisyenlerin ne tür yayınlarla kadro sahibi oldukları da. Bu site yaptığı çalışmaları çoğunlukla başka hiçbir yerde yayımlatamayacak olan akademisyenlerin, para karşılığında yayın sahibi olmalarını sağlıyor. Birkaç yüz avroyu bir araya koyan akademisyen, bilimsel sürecin çetrefilli yollarına girmeden WASET'te yayınını yayımlatıveriyor. Parayı basan, akademik hayatın merdivenlerini ikişer ikişer tırmanıyor. Yayımlanmış binlerce makale, düzenlenmiş onlarca konferans düşünüldüğünde epey kârlı bir iş olduğu aşikâr. Herkes kazanırken ne yazık ki kaybeden bilim oluyor..."

Yine Dr. Eren'in yazısından öğreniyoruz ki, sadece Türkiye değil, WASET'e başvuranlar arasında Bulgaristan, Hindistan, Pakistan, Fas, Mısır, İran, Gürcistan, Azerbaycan, Birleşik Arap Emirlikleri, Sri Lanka, Malezya, Endonezya gibi ülkeler vardı. Bu ülkelerin temel özelliği ise bilim, bilimsel düşünce ve bilim dünyasına katkı konusunda biraz müşkülpesent olmaları!

Türkiye bilim dünyasının bir gerçeğiydi bu... Cumhurbaşkanlığı Devlet Denetleme Kurulu'nun "Yükseköğretimde Gözetim ve Denetim-Yasal Çerçeve ve Uygulamalar" (Aralık 2009) başlıklı raporunda şu tespit yapıldı:

-Gerek denetim ve ceza soruşturmasıyla ilgili mevzuat altyapısındaki eksiklikler,

-Gerekse Yükseköğretim Genel Kurulu, YÖK Başkanları ve Yükseköğretim Denetleme Kurulu'nun uygulamaları nedeniyle,

-Devlet, üniversiteler üzerindeki gözetim ve denetimi kaybetmiştir!

-Bu husus, özellikle yükseköğretim kurum ve üst kuruluşlarının yöneticilerinin hesap verilebilirlik ile ilgili algılamalarının değişmesine neden olmuş,

-Ve böylece yükseköğretim alanı yolsuzluk ve usulsüzlüğün önlenememesine/artmasına elverişli bir "çevre" haline gelmiştir...[248]

Tıpkı ihraç ettiğimiz sebze-meyveler gibi "bilimsel makalelerimiz de yurtdışında yakalanıyor! Örneğin, 2007'de Türkiye'deki dört üniversiteden biri dekan, 14 fizikçinin 65 çalıntı makalesi yurtdışında yakalandı ve yayından atıldı...

Bilimsel sahtekârlığa son bir örnekle konuyu toparlayayım. Doç. Kaan Öztürk "Şişme Dergiler ve Yayın Etiği İhlalleri" başlıklı yazısında artık alışılan bir örnek verdi:

-"TÜBİTAK'a bağlı Ulusal Akademik Ağ ve Bilgi Merkezi'nden (ULAKBİM), 2011 Temmuz ayında alınan verilere göre, 2010'da yayımlanan Türkiye adresli en çok atıf alan on yayını şöyle sıraladı. (...) İşin tuhaflığı, on yayından sekizinin 'Energy Education Science and Technology' isimli, adı sanı bilinmeyen bir dergiden gelmesi. Bu dergiye 'www.silascience.com' adresinden ulaşılabiliyor. Emsallerine göre çok amatörce hazırlanmış ve çok eksikleri olan bir site. Sitede dört ayrı dergi başlığı mevcut ama makalelere ulaşılamıyor. Hatta, 2012 yılından önceki makalelerin özetlerine bile ulaşılamıyor. Üniversite kütüphanesi aracılığıyla girmek de makaleleri okumamı sağlayamadı. ULAKBİM Türkiye Akademik Dergi Portalı'nda mevcut değil. Web sayfasında abonelik hakkında bir bilgi yok. Sanki okunmayı istemiyormuş gibi bir hali var.

---

248 Özellikle internetle birlikte akademik etik ihlallerinde Türkiye'de patlama yaşanıyor. Akademik etik ihlalleri hep örtbas ediliyor; üstelik ortaya çıkaranlara saldırılıyor! Oysa dünyadan örnek vereyim: Türkiye'de Erdoğan'ın üniversite diploması olup olmadığı tartışılırken, Macaristan'da cumhurbaşkanının çalıntı doktora tezi iptal edildi, istifa ettirildi! Almanya'da 20 kadar bakan, parlamenter ve akademisyenin çalıntı doktora tezleri iptal edildi, istifa ettirildiler. Romanya'da bakanın çalıntı doktora tezi iptal edildi, istifa ettirildi. Fark bu! En azından Batı'da yakalanan istifa ettiriliyor...

Okunamayan makaleler nasıl bu kadar atıf alabilmiş, insan merak ediyor.

"Dört derginin de baş editörlüğünü, Şırnak Üniversitesi'nde rektör yardımcısı olan Ayhan Demirbaş yürütüyor! Yönetim ofisi Trabzon adresli. İletişim için sadece editörün kişisel hotmail adresi verilmiş, kurumsal bir e-posta adresi yok!

"(...) Özetle, büyük atıf sayılarına rağmen, bu dergileri küçük bir grup dışında kimsenin okumadığı ve kullanmadığı belli. Yazarlar kendi içlerinde dönüp duruyor, beraber yazdıkları makalelerde birbirlerine atıf yapıyorlar, sayılar böylece şişiyor." (*Matematik Dünyası*, 2012)

Israrla soracağız: Bilim insanları sahtekârlığa neden alet oluyor? Doç. Kaan Öztürk'ün buna yanıtı şuydu:

-"Sayılara dayalı bir değerlendirme sisteminde, şaibeli dergilerde bol ama boş yayınlar yapmış olanlar haksız avantaj edinerek akademik kadroları doldururlar. O zaman da nitelikli bilim yapmak isteyenler için boğucu bir atmosfer oluşur…

-"Elbette atama ve yükseltmelerde sadece sayılara bakılmıyor, dosyalar komisyonlarda inceleniyor. Ama inceleyenler gerçekten bütün makaleleri dikkatle okuyorlar mı, kararları yayın / atıf sayılarından ve yayınların yer aldığı derginin tesir katsayısından hiç etkilenmiyor mu? Kaldı ki, sayı şişirmecileri kariyerlerinde yükseldikçe bu değerlendirme komisyonlarına onlar da dahil olacaklar ve kendi benzerlerine kolaylık sağlayacaklar...

-"Dahası, görünüşte çok üretken ve muteber olan bu profesörler, iyi niyetli öğrencileri kendilerine çekecekler ama bu öğrencilere bilimsel araştırmanın ve makale yazmanın doğru yöntemini öğretemeyecekler. Öğrenciler sonuçta örnek aldıkları hocaları gibi olup çıkacaklar. Bunların bir kısmı gerçekle yüzleşip kariyerlerini boşa harcadıklarını fark edecek, hüsrana uğrayacaklar. Bir kısmının ise şansı yaver gidecek, kendilerine bir kadro bulacak ve sistemi yeniden üretecekler. Her iki sonuç da toplumsal bir trajedidir…

-"Sineklerle uğraşabiliriz, ama bataklık kurumadıkça, yani 'yayın yarışı' devam ettikçe yayın etiği ihlalleri artarak devam edecektir. 'Sayı oyunları'nı, yani bilimsel kaliteyi basit ve yetersiz sayısal göstergelerle ölçme alışkanlığını da sorgulamalıyız..."

Hâlâ... Tıp konusunda aykırı ses duyduklarında ne diyor kimi çevreler: "Bu konuda kaç bilimsel makalesi var ki konuşup duruyor?"

On Birinci Bölüm

EVA HANIM İSRAİL'E KAÇTI

PricewaterhouseCoopers (PwC)...

Şirket, muhasebeci Samuel L. Price tarafından 1849'da Londra'da kuruldu. Sonra birçok şirketle birleşerek dünya devi oldu.

158 ülke ve 721 lokasyonda bulunan bu küresel şirket, 1981'den bu yana İstanbul, Ankara, Bursa ve İzmir'deki beş ofisiyle Türk iş dünyasına hizmet sunuyor!

ABD'deki en büyük beşinci özel şirket olan PwC'nin 2017 yılı geliri 37,7 milyar dolar. Bunun 12,3 milyar doları danışmanlık hizmetinden geliyor. Yönetim Danışmanlığı Hizmetleri (MCS), şirketin en hızlı büyüyen ve çoğu zaman en kârlı alanı oldu hep...

En son...

Pfizer, Roche, Lilly, Bayer, Amgen, AstraZeneca, Novartis gibi Türkiye'de bulunan 39 küresel şirketin kurduğu Araştırmacı İlaç Firmaları Derneği/AİFD, 2012 yılında PwC şirketine "Türkiye İlaç Sektörü Vizyon 2023" raporu hazırlattı.

Bu ilk çalışması gibi şaşırtıcı değildi. Şöyle:

Devlet Planlama Teşkilatı (DPT) adını duymuşsunuzdur.

30 Eylül 1960 tarihinde Türkiye'nin ekonomik, sosyal ve kültürel amaçlarının belirlenmesinde hükümete hazırladığı raporlar ile danışmanlık yapmak üzere kuruldu. Hükümetçe belirlenen amaçları gerçekleştirmek için kalkınma planları ve yıllık planlar hazırladı...

1989 yılında ne oldu biliyor musunuz; DPT kendi yapacağı sağlık sektöründe master planı hazırlama görevini Price Waterhouse şirketine verdi!

Tabii ki bu işbirliğini dayatan Turgut Özal'dı.

Tabii ki perde arkasında Dünya Bankası vardı.

Neler oluyordu? Türkiye'de sağlık, serbest piyasanın inisiyatifine nasıl bırakıldı?

Washington Konsensüsü

Önce size birini tanıtayım:

Adı, C. Fred Bergsten (d. 1941)...

Amerikalı ekonomist ve politik danışman.

1967'de -Rockefeller'ın kurduğu dünyayı yöneten düşünce kuruluşu- Dış İlişkiler Konseyi'nde bulundu. Ardından… ABD -dış ekonomik politikasını koordine eden-Ulusal Güvenlik Konseyi'nde Henry Kissinger'a asistanlık yaptı. Ardından… -George Soros'un finanse ettiği- Brookings Enstitüsü'nde görev yaptı. Ardından… ABD Hazine Departmanı'nda Uluslararası İlişkiler Sekreter Yardımcısı olarak çalıştı.

Ve… Ekonomist Bergsten, 1981 yılında Washington DC merkezli kurulan düşünce kuruluşu Uluslararası Ekonomi Enstitüsü'nün (IIE) başına geçti. Zaten enstitüyü de, -küresel meseleler üzerine araştırma ve analizlerle katkıda bulunma amaçlı- Alman Marshall Fonu (GMF) önerisiyle C. Fred Bergsten kurdu.

GMF ise ailesi 1940'ta Almanya'dan kaçan Guido Goldman tarafından Marshall Planı yardımının 25. yıldönümünde Avrupa ve ABD ilişkilerini destekleme çabası için lobi yapmak maksadıyla 1972'deWashington DC merkezli kuruldu...

Yani:

-Alman Marshall Fonu'nun (GMF) desteklediği…

-Başkanlığını, Dış İlişkiler Konseyi ve Ulusal Güvenlik Konseyi'nde Henry Kissinger'a asistanlık yapan C. Fred Bergsten'in yaptığı…

-Uluslararası Ekonomi Enstitüsü (IIE)…

1989'da bir kavramın doğmasına sebep oldu: "Washington Konsensüsü."

Peterson Uluslararası Ekonomi Enstitüsü'nde 1981'den beri araştırmacı olarak bulunan İngiliz ekonomist Prof. John Williamson, "Washington Consensus" terimini kullanan ilk ekonomist oldu. Neydi bu "konsensüs"?

Süslü laflar etseler de "Washington Konsensüsü", azgelişmiş ekonomilerin işgücü piyasasını küresel şirketler tarafından sömürüye açmanın yoluydu...

Washington DC'de bulunan (IMF, Dünya Bankası, Amerikan Hazinesi) kurumlar ABD'nin merkezde olduğu küresel serbest piyasa düzeni konusunda anlaşmıştı. ABD etrafında bütün dünyayı, halka halka-iç içe yeni ekonomik sisteme geçireceklerdi.

İşte "uzlaşma" buydu... Zamanla bu "uzlaşmaya" Dünya Ticaret Örgütü ve Avrupa Merkez Bankası da katıldı.

Washington Uzlaşması, neoliberal ekonomik anlayışa uygun politikaların vücut bulmuş haliydi. Özü şuydu:

Ekonomide kamu sektörünün küçültülmesi,

Kamunun ekonomi üzerinde belirleyici rolünün azaltılması,

Bütçe dengesinin sağlanması.

Böylece neoliberalizm… Devleti rekabetin önünde engel görerek, Türkiye'de (kulağa hoş gelen) "denk bütçe" ve "özelleştirme" gibi süslü laflarıyla, ekonomide kamunun etkisini azaltmanın yolunu buldu. Mesela… Doğrudan yabancı sermaye yatırımlarını ülkeye çekebilmek ve mal-sermaye akımlarını serbestleştirmek için mülkiyet haklarını güvence altına almak gibi...

Yazdım: 1980'ler…

Neoliberal iktisat politikalarını savunanlar piyasayı her derde deva olarak göstererek, "yapısal uyum" programlarına ülkeleri ikna edip yeni pazarlar yarattı. Satacakları ürünlerden biri de "hastalık" idi!

"Uzlaşma" dedikleri buydu.

-Her ülkeye benzer iktisat politikasının salık verilmesi, bir doktorun bütün hastalara aynı teşhisi koyup aynı reçeteyi yazmasıydı! Ki sağlık sektöründe de yaptıkları bu olmadı mı?

Sonuçta... Üçüncü Dünya'da siyasi güce kavuşmak için bu konsensüse uyacak sağcı-solcu ya da etnik partileri iktidara getirdiler...

Türkiye'de son 40 yılda ANAP ve AKP bunun tipik iki örneği oldu...

Dünya Bankası'nın Türkiye marifetleri

Washington Konsensüsü, tıp-sağlık alanında ülkemizde ne yaptı? Öncelikle... Dünya Bankası, Türkiye (ve benzeri ülkelerde) tıp-sağlık uzmanlarının hemen hiçbirinin katılımı olmadan toplantılar gerçekleştirdi. Yaptığı "araştırmalar" sonucunda, her ülke için "sağlık durum raporu" hazırladığını açıklasa da hepsi birbirinin kopyasıydı!

Türkiye'de şunu yaptılar:

-Dünya Bankası kredisiyle Devlet Planlama Teşkilatı (DPT) adına 18 Mart 1986 tarihinde "Türkiye Sağlık Sektörü Araştırması" yapıldı.

-Dünya Bankası, yine DPT aracılığıyla "Sağlık Sektörü Master Plan Etüdü Mevcut Durum Raporu" hazırlama görevini 1989 yılında Price Waterhouse şirketine verdi.

Türk Tabipler Birliği gibi sivil toplum kuruluşlarının çağrılmadığı toplantılarda yapılan tespitler, dünya ülkelerinin tümü için genel özellikler taşıdı. Özü şuydu:

Maliyetin karşılanamayacak boyutlara ulaştığı ve önlem alınmadığı takdirde var olan durumun daha da derinleşerek "sağlık krizi" yaratacağı korkusu yayıldı!

Ne yapılırsa krizin atlatılacağını da açıkladılar:

-Sosyal güvenlik kurumları birleştirilmelidir...

-Kamu verimsizdir, hemen özelleştirme yapılmalıdır...

-Hastaneler işletmeci olmalıdır...

-Sağlık hizmetlerinin maliyeti çoktur; herkes bedelini gelir durumuna göre ödemelidir. Ve bu sebeple Genel Sağlık Sigortası (GSS) uygulanması şarttır…

-Kamu özel ortaklığıyla şehir hastaneleri kurulmalıdır…

-Sağlık ocağı yerine aile hekimliği sistemine geçilmelidir…

Türkiye, "sağlıkta küreselleşme" projesine 7 Ekim 1988 tarihinde kanun hükmünde kararname ile dahil oldu. Dünya Bankası tarafından ortaya atılan; "Çok Taraflı Yatırım Garanti Sözleşmesi (MIGA)nin" altına imza koyan Türkiye, MIGA'nın kurucusu olarak şu kısıtlamalara tabi oldu:

"-Yabancı şirketler hakkında, yatırımın mülkiyetinden veya denetiminden veya elde edeceği önemli çıkardan mahrum edecek şekilde, idari ve hukuki tedbir alamazsınız...

"-Yabancı şirketler ve yatırımların sözleşmelerini herhangi bir şekil ve gerekçeyle ihlal edemez, tanımamaya kalkışamazsınız..."

Bu özünde… Osmanlı pazarını tamamen ele geçiren 1838 yılındaki İngiltere Ticaret Antlaşması'nın benzeriydi. Aynı pazarı ele geçiren soygun projesi hayata geçiriliyordu…

İstisnasız bütün hükümetler ve sağlık bakanları söz konusu "sağlıkta dönüşüm" programının Türkiye için özgün olduğunu, ülkemizin sağlık durumuyla sosyal, ekonomik ve kültürel yapısının dikkate alınarak hazırlandığını söyledi!

Yalandı. Dünyanın dört yanında aynı projeyi hayata geçirdiler.

Ah! Neler yapmadılar… Sağlık Bakanlığı'nın bünyesinde 1991 yılı başı itibariyle -Dünya Bankası'ndan gelen kredilerin kullanım alanlarının belirlenmesi ve koordinasyonu için- Sağlık Projesi Genel Koordinatörlüğü (SPGK) kuruldu. Bu adım Türkiye'de "sağlık reformunun" başlangıç aşaması oldu.

Sağlık Bakanlığı, 23-27 Mart 1992 tarihlerinde Ankara'da 1. Ulusal Sağlık Kongresi düzenledi. SPGK yetkilileri, özellikle akademisyenlerle küçük gruplar halinde yaygın "ikna" toplantıları gerçekleştirdi. Raporun hemen ardından ağustos ayında "TBMM'ye Sunulmak Üzere Hazırlanan Ulusal Sağlık Politikası Taslak Dokümanı" kamuoyuna sunuldu. Gelen 50'yi aşkın yanıt arasında bakanlık sadece altı muhalif görüşe yer verdi. Aslında doküman özgün değildi; tamamen Dünya Bankası'ndan tercüme idi!

Tüm çalışmaların parasını Dünya Bankası verdi.

- 7 Ekim 1990 tarih ve 20658 sayılı *Resmi Gazete*'nin Milletlerarası Antlaşma bölümünde, "Ülkemizdeki Sağlık Reformları Kapsamında Gerçekleştirilecek Temel Sağlık Hizmetleri Projesi'nin Dış Finansman İhtiyacının Karşılanması İçin Uluslararası İmar ve Kalkınma Bankası'ndan Sağlanan Krediye İlişkin İkraz Anlaşması ve Ek Mektubun Onaylanması Hakkında Karar" başlığıyla yayımlandı. "Birinci Proje" olarak da bilinen anlaşmayla toplamı 146,6 milyon dolar olan bütçenin, 75 milyon dolarını (yüzde 51'ini) Dünya Bankası verdi...

- 22 Aralık 1994 tarih ve 22149 sayılı *Resmi Gazete*'de yayımlanan ve "İkinci Proje" olarak da bilinen, ilkiyle aynı adı taşıyan projenin toplam 213,6 milyon dolarlık bütçesinin 122 milyon dolarını (yüzde 63'ü) Dünya Bankası verdi...

-17 Aralık 1997 tarih ve 23203 sayılı *Resmi Gazete*'de yayımlanan ve "Üçüncü Proje" olarak da bilinen projenin 14,5 milyon dolarlık bütçesinin tamamını Dünya Bankası verdi...

Uzatmayayım:

1985-1995 yılları arasında 20 tanesi doğrudan ilaç sanayini ilgilendiren 21 kanun hükmünde kararname, yönetmelik, tebliğ çıkarıldı.

Tüm bunların sonucu hükümetler ne yaptı?

ANAP ile başlatılan neoliberal piyasanın "altyapı inşa" süreci 1993 yılında kurulan DYP-SHP koalisyon hükümeti tarafından "Sağlık Kanunu Tasarı Taslağı", "Sağlık Bakanlığı'nın Teşkilat ve Görevleri Hakkında Kanun Tasarı Taslağı", "Bölge Sağlık İdareleri Kanun Tasarı Taslağı", "Genel Sağlık Sigortası Kanun Tasarı Taslağı" ile devam ettirildi.

Ancak…

1990'larda partiler arasında çetin rekabet vardı. Oy kaybetmek istemeyen partiler-iktidarlar sağlık sektörü konusunda sert kararlar almakta zorlandı. Küresel hedefler gerçekleştirilemedi. Örneğin...

RP-DYP koalisyon hükümeti Kasım 1996 tarihinde "Sağlık Finansman Kurumu Kuruluş ve İşleyiş Kanunu", "Birinci Basamak Sağlık Hizmetleri", "Aile Hekimliği Kanunu", "Hastane ve Sağlık İşletmeleri Temel Kanunu" tasarısı hazırladı. Aynı koalisyon Nisan 1997'de söz konusu taslakları revize edip yeniden kamuoyuna sundu. Ama herhangi somut ilerleme sağlayamadı…

Ardından hükümet olan ANAP-DSP koalisyonu da üç taslağı bir araya getirerek "Kişisel Sağlık Sigortası Sistemi", "Sağlık Sigortası İdaresi Başkanlığı Kuruluş ve İşleyiş Kanunu" tasarısı hazırladı.

Nisan 1999 seçimleriyle hükümet olan DSP-MHP-ANAP koalisyonu Marmara Depremi sırasında çıkardıkları Sosyal Güvenlik Yasası'nın hemen ardından Ekim 1999'da yalnızca isim değişikliği yapıp "Sağlık Sandığı Kurumu Kanunu" tasarı taslağını, önceki hükümetlerden devraldıkları "kutsal emanet" olarak sahip çıkıp yayınladı.

Ve:

Dünya Bankası sağlık projeleri AKP döneminde de aynen devam etti… AKP'nin "akıl hocası" Dünya Bankası, tıpkı 1980 sonrası diğer hükümetlere yaptığı gibi, 59. hükümet için de bir "yol haritası" hazırladı: "Türkiye, Yaygınlığı ve Verimliliği İyileştirmek Amacıyla Sağlık Sektöründe Yapılacak Reformlar."

Neydi bu?

AKP'nin sağlık aldatmacası

AKP'nin 2002 seçimleri öncesinde kamuoyuna açıkladığı seçim bildirgesi- acil eylem planı ve 58 ile 59. hükümetleri kurduktan sonra TBMM'ye sunduğu "hükümet programları"; sağlık sistemiyle ilgili tamamı geçmiş hükümetlerce de gündeme getirilmiş olan önerilerin tıpatıp benzeriydi:

-Devlet, sigorta ve kurum hastanesi ayrımı kaldırılacak; tüm hastaneler özerkleştirilecek,

-Sağlık Bakanlığı yeniden yapılandırılacak,

-Sağlık sektörüne rekabet getirilmesi için sağlık hizmeti sunumu ile finansmanı birbirinden ayrılacak,

-Sağlık sigortası uzun vadeli sigorta kollarından çıkarılacak, nüfusun tamamını kapsayan GSS sistemi kurulacak, ödeme gücü bulunmayanların primleri devletçe ödenecek, aile hekimliği uygulamasına geçilecek,

-Sağlam hasta sevk zinciri sistemi kurulacak, bilişim teknolojisinden azami yararlanılacak, sağlık bilgi sistemi inşa edilecek...

ABD'nin dünyaya dayattığı neoliberalizm "reçetesinin" AKP eliyle Türkiye'de de hayata geçirilmesiyle "Sağlıkta Dönüşüm Programı", hastaneleri ticarethaneye, hastaları da "müşteriye" dönüştü. Bizzat Recep Tayyip Erdoğan hastalar için "müşteri" demeye başladı. "Müşteri" kapitalist sistemde "parası olan" ve "parası kadar alışveriş yapabilme özelliğine sahip olan" kişi anlamına geliyor. "Müşteri" demek kâr demek... Böylece kârlılığı artırmak amacıyla kısa sürede çok hasta bakmak, gereksiz tetkikler istemek, ameliyat yapmak vs. olağanlaşıyor.

Kâr düşünülen yerde sağlığın her yönü maliyet hesabına göre belirleniyor. Sağlık çalışanlarının sözleşmeli çalıştırılması ve performanslarına göre ücretlendirilmesi esas alınıyor. Tabii ki sağlık çalışanlarının sözleşmeli çalıştırılması iş güvencesini ortadan kaldırıyor. İş güvencesinin, adil bir atama sisteminin bulunmadığı, emeğin hakkıyla ücretlendirilmediği bu sistemde performansa dayalı ücret, emekçileri birbirine kırdırmanın, onlara boyun eğdirmenin aracı olarak çalışıyor. Sonuçta...

AKP diğer hükümetlerin yapamadığını gerçekleştirdi; sağlığı tamamen piyasa güçlerine, yani şirketlere bıraktı.

Bunun rekabeti, kaliteyi artıracağını sandı.

Diğer yandan... Dünya Bankası, Türkiye'de sağlık hizmeti üreten iki bakanlığı hedef aldı: Çalışma ve Sosyal Güvenlik

Bakanlığı ve Sağlık Bakanlığı… Her iki bakanlık için "görev tanımı" yaparak dedi ki:

-"Her iki bakanlıkta da, sağlık hizmetlerinin üretilmesi ve sunulması doğrudan ilgili olmamalıdır!" Peki, ne yapmalıdır?

Sağlık Bakanlığı, "planlayıcı ve denetleyici olmalıdır"!

Çalışma ve Sosyal Güvenlik Bakanlığı'nın sağlık sektöründeki temel görevi ise evrensel sağlık sigortası sisteminin yönetimine ve işlevlerine denetim ve rehberlik sağlamakla sınırlı olmalıdır!

Bu amaçla, "Kamu Yönetiminin Temel İlkeleri ve Yeniden Yapılandırılması Hakkında Kanun" 15 Temmuz 2004'te TBMM'den geçirildi. Cumhurbaşkanı Ahmet Necdet Sezer tarafından yasa imzalanmadı. 3 Ağustos 2004'te yasa tekrar olduğu gibi Sezer'e bir daha gönderildi! Başka söze gerek var mı; AKP'yi neden iktidara taşıdılar?

Mesele buydu:

AKP'nin tek başına iktidar olması, uzun zamandır koalisyon hükümetlerinin "başarısızlığından" çeken Dünya Bankası için uygun zemin yarattı. Yeni kurulan bir parti ve deneyimsiz kadrolar, konuyu bilmeyen üst düzey yetkililer, kendilerini tamamen IMF ve Dünya Bankası'na teslim etti. Uzun zamandır "pusuda bekleyen" küresel güçler amacına ulaştı...

AKP, eskimiş sağlık reform paketini "sağlıkta dönüşüm programı" adıyla yeniden piyasaya sürdü. Yıllardır "sağlık reformları" adıyla sunulan "küresel paketler" bu kez AKP tarafından "sağlıkta dönüşüm programı" ismiyle vitrine çıkarıldı. Tek fark sadece isim değişikliydi!

İsim değişse de işin özü değişmedi. Örneğin… Aile hekimliği aslında geçmiş hükümetlerce de gündeme getirilmişti; yaklaşık on yılı aşkın bir süredir ülkenin gündemindeydi. Dünya Bankası ve onun artık yan kuruluşu haline gelen Dünya Sağlık Örgütü tüm ülkelere aile hekimliği modelini önermekte ve bunun için kredi sağlamaktaydı...

AKP'nin kendi modeliymiş gibi övündüğü -Dünya Bankası dayatması- "Aile Hekimliği" sağlıkta özel sektörün temelini oluşturan ve neoliberal sistemin vazgeçilmez kâr unsuru oldu.

Yeşil kart gerçeği

AKP köklü değişimle toplumcu-halkçı sağlık sistemini "piyasaya" düşürdü. Bu hedefle tebliğler-kararnameler-yasaları arka arkaya çıkardı.

Kamuoyunun karşısına "reform" diye çıkarılan girişimlerin asıl sahibi IMF ve Dünya Bankası idi itibariyle...

Dünya Bankası finansman desteğini sürdürdü:

-21 Nisan 2004 tarih ve 27717-TU numaralı karar ile "Sağlıkta Dönüşüm Programı'nın İlk Evresine Destek Olarak Türkiye Cumhuriyeti'ne Sağlıkta Geçiş Projesi İçin 49.40 Milyon Avro Miktarında Önerilen Kredi Hakkında Proje Değerlendirme Belgesi" yayımlandı. Parayı Dünya Bankası verdi...

- 30 Haziran 2009 tarihinde Sağlık Bakanlığı'nca yürütülecek olan "Sağlıkta Dönüşüm ve Sosyal Güvenlik Reformu Projesi" finansmanı için Dünya Bankası 56,1 milyon avro verdi.

-21 Eylül 2015 tarihinde Türkiye'nin Sağlık Sistemini Güçlendirme ve Destekleme Projesi (HSSSP) için Dünya Bankası 120 milyon avro verdi.

Bu paralar geri nasıl alınacaktı?

Dünya Bankası'na göre, sağlık sigortası modelinin öne çıkmasındaki temel varsayım; mevcut genel bütçe gelirlerinin yetersizliğiydi. Ek kaynak-finans için dedi ki:

-"Türkiye'de, genel bütçeden sağlığa daha çok kaynak ayırmak olanaksız; koruyucu hizmetlere genel bütçe, tedavi hizmetleri için ek finans yolu olarak sigorta uygun olur; sağlık hizmetleri için ek kaynak mobilize etmek ve sabit bir fon oluşturmak, ancak sigorta ile mümkündür..." Yani:

-Sağlık sigortacılığı, sağlık hizmetleri sunumuna özel sektörü dahil etmenin önemli aracı oldu.

-Sigorta ile oluşturulan fonlar, özel sağlık sektöründen sağlık hizmeti almak için kullanılacaktı.

Bu şu demekti: Küresel şirketlerin daha çok gelir elde etmesinin yolu insanlardan çok, "devlet kasasıyla" olmalıdır! Yoksul insandan para almaları zordu. Bu sebeple gelirlerin "sigortası" devletti! "Yeşil Kart" uygulaması böyle doğdu; daha çok hasta, daha çok devletten alınan para!

Evet...

Türkiye benzeri ülkelere dayatılan "sigorta sisteminin" temel amacı, "ek kaynak yaratmak" idi. Sağlık piyasasında, küresel sermayenin istediği ölçüde denetleyemediği, başıboş dolaşan parayı merkezileştirmek ve bu merkezileştirilen parayı -hizmet adı altında- özel sağlık kuruluşlarına aktarmaktı. Bu amaçla...

Özel sağlık sigortasından hizmet alımı yaygınlaştırıldı ve -örneğin- 2005 yılında eski adıyla SSK'ya bağlı eczaneler kapatıldı. İtibarıyla ilaç fabrikasının kapısına da kilit vuruldu.

Sonra neler oldu?

2000'li yılların başındaki "dönüşüm" yalanıyla, Türkiye ilaç piyasası dünyada en hızlı büyüyen ikinci ilaç pazarı oldu...

2003 yılında ilaç tüketimi yüzde 40 oranında artış gösterdi.

2004 yılında ağırlığı ilaç olan eczacılık ürünleri ithalatı 2,5 milyar dolar olarak gerçekleşti. Yılda 5 milyar dolara yakın petrol ithal ettiğimiz düşünüldüğünde, petrol ithalatının yarısı kadar da ilaç ithal edildi! Bu rakamlar ilerleyen yıllarda uçuşa geçecekti...

SSK gerçeği

AKP neler yapmadı ki:

2006 yılında 5510 sayılı Sosyal Sigortalar ve Genel Sağlık Sigortası Kanunu çıkardı. Bu ne anlama geliyordu?

"Mucizevi denklem" diye adlandırılan SSK'nın devriyle birlikte "SSK ilaç alım modeli" ortadan kalktı. SSK ihaleyle toplu alım yaparak ilaçları perakende satış fiyatları üzerinden değil, imalatçı /ithalatçı /depocu satış fiyatı üzerinden yaptığı iskontolar ile alıyordu. Ayrıca ilaçların bir bölümünü de kendisi üretiyordu. Buna karşılık...

Emekli Sandığı ve Bağ-Kur ise ilacı yüzde 25-35 daha pahalıya alıyordu. Bu fark, Emekli Sandığı ve Bağ-Kur'un ihale yapmayarak ilaçları doğrudan eczaneden alması nedeniyle oluşuyordu.

Tek örnek yeterli olacaktır:

38 milyon nüfusu kapsayan SSK'nın 2004 yılı ilaç harcaması -eski parayla- 2,4 katrilyon lira iken, 2,5 milyon nüfusu kapsayan Emekli Sandığı aynı yıl ilaca 1,5 katrilyon lira ödedi!

Bu rakamlar Emekli Sandığı'nın, SSK'nın neredeyse 15'te biri kadar bir nüfusu kapsadığı halde, SSK'ya yaklaşan ilaç harcaması yaptığını ortaya koyuyor.

"Yapısal dönüşüm" ile SSK'yı Emekli Sandığı'na benzetmelerinin sebebi açık değil mi? Küresel şirket kasasına daha çok para sokmak... Kamu İlaç Alımı Protokolü'nün imzalanmasıyla uygulamaya sokulan yeni sistemde SSK'lılar da artık serbest eczanelerden ilaç almaya başladı. Dolayısıyla toplu alımlarla elde ettiği indirim olanaklarını kaybetti...

Ne demek istediğimi şöyle basitleştireyim: İmalatçı/ithalatçı fiyatı 100 lira olan bir ilaç, yüzde 9 depocu kârı, yüzde 25 eczacı kârı ve yüzde 8 KDV eklendiğinde 147 liraya satılıyordu. SSK'nın 100 liralık imalatçı/ithalatçı fiyatı üzerinden yüzde 20 indirim sağladığı varsayılırsa (bu oran bazı ihalelerde daha da yüksek oldu) 100 liralık ilacın fiyatı 80 liraya düşüyordu. İlacı kendi satıyordu çünkü. Yeni sistemde ise KDV'li satış fiyatı olan 147 lira üzerinden yüzde 14 oranında indirim sağlandığında ilaç fiyatı 125 liraya, uluslararası ilaç şirketlerinin pahalı ilaçlarında indirim oranı yüzde 7 olduğundan bu gruptaki ilaçlar için de 137 liraya düşebiliyor. Yani, SSK modeliyle, yüzde 20'lik düşük iskontolu bir ihalede bile aynı ilaç 57 lira daha ucuza mal edilebiliyordu. Bu 57 liralık farkın büyük bölümü ilaç şirketlerinin cebine gidiyor! SSK'nın 0 (sıfır) iskonto ile 232 milyon liraya aldığı ilacı, aynı tarihte Bağ-Kur ve Emekli Sandığı 330 milyon liraya alıyordu!

Bu örnek bile SSK ilaç alım modelinin ne denli avantajlı olduğunu açıkça gözler önüne sermiyor mu? Peki... O dönem medyaya ne yaptırıldı? SSK sistemi "uzun kuyruklar" ve "hizmete ulaşmadaki güçlükler" nedeniyle kıyasıya eleştirildi. Ancak 1.235 olan eczacı sayısının artırılması, dispanser ve işyeri hekimliği gibi birinci basamak birimlerinin geliştirilmesiyle çözülebilecek sıkıntılar, SSK'nın tasfiye edilmesine sebep gösterildi!

Sosyal Güvenlik Kurumu'nun 2018'de toplam 15,7 milyar lira olan açığı, 2019 yılının ilk beş ayında 20,2 milyar lira oldu. SSK'ya saldırıya geçtikleri 1992'de açık 2,6 milyon lira idi…

Ayrıca…

AKP Sekizinci Beş Yıllık Kalkınma Planı "hastaneler işletmeye dönüştürülmeli" ilkesini kabul etti.

"Teşvik" adı altında, değil faizi, anaparası bile geri ödenmemek üzere karşılıksız krediler dağıtılarak, devlet hastaneleri bile emirlerine verilerek özel hastaneler kurduruldu. 1988 yılında 115 olan özel hastaneler, 2000'de 261'e ve 2018'de 565'e ulaştı!

Toplum artık sağlık ocaklarından ve SSK kuruluşlarından değil, lüks hastanelerde büyük paralar karşılığı hizmet almaya başladı. Çoğunun parası "devlet kasası" idi! Para kendi cebinden çıkmadığı için bu küresel soygun vatandaştan destek gördü. Ne diyordu atasözümüz: "Devletin malı deniz…"

Neoliberalizmin 24 Ocak kararlarıyla iktidar olduğu 1980 yılında Türkiye'de 55 dolar olan kişi başına düşen sağlık harcaması, 2000 yılında 135 dolara ve -AKP iktidarı sürecinde- 2018 yılında 500 dolara ulaştı! Yaşanan iktisadi krizler bile bunu etkilemedi.

Oysa… 2000-2009 yılları arasında Avrupa ülkelerinde ilaç harcamaları büyüme oranı yıllık yüzde 3,2 iken, bu oran 2008 büyük ekonomik kriz sonrası yüzde 0'a/sıfıra yaklaşarak durma noktasına geldi.

Türkiye'de diğer rakamlar farklı değil:

Toplam sağlık harcamaları, 1980'de 2,5 milyar dolar civarındayken, 2000'de 9 milyar dolar civarına yükseldi ve -AKP iktidarı sürecinde- 2018 yılında 25 milyar doları aştı.

Para kimin cebine giriyor belli; küresel şirketlerin.

AKP'nin övündüğü sağlık politikasının içyüzü bu…

Türkiye'yi çökerten imzalar

AKP ile 2003 yılında hayata geçen "Sağlıkta Dönüşüm Programı" ilaç sektöründe önemli düzenlemeleri beraberinde getirdi. Bunlardan biri "patent" konusu oldu. Önceki sayfalarda değindim. Biraz açmama izin verin; "ilaç" ya da "cihaz" olsun, patent işi sağlık sektörünün en büyük sırrı! "Buluşum var, gidip onay alayım" demekle olmuyor! Bir ilaç buluşunun veya cihaz tasarımının yenilik olarak yaşama/piyasaya girebilmesi için "seçilebilmesi" şart!

Bu "seçim" kim tarafından, hangi ölçütlere göre yapılıyor? Örneğin, bir cerrah ameliyatlarında kullandığı tıbbi gereçlerden birinde yapılabilecek bir değişiklikle ameliyatın hastalar için daha güvenli hale getirilebileceğini, ameliyat süresinin kısaltılabileceğini, maliyetinin azaltılabileceğini düşünerek kendi olanaklarıyla geliştirdiği bir gereç için hemen patent alabilir mi; bu teknolojik yeniliği uygulamaya sokabilir mi? Zor...

Yeni ilaç ya da tıbbi teknolojilerin "seçilim süreci", doğadaki "doğal seçilmeye" benzeyen süreç; ama önemli bir fark var: Kapitalist toplumlarda bu seçilmenin yapıldığı yerler "pazar-piyasa" ve "ekonomik-politik güç" meselesi…

Son yıllarda sağlık sektörü, dünyada silah sektöründen sonra en kârlı ikinci sektör haline gelmişken, pazar sürekli büyürken, böylesine kazanca sizi ortak etmek isterler mi? Hayır. İşte, karşınıza çıkacak engellerden biri patent…

Patent yasalarından önce Türk ilaç şirketleri, başka marka ilaçların içindeki etken maddeleri ve yöntemleri taklit ederek üretim yaptı. Bu durum neoliberalizm süreciyle daha çok para kazanmak isteyen ilacın orijinal üreticileri tarafından tepkiyle karşılandı. Küresel şirketler bunun önüne geçerek Türkiye gibi büyük ilaç pazarlarında neler yapmadılar ki?

Dünya Ticaret Örgütü (DTÖ)…

1986-1994 yılları arasında sürdürdüğü Uruguay Turu müzakereleri sırasında "TRIPS" denilen "ticarette patent hakkını" düzenleyen anlaşmayı 1 Ocak 1995 tarihinde uluslararası sisteme soktu.

Bu, General Agreement on Tariffs and Trade (GATT) Anlaşması, küreselleşme sürecine giren dünyada gelişmiş ülkelerle gelişmekte olan ülkeler arasında, ekonomik ilişkiler açısından çıkar çatışması hususunda sözüm ona "uzlaşma" sağlayan anlaşmaydı.

Metin, 15 Nisan 1994 tarihinde Fas'ta, aralarında Türkiye'nin de bulunduğu 125 ülke tarafından imzalandı. Türkiye, Dünya Ticaret Teşkilatı'nın dayattığı Ticaretle İlgili Fikri Mülkiyet Hakları Anlaşması'nı 31 Aralık 1994 tarihinde yürürlüğe girecek şekilde, TBMM tarafından onaylayarak kanunlaştırdı.

Fakat... Yerli üreticiler "batarız" diye feryat etti. GATT Antlaşması'na ek konuldu: Türkiye'nin de bulunduğu gelişme yolundaki ülkelere beş yıllık geçiş süresi tanındı.

Beş yıl çabuk geçti...

Türkiye, kanun hükmünde kararname ile anlaşmaya 2000 yılında imza koydu. Bu beş yıllık süreçte ne olduğunu tek örnekle açıklayayım:

-1995 ile 2002 yılları arasında ilaç patenti için toplam 3 bin 527 yabancı başvuru oldu. Bu sayı yerli başvuru sahipleri için sadece 53'tü!

Ve: Beş yıllık süre sonunda uluslararası bir toplantı organize edildi. Alma Ata toplantıları çok geride kalmıştı. Dünya artık "tek merkezli" ABD hegemonyasının altına girmişti:

Tarih: 9 Kasım 2001.

Dünya Ticaret Örgütü, Katar'ın başkenti Doha'da Bakanlar Konferansı'nı topladı. ABD'nin Seattle kentinde 1999 yılında düzenlenen ve başarısızlıkla sonuçlanan konferans sonrasında yapılan ilk toplantıydı.

Seattle Konferansı'nın başarısızlıkla sonuçlanmasında önemli etken küreselleşme karşıtı grupların gösterileriydi. Bunun tekrarlanmaması için toplantı, sıkı bir vize rejimi uygulayan Katar'a alındı. Böylece "hükümet dışı kuruluşların" protestoları önlendi!

Doha Konferansı'nın önemli siyasi ve somut sonuçlarından biri "TRIPS ve Kamu Sağlığına" ilişkin ayrı deklarasyonun kabul edilmesi oldu. Neydi bu?

İlaç üreten küresel firmaların patent haklarına -Türkiye dahil- her ülke uyum gösterecekti. Artık patent sahibi küresel şirketlerin ilaçları kopya edilip satılamayacaktı. Mecburen ithal edilecekti! Ama sorun vardı:

Patent sahibi ithal ilaçlar pahalıydı. Küresel ilaç şirketlerinin ilaçları satın alınamıyordu. Yeni düzenleme şarttı.

Bunun sebebi de şuydu: AIDS gibi "salgın" hastalıklar göçler sebebiyle Batı'yı da etkilemeye başlamıştı.

Doha'da dendi ki:

-"İlaç endüstrisi bulunmayan veya yetersiz olan az gelişmiş veya gelişmekte olan ülkelerin yaşamsal önemde ilaçlar sağlamaktaki mali güçlükleri sebebiyle, trajik sonuçların engellenmesi amacıyla patentli ilaçlara sınır ötesi zorunlu lisans verilebilir…"

Türkiye yine biraz "nefes" aldı. Ama…

Sadece ABD değildi Türkiye'yi sıkıştıran, bir de AB vardı!

Öyle ya:

Amerika'nın Pfizer, Elly, Bristol Myers, Abbvie, Johnson & Johnson gibi yirmiye yakın büyük küresel ilaç şirketleri varsa...

Avrupa'nın da Sanofi, Bayer, Novartis, Roche gibi yirmiye yakın büyük küresel ilaç firmaları vardı!

AB işine birkaç cümleyle kısaca bakalım:

AB aldatmacası

Tarih: 6 Mart 1995.

Türkiye'nin Avrupa Birliği'ne girilmesini hükme bağlayan Ortaklık Konseyi Kararı ile Avrupa Birliği'ne tam üyeliğe doğru önemli aşama kaydettiği açıklandı.

Bu "palavradan" kararın 13 Aralık 1995 tarihinde Avrupa Parlamentosu tarafından kabulünden sonra, 1 Ocak 1996 tarihinden itibaren Avrupa Birliği ve Türkiye arasında Gümrük Birliği fiilen başladı. Konumuz açısından şu oldu:

İlaç başlangıç maddeleri, ilaç hammaddeleri üretiminde kullanılan maddeler ve tıbbi müstahzarların Avrupa Birliği'nden ithalatında gümrük veya eş etkili vergi alınmayacaktı.

Dediler ki "Siz de bize ilaç satarsanız vergi almayız!" Eklediler:

-"Yalnız Dünya Sağlık Örgütü'nün ilkelerini belirlediği İyi Üretim Uygulamaları (GMP) kurallarına uygun üretim yapılmaması durumunda AB'ye ilaç ihracatınız mümkün olmaz!" Buna hangi şirketler uyabilirdi ki; sadece Türkiye'de üretim yapan küresel şirketler! GMP kriterine uymadığı için 20 yerli ilaç firması kapandı!

Başbakan Tansu Çiller bu anlaşmayı gündüz gözü atılan havai fişeklerle kutlattı.

Bu arada…1995-2004 yılları arasında yerli ilaç hammadde üretimi yüzde 25 oranında azaldı. İlaç ihracatımız yüzde 37'den yüzde 9'a düştü…

AB ile süren müzakerelerde yazılı olmayan mutabakat sağlansa da… Sağlık Bakanlığı yönetmelik taslağını Başbakanlığa gönderip yönetmelik imzalansa da… Perde gerisinde bir tartışma vardı: Yerli ulusal şirketler yine "batacaklarını" açıkladı; hükümet süre istedi ve Avrupa Birliği Komisyonu hemen Türkiye'ye nota verdi! Siyasi uyuşmazlıklardan değil, ilaç üretimi konusunda nota yedik! AB, bu notayla Türkiye'yi, 1 Ocak 1996 Gümrük Birliği anlaşmasıyla taahhüt ettiklerini yerine getirmemekle suçladı. Vakit geçirmeden gerekli düzenlemeleri yapmasını ve uygulamaya geçmesini istedi.

Aksi takdirde... Türkiye'nin Dünya Ticaret Örgütü'ne şikâyet edilmesi, yaptırımlardan maruz bırakılması söz konusu olabilecekti!

Türkiye'nin ilaç konusunda aynı uyarıları ABD'den de alması size şaşırtıcı geliyor mu? Kameralar önünde gördük; Irak konusunda görüşme yapan ABD'nin Ankara Büyükelçisi Eric Edelman, toplantı sonunda Başbakan Erdoğan'ın eline ilaç dosyasını tutuşturuverdi!

Sonunda ABD'ye teslim olduk...

Sonunda AB'ye teslim olduk...

Türk ilaç şirketlerini "canavarların sofrasında yem" yaptık!

Türk şirketleri satılıyor

Saldırı hemen başladı.

Pfizer şirketi kolesterol ilacı "Lipitor" etkin maddesini kullanarak "Tarden" ve "Ator" isimlerini kullanarak jenerik ilaç ürettikleri iddiasıyla Türk ilaç firmaları Abdi İbrahim ve Sanovel'i dava etti!

Tek dava yok... Türkiye'de faaliyet gösteren çokuluslu ilaç firmaları çeşitli iddialarla şikâyette bulundu; bunları AB merkezi Brüksel'e taşıdı. Türkiye hakkında soruşturma yapıldı; Türkiye mahkemeye verildi. Ardından Batılı uzmanlar gelip Türk şirketlerinin "kozmik odalarını", Eczacılar Birliği'ni, depoları gözden geçirdi! İtibarıyla hiçbir "delil" bulamadılar. Ama mesele bu değil ki; ülkenin güvenlik meselesi olan ilaç sektörü hakkında her türlü araştırmayı yapıp ülkelerine döndüler her seferinde!

Sürekli şirketlerinin pahalı referans ilaçlarının alınması için baskı oluşturdular. Tek örnek vereyim:

Biyotek/ biyoteknolojik ilaç pazarı dünyada olduğu gibi Türkiye'de de hızla büyüyor. 2018 yılında dünya ilaç pazarı yaklaşık 900 milyar avroyu buldu. Bunun 250 milyar avro gibi önemli bir bölümünü biyoteknolojik ilaçlar oluşturdu.

Türkiye'de ise 28 milyar Türk Lirası'nı bulan pazar payına sahip ilaç sektörü içinde biyoteknolojik ürünlerin aldığı pay yüzde 18'e ulaştı.

Biliniyor ki:

ABD, AB ve Japonya arasında kıran kırana biyotek ilaç rekabeti yaşanıyor. Çin, Hindistan, Güney Kore, Küba, Meksika, Arjantin ve Meksika gibi ülkeler biyotek ilaçların jeneriklerini üretiyor ve bu yolda önemli mesafe kat etmiş durumdalar.

Türkiye, aralarında insülin, büyüme hormonu ve hepatit B aşısının da bulunduğu, son derece pahalı biyotek ilaçları ithal yoluyla temin ediyor. Türkiye'de biyoteknolojik ilaçların ortalama kutu fiyatı 139,6 TL.

Şuraya gelmek istiyorum:

Türkiye biyoteknoloji pazarının beşte birine yakınını, böbrek yetmezliği nedeniyle diyalize giren hastalarda ortaya çıkan kansızlığın tedavisinde kullanılan "Eritropoietin" adı verilen ilaçlar oluşturuyor. Türkiye biyotek ilaçların jeneriklerini Çin, Hindistan, Küba, Güney Kore, Arjantin, Meksika, Brezilya gibi ülkelerden dörtte bir, hatta beşte bir fiyatına ithal edebilecek iken, uluslararası ilaç tekellerinden satın almak zorunda bırakılıyor. Çünkü uluslararası şirketler yoğun lobi faaliyetleriyle biyotek ilaçların jeneriklerinin başka ülkelerden ithalatını ve ülkemizde üretilmesini baskı altında tutuyor...

Hep altını çizmek gerek: İlaç, gıda ve silah birer stratejik ürün.

Türk ilaç sektörüne genelde baktığımızda, bir yabancı sermaye grubu, bir de yerli sermaye grubu var. Yabancı grubun bir kısmı ilaçlarını Türkiye'de üretmekte, bir kısmı ise tamamen ithal etmekte.

Türkiye'de üretim yapan yabancı firmaların da artık gitgide ithalata kaydığı raporlara yansıyor. Türkiye'de asıl ilaç üretimini -hammaddesini ithal eden- yerli sektör yapıyor. Onlar da yabancı ilaç firmaları ve ithal ilacın getirdiği baskıyla gittikçe küçülüyor. Devlet de bu durumu eli kolu bağlı seyrediyor!

Bunun sonucunda ne olduğunu tek örnek üzerinden anlatayım: Roche şirketi tarafından Türkiye'de üretilen

"Mestinon" tabletin lisansı, daha sonra İsveçli Meda firmasına satıldı. Meda şirketi ise AB uyum yasalarıyla ithalatın önündeki engeller kaldırılınca Türkiye'deki üretimi bitirerek ürünü yurtdışındaki fabrikalarında üretip Türkiye'ye getirip satmaya başladı. Sadece acil durumlar için ithalata izin verilen "alternatif ödeme kanalı" genişletilince firma ithalatı kesti. Türkiye'de üretilirken 11 TL'den satılan ilaç alternatif ödeme kanalı üzerinden getirilmeye başlayınca kutu fiyatı 303 avro oldu!

Türkiye'de en pahalı ilk yirmi ilacın tamamı ithal ediliyor: On bir ilaç ABD menşeili firmalardan; altısı İsviçre ilaç şirketlerinden ve üçü ise Fransızlardan alınıyor...

Yıllardır çıkarılan yönetmelikler, genelgeler, kanun hükmünde kararnameler, "AB'ye uyum" adı altında çıkarılan kılavuzlar-yasalar yerli sektörün oyuncularını küresel firmalar karşısında çaresiz bırakıyor.

Yerli ilaç üretici şirketler ruhsatlandırma sürecinde öncelik alamaz hale geldi. AB'ye uyum gerekçesiyle çıkarılan "Avrupa ile uyumlu ruhsatlandırma", yönetmelik ve uygulamalarla daha önce alınan ruhsat kararları geçersiz sayılıverdi! Neymiş...

AB'ye uyum adı altında 2016'dan bu yana "Yerli sektör gereksiz ruhsat alarak iş yükü oluşturuyor" iddiasıyla yeniden düzenlenen ruhsat başvuru mevzuatı, Türkiye'nin ilaç politikasını dışa bağımlı hale getirdi. Sadece yılın belirli aylarında ruhsat müracaatına imkân tanıyan "slot uygulamasıyla" yerli sektörün ilaç ruhsatına erişimi engellendi.

Oysa...

FDA'nın yenilikçi ilaçlara yönelik uyguladığı stratejiler ve sergilediği başarılı performans sayesinde ABD, patentli ilaç sayısı ve Ar-Ge alanında dünya liderliğini açık ara önde götürüyor! Bu sebeple ABD, dünyada ilaç sanayii denildiğinde ilk akla gelen ülke oldu; ciroları en büyük 50 şirketin 22'sinin merkezi ABD'deydi! Sorsanız Türkiye'deki politikacılara "milliliği" kimseye bırakmazlar!

Yerli ilaç sektörü -sanki bilinçli şekilde- boğuluyor.

Özellikle ilaç ruhsatlandırması sürecinde uygulanan fiyatlandırma prosedürü "araştırma-geliştirme" (AR-GE) yatırımlarına darbe vuruyor.

Fiyat tarifesiyle ruhsat süreci sonunda ödenen ücret, işlemlerin başında alınmaya başlandı! Bu da ruhsat alıp almayacağı belli olmayan ilaçlar için ücret ödeyen yerli üreticiyi daha da zora sokuyor.

Ruhsat verme parası yeterli gelmemiş olacak ki, 2018 yılında yayımlanan fiyat tarifesinde Avrupa'da bile olmayan fahiş "danışma ücretleri" istendi. Tavsiye başına 50 bin TL "Bilimsel Tavsiye Ücreti" alınmaya başlandı.

Toplam ciro beklentisi 100-200 bin TL olan ilaçtan da, bir kutusu 100 bin TL olan ve milyarlarca liralık ciro yapan ilaçtan da aynı ücretin alınması yerli sanayiciyi yolun başında bezdirdi.

Evet maalesef...

İktidarlar Türkiye ilaç pazarını küresel şirketlere adeta ikram etti. Bu nedenle, yerli firmaların çoğu, küresel firmalarla rekabet edemeyip ya fasoncu oldu ya da fabrikasını yabancıya satarak sektörden çıktı. Türkiye ilaçta (ve tıbbi gereçlerde) uluslararası tekellere bağımlı hale geldi.

Tüm bunlar şuna yol açtı; Türkiye'deki bazı büyük yerli ilaç firmaları yabancılar tarafından satın alındı. Türk ilaç sanayi'nin kökü olan ulusal şirketler, küresel firmalar tarafından yutuldu.

-Türk şirketi İlsan-Hexal, Sandoz'a 1999'da satıldı.

-Türk şirketi İbrahim Etem Ulagay İlaç, Menarini Group'a 2001'de satıldı.

-Türk şirketi Fako İlaç, Actavis'e 2003'te satıldı.

-Türk şirketi Deva Grup, Eastpharma'a 2006'da satıldı.

-Türk şirketi Münir Şahin İlaç Sanayi, Partners in Life Science'a 2006'da satıldı.

-Türk şirketi Biofarma, Partners in Life Science-Citigroup Venture Cap.'a 2006'da satıldı.

-Türk şirketi Eczacıbaşı Sağlık Ürünleri ile Eczacıbaşı Özgün Kimya, Zentiva'ya 2007'de satıldı.

-Türk şirketi Med İlaçlar, TEVA'ya 2007'de satıldı.

-Türk şirketi Yeni İlaç, Recordati'ye 2008'de satıldı.

-Türk şirketi DDS, ERBA Diagnostics Mannheim'e 2010'da satıldı.

-Türk şirketi Avimedica, Lohmann Animal Health'e 2010'da satıldı.

-Türk şirketi Taymed, Celesio Grup'a 2010 yılında satıldı.

-Türk şirketi Cenovapharma, Polpharma SA'ya 2011'e satıldı.

-Türk şirketi Dr. Feridun Frik İlaç, Recordati'ye 2011'de satıldı.

-Türk şirketi Cinay Kimya, Santa Farma'ya 2011'de satıldı.

-Türk şirketi Mustafa Nevzat İlaç, Amgen'e 2012'de satıldı.

-Türk şirketi ABC Kimya, Sika'ya 2017'de satıldı.

-Türk şirketi Dental, Straumann'a 2017'de satıldı.

Vahim tablo bitmedi:

Geçen yıl Türk ilaç firması Sanovel İlaç Sanayi ve Ticaret A.Ş., satış işlemi için Barclays Bank Plc'yi görevlendirdi. Keza: Kitap yazılırken Merck, Türk şirketi Vilsan Veteriner İlaçları'nı almak için masaya oturdu! İspanyol Exeltis Pharmaceuticals de Türk şirketi Embil İlaç Sanayi Limited Şirketi'ni almak için sıkı pazarlığa başladı.

Yabancılar, Türk kozmetik şirketlerini bile satın alıyor. Örneğin:

Flormar, Yves Rocher'a 2012'de satıldı.

Tekin Acar, Sephora'ya 2017'de satıldı.

Uzatmayayım, Türkiye'de kişisel bakım ürünleri piyasasında yerli işletme kalmadı. Düşünün ki küresel kozmetik ürünler 2017 yılında 532,4 milyar dolarken, 2023 yılında 805,6 milyar dolara yükselmesi bekleniyor ve Türk şirketleri "yok ediliyor!"

Sadece kozmetik ürünler değil, 1980-1990 arasında ilaç ihtiyacının yüzde 80'ini yerli üretim ile karşılayan bir Türkiye vardı! Aynı tarım-gıda sektörü gibi sağlık hizmetleri de yabancı tekellerin inisiyatifine bırakıldı.

İş işten geçtikten sonra Cumhurbaşkanı Erdoğan diyor ki "Kendi ayağımıza pranga vuruyoruz!" Türkiye'de kamunun elindeki tek ilaç fabrikası olan SSK İlaç Fabrikası'nı 2005 yılında kim sattı?

AKP hükümetleri döneminde…

-Devletin kamu hastanelerine ilaç temininden çekilmesi,

-SSK İlaç Fabrikası'nın kapatılması,

-Düzenlenen yeni ilaç protokolleri gibi uygulamalar, Türkiye ilaç pazarındaki büyüme ve itibariyle sağlık-ilaç alanındaki yabancı şirketlerin etkinliğini çok artırdı. İlaç sektöründe faaliyet gösteren küresel şirketler hem cirolarını yükseltti hem de kârlılıklarını büyüttü.

Keza:

Türkiye'de ilaç konusunda çalışan "ulusal laboratuvar" sayısı sadece bir adet!

Türkiye bu derece nasıl dışa bağımlı ülke oldu?

Kitap boyunca küresel şirketlerin tarihlerine yer vermeye çalıştım. Bunun sebebi biraz da şimdi yazacaklarım içindi: Yabancı küresel şirketler küçük eczane gibi işletmelerle sektöre girip, firmalar alarak ya da birleşmeler yaparak dünya devi olmuşlardı. Bu bizde niye olmadı?

İlk Türk eczaneler

Osmanlı'da bugünkü anlamda "eczacı dükkânları" 18. yüzyılın ortalarından itibaren açılmaya başlandı. Kesin açılış tarihi bilinen ilk eczane, 1757 yılında Bahçekapı semtinde hizmete giren "İki Kapılı Eczâhâne" idi...

Osmanlı'da o yıllarda "hekimbaşı" tarafından yapılan sınav sonucunda eczane açmak isteyen kişilere "Eczacı Ustası Unvanı" veya "Eczacı Dükkânı Açma İzinnâmesi" verilirdi.

Şehirdeki eczane adedini sınırlayan hüküm bulunmuyordu. Bunun başlıca nedeni dünyanın baş belası veba idi. Sonraki dönemde Askeri Tıbbiye Mektebi'nin eczacı sınıfında diplomalı eczacı yetiştiriliyorsa da, bunlar sadece ordunun ihtiyacını karşılıyordu.

Hekimbaşı Abdülhak Molla'nın (1786-1853) önerisiyle 1835 yılında, Maltepe Askeri Hastanesi başeczacısı Francesco Della-Sudda (1814-1866) yönetiminde, başta askeri hastanelerin ihtiyaçlarını karşılayacak malzemeleri üretmek amacıyla, "Askeri Eczahane-i Amire" kuruldu. Della-Sudda, gösterdiği gayret ve aldığı başarılı sonuçlar nedeniyle "Faik Paşa" adını alarak liva (tuğgeneral) rütbesine yükseltildi.

Babası gibi Osmanlı döneminde askeri eczacılık alanında önemli hizmetler sunan Giorgio Della-Sudda (1835-1913), İstanbul'da doğup büyüdü, eczacılık öğrenimini Paris'te tamamladıktan sonra tekrar İstanbul'a döndü. Della-Sudda'lar, Osmanlı ordusunda "paşa" unvanı alan ilk eczacı oldular!

Türk ordusunun ihtiyacı olan ilaç ve sargı malzemelerinin ilk üretimine 1853'te Kırım Harbi sırasında Sarayburnu'ndaki Gülhane Askeri Hastanesi'ndeki Askeri Eczahane-i Amire'de başlandı. Daha sonraları Beylerbeyi Sarayı'ndaki Eski Paşalar ve Ağalar Daireleri binalarında açılan Transit Deposu'nda yapılan ilaç ve pansuman malzemesi gibi üretimlere Birinci Dünya Savaşı sırasında Konya'da devam edildi.

Ya ilk eczacılık eğitimi?

Sultan II. Mahmud İstanbul'da Batı metotlarıyla hekim yetiştirme hususundaki isteğini, Osmanlı Devleti'nin Paris elçisi Ahmet Fethi Paşa'ya bildirdi. Elçi hemen, Viyana'da Avusturya Başbakanı Fürst Klemens von Metternich'ten iki hekim ile bir eczacının İstanbul'a gönderilmesini istedi. Görevi üstlenen Hariciye müsteşarı Baron von Ottenfels, seçimi Josephinum öğretim üyelerinden Friedrich Jaeger von Jaxtthal'e havale etti. Ve iki genç askeri hekim Jakob Neuner ile Karl Ambros Bernard'ın uygun görülmeleri üzerine eczacı Antoine Hoffmann ile birlikte İstanbul'a gönderildi.

Üç Avusturyalı beraberlerinde tıbbi ecza, kitaplar ve bazı aletlerle 3 Aralık 1838'de İstanbul'a gelerek sarayda göreve başladı. Bunun üzerine saray sağlık heyetine eczacı/ispeçyar, eczacı yamağı, eczacı çırağı gibi önceleri bulunmayan sağlık görevlileri dahil edildi.

Yabancı eczacı ve hekimlere Galatasaray'da bulunan İçoğlan Sarayı tahsis edildi. Buradaki öğrenim 14 Mayıs 1839'da başladı. Öğrenim dili -1870'e kadar- Fransızca oldu.

Hekimler için 6 yıl olan öğrenim, eczacılar için üç seneydi. Okuldan mezun olduklarında devlete beş yıl mecburi hizmetleri şarttı.

Veba gibi salgın hastalıkları önlemek için 1838 yılında Karantina Örgütü ve ilk sağlık mevzuatı olan "Karantina Talimatnamesi" yürürlüğe girdi.

Yasalar da çıktı:

Tarih: 18 Haziran 1852.

Eczacılar ve eczaneler ile ilaç yapan esnafı denetlemek üzere, "Nizamname-i Eczacıyan Der Memalik-i Osmaniye" adıyla kanun taslağı hazırlandı. Bu, Osmanlı'da ilk eczacılık düzenlemesiydi. Eczacıdan başka kimsenin, hiçbir bahaneyle hap, merhem, toz ilaç, yakı ve bunun gibi ilaç satma ve doktor reçetesi yapma yetkisi bulunmadığı hükme bağlandı. Hekim ve cerrahların ilaç satması da yasaklandı.

O yıllarda İstanbul'da tamamı yabancı uyruklulara ve çoğu Beyoğlu ve Galata semtlerinde azınlıklara ait 72 eczane vardı. Zaten bu nedenle nizamnameler Türkçe, Fransızca, İtalyanca basılırdı! Yabancı eczacıların çoğu Fransa ve İtalya'dan gelen diplomalılardı. Bu uygulama dokuz yıl sürdü...

Tarih: 2 Şubat 1861.

"Beledî İspençiyarlık San'atının İcrasına Dair Nizamname" eczacılığı bağımsız sanat ve meslek olarak resmen kabul etti. Eczacı dükkânlarını ancak diplomalı eczacılar açabilecek, eczacı dükkânı adedinde sınırlama olmayacak ve bir eczacı ancak tek eczacı dükkânı açabilecekti. 1852 tarihli nizamnameden farklı hükümler sorunu ortadan kaldırmadı.

Tarih: 7 Mayıs 1885.

Yürürlüğe giren "Ecza Ticareti Hakkında Nizamname" ile sanayi ve eczacılığa ait kimyevi ve tıbbi eczayı satan attar/aktar esnafı "ecza tüccarı" olarak tanımlandı. Nizamname tarihinden önce aktarlar mesleklerini sürdürebilmek için yeniden ruhsat almaya mecbur bırakıldı. Az miktarda tıbbi ecza satmaları, reçete yapmaları, mağaza ve dükkânlarıyla bunlara bitişik yerlerde eczane açmaları buyuruldu. Aynı tarihte yürürlüğe giren "Attarlar ve Kökçüler Nizamnamesi" ile aktarlara, bu nizamnameye ilişik listedeki zehirli ve zararlı eczayı satmak kesinlikle yasaklandı. Bu listedeki maddeler sadece eczacılar tarafından reçeteyle satılacaktı.

Bu dönemde eczaneler, reçete kabul ve ilaç yapım bölümü/ laboratuvar olmak üzere iki kısımdan ibaretti. İki bölüm arasında bulunan küçük bir pencere laboratuvarla giriş kısmı arasındaki irtibatı sağlıyordu. Reçeteler bu küçük pencereden laboratuvara veriliyor ve yapılmış ilaçlar yine bu pencereden alınıyordu.

İlaçlar hazırlandıktan sonra, şekline göre, kutu veya şişeye konuluyor, ağzı veya kapağı, mühür mumu veya eczanenin özel mührüyle kapatılıyordu. Bu usul 1940'lara kadar sürdürüldü...

Gelelim Türk eczacılara...

Türk eczacılar, İstanbul'da özel eczane açmaya 1888 yılından itibaren başladı. O yıl İstanbul'da iki Türk eczacısı vardı:

-Ali Kadri... (Adresi, Kumkapı No: 29)

-Arif Kalfa... (Adresi, Avrat Pazarı No: 78)

İstanbul'da 1890 yılında yaklaşık 265 eczane bulunuyordu. Dört Türk eczacı daha eklendi:

-Eşref İbrahim... (Kantarcılar No: 62)

-Hamdi, Ahmet... (Unkapanı Zeyrek Sokağı No: 1)

-Reşit Mehmet... (Karagümrük-Balat arasındaki Salma Tomruk'ta)

-Sait Mustafa... (Hasköy Yeni Mahalle No: 92)

Yüzyıl başında İstanbul'daki on eczanenin sahibi Türk'tü.

Temmuz Devrimi ilk adımı attırdı

24 Temmuz 1908 II. Meşrutiyet/Temmuz Devrimi'yle Osmanlı'da "Türk sermaye birikimi" için çalışmalar başladı. Meslek mensupları aralarında Türk birlik ve yardımlaşmayı sağlamak için cemiyetler kurdu. Bu amaçla tanınmış eczacılardan Hamdi, Ethem Pertev ve Beşir Kemal'in öncülüğünde, Eczacılar Cemiyeti kurmak için Haliç Feneri'nde açık hava gazinosunda toplantı düzenlendi. Bu toplantıya İstanbul'daki 250'nin üzerinde olan eczanelerin neredeyse tüm sahipleri katıldı. Devlet-i Osmaniye Eczacıları Cemiyeti adı altında cemiyet kurulmasına karar verildi.

Dayanışma için yapılan çalışmanın başını Ethem Pertev'in çekmesinin sebebi vardı. Ki diğer Türk meslektaşlarının yaşadıkları farklı değildi: İlk Türk eczane sahiplerinden Ethem Pertev de çıraklık yaparak staj belgesi almak için bir eczane bulmakta güçlüklerle karşılaştı. Sonunda amcası, zamanının tanınmış hekimlerinden Dr. Hacı Nafiz Paşa'nın (1839-1929) araya girmesiyle mesele halledildi.

Zamanla Türkler mesleğe girip rekabet etmeyi öğrendi.

İşte... Mekteb-i Mülkiye-i Tıbbiye-i Şahane'den 1905'te mezun olan Süleyman Ferit (Eczacıbaşı), İzmir Guraba-i Müslimin Hastanesi'nde Eczacı Moiz Santo'nun yanında mesleğini ilerletti. Dört yıl sonra Tilkilik'te Eczahane-i Umumiye'yi satın aldı. Kısa zamanda "Diapasme Ferit", "Krem Ferit", "Ferit Kına Hülası" ve "Ferit Kıl Düşüren Taharat Pudrası" üretti. Satın aldığı Şifa Eczanesi İzmir'in bir numarası oldu. Çünkü eczanenin üzerindeki muayenehanede tanınmış doktorlar ve operatörler görev yapıyordu. Kadınlar için diş hizmeti veriliyordu. Eczanede sürekli ebe ve kadın uzmanları bulunuyordu. Taşradan gelen hastalara kalacak yer temin ediliyordu... İlaçlarını 1952 yılına kadar laboratuvarında üreten Süleyman Ferit, zamanla fabrika üretimine geçti; oğlu Nejat'ın kurduğu Eczacıbaşı İlaç Fabrikası üretim yapmaya başladı.

İşte... İbrahim Hayri Barut 1908 mezunu eczacıydı. Mezuniyetinden sonra Selanik'te çalıştı. Şehrin Yunan ordusu eline geçmesiyle 1912'de Küçükmustafapaşa'da ilk eczanesini açtı. Dört yıl sonra ilaç üretimine başladı... 1926'da ölünce işleri eşi Fatma Mehveş Hanım yürüttü. Oğlu Hayri Barut 1939'da okulu bitirince yönetimi devraldı. 1952'de Vefa semtinde İbrahim İlaç Fabrikası kuruldu.

İşte... Bir başka eczacı aile Baturlar! Mehmet Nuri Enver 1899 mezunuydu. 15 yıllık devlet hizmetinden sonra Sırrı Enver Eczanesi, Enver Laboratuvarı ve ardından Ankara Ecza Deposu'nu kurdu. 1940'ta vefat edince işleri 1923 mezunu oğlu Sırrı Enver Batur ve 1911 mezunu damadı Servet Mehmet Batur devraldı. Ruhsat aldıkları ürünler şunlardı: "Akarisit", "Apyol", "Capsoricine Enver", "Bromopotasse Salt", "Enver Ether Kapsülü", "Füjermal", "Litoliz", Rusma Enver", "Nükleojen Elixir"...

Ya diğerleri?

-Bahçekapı Eczanesi sahibi Salih Necati Emgen 1906 mezunuydu. Optikle ilgilendi ve o yıllarda optik üzerine çalışan, optiği eczanelere sokan ilk eczacıydı! "Fosfatin Necati", "Necati Şurubu", "Necati Öksürük Kaşesi", "Necati Müshil Hapı" gibi 11 ürüne ruhsat aldı. "Meşhur "Turan Kolonyası" imalatı ona aitti. "Charbon Acidol", "Kinin Klorhidrat", "Asipirol Necati" ilaçlarının sahibiydi...

-Aksaray'da Ziya Nuri Eczanesi sahibi Nuri Ziya Aka, "Supoka" adlı hemoroit ilacı için ruhsat aldı ancak 1949'da çok büyük laboratuvar kurma isteğini gerçekleştiremedi.

-Sadece baş ağrısı değil, "her derde deva" diye tanınan "Gripin" adını bilmeyen azdır! Üzerinde "Necip Akar" adı yazılıydı. 1924'te Eczacılık Mektebi'ni bitiren Necip Akar Yeşilköy'de eczane açarak mesleğe başladı. 1933'te tüccar kardeşi Cemil Akar ile ortaklık yapıp "Gripin" adındaki laboratuvarı kurdular. Arkasından kardeşler 1931'de Radyolin Diş

Macunu Fabrikası açtı; Sirkeci Sansaryan Han No. 88'de bir odada! Üç yıl sonra Erenköy'de "Sanin" ve "Spor" diş macunlarını ürettiler. Deterjan ve temizlik malzemeleri de yaptılar: "Optamin Saç Suyu" ve "Pastil For"...

Bu arada Celal Ergun isminden bahsetmek gerekiyor: 1921'de eczacılık mektebini bitirdi. Hilal-i Ahmer/ Kızılay'da dört yıl görev yaptı. Beyoğlu'nda eczane açtı. Burada "Nevrozin" adlı ilacın formülünü geliştirdi; Nevrozin Laboratuvarı'nda ürettiği ilaçları yurtiçi ve yurtdışına sattı. 1912 mezunu Eczacı Said Hatemi Baraz ile birlikte Akşehir'de "Beyer" adlı ağrı kesici üretmek istedi, başaramadı. Ancak...

"Fortinel", "Hadenal Pomad", "Pulmozin", "Filodermin", "Kozmin Diş Macunu", " Soleyin Güneş Yağı", "Curling Ergun", "Didit Haşarat İlacı", "Briyantin Ergun" gibi imalatlarda bulundu... "Nevrozin" adlı ilacını Necip Akar'a sattı. "Gripin"in atası bu ilaçtı; Necip Bey "Nevrozin" adını "Gripin" yaptı!

Ankara Halkevi'nde 1933 yılında 5. Milli Türk Tıp Kongresi Müstahzarat (yapılmış ilaçlar) Sergisi açıldı. Konuyla ilgili Aka Gündüz yazdığı makalede dönemin ilaçlarından bahsetti:

-Rahmetli üstat Kazım'ın "Iodopepton" ilacı...

-Bin derde derman Hacı Cemal'in "Nevrol" ilacı...

-1931 Nis sergisinde "Nevrozin" altın madalya almış, bundan başka Nis'in meşhur doktorları ayrıca takdirname vermişler.

Buraya şunu eklemeliyim:

Nail Halit (Tipi) 1911'de aylık Türkçe *Eczacı Gazetesi* çıkarmaya başladı. Ardından 1927'de *Türk Eczacı Alemi* dergisi ve 1928'te *Eczacının El Kitabı* çıkarıldı. Bu çabaların arkasında iki eczacı kardeşin payı vardı: Nizamettin Mirel-Mehmet Fuat Mirel... Nizamettin Mirel ilaç yapımıyla da uğraştı; "Fortan", "Mironal", "Toxylise", "Anti Acidose", "Valomil" gibi...

Evet, Türk eczacılar ilaç üretti sürekli:

-Sultanahmet'teki Emin Eman, Kemal Atabay, Hasan Derman'a ait "Merkez Laboratuvarı" 1949 yılına kadar dokuz müstahzar üretti. Sayı 1950'lerde 24'e çıktı.

-Cağaloğlu'ndaki Aksu Laboratuvarı unutulabilir mi? Dr. Ahmet Lütfi, 1933-1938 yılları arasında "Dantin", "Pat Dantin", "Argolin Liquide", "Gomental", "Guadinal", "Prizadol", "Paramizol", "Beksamitol" ilaçlarının üretimi için ruhsat aldı...

-1923 mezunu Hulki İsmail Göknar'ın kurulmasında öncülük ettiği Yeni Laboratuvar bilinmeden Türkiye ilaç tarihi anlaşılabilir mi? 40'ın üzerinde müstahzar üreten bu laboratuvar, "Kola Hulki", "Aperitin", "Protejin" gibi ilaçlar imal etti...

-Hüseyin Hüsnü Arsan Küçükpazar Eczanesi'nde iken; "Likrol" ve "Likroform" adlı dezenfektan hazır ilaçları ile Karaköy Eczanesi'nde iken; "Akridol Pastil", "Efedrin Arsan", "Antidyspen Arsan", "Gomenosteril Damla", "Noelikrol" ilaçlarına ruhsat aldı. Eczacı kızı Tülay Arsan ile Hüsnü Arsal Laboratuvarı Kolektif Şirketi kurdu. Ruhsatlı ilaçları halen Bilim İlaç Sanayii tarafından üretiliyor…

-Bir isimsiz kahraman daha: Bodo Aslan 1889'da Tıbbiye-yi Askeriye'den mezun bir eczacı. "Kuvvet şarabı" diye bilinen "Vin Bodo Aslan" preparatıyla birlikte, "Laxatine Bodo", "Morueol Bodo", "Sanol", "Inhalan", "Bodo Diş Macunu", "Bodo Kolonyaları" üretti...

Eczacı Hulusi Atasagun İstanbul'da soyadıyla bilinen laboratuvarı kurup, "Asetilsalin", "Calsium Gluconate", "Hulusi Dower", "Hulusi Purgatif Hapları" ve günümüzde bazı diş hekimlerinin hâlâ kullandığı "Dişinol" ilaçlarına ruhsat aldı...

-1917 mezunu Hikmet Tevfik Atlamaz, 1934'te "Benzotopirin", 1935'te "Banzopirin" ile "Kinopirin" adlı ilaçlara ruhsat aldı...

-1920 mezunu İbrahim Fuat Karabaoğlu, 1949'da "Iodopiperazin" adlı ilaca ruhsat aldı...

-1922 mezunu Muhittin Hüsnü Kansuk'un ürettiği "Pastik Kanzuk", Türk ilaç piyasasındaki kullanım süresi açısından rekor kırdı...

-Eczacı Feyzi Vehbi ile kardeşi Eczacı Fikri Cin, Maçka Eczanesi ve CİN Laboratuvarı'nda, "Arsenal", "Ferkinol", "Cardi-Quinine", "Nazeline", "Bedamid Pomad", "Soliode", "Epilepsin Komprime", "Onglin Tırnak Cilası" ve "Dikmen Kolonyası" üretti...

Hangisini yazayım:

-Nüzhet Ziya Ateş'in "Dakik Ziya" isimli ürettiği çocuk maması çok meşhurdu.

-Büyükada'da kırk yıl Merkez Eczanesi'ni işleten Şinasi Rıza Birbil, "Efedal Ongun" ve "Polibrom" adlı ilaçları üretti.

-Beyazıt'ta Yeni Eczahane açan Hamdi Kartal "Bismocarbon" adlı ilacı üretti.

-Üsküdar'da eczanesi bulunan 1910 mezunu Ömer Kenan Erem'in, "Asipin Kenan", "Rusma Kenan", "Kenan Müshil Hapları" gibi ruhsatını aldığı ilaçlar vardı. Ayrıca saç boyası "Nevmin" çok popülerdi. Devamında "Ganibalin Kural Saç Boyası", "Fenni Saç Boyası" üretti…

-Evliyazade Nurettin, Sirkeci Demirkapı'daki üç katlı binasının bir bölümünü laboratuvar olarak kullandı. Parfüm üretiminde olağanüstü başarı sağladı. 1920-1940 arası 52 çeşit esans, 17 çeşit losyon, 9 çeşit kolonya olmak üzere 78 çeşide sahip ürün yelpazesi vardı. (Bugün dünyada satılan tanınmış markaların "Hermes" hariç hepsi sadece kimyasal!)

Ya Anadolu?

Birkaç örnekle geçeyim; bu eczacıların hayatları ve ürettikleri ayrı kitap olur.

İşte… Bandırma'da Embil Laboratuvarı'nın sahibi 1910 mezunu Hikmet Embil ve kimya mühendisi oğlu Nejat Embil, 1918'de "Bandırma Eczanesi'ni açtı. Neler yapmadılar:

-1946 yılında ürettikleri "Fitinal Likid" (Phytinale Liquide) ve "Nükleoofitinal Komprime" (Nucleophytinale Comprimeleri) için ruhsat aldılar.

-Laboratuvarlarında bitkisel kömür (Charbon Vegetal) elde ettiler. Bu madde glikoz sanayiinde temizleyici ve renk giderici olarak kullanıldı.

-Zeytin posasından "fitin" elde ettiler.

-Mazı taneni ve tavuk yumurtası akından elde ettikleri "Albümin Tannat" Türk ordusu ve ilaç sanayinin ihtiyacını gördü.

-Epilepsi hastaları için "Eptandoine" ürettiler.

Sembolleri, "Embil Adam" duvarları yıkıp, yukarı doğru çıkmak isteyen biriydi!

İşte... Kayseri'de eczanesine şehrin adını veren Ahmet Hazım Gönen, "Kinakol" gibi yedi çeşit preparata imza attı. Daha kimseler bilmeden 1947'de C-D vitamini "Visedol" ve bir yıl sonra B vitamini "Yener Tablet" hapını piyasaya sürdü.

İşte... Samsun'da ve İstanbul Galatasaray'da eczane açan Ahmet Cevat Ahıska, "Oftalmin Cevat", "Algopan", "Pektoalgine Cevat" gibi ilaçlar üretti.

İşte... İzmir'de Cumhuriyet Eczanesi açan Mehmet Abdülselam Akgünlü, diş tozu "Abdülselam", "Citgal" ve "Servoin" isimli uyuz ilaçlarına ruhsat aldı.

İşte... Bursa'da Sabah Eczanesi'ni açan Sabahattin Eralp, "Radyozol Komprimeleri", "Salicyl Tablet", "Sulfanol Tablet", "Tonocardine Gouttes" adlı dört prepata ruhsat çıkardı.

İşte... İlk kadın eczacılardan Belkıs Derman 1930 mezunuydu. Adapazarı ve Düzce'den sonra İstanbul'da eczane açtı. Eşi Hasan Demir de 1927 mezunu eczacıydı. Karı-koca ortakları İsmet Somer ile birlikte kurdukları Drifen adlı laboratuvarda, 1935'te "Kinol" ve 1945'te "Sülfaseptin" adlı ilaçları üretti.

Kastamonu'daki Cemal Daniş Karadeniz'e ait Karadeniz Eczanesi adını kaç kişi biliyor bugün? Kuruluş Savaşı yıllarında Anadolu'ya sevkıyat yapan en önemli ecza deposuydu!

Liste uzun...

Peki... İlaç tarihinden bize ne kaldı? Zeki Alasya-Metin Akpınar ikilisinin *Dönmedolap* filminde bir sahne vardı: Korunabilmiş mükemmel mobilyasıyla İmrahor Eczanesi'nin eşyaları 1985'te İÜ Eczacılık Fakültesi Eczacılık Müzesi tarafından satın alındı! Koca ilaç-eczacı tarihimizden kala kala "minik müze" kaldı!

1928-33 yılları arasında yerli ilaç üreticilerine 306 adet ruhsat verildi. 67 yerli üretim laboratuvarı vardı.

Türk eczacılar neden büyük şirketler haline dönüşmedi? Ya da şöyle sorayım: Neden kendi hükümetlerince baltalandı?

Cumhuriyet'ten 1950'lere kadar ilaç sektörümüz "laboratuvar dönemi"ydi; ilaç devlet kontrolündeydi.

Tarih: 18 Ocak 1954.

DP hükümeti Yabancı Sermayeyi Teşvik Kanunu'nu çıkararak yabancı ilaç şirketlerinin temsilcilikler yerine direkt yatırım yapmasını ve pazarda güçlü hale gelmesini sağladı. Bayer, Hoechst, Pfizer, Roche, Wyeth, Farmitalia, Abbott, Carlo Erba, Sandoz gibi yabancı şirketler kendi üretim tesislerini kurdular.

"Fabrika dönemi" başladı. Eczacıbaşı ve İbrahim Etem gibi yerli ilaç fabrikaları Marshall yardımlarından sağlanan 1,5 milyon TL ile kuruldu. O tarihe kadar Türkiye ilaç üretiminin yüzde 95'ini yerli şirketler yapıyordu. 1970 yılına gelindiğinde Türkiye ilaç sektöründe yabancı yatırımları itibariyle dünyadaki ilk 16 ülke arasında dördüncü sıraya yükseldi.

Sonra nasıl ithalata bağımlı olduk? Size tek örnek vermeme izin veriniz. ABD'nin Türkiye'de neler yaptığının ipuçları nerede karşımıza çıkıyor: WikiLeaks!

ABD elçisinin ilaç dayatması

WikiLeaks, Türkiye ile ilgili ilaç sektöründen de kimi sızıntılar yaptı. Bunlar medyaya hiç yansımadı.

2003 sonu... AKP hükümeti, ilaç fiyatlarının tespit edilmesinde uygulanan referans fiyat sistemine göre, "İnsan Kullanımına Yönelik Tıbbi Ürünlerin Fiyatlandırılmasına İlişkin Karar" alacaktı. Piyasada satılacak ilaç fiyatlarını belirleyecekti. Hemen...

ABD Ankara Büyükelçisi Eric Edelman, AKP'li Sağlık Bakanı Recep Akdağ ile gizli toplantı yaptı. Büyükelçi Edelman yeni fiyatlar konusunda ülkesinin fikrini söyledi. İlaç fiyatları belirlenirken "patent sahibi Amerikan şirketlerinin faydalarının göz önünde bulundurulmasını" istedi.

Zaten piyasada patenti ABD şirketlerine ait "orijinal ilaçlar" değil, -orijinal ilaçla etken maddesi aynı, miktarı eşit-fiyatı ucuz "jenerik ilaçlar" çok tüketiliyordu.

Büyükelçi, Amerikan şirketlerinin, araştırma ve geliştirme yatırımlarını telafi edemedikleri sürece çalışmalarını durduracaklarını; bunun Türkiye için tehlike oluşturacağını söyledi:

-"Bu şirketler Türkiye'ye yatırım yapmayı keserlerse, ülkenizde iş kaybı olabilir ve ilaçların maliyeti üzerinde büyük etkisi olur..."

Büyükelçi Edelman ekledi: "Amerikan ilaç şirketleri R ve D'ye yatırımlarını telafi edebilecek kolaylıklar gösterilmeli! Küresel olarak bütünleşen dünyada, Türkiye AB'ye girmeye hazırlanırken, korumacı tedbirler Türkiye için yıkım getirir."

Hele… Şu sözü tehdit miydi:

"Başta Karadeniz olmak üzere HIV/AIDS'in, Türkiye'de daha yaygın hale gelme tehlikesi var!"

Bu tehdit içeren sözler karşılığında ABD'ye neler verildi?

WikiLeaks belgesinden öğreniyoruz ki…

Sağlık Bakanı Akdağ, ABD Büyükelçisi Ross Wilson ile "kuş gribi krizini" de görüştü. Basına kapalı gerçekleştirilen görüşme sonrası Büyükelçi Wilson, Bakan Recep Akdağ'ın Türkiye'deki kuş gribine dair kendisine bilgi verdiğini söyledi. Amerika Sağlık, Tarım ve Dışişleri Bakanlığı'ndan oluşan bir heyetin Türkiye'ye geldiğini hatırlatan Wilson, heyetin, kuş gribi sonrası Türk hükümetinin aldığı tedbirlerden çok etkilendiğini söyledi! Kaç para vererek, ne kadar ilaç aldığımızı önceki sayfalarda okudunuz...

WikiLeaks belgelerine göre benzer konulu "sağlık toplantıları", dış ticaretten sorumlu Devlet Bakanı Kürşad Tüzmen ile Dünya Bankası Başkanı Robert Zoellick arasında da gerçekleşti.

Keza: Beyaz Saray Ticaret Sekreteri William H. Lash ile Türkiye Washington Büyükelçisi Faruk Loğoğlu arasında da oldu!

Hep görüştüler: ABD ilaç firmaları kaygılarını; Sağlık Bakanlığı Eczacılık Genel Müdürü Hayriye Mihcak, Hazine Müsteşarlığı Dış Yatırım Genel Müdür Yardımcısı Dilek Emil ve Dış Ticaret Genel Sekreter Yardımcısı Hüsnü Dilemre'ye de aktardı vs.

WikiLeaks belgelerinde uzun uzun AKP-ABD arasındaki ilaç üzerine görüşme notları var. Sadece Edelman değil; 2008-2010 yılları arasında görev yapan Büyükelçi James Jeffrey de ilaç şirketleri temsilcileri ile buluşmalarını ve konuştuklarını Washington'a bildirdi. Örneğin, İstanbul'da Merck Sharp ve Dohme'lu Jeffrey Kemprecos ile Chris L. J.J. Bristol-Myers Squibb'den Stijnen, Schering-Plough'dan Muhittin Bilgütay ve GlaxoSmithKline'dan Serkan Yağcıoğlu, ilaç endüstrisi ile ilgili konuları müzakere etmişlerdi.

ABD neye karışmadı?

WikiLeaks belgelerine göre, küresel ilaç şirketleri sorunla karşılaştıklarında ABD Büyükelçiliği'nin kapısını çalıyordu. Sadece politikacılar ile değil, ABD Büyükelçilik yetkilileri Türkiye Patent Enstitüsü Başkanı'ndan Sağlık Bakanlığı Eczacılık Genel Müdürlüğü bürokratlarına kadar ilaç sektörüyle ilgili herkesle görüşüyordu. Tüm görüşme notları ayrıntılarıyla ABD'ye bildiriliyordu. Mesela...

Büyükelçi James Jeffrey gönderdiği notta, hükümetin Türkiye Yatırım Destek ve Tanıtım Ajansı Başkanı Alpaslan Korkmaz'ı 18-21 Mayıs'ta -ilaç şirketlerinin Davos'u- Atlanta'daki biyomedikal kongreye göndermeme kararını tekrar gözden geçirmeye ikna etmeye çalışacağını belirtti. Bir sonraki kripto notta, ABD ilaç devi Merck'in Halkla İlişkiler Direktörü Jeffrey Kemprecos'un "yol haritasının" Alpaslan Korkmaz'a ulaştırıldığı ve Korkmaz'ın, raporu başbakan ve Sağlık, Çalışma ve Sanayi bakanlarına sunabileceği bir toplantı düzenlemeyi vaat ettiğini belirtti.

Kim bu Alpaslan Korkmaz?

ABD neden bu kadar yakından ilgileniyor?

Kayserili bir işçi ailesinin çocuğu. 1970 yılında doğdu; tüm eğitimini İsviçre'de tamamladı. İşletme mezunu.

AKP iktidarı döneminde doğrudan Başbakan Recep Tayyip Erdoğan'a bağlı Yatırım Destek ve Tanıtım Ajansı başkanlığını yürüttü. Erdoğan'ın tam yetki verdiği Korkmaz'ın konumu, "bakanlar üstü" diye tanımlandı. Fakat. Ne oldu ise 31 Ağustos 2010 tarihinde görevinden ayrıldı. Belki de istifa ettirildi!

Türkiye medyasına bu kripto yazışmalar hiç yansımadı. Oysa WikiLeaks belgeleri, ABD büyükelçiliklerinin ilaç konusunda Hong Kong, Dominik Cumhuriyeti, Filipinler, Venezuela, Suudi Arabistan, Hindistan ve Türkiye gibi gelişmekte olan ülkelerde yoğun diplomatik ilişkiler yürüttüğünü ortaya çıkardı. Konu hep aynıydı: "Patenti bizde olan ilaçları kullanın; jenerik ilaçların önünü kesin!" Küçücük Guatemala'dan Sri Lanka'ya kadar yapılan baskılar, sabotajlar WikiLeaks'te sayfalar tuttu...

WikiLeaks, ABD küresel şirketlerinin ürettiği referans ilaçların fiyatlandırılmasıyla ilgili nasıl dayatmalar yaptığına çok örnekler sundu: ABD'den ilaç alımını azaltmayı planlayan, dönemin Yeni Zelanda Sağlık Bakanı Helen Clark'tan kurtulmak için küresel ilaç şirketleri medyada, "İlaçlar gelmeyecek hastalar ölecek" gibi, bakanı gözden düşürecek haberler yaptırdı!

Ya küresel güçlere karşı çıkıp hedefe konulacaksın...

Ya da küresel güçlerin gölgesinde bulunup "başarılı" gözükeceksin!

Küresel ilaç şirketleri sadece milli firmaları satın almadı. Bakın başka ne yaptı?

Eva Hanım İsrail'e kaçtı

Tarih: 8 Ocak 2003.

Saat: 18.19.

Türk Hava Yolları'nın TK634 sefer sayılı İstanbul-Diyarbakır seferini yapan RJ100 tipi yolcu uçağı Diyarbakır

Havalimanı'na inerken tepeciğe çarparak parçalandı. 80 kişinin bulunduğu uçakta 75 kişi hayatını kaybetti, 5 kişi ağır yaralandı.

Türkiye'de bu uçak kazasının konuşulduğu saatlerde bir başka THY uçağı İsrail'e gitmek için Atatürk Havalimanı'ndan ayrıldı. Uçak tam havadayken…

İstanbul'da bir apartman dairesinin zili polisler tarafından çalındı. Açan olmadı. Polis çilingir çağırdı. Kapının açılmasıyla polisler eve dağılıp arama yapmaya başladı.

Daire "temizlenmiş" idi. Bilgisayardaki kritik veriler silinmiş idi. Ama evdeki çalışma masası üzerindeki defterde tanınmış bazı Türk doktorlarının adı vardı.

Polisler arama yaparken merkezden bilgi geldi: Aranan şahıs uçakla İsrail'e kaçmıştı. Polisler bir süredir peşinde oldukları ve hatta Eskişehir'e gidip gelmelerinde bile takip ettikleri kadını elden kaçırdıklarına inanamadı.

Şaşırdıkları diğer konu ise telefon tapelerinde ismi "Havva" diye geçen kadının adı bile başkaydı.

"Havva" denilen o kadın…

78 yaşındaki "Eva" idi.

Alman ve İsrail vatandaşıydı.

Uçuş kayıtlarına göre adı, "Chava Johanna Bondy" idi; ama polisler bundan pek emin olamadı. Ancak bu isimle Türkiye'deki banka kayıtlarına girince emin oldular. Hesabında 100 bin dolar vardı!

Washington'da 1979'da kurulan kalp ritmi/ kardiyak aritmi uzmanları ve hastalar için eğitim kuruluşu North American Society of Pacing and Electrophysiology (NASPE) bünyesinde çalışmıştı. Stent-kalp pili gibi tıbbi malzemeler konusunda uzmandı…

"Eva" Türkiye'de ne arıyordu?

Eskişehir'e neden sıklıkla gidiyordu?

İsrail'e kaçan Bondy, dünyada henüz piyasaya çıkmamış yeni kalp pilini denemek için "kobay cenneti" Türkiye'ye gelmişti! Türk hastalar üzerinde denenen bu çalışmaları için yaklaşık 20 civarında Türk doktordan oluşan bir "bilimsel çalışma" ekibi kurmuştu…

Devletin bilgisi dışında yapılan bu çalışmanın dikkat çekmemesi için Eskişehir'deki bir hastane üs olarak seçilmişti. Çalışma grubundaki Türk doktorlar Eskişehir'de belli tarihlerde bir otele yerleşiyor; hafta sonları hastanede özel olarak yaptırılan kardiyoloji laboratuvarındaki deneylere katılıyordu. "Eva" da özel otomobiliyle çalışmaları denetlemek için Eskişehir'e gidiyordu...

Ayrıca Türk hastalar üzerinde izinsiz ilaç denemeleri yaptırmıştı. Özellikle hastalar üzerinde yapılan izinsiz denemeler, İsrail kökenli firmalar tarafından gerçekleştirilmişti...

"Eva"nın evinde ele geçirilen bir belgede, dünyada henüz piyasaya sürülmemiş kalp pilinin 200 hasta üzerinde deneneceği bilgisi vardı. "AIDA 2 projesi" kapsamında önce hayvanlarda denenmesi gereken "Kapa 700" adlı kalp pilinin, polis operasyonuna kadar 40 Türk hasta üzerinde denendiği belirlendi.

Bugün adı pek ünlü bir hastanede görev yapan doktor o dönem 424 bin 680 frank almıştı! Ne karşılığı? 8 Ocak 2002'de ölen Burhanettin Aydın'dan çıkardığı kalp pilini 27 Aralık 2002'de Zeliha Temel'e, 24 Mayıs 2002'de ölen Mustafa Erkut'tan çıkardığı AICD'yi de 6 Ağustos 2002'de Önder Temel'e takmıştı!

Üzerlerinde bilimsel çalışma yapıldığı belirtilen çok sayıda kişinin öldüklerine ilişkin belgelerin ele geçirildiği kaydedilen iddianamede, bir hekimin henüz yeni üretilmiş bir defibrilatörü uyguladığı altı kişinin de öldüğü bilgisi yer aldı.

Çalışma ve Sosyal Güvenlik Bakanlığı raporlarına göre doktorlar, Türk hastalara uyguladıkları "kobay" muamelesinden sonra şu paraları kazandı: Kalbe takılan stent başına 250 dolar, kalp pili başına 500 ve ICD başına da bin 500 dolar.

Sadece Eskişehir değil; "Zeta" marka stent, Türkiye'de henüz satışa sunulmadan Ankara Tıp Fakültesi'nde hastalar üzerinde denenmişti!

Kalp hastalarına en fazla stent takılan yer, Ankara'daki bir özel hastaneydi. Yine SSK'lı hastalara takılan stent ya da kalp pillerinin yüzde 91'ine bu işlem, özel hastaneler ya da üniversite hastanelerinde yapılıyordu.

Kalp rahatsızlıkları için kalbe birden fazla stent takılması dünyada çok az rastlanan durum. Türkiye'de ise hastanelerde yapılan uygulamalarda hekimlerin, bir hastaya dördün çok üzerinde stent uyguladıkları görülüyordu. Müfettişlerin yaptıkları araştırmaya göre, firmalar kurumlardan haksız para tahsil etmek için, doktorlar hastalara gereksiz stent takıyordu!

Bu nedenle…

Belgelere göre 1999-2001 döneminde ilaç firmaları 18 özel hastaneye "komisyon" adı altında yüzde 20-30 oranında (toplam 13,5 trilyon lira) ödeme yapmıştı.

Bu sebeple... Sadece İstanbul'daki EKG ve MR cihazlarının toplamı, tüm İngiltere'deki EKG ve MR cihazlarından fazlaydı! Hastaları bu gibi cihazların bulunduğu yerlere sevk eden doktorların çoğu bu şirketlerden "prim" alıyordu!

Dünyada anjiyo yapılmasına karar verilen hastaların en çok yüzde 15'inde yanılma söz konusu oluyordu. Oysa Türkiye'de özel hastanelerde ve kurum hastanelerinde bu oran yüzde 50'ye kadar yükseliyordu. Her iki anjiyodan biri, haksız para talep etmek için yapılıyordu! Bir anjiyonun sosyal güvenlik kurumlarına maliyeti ise 900 milyon liraydı.

Konumuza dönersek:

Türkiye'deki kobay çalışmaları kim adına yapılıyordu?

İsrail'e kaçan Chava Johanna Bondy'nin daha önce, -2018 yılında dünyanın en iyi tıbbi cihaz şirketi- Amerikan Medtronic'te çalıştığı iddia ediliyordu!

Hep bir gizem vardı. Bu kobay çalışmalar sürerken yurtdışından "Eva"nın İstanbul hesabına yoğun para akışı oluyordu. Gönderen belli değildi…

"Eva" Türk doktorlara hasta başı 1234 avro veriyordu. Çeşitli kod isimler verdiği birçok araştırma projesi yürütüyordu.

Bu sebeple de yurtdışından para geliyordu. Örneğin, Paris'teki bir bankadan gelen 22 Mayıs 2000 tarihli çekin değeri 120 bin frank idi. "AIDA 2" kodu verilen deney için gelen çekin miktarı ise 100 bin frank idi. Benzeri çeklerin tahsili için Eskişehir'deki bankalarda yeterince para yoktu; o sebeple çekler İstanbul'da tahsil edilip, para Türk doktorlara elden ödeniyordu.

"Eva"nın birlikte çalıştığı Türk doktorları sık sık yurtdışına çıkıyordu. Bu "bilimsel çalışmanın" bir ayağı İsrail idi...

Neler oluyordu?

Polis baskınından 11 ay önceydi...

Bakan Okuyan savcıya koştu

Ömer Süha Aldan...

Ankara Devlet Güvenlik Mahkemesi Cumhuriyet Savcısı olarak görev yapıyordu. Savcı Cevdet Volkan, 8 Şubat 2002 tarihli Çalışma ve Sosyal Güvenlik Bakanı Yaşar Okuyan'ın şikâyet dilekçesini getirdi. Bakan Okuyan mealen şöyle diyordu:

-"Tıbbi şirketlerin boykotu sebebiyle SSK ihaleyle tıbbi malzeme alamıyor. Beni siyasi hayatımı bitirmekle tehdit ediyorlar. Olaya el koyun..."

Ana meseleyi yazmadan önce şunu anımsatayım:

-SSK, 1 Ocak 1946'da İşçi Sigortaları Kurumu adıyla kuruldu. Adı, 1964 yılında yürürlüğe giren 506 sayılı Sosyal Sigortalar Kanunu'nun 136. maddesi ile Sosyal Sigortalar Kurumu olarak değiştirildi. Çalışma Bakanlığı'na bağlı kurum, 18 Aralık 1974 tarihinde Sosyal Güvenlik Bakanlığı'na, daha sonra Çalışma ve Sosyal Güvenlik Bakanlığı'na bağlandı.

-Emniyet Sandığı, farklı kurumlarda çalışan kamu personelinin ayrı sandıklarda farklı emekli mevzuatına tabi tutulmasının zaman içerisinde önemli sakıncalar yaratması nedeniyle 1 Ocak 1950 tarihinde kuruldu. Başlangıçta sadece memurlar ve askeri personel sandığın kapsamında iken daha sonra çeşitli kanunlarla belediye başkanları, il daimi encümen üyeleri, milletvekilleri, askeri okul öğrencileri ve bazı kuruluşlarda sözleşmeli çalışanlar kapsama dahil edildi.

-Bağ-Kur belirli bir prim karşılığında devlet eliyle esnaf, sanatkârlar ve bağımsız çalışan vatandaşların sosyal güvenliklerini sağlaması amacıyla 1479 sayılı kanunla 2 Eylül 1971'de kuruldu.

Bağ-Kur, Emekli Sandığı ve SSK, ilaç ve tıbbi malzemeleri 1994 yılında yaptığı protokol gereği şirketlerden aynı fiyatla satın alıyordu. Fakat... Gerek patent haklarının kalkması gerekse benzer ürünlerin çoğalması sebebiyle ilaç ve tıbbi malzemelerin fiyatları zamanla düşmeye başladı. SSK'nın bağlı olduğu Bakan Yaşar Okuyan haklı olarak dedi ki, "yeni satın alma fiyatları" belirlensin! Herhalde gördü ki, protokol sistemi denilen ve hastane yöneticileriyle ithalatçıların pazarlığıyla oluşan bu satın alma sistemi, yolsuzluk zinciri için ideal bir yöntemdi! Örneğin, kalp hastalarına takılan Batı'da maliyeti 25 dolar olan stentleri Türkiye, 1994-2000 yılları arasında fiyatı 2.450 dolara almıştı!

1992-1997 döneminde sadece 3.500 stent kullanan Türkiye; 1999 ile 2002'de 70 bin stent ithal etmişti.

28 bin dolara satılan defibrilatörler ile 40 dolara satılan kalp pilleri ve AICD cihazları yolsuzluğun diğer kaynaklarını oluşturuyordu. Halen Polonya'da bir AICD'nin satış fiyatı 2 bin dolar; aynı ürün Türkiye'ye 40 bin dolara varan fiyatlarla satılıyordu. Bütün dünyada kalp kapaklarının fiyatı 300 dolar iken, Türk hastalar aynı kapakları 1.500 dolardan satın alıyordu.

Neler yok ki:

Eklem implantında (protez) Balıkesir SSK Hastanesi'nde 2001 yılında 2000 yılına göre uygulama artış oranı yüzde 600 idi! Ne bu hastanede ameliyat yapacak hekim sayısı artmış, ne de birdenbire Balıkesir'de yaşayanların eklemlerinde olağanüstü arıza baş göstermişti. Bu durum resmi belgelerde şu cümleyle özetlendi:

-"Hekimlerin, malzeme kullanım başına menfaat temin etmeleri Balıkesir'de protez sayısını artırdı."

Yerli üretim protezin ithal protezden 5 kat ucuz satıldığı ve malzeme tercihinin hekime bırakıldığı bir sistemde yolsuzluk olmaması çok zordu. Hep "ithal iyidir" diye dışalım malzemeler tercih edildi. Bu sebeple... 1980'de sadece 109 milyon dolarlık tıbbi ithalat yapan Türkiye, 1997 yılında 1 milyar 657 milyon dolarlık dışalım yaptı!

Düşünün ki:

Koroner stent, kalp pili, kalp kapağı, atroskopi, omurga implantı, eklem implantı, external fixatör, plak-çivi ve kemik yıkama sistemlerine ödenen para, tüm sağlık sektöründe ilaç ve tıbbi malzemeye ödenen paranın yüzde 80'ini oluşturuyordu! Firmaların amacı bu malzemelerin toplu alımdan çıkarılmasını sağlamak ve sosyal güvenlik kurumlarına yüksek fatura keserek fahiş kârlar elde etmekti...

Sistem şöyle işliyordu:

Sosyal güvenlik kurumları özel hastanelerle anlaşarak gönderdiği hastanın tedavi ücretlerini karşılıyor. Yolsuzluklar ise hastaya kullandırılan iyileştirici tıbbi malzemenin kullandırılmasıyla başlıyordu. Kullanılan malzemeler normal anlaşma dışında ödeniyordu. Özel hastane hekim ve yetkililerinin düzenledikleri raporla ilaç ve tıbbi malzeme firmaları kurum adına ya da hasta adına fatura kesiyordu. Sosyal güvenlik kuruluşlarının ve kamu kuruluşlarının ödeyeceği fatura miktarı ise özel hastanenin ilaç ve medikal firmalarından alacağı komisyona göre belirleniyor. Örneğin özel hastaneler, SSK'lı bir hastaya bir adet kalp stenti uyguladıklarında, stenti satan firma SSK'dan 1.715 dolar kazanıyordu. Stentin sayısı ve markası ise özel hastanenin insafına bırakılıyordu! Özellikle kardiyoloji alanındaki tıbbi müdahalelerin büyük çoğunluğunun özel hastaneler tarafından yapılması dikkat çekiciydi. Sayısal verilere bakıldığında, onlarca uzman hekimin görev yaptığı üniversite hastanelerinin yıllık hasta tedavi sayısı özel hastanelerin hayli gerisindeydi...

Düşünsenize, sadece Bağ-Kur'un 2002 yılı rakamlarına göre, sağlık harcaması 4,5 katrilyon lira idi. Kendisine doğrudan bağlı hiçbir tedavi kurumu bulunmayan Bağ-Kur'da, ödemeler tamamıyla tedaviyi yapan sağlık müessesesinin insafına kalmıştı!

İşte, Bakan Yaşar Okuyan, yeni protokol yapılmasını isteyince büyük dirençle karşılaşmış ve çareyi Devlet Güvenlik Mahkemesi'ne başvurmakta bulmuştu.

Sen misin şikâyetçi olan!

Sen misin kamuoyuna açıklama yapan!

"İyileştirici nitelikli tıbbi malzeme alımlarına ilişkin olarak ihaleli alım sistemine geçildi. Tıbbi malzeme satıcısı firmalar, aralarında birlik oluşturarak, idare ve diğer firmalar üzerinde baskı kurdular ve ihaleler kilitlenme noktasına geldi..."

Soruşturma sürerken 2002 yılı Ağustos ayı başında –özellikle partisi ANAP yönetimiyle bu konuda hiç anlaşamayan-Yaşar Okuyan bakanlıktan istifa etti.

Dört ay sonra...

Başbakan Bülent Ecevit'e imzalaması için getirilen belge soruşturmanın gözaltı aşamasına sebep oldu. Hasta olan Başbakan Bülent Ecevit'e 8 Kasım 2002 tarihinde imzalatılan bir yazıyla 84 çeşit tıbbi malzeme alımı yapıldı. Fakat satın alım bütçesinin yüzde 80'ini 11 adet kardiyoloji malzemesi oluşturuyordu. Sanki bunlar diğer ucuz ürünler içine sokuşturulup dikkat çekmesi engellenmişti! Başbakana imzalatılan yarım sayfalık bir yazının devlette yarattığı maddi külfet oldukça fazlaydı. Dönemin parasıyla ödeme toplamı 3 katrilyon lira tutan dokuz sağlık cihazın kalıcı kalp pillerinden sadece birinin Türkiye'ye geliş fiyatı 11 bin 500 dolar olmasına rağmen, SSK'ya satış fiyatı 31 bin 500 dolar idi!

İddianameye göre, Kardiyoloji Çalışma Grubu, SADER, Stent Grubu, PEFİP gibi dernekler-oluşumlar 2001 yılından itibaren bir araya gelerek fiyatların aşırı düşmemesi ve geri ödemenin Bakanlar Kurulu kararıyla yok sayılması için toplantılar düzenledi. Birçok sağlık ihalesini yüksek fiyatlarla ya da rakip firmaları tehdit ederek kilitlediler.

Yazık ki meslek örgütü olarak kurulmasına rağmen suç örgütüne dönüşen derneklerin en büyük yaptırımı, sağlık sektörünü kilitleyerek ilaç satışını önlemekti. Örneğin…

Kardiyoloji Çalışma Grubu başkanı olan bir kişinin yazışmalarında şu vahim e-postayı gönderdiği ortaya çıktı:

-"Adnan Menderes Üniversitesi'nden SESA'ya, emekli bir hasta için pil talebi gelmiştir. Aldığımız karar doğrultusunda bu pilin temini reddedilmiştir...

-"Bu malzemeleri, özellikle acil hastalar için alacaklarmış. Bu sektörde binlerce insan yaşayacaksa 1-2 kişi ölebilir...

-"Firmalar, Emekli Sandığı ve resmi kurumlara bağlı hastalar için üniversite ve devlet hastanelerine hiçbir surette teklif vermeyecekler ve açtıkları ihalelere katılmayacaklardır. Çünkü firmaların asıl elde etmek istediği sonuç, bu kurumlarda yatan emekli ve resmi kurum hastaları için reçete uygulamasına bir an önce geçilmesidir..."

Türkiye kalp pili bulamayan bir ülke konumuna o dönem böyle düşürüldü. Firmaların aldıkları ortak kararlar doğrultusunda malzeme satışını durdurmaları sonucu, Sağlık ve Maliye bakanlıkları fiyat indirme kararlılığından vazgeçmek zorunda kaldı.

O güne kadar çeşitli bakanlıkların hazırladığı sekiz fiyat düzenlemesi, "mal satmayız" tehdidiyle geri çekildi. Devletin aldığı tıbbi malzemeler için şirketleri indirim yapmaya zorlayan ve yüzde 30 indirimi alan genel müdür üç gün sonra koltuğunu kaybetti…

Türkiye tarihinin en büyük sağlık yolsuzluğu operasyonu böyle başladı. Adına "Neşter" dediler.

Şöhretli doktorların yaptığına bakın

Eskişehir'de Türk doktorlarıyla işbirliği halinde Türk vatandaşlarını kobay olarak kullanan "Chava Johanna Bondy" meselesi, bu soruşturmaların genişlemesiyle ortaya çıkarıldı.

Savcılar-polisler ellerini nereye atsa karşılarına bin bir sağlık yolsuzluğu çıktı. Sektör çürümüştü. Firmaların kendi markalarını tercih etmeleri ve fazla ilaç yazmaları karşılığında verdikleri 40 trilyon liralık komisyon bedelinin Türkiye'ye maliyeti devlet raporlarına göre 1 katrilyon lirayı aşıyordu! Soruşturma 33 ilaç şirketini ve 209 ilacı kapsayacak şekilde büyüdü. 700 civarında kişinin ve bunların birinci dereceden yakınlarının banka hesapları incelendi. Tablo hazindi:

Aralarında Türkiye'nin önde gelen tıp profesörlerinin de bulunduğu onlarca doktora tıbbi malzeme ve ilaç firmalarından düzenli olarak yoğun miktarda para akıtılıyordu. Bir tıbbi malzeme firması yetkilisinin savcılık ifadesi şöyle oldu: "Eskiden aramızda konuşurken 'kardiyoloji alanında şu doktorlar rüşvet alıyormuş' diye hayret ederdik. Şimdi ise sadece 'şu rüşvet almıyormuş' diye hayret ediyoruz!"

Bir ilaç şirketi, Ankara'daki kamu hastanesinin kardiyoloji bölümü başkanı profesöre kalp hastalarına takılan her stent başına 750 dolar ödüyordu!

Doktorların günlük işlerinin takibi, araçlarının bakımı, taşıt vergileri, ev kiraları, elektrik-su borçlarının ödenmesi, bir yerden diğerine taşınmaları, kooperatif taksitleri yatırılarak ev sahibi olmalarını ilaç şirketleri finanse edilmişti.

Ankara'daki Mesa, Sardunya, Angora gibi lüks konut sitelerinden ev-daire alan tıp profesörlerinden bazılarının ödeme taksitleri ilaç şirketleri tarafından düzenli olarak ödeniyordu.

Aynı ABD örneğinde okuduğumuz gibi hiçbir üniversite soruşturma dosyalarında adı geçen tıp profesörlerinin davranışını tıp etiğine aykırı bulmadı! Üniversite senatoları dosyalarda suçlanan tıp profesörlerinden hiçbiri hakkında soruşturma izni vermedi. Oysa... Belgelere göre, tıp adamlarının aileleri ile birlikte tıbbi kongre adı altında gezilere götürülmesi; ve kredi kartı borçlarının ödenmesi bir yana, bazı profesörler için özel "harcırah dosyaları" açılması bile belgelendirilmişti.

İstanbul ve Ankara'da ilaç şirketlerine yapılan baskınlarda "özel defterler" ele geçirildi. Bir ilaç firması, hangi doktorların ilaçlarını ne kadar reçetelere yazdığı hakkında istatistiki bilgi deposu oluşturmuş ve ilaç yazma kapasitesi yüksek doktorlar için "altın doktorlar" kayıt formu düzenlemişti!

Eskişehir'deki kamu hastanesinde görevli Doktor H. Y.'nin Madrid'de yapılacak kongreye neden gönderilmesi gerektiğini anlatan bir başka firma elemanı, ilaç şirketi merkezine gönderdiği mesajda şöyle diyordu:

-"Ünite satışlarımızın yüzde sekseni bu hekimimizden kaynaklanmaktadır. Bize iyi satışlar sağlayacak olan bu hekimimizin firmamız için önemi tartışılmazdır..."

Sıkılmayınız okuyunuz, gerçeğimiz bu:

İlaç şirketi satış elemanı, Kahramanmaraş Devlet Hastanesi'nde görevli Dr. İ.I.'ya neden bir dizüstü bilgisayar verilmesi gerektiğini şöyle açıklıyordu:

-"Kendisi devlet hastanesi ve diyaliz merkezinin sorumlusu. Onunla yıllık 300-350 kutu ilaç tüketiyoruz..."

Bir ilaç şirketi Giresun Devlet Hastanesi'ne sağlık taraması yaptırıyor. Taramaya 110 hasta katılıyor; yüz kişide kemik erimesi, 58 kişide ise yüksek tansiyon tespit ediliyor! Firma elemanı, bu etkinliği merkezindeki yetkili hanıma bildirirken şöyle diyor:

-"Taramanın birkaç dakikasını kameraya çektim. Sonradan kendime kızdım. Keşke kamerayı bir yere sabitleseydim de doktorun her reçeteye bizim ilacı nasıl yazdığını Tuğba Hanım da görseydi; 'Benim gibi o da mutlu olurdu' diye içimden geçirdim. CD pazartesi elinizde olacak."

Operasyon büyüdükçe neler çıktı ortaya neler...

-Bir ilaç firması, ecza deposuna 88 milyon liradan verdiği kanser ilacını SSK'ya 230 milyona veriyordu! Bir diğer kanser ilacını yüzde 224 fiyat farkıyla SSK'ya 638 milyona vermişti.

Kanser ve diyaliz ilaçlarında -rekabet ve ucuzluk ortamı oluşmaması için- eşdeğer ilaçlara "bunlar farklı ilaçlardır" denilmişti. Dolayısıyla bir ilaç firması, elindeki kanser ilacı ile tek satıcı konumuna gelmişti. Oysa aynı tarihte, üç tanesi

Türkiye'de, birçoğu yurtdışında olmak üzere bu ilacın eşdeğerleri mevcuttu.

-Yine "Koate" isimli bir kan ürününün Türkiye'deki fiyatı 265 dolar iken ABD fiyatı 9,9 dolardı. Aynı ürünün başka versiyonu yine ABD'de 9,99 dolar, Türkiye'de 132,5 dolar idi.

Küresel şirketler dudak uçuklattı

Küresel dünya devi Roche ilaç şirketinde ortaya çıkanlar dudak uçuklatıyordu:

-Roche çalışanı A.K'nın e-postası: "Her merkez sağlık ocağında hipertansiyon, obezite, diyabet polikliniklerinin açılmasını sağlamalı ve bu sağlık ocakları Roche Sağlık Ocakları haline getirilmelidir. Bu konuda gerekiyorsa Sağlık Bakanlığı ile temasa geçilmesi ve projenin tüm Türkiye'de yaygınlaştırılmasının büyük avantaj sağlayacağı kanaatindeyim."

-Ege Üniversitesi Tıp Fakültesi'nden Prof. E.G. yeni yapılan onkoloji hastanesi için ilaç firmalarına şöyle masraf listesi çıkartıyordu: "Novartis, BMS, Lilly ve Aventis firmalarının her biri 30 bin dolar verecek ve bir hemşirenin bir yıllık maaşı ile sigortasını karşılayacak." Nedense profesör Roche ilaç firmasından ise 35 bin dolar istiyordu!

Roche hakkında iddianame sayfalarında çok bilgi vardı.

"NeoRecormon" adlı kanser ilacını ecza deposuna 88 milyon liraya, SSK'ya ise 230 milyona fatura ederek ve yine "Neupogen" adlı kanser ilacıyla devleti 2,5 milyon lira, toplamda 18 trilyon lira (dönemin parasıyla 13,5 milyon dolar) zarar ettirdiği iddiasıyla Roche Türkiye Genel Müdürü Faruk Yöneyman hakkında dava açıldı.

İddia şuydu:

Roche, Türkiye'de kanser gibi münferit hastalıkların ilaçlarını üretiyor. Türkiye'de Roche'un ürettiği ilaçları üreten ne yabancı ne de yerli firma var. Yerli firmalar Roche'un ürettiği ilaçların benzerini üretmek için Sağlık Bakanlığı'na başvurdu ancak cevap alamadı. Roche da, meydanı boş bulduğu için ihalelere istediği fiyatı veriyordu...

Soruşturma sırasında Roche Müşteri İlişkileri Müdürü Veysi Mungan sayesinde bilgisayarlara giren polisler, küresel şirket ile doktorlar arasında mide bulandıran e-postalara ulaştı. 88 Roche çalışanının suç unsuru içeren toplam 416 e-postası suç delili niteliğindeydi. İşte bazı örnekler:

- Roche çalışanları M.E. ve S.Ç.'nin gönderdiği e-posta: "Kırklareli Kavaklı Belediyesi aracılığıyla 9 Ağustos 2004 tarihinden itibaren bir hafta süreyle osteoporoz, romatoit artrit, hipertansiyon, hiperlipidemi ve obezite taraması yapacağız. Kavaklı yaklaşık 3.500 nüfusa sahip, büyük çoğunluğu orta yaş ve üzeri. Kavaklı eczanesinde yaptığım reçete analizine göre osteoporoz ve obezite raporlu hastalar yok. Tarama sonucunda osteoporoz ve romatoit artrit tanısı koyulan hastalar Kırklareli Devlet Hastanesi'nde görevli Dr. M.D.'ye, hipertansiyon, obezite tanısı koyulan hastalar da dahiliye uzmanı H.Y.'ye yönlendirilecek."

- Roche çalışanı C.C'den Ö.K'ya: "Siyami Ersek Hastanesi'nden Dr. B.Ç firmamızdan bilgisayarı için plazma monitör talep etmektedir. Hekim ürünlerimizin en büyük destekçisi olup, heyet raporu konusunda da her zaman yardımcı olmaktadır. Bu plazma monitörün fiyatı da 350 dolar+KDV olup, piyasadaki en düşük fiyattır."

- Yine bir Roche çalışanının e-postası: "B. Bey, devlet hastanesinde çalıştığı dört arkadaşıyla ortak bir yer açıyor. Doktor odasının tadilatını talep ediyorlar. Devlet hastanesi hastalarının yüzde 50'sine, özel merkezde de yüzde 70'ine Neorecormon reçete edecekler. Tadilat tutarı 1.700 YTL."

- Roche çalışanı K.E'den E.Ç'ye gönderilen e-posta: "Mıntıkam dahilinde bulunan U. Eczanesi sahibi B.U, P... Hospital yanında inşası devam etmekte olan binada açmak istediği diyaliz merkezi için 50 diyaliz makinesi istiyor. Bir yıl sonraki hedefi bu diyaliz ünitesindeki hasta sayısını 200'e ulaştırmak ve isteğinin karşılanması halinde daimi olarak hastalara Neo-Recormon kullandırtmaktır."

- Roche çalışanı T.B'den T.Ü'ye gönderilen e-posta: "Prof. Dr. S.T. ağırlığı herkesçe bilinen bir hekimdir. Bu hekimin özellikle talepleri ve reçeteleri tamamen bize dönmüş durumda. Başında bulunduğu B. Diyaliz Merkezi 2,5 ay gibi kısa bir zamanda 65 hastaya ulaştı. Hekim bizden acil olarak 10 bin YTL +KDV'lik bir bütçe talep etmiş ve yıl içinde bizi çok zorlayacak isteklerde bulunmayacağını belirtmiştir. Ayrıca kongreler konusunda bizi rahatlatacak, '2-3 kişi birden götürün' gibi talepleri olmayacak."

Mehmetçik bile kullanıldı

Çöküş o raddeye varmış ki…

Ankara Üniversitesi Tıp Fakültesi Hastanesi'nde görevli doktor, yabancı bir dergide çıkan makalesinin kabul parasını ilaç firmasından istiyordu. Ankara'dan bir doçent ise abone olmak istediği dört yabancı derginin parasını ilaç şirketinin ödemesini talep ediyordu.

-"Selçuk Üniversitesi Tıp Fakültesi'nden Onur Bey, 150 kişilik davetli topluluğunun Hilton Otel'deki eğlence için 850 YTL olan disko giriş ücretini finanse etmemizi istedi. Onur Bey bize çok yakın, (ilaç firması) Schering Plough'a mesafelidir. (Kemoterapi ve Hepatit-C ilaçları) Roferon-A ve Pegasys'e tam olarak destek vermektedir. Pegasys'in piyasaya çıktığı hafta, dört hastanın (Schering Plough'un ilacı) Peg-Intron raporunu Pegasys'e çevirmiştir…"

Dosyada olanları daha yazmak istemiyorum; bu kutsal mesleğe fazla gölge düşürmek istemiyorum! Yahu…

Bir ilaç şirketi çalışanı, Aydın Koçarlı Sağlık Ocağı'na hamile kadınların boyunu ve kilosunu ölçen terazi alınması karşılığında, -bebeğin vitamin ve mineral gereksinimini karşılayan- "Pronatal" adlı ilacın kullanılacağı sözünü veriyor! Hatta sadece gebeler için değil, gebe olsun olmasın anemisi olan herkese "Pronatal" yazılacağı da özellikle belirtiliyor.

İddianamede neler yok ki:

Balıkesir'de 77 yaşındaki bir kadına kürtaj yapılmış gibi sahte belge düzenleyip Sosyal Güvenlik Kurumu'ndan para alınmıştı!

Mehmetçik'i bile kullanmışlardı: İstanbul'daki 66. Zırhlı Tugayı'nda yaşanmıştı... İlaç firması elemanı ifadesinde bunu şöyle anlattı:

-"Her bir celp döneminde birliğe katılan yeni erlere mantar taraması planladık. Ortaya çıkacak yumuşak doku ve hafif travmalar için "Antienflamatuar" tercih edilecek. 2004 sonuna kadar üç celp döneminde minimum 3 bin 500 Oceral krem, 4 bin Oceral solisyon ve 3 bin 500 kutu Tilcotil satışı hedefliyoruz."

Bu ilaç pazarlamacı, "ilaç gözlem çalışması" adı altında yapılacak bu iş için, yetkililere vermek üzere 7 milyar 5 milyon liralık GİMA alışveriş çekine ihtiyacı olduğunu merkezine bildiriyor. "Çeki gönderin, bu iş tamam" diyor...

Medyayı nasıl kullandılar

Dünyanın dört yanında yöntemler aynı. İddianamede; sanıkların, 31.01.2002 tarihinde Ankara'da yapılan toplantılar sırasında, piyasa ve hastanelerden ürünleri çektikten sonra, hasta ve yakınlarını malzemeyi bulamaz hale getirip, bu durumda mağdur kalan hastalardan oluşan bir grubu, tutacakları iki otobüsle, zamanın başbakanı ile başbakan yardımcısının eşlerine götürerek kamuoyu oluşturmaya çalışacakları, ancak hasta ve yakınlarının tepkilerinin kendilerine yöneleceğinden çekinerek, bu girişimlerinden vazgeçtikleri ileri sürüldü.

Benzer protesto örneklerini kimi zaman TV ekranlarında görmüyor musunuz?

Soruşturma medyanın halini de gözler önüne serdi. İlaç ve tıbbi malzeme firmalarının, çeşitli konularda medyayı nasıl ustalıkla kullandıkları ortaya çıktı. Bunun en çarpıcı örneği, 2003 yılı kasım ayında, *Hürriyet* gazetesinde çıktı. Yazı şuydu:

"Türkiye'nin sorunlarına fazlasıyla duyarlı hekim bir dostum, Türkiye'de sağlık alanında devletin nasıl 'ütüldüğünün' örneklerinden birini yollamış. Biliyorsunuz, Türkiye'de ilaç harcamalarının neredeyse yüzde 80'i devlet tarafından ödeniyor. SSK'sından Emekli Sandığı'na tüm kuruluşların zararlarındaki en büyük 'kalem' sağlık harcamaları. Hekim dostumun gönderdiği belge ve bilgiler, bu düzenin nasıl yürüdüğünü küçük bir örnekle de olsa gösteriyor. Bu kez söz konusu olan ilaç 'Tebokan' adında bir sinir ilacı. İlacın reçete edilme nedeni, hafıza kaybı ve yaşa bağlı hafıza bozuklukları. Fiyatı ise 35 milyon TL. Ancak son yıllarda yapılan klinik araştırmalar gösteriyor ki, 'Tebokan' adlı bu ilaç, hastalar üzerinde plasebolardan, yani ilaç görünümünde olan ama ilaç olmayan haplardan daha etkili değil. Dostum bunu ABD'nin en saygın tıp dergilerinde bu ilaç hakkında çıkan değerlendirmelerle de gösteriyor. *JAMA*'nın 2002 Ağustos, *The Journal of Family Practice*'in 2002 Kasım sayılarında bu ilaçla ilgili değerlendirmeler yer alıyor. Ancak bu yayınlar Türkiye'de devletin ilgili birimleri tarafından yeterince takip edilmediğinden bu ilaca Türkiye Cumhuriyeti Devleti geçtiğimiz yıl içinde tam 39,5 milyon dolar ödüyor. İşin ilginci, bu ilacın kullanımı son bir yıl içinde yüzde 80'lik bir artış gösteriyor. Türkiye bir yandan soygunlarla, hortumlarla mücadele ederek deliklerini tıkamaya çalışıyor, diğer yandan birileri küçük küçük deliklerle yine Türkiye'yi boşaltıyorlar. 'Tebokan' bir küçük örnek. Kim bilir daha binlerce küçük delikten kaç yüz milyon dolar gidiyor."

Bu köşe yazısı üzerine Sağlık Bakanlığı söz konusu ilacı alım listesinden çıkardı. Bu ilacı pazarlayan Abdi İbrahim firmasının sahibi Nezih Barut, kendisine yönelik bu yayının arkasında Novartis ilaç firmasının bulunduğu kanısına vardı. Piyasada Abdi İbrahim ile Novartis arasında agresif bir hareket başladı.

İşin garip yanı şu; Novartis ve Roche İsviçre'nin iki küresel dev ilaç şirketi. Bunların Türkiye'de rakibi olan yerli ilaç firması Abdi İbrahim'in kimler aracılığıyla yok edilmek istendiği... Şaşırıyor muyuz?

O dönem...

Bir Türk medya organı çıkıp da Novartis'e haddini bildirmedi. Ki bu şirket böbrek ilacı "Exjade" ve "Myfortıc" ilaç satışlarını artırmak için ABD'de eczanelere rüşvet vermekten yargılanıyordu! Novartis sözcüsü Julie Masow "Novartis'in yüksek etik değerlerle çalıştığını ve satış ve pazarlamada işlerini etik değerlere göre yürüttüklerini" açıkladı. Üç gün sonra ABD'de doktorlara rüşvet vermekten ikinci dava açıldı. Toplam 390 milyon dolar ceza aldı Novartis...

Bu şirketin vukuatı çok...

Sadece Türkiye'de olmuyor "pis" işler...

2016 yılbaşı günü saat 17.00'de Atina Hilton Oteli 13. katın penceresinde bir adam vardı. İntihar etmek istiyordu. Polis adamı ikna etti ve adam ağlayarak polise teslim oldu.

Adam... Yunanistan Novartis şirketinin eski üst düzey yöneticisiydi. Üç hafta önce Yunanistan Adalet Bakanı Stavros Kontonis yüksek mahkeme savcısına, Yunanistan'da doktorlara ve devlet personeline rüşvet veren büyük ilaç firmalarının araştırılması talimatı vermişti. İntihara teşebbüs eden Novartis yetkilisinin ismi de bir ihbarcı tarafından bildirilmişti. Yunan adli makamlarınca rüşvet şüphelisi Novartis mensubu 178 kişinin ifadesi alınmış ve şirketin dört binden fazla doktora ilaçlarını reçete etmeleri karşılığı rüşvet verdiği ortaya çıkarılmıştı.

Novartis, 2015'te Çin'de ve 2016'da Güney Kore'de dağıttığı rüşvetler dolayısıyla yargılandı. Çin'de 25 milyon dolar, Güney Kore'de 2 milyon dolar tazminat ödedi. Türkiye'de Novartis'in 85 milyon dolar rüşvet dağıttığı ihbar edildi ise de bu konu Sağlık Bakanlığı tarafından yalanlandı.

Bu arada Abdi İbrahim'in haklı çıktığını da belirtelim. Ama *Hürriyet* gazetesi özür yazısı yayımlamadı!

Medya ilişkisi bunlarla sınırlı değil...

Soruşturma çarpıcı örnekleri ortaya çıkardı. Büyük ihaleler öncesinde fiyat düşmesini engellemek için, "Türkiye'ye üçüncü dünya ülkelerinin malzemeleri giriyor, insan sağlığı hiçe sayılıyor" gibi haberler yaptırılmıştı.

Milliyet gazetesi 27 Mayıs 2002 tarihli "Kapakçık Skandalı" başlıklı haberinde "İspanya ve İtalya sağlık bakanlıklarınca hastalara takılması yasaklanan TRI marka kalp kapakçıklarının Türkiye'de 500'den fazla hastaya takıldığı ortaya çıktı" iddiasını ortaya attı. Sağlık Bakanlığı 26 Temmuz 2002 tarihinde kalp kapakçığının Türkiye'de kullanılmasını yasakladı. Sonra ne oldu?

Yıl 2006. ANAP Hatay Milletvekili Züheyir Amber, "hastalara ucuz olduğu için Brezilya gibi ülkelerden ithal edilen kalp kapakçıklarının takıldığı" iddialarını TBMM gündemine taşıdı. AKP Sağlık Bakanı Recep Akdağ, Hasta Hakları Yönetmeliği hükümlerine göre, hastaların tıbbi işlem konusunda bilgilendirilerek rıza ve izinlerinin alındığını anımsattı! Bu kadardı yanıt!

Yine soruşturma dosyasına göre, "Taxol" ve "Anzateks" isimli iki kanser ilacının Türkiye'de satışlarını engellemek için ilaç şirketleri seminerler yapmış ve medyada aleyhte yazılar yazdırmıştı. Bazı ilaçların Türkiye'ye girmesini önlemek -oluşacak rekabet ortamında fiyat ucuzlamasının önüne geçmek- için uygulanan yöntemlerden biri de, tıp dergilerinde söz konusu ilaçlar aleyhine yazılar çıkarılmasıydı. Hatta bir tıbbi malzeme firması sahipleri, medyayı daha da etkili kullanmak için televizyon kanalı kurma kararı bile alıyordu. Soruşturma oyunu bozmuştu...

Tüm bunların neden olduğu, Başbakanlık Teftiş Kurulu Raporu'nda ortaya çıktı:

-"Fiyat belirleme konusunda tüm inisiyatif ilaç firmalarına bırakılmakta, fiyatlandırma firma beyanlarına bağlı olarak yapılmaktadır. Sağlık Bakanlığı ve fiyatlandırma komisyonu, ilaç firmalarının beyan ettikleri fabrika satış fiyatlarının doğruluğunu araştırma gereği hissetmemekte, önüne konulan bilgilere göre fiyatları belirleme yoluna gitmektedir. Hukuk devleti anlayışında böyle bir yöntemin yeri yoktur. Devletin yapması gereken görev firmaların vicdanına terk edilmiş, hiçbir kontrol mekanizması geliştirilmemiştir. Uygulama adeta soyguna ve yağmaya açık davet şekline dönüşmüştür. Elbette beyanlar ve talepler dikkate alınacaktır. Ancak tek başına belirleyici olmayacaktır..."

İstanbul Emniyet Müdürlüğü Organize Suçlarla Mücadele Şubesi, el konulan e-postaları tarayarak mahkemeye gönderdiği raporda şunu belirtti:

-"İlaç firmasının insanlığa sağlık hizmeti vermekten ziyade, piyasada daha çok hasta oluşturup, daha çok ilaç satmayı ve sadece para kazanmayı amaç edindiği ve bu amaç doğrultusunda her türlü yöntem ve metodu çekinmeden pervasızca uyguladığı anlaşılmıştır."

Sonuçta:

İddianamede 9'u tutuklu 59 kişi hakkında 1 yıl ile 64,5 yıl arasında değişen ağır hapisleri talep edilen ilk duruşma, Ankara 2 No.lu Devlet Güvenlik Mahkemesi'nde 27 Haziran 2003 tarihinde saat 10.00'da başladı. Sanıklar için tam 110 avukat salonda hazır bulunurken, duruşmaya müdahil olarak katılan SSK'yı sadece bir avukat temsil etti.

SSK'nın hakkını sanıkların 110 avukatına karşı tek başına korumaya çalışan avukat Abdurrahman Özdemir, tüm mağdurları davaya müdahil olmaya çağırdı. Av. Özdemir, "Mağdur olan kişiler bizim tarafımızda yer alsın. 26 bin kişiye eski kalp pili takılmış. Mağdur olan bu insanların daha sonra bu firmalardan tazminat açmaya hakları var. Gelip bizim tarafımızda müdahil olsunlar," çağrısını yaptı. Kimse gelmedi...

Duruşma 16 saat sürdü...

Mahkeme, gece 02.00'de 8 tutuklu hakkında 100 bin dolar kefaletle serbest bırakılmalarına karar verdi! Cumartesi sabahı sekiz tutuklu da parası yatırıldığı için serbest kaldı!

Soruşturma savcısı Ömer Süha Aldan, 1 No.lu DGM Başkanlığı'na başvurarak, tutuklu ve tutuksuz tüm sanıkların mal varlıklarına ihtiyati tedbir konulmasını talep etmişti. Bu duruşmada o karar da kalktı.

Bankalar kapalıyken 800 bin doların bulunması, "Mahkeme heyeti kararı önceden biliniyordu" tartışmalarına yol açtı. Ve…

Bir grup avukat ile işadamının yargıyı etkilemek üzere çete kurdukları iddiasıyla Ankara'da "Neşter 2" soruşturması 13 Ocak 2004 günü başladı. Bazı işadamları ve hukukçular gözaltına alınmaya başladı. Uzatmayayım. Sonra ne mi oldu?

DGM Savcısı Ömer Süha Aldan "Neşter 1" ve Neşter 2" soruşturma dosyalarından alınıp tenzil-i rütbeyle "düz savcı" olarak pasif göreve atandı...

Gözaltı sırasında Roche Türkiye Genel Müdürü (ve aynı zamanda Yabancı Sermaye Derneği /YASED başkanı) Faruk Yöneyman'a kelepçe taktığı için iki polis, Organize Suçlar Şube Müdürlüğü'ndeki görevlerinden alınıp, Bakırköy ve Eminönü ilçelerinde görevlendirildi.

33 ilaç şirketini ve 209 ilacı ilgilendiren bu davanın sonunda ne oldu?

Bu davaların savcısı olan Ömer Süha Aldan ile görüştüm. Daha ilk duruşma öncesinde İsrail'e kaçan Chava Johanna Bondy bir avukat aracılığıyla Savcı Aldan'a haber göndermişti. Çünkü savcı, Türk bankasında yüz bin doları aşan hesabına ihtiyati tedbir koydurmuştu. Bondy, kaldırılmasını rica ediyordu.

Savcı Aldan, Türkiye'ye gelip ifade vermesini istedi. Bu kez İkinci Dünya Savaşı'nda Nazi kamplarında kaldığını ve kapalı yer korkusu/klostrofosi bulunduğunu ve hapse girmekten korktuğunu söyledi. Tüm bildiklerini söylerse böyle bir şeyin olmayacağını söyledi Savcı Aldan. Belki de gelmek üzereyken, ilk duruşmada banka hesapları üzerinden ihtiyati tedbir kararı kaldırılınca "Eva"dan başka ses çıkmadı…

Son olarak mesleğimle ilgili not yazmalıyım:

Roche ilaç şirketinin kanser ve diyaliz hastalarında kullanılan "Neorecormon" adlı ilacı aynı tarihlerde Beşer Ecza Deposu'na 88, devlet hastanelerine 171, SSK hastanelerine

230, Emekli Sandığı'na 348 liradan (o dönemde milyon TL idi) sattığını ortaya koyan faturalar, Temmuz 2004'te *Vatan* gazetesi tarafından ortaya çıkarıldı. Ardından... Yazdığım gibi Sağlık Bakanlığı ve Başbakanlık Teftiş Kurulu harekete geçti. Polis, Roche'a baskın yaparak çuvallar dolusu belgeye el koydu ve çok sayıda kişiyi gözaltına aldı. İşte...

Bu Roche skandalı haberleriyle Sedat Simavi Gazetecilik Ödülü ve *Nokta* dergisinin Doruktakiler ödülünü alan gazeteci Emine Algan, bu haberlerinden üç ay sonra *Vatan* gazetesinden "performansının yeterli olmadığı, sabah toplantılarına katılmadığı" gerekçesiyle kovuldu!

Roche, 19 Ekim 2006'da gazetelere verdiği ilanla, "kamuoyunu yanlış yönlendirenler için yasal haklarını kullanacağını" duyurdu ve bu konuda haber yazanları üstü kapalı tehdit etti. Küresel şirket yasal haklarını kullanmaya, www.farmamedya.net sitesinden başladı. Skandalın başından beri bu konudaki her türlü gelişmeye yer veren bu site yöneticileri hakkında 100 milyarlık (100 bin TL) tazminat davası açtı...

Yıl, 2013. Faruk Yöneyman, Gökhan Demir, Ümit Ceylan, Tahir Ünsal'ın da aralarında bulunduğu Roche yöneticileri ile SSK bürokratlarının bulunduğu 18 kişinin devlete yüksek fiyatla ilaç satmakla suçlandığı davada 7 sanık beraat, 11 sanık ise zamanaşımıyla kurtuldu!

Türkiye'de bu beraat kararı verilirken Avrupa'da Roche skandalı konuşuluyordu: Avrupa İlaç Ajansı (EMA), Roche'un ilaçlarına bağlı 15 bin 161 ölüm vakasını ve çeşitli ilaçlarıyla bağlantılı olarak on binlerce olumsuz yan etkiyi bildirmediğini ortaya çıkardı.

Sanmayınız ki...

Bu okuduklarınız sadece Türkiye'de oluyor.

Stanley Adams...

Kıdemli yöneticisi olduğu Roche şirketinin 1973'te vitamin hapı fiyatını yapay olarak şişirdiğini öğrenince Roche'u

Avrupa Ekonomik Topluluğu (AET) rekabet komisyonuna şikâyet etti. Yani…

Aynı Roche yöneticisi Veysi Mungan'ın Türkiye'de yaptığının benzerini 30 yıl önce İsviçre'de gerçekleştirdi. Veysi Mungan'a yaptığı gibi Roche, ticari sırları açıkladığı için Stanley Adams'tan şikâyetçi oldu! Adams, endüstriyel casusluk ve hırsızlık iddiasıyla tutuklandı. Sanayi casusluğu suçuyla 20 yıl hapis cezasıyla karşı karşıya kalıverdi.

Eşi intihar etti.

Adams altı ay İsviçre hapishanesinde kaldı. Serbest bırakıldığında İngiltere'ye kaçtı. İşçi Partisi'nden John Prescott başta olmak üzere birçok İşçi Partisi milletvekilinin yardımıyla hem İsviçre hükümetinden hem de Avrupa Birliği'nden tazminat almaya çalıştı. 1985 yılında Avrupa Birliği, Adams'a 200 bin avro tazminat ödemeyi kabul etti. Yönetmen/yapımcı John Goldschmidt, 1985'te Adams'ın hikâyesini film yaptı…

Ve yıllar sonra… Yıl, 1999.

Yüzde 40'lık payla vitamin pazarının lideri olan Roche, BASF ve Rhone-Poulenc SA ile birlikte kartel kurarak, vitamin fiyatlarını kanuna aykırı olarak kontrol ettiği gerekçesiyle ABD'de 500 milyon dolarlık cezaya çarptırıldı. Avrupa Komisyonu ise 2001'de Roche'a aynı suçtan 462 milyon avro ceza kesti…

893 Türk kobay öldü

Soruşturmalar... Duruşmalar...

Türk insanının kobay olarak kullanılmasına son verdi mi? Hayır. Ölümcül kobay deneylerinde Türkiye liste başı olmayı sürdürüyor! Klinik deneyler konusunda uluslararası yayın yapan *Journal of Clinical Studies* isimli derginin 2010 yılı sayısında yayımlanan makalede, 11 Mart 2010 tarihinde geçen yeni yasayla Türkiye'nin klinik deneyler konusunda bölgede avantaj sağladığı belirtildi!

-"Belli ki yakın dönemde Türkiye'de çok daha fazla klinik deney yapılacak" diyen makalede Türkiye'de klinik deney yapmak için Sağlık Bakanlığı ve etik kurulu onayı alınması gerektiği hatırlatılıyor ancak bundan böyle tüm işlemler için tek bir dosya hazırlayıp, tek başvuru ücreti ödemenin yeterli olduğu söyleniyor.

Sağlık Bakanlığı yetkilileri ise yaptıkları açıklamada Amerikan FDA'nın onayladığı ilaç denemelerinin (klinik araştırmalarının) çoğunun, aralarında Türkiye'nin de bulunduğu "fakir" ülkelerde yapıldığı iddialarının doğru olmadığını savundu. Yetkililer, Türkiye'de ilaç üzerine yapılan klinik araştırma miktarının yılda 700 değil, olsa olsa 400 civarında olduğunu belirtti!

Ya kobay ölümleri? İngiliz gazetesi *Independent*'ın haberine göre, Türkiye'de Ocak 2007 - Aralık 2010 tarihleri arasında yapılan ilaç deneylerinde kobay olan binlerce kişiden 893'ü hayatını kaybetti. Bu rakam Hindistan'da 1.700'ü aşarken Meksika'da da 1.500'e yakındı.

Haberler çıkmaya devam etti:

Amerikan *Vanity Fair* dergisi, 2016 yılında Pfizer, Eli Lilly, Merck gibi Amerikan küresel şirketlerinin, yasal düzenlemelerden kaçınmak ve ilaçları daha ucuza mal etmek için insanlar üzerinde yapılan klinik deneylerini artık yurtdışında, genellikle de fakir ülkelerde gerçekleştirdiğini yazdı. Türkiye klinik deneylerin en fazla yapıldığı ülkelerden biriydi; dünyada altıncı sıradaydı.

Vanity Fair'e göre ilaç şirketleri, Amerika'da yapılan araştırmalar sonucunda ürettikleri ilacın yararlı olduğuna dair herhangi bir onay alamazlarsa, bunların yerine Türkiye, Hindistan, Fas, Romanya, Çin gibi ülkelerde yapılan klinik deneyler yürütüyor. Burada denekler daha ucuz ve bilinçsiz olduğu için tehlike olasılığı yüksek ilaçlar bile rahatlıkla test ediliyor, olumsuz sonuçlar alınması halinde daha az sorun yaşanıyor. Yani yabancı ülkelerdeki sağlık bakanlığından onay alarak yapılsalar da deneklere zarar verme olasılıkları daha yüksek olan ilaçlar deneniyor. *Vanity Fair*'in haberine göre ilaçların FDA'da onaylanması sürecinde yurtdışında yapılan deneylerin sayısı 1990'da yalnızca 271 iken, 2008'de sayı 6 bin 485'e çıktı. Amerikalı şirketlerin bugüne kadar en çok deney yaptığı ülkeler Çin (1861), Rusya (1514) ve Hindistan (1457). Bu üç ülkeyi Romanya (876), Tayland (786) ve Türkiye (716) izliyor.

Zaman içinde kobay Türklerin sayısının 7 binden fazlaya ulaştığı tahmin ediliyordu!

Sözüm ona ilgili tüm yasalar-ceza hukuku, "kişiyi ağır zarara uğratmayacak" diye başlar. Öte yandan araştırmaya katılanlar sigortalanmaz bile; zorunluluk yoktur çünkü!

Türkiye'de ilaç araştırmalarının az olduğu biliniyor. Peki, neden bu kadar çok Türk denek-kobay kullanılıyor? Çünkü...

Klinik deneylerin fakir ülkelere kaymasındaki en önemli faktör ilaç şirketlerinin FDA'nın düzenlemelerinde bulunan boşluktan yararlanması. Buna göre ABD'de yapılan araştırmalar sonuncunda ilacın herhangi bir yararı bulunmadığına karar verilirse, yurtdışında yapılan araştırmalar ile FDA'dan onay alınabiliyor! Bu nedenle ilaç firmaları deneylerin yapıldığı ülkelere "kurtarıcı ülkeler" adını veriyor.

Amerikan FDA yurtdışında yapılan deneyleri denetleyemediği için bu ilaçların güvenilirliği tartışma konusu oluyor. Dergi, ABD'nin yasal düzenlemeleri ve kontrolleri olmadan gerçekleştirilen bu deneylerde yanlış sonuçlar alındığının, hatta ölümler gerçekleştiğinin sır olmadığına dikkat çekiyor.

Vanity Fair dergisine göre, ilaç şirketleri kobaylar için ülkelerin veri tabanından faydalanıyor. Örneğin yeni bir şizofreni ilacını test etmek için Adana, Samsun, Manisa ve İstanbul'da bu ilacı deneyecek "fiziksel olarak güçlü, 18-65 yaş arasında, şizofreni teşhisi konmuş, erkek ya da menopoza girmiş ya da rahmi alınmış kadınlar" buluyor. Meme kanseri, kalp hastalıkları, solunum yetmezliği gibi birçok hastalığa karşı ilaçlar ya da ameliyatlar da dahil tedavi yöntemlerinin kobaylar üzerinde kullanıldığı biliniyor.

En acısı: Türkiye'de yoksul üniversite öğrencilerin 300-1000 lira için kobay olmayı kabul etmesiydi. İlaç denekliği fakirlerin gelir kapısı oldu...

Erciyes Üniversitesi Tıp Fakültesi Araştırma Merkezi'nden yapılan "Denek sayımız 12 bine çıktı" açıklaması durumun vahametini ortaya koydu.

Bölümü soruyla bitireyim:

Gelecekte insanlık için yararlı olup olmayacağından emin olmadığınız, etkisini tam bilmediğiniz maddeyle bir insanın yaşamını riske atmayı kabul eder misiniz?

Bölümü toparlarsam:

Karşınızdaki manzara çöküşe işaret ediyor; Türkiye'yi çökertiyorlar. Bozarak insanımızı öldürüyorlar. Kurşundan beter bir ölüm bu; acılar içinde. Bilincimizi, belleğimizi yıktılar. Sürü yaptılar insanoğlunu; doktorumuzu cahilleştirdiler maalesef; yabancılaştırdılar kendine ve mesleğine.

Acı çekerek yazdım elinizdeki kitabı...

Mesleki ihaneti durdurabilmek umuduyla...

Her çöküşte bir kurtuluş vardır çünkü...

SONUÇ

DÜNYANIN EN KİRLİ ÜÇÜNCÜ ENDÜSTRİSİ

Eski Yunan'da hekimlik ve şifa tanrısı olan Asklepios'un kızları Panakeia ve Hygieia insan sağlığı ile ilgili olarak farklı görüşlere sahipti.

-Panakeia bütün hastalıklara iyi gelen mucizevi bir ilaç bularak insanlara yardım etmek istiyordu. "İnsanların, hastalıkları hakkında bilgi sahibi olmasına gerek yok" düşüncesindeydi. Hoşnutlukla, "Benim onlarla ilgilenmem yeterli" diyordu.

-Bugün "hijyen" sözcüğünü adından türettiğimiz Hygieia ise hastalıklardan korunmak ve sağlıklı kalmakla daha çok ilgileniyor, hastalıkların sağlıksız yaşam tarzlarının yansıması olduğunu anlatmaya çalışıyordu insanlara. Doğayı gözlemlemelerini, ondan ders alıp onunla uyum içinde yaşamalarını salık veriyordu.

Kız kardeşlerin her ikisi de kendilerinin haklı olduğuna inanıyordu. Bu nedenle birbirlerinden ayrılıp, kendi yollarına gittiler. Biri bütün hastalıkları tedavi eden mucizevi ilacın peşine düştü, diğeri ise insanları sağlıklı yaşamın ilkeleri konusunda eğitmenin yollarını aramaya başladı…

Bu sayfaya kadar Panakeia ile Hygieia arasındaki farkı yazmaya çalıştım.

Tıbbı, salt teknik düzeyde ele almanın nelere yol açtığını anlatmaya çalıştım.

İnsan…

Günü geldiğinde öleceğini bilen tek canlı…

Dünyada kalış sürecini uzatmaya çalışan yegâne canlı…

Bu farkındalık onda sonsuz endişe kaynağı oluşturuyor. Ölümü geciktirmenin yolu olarak kendine gösterilen yollara rahatlıkla sapıyor.

Tıp… İlaç… Cihaz… Ölümü uzaklaştıran araçlar oldu. "Güvenmek" dışında çaresi yok insanoğlunun. İyi de... Uluslararası Şeffaflık Örgütü, sağlığı dünyanın en kirli üçüncü sektörü olarak gösterdi!

Kapitalizm her yönüyle insan vücudu için yararlı olmadı; tıp endüstrisi insanların arzuları ve cehaletinden beslenmeyi sürdürüyor. Küresel sağlık şirketleri insanı istediği gibi yönlendiriyor. Satılığa çıkardığı "hastalıklar" var.

Hasta, bir "para çantasına" evrildi. Bu amaçla hastalık insan hayatının merkezine yerleştirildi. Sağlık konuşmadığımız gün değil, saat yok! Ölüm oranı azaldı, hastalık oranı ve süreci çok uzadı!

Aslında… Hepimizi "şüphe hastalığına" yakalattılar. Her birimizi "saplantılı" yaptılar.

Tek suçlu beden oldu…

Tıp, kliniğe hapsedildi…

Hastalar artık müşteriydi… Hem de elit bir kişilik haline getirildi hasta!

Tek örnek yeterli olacaktır. Almanya'da 1998 yılında "Sisi sendromu" diye bir depresyon türü bulundu! Buna önce "Prenses Diana" adı verilmek istendi. Sonra Avusturya Kraliçesi Elizabeth'in kısaltılmış adının konmasına karar verildi: Sisi… İsim arayışının nedeni, insanlara soylu hastalığa sahip olma imtiyazı vermekti! İlaç şirketi tam sayfa ilan vermeye başlayınca "hastalar" ortaya çıkmaya başladı. Adı depresyon olan sevimsiz hastalık yerine, soylu bir kraliçenin adını taşıyan hastalığa yakalanmayı kim istemez ki? Moda oldu hastalık!

Dikkatinizi çekiyordur; Türkiye'de son yıllarda "kaçış", "dağınık beyin" gibi çeşitli sendromların adını sıklıkla duymaya başladık. Münster Üniversitesi Psikosomatik ve Psikoterapi Bölümü'nden Prof. Markus Burgmer, "Sisi sendromu"nun uydurma olduğunu açıkladı. Zaten bu durum sadece Almanya'da görülmüştü.

Bunun adı "hastalık tacirliği"ydi kuşkusuz...

Hastalık tanımları muğlaklaştırıldı. Sağlıklı yaşam, başarının, varlığın ve rekabetin göstergesi yapıldı. Hedef, müşteri kapmaydı; "iyileştirme" sonraki iş oldu. Asıl amaç "çok kazanmak" idi; para, şöhret, nüfuz kazanmak…

Dizginsiz süreç sonunda hastalık, "kimlik politikası" haline getirildi. Kahraman hasta, düşman hastalık! Yabancılaşma virüsü, tıbbı esir düşürdü; tıp, insana ve insanlık hallerine yabancılaştı. Uçsuz bucaksız sağlık konseptleri içinde hekim de mekanikleşti. Yani…

"İlaç tezgâhına" düşmemek için, "bilinçli hasta" olmak şart… Yoksa aynı nakaratı tekrarlatırlar: "İnsanlar layık oldukları hastalıklara tutulur!"

Asıl soru şu: Bu "hasta-ilaç bağımlılığını" kimler, ne amaçla yarattı?

Rockefeller'ın amacı

Rockefeller "sağlık-ilaç" sektörüne neden girdi?

Neden "endüstriyel tıbbın" hamisi oldu?

-Kimine göre, John D. Rockefeller ilaç işine hiç yabancı değildi. Babası William Rockefeller bir doktor olmamasına rağmen, "Dr. William Levingston" adını kullanarak ülkenin kırsal kesimlerinde, özellikle Kanada ve New York'un kuzeyinde insanlara yılan yağı, romatizma ve kanser tedavisi için ham petrol toniği gibi ürünler satarak "şifacı" olarak ün kazandı. Bu işte iyi para olduğunu gördü. İksirlerin satışı, onun nakit para bulmasına yardımcı oldu ve bu şekilde ucuz arazi almasını sağladı. Yani... Oğlu, ilaçta nakit para olduğunu babasından biliyordu…

-Kimine göre, John D. Rockefeller, ilk torunu beş yaşındaki John Rockefeller McCormick kızıl hastalığına yakalanarak 2 Ocak 1901'de öldüğünde doktorların hastalığının sebebi hakkında hiçbir şey bilmemeleri ve etkin tedaviyi önerememeleri üzerine sağlık-ilaç sektörüne girdi… Bu, ailenin resmi söylemi!

-Kimine göre, Standart Oil şirketinin acımasız uygulamalarından kaynaklanan ismini temizlemek için hayırsever sağlık hizmetlerine girdi…

-Kimine göre, kolonyal-emperyalist anlayışla "sağlıklı işgücü"- "sağlık pazarı" için bu işlere girdi…

-Kimine göre, 19. yüzyılda ortaya çıkan Virchow, Neumann, Leubuscher, Villerme, Guerin gibi hastalığın sebebini ekonomik, toplumsal ve mesleki nedenleri üzerinde arayanlara karşı, Lister, Pasteur, Koch gibi hastalığın nedenini beden-biyolojik etkenler üzerinden açıklayanları desteklemek için bu sektöre yatırım yaptı. "Emeğin sağlık ideolojisini" değil, "sermayenin ideolojisini" desteklemekti amacı kuşkusuz...

-Kimine göre ise petrol, endüstri ürünü olmadan önce ilaç olarak kullanılıyordu. "Taşyağı" denen siyah sıvının toprak üstüne çıkan kısmı uzun yıllar tedavide kullanıldı: Akan kanı durduruyor, yaraları iyileştiriyor, göz kataraktını tedavi ediyor, nikris hastalığına iyi geliyor, diş ağrısını geçiriyor, müzmin öksürüğü yatıştırıyor, nefes darlığını geçiriyor, ishali durduruyor, gevşemiş adaleleri derleyip topluyor, romatizmayı geçiriyor, yüksek ateşi dindiriyor ve hatta kirpikleri düzeltmekte kullanılıyordu…

Yani…

İlaç demek, kimya demekti...

Kimya demek, petrol demekti…

Hemen tüm kimyasalları temel bileşeninde kömür katranı veya ham yağı var. Rockefeller'ın Standart Petrol Şirketi doğal olarak yeni doktorların ve tıp fakültelerinin teşvik edeceği ilaçlar için ham petrol sağladı. Daha sonra birçok büyük ilaç şirketine ve kartel anlaşmalarına katılarak desteklediği ve yaratmasına yardım ettiği ilaç odaklı tıbbi anlayışın "meyvelerini" topladı…

-Kimine göre, kapitalizmin korucusu Rockefeller'ın "kapitalist tıbbı" yaratmasına şaşmamak lazımdı.

Evet, bunlar doğru olabilir veya yanlış…

Belki hepsi doğrudur!

Biliniz ki: Rockefeller kölenin sağlığını ne kadar düşünüyorsa sizin sağlığınızı da o kadar önemsiyordu...

Bir de... Bedeni siyasetin aracı haline getiren "biyopolitika" kavramı var. Asıl mesele buydu:

Bu, sistemin bekası için insanları "modern tıp" aracılığıyla bedenleri üzerinden "itaatkâr" ve "yararlı" yapma stratejisiydi.

Konuyu kitap boyunca olgular üzerinden yazmaya çalıştım. "Modern" ya da "endüstriyel tıp" olarak isimlendirdiğim kuşkusuz bugün maruz bırakıldığımız "kapitalist tıp" anlayışıdır. Uzun vadede bunu dünyada nasıl gerçekleştirdiklerini "endüstriyel tıbbın" tarihsel süreciyle anlatmaya çabaladım. Bu "inşa" süreci Türkiye'de de yaşandı. Ucu halen ülkemizdeki her bedene dokunmayı sürdürüyor. Pek kimseler "ekolojik dengenin" kapitalizm tarafından nasıl bozulduğuyla ilgili tartışmalar yapmıyor. Endüstriyel gıdaların-çevrenin hastalandırdığı insanlar "modern tıpla" öldürülüyor!

Ve ne yazık: Tarihimiz "biyopolitika" üzerinden pek yazılmadı...

Elinizdeki kitap bunu yapmaya gayret etti...

Yararlandığım insanlar

Leibniz, Spinoza'dan "hekim" diye söz etti; çünkü o zamanlar felsefe alanında üstün başarı gösterenler "hekim" denilerek onurlandırılırdı. Kitaba yol gösterenler oldu; Mutlaka yazmalıyım:

Michel Foucault (1926-1984)...

Fransız felsefeci. Yerleşik-"alışıldık" düşünce kalıplarına karşı mücadele verdi.

Siyasal ilişkileri salt ideolojiler-propagandalar üzerinden düşünmenin sığ olduğunu ileri sürerek, fikir hayatına-siyaset dünyasına yeni kavramlar kazandırdı.

"Biyopolitika" bunlardan biri...

Tıbbi stratejileri kullanan "biyopolitika"nın, bedeni siyasal hedeflerin aracı haline getirdiğine ilk dikkati o çekti.

İktidarın, tıp-sağlık üzerinden denetim sağladığını; insan bedeni üzerinden güç elde ettiğini ve yönettiğini açıkladı. *Kliniğin Doğuşu-Tıbbi Algının Arkeolojisi* gibi eşsiz bir eser yazdı:

-"Hayat, hastalık ve ölüm, artık teknik ve kavramsal bir üçleme biçimidir. Hayatın içine hastalık korkusunu, hastalığın içine de ölümün yaklaşan varlığını yerleştiren çok eski inançların sürekliliği parçalanmıştır..."

-" Uygarlıktan önce insanlar, sadece en basit ve en kaçınılmaz olan hastalıklara yakalanmışlardır. (...) Onlarda o karışık, karmaşık, değişken sinir hastalıkları değil, gerçek mani krizleri ya da ciddi beyin kanamaları görülür. Kişinin koşullara göre yetişmesi ve bireyin çevresindeki toplumsal ağın daralmasıyla ilişkili olarak, 'adeta sağlık da giderek bozulur'; hastalıklar farklılaşır ve birbirine karışır ve toplumun üst kesimlerinde mümkün olan en yüksek seviyeye çıkar..."

Foucault "biyopolitika"nın, disiplinli ve kontrollü "modern devletin" / "modern kapitalizmin" doğuşuyla başladığını belirtti: "Hayat (beden) artık iktidarın nesnesi oldu."

Çünkü yaşam "armağan" değil, "mülktü"...

-"Toplumun bireyler üzerindeki denetimi yalnızca bilinç veyahut ideoloji vasıtasıyla değil aynı zamanda beden içerisinde ve bedenle birlikte gelişir. Kapitalist toplum için her şeyden daha çok önemli olan biyopolitikaydı, biyolojik olandı, bedensel olandı, maddi olandı. Beden biyopolitik bir gerçekliktir, tıp ise biyopolitik strateji..."

Biyopolitika kapitalizmin beden üzerinde yürüttüğü kullanım, tahakküm ve denetim stratejisiydi.

Konuyu biraz parçalayacak ama kapitalizmin 1839 ve 1856 fermanlarıyla Osmanlı topraklarına girişiyle sağlığı nasıl dönüştürdüğünün izlerinde bulabiliriz tüm bunları...

Osmanlı'da klasik tıp, koruyucu hekimliğe dayanıyordu. Sağlık anlayışı öncelikle hastalanmamak üzerine kuruluydu. Hekimlerin tıbbi bitkilerin yetiştirildiği bahçeleri vardı. Osmanlı sağlık sistemini yüzyıllar boyunca vakıflar ayakta tuttu. Darüşşifalar herkes için yapılmış ise de daha ziyade kimsesizler, fakirler ve yolcular yararlanıyordu. Ücretsizdi. Maddi durumu iyi olanlar hekimi eve çağırıyordu.

Hekimlik "usta-çırak" ilişkisiyle öğrenilirdi.

İlaç işini "aktar" denen esnaf grubu yürütürdü.

Kadim "kocakarı ilaçları" revaçtaydı.

Osmanlı tıbbını salt küçümsemek sonraki yıllarda "moda" oldu. Kuşkusuz gerici ve insan-toplum hayatını zora sokacak çok uygulamala vardı. Ama şu da vardı:

Mary Wortley Montagu (1689-1762) soylu İngiliz bir ailenin kızıydı. Osmanlı elçisi olan eşi Edward Wortley Montagu ile İstanbul'a geldi. Çocukluğunda "çiçek hastalığı" geçirmişti. Ülkesinde henüz bilinmeyen çiçek aşısının İstanbul'da yaygın bir şekilde kullanıldığını hayretle gördü ve hemen iki çocuğunu İstanbul'da aşılattı. Londra'ya döndükten sonra bizzat kendisi çiçek aşısını İngilizlere tanıttı. "Kraliyet Deneyi" adı altında idam mahkûmu altı kişiye aşı yapıldı. Sonuç olumluydu! Doğu'ya önyargılı Fransa 1776'da çiçek aşısını yasakladı. Hatasını binlerce kayıp verdikten sonra anladı...

Osmanlı, "modern tıp" ile Fransızlar sayesinde tanıştı. Yıl, 1839.

Osmanlı'da "modernlik" anlayışı Tanzimat ile geldi. Ve tıp-sağlık sektörü de bundan nasibini aldı. Vakıfların Evkaf Nezareti (Vakıflar Bakanlığı) bünyesinde toplanmasıyla sağlık hizmetlerindeki etkin rolü geri planda kaldı. Bu dönemden itibaren devlet eliyle ve özel kişilerce hastaneler kurulmaya başlandı.

Osmanlı'da Batı modelinde "modern eğitim" veren ilk çağdaş tıp okulu 17 Şubat 1839'da "Mekteb-i Tıbbıye-i (Adliye-i) Şahane" adıyla kuruldu. Hekimbaşı kurumu kaldırıldı ve yerine 1850'de "Tıbbiye Nezareti" getirildi. 1862 yılında yayımlanan nizamnameyle de tıp okulundan mezun olmak hekimliğin zorunlu koşulu oldu.

"Modern hastaneler"; 1845'te Haydarpaşa Askeri Hastanesi, 1862 yılında ise Zeynep Kamil Hastanesi hizmete açıldı. Tıbbi bakım hayırseverlikten profesyonelliğe evrilmeye başladı. Sağlığın "kurumsallaşması" ve "örgütlenmesi" açısından önemli adımlar atıldı. Tababet-i Belediye'nin İcrasına Dair Nizamname (1870) ve İdare-i Umumiye-i Tıbbiye-i Mülkiye Nizamnamesi (1871) ile beraberinde kurulan "sıhhiye müfettişlikleri" ve "memleket tabiplikleri" hayata geçirildi.

Biz hep bunları okuduk. Oysa şu gerçek de vardı:

Osmanlı'daki 1778 salgınında 100 bin, 1812'de 150 bin, 1838'de 30 bin kişi vebadan öldü. Sayının giderek azalmasının sebebi ilaç tedavisinden çok, İstanbul'a gelen gemilerin Boğaz'ın Anadolu yakasındaki Kuleli'de durdurularak sağlık belgesi (patente sanitaire) istenmesiydi. "Temiz" olmayan gemilerin yolcuları ve taşıdıkları mallar, ellerindeki sağlık belgelerinin derecesine göre bir ay kadar sürebilecek karantinaya alındı. Karantina sırasında gemi kireç, klor ile dezenfekte edilmiş, şüpheli kumaşlar ateşte yakılmıştı.

Ama sonra ne oldu?

Veba gibi salgın hastalıkları önlemek için İngilizlerle ticaret anlaşmasının yapıldığı 1838'de Karantina Örgütü ve ilk sağlık mevzuatı olan Karantina Talimatnamesi yürürlüğe girdi. Sanki sorumlu Osmanlı gibi, bu talimatname doğrultusunda salgın hastalıkların Avrupa ülkelerine taşınmasını önlemek amacıyla, yabancı ülke temsilcilerinin ve Osmanlı hekimbaşının içinde bulunduğu "kurumsal yapı" oluşturuldu. Amaç başkaydı: Bu "sağlık önlemi" kısa zamanda Osmanlı Devleti'nin kıyı ve limanlarındaki ticaret ve denizcilik faaliyetlerinin denetlenmesine dönüşerek kapitülasyon unsuru haline geldi. İki Türk üye ve on dört yabancı üyenin yer aldığı Karantina Örgütü, Lozan Barış Antlaşması'nın 114. maddesi ile kaldırıldı...

Osmanlı piyasası bu tür "sağlık dayatmalarıyla" da satın alındı...

"Biyopolitika", tarihi anlamanın anahtar kavramlarından biri. Bu bakış açısıyla "alışıldık" olayları başka "pencereden" görmek mümkün...

Modern kapitalizm, yükselişiyle birlikte tıbbı dönüştürdü; bedenler üzerinden nüfuslar ele geçirildi...

Bu kitap için beni aydınlatan bir başka 20. yüzyıl filozofuna teşekkür etmeyim. Çünkü: Friedrich Nietzsche diyor ki:

-"Yaptığınız işin felsefesini bilmezseniz-yapmazsanız, yalnızca teknisyen olarak kalırsınız."

Gelelim diğer filozofa...

Ivan Illich (1926-2002)...

Hırvat-Avusturyalı düşün insanı...

Salzburg ve Roma'da tarih ve ilahiyat konularında eğitim gördükten sonra papaz oldu. Beş yıl New York'ta papaz olarak görev yaptı. Katolik Kilisesi'nin Güney Amerika siyasetine yönelttiği eleştiriler yüzünden Vatikan'la arası açıldı. 1969'da papazlıktan ayrıldı. Alman, Japon ve Amerikan üniversitelerinde dersler verdi. 2002'de Almanya'da öldü...

Modern kapitalist toplumun ortaya çıkardığı kurumların insan üzerindeki olumsuz etkilerini inceledi. Eğitim hayatına köklü eleştiriler getirdi: "Okul, yaşadığınız topluma ihtiyacınız olduğuna sizi inandırmaya çalışan bir reklam ajansıdır."

Önceki sayfalarda belirttim, eğitim konusu ayrı kitap konusu. Temelinin nasıl atıldığını merak ediyorsanız John Locke'un 1697 yılında yazdığı *Eğitime Dair Bazı Düşünceler* eserinden öğrenebilirsiniz... Konumuz, tıp...

Tıbbın hastalık yaratarak her geçen gün daha fazla insanın hasta sınıfına sokulduğunu belirten Illich, "Henüz hastalanmamış ya da iyileşme umudunu kaybetmiş insanlar üzerinde nüfuz kurmaya çalışan" tıp sistemine köklü eleştiriler yöneltti. "Yaşamın tıplaştırılması" kavramının yaratıcısı oldu.

Illich 1974'te yayımladığı *Medical Nemesis* kitabıyla, "modern tıbba" ve ilaç endüstrisine çarpıcı eleştiriler getirdi:

-"Tıp, sosyal bir durum olarak daima hastalık yaratır…

-"Son iki kuşak boyunca oluşturulan teşhis ve tedavi yöntemleri arasında çok azı, daha önce bilinen geleneksel tedavi yöntemlerinden daha etkilidir…

-"Gücünü yasa ve dinden ayrı tutmakta hep diretmiş olan Batı tıbbı, şimdi tersine onların da ötesine geçmiştir...

-"Tıp kurumu, denetlenemeyen bir otorite olarak, neyin hastalık olduğunu, kimin hasta olduğunu ve hastalara ne yapmak gerektiğini belirlediği zaman sağlığımız için büyük tehdit oluşturur. Bedenlerimiz üzerindeki hakkımıza tecavüz eder; ilaç tüketimini teşvik ederek toplumun hastalıklı yapısını güçlendirir; sağlığa bir mühendislik modeli olarak yaklaşarak insanın kendine özgü zaafları, incinebilirliği ve biricikliğiyle kişisel ve bağımsız biçimde baş etme gücünü yok eder. Böylece yaşam boyu tıbbi gözetim, yaşamı, her biri özel bir tür koruyucu gerektiren riskli dönemlerden oluşmuş bir zincire dönüştürür. Hem zengin hem de yoksul için yaşam, check-up ve kliniklerden geçip, başladığı yere geri dönen bir 'hac yolculuğu' olup çıkar. Yaşam, daha iyi ya da daha kötü olması için kurumsal olarak planlanması ve biçimlendirilmesi gereken bir aralık olarak algılanır ve adeta istatistiksel bir olaya indirgenir...

"-Kendini kabul ettirmiş olan tıp, insan sağlığı için ciddi bir tehlike haline geldi. Profesyonel tıp örgütlenmesinin, sağlık hizmetleri üzerinde kurduğu kontrol, salgın hastalık boyutlarında…

-"Güncel tıbbın insanların sağlığına karşı oluşturduğu tehdit, trafik yoğunluğunun ve sıkışıklığının devingenliğe karşı oluşturduğu tehdide; eğitim ve medyanın öğrenmeye karşı oluşturduğu tehdide ve kentleşmenin ev yapımında uzmanlığa karşı oluşturduğu tehdide benzemektedir…"

Illich, "modern tıbbın" potansiyel yararlarından çok zararı olduğunu ve hastalığı tam olarak tedavi etmeden hastalık belirtilerini ve bulgularını tedavi eden "semptomatik tedavinin" sadece bir şeylerin üstünü örtmekten fazlası olmadığını verilerle açıkladı.

Hekimin "teşhis koyma odaklı" davrandığını ifade ederek iddiasını şu çarpıcı örnekle destekledi: New York'ta 1934 yılında bin öğrencinin yüzde 61'inin bademciklerinin alındığı ortaya çıktı... (Türkiye'de bir dönem "bademcik salgını" vardı!)

Her ne kadar belgeleriyle ortaya koysa da Illich'in tezleri hep tartışıldı. Çünkü "Tıbbi hizmetler hiçbir zaman ve hiçbir yerde ölümü azaltması veya uzun ömür beklentisi ile ilişkili olmamıştır" gibi kışkırtıcı cümleler kurdu...

Kaç sayfadır okuyorsunuz; haklı mı, haksız mı?

John Berger'in dediği gibi; herkes gibi doktor da "sonsuz para okyanusuna" atıldı.

Sağlık amaç değil araç

Ezber bozmanın zorluğu hep vardır.

Ceza-cezalandırma...

Ülkemizde korkunç bir virüs gibi yayıldı! Sebebi...

Otoritenin, düzeni koruma amacı.

Böylece, farklı fikre-düşünceye-davranışa tahammül gösterilmiyor.

Böylece, kişiler ehlileştirilmek isteniyor.

Ve işte bunun tek yolu olarak "cezalandırma yöntemi" devreye sokuluyor...

"Otorite" deyince aklınıza salt siyasal iktidar gelmesin. Örneğin... Tabip Odaları son dönemde, -kamuoyunda farklı görüşleri nedeniyle tanınan- meslektaşlarına "ihraç"-"kınama" gibi cezalar veriyor! "Suçları", konuşmalarıyla hekimlik mesleğini "rencide" etmek!

Tüm kuramlar varsayımdır; aksi ispatlana kadar geçerlidir sadece. Nobel ödüllü hekimlerin buluşlarının bile bugün ne kadar yanlış-hatalı olduğu ortaya çıkmıyor mu? Sorusuz bilim olur mu? Ki tıbbın bilim olup olmadığı bile tartışılıyor artık.

"Modern" adı verilen tıbbın son yıllarda küresel ilaç şirketlerinin himayesine sokulduğunu bilmeyen kaldı mı?

Artık...

Hipokrat çok geride kaldı.

Galenos çok geride kaldı.

İbn Sina çok geride kaldı.

Hohenheim çok geride kaldı.

Vesalius çok geride kaldı.

Rockefeller "endüstri tıbbı" da geri de kalacak.

Bedeni paramparça edip kronik hastalıklara sebep olan ilaç kartelleri de geride kalacak.

Yani...

Doktorlara sevgimiz, saygımız sonsuz; başımızın üstünde yerleri var. Ama... Bu, eleştirilmeyecekleri anlamına gelmez.

Ki "çuvaldızını" mesleğine batıran hekimler var. Kalp hastalıkları uzmanı Prof. Dr. Sadi Güleç de, *Hımm! Dedi Doktor; Anjiyo Olmanız Gerekiyor* kitabında şöyle yazdı:

"Yazarken yüzüm kızarsa da her meslekte olduğu gibi bu meslekte de daha çok maddi kazanç sağlamak veya daha fazla itibar kazanmak için gerekli olmadığı halde anjiyo yapma kararı verecek hekimler bulunabileceğini bilmenizi isterim..."

Parayı hayatın merkezine koyan "modern kapitalizm" bu kutsal mesleği de erozyona uğrattı.

Babası, halası, iki kızı da kendisi gibi doktor olan Prof. Dr. Doğan Şenocak *Doktorluk Sanatı* kitabında şöyle yazdı:

"Tıp fakültesine başladığımız 1978 sonbaharında fakültenin ilk günü, bir süre önce emekli olmuş, zamanın meşhur hocalarından biri uzun bir açış konuşması yapmıştı biz 450 heyecanlı öğrenciye: 'Doktor adam zengin karı almalıdır. Karısı zengin olacak ki, bu işi para kazanma hevesiyle yapmasın. Para kazanmak sizin işiniz değil.'"

Dr. Yavuz Dizdar kitabında, babasının doktor olmasına rağmen nasıl orta halin altında hayat yaşadıklarını anlatıyor. Babası oğlunun tıp mesleğini seçmesini şöyle değerlendiriyor:

"Oğlum, vatandaş sana iki yumurta kırar en kötüsü, aç kalmazsın bu meslekte..."

Nerden nereye…

Tabip odalarının…

İnsan hakları mücadelesindeki çabası yadsınamaz; çok yararlı çalışmalar yapıyorlar.

Tıp alanında da şehir hastaneleri gibi "ucubelerin" gerçek yüzünü anlatıyor; hukuki hakları sonuna kadar kullanıyorlar. Bunlar sevindirici...

Fakat:

Meslekle ilgili pek özeleştiriye yanaşmıyorlar; ezberlerini bozmak istemiyorlar. Oysa… Bugün tartışılan "sağlıklı beslenme" gibi önemli konular tıp fakültelerinin müfredatında yok. Kolesterolden tansiyona büyük değişimler oldu / oluyor. Saygı duyduğum 82 yaşındaki bir hekim 60 yıl önce öğrendikleriyle eleştiriler yöneltiyor bana. Bilmiyor ki, bir Türk mühendisi ABD'de tansiyon konusunda hangi buluşu gerçekleştirdi?

20. yüzyılın en önemli fizikçilerinden Richard Feynman şöyle derdi: "İlerleyebilmek için şüpheci olmak zorundasınız. Belirsizlik ve bilmemek sorun değildir; önemli olan hiçbir şeyin mutlak doğru olamayacağı gerçeğini öğretebilmektir. Bu bir bilim insanının gelecek nesillere karşı en önemli sorumluluğudur."

Kitapta sıklıkla okuduğunuz etkisiz ilaç "placebo", latince bir kalıp. Farmakolojik bileşenleri olmadan günümüzde iyileştirici etkisi olduğu, yani ani telkine dayanan anlayışın olumluluğunu ortaya koyduğu yadsınamaz bir gerçek. İnsanoğlu düşüncenin gücünü tekrar keşfetmeye başladı. Önyargıları yıkmak elzem, olanın değil olması gereken anlayışın yıkılması gerekir... İlaç merkezli düşünceden kurtulmak lazım...

Evet. Doktorluk tartışılmaz saygın meslek. Ancak… Azgın piyasanın mesleği çürüttüğü görmezden geliniyor; bir iki açıklamayla geçiştiriyor tabip odaları...

Tıbbı bozanlara karşı seslerini yükseltmiyorlar; her şey yolundaymış gibi davranıyorlar. İlaç sektörü gibi "ilişkilerin" sorgulanmasına tahammül göstermiyor, adım atmıyor, sponsorluk meselesini seyrediyorlar.

Dost acı söyler; tabip odalarının gündeminde çoğunlukla "günlük yüzeysel siyaset" var! Politikanın rutini tabip odalarını bu derece meşgul etmemeli bence. Çünkü…

Diğer yanda söz konusu olan hastalık, acı ve ölümdür! Son yıllarda en gelişmiş ülkelerde bile "modern tıbbın" niyeti, haklılığı, doğruluğu, başarıları sorgulanıyor. Köklerini çeşitli geleneksel tıp uygulamalarından alan "alternatif tıp" uygulamaları yaygınlaşıyor. Bunu "şarlatanlık" deyip küçümsemekle bir yere varılamaz.

Hakikat olan şu: Küreselleşme olgusuyla "neoliberal tıp anlayışı" sağlığı paraya endeksledi.

-Din haline getirilen "modern tıp" kavramı, 1990'lar başında yerini "kanıta dayalı tıp" terimine bıraktı! Sözüm ona "sorgulayıcı tıp" idi bu… Oysa... Sorunu inatla salt klinikte arayan kafa bu…

Tıp cephesinde değişen pek bir şey yok: Yaşlılıktan dolayı ortaya çıkan görme bozuklukları, kamburluk, saç dökülmesi gibi durumlar "hastalık" gibi tedavi ediliyor. Beden hâlâ, toplumsal bağından koparılarak "makine" olarak görülmeye devam ediyor. Duyguyu katlettiler…

Teşhis ve kararlar sağlığı değil, hastalığı bulmayı amaçlıyor sadece. Evet, sağlıklı olmak başka amaçlara ulaşmak için gerekli bir araç değil, yaşamın ana amacı yapıldı!

Ve…

Farklı seslere tahammül hiç kalmadı.

Tartışma kültürü yaratmak şart.

Fereydoon Batmanghelidj adlı İranlı doktor, vücuttaki suyun rolü konusunda *Your Bodys Many Cries For Water* kitabında astımdan alerjiye, kolit ağrısından mide ekşimesine kadar pek çok hastalığın su ile nasıl tedavi edildiğini anlattı. Sanırım doktorlar "reçetelerine", "Günde üç litre su içmelisiniz" gibi önerilerini yazacaklardır. Yani "endüstriyel tıp" tek çözüm değil... Tartışmak gerek...

Bu kitapta uzun yolculuğun sonuna geldik:

Foucault'dan Illich'e tıp konusuna "kafa yormuş" düşünürlerin bu kitabın bakış açısına etkisi oldu. Elinizdeki kitap onların yol gösterişiyle yazıldı.

Yalnız değilim:

Prof. Ben Goldacre *Kötü İlaç* adlı kitabında sıklıkla özeleştiri yaptı: "1980'lerde kalp krizi geçirmiş bütün hastalara antiaritmik ilaçlar verdik. Teoride akla uygundu. Maalesef yanılıyormuşuz. Ölümlere yol açtı. 100 binden fazla insan boş yere öldü..."

Son 200 yılda insanoğlunun "modern-endüstriyel tıp" aracılığıyla nasıl kuşatıldığını anlatmaya çalıştım. Başarılı oldum ya da olmadım, bunun takdiri okuyucunundur. Ama bu ilk adımdır, önemli olduğunu düşünüyorum. Her "teori yapımı" gibi, hatalar barındırması kaçınılmazdır. Doğruculuk taslamıyorum, kukla olmadan tartışalım istiyorum. İtiraz etmek hayatta olduğumuzun delilidir…

Bu noktada bizden bir hekimden bahsetmek istiyorum: Prof. Hüseyin Nazlıkul... Türkiye'de ve dünyada regülasyon tıbbı tamamlayıcı tıp alanında çalışmalar yapmış, büyük emekler vermiş bir hekim...

Her insanın beden, zihin, ruh bütünlüğü içinde "biricik" olduğunu ve bu "biricik yapının" yaşam tarzı, sosyal ve fiziki çevre şartlarıyla şekillenerek "bütüncül sağlık" oluşturduğunu savunan hekimlerden...

Elinizdeki kitabın yazılış sürecinde Prof. Nazlıkul ile çok yan yana geldik, konuştuk, tartıştık, yol göstericiliğinden faydalandım. Katkısı, yazımı bittikten sonra kitabı okuyup gerekli düzeltmeler önerisiyle sürdü:

- "İnsan bir makine değildir; parçaları tamir etmek ya da yenisiyle değiştirmek bedenin bütününün sağlıklı olmasını sağlamaz..."

Prof. Nazlıkul'a ne kadar teşekkür etsem azdır. Meraklılara kitaplarını okumasını mutlak tavsiye ederim...

Ayrıca: Araştırmalarıma yardımcı olan, sorularıyla beni zorlayan ve hep katkı sunan Halide Didem Kurt ve Aren S. Yalçın'a teşekkür ederim...

Bu kitap, adı ister "modern tıp", ister "tamamlayıcı tıp" olsun; kesin olarak tıbba karşı yazılmadı...

Bu kitap, hangi tıbbi yaklaşımın doğru olduğunu anlatmak için yazılmadı...

Bu kitap, teşhis yapmak veya tedavi önermek için yazılmadı...

Bu kitap, ilaca-aşıya düşmanlık için yazılmadı...

Bu kitap, "şu hapı kullanın" veya "şu hapı kullanmayın" diye yazılmadı...

Bu kitap, ne Mao Zedung gibi ne de şiirlerinde hekimleri sınıf düşmanı gören Bertolt Brecht gibi doktorları rencide etmek amacıyla yazılmadı...

Ama:

Bu kitap ilaç sektöründe neler olduğunu halkın öğrenmesi için yazıldı...

Bu kitap, tıp olgusuna ezberletilmiş kalıplar dışında bakabilmek amacıyla –tıp öğrencileri için- yazıldı...

Bu kitap, bilim namusuna sahip çıkmak, tıbbın-ilaç tekellerinin karanlık yüzünü anlatmak amacıyla yazıldı...

Bu kitap, tıp-ilaç sektörünün ekonomi politiği konusunda bilgi verme amacıyla yazıldı...

Bu kitap, tıbbın emperyalizmin en önemli silahlarından biri olduğunu göstermek amacıyla yazıldı...

Bu kitap, insanın kendi başına, kendi sağlığı konusunda "farkındalık" yaratması amacıyla yazıldı...

Bu kitap; araştırmaları görmezden gelerek, doğruları gizleyerek, çıkarlarına uygun önemsiz bulguları ise abartarak, medyayı-bilimsel dergileri parayla lehlerine çevirerek ve siyasal iktidarları kullanarak küresel şirketlerin insanlara nasıl "hapı" yutturduğunu gözler önüne sermek için yazıldı...

Bu kitap, küresel ilaç şirketlerinin, hayalet yazarlara derleme makaleler sipariş edip, kendi çalışmalarına atıfta bulundurma, tıp kitapları bastırıp bunları yaygın biçimde dağıtma ve sürekli medyanın dikkatini çekme taktiğini nasıl kullandığını ortaya sermek için yazıldı...

Bu kitap, endüstriyel tıbbın/ilacın nüfus artışının "doğal frenleyicisi" olarak kullanıldığını göstermek için yazıldı...

Bu kitap "fincancı katırlarını" ürkütmek için yazıldı...

Bu kitap farklı bir bakış açısı kazandırmak için yazıldı...

Yıl, 1926. Virginia Woolf, "Hasta Olmak Üzere" makalesinde önemli tespitte bulundu. Hastalığın ve acının insan hayatında ne çok yaygın olduğunu; ancak bunun yazın dünyasına çok az yansıtıldığını yazdı. "Hastalığın, aşk, savaş ve kıskançlık gibi başlıca edebi temalar arasında bulunmaması insana hakikaten pek tuhaf geliyor. İnsan şöyle düşünmekten alamıyor kendini: Gribe ciltlerce roman adanmış olmalıydı; tifo için epik şiirler, zatürre, apandisit, kanser için kasideler, diş ağrıları için şarkılar yazılmış olmalıydı. Oysa durum böyle değil."

Edebiyatçı Woolf, meslektaşlarının bedeni neden görmezden geldiğini irdeliyor. (Kuşkusuz hiç yazılmadı değil. İngiliz yazar Anthony Burgess, *Otomatik Portakal* adlı kült romanını kanser olduğunu öğrendiğinde, karısının geçimini sağlamak için yazdı!)

Genelde zihni ana konu yapan edebiyatçılar, bedeni tıp alanına bırakmıştı anlaşılan; yüzleşmek istemiyorlardı sanki…

Bu kitap, bu yüzleşmeyi yapma amacıyla yazıldı...

Bağırmasına rağmen sesini duyuramayan, telafi edilemez kayıplara uğratılan, acı çeken "bedene" yardımcı olmak amacıyla yazıldı. Ve biliyorum ki yazmak tartışmaktır.

Kimsenin yazmadığını hep görev bildim…

Gerçeğe hep bağlı kaldım...

Sonsöz:

Larry ve Andy Wachowski kardeşlerin yazıp-yönettiği bilim kurgu *Matrix* filmini bilmeyeniniz yoktur. Bir sahne şöyleydi: Direniş lideri Morpheus, filmin kahramanı Neo'ya iki hap uzattı:

-Bilgiyi ve gerçekliğin sert yanlarını temsil eden "kırmızı hap."

-Uyutucu illüzyonu / yanılsamayı temsil eden "mavi hap."

Morpheus dedi ki:

-"Bu senin son şansın. Bundan sonra bir geri dönüş olmayacak. Seç birini..."

-"Mavi hapı alırsan, bu hikâye sona erer; yatağında uyanırsın ve istediğin her neyse ona inanırsın!"

-"Kırmızı hapı alırsan hakikatler diyarında kalırsın… Unutma. Sana vadettiğim tek şey gerçek, fazlası değil…"

Bu sadece film karakteri Neo'nun değil, hepimizin seçimi!

Ya dezenformasyona biat edeceğiz...

Ya da bize dayatılan simülasyonu kabul etmeyip, hakikat mücadelesi vereceğiz...

Güçlü insan çağının yalanlarını reddeder.

Gerçeğe ulaşmak sadece cesaret istiyor...

Saklı Seçilmişler'in size "hapı" yutturmasına izin vermeyiniz...

KAYNAKLAR

KİTAPLAR

Abdülhalik Bakır, *Ortaçağ İslam Dünyasında Itriyat Gıda İlaç Üretimi ve Tağşişi*, Şahıs Yayını, 2001

Ahmet Aydın, *7'den 70'e Taş Devri Diyeti*, Hayy Kitap, 2010

Ahmet Aydın- Cem Kınacı, *Otizme Çözüm Var*, Hayy Kitap, 2013

Ahmet Rasim Küçükusta, *Bu İşte Bir Domuzluk Var!*, Hayy Kitap, 2010

-*Kalbime Koy Başını Doktor*, Hayy Kitap, 2011

-*Bir İki Üç Tıp*, Hayy Kitap, 2011

-*Büyük Kolesterol Yalanları*, HayyKitap, 2015

Aidin Salih, *Gerçek Tıp*, Yitik Şifa Yayıncılık, 2018

Akif Akalın, *Toplumcu Tıp-Sovyetler Birliği Deneyimi*, Yazılama, 2010

-*Sağlığa ve Hastalığa Toplumcu Bakış*, Yazılama, 2015

Alenka Zupancic, *Neden Psikanaliz*, Metis Yayınları, 2011

Alev Alatlı, *Nasihatname I-II*, Turkuvaz Kitap, 2019

Alexander S. Kirshner, *Militan Demokrasi*, İş Bankası Yayınları, 2017

Alfie Kohn, *Şımarık Çocuk Bir Şehir Efsanesi*, Görünmez Adam Yayıncılık, 2018

Aletha J. Solter, *Bilinçli Bebek*, Doğan Kitap, 2015

Alan Woods-Ted Grant, *Aklın İsyanı: Marksist Felsefe ve Modern Bilim*, Yordam Kitap, 2018

Ali N. Kartal Gülbahar, *Bilgi Burjuvazisi*, Nika Yayınevi, 2018

Arthur G. Cook, *İlaç Sektörü İçin Gelecek Tahmini Yöntemleri*, MeciaCat, 2009

Ata Soyer, *AKP'nin Sağlık Raporu*, Evrensel Basım Yayın, 2007

Ata Soyer, *Dünyada ve Türkiye'de Sağlık Personelinin Temel Sorunları*, TTB Yayını, 1993

Ayhan Eyikan, *Sağlık Pınarı*, Hermes Yayınları, 2012

Aziz Küçük, *Kapitalizm, Devlet, Sağlık ve Türkiye*, Akademisyen, 2018

Barbaros Çetin, *LYME Hastalığı*, Birleşik Matbaacılık, 2018

Barış Erman, *Tıbbi Müdahalelerin Hukuka Uygunluğu*, Seçkin, 2003

Ben Goldacre, *Kötü İlaç*, Pegasus Yayınları, 2016
Bekir Onur (Yayına Hazırlayan), *Toplumsal Tarihte Çocuk*, Tarih Vakfı Yayınları, 1994
Bertalan Mesko, *Tıbbın Geleceğine Yolculuk*, Optimist Yayın, 2018
Beltan Özen Demir, *Hekim ve Heybesi*, Nota Bene Yayınları, 2018
Bülent Şık, *Mutfaktaki Kimyacı*, Doğan Kitap, 2018
Brian Inglis, *Tıbbın Hastalığı II*, İnkılâp Yayınevi, 1981
Can Dündar, *Bir Yaşam İksiri*, İş Bankası Kültür Yayınları, 2003
Canan Karatay, *Karatay Diyeti*, Hayy Kitap, 2011
-*Kansere Çözüm Var*, Hayy Kitap, 2011
-*Obezite ve Diyabete Çözüm Var*, Hayy Kitap, 2013
Cankat Tulunay, *Migren ve Başağrısı*, İş Bankası Yayınları, 2006
Carl Elliot, *Beyaz Önlük Siyah Şapka*, Hayy Kitap, 2012
Cemal Dindar, *Politik Psikolojinin Cinleri*, Otopsi Yayınları, 2004
-*NAL*, Telos Yayıncılık, 2007
Cem Say, *Yapay Zeka*, Bilim ve Gelecek Kitaplığı, 2018
Chris Smith, *Acısız Bilim*, NTV Yayınları, 2015
Çağatay Güler, *Rudolf Virchow*, Palme Yayıncılık, 2015
-*Halk Sağlığı Tarihinden İki İsim: Johan Peter Frank- Milton Joseph Rosenau*, Palme Yayıncılık, 2017
Çağrı Erhan, *Beyaz Savaş: Türk Amerikan İlişkilerinde Afyon Sorunu*, Bilgi, 1996
Daniel Chamovitz, *Bitkilerin Bildikleri*, Metis Yayınları, 2016
Daniel L. Lieberman, *İnsan Vücudunun Öyküsü*, Say Yayınları, 2015
David Eagleman, *Beyin*, Domingo Yayıncılık, 2016
David McNally, *Başka Bir Dünya Mümkün- Küreselleşme ve Antikapitalizm*, Yordam Kitap, 2013
Deniz Akgün, *Kapitalizm Hasta Eder-Toplumcu Tıp*, Nota Bene, 2014
Didier Nourrisson, *Sigaranın Kültürel Tarihi*, Sel Yayıncılık, 2016
Doğan Şenocak, *Doktorluk Sanatı*, Doğan Kitap, 2018
Dominique Lecourt, *İnsan Post-İnsan*, Epor, 2005
E.Richard Brown, *Rockefeller Medicine Men: Medicine and Capitalism in America* University of California Press, 1980
Ebru Güzel, *Eşikteki Çocuk*, Kırmızı Kedi Yayınevi, 2019
Ebru Şinik, *Genlerimiz Kaderimiz Değildir*, Libros Yayıncılık, 2018
Edwars S. Herman-Noam Chomsky, *Rızanın İmalatı*, bgst yayınları, 2012
Ed Yong, *Mikrobiyota/İçimizdeki Mikroplar*, Domingo Yayıncılık, 2018
Egemen Cevahir, *Türkiye'de Sağlık Sisteminin Dönüşümü*, Kibele, 2016
Elizabeth Wurtzel, *Prozac Toplumu*, İletişim, 1997
Erdem Yeşilada, *İyileştiren Bitkiler*, Hayy Kitap, 2015
Eric Berkowitz, *Seks ve Ceza*, Kolektif Kitap, 2013

Engin Geçtan, *Kimbilir?*, Metis Yayıncılık, 1997
-*Varoluş ve Psikiyatri*, Metis Yayıncılık, 2002
-*Rastgele Ben*, Metis Yayıncılık, 2014
Fathali M. Moghaddam, *Diktatörlüğün Psikolojisi*, 3P Yayıncılık, 2014
Fatih Alemdar, *Dünyanın En Gizli 100 Deneyi*, Tutku Yayınevi, 2015
Freydoon Batmanghelidj, *Hasta Değil Susuzsunuz! Su*, Klan, 2013
Firdevs Gümüşoğlu, *Türkiye'nin Pasteur'u*, Berfin Yayınları, 2001.
Gavin Francis, *İnsan Vücuduna Seyahat*, Domingo, 2017
Gavin Mooney, *Ulusların Sağlığı- Yeni Bir Ekonomi Politiğe Doğru*, Yordam Kitap, 2014
Gazanfer Şanlıtop, *Benim Kanserim*, Güçlü Yayınları, 2006
Gerald Messadie, *500 Yıllık Bilimsel Yalanlar*, Pegasus Yayınları, 2014
Gerd Leonhard, *Teknolojiye Karşı İnsanlık*, Siyah Kitap, 2018
George Ritzer, *Toplumun McDonaldlaştırılması*, Ayrıntı, 2017
Georges Minois, *Cehennemin Tarihi*, Kırmızı Kedi, 2017
Gülbiye Y. Yaşar vd. (Derleyen) *Türkiye'de Sağlık Siyaset Piyasa*, Nota Bene Yayınları, 2015
Gülnur- Mert Sandalcı, *Belgelerle Türk Eczacılığı 1840-1948*, Dr. Nejat Eczacıbaşı Vakfı, 1997
Gürkan Sert, *Tıp Etiği -Mahremiyet Hakkı*, Babil Yayıncılık, 2008
Greg Gibson, *Son Sözü Genom Söyler*, İş Bankası Yayınları, 2014
George Vithoulkas, *Homeopati Bilimi*, Mavi Delta Yayınları, 2018
H. Gilbert Welch, Lisa M.Schwartz, Steven Woloshin, *Aşırı Teşhis- Sağlık Adına Hasta Etmek*, İnsev Yayınları, 2013
Ha-Joon Chang, *Kapitalizm Hakkında Size Söylenmeyen 23 Şey*, Say 2011
-*Sanayileşmenin Gizli Tarihi*, Epos, 2008
Hannah Holmes, *Tozun Gizli Tarihi*, TÜBİTAK, 2011
Hikmet Özdemir, *Salgın Hastalıklardan Ölümler 1914-1918*, TTK, 2005
Hilary Rose- Steven Rose, *Nörobilim*, Ginko Kitap, 2018
Hoimar V. Ditfurth, *Başlangıçta Hidrojen Vardı*, Cumhuriyet, 2008
Hüseyin Nazlıkul, *Hayatı Keşfet*, Alfa 2013
-*Neden Yanlış Yaşıyoruz*, Alfa, 2013
-*100 Yıl Yaşamak Mümkün*, Destek Yayınları, 2019
Ian Marsh, *İntihar, Foucault, Tarih ve Hakikat*, İş Bankası, 2017
Ian Parker, *Yeni Bir Sol İçin Devrimci Anahtar Kelimeler*, İthaki, 2018
Irving Kirsch, *Antidepresan Efsanesinin Sonu*, Kuraldışı, 2012.
Ivan Illich, *Sağlığın Gaspı*, Ayrıntı Yayıncılık, 2017
Irwin W. Sherman, *Dünyamızı Değiştiren On İki Hastalık*, İş Bankası, 2013
İlker Belek, *Sağlığın Politik Ekonomisi*, Yazılama, 2009
İlknur Arslanoğlu (editör), -*Tıp Bu Değil*, İthaki, 2012

-*Tıp Bu Değil 2*, İthaki, 2013
-*Tıp Budur*, İthaki, 2014
İsmail Tokalak, *Dünyada Gıda ve İlaç Terörü*, Gülerboy Yayıncılık, 2010
-*Kapitalizmin Soygun Düzeni*, Ataç Yayıncılık, 2016
Jack El-Hai, *Nazi Psikiyatrist*, Pegasus, 2017
Jacques Martel, *Hastalıklar ve Rahatsızlıklar Ansiklopedisi*, Pegasus, 2018
James L. Barton, *Türkiye'de Gündoğumu*, Yeditepe, 2010
Janey Downshire-Naella Grew, *Ergenlerde İletişim Sanatı*, İş Bankası, 2016
Jaret Diamond, *Düne Kadar Dünya*, AkılÇelen Kitaplar, 2016
-*Tüfek, Mikrop ve Çelik*, Pegasus, 2018
Jay Ingram, *Belleğin Tükenişi*, TÜBİTAK, 2017
Jean Baudrillard, *Kötülüğün Şeffaflığı*, Ayrıntı Yayınları, 2016
Jean Carper, *Mucize İlaçlar*, Akaşa Yayın, 2007
Jeffrey Weeks, *Bir Kavramın Anatomisi: Cinsellik*, Everest Yayınları, 2016
Jerry Z. Müller, *Sayıların Diktatörlüğü*, the Kitap, 2019
Jheni Osman, *Dünyayı Değiştiren 100 Fikir*, Kolektif Kitap, 2018
Jerome Groopman, *Doktorlar Nasıl Düşünür*, Mikado Yayınları, 2007
Jo Marchant, *Şifa*, Domingo Yayınları, 2016
Joanne Pedro Carroll, *Önce Çocuklar*, Doğan Kitap, 2010
Joel Fuhrman, *Yaşamak İçin Ye*, Prestij Yayınları, 2004
John B. Arden, *Brain2Brain*, Sola Yayınları, 2017
John Dacey-Martha D. Mack-Lisa B.Flore, *Çocuklarda Aşırı Kaygı ve Kaygı Azaltma Yöntemleri*, İş Bankası Yayınları, 2018
John Lister, *Sağlık Politikası Reformu, Yanlış Yolda mı Gidiyoruz*, İnsev, 2008
John J. Ross, *Shakespeare'in Titremesi Orwell'in Öksürüğü*, YKY, 2015
Jonathan Margolis, *Orgazmın Mahrem Tarihi*, Agora Kitaplığı, 2012
Joseph E. Stiglitz, *Küreselleşme Büyük Hayal Kırıklığı*, Plan B, 2002
Korhan Çukurçeşme vd. (Derleyen), *M. Gazi Yaşargil*, Turgut, 2000
Kai-Fu Lee, *Yapay Zeka*, Optimist Yayın, 2018
Kayıhan Pala (Derleyen), *Şehir Hastaneleri*, İletişim Yayınları, 2018
Kemal Yeşilmen, *Hastalık Üreten Yaşam Tartımız Nasıl Değişir*, Hayy, 2007
Kevin Ashton, *Bir Atı Kanatlandırma Sanatı*, Destek Yayınları, 2018
Kültegin Ögel, *Bağımlı Aileleri İçin Rehber Kitap*, İş Bankası, 2014
Lain Bamforth, *Kütüphanedeki Beden*, Çınar Yayınları, 2019
Laurent Lemire, *Çılgın Dahiler*, Kırmızı Kedi, 2011
Lars Morris, *Şarlatanlığın Tarihi*, Kırmızı Yayınları, 2009
Levent Buda, *Bir Tedavi Sanatı: Homeopati*, A7 Kitap Yayıncılık, 2015
Leo Panitch- Colin Leys, *Kapitalizmde Sağlık*, Yordam Kitap, 2009
Lorna Wing, *Otizm El Rehberi*, Doğan Kitap, 2005
Lou Marinoff, *Prozac'ı Bırak Platon'a Bak*, Profil Yayıncılık, 2012

Louise L. Hay, *Tüm Hastalıkların Zihinsel Nedeni*, Akaşa, 2000
M. Bilgin Saydam-Hakan Kızıltan (ed.), *Hekimin Filozof Hali*, İthaki, 2018
Mahmut Rişvanoğlu, *Küresel Şirketler İmparatorluğu*, Doğu Kütüphanesi, 2005
Marcia Angell, *The Truth About the Drug Companies*, Random House, 2005
Mehmet Akif Okur, *Emperyalizm, Hegemonya, İmparatorluk*, A Kitap, 2010
Mehmet Ömür, *Horlama Kitabı*, Remzi Kitabevi, 2007
Meryl Comer, *Bizim Alzheimer Hikâyemiz*, Paloma Yayınevi, 2018
Metin Başaranoğlu, *İkinci Beyin Bağırsak*, Alfa, 2018
Metin Uca- Özlem Kumrular, *Her Book'a Maydanoz*, Destek, 2018
Mevlüt Durmuş, *Manifesto: Çarmıha Gerilen Molekül ve Modern Bilimin Kolesterol Masalları*, Barış Platin Yayınları, 2007
-*Kolesterol ve Akıl Oyunları*, Hayy Kitap, 2009
Michael Greger, *Ölmek Ya da Ölmemek*, Altın Kitaplar, 2018
Michel Foucault, *Deliliğin Tarihi*, İmge Kitabevi, 1995
-*Kliniğin Doğuşu*, epos 2002
Michel Odoul, *Bana Nerenin Ağrıdığını Söyle*, Dharma, 2006
Michiko Kakutani, *Hakikatin Ölümü*, Doğan Kitap, 2019
Mikkel Borch-Jacobsen S. Shamdasani, *Freud Belgeleri*, İş Bankası, 2018
Mikhail Tombak, *İyileşmeyecek Hastalık Yoktur*, Kuraldışı, 2017
Murat Tuzcu, *Kalbimizi Dinleyelim*, Doğan Kitap, 2010
Mustafa Koç, *Küresel Gıda Düzeni*, NoteBene Yayınları, 2013
Mustafa Özbilgen, *Endüstrileşme Sürecinde Bilgi Birikiminin Öyküsü*, Arkadaş Yayınları, 2009
Mutluhan İzmir, *Antidepresan Tuzağı*, Hayy Kitap, 2013
-*Yaramaz Çocukları İlaçlamayın*, Hayy Kitap, 2016
Nancy C. Andreasen, *Yaratıcı Beyin*, Arkadaş Yayınevi, 2009
Nassir Ghaemi, *Birinci Sınıf Delilik*, İthaki, 2016
Naşid Baylav, *Eczacılık Tarihi*, Yörük Matbaası, 1968
Naomi Craft, *Tıpta Çığır Açan Buluşların Küçük Kitabı*, TÜBİTAK, 2018
Nathan Kravis, *Plato'dan Freud'a: Terapi Divanının Gizli Tarihi*, Sola Unitas, 2018
Nejat Tarakçı, *Amerikan İmparatorluğu Gölgesindeki Türkiye*, Truva, 2010
Nevval Sevindi, *Kanserle Yaşıyorum*, Timaş, 2007
Naomi Aldort, *Çocuğunuzla Birlikte Büyümek*, Doğan Kitap, 2010
Nil Sarı, *Osmanlılarda Tıp Ahlakı*, Sağlık Bakanlığı, 2015
Nimet Elif Uluğ, *Osmanlı'da Batıl İtikatlar ve Büyü*, Doğan Kitap, 2017
Nur Yaycıoğlu, *Kaderin Psikolojisi*, Girdap Kitap, 2019
Nurdan Gürbilek, *Kötü Çocuk Türk*, Metis, 2016
Nurettin Turan, *Kuruluşundan Günümüze Türkiye İlaç Endüstrisi*, Scala, 2007
Orhan Kurmuş, *Emperyalizmin Türkiye Girişi*, Bilim Yayınları, 1974
Orhan Özkan, *Atatürk Dönemi Sağlık Politikası*, A.Ü. SBF Yayını, 1982

Osman Elbek, *Kapitalizm Sağlığa Zararlıdır*, Hayy Kitap, 2013
Oxana Timofeeva, *Hayvanların Tarihi*, Kolektif Kitap, 2018
Özlem Sürücü, *Dikkat Eksikliği*, Bilgi Yayınevi, 2005
R. Labonte, T. Schrecker, C. Packer, V. Runnels (editörler), *Küreselleşme ve Sağlık*, İnsev Yayınları, 2011
Ray Moynihan- Alan Cassels, *Satılık Hastalıklar*, Hayy Kitap, 2006
Richard C. Lewontin, *İdeoloji Olarak Biyoloji*, Kolektif Kitap, 2015
Richard C. Lewontin, Steven Rose, Leon J. Kamin, *Genlerimizden İbaret Değiliz"*, Yordam Kitap, 2015
Richard Kieckhefer, *Ortaçağda Büyü*, Alfa, 2017
Richard Sennett, *Otorite*, Ayrıntı, 2014
Robert B. Edgerton, *Hasta Toplumlar*, Buzdağı, 2015
Robert S. Mendelsohn, *Aykırı Bir Doktorun İtirafları*, Kuraldışı, 2005
Robert Whitaker, *Anatomy of an Epidemic*, Random House, 2010
Rock Brynner-Trent Stephens, *İlacın Karanlık Yüzü*, Perseus, 2001
Roelf Bolt, *Yalancılar ve Sahtekârlar Ansiklopedisi*, Domingo, 2015
Roy Porter, *Kan Revan İçinde Tıbbın Kısa Tarihi*, Metis, 2016
Sait Kapıcıoğlu, *Domuz Gribi- Yalancılar Çıkarcılar*, Bilnet, 2009
Sefer Gümüş, *Sağlıkta İlaç Pazarlama*, Hiperlink Yayınları, 2014
Selim Şeker-Anıl Korkut, *Tehlikeli Oyuncak*, Hayy Kitap, 2005
Shane Ellison, *Bir Masalmış Kolesterol*, Hayy Kitap, 2007
-*Batı Tıbbı Sağlığınızın Altını Nasıl Oyar?*, Hayy Kitap, 2008
Sheldon Krimsky, *Kök Hücre Diyalogları"*, Koç Üniversitesi, 2017
Sarah Tomley, *Freud Bu İşe Ne Derdi*, İş Bankası, 2017
Siddhartha Mukherjee, *Gen*, Domingo, 2018
Siddhartha Mukherjee, *Tüm Hastalıkların Şahı: Kanserin Biyografisi*, Domingo, 2010
Sir Arthur Newsholme-John A. Kingsburg, *Kızıl Tıp*, Yazılama, 2015
Soner Yalçın, *Beyaz Türklerin Büyük Sırrı- Efendi 1*, Doğan Kitap, 2004
-*Saklı Seçilmişler*, Kırmızı Kedi, 2018
Şafak Nakajima, *Endişesiz İlaçsız*, Doğan Novus, 2016
Tali Sharot, *Başkalarının Aklı*, Domingo, 2018
Tayfun Uzbay, *Görünmeyen Beyin*, Destek Yayınları, 2017
-*Hazdan Bağımlılığa*, Destek, Yayınları, 2018
Tekin Akpolat, *İçimizdeki Düşman Hipertansiyon*, Doğan Kitap, 2001
Turan İtil, *Unutulan Beyin*, Kaynak Yayınları, 2015
Turhan Baytop, *Türk Eczacılık Tarihi* İstanbul Üniversitesi Yayınları, 1985
-*Laboratuvar'dan Fabrikaya*, Bayer Yayınları, 1997
-*Türk Eczacılık Tarihi Araştırmaları*, Abdi İbrahim İlaç San., 2000.
Tzetan Todorov, *Demokrasinin Samimi Düşmanları*, Everest, 2014

Ty M. Bollinger, *Kanser Hakkında Gerçekler*, Salon Yayınları, 2018
Uffe Ravnskov, *Kolesterol Gerçeği*, Hayy Kitap, 2012
Utku Özmakas, *Biyopolitika: İktidar ve Direniş*, İletişim, 2018
Ümit Aktaş, *Diyabet ve Zayıflama Kürleri*, Hayy Kitap, 2019
Vamık. D. Volkan, *Divanda Kılıç Dövüşü*, İst. Bilgi Ü. Yayınları, 2012
Voltaire, *Vejetaryen Düşünceler*, Kırmızı Kedi, 2018
Wendy Brown, *Neoliberalizmin Sinsi Devrimi*, Metis Yayınları, 2017
Wilhelm Reich, *Kanser*, Payel Yayınları, 1983
Yalçın Küçük, *İtirafçıların İtirafları*, Haziran Yayınevi, 1987
-*Sosyalist Açıdan Ekonomik Politik*, Mızrak, 2011
Yavuz Dizdar, *Vicdan Hayat Kurtarır*, Hayy Kitap, 2018
Zeki Tez, *Tıbbın Gizemli Tarihi*, Hayy Kitap, 2010
-*Bilimde ve Sanayide Kimya Tarihi*, Nobel Y., 2000
Zeynep Sayın, "*İmgenin Pornografisi*", Metis, 2015

RAPORLAR

-Ankara Ticaret Odası, İlaçtaki Ur: Dışa Bağımlılık Raporu, (2005)
-Araştırmacı İlaç Firmaları Derneği, Türkiye İlaç Sektörü Vizyon 2023 Raporu, (2012)
-Bilim, Sanayi ve Teknoloji Bakanlığı, Türkiye İlaç Sektörü Strateji Belgesi ve Eylem Planı, (2015-2018)
-Bilim, Sanayi ve Teknoloji Bakanlığı, Biyoteknoloji Strateji Belgesi ve Eylem Planı, (2013-2017)
-CHP Bilim Platformu Politika Notları: -İlaç ve Tıbbi Cihaz Sektöründe Kriz (2018)
-AKP Türkiye'sinde Gençler Madde Bağımlılığın Pençesinde, (2018)
-İlaç Sektörü Stratejisi Hazırlık Çalışması Çalıştayı, (2012)
Onuncu Kalkınma Planı İlaç Çalışma Grubu Raporu, (2014-2018)
Petrol İş Sendikası İlaç Sektörü Araştırması, (2010)
KPMG İlaç Sektörel Bakış, (2019)
Sağlık Bakanlığı, Ulusal Sağlık Politikası Taslak Dokümanı, (1992)
Sağlık Bakanlığı, Çalışma Grupları Raporları, (1992)
Sağlık Bakanlığı, Ulusal Sağlık Politikası Taslak Dokümanı Üzerine Öneriler, (1992)
Sağlık Bakanlığı, Sağlıkta Dönüşüm, (2003)
Türkiye Odalar ve Borsalar Birliği, Türkiye İlaç Sanayi Meclis Raporu, (2008)
Türk Tabipleri Birliği Merkez Konseyi Çalışma Raporu, (2012-2014)

DERGİLER

Asklepios Tıp Kültürü
Barnat

Bilim ve Gelecek
Bilim ve Ütopya
Bilim ve Toplum
Bütün Dünya
Cumhuriyet Bilim Teknik
Cumhuriyet Bilim Teknoloji
Denge
Diyabet
İstanbul Dergisi
Osmanlı Bilimi Araştırmaları
Psikeart
Sağlık ve Toplum
Tarih ve Toplum
Toplum ve Hekim
Toplumsal Tarih
TÜBİTAK Bilim ve Teknik

BELGESELLER

Hasta-Sicko, Michael Moore, 2007
Acı Reçete, Al Jazeera Türk, 2016
Gıda A.Ş- Food Inc., NTV, 2016
Mucize İlaç, Netflix, 2017
Sağlık Komplosu, Netflix, 2017
Take Your Pills", Netflix 2018 yılında

İNTERNET

-https://www.academia.edu
-http://www.ankemdernegi.org.tr
-http://www.bilimtarihi.org
-www.cochrane.com
-http://dergipark.gov.tr
-www. diabetcemiyeti.org
-www.druglibrary.org
-www.drugwatch.com
-https://eczaciyiz.net
-http://eczacininsesi.com
-https://ekogazete.wordpress.com
-www.gazeteduvar.com
-https://hekimcebakis.org
-www.huffingtonpost.com

-www.kanitlar.com
-www.klinikfarmakoloji.com
-https://lilliputian.me
-www.nlm.nih.gov
-www. odatv.com
-http://www.os-ar.com
-https://petras.lahaine.org
-https://pharmaboardroom.com
-www.proclinical.com
-http://rockarch.org
-www.saglik.gov.tr
-www.sdplatform.com
-www.teb.org.tr
-www.tekb.org.tr
-www.ttb.org.tr
-www.thefix.com
-www.thincs.org
-http://toplumcutip.blogspot.com/
-www.tuseb.gov.tr
-http://vaccinecasualty.blogspot.com
-https://wikileaks.org/

AD DİZİNİ

E

H

N

O

P